suhrkamp taschenbuch
wissenschaft 1922

Wie funktioniert eigentlich die Soziologie? Vor welchem Publikum bewährt sie sich? Wie konstruiert sie ihren Gegenstand? Und welche Probleme löst sie, die wir ohne sie nicht hätten? Nassehis Antworten ergeben weder eine Geschichte noch eine systematische Darstellung der Soziologie. Es geht ihm vielmehr um eine *Kritik der soziologischen Vernunft*. Das zentrale Verfahren ist daher das der klassischen (Erkenntnis-)Kritik – einer Kritik, die die Bedingungen auslotet, durch die soziologisches Denken möglich wird. Neben einer *Kritik der reinen Soziologie* geht es auch um eine Kritik der *handelnden*, der *authentischen*, der *operativen* und der *gesellschaftlichen* Vernunft. Diese Rekonstruktion führt zu einem Konzept einer *Gesellschaft der Gegenwarten*, das den veränderten Bedingungen einer Gesellschaft Rechnung tragen soll, die selbst nicht mehr an die Konstruktionen ihrer soziologischen Vernunft glaubt.

Armin Nassehi

Der soziologische Diskurs der Moderne

Suhrkamp

Bibliografische Information der Deutschen Nationalbibliothek
Die Deutsche Nationalbibliothek verzeichnet diese Publikation
in der Deutschen Nationalbibliografie;
detaillierte bibliografische Daten sind im Internet über
http://dnb.d-nb.de abrufbar.

2. Auflage 2017

Erste Auflage 2009
suhrkamp taschenbuch wissenschaft 1922

Printed in Germany
Umschlag nach Entwürfen von
Willy Fleckhaus und Rolf Staudt
ISBN 978-3-518-29522-9

Inhalt

In memoriam
Steffani Engler
1960-2005

Vorwort

Den *soziologischen Diskurs der Moderne* beschreiben zu wollen ist sicher ein unbescheidenes Ansinnen. Ich bin mir dessen bewusst. Manches ist wohl überzeichnet, vieles bleibt völlig ausgeklammert, nicht weniges ist sicher nicht haltbar. Womöglich lässt sich dem Text wenigstens entnehmen, dass erzählte Geschichten sich weniger am erzählten Gegenstand orientieren als an der Praxis ihrer eigenen Erzählung. Gelungen wäre sie dann, wenn man aus der Geschichte lernen kann, dass dies kein Mangel ist, sondern an sich selbst beobachtbar macht, dass Praxisformen je nur die Probleme lösen können, die sie sich selbst zumuten und konstruieren. Ich hoffe jedenfalls, dass am Text etwas von dieser Praxis deutlich wird, eine Selbstbeschreibung der Soziologie anzufertigen, die letztlich nur der Formvorschrift ihrer selbst genügen kann.

Viele der hier vorgetragenen Gedanken habe ich in verschiedenen Publikationen, auf Tagungen und vielfältigen Diskussionen und Korrespondenz mit Kolleginnen, Kollegen, Studierenden und Mitarbeitern getestet und ausprobiert. All diesen Personen danke ich für ihre wissentliche und unwissentliche Hilfe bei der Genese des Textes. Ich erwähne sie nicht nur ihrer Zahl wegen nicht namentlich – mit wenigen Ausnahmen: Irmhild Saake danke ich für die intensive Zusammenarbeit der letzten Jahre, die auch in diesem Buch erhebliche Spuren hinterlassen hat. Ein ganz besonderer Dank gilt Norbert Müller für seine ungewöhnliche Unterstützung des Vorhabens. Bernd Stiegler vom Suhrkamp Verlag danke ich für die überaus hilfreiche und freundliche Begleitung von der Konzeption bis zum endgültigen Text.

Von Steffani Engler, einer alten Freundin aus früheren münsteraner Tagen und schließlich Kollegin an der Münchner Universität der Bundeswehr, hätte ich mir das Manuskript so gerne um die Ohren hauen lassen – und sie hätte es getan. Steffani ist im Januar 2005 in München viel zu jung an den Folgen einer heimtückischen Krankheit gestorben. Ihrem Andenken ist dieses Buch gewidmet.

München, im November 2005 *Armin Nassehi*

Einleitung

Vom *soziologischen Diskurs der Moderne* zu sprechen enthält eine merkwürdige Verdoppelung: Der soziologische Diskurs ist per se ein moderner Diskurs, was etwa Peter Wagner (1995, S. 9) von einem *Pleonasmus* sprechen lässt. Frühere Epochen kennen keine Soziologie, und womöglich kennt die Soziologie auch keine früheren Epochen. Das heißt nicht, dass die Soziologie nicht frühere gesellschaftliche Formationen zum Gegenstand hätte, aber sie beobachtet diese stets mit einer Nomenklatur, die eine moderne Nomenklatur nicht nur deshalb ist, weil sie sich in der Zeit der Moderne ereignet, sondern weil das Gesellschaftliche erst einem modernen Beobachter *als Gesellschaftliches* erscheint. Wohl deshalb geraten der Soziologie, nicht nur der frühen Soziologie, frühere Epochen zu merkwürdigen Projektionen, mit denen Probleme der Gegenwart gelöst werden, wie das mit Projektionen eben so ist. Warum erscheint nahezu allen Klassikern der Soziologie die Ressource Sinn knapp? Man denke an Weber und Durkheim über Simmel und Tönnies bis zu Habermas' Diagnose der Pathologien der Moderne. So unterschiedlich diese Theorien daherkommen, so ähnlich projizieren sie eine Modernitätsdiagnose auf eine Vergangenheit, die allzu sehr von jener Modernitätserfahrung lebt. Denn dass die Ressource Sinn in früheren Gesellschaftsformationen wirklich üppiger vorhanden war, lässt sich bestreiten. Dass Sinnformen aber *als Sinnformen* erscheinen, hat wohl damit zu tun, dass man sie unterscheiden kann – von anderen Sinnformen. Und schon wird er knapp, der Sinn. Der *soziologische Diskurs der Moderne* ist also in der Tat ein moderner Diskurs, und er schließt an den *philosophischen Diskurs der Moderne* insofern an, als er in eigentümlicher Weise darauf stößt, dass es zwar »der Mensch« ist, der als Sinnträger fungiert und also mit der Diversifizierung von Sinn nun über jenen Sinn zu entscheiden beginnt, der die »Fäden seines Lebens« hält. Zugleich aber wird gerade die Diversifizierung, die Zurechenbarkeit von Sinn und nicht zuletzt die Beobachtung, dass es Interessen, Verhältnisse, Herkünfte und Kultur(en) sind, die den Sinn sinnhaft erfahrbar machen, zur Grundlage einer Erfahrung, die nicht mehr wirklich daran glauben kann, dass es »der Mensch« ist, der da als Träger fungiert. Worauf ich anspiele, ist natürlich Jürgen Habermas' großartige Rekonstruktion des *Philosophischen Diskurses der Moderne* (Habermas 1985a). Habermas rekonstruiert hier die philosophischen Bemühungen des 20. Jahrhunderts als wenigstens implizite oder potentielle Kritik der Subjektphilosophie. Habermas war es darum zu tun, Kriterien der knappen Ressource Sinn nicht allein auf seinen Träger, das Subjekt, zuzurechnen, sondern die Vernunft nun in der Sprache, in intersubjektiven Strukturen und in der Praxis der Kommunikation zu lokalisieren – und zwar nicht nur als ein mögliches Telos sprachlicher Verständigung, sondern als unveräußerliches Potential der Sprache schlechthin, von dem gar noch ihre instrumentellen und parasitären Varianten zehren. Habermas betreibt mit seiner Soziologisierung des philosophischen Diskurses der Moderne also gewissermaßen eine Dezentrierung des Subjekts mit dem Ziel, jene Potentiale philosophisch zu retten, die man zuvor dem Subjekt zugerechnet hatte: Wissen im Sinne der Erkenntniskritik, Normatives im Sinne der Praxiskritik und die Wahrhaftigkeit des authentischen Sprechers im Sinne einer Selbstaufklärung über Motive und Wünsche: »Als Ressource, aus der die Interaktionsteilnehmer ihre konsensfähigen Äußerungen alimentieren, bildet die Lebenswelt ein Äquivalent für das, was die Subjektphilosophie als Leistungen der Synthesis dem Bewußtsein überhaupt zugeschrieben hatte.« (Habermas 1985a, S. 379)

Das Großartige an Habermas' Denken ist zweierlei: Es ist Kritik an der Moderne, indem es die Grunderzählung des Subjekts in Frage stellt und die Subjektivität des Subjekts im anderen Subjekt lokalisiert; und es ist zugleich das Bekenntnis zu ebenjener Moderne und ihren Basisnarrationen des vernünftigen Urteilens und Entscheidens über Objektives, Normatives und Individuelles. Es ist ein Diskurs der Begründung – und dass sich gerade dieser Diskurs so sehr am Problem der Letztbegründung abarbeitet, hat exakt damit zu tun, dass für ihn nichts gilt, ohne dass es begründbar ist, nicht einmal die Gründe selbst. Habermas ist der strengste und der klügste Denker der klassischen Moderne, weil er selbst dem nachmetaphysischen Denken noch einen »transzendentalen Schein« zuspricht – nicht um einen *regressus* zu umgehen, sondern wohl wissend, dass sich die Idee der Subjektivität, also des zuletzt Sagbaren eben auch noch sagen lassen muss, was immer die Möglichkeit der Nein-Stellungnahme enthält, wie man von Habermas selbst lernen kann.

Ich strebe mit dem *Soziologischen Diskurs der Moderne* eine Fortsetzung von Habermas' *Philosophischem Diskurs der Moderne* an. Dabei geht es mir nicht um eine Fortsetzung im Sinne einer Erweiterung um soziologische Autoren. Habermas hat selbst den philosophischen Diskurs der Moderne in die Soziologie hinein prolongiert, indem er Foucault, Luhmann und Beck als Erweiterungen des Diskurses thematisiert. Habermas' Rekonstruktion führt ihn zur Formulierung *normativer Grundlagen der Moderne* (vgl. Habermas 1985a, S. 390 ff.), die er im Diskurs selbst angelegt sieht, sie aber rekonstruktiv entfaltet. Meine Fortsetzung strebt nun keine Erweiterung dieses Ziels an, die normativen Grundlagen der Moderne ihrerseits soziologisch zu fundieren und zu begründen. Meine Fortsetzungsarbeit schließt vielmehr an den Gedanken der Soziologisierung selbst an. Es ist kein Zufall, dass mit Habermas' Beschreibung des philosophischen Diskurses der Moderne eine Soziologisierung gewissermaßen von selbst einhergeht. Habermas stößt mit seiner Verlagerung der Vernunft vom reflektierenden Subjekt in die kommunikativen Strukturen der Lebenswelt auf das Terrain gesellschaftlicher Praxis, und zwar einer Praxis, die sich als Teil der Grunderzählung der europäischen Moderne gibt: Die Arbeit des Begriffs wie die begriffliche Arbeit der Gestaltung der (objektiven, sozialen und subjektiven) Welt findet sich in einer Arena vor, die spätestens mit Hegels Idee der Anerkennung des gegenseitigen Sich-Anerkennens begonnen hat – nicht umsonst beginnt Habermas' Rekonstruktionsarbeit exakt hier, beim jungen Hegel (vgl. ebd., S. 34 ff.). Der philosophische Diskurs ist vor allem eines: *Diskurs*. Habermas vollzieht mit seiner Rekonstruktion also schon das Geschäft der Soziologie, indem er die Arbeit des Begriffs gewissermaßen als *gesellschaftliche Arbeit* einführt – und zwar sowohl auf der Gegenstandsseite wie auf der Seite des Beobachters. Der philosophische Gedanke wird selbst zu einem Mitspieler in der Arena der Selbstbeschreibung, der *gesellschaftlichen Selbstbeschreibung*, die in eine Theorie der normativen Grundlagen der Epoche mündet. Eine soziologische Fortsetzung dieser Denkbewegung zu versuchen, hätte also schon den empirischen Fall einer solchen Rekonstruktionsarbeit auf den Begriff zu bringen.

Fortsetzung ist dieses Buch also in *dreierlei* Hinsicht: *einerseits* in dem Sinne, dass zu rekonstruieren ist, wie der soziologische Diskurs der Moderne, in den der philosophische mit Habermas mündet, an diesen anschließt; *andererseits* in dem Sinne, dass ein soziologischer Diskurs sich weniger für Gründe interessiert als für den Kontext der Begründung. Fortsetzung ist es aber *schließlich* darin, die Idee der Soziologisierung zu radikalisieren. Hatte Habermas noch vom Hochsitz des philosophischen Beobachters die Soziologisierung des philosophischen Blicks besorgen können, muss die Rekonstruktion des *soziologischen Diskurses der Moderne* radikaler nach den Bedingungen der Soziologisierung fragen. Sie muss sich fragen, was die Soziologie bzw. der soziologische Blick sieht und worauf diese Sicht beruht. Kybernetisch, inzwischen: *klassisch*-kybernetisch gesprochen geht es um den blinden Fleck der Soziologie, nicht mehr um den des Subjekts, das die Soziologie längst dekonstruiert hat.

Kreist der philosophische Diskurs der Moderne um das Subjekt und seine Überwindung, gilt das auch für die Soziologie, deren Gegenstand freilich nicht die philosophische Substitution der Vernünftigkeit des vernünftigen Subjekts ist. Was die Soziologie seit ihren Anfängen umgetrieben hat, war nicht die Vernunft als solche, sondern die Rekonstruktion des Individuums als Subjekt seiner Verhältnisse und der Verhältnisse als der Bedingung der jeweiligen Subjektivität. Die Soziologie hat zweierlei entdeckt: das handelnde Individuum und das Individuum als Produkt seiner Verhältnisse. Die Soziologie als eigenständige Denkform ist erst entstanden, als sich die Welt als gesellschaftlicher Horizont darstellte, als die Ordnung der Welt als soziale Ordnung erschien und die Idee des individuellen Menschen als des Subjekts der Welt einer merkwürdigen Dekonstruktion unterzogen wurde: Zwar galt und gilt selbstverständlich *der Mensch* als das Subjekt der Welt, aber als ein vergesellschaftetes Subjekt, was seinen Subjektstatus unbemerkt korrumpiert – *unbemerkt*, das ist das eigentliche Thema dieses Buches. Der Titel des Buches enthält also einen doppelten Genitiv: als *genitivus subiectivus* ist der soziologische Diskurs als ein moderner Diskurs im Blick, als *genitivus obiectivus* ist die Moderne selbst Gegenstand des Diskurses.

Ich mache im folgenden den soziologischen Diskurs der Moderne nicht an Autoren oder Gesamtwerken fest. Mein Fokus wird eher auf Problemen, gewissermaßen auf selbst erzeugten Bezugsproblemen des soziologischen Denkens liegen, die *unbemerkt* jene epistemologische Umgebung schaffen, in der sich grundlegende Unterscheidungen bewähren können und jenen Gegenstand erzeugen, von dem sie handeln. Dabei gehe ich von einigen Grundformen soziologischer Theoriebildung aus, um zu zeigen, zu welchen Problemen die jeweiligen Lösungen passen. Stilisiert wird diese Rekonstruktion als eine *Kritik der soziologischen Vernunft*. Als Vernunftkritiken stilisiere ich diese Teile deshalb, weil sie jeweils eine bestimmte soziologische Denkungsart transportieren und ihre Kritik im soziologischen Diskurs immer schon mitliefern. *Kritik* verstehe ich im klassischen kantischen Sinne als den Kritizismus, der der Metaphysik in jedem ihrer Sätze zu misstrauen hat, bevor diese nicht auf ihre Möglichkeitsbedingung geprüft worden sind. Einen ähnlichen methodischen Zweifel beabsichtigen meine Kritiken der soziologischen Vernunft, die der Soziologie ja selbst eingeschrieben sind.

Die Soziologie hat ihre eigene Dementierung, ihre Selbstkritik, die Kontingenz möglicher Beobachtungen stets mitgeliefert und darin ihre öffentliche Beobachtbarkeit generiert. Diese Art Kritik der soziologischen Vernunft hat freilich nicht nur eine Kritik der soziologischen Begrifflichkeiten im Blick, sondern mehr. Es ist eine soziologische Kritik der Soziologie insofern, als sich in den Begriffen des Faches seine Gegenstandskonstitution verbirgt. Ich möchte zeigen, inwiefern die soziologische Begriffsarchitektur an einer Imago gesellschaftlicher Selbstbeschreibung mitgeschrieben hat und Gesellschaften mit nützlichen Bildern ihrer selbst ausgestattet hat. Man muss den zunächst abstrakten Gedanken, die Soziologie komme in ihrem Gegenstand selbst vor (vgl. nur aus verschiedenen Traditionen Schütz 1981; Bourdieu 1985; Luhmann 1990b), auch tatsächlich als empirisches Datum wenden. Erst dann wird ersichtlich, dass auch die soziologische Selbstbeschreibung der Gesellschaft in einem *gesellschaftlichen* Kontext steht und also auch nur im Hinblick auf selbst erzeugte (Bezugs-)Probleme zu interpretieren ist. Die Epistemologisierung oder Hermeneutisierung des soziologischen Blicks auf die Gesellschaft muss in eine Auto-Epistemologisierung und Auto-Hermeneutisierung der Soziologie münden. Erst aus dieser Perspektive wird die Rekonstruktion des philosophischen Diskurses der Moderne *soziologisch* sinnvoll – und muss gerade deswegen die Darstellungsästhetik der üblichen Rekonstruktionen der »theoretischen« Soziologie meiden, wie sie in erstaunlicher Redundanz den soziologischen Buchmarkt versorgen (vgl. aktuell für den deutschsprachigen Buchmarkt Schneider 2002-2005; Münch 2004;

Stark/Lahusen 2002; Joas/Knöbl 2004). Ohne die Qualität solcher Darstellungen schmälern zu wollen – das gilt vor allem für die hervorragende Darstellung von Hans Joas und Wolfgang Knöbl – hat man fast den Eindruck, diese Darstellungen dienten als Reflexionstheorien des Faches dazu, von der Frage abzulenken, warum und in welchen Kontexten die soziologische Sprecherposition *funktioniert*, und zwar empirisch als Sprecherposition.

Mit dem Aufweis soziologischer *Sprecherpositionen* beginnt denn auch meine *erste* soziologische Vernunftkritik als *Kritik der reinen Soziologie*. Sie wird zeigen, dass sich soziologische Rede- und Textformen nicht im Sinne reiner soziologischer Verstandesbegriffe ereignen, sondern praktisch erzeugt werden müssen und sich vor einem Publikum zu bewähren haben.

Die *zweite* Kritik setzt an der soziologischen *Dekonstruktion des Subjekts* an. Als Diskurs der Moderne hängt der soziologische Diskurs der Moderne aufs engste an der Idee des handelnden Individuums als gewissermaßen empirisiertem Erbe des vormaligen Subjekts. Letztlich beginnt die Soziologie – ob sie will oder nicht – stets mit einer Dekonstruktion des Subjekts. Denn die Idee des Soziologischen beginnt dort, wo der Grund des Verhaltens von Menschen nicht mehr deren innerer Unendlichkeit entnommen wird, sondern den sozialen Kontexten und Gewohnheiten, den Kulturbedeutungen von Zeichen und Praktiken, den sozialen Lagerungen und Zwängen und nicht zuletzt der Klassenlage der Handlungsträger. Zugleich aber kann behauptet werden, dass sich das Soziale gerade am Handeln der Individuen beobachten lasse. Damit setzt die Soziologie mit ihren eigenen Grundbegriffen um, was sie an ihrem Gegenstand als epochales Charakteristikum bereits vorfindet: dass alles, was geschieht, dem Handeln von Individuen entspringt oder wenigstens daran zu beobachten ist. Dass die Soziologie dabei stets die sozial gebrochene Identität des Individuums im Blick hat, die Idee der Wechselseitigkeit und die Idee der Eigenlogik und Emergenz sozialer Tatsachen oder kultureller Bedeutungen, versteht sich fast von selbst. Insofern enthält die Soziologie stets zweierlei: *die Idee der handelnden Vernunft und ihre Kritik*.

Der *dritte* Schritt setzt am *Besonderen des Besonderen* an. Die Moderne hatte stets authentische Sprecher eingesetzt. Die Sprecherauthentizität aber ergab sich stets aus etwas anderem, das der Sprecher mitführte, das er aber selbst nicht war. Hier liegt der Funktionssinn der hegelschen Versöhnungsgeste, die eigene Freiheit und Authentizität nicht gegen die, sondern *mit* der Subordination unter den »Staat« zu erlangen. Peter von Zima (2000, S. 91 ff.) spricht in seiner Rekonstruktion des Subjektgedankens treffend vom »Auftraggeber«, der das Subjekt zum Subjekt mache – Gott bis Descartes, später die Vernunft und die Geschichte, zunächst des Geistes und dann dessen Materialisierung. Man darf diese philosophische Idee des abstrakten Auftraggebers, der stets auch die theorietechnische Funktion des Regressverhinderers hatte, durchaus soziologisch empirisieren, denn die Auftraggeber für authentische Sprecherpositionen waren durchaus konkreter Natur. Die klassischen Professionellen etwa waren als authentische Sprecher stets autorisierte Sprecher, die die Verknappung möglichen Sinns selbst verwalteten. Die enge Alltagsmoral des Bürgers hat nicht nur praktisch-soziale Bedeutungen der Anpassung an eine zunehmend reglementierte Form der Lebensführung im Sinne von Koordinationsproblemen von individuell inkludierten Personen, sondern hatte in Fragen der Erziehung, der Arbeitsmoral und der Loyalität im betriebsförmigen, also organisationsgestützen Handlungssetting geradezu den Charakter von Exerzitien zur Einübung von Authentizität. Und Motive erwirbt man sich im Auftrag einer größeren Sache, einer Idee, eines Wertes, eines, um mit Max Weber zu sprechen, *Dämons*. Und selbst der nachreformatorische Gläubige (auch der gegenreformatorische Katholik) unterliegt nicht mehr einfach der Gewalt kirchlicher Autoritäten, sondern muss nun selbst sprechen: Er wird zum Sprecher, der sich auf den Auftraggeber Gott bezieht, mit dem ihn nun ein geradezu innig-individuelles Verhältnis verbindet, was, mit Verlaub, ein geradezu blasphemischer Gedanke ist.

Nun hat der soziologische Diskurs der Moderne diese Form der autorisierten Authentizität grundbegrifflich lange gepflegt – und doch erstaunlich deutlich dekonstruiert. Man denke nur an die interaktionistische Wende etwa der amerikanischen Parsons-Kritik, an den methodologischen Individualismus und die Idee der Situationslogik, an die ethnomethodologische Einklammerung von sich selbst genügenden Stillleben, an die große Konjunktur der sinnverstehenden Soziologie und natürlich an die unglaubliche Plausibilität der Individualisierungsthese. All diese unterschiedlichen Bewegungen promovieren den authentischen Sprecher nicht mehr als Auftragnehmer, sondern als den Besonderen, in dem sich freilich immer auch ein Allgemeines ereignet. Mit der Multiplizierung von Sprecherpositionen reagiert die Soziologie darauf, dass die klassische moderne Koordination von Auftraggebern im Sinne einer wohlgeordneten Gesellschaft ihre praktische Plausibilität verliert. Grundbegrifflich reagiert sie darauf etwa im Sinne einer *Individualisierungsdiagnose* geradezu unbeholfen – wie man etwa daran erkennen kann, wie sie sich selbst einfach an der Unterscheidung von Gesellschaftlichem und Individuellem ordnet, selbst wenn sie vordergründig behauptet, die Unterscheidung sei selbst kontingent; praktisch reagiert sie darauf mit dem forschungspraktischen Respekt vor jeglicher Äußerung. Die Soziologie entdeckt das *Besondere des Besonderen* als *Kritik der authentischen Vernunft.*

Ein Ertrag der beiden vorstehenden Kritiken wird sein, dass sich Handlungen und Äußerungen stets einer konkreten empirischen Praxis gegenübersehen, einer Praxis, deren Bewährungsbedingungen sich in Echtzeit entscheiden und im temporalen Nacheinander von Gegenwarten erzeugt werden. Insofern schließt der *vierte* Gedankenschritt an die *Temporalisierung des Besonderen* an und präsentiert operative Theorieformen, die sich gewissermaßen als Selbstkritik der Soziologie am Diskurs über das Handeln und die Authentizität von Stellungnahmen anlagern. Bereits im zweiten Kapitel wird sich andeuten, dass der soziologische Diskurs der Moderne von einem zweiten Diskursstrang begleitet wird, der sich nicht nur für den Aufweis von Handlungen, Handlungsmustern, Motiven und entsprechenden Mentalitäten interessiert, sondern dafür, wie solche als Voraussetzung des Handelns angesehenen Formen praktisch erzeugt werden. Als *Kritik der operativen Vernunft* wird hier eine radikale praxistheoretische Empirisierung des Blicks auf den Gegenstand der Soziologie gefordert.

Als offene Frage solcher operativer Theorieanlagen ergibt sich nicht nur, wie sich sichtbare Praxis beschreiben lässt, sondern in welcher *Gesellschaft* sich solche Praxen auffinden lassen. Im *fünften* Kapitel werde ich deshalb zunächst den klassischen Begriff der Gesellschaft als des gesellschaftlichen *Allgemeinen* nachzeichnen. Auch die Vorlage der Idee des gesellschaftlichen Allgemeinen entnimmt die Soziologie der Theorie des Subjekts. Subjektivität war stets mehr als Individualität – es war die Versöhnung des Besonderen (Individuellen) mit dem Allgemeinen der Vernunft oder mit dem Allgemeinen im Sinne der Subordination unter die Einsicht in die Notwendigkeit, die die Freiheit und ihre Einschränkung vermittelt. In dieser Doppelgesichtigkeit des Subjekts ist insofern die Vorgeschichte des soziologischen Diskurses der Moderne zu sehen, als sich darin bereits die beiden grundlegenden »Erzählungen der Moderne« auffinden lassen, die Peter Wagner (1995, S. 23 ff.) als das Grundnarrativ der gesamten gesellschaftlichen Moderne auffasst: der Diskurs der Freiheit und der individuellen Zurechnung von Sinn auf der einen Seite und der Disziplinierungsdiskurs auf der anderen Seite. In der Soziologie hat sich dieses Problem spätestens seit Max Webers Entdeckung inkommensurabler Wertsphären und seit Durkheims Diagnose der Krise des Kollektivbewusstseins der Moderne als Integrationsproblem niedergeschlagen – das der eine unter Hinweis auf *Persönlichkeit* und moralische Integrität starker, *männlicher* Akteure löst, die der differenzierten Welt eine Art *credo, quia absurdum* entgegenschleudern, das als *individuelles Allgemeines* wirkt (vgl. Saake/Nassehi 2004b). Der andere dagegen setzt auf die Integrität eines sozialmoralischen Bandes, das die Freiheit der Einzelnen unter die Ägide des *gesellschaftlichen Allgemeinen* stellt und der differenzierten Gesellschaft eine moralische Integrationsfähigkeit abringt. Beider Konsequenz ist letztlich ein Horizont auf die normative Integration von gleichzeitig Unterschiedlichem. Die Idee der *normativen Integration* der Gesellschaft darf seitdem als bisweilen eher implizite, zumeist ziemlich explizite *conditio sine qua non* gesellschaftlicher Ordnung angesehen werden. Ich werde herausarbeiten, dass der soziologische Diskurs der Moderne einer *doppelten Normativität* unterliegt – und zwar sowohl auf der Gegenstandsseite im Sinne einer normativ integrierten Gesellschaft als auch auf der Beobachterseite im Sinne einer normativen Aufladung des Allgemeinen als Bedingung des Besondern. Diese doppelte Normativität nenne ich *die gesellschaftliche Vernunft.*

Im letzten, dem *sechsten* Kapitel werde ich die unterschiedlichen losen Enden des *soziologischen Diskurses der Moderne* zusammenführen. Grundintuition ist hier die Frage, wie ein Gesellschaftsbegriff zu konzipieren sei, der einerseits seine operative und praxissoziologische Lektion gelernt hat, andererseits aber nicht dem Defätismus verfallen will, Soziologie *ohne Gesellschaft* zu betreiben, um die reifizierenden und normativistischen Formen des Begriffs soziologischer Einheit und Allgemeinheit zu vermeiden. *Wie lassen sich operative Gegenwart und die Gesellschaft operativer Gegenwar-*

ten soziologisch auf den Begriff bringen? Das Operative, Praktische scheint sich – etwa in der ethnomethodologischen oder auch verstehenden Kritik des amerikanischen *mainstream* – nur aufs Sichtbare zu kaprizieren, nur auf jene Gegenwarten, die einem allzu naturalistischen Blick glauben, aber nicht mit Abwesenheit rechnen. Wenn es aber ein Grundcharakteristikum gesellschaftlicher Moderne gibt, dann ist es die Relevanz des Abwesenden. Selbstverständlich gab es immer Abwesenheit. Nun aber wird Abwesenheit registriert, und man rechnet mit Kontexten, die sich dadurch selbst kontextualisieren, dass sie andere Kontexte anderer Kontexte sind. Als zeitdiagnostischer Begriff lässt sich daraus der Begriff der *Gesellschaft der Gegenwarten* ableiten. Er verweist darauf, dass Praxen in der modernen Gesellschaft deshalb unkoordiniert stattfinden, weil sie *stattfinden* und ergo stets retentional aufeinander bezogen werden können. Das sechste Kapitel schließt mit dem Konzept eines operativ gewendeten Funktionalismus.

Bevor die eigentliche Denkbewegung beginnt, seien zwei Vorbemerkungen erlaubt: *Erstens* ist die Selbststilisierung als Fortsetzung von Habermas' *philosophischem Diskurs der Moderne* auch so zu verstehen, dass im gesamten Habitus der Theorie Habermas' der historische und systematische Höhepunkt dessen zu sehen ist, was ich als den *ersten Diskursstrang* des soziologischen Diskurses der Moderne herausarbeite. Zugleich finden sich aber bei Habermas auch zahlreiche systematische Anschlussstellen zum zweiten Diskursstrang, so dass an seinem in der gegenwärtigen Soziologie leider immer weniger rezipierten Werk viel darüber zu lernen ist, wie die Soziologie ihren Gegenstand erschafft. Jürgen Habermas hat in einem Brief einen ersten Programmentwurf dieses Buches kommentiert – und mit dem Schlimmsten gerechnet, dahin gehend nämlich, es werde gewissermaßen eine geschichtsphilosophische (Dis-)Kontinuität behauptet: ähnlich wie Heidegger es mit dem letzten Metaphysiker Nietzsche vorgemacht habe, werde hier eine alles Normative verdampfende Metaphysik des Sozialen (gemeint ist Luhmann) noch einmal postmodern gewendet. Ich hoffe, dass es nicht so schlimm gekommen ist. Habermas jedenfalls fehlte in alldem der Respekt vor dem »Eigensinn philosophischer Argumentationen«. Ich meine dagegen, dass der Respekt eines Soziologen vor philosophischen Argumentationen es gerade erfordert, deren »Eigensinn« soziologisch als »sozialen« Sinn zu lesen.

Zweitens sei darauf hingewiesen, dass diese Rekonstruktion des *soziologischen Diskurses* in fünf Schritten plus Auflösung keine unparteiische, keine neutrale Beobachtung der soziologischen Theoriebildung ist, nicht einmal eine faire. Sie ist vielmehr selbst Praxis, und zwar eine *Erzählpraxis.* Die Erzählung ist eine perfide Textgattung, denn Erzählungen gehen immer auf. Das liegt weniger am Erzählten, sondern an der Erzählung, die das Erzählte ja erst erzeugt. Erzählungen gehen auf, weil die Zeitstruktur des schriftlichen Erzählens anders beschaffen ist als die Zeitstruktur anderer Praxisformen. Leserinnen und Leser sind an die Sequentialität des Lesens (Erleben!) gebunden, während der Autor (Handeln!) sich über dieses allein erlebbare Nacheinander erheben kann und die Teile so anordnet, dass sie passen. Gerade deshalb hat der Text, haben Bücher und hat der Akt des Schreibens etwas geradezu Blasphemisches an sich, da sich der Autor nicht nur als ein Schöpfer aufspielt, sondern auch als einer, der darüber bestimmt, was *nicht* das Licht des Textes erblickt. Vielleicht ist das ein Thema, das in aller Schöpfungstheologie noch fehlt – was Gott explizit *nicht* erschaffen hat und was davon explizit und was nur implizit *nicht* sichtbar wird. Es wird daran übrigens, um die Blasphemie auf die Spitze zu treiben, Gott als Effekt seiner Schöpfung sichtbar – das schon deshalb, weil die Erschaffung der Schöpfung selbst eine Praxis ist, die Selektionen vornimmt.

Erzählungen erzeugen damit, wie alle Kommunikation, eine selektive Struktur – und das in dem trivialen Sinne, dass nicht alles erzählt werden kann, und in dem weniger trivialen Sinne, dass von Kommunikation nur gesprochen werden kann, wenn es zu Selektionen kommt, wenn sich also der nächste Satz zwar aus dem vorherigen ergibt, aber eben nicht notwendig *dieser* Satz. Schließlich aber ist das in dem nicht-trivialen Sinn gemeint, dass diese Erzählung des *soziologischen Diskurses der Moderne* einen programmatisch selektiven Zugriff auf die Soziologie pflegt. Was hier thematisiert wird, ist nicht eine Systematisierung soziologischer Denkbewegungen, sondern der Versuch, einen spezifisch soziologischen Blick herauszuarbeiten, der auf selbst gewählte Problemstellungen reagiert. Insofern geht es nicht darum, *dass* diese Geschichte aufgeht, sondern *wie* sie sich selbst so organisiert, dass es aussieht, als gehe sie auf. Der *soziologische Diskurs der Moderne*, wie ich ihn hier rekonstruiere, hat in dieser Form nie stattgefunden – und das bedeutet nicht nur, dass man auch anders hätte beginnen können, etwa mit dem zentralen Thema sozialer Ungleichheiten und Asymmetrien, mit der Frage der zivilgesellschaftlichen Selbstorganisation gegen die Herrschaftseffizienz des Staates und gegen die Produktionseffizienz der Ökonomie oder auch mit der normativen Frage nach gelungener Vergesellschaftung. Es bedeutet auch, dass die Rekonstruktion selbst Teil des Diskurses ist und sich ihn so zurichtet, dass die Erzählung tatsächlich aufgeht. Worum es mir in erster Linie geht, ist, darauf hinzuweisen, wie sich im *soziologischen Diskurs der Moderne* unmerklich zwei unterschiedliche Diskursstränge etablieren, die völlig unterschiedliche Forschungsgegenstände konstituieren. Und dass man all das auch ganz anders erzählen kann, macht ja erst den Sinn dessen aus, dass man es auch erzählt. Denn worin sollte sonst der Informationswert der Erzählung liegen?

1. Kapitel
Kritik der reinen Soziologie

Die Klassiker der Soziologie haben das Fach gegen Widerstände erfunden. Sie mühten sich vor allem an der Frage ab, welcher Art die Realität ist, die der Gegenstand jener neuen Wissenschaft sein sollte. Ob man an Emile Durkheims Verve denkt, die sozialen Tatsachen als Dinge zu behandeln, als Realität *sui generis*, an Georg Simmels zunächst erstaunliche Versicherung, dass der Gegenstandsbezug der Soziologie nicht über den Gegenstand, sondern über den Blick, über eine bestimmte Denkungsart, gar eine Haltung sich erschließt, an George Herbert Meads eigentümliche Dekonstruktion des individuellen Bewusstseins als Voraussetzung fürs Handeln, an Vilfredo Paretos Entdeckung der kumulativen Logik alles nicht-logischen Handelns, an Ludwig Gumplowicz' oder Wilhelm Heinrich Riehls Subjektivierung der Gruppe, der »Rasse« oder des Volks, oder an die Entdeckung der »Situation« in der Chicago School, stets erschloss sich der *Sinn* jener Texte dadurch, eine Realitätsform zu etablieren, anhand deren Gesellschaften in Gesellschaften beschrieben werden können. Schon diese letzte Formulierung war letztlich zur Zeit der Klassiker noch nicht möglich, denn es musste erst jene Realität der Gesellschaft hergeschrieben werden, in der sich dann solche Beschreibungen vorfanden. Was die Soziologie so attraktiv machte und fast zu einer modernen *Leitwissenschaft* werden ließ, war wohl diese neue Erfahrung des inklusiven Schreibens – gewissermaßen eine nachholende Fremdheitserfahrung, nachdem aus ethnologischer Literatur die Fremdheit der anderen und die Praxis des (Be-)Schreibens bereits vertraut war. Die Frage, die also zunächst zu beantworten ist, stellt sich im Hinblick auf den Problembezug der Soziologie. Wie und warum, unter welchen Bedingungen und mit welchen Plausibilitäten entsteht eine wissenschaftliche Disziplin wie die Soziologie? Oder stellen wir die Frage soziologisch: Auf welches gesellschaftliche Problem reagiert die Entstehung der Soziologie als einer wissenschaftlichen Disziplin?

Diese Fragen sind sehr einfache Fragen. Was soll man schon antworten? Dass die Welt sich ab nun als gestaltbar darstellt? Dass sich gesellschaftliche Strukturen nunmehr zu enttraditionalisieren beginnen? Dass die gewohnte Ordnung der Vormoderne verschwindet? Dass Modernisierung sich einstellt? Dass neue Produktions-, Regierungs- und Wissensformen entstehen? Der Nachteil dieser Antworten besteht darin, dass sie richtig sind – ein Nachteil insofern, als sie *soziologisch* richtig sind. Sie verstärken sich selbst, weil schon die Frage nach dem *Bezugsproblem der Soziologie* eine soziologische Frage ist. Man kann sich wahrscheinlich kaum mehr in die Situation versetzen, eine solche Frage *nicht soziologisch* zu stellen, und so wird man aus der Not eine Tugend machen müssen und das Soziologische möglicher Antworten akzeptieren, zugleich aber mitbeobachten, warum es nun plausibel ist, solche Fragen *soziologisch* zu stellen.

Schön lässt sich das Problem an einem polemischen Text Wilhelm Diltheys demonstrieren, der 1883 gegen die »Soziologie« – gemeint ist die positivistische Schule Comtes – schreibt: »Der Ursprung der Soziologie lag in der Erschütterung der europäischen Gesellschaft seit dem letzten Drittel des 18. Jahrhunderts; eine neue Organisation der Gesellschaft sollte unter der Leitung des im 18. Jahrhundert mächtig herangewachsenen wissenschaftlichen Geistes sich vollziehen; von diesem Bedürfnis aus sollte der Zusammenhang des ganzen Systems der wissenschaftlichen Wahrheiten, von der Mathematik aufwärts, festgestellt und als ihr letztes Glied die erlösende Wissenschaft der Gesellschaft begründet werden.« (Dilthey 1959, S. 4) Das Bemerkenswerte an diesem Text ist nicht, was er sagt. Das scheint unstrittig zu sein. Bemerkenswert ist auch nicht, dass Dilthey das in polemischer Absicht tut. Das passt ebenso in die Zeit wie zu Dilthey. Bemerkenswert ist, dass Dilthey nichts anderes übrig bleibt, als selbst *soziologische Argumente* zu verwenden, um sowohl die Plausibilität wie auch das Fatum des Soziologischen auf den Begriff zu bringen. Die Soziologie lebt also letztlich von jener modernen Verheißung des Neuen, gewissermaßen einem perennierenden Versprechen der *Zweiten Moderne* – dass alles neu werde und dass sich in dieser permanenten Innovation ein Kern zeige, der als Kern hinter dem *Zweiten*, dem Neuen stets zurücktritt. Und wer von *zweiter* Moderne spricht, nimmt unmerklich Aristoteles' Versicherung auf, die kleinste Zahl sei die Zwei, weil erst sie mit dem Zählen beginnt und damit das Neue ermöglicht. Wirklich modern kann die Moderne also tatsächlich erst als *zweite* sein.

Ähnlich scharf wie Dilthey zu seiner Zeit kritisiert wohl heute nur noch Ulrich Beck, mit seiner *zweiten Moderne* der Denker der kleinsten Zahl, die Soziologie – und es ist kein Wunder, dass ausgerechnet diese Art Soziologie in der heutigen Zeit noch öffentlich funktioniert und ein Publikum findet, das es für die Soziologie letztlich nicht mehr gibt. Becks Kritik der soziologischen *Zombie-Begriffe* ähnelt dem Diltheyschen Schauder über das Verschwinden einer ganzen Welt jedenfalls in dem Gestus, das Umwälzende, das alles Bestehende verdampfen Lassende, die Tradition der Enttraditionalisierung, auch das Erlösungsmotiv als gewissermaßen gegeben vorauszusetzen. Das Bezugsproblem der Soziologie kann also – das soll die verwegene Parallele zwischen Dilthey und Beck nur andeuten – nicht außerhalb der Soziologie gesucht werden. Vielmehr muss das Aufkommen der Soziologie selbst als ein Symptom gewertet werden, das nur mit soziologischen Mitteln zu verstehen ist.

Auch das ist übrigens ein genuin modernes Motiv – es verweist die Soziologie auf die Geschlossenheit ihres Verweisungszusammenhangs, auf die Selbstreferenz ihrer Bezüge, auf die Entelechie ihrer Anschlusswahrscheinlichkeit (vgl. Nassehi 2003a). Und damit lässt sich der Eigensinn des soziologischen Fragens noch schärfer wiederholen: Auf welches *selbst erzeugte* Problem reagiert die Soziologie als Reflexionstheorie, und warum sieht es gar nicht wie ein *selbst erzeugtes* Problem aus, sondern wie ein – ja was für eines, eines der Welt? eines der Zeit? eines des historischen Schicksals? eines der Vernunft oder der Moral? Alles richtig! Aber vor allem gilt: *eines der Gesellschaft*.

Die historischen Formen sind bekannt. So stellte etwa unser Namensgeber Auguste Comte die Soziologie als jene Wissenschaft dar, mit deren Hilfe sich zum einen die statischen Strukturen der Gesellschaft beschreiben lassen, die aber zum anderen in der Lage ist, die objektiven Bewegungsgesetze der gesellschaftlichen Entwicklung herauszuarbeiten. Nach der Überwindung des theologischen und des metaphysischen Zeitalters wies Comte der Soziologie die zentrale Rolle gesellschaftspolitischer Planung und Steuerung zu, ja die soziologische Vernunft sollte gar Züge einer positivistischen Zivilreligion annehmen und damit durch die positivistische Versöhnung von Ordnung und Fortschritt geschichtspraktische Relevanz erhalten (vgl. Comte 1933).

Auch Comtes Zeitgenosse, zugleich sein völliger Kontrapunkt, Wilhelm Heinrich Riehl, ab 1859 Professor für Staats-, Gesellschafts- und Wirtschaftswissenschaften in München, betonte die radikalen Umwälzungen der »Gesellschaft«. Ging Comte von einer rationalistischen Fortschrittsphilosophie aus, hat der eher konservative Romantiker Riehl in den 50er und 60er Jahren des 19. Jahrhunderts ein soziologisches Denkgebäude entworfen, in dem dafür geworben wird, die moderne Gesellschaft nicht schlicht nivellierend auf ein Prinzip zurückzuführen, sondern die unterschiedlichen Schichten und Gruppen der Gesellschaft in ihrer Vielfalt wieder in den »Volkskörper« zu integrieren. Sein besonderes Interesse gilt dem Proletariat, das, losgelöst von Brauchtum und Sitte, wieder mit sozialen Bezügen versehen werden sollte. Riehl hält eine Reform der auseinander strebenden kapitalistischen Gesellschaft vonnöten, und der Soziologie kommt nach seiner Auffassung eine besondere Bedeutung zu, denn »in der Erkenntnis der Gesellschaft« könne »bereits die Reform der Gesellschaft vorgebildet« (Riehl 1885, S. 35) sein. Das klingt wenig spektakulär – aber die kurze Sentenz enthält bereits vieles von dem, was die merkwürdige Verschränkung der Soziologie mit ihrem Gegenstand ausmachen wird. Riehl war fasziniert von der gewachsenen Gestalt der alten Welt. Seine Beschreibungen des Bauern, dem man an den Händen seine Tätigkeit ansehen kann und dessen ganze Physiognomie ihn zeichnet, bar jeder Erklärungsbedürftigkeit, machen an der Erklärungsbedürftigkeit dieser Figur deutlich, dass bereits die Beobachtung der Welt *als Gesellschaft* den »Keim der Reform« trägt. Und selbst wenn Riehl damit ganz konventionell die »soziale Frage« meint, die wir ja bis heute mit dem Hinweis auf »Reform« behandeln, so sagt sein Text zugleich, dass das Gesellschaftliche selbst seine Reformbedürftigkeit hervorbringt. Gesellschaft ist Reform – und Reform kann es nur in der Gesellschaft geben. Die alte Welt hatte sich einfach verändert, sie war deshalb Welt. Gesellschaft ist sie erst, seit der Blick nicht mehr nur auf die *Entdeckung* und *Entbergung* ihres So-Seins sich richtet, sondern auf die *Entscheidung* und die *Entschiedenheit* möglicher Novitäten. Insofern ist Gesellschaft

Reform, selbst für den konservativen Riehl, der zur Bewahrung die Innovation braucht.

Ähnlich wie Riehl setzt auch Lorenz von Stein, ab 1846 Professor für Nationalökonomie in Kiel, ab 1855 in Wien, an der so genannten *sozialen Frage* an. Zentrales Thema für Stein ist die Frage nach »Wesen, Bestimmung und Recht der Ungleichheit der Individuen mit ihren Folgen für alle menschliche Entwicklung« (Stein 1888, S. 11). Stein war kein Sozialrevolutionär, sondern stellte sich die Frage, in welcher Weise die Gesellschaft in der Lage ist, die durch den Kapitalismus bedingte radikale Ungleichheit der Klassen zu legitimieren und zu tolerieren, und welche Rolle dem Staat zukommt, diese Ungleichheiten abzumildern und damit sozialen Frieden zu stiften. Stein zieht nicht soziale Ungleichheit als solche in Zweifel, sondern fragt nach ihrer Legitimation und Zustimmungsfähigkeit, und zwar nicht im Hinblick auf irgendeine naturrechtliche oder moralische Kategorie, sondern im Hinblick auf ihre Auswirkung auf die soziale Ordnung. Die Leitfrage ist die, wie sich soziale Ungleichheit so *gestalten* lasse, dass sie den sozialen Frieden, i. e. die soziale Ordnung nicht ungebührlich stört. Dies ist eine Frage, die ausschließlich auf dem Boden der *bürgerlichen Gesellschaft* gestellt werden kann.

Ein Jahrhundert zuvor hatte Jean-Jacques Rousseau anlässlich der Beantwortung der Preisfrage über den »Ursprung der Ungleichheit unter den Menschen« folgenden epochalen Satz geschrieben: »Der erste, der ein Stück Land eingezäunt hatte und es sich einfallen ließ zu sagen: dies ist mein und der Leute fand, die einfältig genug waren, ihm zu glauben, war der wahre Gründer der bürgerlichen Gesellschaft.« (Rousseau 1984, S. 172) Nicht die Tatsache des Einzäunens selbst ist hier der entscheidende Akt, sondern die Zustimmungsfähigkeit dieser Tatsache. Doch auch diese Formulierung ist letztlich noch zu nah an der Praxis selbst gebaut, die an die Legitimität des Zaunes glaubt. Und gerade deshalb bietet sich der Rousseausche Gedanke, so sehr er auch im Intellektuellengestus der Kritik und der Entlarvung verfasst ist, dazu an, sich mit der bürgerlichen Gesellschaft zu versöhnen. Im hobbesschen Sinne tritt der Bürger Rechte an den Leviathan ab, um sich frei bewegen zu können, ergo: um Bürger zu sein; und bei Rousseau findet man jenen Algorithmus, nach dem der Zaun nicht nur einen Raum eingrenzt, sondern zugleich ein Publikum einschließt, vor dem sich der Zaun nur als legitim darstellen kann. Dass hier die selbstbewusste Selbstbeschreibung der bürgerlichen Gesellschaft beginnt, den Besitzindividualismus mit der Idee der anerkannten Autonomie der Einzelnen zu verbinden, lässt sich leicht sehen.

Fundamentaler freilich, fundamentaler noch als bei Hobbes, bei dem die Abtretung von Rechten immerhin der Abwendung von Gewalt gegen Leib und Leben des Bürgers dient, enthält die Rousseausche Frage nicht nur einen Hinweis darauf, dass die Gesellschaft dann *bürgerlich* – er meinte damit wohl: weniger naturwüchsig und gewalttätig – werde, wenn der Zaun virtuell bleiben kann. Die Idee des Besitzes wie die des Gewaltmonopols in der bürgerlichen Gesellschaft lebt ja geradezu davon, dass man beides letztlich nicht wirklich faktisch schützen kann. Würde ein »Volk« tatsächlich geschlossen dem Gewaltmonopol sich entgegenstellen, hätte dieses kaum die Chance, sich dagegen zu wehren; und auch der individuelle Besitz muss nur in Ausnahmefällen wirklich handgreiflich geschützt werden, denn dass jeglicher Gegenstand in der Gesellschaft jemandem als Eigentum zurechenbar ist, bedarf kaum einer Erläuterung. Wirklich aufregend an Rousseaus Diktum ist also nicht die Legitimationspflicht als solche, sondern *dass überhaupt die Frage nach der Legitimation vor einem Publikum gestellt wird*. Das Gesellschaftliche der bürgerlichen Gesellschaft ist exakt dies: dass sich Lösungen vor einem Publikum bewähren müssen und dass das Publikum nicht einfach da ist, sondern sich gerade dadurch konstituiert, dass es als Bewährungsraum angesprochen wird. Das Publikum besteht selbst aus Individuen, aus *Bürgern*, die in die Lage versetzt werden, etwas zu tun, das einerseits ein kollektives, ein öffentliches, ein bürgerliches Programm entfaltet, das sie aber andererseits aus freien Stücken tun. *Zu wollen, was man soll*, das ist das Programm, das die Welt zur Gesellschaft werden lässt.

Am sinnfälligsten kann man das in Max Webers Herrschaftssoziologie nachvollziehen. Bekanntlich bindet Weber die Idee der Herrschaft an Legitimität und Zustimmungsfähigkeit (vgl. Weber 1972, S. 122 ff. und S. 714). Die hegelsche Figur der Freiheit durch Unterwerfung und der Anerkennung als Medium des Ausgleichs und der Herstellung von Allgemeinheit verbindet Weber mit dem kantischen Motiv seiner Soziologie, das Handeln der Einzelnen unter die Ägide von Motiven und Maximen zu stellen (vgl. Saake/Nassehi 2004b). Indem der Beherrschte dem Herrschaftsakt zustimmen muss, findet sich der Herrschende einem Publikum gegenüber, vor dem die Herrschaft auch legitim durchgesetzt werden kann, i. e. Zustimmung findet. Dazu gehört freilich auch die Einsicht, dass Legitimationspflicht auf das Problem seiner *ausbleibenden* Legitimation reagiert. Eine solche Voraussetzung ist nur dort funktional denkbar, wo mit Widerspruch *gerechnet* werden kann, wo sich das Legitimationsproblem also bereits als *gesellschaftliches* Problem darstellt. Webers Grundbegriffe sind also als historische Begriffe zu lesen, die viel über den Kontext lehren, in dem sie ihre enorme Plausibilität entfalten konnten. Sie sind *bürgerlich* in dem Sinne, dass der Ort, an dem sich der Sinn der Welt nicht mehr an Weltbildern und kosmologischen Gesamtheiten oder auch nur an der Routine des *Immer-schon* ablesen lässt, sondern an der Zustimmungsfähigkeit, und das ist identisch mit dem Dissensrisiko der anderen. Auch herrschendes Handeln ist in diesem Sinne *soziales* Handeln – und zwar in dem Doppelsinn, der Studienanfängern der Soziologie bisweilen so schwer zu vermitteln ist: dass nämlich das Soziale nicht das Gute ist, sondern sich das Soziale vielmehr darin zeigt, dass die Handlungsmaxime oder ihr Motiv sich am Ablauf des (faktischen oder erwartbaren) Handelns der anderen orientiert. Doch damit – das kann man den zunächst unverdächtigen Grundbegriffen der weberschen Herrschaftssoziologie entnehmen – wird das Soziale dann doch zu einer vorsichtigen Chiffre des Guten, sagen wir besser: des Angemessenen, denn Herrschaft ist eben nicht Gewalt, sie muss sich *sozial* bewähren, i. e. die *Zustimmung* der anderen erlangen können. Soziale Ordnung lässt das Wollen mit dem Sollen verschmelzen – und stößt dann auf Pathologien, auf Störungen, auf Krisen, auf Kritik, auf Veränderungsbedarf, eben auf: *Reform*. Deshalb meinte ich Gesellschaft und Reform gleichsetzen zu dürfen.

Die Welt nun als Gesellschaft zu beobachten, d. h. einen soziologischen Blick zu entwickeln, heißt nichts anderes, als Äußerungen, die *in* einer Gesellschaft beobachtet werden können, als *an* die Gesellschaft gerichtete Äußerungen zu beobachten. Gesellschaften erzeugen Räume der wechselseitigen Erreichbarkeit – wenn nicht faktisch, dann wenigstens in dem Sinne, dass sich der Sinn einer Äußerung letztlich der Anerkennung durch ein Gegenüber verdankt, sich erst von dort erschließt und somit überall Adressaten vorfindet. Das Milieu, in dem die frühe Soziologie entsteht, ist das Milieu der *bürgerlichen Gesellschaft* – nicht verstanden als Distinktionsmilieu, sondern verstanden als eine Denkungsart, in der die Welt sich als gestaltbar erweist, eng gebunden an die Idee des Nationalstaates, der sich als Vermittlungsinstanz zwischen einer Allgemeinheitssphäre möglicher Geltung und den Partikularismen einer gesellschaftlichen Praxis etabliert hat, die die Welt als gestaltbar erlebt. Damit ist die Soziologie ein Kind des 19. Jahrhunderts, ein Kind der sozialen Erweckung, die historisch die Form der nationalen Erweckung angenommen hat, ein Kind der Aufklärungsphilosophie, die in ihrer Begriffsarchitektur stets die Zurechnung auf die Verallgemeinerbarkeit ihrer Sätze als einzigen Wahrheitsausweis pries. In diesem Sinne ist die Soziologie stets und immer wieder eine *vernünftige* Disziplin geblieben, war und ist sie doch einer Idee der Universalisierung verpflichtet, die man weniger in den Begründungsfiguren findet als in dem Gestus, dass sich soziale Geltung vor der Geistergemeinschaft aller prinzipiell Erreichbaren zu bewähren hat, den man etwa in der Herrschaftssoziologie Max Webers finden kann, die die Herrschaft der prinzipiellen Gewaltsamkeit allen Herrschens beraubt.

Auch Durkheims Obsession der moralischen Integration des Verschiedenen kommt in diesem Gestus daher, dass das Besondere nur mit Rekurs auf seinen Platz im Ganzen einen Sinn haben könne. Fast ist man geneigt zu formulieren, dass damit himmlische Verhältnisse auf Erden zu herrschen beginnen. Denn hatte man in der alten Welt insbesondere auf die Konsistenz des Rekurses auf die außerweltlichen Instanzen geachtet, spielte die Vielfalt des irdischen Lebens insofern kaum eine Rolle, als zum einen ohnehin nur Oberschichteninteraktion repräsentationsfähig war, zum anderen die Publika, vor denen sich solcherart Repräsentation zu bewähren hatte, nicht die Arena der *Gesellschaft* war. Nun aber wandert die Widerspruchsfreiheit, die *coincidentia oppositorum* aus dem Himmelreich aus und etabliert sich auf Erden – beileibe nicht als Widerspruchsfreiheit, sondern als *Bedarf* für Widerspruchsfreiheit. Vom vernünftigen Subjekt der Transzendentalphilosophie bis zum rational handelnden *homo oeconomicus et sociologicus* soziologischer Handlungsmodelle, vom abstrakten Zugehörigkeitsmuster moderner politischer Verbände bis zu etablierten Formen der Lebensverläufe, von der konsistenten Erzählbarkeit des eigenen Lebens bis zur Algorithmisierung des moralischen Urteils werden Eindeutigkeitsgeneratoren etabliert, die letztlich auf ihr Gegenteil verweisen – auf eine Empirie des Widerspruchsrisikos, der Antinomien und Uneindeutigkeiten. Nur das rechtfertigt den Bedarf für gute Gründe und die enorme Anstrengung, mit der Sprecherpositionen erfunden werden, die nicht nur mit guten Gründen ausgestattet werden, sondern auch mit professionellen und organisatorischen, ästhetischen und prestigeförmigen Ressourcen zur Inszenierung von guten Gründen. Man kann das noch heute am Habitus des Philosophen mit Anspruch auf Universalisierbarkeit seiner Sätze entdecken, aber neuerdings in der globalisierten *multiple modernity* auch an seinem Konkurrenten, dem Theoretiker der radikalen Partikularität, der im Namen von *ethnic groups, black women, queers* oder sonstigen »Kulturen« die kulturelle Differenz in Anspruch nehmen kann und sich damit mit dem guten Grund eines partikularen Universalismus ausstattet (vgl. auch Saake/Nassehi 2004a). Dabei entstehen Sprecherpositionen, die es – wenigstens in der Situation – erlauben, das Widerspruchsrisiko zu minimieren. Das Medium solcher Formen sind *gute Gründe* aller Art, Gründe der universalen Vernunft ebenso wie der universale Grund der Kultur, mit dem sich universal jegliche Partikularität repräsentieren lässt – soweit sie sich in einer Praxis vorfindet, in der das möglich ist.

Gesellschaft als Arena

Überhaupt ist das Denken über Gründe, gute Gründe, vernünftige Gründe derzeit auf geradezu schmerzliche Weise undialektisch geworden. Der beste Grund für gute Gründe sind schlechte Gründe und ihre offensichtliche Bedeutung für die soziale Praxis. Gute Gründe – das ist das Medium, mit Hilfe dessen in jener Arena Ordnung hergestellt wird, die man seit etwa zwei Jahrhunderten *Gesellschaft* nennt. Es ist dies eine Arena, in der Sprecher auf Publika treffen und Publika auf Sprecher. Es ist dies jener virtuelle Raum, in dem sich das Ganze der Gesellschaft als »Gesellschaft« inszenieren lässt, als Sphäre, die als Öffentlichkeit offenkundig nicht für das Ganze steht, aber für das Ganze gehalten wird.

Es liegt nahe, den Begriff der Gesellschaft und des Sozialen nicht nur als theoretischen Begriff zu führen, sondern als *historischen Begriff*, also als Ausdruck einer Semantik, die gesellschaftliche Selbstbeschreibungen ermöglicht, die das Beschriebene als Raum der kollektiven Gestaltbarkeit behandeln. In diesem Sinne ist der historische Begriff der Gesellschaft tatsächlich ein bürgerlicher Begriff in dem Sinne, dass sich von einer Gesellschaft erst ernsthaft sprechen lässt, wenn ein Publikum wenigstens virtuell vorgestellt werden kann, an das Forderungen gestellt werden können. Der appellative Charakter der aufs Gesellschaftliche bzw. Soziale sich kaprizierenden Beschreibungsform ergibt sich mit neuen Inklusionsanforderungen. *Gesellschaft*, so zitiert Jürgen Habermas (1998, S. 92) einmal treffend, aber merkwürdig enttäuscht Siegfried Landshut, ist vielleicht nur der Titel, »unter dem sich die Spannungen, Widersprüche und Fraglichkeiten zusammenfassen, die sich mit der Wirksamkeit der Ideen von Freiheit und Gleichheit ergeben« (Landshut 1969, S. 85; vgl. dazu auch Papcke 2000) und, so muss man hinzufügen, die sich mit der Organisation sozialer Ungleichheit ergeben. Ganz im Sinne der *bürgerlichen Gesellschaft* steht dieser Begriff und die sich darin kondensierende Erfahrung für einen Fokus, der die prinzipielle rechtliche und politische Gleichheit der Menschen mit ihrer ökonomischen Ungleichheit, wenn nicht versöhnt, so doch zumindest vermittelt. In seinem berühmten und durchaus schulbildenden Vortrag *Citizenship and social class* von 1949 macht Thomas H. Marshall auf diese beiden widerstreitenden Logiken des Modernisierungsprozesses aufmerksam: ein *Gleichheit* generierendes Staatsbürgerschaftsrecht, das auf der einen Seite für ein historisch nie da gewesenes universalistisches Mitgliedschafts- und Partizipationspotential sorgt, für einen *Ungleichheit* generierenden Mechanismus des Industriekapitalismus und eines liberalen Wirtschaftssystems auf der anderen Seite (vgl. Marshall 1992).

Gesellschaft ist – um es in der luhmannschen Begrifflichkeit der Sinndimensionen zu formulieren – als semantische Figur ein Ausdruck der Konzentration der gesellschaftlichen Selbstbeschreibung auf die Sozialdimension. *Gesellschaft* fungierte als Kollektivbegriff, gewissermaßen als Kollektivsingular, der ähnlich strukturiert war wie der Subjektbegriff. War der (transzendentale) Subjektbegriff letztlich eine semantische Reaktion darauf, wenigstens die Möglichkeitsbedingung zu formulieren, unter der sich die Unterbestimmung des multiinkludierten, modernen bürgerlichen Individuums sowohl kompensieren als auch funktional legitimieren lässt, scheint der Gesellschaftsbegriff eine ähnliche semantische Funktion zu haben. Er appelliert an eine Einheit in der Sozialdimension, die offensichtlich die innere Widersprüchlichkeit und Differenziertheit in der Sozialdimension aufzuheben in der Lage schien. Der Kunstgriff des europäischen Nationalstaatsmodells war es gerade, die beiden Eckpunkte einer Beobachtung in der Sozialdimension miteinander in Verbindung zu bringen: die prinzipielle rechtliche Gleichheit der Menschen und ihre sozial, insbesondere wirtschaftlich erzeugte Ungleichheit.

In diesem Spannungsverhältnis zwischen rechtlichem Gleichheitsversprechen und ökonomischer Ungleichheitszumutung wurde das Konzept »Gesellschaft« erst plausibel. Paul Nolte schreibt im Hinblick auf die Entstehung der deutschen »Gesellschaft« im 19. Jahrhundert präzise: »Die Erfahrung des Sozialen auf den Begriff der ›Gesellschaft‹ zu bringen, drückte eine Vorstellung von Einheit, von Zusammengehörigkeit aus, welche die Zeitgenossen wahrnahmen oder jedenfalls für die Zukunft anzustreben versuchten. Aber daneben stand die andere Erfahrung, dass die Gesellschaft aus verschiedenen, ungleichen Teilen bestand, aus größeren Verbänden, die hierarchisch übereinander angeordnet waren.« (Nolte 2000, S. 37) Letztlich war es die Entstehung und die Sichtbarkeit des Proletariats, das zum einen darauf hinwies, dass die Gesellschaft aus der Gleichzeitigkeit von Unterschiedlichem bestand. Zugleich aber, darauf weist Nolte unter Rekurs auf Rainer M. Lepsius hin, erzeugt gerade die Differenz der Klassenstandpunkte die Idee einer gesellschaftlichen »Mitte«, die nicht nur ein partikularer Klassenstandpunkt war, sondern vielmehr eine Hypothek auf die Zukunft, auf die Gestaltbarkeit der Welt, auf die Lösung der sozialen Frage (vgl. Lepsius 1993, S. 51 ff.). Die Einheit der gesellschaftlichen Erreichbarkeit wurde so gewissermaßen dadurch hergestellt, dass die erfahrbaren Differenzen und Ungleichzeitigkeiten in einer normativ mächtigen Mitte aufgehoben wurden – in der Sphäre jener Bürgerlichkeit, die für die Gesellschaft jene *lokomotive* Funktion haben sollte, die man heute dem alten Kerneuropa zuspricht, dem die östlichen Anrainer und nun Mitglieder der Europäischen Union folgen sollen (vgl. Habermas 2004). Das Spannungsverhältnis von Gleichheit und Ungleichheit konnte inklusionstechnisch nicht durch Differenzierung der »Zuständigkeiten« abgemildert werden, etwa in dem Sinne, dass das Recht und die politische Zugehörigkeit zum Nationalstaat für eine Gleichheit sorge, auf deren Basis dann die Produktionsverhältnisse für entsprechende Ungleichheiten sorgen. Da die Unterscheidung von Gleichheit und Ungleichheit weder in der Sozial- noch in der Sachdimension stabil gehalten werden konnte, stabilisierte sich »Gesellschaft« deshalb vor allem in der Zeitdimension, gewissermaßen als Erwartungsbegriff. Die kurze Einleitung von Marxens *Kritik der hegelschen Rechtsphilosophie* macht auf den Zeitindex des Gesellschaftsbegriffs im 19. Jahrhundert aufmerksam (vgl. Marx 1969), auf einen Zeitindex, der in der Spannung zwischen Gleichheit und Ungleichheit sich aufspannt: zwischen einer Gleichheitssemantik des *Menschen* auf der einen Seite, formuliert entweder im Sinne der nun politischen Bürgerschaft der Bevölkerung, nicht nur des Bürgertums, oder im Sinne der marxschen Religionskritik, die den gesellschaftlichen Zustand des Menschen erst dort lokalisiert, wo der Mensch selbst das höchste Wesen wird; und auf der anderen Seite einer faktischen Ungleichheit im Sinne der Besitzverhältnisse, deren Ungleichheit ja das historische Ergebnis der Freiheit des Individuums ist, Eigentum zu erwerben und zu veräußern und eigentumsmäßig zurechnungsfähig zu sein (vgl. Macpherson 1967).

Mit dem Proletariat als Klasse, als gewissermaßen gleichen Ungleichen – (wenigstens potentiellen) Bürgern ohne Besitz mit Ausnahme der Arbeitskraft – trat jene soziale Frage auf den Plan, die die »bürgerliche Gesellschaft« erst in die *Gesellschaft* führte. Erst diese Negation des Bürgertums machte es zur Klasse, und erst dies eröffnete jenen Raum, in dem die »sociale Frage« gesellschaftlich gestellt werden konnte, in dem Distributions- und Redistributionsfragen möglich waren und in dem Ansprüche als Ansprüche behandelt werden konnten – oder wenigstens als Gefahr für den sozialen Frieden. Letztlich ist es das Proletariat, dem die eigentlichen *gesellschaftlichen* Charakteristika zugeschrieben werden konnten. Die Idee des Bürgertums oder der bürgerlichen Gesellschaft war eher die einer individuellen Zurechnung, basierend auf dem Leistungs- und dem Loyalitätsprinzip, ausgestattet mit den Segnungen biographischer Unverwechselbarkeit und individueller Stilisierbarkeit – wenigstens als Idee, die sich paradoxerweise kopieren lässt. Das war keine soziale Lage, sondern es war letztlich gleichbedeutend mit der Idee des Menschen oder des Subjekts als Organisator der mannigfaltigen Sinneseindrücke zu einer geordneten und überschaubaren Welt. Eine soziale Lage hatte nur das Proletariat – und verwies damit *die Gesellschaft* auf *die Gesellschaft*.

Um diesen Gedanken zu verstehen, lohnt sich ein Hinweis auf die Geschlechterfrage. Wer an die Geschlechterfrage denkt, denkt nicht zunächst an Männer und Frauen, sondern an *Frauen* als diejenigen, die im Kampf um Gleichheit auf Ungleichheit verweisen müssen. Solcher *gender trouble* (Butler 1991) bringt die merkwürdige Paradoxie hervor, dass das Geschlecht nur auf einer Seite der Unterscheidung ruht – wie die Rede von der Gesellschaft zunächst nur für jene plausibel war, an denen sich soziale Konflikte entzündeten, um die herum eine Arena entstand, die man »Gesellschaft« nannte, also gewissermaßen das Ergebnis von *class trouble*.

Um nicht falsch verstanden zu werden: Ich formuliere hier keine dialektische Theorie des Klassenantagonismus, um daraus eine Gesellschaftstheorie zu gewinnen. Es geht hier zunächst nur um den historischen Begriff der Gesellschaft, der im Spannungsverhältnis von Gleichheit und Ungleichheit einen Raum aufspannt, in dem sich eine Arena eröffnet, in der über *Handeln* gestritten wird. Der Raum der Gesellschaft wird zu einem *Handlungsraum*, d.h. zu einem Raum, in dem Ereignisse identifiziert werden, deren Gegenwarten eine Zukunft zu konditionieren trachten. Nichts anderes bedeutet die Beobachtung eines Ereignisses als intentional zurechenbarer Handlung.

Dass Freiheit und Gleichheit letztlich inkommensurable Größen sind, ist nicht das Problem, sondern die Lösung dafür, den Gesellschaftsbegriff ähnlich dem Subjektbegriff gewissermaßen zu transzendentalisieren, d.h. ihn vor empirischer Verunsicherung zu schützen. Wie der Subjektbegriff die innere Arena der Vernunft, des inneren Zwiegesprächs, des Maximen abwägenden empirischen Subjekts auf den Plan ruft, das an sich selbst zu appellieren in der Lage ist und das sich damit empfänglich macht für Appelle, so ruft der Gesellschaftsbegriff gewissermaßen eine äußere Arena auf den Plan, in der sich gesellschaftliche Einheit insofern einstellt, als Sprecherpositionen plausibel werden, die nicht nur *in dieser*, sondern sogar *an diese* Arena entsprechende Appelle richten. Nicht umsonst ist der Gesellschaftsbegriff als historischer Begriff ein politischer Begriff, ein Begriff, der auf die Herstellung, Stabilisierung, Erreichbarkeit und Selbstreferenz von Kollektivitäten gerichtet ist und damit eine Repräsentationsfunktion erfüllt, die *pars pro toto totum* simuliert, ohne es zu sein. Wenn ich in den folgenden Kapiteln den soziologischen Diskurs der Moderne darstellen werde, wird diese

Politiklastigkeit des Gesellschaftsbegriffs immer wieder auftauchen – und das nicht im Sinne einer Diagnose eines womöglich theoretisch falsch gebildeten Begriffs, sondern mit dem funktionalistischen Verständnis dafür, dass der Soziologie kaum etwas anderes übrig blieb als jene Zentrierung. Womöglich führt uns der Text zu der Einsicht, dass man auf den Gesellschaftsbegriff soziologisch wird verzichten müssen, um das Gesellschaftliche ernst nehmen zu können, wie auch vieles dafür spricht, den Subjektbegriff nicht einfach als nicht mehr zeitgemäßen Begriff zu kritisieren und ihn im Gestus einer *Überwindung* zu verabschieden. Vielleicht müssen wir die Idee des Subjekts (den *Begriff* sind wir ja meistens schon los!) fahren lassen, um die Subjekte, die im Plural keine mehr sind, wirklich ernst nehmen zu können – was immer das dann heißen kann. Doch ich will nicht vorgreifen.

Wie der Subjektbegriff mit seinem Appell an die Vernunft letztlich die empirische Unvernunft der Subjekte auf den Begriff bringt, so bringt der Gesellschaftsbegriff die Unerreichbarkeit der Gesellschaft und die Differenziertheit in der Sozialdimension zum Ausdruck – der eine durch die Simulation *einer* Vernunft, der andere durch die Simulation *eines* Kollektivsubjekts. Wie *Subjekt* auf die neue äußere Unterbestimmtheit des bürgerlichen Subjekts verweist, dem sein Leben nun selbst zugerechnet wird, verweist *Gesellschaft* auf die neue innere Unterbestimmtheit des bürgerlichen Subjekts, das überzeugt werden will und soll, in dem sich Wollen und Sollen versöhnen, das Subjekt dadurch wird, dass es will, was es soll, und dies an der Inszenierung seiner selbst lernend erfährt.

Voraussetzung für die Entstehung jenes *arenalen* Blicks ist die mediale Herstellung einer Gleichzeitigkeit, die erst das »empirische« Geistergespräch ermöglicht. Immer wieder ist im Hinblick auf Modernisierungsprozesse auf den Buchdruck hingewiesen worden, der erst jene Arena herzustellen in der Lage war, vor der sich Ideen als Ideen, nicht nur als Wahrheiten bewähren müssen (vgl. Giesecke 1986). War zuvor Konsistenz die *conditio sine qua non* einer langsamen Welt mit geringen Übertragungsgeschwindigkeiten für Informationen und Kritik, aber damit auch mit weniger dichten Netzen der sozialen Kontrolle, ist nun wechselseitige Kritikmöglichkeit der Normalfall. Die Beschleunigung und damit Entzeitlichung von Verbreitungsmedien macht Konsistenz unwahrscheinlich, weswegen sie nun nicht mehr im Sinne von Knappheit, sondern im Sinne von Überfluss herzustellen ist. Knapp war in der alten Welt die Konsistenz insofern, als die Vernetzung geringer war – und entsprechend drastisch waren die Techniken der Herstellung von Konsistenz. Es ist ein Fehler, sich das Mittelalter als eine Welt der konsistenten Entwürfe vorzustellen – wäre es das gewesen, ließen sich die geradezu eifersüchtigen Bemühungen um Konsistenz, d. h. um die Verknappung möglicher Stellungnahmen funktional gar nicht erklären.

Die moderne Welt dagegen beginnt mit der Inkonsistenz zu leben – schon weil durch die Etablierung von Publika, insbesondere in Schriftform, Konsistenz nicht mehr herzustellen ist. Das bringt die Idee der Kritik hervor, die integrative Kraft des Konflikts und den Mechanismus der Anerkennung – einen Mechanismus, der nur dann einen funktionalen Sinn hat, wenn sich Unterschiedliches etablieren lässt, denn für das Eigene, das Selbe, das Bekannte bedarf es keiner Anerkennung. Es muss einfach durchgesetzt werden. Alles andere muss knapp gehalten werden. Der soziologische Blick und damit sein Bezugsproblem findet sich aber in einer Welt vor, in der soziale Ordnung sich gerade nicht der Verknappung möglicher Perspektiven verdankt, sondern ihrer Multiplizierung. Alle prominenten Programme dieser »gesellschaftlichen« Welt ringen um Anerkennung für Unterschiedliches unter dem Dach eines Geltungsraums. Man denke an das Programm der *Demokratie*, das inkludierte Menschen, nicht Angehörige von Gruppen, voraussetzt, Interessen und ihre Divergenzen, Unversöhnliches und durch vernünftige Argumente nicht Zugängliches. Das Programm der Demokratie simuliert Einheit, indem es gerade darauf reagiert, dass man es mit innerweltlichen Differenzen zu tun hat – insofern ist die Demokratie viel stärker an ihre historische Gestalt des Nationalstaatlichen gebunden, als es die normativen Selbstplausibilisierungen der Demokratie nahe legen. Ähnliches lässt sich über das Programm des *Marktes* bzw. der Marktwirtschaft sagen. Die Marktwirtschaft, oder besser: der Kapitalismus setzt sowohl die Einheit eines Prinzips, nämlich das der Eigeninteressen, voraus, etabliert aber gerade damit die Differenz der individuellen Interessen. Der Markt pluralisiert und vereinheitlicht zugleich, und seine disziplinierende Form ist zugleich eine Form, die wechselseitige Beobachtbarkeit und Aufmerksamkeit erzeugt. Wie die Demokratie die beobachtende Erreichbarkeit von Unterschiedlichem geradezu epidemisch erhöht und die Anerkennung des Differenten geradezu erzwingt, *ist* der Markt letztlich nichts anderes als ein Beobachtungsprojekt, in dem potentielle Feinde an derselben Sache wirken.

Dasselbe gilt auch für das Programm der *sozialen Frage*. Dass überhaupt auf soziale Ungleichheit und Klassenlagen aufmerksam gemacht werden kann, dass sich darüber ein Konflikt politisch etablieren lässt, dass das Problem überhaupt skandalisierbar ist, hat keineswegs nur mit dem Problem als solchem zu tun. Das entscheidende Datum ist, dass die unteren, machtlosen, ausgebeuteten Gruppen der Gesellschaft, die es immer gegeben hat, nun in eine Gleichzeitigkeit mit den anderen Gruppen treten. Sie tauchen als gesellschaftliche Gruppen auf, die nicht dadurch *gesellschaftlich* zu nennen sind, weil man ihre Lage als Ergebnis sozialer Praxis interpretieren kann. Sie tauchen als *gesellschaftliche* Gruppen auf, weil sie Teil einer Arena werden, die nur Arena ist, weil die bürgerliche Gesellschaft sich in ihrem Anderen wiederfindet. Nicht umsonst wurde die marxsche Theorie des Klassenantagonismus und der praktischen Dialektik der Klassen zur entscheidenden Reflexionstheorie dieser Frage. Die Stärke dieser Theorie besteht nicht darin, auf einen Missstand aufmerksam gemacht zu haben. Sie ist nicht einfach ein Interessenprogramm, das sich einem der konfligierenden Interessen zuschlägt, sondern die Theorie der Notwendigkeit und Unhintergehbarkeit des Antagonismus selbst, der erst jene Einheit und Erreichbarkeit erzeugt, vor der ein Klassenkampf geführt werden, oder moderater: die soziale Frage die Arena bestimmen kann. In diesem Sinne ist die marxsche Theorie ironischerweise die bürgerlichste unter allen.

Auch das Programm des *Rechtsstaates* produziert Erreichbarkeit und Beobachtbarkeit – es macht Konflikte beobachtbar, domestiziert die konfligierenden Seiten und bringt Rechtssubjekte hervor, die gerade in ihrer Interessen- und Perspektivendifferenz integriert werden. Das Programm der *Familie*, in der nicht umsonst die Keimzelle des bürgerlichen Staates gesehen wurde, ist geradezu der Prototyp der Idee des Sozialen. Das bürgerliche Programm der Familie lebt davon, einen abgeschiedenen Raum der Privatheit vor einem Publikum zu inszenieren, d. h. permanent mit der Beobachtung des Unbeobachtbaren zu rechnen, das sich dann vor den Beobachtern zu legitimieren hat. Das Programm der *Bildung* dient auch der Inszenierung des Gebildeten vor einem realen und virtuellen Publikum, in dem in unmittelbaren wie in »Geistergesprächen« mit Autoren, Ideen und Traditionen ein Publikum entsteht, vor dem sich das Individuum als vernünftig zu bewähren hat. Die Kunst konfrontiert den Künstler mit einem Publikum, das nach der strikten *imitatio*-Tradition der eigentliche Ort wird, an dem sich die Kunst bewährt. Das Publikum wird gewissermaßen das, was zuvor die Natur oder die ewige Form war, die nur geboren werden musste – oder eben wiedergeboren, was die Blasphemie verhinderte, ein empirischer Künstler sei in der Lage, die transzendental vollkommene Form einer Vergangenheit zu erreichen, die so weit zurückliegt, dass man deren empirische Produktionsbedingung nicht sehen musste. Und der bürgerliche Lebensstil mit seinen Distinktionsbedürfnissen nach oben und unten, aber auch seinen internen Distinktionsbedürfnissen hat Sprecherpositionen etabliert, deren Äußerungen stets als Äußerungen an ein Publikum verstanden werden mussten.

Die Empirisierung des inneren Zwiegesprächs der Vernunft im *Philosophischen Diskurs der Moderne*

Nicht umsonst hat die in diesem Sinne bürgerliche Reflexionstheorie Äußerungen stets als Äußerungen vor einem Publikum behandelt, die eben nicht einer *adaequatio rei et intellectus* genügen mussten, sondern Geltung in einem wohldefinierten Raum erreichbarer Interaktionspartner beanspruchen konnten. Diese Denkungsart reicht von Immanuel Kants Maximenethik, die das innere Zwiegespräch des moralisch Handelnden mit einem verallgemeinerbaren inneren Gegenüber im Namen der Vernunft postuliert, bis zu Jürgen Habermas' großartiger Empirisierung und Ausweitung dieser Idee. Empirisiert hat Habermas sie damit, dass das Gegenüber nun nicht mehr ein innerlich vorzustellendes perfektes vernünftiges Wesen mit universalisierbaren Qualitäten ist, sondern der reale Andere, der, dem man in der Lebenswelt begegnet. Das Zwiegespräch mit diesem verbürgt durch eine vernünftige, oder wenigstens: von der potentiellen Vernünftigkeit des Verständigungsmediums Sprache zehrende Idee die wenigstens mögliche Verständigung über das, was in der »Gesellschaft« gelten soll. Und ausgeweitet wird die Idee bei Habermas dadurch, dass die grundlegende Adäquatheitsbedingung von Äußerungen nicht mehr nur die moralisch-praktischen Fragen betrifft, sondern auch Sachverhalte in der objektiven und in der subjektiven Welt.

An Habermas' unvergleichlichem Theorieprojekt lässt sich am besten studieren, welche Implikationen der soziologische Blick auf die Welt hat. Man muss seinen *Philosophischen Diskurs der Moderne* als Ausdruck einer Soziologisierung des philosophischen Blicks lesen, der mit Hegels Rechtsphilosophie begonnen hatte und mit Habermas zu seinem Höhepunkt gelangt ist. Habermas' Soziologisierung des philosophischen Blicks setzt letztlich konsequent auf die Umstellung des Blicks vom So-Sein der Welt und ihres Bewusstseins auf die Arena möglicher Geltungen. An Habermas' philosophischem Blick kann man studieren, wie die soziologische Denkungsart funktioniert. Habermas zerrt die philosophische Selbstbewegung des Begriffs, mit dem Sachverhalte in der objektiven Welt, Normen in der sozialen Welt und Befindlichkeiten in der subjektiven Welt begriffen werden wollen, in die *Arena*. Schon der Jenaer Hegel hatte das isolierte Selbstbewusstsein in der Vermittlung mit dem anderen Selbstbewusstsein fundiert: »Jedes ist dem anderen die Mitte, durch welche jedes sich mit sich selbst vermittelt und zusammenschließt, und jedes sich und dem Anderen unmittelbares für sich seiendes Wesen, welches zugleich nur durch diese Vermittlung so für sich ist. Sie *anerkennen* sich als *gegenseitig sich anerkennend.*« (Hegel 1970a, S. 147) Schon hier wird dem Sozialen jene positive Kraft zuerkannt, die seine merkwürdige Doppelbedeutung als normativer und analytischer Begriff ausmacht. In Hegels wechselseitiger Anerkenntnis ist Habermas' Idee jener Intersubjektivität grundgelegt, die bei ihm dann die Vernunft der sprachlichen Kommunikation noch im parasitären Sprachgebrauch aufscheinen lässt. Die Vernunft jedenfalls hat sich nun sozial zu bewähren und wird an die Öffentlichkeit möglicher Geltung und ihrer Kritik befohlen. Diese Soziologisierung der zentralen philosophischen Frage nach der Vernunft verweist darauf, dass sich gar die philosophische Geltung der Vernunft als eine Praxis begreifen muss, die sich zu bewähren hat, d. h. die nicht mehr schlicht dekretiert werden kann, sondern die konkrete Erfahrung der Dementierung ihrer selbst macht. Sie ist nach wie vor eine Denkungsart, die auf Totalität abzielt, macht aber seit Hegel die Erfahrung einer entzweiten Totalität – ob dies nun die autoritäre Versöhnungsphilosophie Hegels selbst ist, seine praxeologische Weiterführung durch Marx, seine Umwertung von Nietzsche bis Adorno oder seine Wiederverlagerung von der Arena der Welt in die innere Arena der ebenso unhintergehbaren wie unerreichbaren Existenz mit Schleiermacher, Kierkegaard und Schopenhauer. All diese Entzweiungsphilosophien sind Philosophien der Pathologie des entzweiten bürgerlichen Individuums, dessen innere Entzweiung nur noch eindringlicher auf den Totalitätshorizont verweist. Den jungen Hegel paraphrasierend schreibt Habermas: »Die entzweite Totalität kann erst versöhnt werden, wenn aus der Erfahrung der Negativität des entzweiten die Sehnsucht nach dem verlorenen Leben aufsteigt – und wenn diese die Beteiligten dazu nötigt, in der abgespaltenen Existenz des Fremden die verleugnete eigene Natur wiederzuerkennen.« (Habermas 1985a, S. 40) Die Erfahrung der Negativität, der Entzweiung, der Mannigfaltigkeit, des Konflikts, der Verschiedenheit lässt erst den Wunsch entstehen, jenes Medium der Anerkennung anzuerkennen, nach dem sich die Welt als *soziale Welt* darstellt. Das *falsche* ist dann das fragmentierte Bewusstsein.

In alldem ist noch keine Soziologie – sie tritt erst später auf. Aber in alldem bereitet sich jener soziologische Blick vor, der die Welt als eine einheitliche Welt interner Konflikte erscheinen lässt. Es ist dies eine Welt, in der man stärker als je zuvor damit rechnen muss, dass Stellungnahmen, Geltungsansprüche und Interessen mit einem *»Nein«* quittiert werden, dem paradoxerweise Anerkennung zu zollen ist. Damit eröffnet sich jenes Publikum, jener soziale Raum, in dem auch das ganz Andere und das Abwesende als Element der Gesellschaft zu erscheinen beginnt – in den Blick gerät nun all das, was gleichzeitig in Abwesenheit geschieht und was durch Kommunikation dementiert werden kann. Der soziologische Blick wird damit unausweichlich.

Der soziologische Blick ist ein Blick, der stets Publika entdeckt. Dieser Blick gehört zu einer Welt, in der sich nichts auch nur irgendwie bewähren könnte, wenn es sich nicht der Beobachtung durch andere stellt und *darin* bewährt. Habermas ist ein scharfer Beobachter exakt dieses Auseinandertretens von Faktizität und Geltung bzw. von einer Welt, die sich selbst genügt, und einer Welt, in der nichts ohne Zustimmungsfähigkeit sich genügen kann. Zugleich gibt Habermas sich damit nicht zufrieden und zieht aus diesem – wenn man so will – ontologischen Defizit noch den normativen Maßstab eines Raumes ab, in dem sich Geltungsansprüche bewähren können. Auch hier finden wir, ähnlich wie in Webers Herrschaftssoziologie, die merkwürdige Idee vorbereitet, dass das Soziale zugleich das Gute sei bzw. das Gute insofern verbürgt, als soziale Ordnung stets als zustimmungsfähige Ordnung gedacht wird, als integrierte, vernünftige, legitimierte Ordnung – wie bei Hegel als Anerkennung des gegenseitigen Sich-Anerkennens.

Habermas' Denkungsart ist insofern geradezu paradigmatisch für das soziologische Projekt, als sich in ihr der normative Anspruch der Moderne mit der empirischen Analyse ihrer realen Bedingungen paart. Habermas' zweistufiges Gesellschaftskonzept (Habermas 1981a/b) lebt sowohl von der Realität einer ausdifferenzierten Gesellschaft, der letztlich alle Elemente jener Geselligkeit fehlen, an die der Begriff gemahnt, als auch vom trotzigen Festhalten an der empirischen Wirksamkeit des normativen Maßstabs der (europäischen) Moderne. Habermas behauptet weder, dass die Gesellschaft als System und Lebenswelt durch kommunikatives Einverständnis zusammengehalten wird, noch glaubt er, dass sich wenigstens lebensweltlich so etwas wie eine gesellschaftliche Einheit herstellen ließe, die mehr ist als ein Ort, an dem das Unterschiedliche aufeinander prallt. Er schreibt: »Die polyzentrischen, einander zuvorkommenden, sich wechselseitig überbietenden Totalitätsentwürfe erzeugen konkurrierende Mittelpunkte. Selbst kollektive Identitäten tanzen auf und ab im Fluß der Interpretationen und passen wohl eher zu dem Bild eines fragilen Netzwerks als zu dem eines stabilen Zentrums der Selbstreflexion.« (Habermas 1985a, S. 417) Aber selbst in Habermas' Denken findet sich noch jener dialektische Stachel, der den Blick darauf lenkt, dass die Idee der Verständigung gerade eine Funktion ihrer empirischen Negation ist. Allenfalls ein »virtuelles Zentrum« kann Habermas ausmachen, allenfalls eine bisweilen kontrafaktische Idee, oder, wie er formuliert: »eine Projektion, aber eine wirksame« (ebd.). Damit bündelt Habermas letztlich die Grundidee des soziologischen Diskurses, indem er auf eine *Arena* verweist, vor der und in der kollektiv bindende Entscheidungen entworfen und verworfen werden – und erlaubt sich zugleich, diesen Gedanken noch reflexiv zu machen und die Arena als eine *wirksame Projektion* zu beschreiben. Habermas' theoretische Methode ist die der Rekonstruktion, und zwar sowohl der theoretischen Rekonstruktion wie der Rekonstruktion vor allem normativer Standards in der Praxis der Gesellschaft, die noch in der Dementierung dieser Standards von diesen zehrt. Womöglich ist dies der Höhepunkt jenes Arena-Modells, das sowohl den soziologischen Blick erzeugt hat als auch die Reflexionstheorie der gesellschaftlichen Selbstbeschreibung *als Gesellschaft* geworden ist.

Ich lese Habermas als paradigmatischen Fall des soziologischen Blicks – zumindest paradigmatisch für einen soziologischen Blick, wie er als der *soziologische Diskurs der Moderne* erscheint. Dass Habermas derzeit in der soziologischen Diskussion nicht mehr jene prominente Rolle spielt, hat womöglich damit zu tun, dass sich sein Blick als soziologische Normalform durchgesetzt hat – nicht in der Art, dass die Soziologie zur Normalwissenschaft im kuhnschen Sinne mutiert sei. Wohl keine Disziplin ist weiter davon entfernt. Aber vielleicht kann sich das auch kaum eine andere Disziplin leisten, weil die Soziologie letztlich zusammengehalten wird durch ein subkutanes kollektives Gedächtnis, vielleicht besser: eine kollektive Erinnerung an die bürgerliche Erfindung des Sozialen als einer Bühne, auf der und vor der um Geltung und Legitimation gerungen wird. Man darf diesen Gedanken nicht aus der Perspektive konkurrierender Theorien beobachten, sondern sollte nach dem Verbindenden fragen. So wird sich ein Vertreter der ökonomischen Handlungstheorie nicht angesprochen fühlen – aber mit der Modellierung des Menschen als eines Vorteile maximierenden Handelnden auch nicht leugnen können, dass exakt das eine der Besetzungen jener bürgerlichen Bühne ist, auf der sich interessegeleitete Individuen einfinden, die sich beobachtbar machen. Und auch die neofunktionalistischen Nachfolger des Strukturfunktionalismus wie Jeffrey Alexander (1985) oder Richard Münch (1984) sind nicht als Habermasianer bekannt, aber sie teilen mit ihrer geradezu obsessiven Postulierung der Integrationsnotwendigkeit von Gesellschaften und anderen sozialen Gebilden jene Grundidee der Wechselseitigkeit und Anerkenntnis aller Perspektiven, die erst jenen *sozialen Raum* ausmacht, in dem Geltungen gelten und nicht einfach Seiendes ist. Und selbst dort, wo die Soziologie vom Rekurs aufs gesellschaftliche Ganze gelassen hat, formiert sie ihren Gegenstand als Bühne, auf der sich Handlungen vor einem abwesenden generalisierten Anderen zu bewähren haben wie im symbolischen Interaktionismus seit George Herbert Mead. Oder sie beschreibt Ordnungen und Praxen der Interaktion im Goffmanschen Sinne mit expliziten Theatermetaphern und vermag es, noch die einfachsten Formen der sozialen Verarbeitung von Anwesenheit als Arena für Spielzüge zu deuten.

Diese Andeutungen mögen an dieser Stelle genügen. Im Hinblick auf das grundlegende Bezugsproblem der Soziologie lässt sich zunächst festhalten, dass die Soziologie als Reflexionstheorie innerhalb eines gesellschaftlichen Raumes entstanden ist, der sich als Geltungsraum darstellt, in dem die appellative Rede denkbar ist, in dem sich Öffentlichkeiten konstituieren und Beobachtbarkeit unvermeidbar wird, in dem sich Konflikte etablieren, in dem an jeder Stelle mögliche Adressaten auftauchen, die aufgeklärt werden können und müssen. Damit ist die Soziologie eine durch und durch *bürgerliche* Disziplin – bürgerlich nicht in dem Sinne des Schimpfworts, keine *proletarische* oder *aristokratische* Disziplin zu sein, sondern bürgerlich in dem Sinne, dass sie die Welt als *Gesellschaft* vorfindet, als einen Raum, in dem Kontingenzen nicht immer schon eingeschränkt sind, sondern eingeschränkt werden müssen und in dem sich das empirisch als das Verhältnis von Eigeninteresse und Gemeinwohl, von Besonderem und Allgemeinem, von Wollen und Sollen darstellt.

Der soziologische *frame of reference*

Den soziologischen Diskurs der Moderne zu rekonstruieren erfordert mehr als nur die Theoriegeschichte des Faches zu systematisieren, denn diese ist in ihrer Selektivität nicht der soziologische Diskurs der Moderne selbst, sondern sein Effekt. Denn würde man die Theoriegeschichte der Soziologie rekonstruieren, würde man doch nur auf das stoßen, was wir als Systematisierung unseres Faches immer schon wissen. Man würde nahezu unweigerlich in das Fahrwasser jener Lieblingsunterscheidungen unseres Faches geraten, die in unseren Lehrbüchern nicht deshalb stehen, weil die Arbeit am Begriff dies nahe legt, sondern umgekehrt. Die Arbeit am Begriff scheint sich dem zu subordinieren, was unsere Lehrbücher in geradezu buchhalterischer Genauigkeit über die Soziologie zu erzählen wissen. Ob die Lieblingsunterscheidungen nun das Kritische vom Affirmativen, das Individualistische vom Kollektivistischen, das Handlungstheoretische vom Systemtheoretischen oder das Quantitative vom Qualitativen zu scheiden wissen, stets führt die Unschärfe der lehrbuchhaften Systematisierung zu scharfen Differenzierungen, die sich bis in die Lehrstuhlbezeichnungen an soziologischen Instituten perpetuieren. Und selbst wenn es für ausgemacht gilt, dass diese Unterscheidungen *letztlich* nichts gelten und auf Tagungen und im soziologischen Klatsch gebetsmühlenartig wiederholt wird, dass diese Unterscheidungen eigentlich zu einfach seien, so wird deren Reduktionsleistung doch in den soziologischen Texten und Forschungsdesigns ebenso sehr geschätzt wie für unproblematisch gehalten. Würde man also den soziologischen Diskurs der Moderne enggeführt an der Systematik unserer Lehrbücher rekonstruieren, könnte man auf diese Rekonstruktion getrost verzichten. Denn mehr als die Versicherung, dass sich manche der Unterteilungen als weniger stabil herausstellen, als man erwartete, wird neben der Stabilisierung ebendieser Unterteilungen nicht herauskommen.

Nun wird man die eingespielte Systematik des Faches nicht ignorieren können. Auftauchen freilich muss sie am Ende der Argumentationskette, als Resultat einer Selbstbeschreibung, die sich darüber wundert, dass die Systematik so funktioniert. Überhaupt ist das die entscheidende Frage, wenn es um die Rekonstruktion des soziologischen Diskurses der Moderne geht. *Wie funktioniert die Soziologie? Was macht ihre Fragen plausibel? Zu welchen Fragen passen ihre Antworten? Und welche Art Antworten erwartet man, wenn man fragt, wie es die Soziologie getan hat und immer noch tut? In welcher Gesellschaft stellt die Soziologie die Frage nach der Gesellschaft, und inwiefern nehmen andere Beobachter in der Gesellschaft die Soziologie der Gesellschaft wahr?* Den soziologischen Diskurs der Moderne zu rekonstruieren bedeutet demnach, die Frage nach dem Bezugsproblem des soziologischen Denkens zu stellen, die Frage nach den inneren und äußeren Plausibilitätsbedingungen des Faches und nicht zuletzt nach jenen Bedingungen, unter denen die Soziologie sich heute vor einem völlig anderen Publikum vorfindet als noch vor einer Generation. Man wird also, rekonstruiert man den soziologischen Diskurs der Moderne, in Rechnung stellen müssen, dass sich nicht nur die Soziologie verändert, sondern mit ihr und um sie herum die Gesellschaft, in der und über die sie handelt. Die Frage nach der Plausibilität des soziologischen Fragens zu stellen geht also, ernsthaft betrieben, weit darüber hinaus, die Soziologie allein zum Gegenstand zu machen. Den soziologischen Diskurs der Moderne angemessen zu rekonstruieren, bedarf es also einer *soziologischen* Perspektive.

Der öffentliche Kredit des Faches scheint aufgebraucht. Regelmäßig wird das Fach begleitet von einer Kritik, die es selbst zumindest für so plausibel hält, dass es nicht wirklich offensiv damit umgeht. Dabei muss auffallen, dass die Soziologie ohne Zweifel als Erfolgsgeschichte rekonstruiert werden kann. Man muss sich nur vergegenwärtigen, wo überall auf soziologisches Wissen zurückgegriffen wird, wer alles Forschungsergebnisse in Anspruch nimmt und wie selbstverständlich es ist, Daten zu verwenden, deren Genese ohne Zweifel soziologischen Ursprungs ist. Die Soziologie ist alles andere als eine *nutzlose* Disziplin – wenn damit auf jene Effizienz angespielt wird, die wir zunehmend in Form ihrer Produktgängigkeit zu messen pflegen. Die Soziologie erzeugt mannigfache Produktlinien, sie ist wie kaum eine andere wissenschaftliche Disziplin nah an der Frage der Verwertbarkeit ihrer Ergebnisse gebaut und hat nicht zuletzt jenen Blick auf die »Gesellschaft« erzeugt, der das Fundament ökonomischer, politischer und schulischer Beobachtungen bildet. Dabei sollte nicht nur an die nahe liegende Verwendung von Datensätzen und ihre statistische Verfremdung des Einzelfalls zu Aggregaten gedacht werden, wie wir sie aus der Sozialstatistik, aus der marktkompatiblen Beobachtung von Konsumentenpopulationen oder im Sinne der Kalkulation mit potentiellen Beitragszahlern für private und öffentliche Assekuranzsysteme kennen. Das eigentliche »Produkt« des soziologischen Blicks ist jene Aggregatebene selbst. In der Gesellschaft kommt die Gesellschaft in vielfältiger Weise vor – als marktkompatibler Horizont für Zahlungen, als politischer Horizont für die kollektive Verbindlichkeit von Entscheidungen, als Konflikthorizont für rechtliche Regulierungsnotwendigkeit, als immanente Inkarnation einer transzendenten Kraft im religiösen Sinne oder auch als Raum empirisch zumeist hässlicher, aber potentiell künstlerisch schöner Formen. All das (und noch viel mehr) können Soziologen sehen, wenn sie sich dafür interessieren, unter welch unterschiedlichen Gesichtspunkten die Gesellschaft sich selbst thematisiert. *Als Gesellschaft* freilich erscheint die Gesellschaft in der Gesellschaft vor allem als ein eigentümliches Aggregat, als das Produkt eines Blicks, der genuin *soziologisch* ist. *Als Gesellschaft* erscheint die Gesellschaft sich selbst in dem Sinne, dass sie eine

Thematisierungsebene dafür findet, dass wir zwar das Verhalten individueller Akteure, vulgo: von *Leuten* beobachten können und alltäglich damit zu tun haben, dass aber gerade das nur die eine Seite einer Unterscheidung ist, die der Kumulation der *Leute* mehr zutraut als bloß den Kumulus. Nicht umsonst stammt der Begriff der *Gesellschaft* in seinem (wie ich meine, bis heute nicht überwundenen) hegelschen Sinne aus dem wirtschaftsnahen Bereich, in dem jeder Einzelne seine Interessen vertritt, darin und damit aber eine Aggregatebene erschafft, die allein den je eigenen Interessen nicht entnommen werden kann, weswegen Hegels Theorie der Subjektivität sowohl auf das Einzel- wie auf das Kollektivsubjekt abstellt, dessen vernünftig-wirkliche Quelle dann in einer dialektisch-diesseitigen Metaphysik des Geistes beschrieben werden kann. Nach Hegel – und nach Habermas – verschwindet die vernünftige Begründung für Geltungsansprüche, der Anspruch auf Geltung aber bleibt. Dieser Anspruch findet sich in einer Arena der Erreichbarkeit vor, in der wenigstens der Anspruch auf Geltung geltend gemacht werden kann.

Das Sich-Kumulierende erzeugt eine Aggregatebene *sui generis* – und exakt diese Selbstverständlichkeit ist es, die einen *soziologischen* Blick in unterschiedlichsten Routinen der modernen Gesellschaft etabliert. Das Verständnis der Welt als einer *sozialen* Welt meint nicht nur die Tatsache, dass sich die Welt nun als gestaltbar darstellt und sich Normen ebenso wie Wahrheiten und sogar Wahrhaftigkeiten als ebenso kritisierbar wie konstruierbar herausstellen, ja dass man sie gar wollen kann. Nicht nur dieses eigentümliche Zusammenfallen von Konsumtion und Produktion der Welt macht das Soziale aus, sondern vor allem die Tatsache, dass der Kumulation aus Einzelinteressen, Einzelhandlungen und konkretem Verhalten eine neue, eine emergente Realitätsebene zugetraut wird, die in Form von Märkten, von Nationen, von Völkern, von Gruppen, von Organisationen usw. nun selbst einen ontologischen Status erhält.

Die Rede vom Gesellschaftlichen erzeugt einen Blick mit Publikum – und das gilt nicht nur für die soziologische Rede vom Gesellschaftlichen, sondern für die Idee des Gesellschaftlichen schlechthin. In allen Funktionssystemen der Gesellschaft entstehen Arenen wechselseitiger Beobachtung in Form von Preisen und Zahlungen, Bildungstiteln und Bildungswegen, politischen Positionen und Entscheidungen, medialen Formen und Ereignissen, moralischen Positionen und religiösen Stellungnahmen. Und indem diese je intern füreinander sichtbar werden, in all ihrer Unterschiedlichkeit, Inkommensurabilität, in ihrer Unversöhnlichkeit und bisweilen wechselseitigen Gleichgültigkeit, entsteht das Bild einer Arena, in der man mit Abwesenden rechnen muss, die gerade aufgrund ihrer Abwesenheit erreichbar werden. Wie in einer Arena sieht man die andere Seite nur von Ferne, man sieht aber, dass sie da ist, und man kann sie prinzipiell ansprechen. In den Bereich des in dieser Weise Sichtbaren rückt inzwischen eine globale Arena, nicht weil die Interdependenzen zwischen unterschiedlichen Erdteilen tatsächlich dramatisch stärker geworden sind, sondern weil sich Sprecher zunehmend als wechselseitig erreichbar erleben. Die Soziologie hat diese Idee der Arena mit unterschiedlichsten Begriffen belegt, die von Wertsphären, sozialmoralischen Banden, generalisierten Anderen und gesellschaftlichen Gemeinschaften bis zu kollektiven Identitäten oder Betroffenheitsgemeinschaften, heute beliebterweise mit kosmopolitischen Ausmaßen, reichen. Der Erfolg der Soziologie als einer *Leitwissenschaft*, als die sie heute nicht mehr wahrgenommen wird, hängt unter anderem auch damit zusammen, dass sie sich selbst in jener *Arena* wiederfand, die sie in der Gesellschaft vorfand und die sie in sie hineingeschrieben hatte. Dabei war die Wahrnehmung der Soziologie von außerhalb stets anders als die Selbstwahrnehmung. Für sich selbst war und ist die Soziologie eine Disziplin mit hoher Professionalität, die man nicht so sehr an selbst zugeschriebenen Qualitätsstandards messen sollte, sondern eher daran, wie verwertbar soziologisches Wissen in allen Bereichen der Gesellschaft geworden ist. Der Soziologie und ihren sozialwissenschaftlichen Derivaten (Politikwissenschaft, Kommunikationswissenschaft, Medienwissenschaft, Bildungsforschung, Frauen- und Geschlechterforschung etc.) verdanken unterschiedliche Praxisfelder ihre Kategorien – man denke etwa an die Sozialstatistik, an die Kategorisierungen zur politischen Wahrnehmbarkeit von sozialen Problemen, an die Selbstbeschreibungen des Politischen und die Formulierungen ihrer Programme, an die Rabulistik der sozialen Bewegungen usw. Hier hat sich eine nahezu geräuschlose Form des Wissenstransfers etabliert.

Die öffentliche Wahrnehmung der Soziologie freilich war eine andere. Die Soziologie – oder wenigstens ihre Begriffe und Chiffren – tauchte in jenen Arenen an prominenter Stelle auf, die das bildeten, was der Gegenstand dieser Disziplin sein sollte: *in der Gesellschaft*, das hieß: in der öffentlichen, sichtbaren Debatte, im Streit um angemessene Begriffe. Selbstbeschreibungskonjunkturen waren auch Konjunkturen soziologisch verwendeter Begrifflichkeiten – von der strukturfunktionalen Idee der »Modernisierung« über die Schimpfworte »Klassengesellschaft« und »Spätkapitalismus« bis zur Suche nach »Identitäten«, »Solidaritäten«, »Verfassungspatriotismen« und Ähnlichem mehr. Die öffentliche Wahrnehmung der Soziologie bestand nicht darin, dass man von ihr verlangte, die Gesellschaft angemessen semantisch zu repräsentieren, aber zumindest gelang es, mit Hilfe soziologischer Begriffe Ablehnung zu provozieren, Widerspruch zu erzeugen oder wenigstens einem intellektuellen Publikum jene Chiffren an die Hand zu geben, die es braucht, um sich so zu artikulieren, dass es sich als Publikum identifizieren kann. Der Ruf der Soziologie war dabei zugleich der bewundernde einer permanenten Versorgung von Debatten mit neuem Begriffsmaterial und der kritische einer bisweilen unverständlichen, aber dennoch wertvollen Diskursform. Jedenfalls leuchtete die Soziologie ein – so lange, bis sich die Selbstwahrnehmung von Gesellschaften als Gesellschaften restlos etabliert hatte.

Die Soziologie ist ein typisches Beispiel dafür, wie man an seinem eigenen Erfolg zerbrechen kann. Seit die Soziologie nicht mehr provozieren kann, beklagen die gleichen Beobachter, die weiland die großen Sätze und die große Geste der Soziologie, ihre Chuzpe in der Besetzung zentraler Selbstbeschreibungschiffren kritisiert hatten, heute ihr Fehlen. Mit kalkulierbarer Regelmäßigkeit wird das Fach in der veröffentlichten Meinung in Frage gestellt, seine Krise diskutiert – und es werden die alten Zeiten beschworen. Hatte man der Soziologie vor einigen Jahren noch die große Geste übel genommen – heute wird sie vermisst. Hatte man die allzu normativ gebauten Beschreibungen des Faches einst gebrandmarkt – heute wird die Krise unter anderem damit begründet, das Fach biete keine Lösungen und Orientierungen mehr in sozialmoralischen Fragen. Es bedarf für diese Diagnose gar keiner Belege, denn die Debattenform wiederholt sich regelmäßig. Man muss nur die Feuilletons aufschlagen, wenn Soziologenkongresse tagen.

Das Fach war so erfolgreich, dass selbst seine kritischen Beobachter exakt jene Chiffren verwenden, die die öffentliche Debatte der Soziologie verdankt. Und man wäre kein guter Soziologe, würde man diesen veränderten Zungenschlag der Fremdbeobachtung des Faches nicht soziologisch interpretieren wollen. Meine Vermutung ist, dass sich inzwischen die Arena selbst verändert hat, dass also womöglich die Normalform dessen, was uns als *Gesellschaft* erscheint und was sich seit der hegelschen Theorie der Differenz der bürgerlichen Gesellschaft zum Staat im 19. Jahrhundert bis heute etabliert hat, abhanden gekommen ist. Etwas stark formuliert: *Womöglich existiert jenes Publikum nicht mehr, das Sprecherpositionen erlaubt, die so sprechen, wie es die normative Grunderwartung des Soziologischen bis vor kurzem implizierte. Und womöglich ist dies gerade der Soziologie fremd geblieben.*

Soziologische Sprecherpositionen – Adorno, Habermas und Beck

Ich sehe darin ein Symptom für eine radikale Veränderung dessen, was das Gesellschaftliche der Gesellschaft ausmacht – und ich möchte in diesem Buch vor exakt diesem Hintergrund der inzwischen veränderten Sprecherposition der Soziologie in einer sich wandelnden *Arena* den *soziologischen Diskurs der Moderne* nachzeichnen. An dieser frühen Stelle des Argumentationsgangs möchte ich dies am Beispiel dreier Hauptfiguren der deutschen Soziologie durchspielen, und zwar am Beispiel dreier Hauptfiguren von erheblicher öffentlicher Reputation, nämlich Theodor W. Adorno, Jürgen Habermas und Ulrich Beck. Dabei werde ich mich zunächst weniger für die Substanz der Werke der drei Soziologen interessieren, zumal sie im Hinblick auf ihre *wissenschaftliche* Bedeutung kaum unterschiedlicher sein könnten. Es geht hier ausschließlich um die Öffentlichkeitsfähigkeit der drei Werke, darum, wie ihre Texte je unterschiedliche Publika erzeugen und damit auf jene Veränderung hinweisen, die man am öffentlichen Bild der Soziologie ablesen kann. Mich interessierte ja, wie oben angemerkt, die Frage, wie die Soziologie *funktioniert* – und diese drei Soziologien haben funktioniert, je unterschiedlich. Aber ich werde neben den Hinweisen auf Veränderung auf einen erstaunlichen Kontinuitätskern stoßen.

Dass Habermas sich selbst als Nachfolger der Kritischen Theorie sieht, ist evident. Aber auch Beck schließt explizit an die Kritische

Theorie an. Es lassen sich zwar kaum Texte denken, die weiter von den negativ-dialektischen Konstruktionen eines Theodor W. Adorno entfernt sind als die von Beck, aber einige *ästhetische* Ähnlichkeiten lassen sich doch finden. Wie die frühe kritische Theorie das Gefangensein in den Kategorien einer logischen Zurichtung der Welt markiert, macht Beck immer wieder darauf aufmerksam, wie sehr wir in den Kategorien unserer Begriffsapparate gefangen sind, die nur noch einen Schein der Wirklichkeit preisgeben; so wie die alte Kritische Theorie die Unsagbarkeit einer Gegen-Wahrheit vor sich hergetragen hat, spielt Beck mit dem Gedanken, dass das Andere der anderen Moderne noch nicht wirklich formulierbar ist; wie die Frankfurter noch den *absoluten Verblendungszusammenhang* diagnostizier-ten, macht Beck in der Soziologie ebenso wie in der politischen Praxis einen durch »Zombie-Kategorien« verstellten Blick aus, der seine eigene Verblendung nicht sehen kann; und wie Adorno insbesondere der Erfolg des Wissenschaftsbetriebs und dessen Verzicht auf Reflexivität stets verdächtig war, brandmarkt auch Beck die Langweiligkeit einer Forschung, die sich in ihren eigenen Erfolgen eingerichtet habe und gerade deshalb nicht sehen könne, dass sie nicht eine gesellschaftliche Realität wiedergibt, sondern an ihrer Zurichtung sich beteiligt. Blieb die alte Kritische Theorie freilich ihrem selbst auferlegten Bilderverbot treu und der Parole verpflichtet, kein richtiges Leben im Falschen auffinden zu können, weiß Beck das Richtige sehr wohl zu benennen: Das Falsche ist ihm nur eine verstellte Spielart seines Gegenstandes; die Erlösung des kosmopolitischen Blicks, der solidarischen Geste in der Weltrisikogesellschaft und der Repolitisierung eines Epochenwandels, der sich, so wundert sich Beck, »*un*politisch und *un*gewollt, vorbei an allen politischen Entscheidungsforen, Konfliktlinien und parteipolitischen Kontroversen vollzieht« (Beck 1996, S. 30).

Beck setzt letztlich das um, was die Kritiker der alten, der bürgerlichen, der akademischen, der philosophischen, der erkenntniskritischen, der negativ-dialektischen Kritischen Theorie eingefordert hatten: dass die Kritische Theorie *politisch* werden sollte. Historisch gesehen positioniert sich diese Art Kritischer Theorie also ästhetisch eher in der Nähe von Habermas' Versuch, die alte Kritische Theorie durch atlantische Westbindung zu retten und sie in der Tradition der klassischen Aufklärungsphilosophie zu regenerieren. Nicht nur was die öffentliche Aufmerksamkeit des »Philosophen der alten

Bundesrepublik« angeht, scheint Beck dessen Nachfolge angetreten zu haben. Auch im Hinblick auf die Motive einer Demokratisierung und kommunikativen Öffnung von Entscheidungshorizonten und gesellschaftlichen Öffentlichkeiten scheint Beck Ähnliches im Sinn zu haben. Es sind jedenfalls dieselben Traditionen, auf die Beck sich bezieht: die klassische Aufklärung, die Idee der Gesellschaft stiftenden Solidarität, die Frage der Austauschprozesse zwischen »lebensweltlichen« und institutionellen Arrangements und nicht zuletzt der reflexive Zugriff auf Traditionen. Beide, Habermas wie Beck, setzen auf eine Erneuerung der Tradition der Kritischen Theorie, indem sie den Gestus der totalen Selbstdementierung, der der *Dialektik der Aufklärung* und der *Negativen Dialektik* noch anhaftete, revidieren und ihr eine Form geben, die für die politisch-praktische ebenso wie für die wissenschaftlich-theoretische Rede tauglich ist. Was die alte Kritische Theorie zwar in der *Arena* der Gesellschaft verkündete, wird bei Habermas wie bei Beck selbst noch einmal dadurch eingeholt, dass sie zugleich eine *Theorie der Arena* anbieten. Was Adorno noch gewissermaßen selbstverständlich zur Verfügung stand – der Horizont auf die Gelehrtenrepublik und der Horizont eines Publikums, dem man dialektische Sätze auch im Radio zumuten kann, in Sendungen mit Wortbeiträgen von über 1:30 Stunden (nicht Minuten!) (vgl. Adorno 1999) – muss Habermas reflexiv als Theorie der Öffentlichkeit und seiner zweistufigen Gesellschaftstheorie normativ und strukturell begründen, während Beck wiederum auf die Begründung verzichten kann und selbst vollends politisch wird.

Die alte Kritische Theorie erzeugte ihre bildhafte Kraft dadurch, dass sie stets den Horizont jenes Allgemeinheitsdenkens mitführt, das sie theoretisch destruiert. In der *Negativen Dialektik* schreibt Adorno: »Der Totalität ist zu opponieren, indem sie der Nichtidentität mit sich selbst überführt wird, die sie dem eigenen Begriff nach verleugnet. Dadurch ist die negative Dialektik, als an ihrem Ausgang, gebunden an die obersten Kategorien von Identitätsphilosophie. Insofern bleibt auch sie falsch, identitätslogisch, selber das, wogegen sie gedacht wird. [...] Identität ist die Urform von Ideologie.« (Adorno 1997b, S. 150) Die ästhetische Konstruktion dieses Arguments liegt darin, dass die Einzeltatsache, das Besondere, die Erscheinung sich nur ausdrücken lässt in einer dialektischen Denkfigur, deren eigentlicher Gegenstand das Ganze *als Ganzes* ist.

Da die historische Erfahrung des 20. Jahrhunderts freilich anders als das Selbstbewusstsein des frühen 19. Jahrhunderts Hegels eine positive Bestimmbarkeit des Allgemeinen schwer macht, bleibt Adorno nur die *negative* Dialektik, deren Bilderverbot auch der Selbstverteidigung dient – und das von einer akademischen Jugend aufgenommen wurde, die sich den Verzicht aufs Identitätsdenken schon dadurch leisten konnte, dass sie in den Prosperitätsjahren nach dem Zweiten Weltkrieg mit ausreichend Identität ausgestattet wurde. Adorno konnte zwar in großer Geste das Publikum beschimpfen und ihm letztlich die Bedingung der Möglichkeit absprechen, überhaupt zu verstehen, wovon die Rede ist. Einen *universalen* Verblendungszusammenhang freilich wird man nur dort ernsthaft vertreten können, wo er letztlich empirisch schon widerlegt und dementiert worden ist. Der ganz und gar *bürgerliche* Gestus des Denkens Adornos nimmt jene Arena in Anspruch, deren Möglichkeit dieser Gestus in Frage stellt – und letztlich ist das gar kein Widerspruch, denn darin zeigt sich letztlich jene Idee der Ansprechbarkeit der Gesellschaft, die Adorno als kategoriale Nachfolgerin des philosophischen *Geistes* führt – darin ganz der marxschen Hegel-Umkehrung folgend, freilich in der begrifflichen Durchführung eher der hegelschen Phänomenologie als der marxschen Praxisphilosophie verpflichtet.

Haben Horkheimer und vor allem Adorno noch eine Kritische Theorie präsentiert, die gegen die Identitätszumutungen der 50er und 60er Jahre sich durchsetzen musste, hat Habermas die Erfahrung der *Herstellbarkeit* und *Verflüssigung* von Identität der 70er und 80er Jahre auf den Begriff gebracht und sowohl mit dem rekonstruktiven Dialog der großen Geister in seinen theoretischen Schriften wie mit den diskursiven Zumutungen seiner politischen Schriften ästhetisch vorgeführt. Dabei hat er mit dem Vorwurf des *performativen Widerspruchs* an die Adresse von Horkheimer und Adorno (vgl. Habermas 1985a, S. 154) wesentlich epistemologisch und begründungstheoretisch argumentiert. Das Performative dieses Widerspruchs liegt freilich eher in der Praxis der Kritischen Theorie selbst, deren Radikalität von einem unbändigen Vertrauen in ein Publikum lebte, das die vollständige theoretische Dementierung seiner eigenen Möglichkeitsbedingung intellektuell und lebenspraktisch *aushalten* konnte. Vielleicht ist – so dialektisch stellen sich die Verhältnisse dar – die Kritische Theorie und ihr intellektuelles Milieu sowie ihre erstaunliche Diffusionskraft in die öffentliche und veröffentlichte Sprache ein eigentümlicher Beweis dafür, wie wenig und wie sehr diese Theorie doch »stimmt« – indem sie ein Publikum voraussetzt, vor dem allein Kritik einen Sinn haben kann und das gerade als widerständiges Publikum das wohl treueste ist. Und so kehrt sich dann gar die negative Dialektik in ihrer Praxis noch einmal in ihr Negatives.

An dieser praktischen Seite der Kritisierbarkeit noch der Kritik setzt Habermas an. Die *Theorie des kommunikativen Handelns* (Habermas 1981a/b) ist kritische Theorie, soweit sie die in der objektiven, in der sozialen und in der subjektiven Welt herzustellenden Identitäten als kommunikativ kritisierbare und damit revidierbare Identitäten ansetzt. Indem Habermas die Kriterien der Kritik wissenschaftlich, i. e. kritisierbar auf den Begriff bringt, versöhnt er letztlich die Verhältnisse mit sich selbst. Was Adorno noch kritisierte – dass die Kritik letztlich eingeschlossen bleibt in der affirmativen Verblendung des Ganzen –, gerät bei Habermas zum Garant einer Ordnung, in der auch »wirklich etwas besser geworden« (Habermas 1985b, S. 203) ist; nicht zuletzt, weil sich die Kriterien der Kritik in der Pragmatik des Alltags und damit innerweltlich, i. e. empirisch auffinden lassen.

Beck schließlich steht – auf den ersten Blick – für die radikale Selbstverunsicherung der modernen Gesellschaft, wie sie spätestens seit den 90er Jahren bis heute anzutreffen ist. Musste/konnte Habermas noch antreten, die letztlich bekannten Strukturen der Gegenwartsgesellschaft auf den konstativen und normativen Punkt zu bringen, stilisieren sich die Texte Becks – wiederum betont: auf den ersten Blick – als Sucher in einer unbekannten Welt, die sich den Kategorien entzieht.

Ähnlich wie Habermas' Texte taugen auch die Schriften von Beck dazu, einen öffentlichen Intellektuellen zu repräsentieren, dem es gelingt, die Wir-Semantik der politischen Kommunikation mit der Ich-Zurechnung des wissenschaftlichen Beobachters zu verbinden – und insofern ehrt man Beck nicht zu sehr und relativiert die Leistung von Habermas nicht über Gebühr, wenn man in Beck so etwas wie dessen legitimen Nachfolger sieht (vgl. dazu Nassehi 2004a). So ähnlich freilich diese Form der appellativen Rede und der öffentlichen und politischen Anschlussfähigkeit der beiden sein mag, so könnten die ästhetischen Formen der beiden Theorien kaum unterschiedlicher sein. So arbeitet sich Habermas an der Tradition ab, sucht nach theoretischen Kontinuitäten und orientiert sich an der Einheit der Moderne als einer historisch einsamen, aber gerade darin sich selbst stets historisierenden Epoche. Habermas traut dem philosophischen und wissenschaftlichen Argument dann, wenn es an seiner eigenen Diskontinuität auf die Kontinuität einer normativen und strukturellen Grunderfahrung der Moderne gestoßen wird. Und so wird man an Habermas' Texten vor allem schätzen müssen, dass sie die jeweiligen Novitäten der Moderne – und Modernität ist nichts anderes als die stete Verheißung des Neuen (vgl. Gumbrecht 1978) – an der Beharrlichkeit ihrer Substanz messen. Und Habermas rechnet mit einem gelehrten, bildungsbürgerlichen Publikum, das man auf die Rekonstruktionsreise in die Tradition schicken kann und dem es zumutbar ist, auf die Kenntnis einer gelehrten Tradition gestoßen zu werden, die als *gemeinsame* Tradition ebenso unstrittig wie herzitierbar ist.

Auf ein solches Publikum zählen die Texte Becks nicht – und sie zielen auch nicht darauf ab. Was von der Journaille vielleicht als *leichte Schreibe* oder schlicht als *Verständlichkeit* gerühmt wird, scheint mir eher damit zusammenzuhängen, dass die Argumente Becks als Rekonstruktionsarbeit, als theoretische Durchführung und als stringentes methodisches Programm gar nicht funktionieren würden. Beck kann sich nicht auf die Gelehrtenrepublik beziehen – übrig bleibt die Republik bzw. ihr zweitmodernes funktionales Äquivalent. Ich formuliere dies nicht als Kritik an dieser Textsorte, sondern letztlich als Folge jener Diagnose, die Beck stellt. Habermas hat sich zwar an ein internationales Publikum gerichtet, aber voraussetzen konnte er ein nationales, die Stabilität eines Solidarraums einer Sprachgemeinschaft, in der – hegelsch gesprochen – die Sittlichkeit des Volkes ebenso aufgehoben war wie die Reflexion ihrer Moral. Habermas' Theorieästhetik lebt vom Vertrauen in die Geschichte – und seine empirische Rekonstruktion der geschichtsphilosophischen Tradition der Modernisierungstheorie (vgl. Habermas 1976) beruft sich letztlich auf eine Form von Sozialität, die man immer schon voraussetzen kann und von der zu zehren ist. Habermas' Doppelbedeutung des Politischen als systemische Ressource der Entscheidungsgenerierung und als lebensweltliche Ressource der Teilnahme an Aushandlungsprozessen erlaubte es ihm, letztlich in die Integrationskraft des Politischen zu vertrauen und damit auch die Institutionen des modernen Verfassungsstaates in einer Weise normativ aufzuladen, die ihm eine *philosophische* Soziologie ermöglichte. Bei Beck dagegen wendet sich das Vertrauen in die Routinen der – wenn man so will – sozialdemokratischen Moderne in ein radikales Misstrauen allen Routinen und Verfahren gegenüber. Wie Habermas gewissermaßen das alte Bilderverbot durch die normative Rationalisierung der Bilder aufhebt, stiehlt sich Beck um die Gefahren der Bilder durch ein Vertrauen in ein Bild, das noch kaum zu schauen ist. Entgegen aller empirischen Evidenz gerinnt hier das *Vertrauen in einen unerreichbaren Solidarraum einer transnationalen Betroffenengemeinschaft* zu einem theoretischen Anker, der das Normative mit dem Konstativen so vermischt, dass am Ende unklar ist, ob Sollen und Sein überhaupt noch geschieden werden (wollen). Die dazu passende theorieästhetische Technik ist die Behauptung, dass alle Kategorien verschwimmen und dass sich etwas so gewaltig Neues ankündigt, dass das Bekannte keinen Kredit mehr haben kann.

Einem zweiten Blick erschließt sich in Becks Soziologie freilich ein merkwürdiger Traditionalismus, der zwar behaupten kann, dass alles verdampft und dass keine der Kategorien mehr passt. Zur Anwendung freilich kommt das ganze Arsenal des klassischen Verständnisses der Gesellschaft als *Arena*. Legt man die Elle der Frage an Becks Texte, warum diese Soziologie *funktioniert*, dann ist es exakt dies: weil sie in der Lage ist, jenen Ton und jene Sprecherposition wiederzuerwerben, die die Soziologie einst zu einer Leitwissenschaft hat werden lassen. Becks Diagnose trifft ins Schwarze: Der Gesellschaftsbegriff, der sowohl von der Soziologie als auch in politiknahen Selbstbeschreibungen der Gesellschaft stets nahe an nationalstaatlichen Kategorien gedacht wurde, kann in einer Welt nicht mehr tragen, in der die Deckung der Arenen verschwindet. Die Idee und die Praxis des Nationalstaats bestand ja unter anderem darin, einen politisch formierten Beobachtungsraum auch in ökonomischen, rechtlichen, kulturellen, medialen, bisweilen sogar religiösen und wissenschaftlichen Angelegenheiten so weit zu schließen, dass jene Arena der klassischen Moderne entstehen konnte, die mit ihrem Institutionenarrangement jener Beschreibung des normativ und kulturell integrierten Gesellschaftsmodells des parsonianischen *mainstream* recht nahe kam. Innerhalb dieser integrierten Arenen konnte ein Raum entstehen, der »Gesellschaften« westlichen Typs als »Öffentlichkeit« bekannt wurde, als Geltungsraum für konvergierende und institutionalisierte Konfliktlinien, in denen ökonomische, politische, rechtliche und nicht zuletzt kulturelle Inklusionsformen organisiert wurden. Dass diese klassische Arena nur noch eine Karikatur ist, darauf hat Beck – neben vielen anderen – eindrücklich hingewiesen. Das Besondere an Beck freilich ist, dass er diese Diagnose des Verschwindens mit Mitteln auf den Begriff zu bringen in der Lage ist, die die Ressourcen jenes verschwundenen Modells in Anspruch nehmen. Becks Soziologie nimmt *praktisch* in Anspruch, was die Soziologie sonst zumeist *theoretisch* als Bedingung der Möglichkeit des Sozialen vorausgesetzt hatte: einen Raum möglicher kollektiver Betroffenheit, einen Raum möglicher Solidarität, einen Raum möglicher politischer Einflussnahme, einen Raum, in dem kollektiv wirksame Interessen gebündelt werden können.

Sowohl innovativ als auch geradezu traditionalistisch fällt Beck etwa bei der Frage nach den Folgen der Machtposition global wirkender Konzerne bei gleichzeitiger territorialer Begrenzung nationalstaatlicher Politik eine Gegenarena ein: der Konsument, nicht als individueller Marktspieler, sondern als kollektiv handelnder Spieler, der durch Verweigerung, Umorientierung und Kritik im Medium der Wirtschaft, i. e. durch Zahlen oder eben Nicht-Zahlen, zu einem *politischen* Spieler wird. Des Konsumenten *Gegenmacht* gegen die Macht der Produzenten, und das auf globaler Ebene, ist das nicht das ewig alte Versprechen, dass sich in der »Gesellschaft«, in der *Arena* etwas ausrichten lässt, wenn man nur ein Publikum gewinnt, das folgt? Ich möchte hier Becks (mir zumeist sympathische) Beispiele nicht kommentieren oder gar kritisieren, sondern darauf hinweisen, dass die Sprecherposition, die Beck sich durch seine Texte erschreibt, ganz in dem Sinne funktioniert, wie die Soziologie sich die Gesellschaft *erfunden* hat. Die becksche Soziologie *funktioniert*, weil sie die Gesellschaft im klassischen Sinne wieder auf den Plan ruft. Sie ruft *»Alles neu!«*, und die Ruftechnik ist auf geradezu klassische Weise eine, die an die Frühzeit der ersten Moderne gemahnt, in der jenes Publikum erfunden wurde, dem man etwas zurufen konnte.

Die Prominenz der beckschen Soziologie hat nicht nur mit der enormen Kreativität dieses Autors zu tun – das selbstverständlich auch. Sie hat aber vor allem damit zu tun, dass diese Soziologie so ganz Soziologie ist, so soziologisch, dass sie sogar die Soziologie mit ins Boot holt und auch ihr anempfiehlt, alles neu zu machen. Man vergebe mir die Übertreibung, aber es soll deutlich werden, dass man an der Prominenz von Becks Soziologie studieren kann, wie der *soziologische Diskurs der Moderne* verläuft – und vielleicht ist Beck der letzte prominente Vertreter dieser ehemals linken Soziologie, die sich weniger für die funktionalen Bedingungen interessiert, unter denen Kollektivitäten entstehen, sondern die ganz unvermittelt und ohne große Reflexionslasten exakt diese Kollektivitäten als Betroffenengemeinschaften aufspüren – wie ein Trüffelschwein, das sichtbar macht, was man nicht sehen kann, was aber tatsächlich da ist.

Was mit Becks Denkungsart freilich auftaucht, ist eine enorme Multiplizierung von Sprechern – nur deshalb ist auch der ständige Hinweis auf Kollektivierung und Politisierung sinnvoll. Becks Soziologie kann insofern als Nachfolge von Adorno und Habermas gewertet werden, als der Erstere letztlich noch mit *einer* Sprecherposition auskam, mit einer Sprecherposition, die durch die Betonung ihrer eigenen Unmöglichkeit noch mit einem starken Wahrheitskriterium auftrat. Der zweite lässt bereits viele Sprecherpositionen zu, die freilich ganz im Sinne des bürgerlichen Arena-Modells sich einschränken, und zwar zugunsten wie kraft einer im Medium sprachlicher Verständigung aufbewahrten Vernunft. Der dritte vollendet erst, was Habermas ungewollt vorbereitet hatte. Es wäre nämlich allzu einfach, Habermas zu wörtlich zu nehmen und in ihm schlicht eine Perpetuierung der bürgerlichen Idee der Anerkennung der Anerkennung zu sehen. Liest man etwa die praktischen Konsequenzen des habermasschen Verständigungsmodells und seiner Diskursethik mit, zeigt sich keineswegs nur die Idee einer Arena, die als Diskursgemeinschaft authentischer Sprecher die Möglichkeit eröffnet, wenigstens von der regulativen Idee moralischer und gemeinschaftlicher Konsentierung zu zehren. Die Grundidee jener Arena ist eine Praxis, in der Sprecher als authentische Sprecher anerkannt werden und die damit die ethische Qualität eines moralischen Diskurses verbürgt – und nicht umsonst ist für Habermas das entscheidende Medium der sozialen Welt der moralisch-praktische Diskurs. Es kündigt sich darin ein empirisch-praktischer Sinn an, der sich der diskursethischen Theorie nicht unmittelbar entnehmen lässt, sondern sich eher listig in dieses ethische und kommunikationstheoretische Modell einschleicht.

Die Verheißung einer zunehmenden Symmetrisierung von Sprecherpositionen löst sich anders ein, als die Diskursethik und Kommunikationstheorie von Habermas es verspricht: Die Relativierung von Kontexten erzeugt tatsächlich symmetrische Sprecherpositionen, aber sie führt nicht zu mehr Eindeutigkeit, sondern nur zu mehr Anschlussfähigkeit. Damit wird all das, was einzelne Sprecher an Geltung beanspruchen, noch plausibler, aber es wird damit die Möglichkeit moralisch-praktischer und normativer Eindeutigkeit erst recht unterminiert. Der Sinn der Arena ist dann die Arena selbst: Der Diskurs erhöht die Authentizität der Sprecher dadurch, dass ihre Inkommensurabilität wechselseitig anerkannt wird – und das scheint mir exakt die Konsequenz der beckschen Soziologie zu sein. Bei Beck taucht zwar am Horizont die Betroffenengemeinschaft auf, der kosmopolitische Blick und die transnationale Realität, aber gesehen wird dieser Horizont aus der Perspektive von konkreten, zunächst inkommensurablen, je für sich authentischen, ernst zu nehmenden Sprecherpositionen. Die Soziologie Becks zieht also letztlich die Konsequenz aus Habermas' Anerkennung von Sprecherpositionen, findet aber kein Publikum mehr vor, das sich wie bei Habermas über die klassischen bürgerlichen Mechanismen der Selbsteinschränkung durch Anerkennung oder durch die Autorität von Expertenwissen reproduziert, sondern in dem die partikularen Authentizitäten je für sich an Bedeutsamkeit gewinnen. Empirisch lässt sich dann beobachten, dass in politisch wirksamen Diskursen partikulare Sprecherpositionen möglich werden, die die Asymmetrie zu den Expertenkulturen nicht mehr durch Gegenexpertenschaft wie in den klassischen sozialen Bewegungen sprengen. Gefragt ist nun die biographische Auskunft, das individuelle Glaubenserlebnis, die konkrete Inszenierung von Betroffenheit, die Kulturalisierung und Ethnisierung von konkreten Perspektiven und Praxen, die individuelle Grenzüberschreitung klassischer Zugehörigkeitsmuster. Es ändert sich damit die Zumutbarkeitsgrenze für Konsentierung – und es reicht dann bisweilen der Hinweis auf die Authentizität der jeweiligen Praxis. Der soziologische Diskurs der Moderne vermag also nicht mehr jene Arena anzusprechen, die ihn begründet hatte – und in exakt dieser Spannung kulminiert die soziologische Arbeit des Begriffs (vgl. auch Saake/Nassehi 2004a).

Darin lässt sich dann auch der entscheidende Unterschied zu Habermas markieren. Habermas traute der »Gesellschaft«, ihrem prozeduralen Potential zu, die Richtigkeit ihrer Urteile aus ihrer eigenen Praxis zu gewinnen. Die Gegenmacht, von der Habermas träumt, ist die Gegenmacht, die sich in einem vernünftigen Verfahren und durch rechtsförmige Verbindlichkeiten selbst einstellt. Habermas nimmt die Arena als Arena ernst. Beck dagegen lässt diese Intuition fahren und stößt auf einen gesellschaftlichen Rahmen, in dem sich Macht und Gegenmacht gegenüberstehen. Fasziniert von der Schnelligkeit und Effizienz globalisierter ökonomischer Akteure trachtet er danach, den habermasschen Langsamkeitsgenerator der vernünftigen Argumentation zu suspendieren. Setzt Habermas die Lösung, die Richtigkeit ans Ende eines Reflexionsprozesses, beginnt Beck exakt damit. *Wie können Staaten genau so schnell werden wie die Konzerne?* Nicht durchs Räsonnieren, sondern durch die Tat! *Wie lassen sich Interessen bündeln?* Nicht *durch* die bürgerliche Öffentlichkeit, sondern *in* ihr, durch konzertierte, transnationale Aktionen von NGOs und *pressure groups*.

Dies muss hier im Stadium der Andeutung bleiben. Aus meinem Exkurs über die drei Soziologen, die wie keine anderen für drei Epochen soziologischer Sichtbarkeit in der Öffentlichkeit stehen, sollte deutlich geworden sein, dass der *soziologische Diskurs der Moderne* vor allem daran zu messen ist, welcher Art Publikum er sich jeweils zurechtlegt, in welcher Welt er stattfindet und wie er durch seine Gegenstandskonstitution sowohl sich als auch seinen Gegenstand erzeugt.

Resümee: Kritik der reinen Soziologie

Dass die Soziologie ein Kind der Moderne ist, ist ein Gemeinplatz. Und dass die Soziologie Teil ihres Gegenstandes ist, ebenso. Zumindest hat die Behauptung wenig Informationswert, dass soziologische Theorien und ihre Forschungsperspektiven so sehr in ihren Gegenstand verstrickt sind, dass der Streit der Theorien oder die Theoriesubstitution kaum allein der sachlichen Veränderung ihres Gegenstandsbereichs geschuldet sein kann. Üblicherweise wird man hier »richtig/falsch«-Urteile fällen oder Interessen und Klassenstandpunkte, politische Präferenzen oder wenigstens wissenschaftstheoretische Dissense bemühen, um die Differenz der Theorien angemessen begründen zu können. Das Fach hat sich dabei kommod eingerichtet in Paradigmata, die ihre polemogene gegenseitige Aufmerksamkeit inzwischen durch eine Art friedlicher Koexistenz mit recht stabilen Demarkationslinien ersetzt haben. Die Soziologie scheint sich mit ihrer Pluralität ausgesöhnt zu haben – und Darstellungen des Theorieinventars des Faches führen unterschiedliche Sprecherpositionen vor. Auch hier lässt sich ein Wandel des soziologischen Publikums beobachten, wie ich es mit den für die deutschsprachige Soziologie zentralen Sprecherpositionen Adorno, Habermas und Beck herausgearbeitet habe. Es scheint so, dass das soziologische Publikum sich mit partikularen Sprecherpositionen zufrieden gibt, mit der Authentizität des Sprechers, dessen Geltungsanspruch allein darin besteht, dass er ihn erheben kann. Diese ästhetische Figur, die man der Soziologie Becks entnehmen kann und die ich im dritten Kapitel unter dem Stichwort einer *Kritik der authentischen Vernunft* ausführlicher behandeln werde, scheint sich die Soziologie in ihrer Selbstbeschreibung und Selbstpräsentation ebenfalls zu eigen gemacht zu haben.

Wie geht die Soziologie selbst mit ihrer pluralistischen Theoriegestalt um? Auch an der Soziologie lässt sich beobachten, wie der Streit der soziologischen Theorien von der klassischen Technik des Geltungs- und Wahrheitsanspruchs mit der ästhetischen Form des Kampfes um *die* Sprecherpositon eher zu einer Kulturalisierungspraxis von Sprecherposition*en* übergegangen ist. Es ist vieles möglich, und alles hat ein Recht auf Bestandsschutz. Um wiederum auf die Ästhetik der soziologischen Theorie-Lehrbücher zu sprechen zu kommen, stabilisiert sich die Technik der Etablierung von Reservaten, in denen man geschützte Arten beobachten kann – am Institut für Soziologie der Universität München, an dem ich lehre, hat sich für Theorie-Überblicksveranstaltungen der folgerichtige Begriff der *Zooführung* etabliert: viele Tiere hinter Gittern, in Gefangenschaft geboren und damit der natürlichen Überlebensauslese ledig und völlig ungefährlich trotz der Demonstration ordentlicher Beißwerkzeuge.

Ich beabsichtige von Zoo auf Savanne umzustellen und nach den Bedingungen zu fragen, wie sich im *soziologischen Diskurs der Moderne* theoretische Formen und Praxen in ihrer Umwelt bewähren, die sie sich freilich selbst schaffen. Als *Kritik der reinen Soziologie* beginnt meine Rekonstruktion, um den Blick dafür zu schärfen, wie sich der soziologische Diskurs mit Problemen ausstattet, die ihre Lösungen konditionieren. Andeutungsweise habe ich das zunächst an der historischen Genese des Gesellschaftsbegriffs zu verdeutlichen versucht, der nicht einfach auf einen neuen Gegenstand referiert, für dessen Analyse sich ein neuer Begriff etabliert. Vielmehr produziert die Idee der Gesellschaft als einer Arena erst jenen Gegenstand, mit dem sich dann Erfahrungen machen lassen. Die klassische Erkenntniskritik der reinen Vernunft hat die *empirische Erfahrung* mit *Erkenntnissen a priori* relationiert. »Ob es ein [...] von der Erfahrung und selbst von allen Eindrücken der Sinne unabhängiges Erkenntnis« gebe, fragt Kant in der Einleitung zur *Kritik der reinen Vernunft* (Kant 1983a, S. 45), um damit jene Theorieform vorzubereiten, die die Mannigfaltigkeit der empirischen Eindrücke durch eine Instanz ordnen lässt, die sich der empirischen Erfahrung entzieht und im Erkenntnisprozess selbst aufgefunden werden muss. Das Epochale dieses Denkens besteht bis heute darin, dass es die empirische Erfahrung bearbeitet, dass sich die Einheit des Erkennens, besser: die Eindeutigkeit des Urteilens gesellschaftlich offensichtlich nicht voraussetzen kann und also den Erkenntnisprozess nicht einfach mit der Richtigkeit seiner Form oder mit einem entsprechenden wissenschaftlichen Qualitätskriterium ausweisen kann. Gelöst wird das Problem der empirischen Uneindeutigkeit durch Hypostasierung nicht-empirischer Eindeutigkeit, was die Relationierung von Erkenntnisbedingungen a priori und empirischen Erfahrungen a posteriori stabilisiert. Habermas' Rekonstruktion des Denkens der Moderne ändert wenig an dieser Konstellation, situiert freilich die konstante Seite der Unterscheidung von empirischem Erkennen und seinen transzendentalen Bedingungen nun selbst in der empirischen Sphäre praktischen, empirischen Tuns, das als sprachliche Praxis freilich von einer apriorischen Einsicht geprägt ist, ohne die es nicht einmal zu pathologischen und strategischen, also nicht im engeren Sinne kommunikativen Potenzen sprachlicher Kommunikation kommen kann. Schon am Beginn seines Werkes, in der 1965 gehaltenen Frankfurter Antrittsvorlesung heißt es bei Habermas: »Das Interesse an Mündigkeit schwebt nicht bloß vor, es kann a priori eingesehen werden«. Mit der Struktur der Sprache sei Mündigkeit bereits potentiell versprochen, und: »Mit dem ersten Satz ist die Intention eines allgemeinen und ungezwungenen Konsensus unmissverständlich ausgesprochen.« (Habermas 1968, S. 163) Hier wird die nicht-empirische Seite der Unterscheidung bereits sichtbar gemacht, gewissermaßen an Erfahrbares angeschlossen. Der Charme von Habermas' Theorie besteht darin, dass die transzendentale Bedingung der Möglichkeit der Verständigung in der Verständigungspraxis selbst aufgefunden wird.

Meine Kritik der reinen Soziologie geht noch einen Schritt weiter. Sie interessiert sich weniger für die denknotwendigen Bedingungen einer besti mmten soziologischen Begründungspraxis, sondern dafür, wie Problemkonstellation und Problemlösung in der Arbeit des soziologischen Begriffs miteinander relationiert werden. Diese *funktionalistische Methode*, die ich explizit erst am Ende des Buches im sechsten Kapitel wieder auffinden werde, interessiert sich als *Kritik der reinen Soziologie* dafür, wie *empirische Erkenntnisbedingungen* und *empirisches Erkennen* miteinander relationiert werden. Die Aufmerksamkeit wird auf beide Seiten gelenkt. Die Leitfragen lauten: Welche Erfahrungen führen zu jenen Fragen, die dann beantwortet werden? Was sind die passenden Fragen für die Antworten, die die Soziologie im Laufe des *soziologischen Diskurses der Moderne* anzubieten hat? Was können soziologische Denkfiguren nicht sehen, und wie hilft diese Blindheit dabei, zu sehen, was man sieht? Welche empirischen Aprioris leiten soziologische Forschung an, als könne es eine *reine Soziologie* geben, die ihren Gegenstand mit ihren Begriffen verwechselt?

Der vorempirische, in diesem Sinne: *apriorische* Anteil der soziologischen Erkenntnis wird hier nicht als Begründungsproblem aufgefasst, sondern als das Problem einer Praxis, die sich selbst ermöglichen und kontinuieren muss. Das Schreiben soziologischer Texte ist selbst eine performative Praxis, die sich mit einem Anfang ausstattet, den sie nicht sehen kann, weil sie eben eine echtzeitliche Praxis ist. Insofern bereitet diese *Kritik der reinen Soziologie* darauf vor, den soziologischen Diskurs der Moderne als eine Denkbewegung aufzufassen, die auf neue Probleme stößt, die es ohne den Diskurs nicht gegeben hätte, die aber zugleich in einem gesellschaftlichen Kontext in Form von Sagbarkeiten, Publika und anschlussfähigen Problemkonstellationen steht. Insofern lässt sich die Soziologie nicht einfach rekonstruieren, indem man Paradigmata nebeneinander stellt. Es kommt vielmehr darauf an, danach zu fragen, wie sich soziologische Theorien als Texte selbst ermöglichen, welche Probleme sie aufwerfen und wie sie sie lösen, wie sie den Gegenstand konstituieren, den sie dann beschreiben. Die

Kritik der reinen Soziologie ist auch eine Kritik an der Idee, dass man soziologische Formen daran messen könnte, ob sie die gesellschaftliche Wirklichkeit angemessen auf den Begriff bringen. Es ist die Frage nach den *empirischen* Bedingungen der Möglichkeit der soziologischen Arbeit des Begriffs. *Empirisch* meint: Die soziologische Begriffsarbeit muss als eine Praxis begriffen werden, die sich selbst stabilisiert und die Probleme löst, die sie sich zumutet. Exakt das zu rekonstruieren ist Thema der nachstehenden Gedankenschritte.

2. Kapitel
Die Dekonstruktion des Subjekts: Kritik der handelnden Vernunft

Die Idee der Moderne entsteht dort, wo die innere Unendlichkeit des Individuums als Motivgrund für seine Handlungen entdeckt wird, wo der Mensch oder wenigstens sein Bewusstsein als Motivationsgenerator für Wissen und Tun zum *Subjekt* wird und wo die Selbsterhaltungskräfte des Subjekts sich *selbst* in den Dienst einer erhaltenden Ordnung stellen. Die Idee der Soziologie entsteht dort, wo die Grundlagen des Verhaltens von Menschen nicht mehr deren innerer Unendlichkeit oder deren denknotwendigen Beschreibungsvoraussetzungen entnommen werden, sondern den äußeren Verhältnissen des Menschen. Und wiewohl die Soziologie von Anbeginn an der Idee des Handelns festhält, also eines Geschehens, das Individuen, Akteuren zugerechnet werden kann und muss, lokalisiert sie den Grund fürs Verhalten in den Verhältnissen. Soziologie ist also stets tätige Dekonstruktion des Subjekts, sie ist stets *Kritik der handelnden Vernunft* gewesen, zugleich aber auch jene Protagonistin unter den Reflexionstheorien der Moderne, die sich fürs menschliche Handeln interessiert – und deshalb lohnt es sich, übers Subjekt nachzudenken, denn die klassische Theorie des Subjekts enthält bereits mehr Soziologie, als üblicherweise angenommen wird. In diesem Kapitel werde ich jenen klassischen Diskursstrang im soziologischen Diskurs der Moderne rekonstruieren, der in exakt dieser Spannung steht, mit der Kritik der handelnden Vernunft zugleich deren Apologie zu ermöglichen. Es wird sich erweisen, dass sich die Soziologie – ob sie will oder nicht – einer Dekonstruktion des handelnden Subjekts verschreibt und damit eine Praxis wiederholt, die in der bürgerlichen Form der europäischen Moderne wurzelt. Im nächsten Kapitel dann werde ich einen zweiten Diskursstrang aufnehmen, der diese klassische Dekonstruktion noch einmal bricht.

Der Beginn der akademischen Soziologie markiert die Logik des Handelns in zweifacher Hinsicht: *zum einen* dekonstruiert sie im Sinne Durkheims den *homo oeconomicus* der schottischen Moralphilosophie zum *homo sociologicus* als normengeleiteten Akteur, der weiß, was er zu tun hat, weil man *normativ* wissen kann, was man zu tun hat; *zum anderen* dekonstruiert sie im Sinne Max Webers das autonome Subjekt in seiner starken Variante zu einem Akteur, der mit seinem Handeln zwar selbst einen Sinn verbindet, der freilich nicht ausschließlich ihm selbst entstammt, sondern der Kulturbedeutung der Maxime des Handelns abgezogen werden kann. Wiewohl beide Versionen, die lehrbuchhaft in der Soziologie unterschiedliche Traditionen zu begründen in der Lage sind, den Grund des Handelns in der normativen Struktur der sozialen Welt oder in der Bedeutungsstruktur der kulturellen Welt lokalisieren, interessieren sich beide stets fürs Handeln. Dass das Handeln etwas ist, was einem Akteur zugerechnet wird, wird weder durch Durkheims Diktum weggerechnet, soziale Erscheinungen wie Dinge behandeln zu wollen, noch durch Webers Betonung, dass es ihm weniger um realtypische Akteure als vielmehr um Idealtypen geht, deren Plausibilität sich ausschließlich *kulturell* erschließt. Beiden Soziologie-Versionen liegt beiderlei zugrunde: sowohl die Abkehr von der Idee eines autonomen Subjekts als auch die Idee des Subjekts selbst als Quelle des Handelns.

In den *Regeln* betont Durkheim, dass sich jegliches soziale Verhalten, da es als »Ding« betrachtet außerhalb des Einzelnen stehe und dadurch allgemein werde, ausschließlich als »Zwang« (Durkheim 1961, S. 111) beschreiben lasse: »Ein soziologischer Tatbestand ist jede mehr oder minder festgelegte Art des Handelns, die die Fähigkeit besitzt, auf den Einzelnen einen äußeren Zwang auszuüben; oder auch, die im Bereiche einer gegebenen Gesellschaft allgemein auftritt, wobei sie ein von ihren individuellen Äußerungen unabhängiges Eigenleben besitzt.« (Ebd., S. 114) Üblicherweise wird Durkheim als Pate einer Theorie des Handelns in Anspruch genommen, die wörtlich nimmt, was er ihr ins Stammbuch geschrieben hat: dass der Einzelne von der Gesamtheit hingerissen werde und dass das Kollektive nicht allgemein sei, weil es in den Einzelnen verankert sei, sondern dass es in den Einzelnen verankert sei, weil es kollektiv sei (vgl. ebd., S. 111). Es sieht so aus, als werde mit dieser Art Soziologie der Idee des Subjekts als Subjekt der Verhältnisse radikal der Garaus gemacht, als sei das Individuum doch nichts von eigener Art. Und diskursstrategisch war das für die Etablierung der Soziologie sicher so beabsichtigt – aber genaues Hinsehen lässt doch Zweifel aufkommen. Schon die Betonung des Zwangscharakters der Gesellschaft, die mit ihren Rollenerwartungen und normativen Ansprüchen auf das Individuum Einfluss nimmt, nimmt ein Individuum in Anspruch, das offensichtlich Ansprüche stellt – und in der *Arbeitsteilung* wird Durkheim dann den Weg gehen, diesen Zwangscharakter des Sozialen als *Moral* zu chiffrieren, d. h. als individuelle Plausibilisierung, sich mit dem Allgemeinen zu versöhnen.

Von Interesse ist hier nicht die eher naive Frage, ob es denn nun eher individuelle oder eher gesellschaftliche, eher subjektive oder eher objektive, eher akteurs- oder eher strukturtheoretische Anteile sind, die das Handeln hervorbringen – das wäre Soziologie auf dem Problematisierungsniveau von Alltagsplausibilitäten. Von Interesse für den *soziologischen Diskurs der Moderne* ist vielmehr, dass mit der Kritik des individuellen Handlungssubjekts, wie Durkheim es als negative Folie im Blick hat, ein Subjekt verabschiedet wird, das es zuvor gar nicht gegeben hat – wiewohl es kein Zufall ist, dass man ein solches Subjekt meinte verabschieden zu müssen. Es lohnt sich deshalb, die Rekonstruktion des soziologischen Diskurses der Moderne mit einem Blick auf die klassische Formierung des Subjekts zu beginnen, um zunächst die *Kontinuität des Bezugsproblems* der Subjektphilosophie mit der soziologischen Idee einer Moderne auf den Begriff zu bringen, die sich dafür interessiert, wie aus selbstverantwortlichen, für ihre Handlungen zurechnungsfähigen, auf Selbstreferenz setzenden, sich biographisch hervorbringenden, der steten Zumutung der individuellen Entscheidung ausgesetzten Individuen *Personen* werden konnten, die sich mit den Verhältnissen versöhnen. Nicht umsonst war für Durkheim nicht die Individualisierung des modernen Menschen das Problem, also nicht die Tatsache, dass Menschen Unterschiedliches tun und sich dadurch voneinander abheben. Das Prinzip der Unterschiedlichkeit ist für Durkheim vielmehr das entscheidende Charakteristikum der organischen Solidarität. Dass »alle sozialen Bande, die der Ähnlichkeit entstammen, allmählich ihre Kraft verlieren« (Durkheim

1988, S. 82), ist für Durkheim insofern der Ausgangspunkt des soziologischen Denkens der Moderne, als er das Bezugsproblem des Gesellschaftlichen darin bestimmt, wie sich die »Beziehungen zwischen der individuellen Persönlichkeit und der sozialen Solidarität« (ebd.) entwickeln. Durkheim ist für den soziologischen Diskurs der Moderne insofern paradigmatisch, als er aufgrund von Modernisierungsprozessen – Stichwort *organische Solidarität* – auf zweierlei stößt: *Zum einen* sind es für Durkheim strukturelle Wandlungsprozesse der Gesellschaft, die den Einzelnen von der sozialen Solidarität entfernen und das Problem der Handlungskoordination erst stellen; *zum anderen* ist es dieses Problem der Handlungskoordination, das einen neuen Gegenstand entstehen lässt, das *Soziale* nämlich. Das Soziale wie ein Ding zu behandeln ist nicht nur eine neue Denkungsart, gewissermaßen eine neue Perspektive auf die Welt. Man muss Durkheim so lesen, dass das Soziale methodologisch wie ein Ding zu *betrachten* sei, weil es mit der Arbeitsteilung und mit der Entfernung von individueller Persönlichkeit und sozialer Solidarität nun tatsächlich ein solches Ding *ist*. Und erst ein solches Ding, ein solches *Objekt* macht ein Gegenüber, ein *Subjekt* sichtbar – und zwar im Falle Durkheims dadurch, dass es explizit unsichtbar gemacht werden soll. Diese Invisibilisierung des Subjekts durch Durkheim sollte nicht nur in der Richtung interpretiert werden, dass hier eine Soziologie vorliegt, die sich für den *psychologischen* Gegenstand des tätigen Bewusstseins/Individuums nicht interessiert, sondern als eine Soziologie, der exakt dies so vertraut ist, dass das Soziale als ein zwar eigenständiger, aber immerhin als *Zwangsmechanismus* angesehen werden kann. Erst vor diesem Hintergrund ist überhaupt die Verve verständlich, mit der Durkheim das Soziale in seiner Eigenständigkeit verteidigt. Leider aber hat die Soziologie sich so sehr an ihre eigene Selbsterzählung gewöhnt, Durkheim begründe eine Soziologie des Vorrangs des Sozialen vor dem Individuellen, Subjektiven, dass der Ausgangspunkt von Durkheims Denkbewegung in Vergessenheit gerät. Es dürfte diese *Objektivierung*, diese theoretische *Verdinglichung* des Gegenstandes der Soziologie sein, die die Dichotomie von *Individuum* und *Gesellschaft*, von *subjektiven* und *objektiven* (i. e. sozialen) Fakten so plausibel gemacht hat – um den Preis freilich, die Gegenstandskonstitution der Soziologie selbst grundsätzlich zu thematisieren.

Vielleicht war Karl Marx noch der radikalste Soziologe, hat er doch die beiden Seiten des Subjektiven und des Objektiven (in hegelscher Manier – wir kommen darauf zurück) so miteinander vermittelt, dass es zwar das Handeln der Menschen, der Subjekte sei, das die Geschichte hervorbringe, dass aber zugleich die Geschichte selbst bestimmtes Handeln wahrscheinlicher mache, es dem Handelnden nahe lege, aus freien Stücken zu tun, was er eigentlich gar nicht aus freien Stücken tun kann. In dieser Figur, formuliert als Kritik einer Theorie des Subjekts, die Marx noch zu sehr am subjektiven Willen und an der kognitiven Entäußerung des Allgemeinen hängt, lässt sich beides erkennen: die Apologetik des Handelns ebenso wie ihre Kritik. Das Grundproblem des Handelns eines nicht-subjektiven, in diesem Sinne *sozialen* Vorgangs ist seit Marx ein *Zurechnungsproblem*, d. h. das Kontingenthalten jener Eindeutigkeit des Handlungsgrundes, der dann sowohl im handelnden Individuum wie in den objektiven Verhältnissen lokalisiert werden kann. Handelnde Individuen werden dann als Besitzer von konkret-individuellen Produktionsmitteln bzw. Kapital oder als Besitzer von konkret-individueller Arbeitskraft Spiegelbilder der objektiven Verhältnisse, deren Stellung zu den Produktionsmitteln freilich ein je Subjektives ist. Selbst eine Handlungstheorie, die den Akteur als Ausdruck oder Teil einer historischen, überindividuellen Konstellation konzipiert, macht aus dem Menschen ein der Handlung zugrunde Liegendes, ein *Subjekt*. Zumindest gilt das für die empirischen Konsequenzen der Arbeit des theoretischen Begriffs – nicht unbedingt für den theoretischen Begriff selbst. Im Klartext: Selbst die marxsche Dekonstruktion des individuellen Individuums als Illusion der bürgerlichen Gesellschaft oder seine Konstruktion des auf sich und seine objektiv-materielle Lage zurückgeworfenen Arbeiters setzt bereits die (bürgerliche) Idee des zurechnungsfähigen Subjekts voraus, dem genügend *requisite variety* (vgl. Ashby 1956) zur Verfügung steht, um sich als Zurechnungspunkt des Handelns ansprechen lassen zu können. Dass der Kapitalist Gewinne erwirtschaften *will*, dass der Arbeiter sich disziplinieren lassen *muss* und dass die gesamte kapitalistische Gesellschaft auf dem Prinzip der Maximierung des Bestehenden beruht, setzt *Handelnde* voraus. *Handelnde* sind Menschen erst dann, wenn sie auch anders können, wenn ihnen Variationsmöglichkeiten zur Verfügung stehen. Und selbst wenn sie keine *Wahl* haben, ist die Idee, keine Wahl zu haben, bereits von der Voraussetzung geprägt, das menschliche Handeln sei eine Wahlhandlung mit vorausgesetzten oder zumindest denkbaren Alternativen. Ganz im Bann des hegelschen Kontexts der Einsicht (und: Einsichtsfähigkeit!) in die Notwendigkeit stößt Marx auf die Lücke zwischen der objektiven Klassenlage und dem subjektiven Klassenbewusstsein. Das gesellschaftliche Sein des Menschen ist damit zwar materialistisch fundiert – als Antagonismus der Klassen an sich –, findet sich aber in einer Arena vor, in der jene Motive erzeugt werden müssen, die die Aufhebung des Antagonismus erst ermöglichen. Schon in diesem Motiv der Einschränkung des Subjekts wird ein Bezugsproblem formuliert, das in entscheidendem Sinne *modern* ist. Es reagiert *einerseits* auf eine Gesellschaft, die mit Variation umzugehen lernt und die Variation nicht als Störung, sondern als ihren eigentlichen Motor wahrnimmt; und es formiert damit *andererseits* ein Subjekt, dessen Freiheit nur in einer Gesellschaft denkbar ist, in der Variation nicht als Störung registriert wird.

Von Max Weber schließlich, dem Begründer jener Soziologie, auf die sich letztlich alle Soziologie stützt, die nach den lehrbuchstabilisierten Fahrplänen der soziologischen Welt »Handlungstheorie« heißt, lässt sich Folgendes lernen: Die Idee des Handelnden, der sein Verhalten mit einem subjektiv gemeinten Sinn verbindet oder dem sein Handeln mit einem subjektiv gemeinten Sinn verbunden scheint, ist ein Beobachtungsschema – und zwar sowohl ein *soziales* als auch ein *soziologisches*. Empirisch geht Max Weber keineswegs davon aus, dass sich tatsächliches Handeln dem in Paragraph 1 der *Soziologischen Grundbegriffe* beschriebenen Modell fügt. Er betont selbst, dass faktisches Handeln oftmals eher einer »dumpf hingenommenen Gewöhnung« (Weber 1972, S. 192) entstammt, was ihn freilich nicht dazu veranlasst, das meiste Verhalten von Menschen nicht als Handeln anzusehen. Vielmehr kombiniert Weber gewissermaßen zwei Skeptizismen, die seine kantianischen Wurzeln verdeutlichen. *Zum einen* glaubt Weber nicht daran, dass man den gemeinten Sinn tatsächlich wahrnehmen kann, *zum anderen* glaubt er nicht an die bloße Erscheinung der Handlung selbst. Deren Mannigfaltigkeit vielmehr bedarf einer Reduktion auf Bedingungen, die das Verhalten als Handeln erscheinen lassen. Diese soziologisch denknotwendige Bedingung findet sich in Webers Soziologie in der Idee, dass ein Verhalten nur dann sinnhaft zu ordnen sei, wenn man es behandelt, als unterliege ihm ein subjektiv gemeinter Sinn. Nicht umsonst rekonstruiert Max Weber gesellschaftliche Modernisierungsprozesse im Sinne einer Wirtschafts*ethik* der Weltreligionen – also bereits mit der Unterstellung, dass sich das Wirtschaften *sinnhaft* mit guten Gründen ausstatten lässt, zumindest für den soziologischen Beobachter. So erscheint es dann plausibel, im Calvinismus einen Wegbereiter einer systematischen Lebensführung zu sehen. Damit kommt Weber wohl der historisch-realen Gestalt der religiösen Ethik gar nicht wirklich nahe. Er behandelt sie vielmehr, als handle es sich dabei um eine Begründungsform für Motive vor der Folie möglicher anderer Motive. Die systematische Lebensform ist also letztlich gar nicht an den Calvinismus gebunden – der Calvinismus ist vielmehr deshalb so plausibel, weil er für einen Horizont sorgt, vor dem sich die Konsistenz- und Formvorschriften einer Gesellschaft zeigen, die Gründe mit Gründen und Motive mit Motiven konfrontiert und damit der Welt selbst eine Kontinuität unterstellt, vor der Motive »rational« sein können.

Verschiedentlich ist darauf hingewiesen worden, dass die *Soziologischen Grundbegriffe*, deren editorischer Ort am *Anfang* von *Wirtschaft und Gesellschaft* keineswegs als Anfangsbedingung der weberschen Soziologie zu lesen ist, gewissermaßen als Postrationalisierung der weberschen Soziologie zu gelten haben. Die Grundbegriffe, vor allem der Handlungsbegriff sind erst das Ergebnis von Webers eigener historischer und empirischer Arbeit am Material, das sich ihm erst durch jene *soziologische* Technik erschließt, die dann als *soziale* Technik erscheint: die Zurechnung von Verhalten auf subjektiv gemeinten Sinn und seinen Träger, den Handelnden. Webers Soziologie *erzeugt* also den sinnhaft Handelnden, um ihn dann soziologisch *beobachtbar* zu machen. Dass, um nur ein Beispiel zu nennen, der mittelalterliche Katholik in Webers Protestantismus-Kapitalismus-Studie, ethisch von der Hand in den Mund lebe (vgl. Weber 1986, S. 112), ist einsichtig. Dass sich aber die Frage so stellt, ist bereits die Folge der Konstruktion eines Handelnden, für den das Nicht-Begründen von Handlungen oder Handlungsfolgen begründungsbedürftig ist. Die *soziologische Erzeugung von Motiven* stellt den Handelnden Webers als Teil jener Arena dar, die ich im ersten Kapitel als das Konstitutivum des soziologischen Denkens dargestellt habe. Vor einem virtuellen Publikum hat der Handelnde Begründungen anzufertigen, die seinem Handeln einen Sinn geben – und da sich das weder aus systematischen noch aus empirischen

Gründen beobachten lässt, lokalisiert wenigstens die Soziologie das Handeln als etwas, das im Geistergespräch einer Arena gute gegen bessere Gründe abwägt und subjektiv gemeinten Sinn mit einer Kulturbedeutung versieht, also mit einem Rekurs auf die Rationalität der Welt selbst, in der sich Motive als rational darstellen können – selbst wenn die Rationalität der modernen kapitalistischen Welt darin besteht, inkonsistent zu sein.

Der Idealtypus des (zweck-)rationalen Handelns ist ein Instrument, kein Realtypus – und da das selten gesehen wird, verändert sich Webers vorsichtige Formulierung, Handeln sei ein Verhalten, »wenn und insofern als der oder die Handelnden mit ihm einen subjektiven *Sinn* verbinden« (Weber 1972, S. 1), in erheblich unvorsichtigere Sätze: »Der Handelnde gibt sich selbst einen subjektiven Sinn«, heißt es etwa in einem Lehrbuchartikel von Hermann L. Gukenbiehl (2003, S. 123). Solche Sätze sind selbstverständlich nicht falsch. Und sicher treffen sie weitgehend die Grundidee von Webers Soziologie. Aber sie stehen da, als bildeten sie etwas Selbstverständliches ab – und man sollte sich weniger darüber wundern, warum ein solcher Satz von Soziologen geschrieben werden kann, denen offensichtlich nicht die Erfahrung der Lektüre fehlt. Man sollte eher fragen, warum ein solcher Satz völlig außerhalb seines Kontexts als selbstverständliche Plausibilität erscheint – so selbstverständlich, dass man meint, die soziologischen Grundbegriffe Webers könnten außerhalb ihres systematischen Kontextes verstanden werden. Wie für die Interpretation Durkheims gelten muss, dass er Soziales deshalb als *Ding* beschreibt, weil es sich historisch so darstellt, als *sei* es so etwas wie ein Ding, so müsste für Max Weber gelten, dass er den rational Handelnden konstruiert, weil er in der sozialen Welt so erscheint. Nur ist es bei beiden das Zweite – dass das Soziale ein Ding *ist* und dass der Handelnde *als Handelnder* auftritt –, was soziologisch erklärungsbedürftig ist. Denn für die Charakterisierung, dass der Handelnde seinem Handeln selbst einen Sinn gebe, dafür bräuchte es keine Soziologie. Das kann man auch so sehen. Nur zu sehen, dass man das auch so sehen kann, dazu bedarf es der Soziologie.

Was Max Weber – paradigmatisch für die Soziologie – beschreibt, verweist auf die *soziologische* Erzeugung des *sozialen* Gegenstandes der Soziologie. An Webers Konstruktion des idealtypischen Beobachtungsschemas *Handeln* wird nicht einfach irgendeine »theoretische« Vorliebe dieses Soziologen abgebildet. Vielmehr bleibt Weber in seiner empirischen Forschung offensichtlich nichts anderes übrig, als die Mannigfaltigkeit der soziologischen *Sinn(sic!)-Eindrücke* so zu rekonstruieren, dass sie rational, d. h. auf Zwecke, Werte oder sonstige Kulturbedeutungen zurückführbar zu interpretieren sind – dabei interessiert sich Weber eigentlich für diese Kulturbedeutungen und weniger für den Individualismus der empirischen Handlungsmotive. Erst das macht sie verständlich, sinnhaft verständlich – und zugleich tut die Soziologie hier dasselbe wie ihr Gegenstand. Wohl macht dies die Modernität der Soziologie aus: dass sie tatsächlich alles, was in ihrem Gegenstand geschieht, auf Subjekte bzw. ihre Derivate rückrechnet und zugleich mitliefert, wie kontingent diese Rückrechnung historisch einzuschätzen ist. Die Soziologie war vor allem darin erfolgreich, sich der Modernität ihres Gegenstandes insofern mimetisch anzuschmiegen, als sie exakt das tut, was das Moderne der Modernität ausmacht: Ereignisse mit einem mit ausreichend Eigenkomplexität und *requisite variety* versehenen Träger auszustatten und sie dann auf Handlungen/Handelnde zuzurechnen, koste es, was es wolle. Das lässt sich bis in das heutige trotzige Bemühen nachverfolgen, nichts anderes stehe der Soziologie als Beobachtbares zur Verfügung als die individuellen Handlungen von Handelnden (vgl. Esser 1999a, S. 387 ff.).

Max Weber treibt diese Modernitätsdiagnose so weit, dass ihm sogar die Antinomien der Moderne, die ihm nicht mehr wie Marx noch in der Aufhebung von Hauptwidersprüchen überwindbar schienen, nur an jenem Ort der Zurechnung aufhebbar waren. Das normative Bild der heroischen, bekenntnisfähigen, die Mannigfaltigkeit der Welt und ihrer Geltungsansprüche aushaltenden *Persönlichkeit* ist für Weber unmittelbare Konsequenz aus seinem grundlegenden, Subjekte generierenden Beobachtungsschema. Wie Kant letztlich aus der denknotwendigen Bedingung der drei Kritiken die Idee des vernünftigen Wesens der neigungskontaminierten empirischen Person gegenüberstellt, um die Frage des Wissens und des Sollens beantworten zu können, konstruiert Weber jene Persönlichkeit, die sich *unbedingt* sich selbst hingibt. Mit Irmhild Saake (vgl. Saake/Nassehi 2004b) habe ich diese Idee der weberschen *Persönlichkeit* als Versuch interpretiert, nicht nur mit der Mannigfaltigkeit der Welt, mit der Gleichzeitigkeit von Unterschiedlichem, also: mit Differenzierung zurechtzukommen. Entscheidend ist Webers Versuch, Ordnung in die soziale Welt nur mit Hilfe von Motiven zu bringen, und zwar mit Motiven, die sich ihrer eigenen Kontingenz bewusst sind und gerade deshalb den Handelnden als Zentralkategorie führen. Max Weber ist es gelungen, in dieses normative Modell ein Moment unhintergehbarer Tragik einzubauen, ein *credo, quia absurdum*, eine Ästhetik der Vergeblichkeit, die gerade darin ihre Erfüllung findet. Nur in dieser tragischen Konstellation erhält das Subjekt jene Bedeutung, die es als bloßer Träger von Intentionen nicht hätte. Webers Persönlichkeitsmodell lebt von der Idee der guten, rationalen Motive, der Selbstkontrolle der liberalprotestantischen Persönlichkeit, die zu einer Einheit aufheben kann, was die Welt als Einheit längst nicht mehr hergibt. Ein Rest paulinischer Theologie lässt sich hier finden: dort die mannigfaltige Welt, die nach ihren eigenen Gesetzen funktioniert, in die prinzipiell, z.B. revolutionär einzugreifen kaum möglich scheint, hier die eigentliche Welt der bekennenden Persönlichkeit, die ihren eigenen Dämon findet und gerade aufgrund ihrer Differenz zur Welt zurechnungsfähig wird. Wie der Protestant die Differenz zwischen Welt und Gott dadurch aushaltbar macht, dass er nicht diese beiden miteinander versöhnt, sondern die Differenz selbst mit ihrem praktischen »Sitz im Leben«, so ist Webers Persönlichkeit eben kein asketischer Mönch, sondern jemand, der dadurch besonders zurechnungsfähig wird, dass er in der Welt die Welt Welt sein lässt und tut, wozu er sich verpflichtet fühlt.

Es fällt auf, dass bei der Beschreibung dessen, was Persönlichkeit heißen soll, der Soziologe (als Wissenschaftler) selbst mit gemeint ist. »Verehrte Anwesende! ›Persönlichkeit‹ auf wissenschaftlichem Gebiet hat nur der, der *rein der Sache* dient. Und nicht nur auf wissenschaftlichem Gebiet ist es so.« (Weber 1994, S.7) Und deshalb bringt Weber auch nicht nur in dieser Passage von *Wissenschaft als Beruf* jenes Pathos auf, um *Persönlichkeit* einzufordern. Auch in *Politik als Beruf* heißt es: »Man kann sagen, dass drei Qualitäten vornehmlich entscheidend sind für den Politiker: Leidenschaft – Verantwortungsgefühl – Augenmaß. Leidenschaft im Sinn von *Sachlichkeit*: leidenschaftliche Hingabe an eine ›Sache‹, an den Gott oder Dämon, der ihr Gebieter ist.« (Weber 1994, S.73 f.) *Persönlichkeit* im weberschen Sinne ist kein analytischer Begriff im Sinne etwa des parsonsschen Persönlichkeitssystems als Teilsystem des allgemeinen Handlungssystems, sondern ein diagnostischer Begriff.

Persönlichkeit ist nicht eine funktionale Bedingung sozialer Ordnung, sie ist vielmehr ein moralischer Begriff: Er bezeichnet einen *steigerbaren Sachverhalt*, mithin also eine Qualität, die man auch verfehlen kann. *Persönlichkeit* ist für Weber eine Haltung individueller Lebensführung, die eine »Konstanz ihres inneren Verhältnisses zu bestimmten letzten ›Werten- und Lebens-Bedeutungen‹« (Weber 1988, S. 132) herzustellen in der Lage ist. Es ist dies das Ziel einer *inneren Widerspruchsfreiheit*, einer Identität der Person, die sowohl eine historische (lebensgeschichtliche) als auch systematische (sachliche) Einheit erlangt (vgl. auch Weiß 1993, S. 20 ff.). Webers Persönlichkeitsbegriff stellt gewissermaßen das subjekttheoretische Korrelat zu seiner Präferierung der verantwortungsethischen Haltung zur Welt dar (vgl. Schluchter 1980, S. 59 f.), die in einer »gottfremden, prophetenlosen Zeit« (Weber 1994, S. 21) allein in der verantwortlichen »Entschlossenheit« der Selbstwahl aufzufinden ist, wie man im Anschluss an Martin Heidegger formulieren könnte, im Sinne eines »Sichentscheidens für ein Seinkönnen aus dem eigenen Selbst« (Heidegger 1979, S. 268). Diese Selbstwahl in leidenschaftlicher Hingabe an die Sache rekonstruiert Dieter Henrich als Grund des *vernünftigen Menschen*: »Persönlichkeit ist also der entschiedene Mensch aus dem Grunde der Leidenschaft.« (Henrich 1952, S. 127) Schon das Pathos von Max Webers eigenen Texten bringt ästhetisch zum Ausdruck, dass der Autor sich in dieses Konzept der *Persönlichkeit* mit einschließt – nicht als empirische Person, sondern als paradigmatischen Fall dessen, was auch den soziologischen Gegenstand bestimmt. Das Postulat der *Hingabe an eine überpersönliche Sache* ist nicht nur das klassische Modell der bildungsbürgerlich-patriarchalen Lebensform des 19. Jahrhunderts, sondern durchaus auch die logische Konsequenz aus der *soziologischen* Erzeugung von Motiven als den letzten Gründen des Handelns. Eine ungeordnete, differenzierte, relativistische Welt kann aus der Perspektive Webers nur durch angemessene Motivlagen geheilt werden.

Wiewohl diese Konstruktion im Vergleich zur kantischen erheblich empirienäher gebaut ist, lebt sie doch vom Ideal dessen, der die Widersprüche mannigfaltiger Ansprüche ganz und gar *in sich* aufheben kann und zur Unbedingtheit dadurch gelangt, dass seine Motive authentisch werden. Weber wählt einen prozeduralen Weg – und er leistet damit sowohl eine Hypostasierung des selbst kontrollierten Bürgers, dem zugemutet wird, Subjekt seiner Verhältnisse zu sein, als auch eine Dekonstruktion des Subjekts, das Subjekt nur im Kontext (mannigfaltiger) Kulturbedeutung ist – und es ist diese Mannigfaltigkeit, die das Gottferne und Prophetenlose für Weber ausmacht. Im normativen Konzept der Persönlichkeit fällt für Weber die soziologische Möglichkeitsbedingung des »Als-ob« des Idealtypus des rationalen Handelns in eins mit der heroisch-authentischen Subjektivität des sich selbst hervorbringenden Handelnden.

Es ist sehr konventionell, unter Hinweis auf Durkheim, Marx und Weber mit der Rekonstruktion des soziologischen Diskurses der Moderne zu beginnen. Erwartbar ist bei diesen drei Namen freilich, dass sie je für eine bestimmte Denkungsart stehen – Durkheim für die eindeutige Betonung des Vorrangs des Sozialen vor dem Individuellen; Marx für die materialistische Aufhebung der kognitiven Bewegung des Geistes in der (arbeitenden, produzierenden) Praxis; Weber für den verstehenden Zugang zu den sinnhaften Motiven des Handelnden. Gemeinsam ist diesen drei Figuren freilich, dass sie als Bezugsproblem des soziologischen Denkens das Problem ansetzen, wie sich soziale Ordnung mit der Individualität von Handlungssubjekten verträgt oder gar versöhnt – und alle drei thematisieren diese ohne Zweifel moderne Konstellation nicht nur im Sinne einer Beschreibung, sondern auch im Sinne der *soziologischen Erfindung* von Handlungssubjektivität als Beobachtungsschema: Durkheim mit der Idee der Kollektivität aller individuellen Motivlagen und Handlungspräferenzen; Marx mit der Idee der durch Handlung (i. e. Arbeit) historisch erzeugten Klassenlage als Handlungsgenerator; Weber mit der methodischen Konstruktion des rational Handelnden als Beobachtungsinstrument und der normativen Konstruktion der Persönlichkeit als Lösung des Integrationsproblems gesellschaftlicher Modernität. Diese drei *Erfindungen* handlungsfähiger Subjektivität setzen den intellektuellen Kontext der europäischen Bewusstseinsphilosophie, den methodologischen Individualismus selbst der Transzendentalphilosophie und die bürgerliche Idee der Selbsthervorbringung und Selbstreferenz des identifikationsfähigen Subjekts voraus.

Zugleich stellen alle drei nicht eine Art Ontologie des Handelns auf, gewissermaßen den zweiten Schritt der abendländischen Entwicklung vom Sein zum Bewusstsein nun vom Bewusstsein zum Akteur. Alle drei liefern auch eine negative Folie dieser Ontologie mit, gewissermaßen einen Horizont des Scheiterns: bei Durkheim einen Individualismus, der die moralische Kollektivität des Handlungsmotivs *vergessen* hat und damit gewissermaßen sozialpathologisch wird; bei Marx das im Verhältnis zur Klassenlage *falsche* Bewusstsein, das falsche Motive insofern erzeugt, als diese dem Stand der Produktivkräfte und -verhältnisse unangemessen sind; schließlich bei Weber das Fatum des *fragmentierten* Bewusstseins, das Persönlichkeit eben dadurch nicht sei, dass es sich nicht in kulturprotestantischer Manier selbst als eine erzählbare Einheit installiert – ausgesetzt der Gefahr des Sinnverlustes. Hatte die Subjektphilosophie noch die Grenzen des Bewusstseins im Blick – bei Descartes als methodischer Zweifel über die Sicherheit der repräsentierbaren Welt, bei Kant die Frage, was man wissen *könne* und wie man sagen *könne*, was zu tun sei – wird nun das Scheitern selbst als Bezugsproblem eingeholt: die soziologische Theorie des Handelns reagiert auf die empirische Erfahrung mit der Unvernunft, mit der Irrationalität der Handlungsmotive und den Beschränktheiten des individuellen Blicks, was etwa Vilfredo Pareto (1955) geradezu zum Programm seiner Soziologie gemacht hat. Was erst später in der Organisationssoziologie als *bounded rationality* diskutiert wurde (vgl. Simon 1997), also als die Differenz zwischen den Rationalitätspotentialen individuell Handelnder und einer unerreichbaren Gesamtrationalität, findet hier ihren Ausgangspunkt. Der individuelle Handelnde, der *Akteur* stattet sich mit Motiven aus, deren Bedeutung individuell erzeugt, aber sozial bestätigt werden muss – normativ bei Durkheim, im Hinblick auf historische Notwendigkeiten bei Marx und kulturell bei Weber. Die Soziologie positioniert sich also in einer Welt, in der sich Motive von Handelnden sozial bewähren müssen. Schon damit dekonstruieren meine drei Gewährsmänner das starke normative oder psychologisch-individuierte Subjekt. Sie finden den Akteur in jener *Arena* vor, in der soziale Ordnung über den Anspruch auf Geltung generiert wird und die den Geltungsrahmen selbst erzeugt.

Die Semantik des Subjekts und der Subjektivität beginnt früher als mit der neuzeitlichen Subjektphilosophie. Als Zugrundeliegendes, griechisch *hypokeimenon*, wird das Subjekt in der ontologischen Philosophie als Substanzbegriff geführt. Subjekt bezeichnete in der aristotelischen Metaphysik das, wovon etwas anderes in seinem Sein abhängt, andererseits in der Physik die logische Grundlage einer Aussage (vgl. dazu Boehm 1965). Substanz stand in der klassischen Metaphysik für das selbständig, aus sich heraus Seiende (vgl. Weissmahr 1985, S. 158 ff.), und es ist kein Zufall, dass sich im neuzeitlichen Denken gerade dieser Begriff anbot, um jenes neue Zentrum der Welt auf den Begriff zu bringen, das seit dem cartesischen *cogitans* als Subjekt der Welt fungieren sollte: das (menschliche) Bewusstsein nämlich.

Nun ist es mir hier nicht darum zu tun, den Subjektbegriff und seine soziologische Bedeutung dadurch zu adeln, ihn der philosophischen Tradition zu subordinieren. Nicht um die philosophische Arbeit des Begriffs geht es hier, sondern um die Frage, vor welchem Hintergrund nun das menschliche Bewusstsein als das der Welt Zugrundeliegende gedacht wurde. Wie kommt es zu jenem cartesischen Zweifel, der nicht mehr der Welt vertraut, sondern nur noch einer der Welt entgegenstehenden Bewusstheit über die Welt? Und nicht einmal der (nun bewussten) Welt galt Descartes' Vertrauen, sondern ausschließlich dem Vorgang des Bewusstwerdens selbst. Das hatte im Übrigen nicht nur zur Folge, dass das Bewusstsein des Menschen nun zum Subjekt aufgewertet wurde, es bedeutete zugleich eine Abwertung der (nun) »objektiven« Welt, die einerseits dem Subjekt entgegenstand und andererseits nicht mehr im ontologischen Dingschema aufgehoben werden konnte. Verbürgte in der thomanischen *adaequatio rei et intellectus* noch *res* die Angemessenheit des Gedachten, wird der Maßstab der Angemessenheit nun in den *intellectus* als »Subjekt« verlagert und bis zur kritischen Philosophie Kants nicht nur radikal von *res* getrennt, sondern sogar von der empirischen Faktizität des individuellen Bewusstseins.

Das »Subjekt« fiel bei Kant keineswegs mit dem empirischen Individuum zusammen. Subjektivität wurde zwar Individuen zugeschrieben, ist aber nichts Individuelles im Sinne der konkreten

Mannigfaltigkeit des empirischen Auftretens, sondern Allgemeinheit schlechthin, mithin also von konkreten Individuen ebenso Abstrahierendes wie diese Verbindendes. Kant hat diese Differenz in der *Grundlegung zur Metaphysik der Sitten* als Differenz zwischen vernünftigen Wesen und mit Begierden und Neigungen als zur Sinnenwelt gehörigen Menschen ausgearbeitet (vgl. Kant 1983b, S. 58 f.). Mit dieser Unterscheidung wird das theorietechnische Bezugsproblem dieser Art Subjektkonzeption deutlich: Die *transzendentale, i. e. nicht-empirische* Bestimmung einer allgemeinen Subjektivität vernünftiger Wesen korrespondiert offensichtlich mit der *empirischen* Erfahrung der Unvernunft empirischer Einzelsubjekte, Menschen eben. In der *transzendentalen Analytik* schreibt Kant, dass das Selbstbewusstsein, also die moderne Figur eines auf sich selbst reflektierenden Ichs, eben keine Anschauung sei, sondern »eine bloß intellektuelle Vorstellung der Selbsttätigkeit eines denkenden Subjekts« (Kant 1983a, S. 257). In aller Deutlichkeit wird hier gezeigt, dass die Idee der Selbsttätigkeit und des denkenden Subjekts nur als denknotwendige Bedingung herangezogen wird, um exakt mit jener gesellschaftlichen Erfahrung sich versöhnen zu können, dass die Freiheitsgrade individueller Selbsttätigkeit in einer allgemeinen Struktur gründen, die aller Freiheit entzogen ist. Ich lese dies als eine Art Theodizee des Willens, als theoretischen Versuch, die Subjektivität des Subjekts, also das alle verbindende Allgemeine, mit den Freiheitsgraden des individuellen Willens zu versöhnen. Oder anders formuliert: Die *transzendentale* Figur des *vernünftigen* Subjekts reagiert auf die (wenigstens drohende) *empirische Unvernunft* der Menschen, denen die Vernünftigkeit ihres Tuns nur mehr in sich selbst und nicht mehr in den Verhältnissen oder gar in Gottes Geboten erscheinen kann.

Kant schreibt diese Theorie in einer Welt, in der es für Handlungen keine eindeutigen Algorithmen mehr gibt. Gebote vermögen stets exakt zu sagen, was zu tun und was zu lassen sei. Gebote bewegen sich in einer Welt, die Situationen konkretistisch prädeterminiert. Auf die richtige Handlung kommt es Geboten an – Kant dagegen ist es darum zu tun, die *innere Verbindlichkeit* des Handlungs*motivs* zu betonen und damit Variation zu promovieren. Von Was- wird auf Wie-Fragen umgestellt, um die Freiheitsgrade des Handelnden zugleich zu erhöhen und zu begrenzen: Sie werden erhöht, weil sie universell anwendbar sein müssen und deshalb rein prozedural angelegt sind; sie werden begrenzt, weil sie vernünftigen Prinzipien und Maximen unterworfen werden sollen. Hier beginnt das Arena-Modell der Subjektivität, das zwischen der nicht-empirischen Geisterwelt der vernünftigen Wesen und der realen Welt von Neigungen korrumpierter Personen oszilliert.

Unschwer ist darin das Bezugsproblem einer sich auf funktionale Differenzierung umstellenden Gesellschaftsstruktur zu entdecken, die sich von der traditionalen, stratifizierten Gesellschaft gerade dadurch unterscheidet, dass sie das bürgerliche Individuum deshalb äußerlich unterbestimmt lässt, damit es sich flexibel auf die nun unterschiedlichen, womöglich antinomischen Erwartungen einer Gesellschaft einlassen kann, die ihre eigene Kontinuität nun vor allem auf die Diskontinuität unterschiedlicher gesellschaftlicher Funktionen und Kontexte nebeneinander gründet. Wenn es stimmt, dass funktionale gesellschaftliche Differenzierung die Inklusionsform von Personen insofern ändert, als der Mensch nicht mehr als Gesamtperson in die Gesellschaft inkludiert wird, sondern gleichzeitig mit unterschiedlichen Inklusionserwartungen durch unterschiedliche Funktionssysteme, erscheint das Individuum als Adresse für die Gesamtheit all dieser Inklusionserwartungen. Nur deshalb findet sich bei Luhmann die Figur der *Exklusionsindividualität* (vgl. Luhmann 1989a, S. 160), die nichts anderes besagen soll, als dass sich die Individualität des Individuums letztlich nur jenseits der unterschiedlichen Inklusionsanforderungen inkludierender Funktionssysteme beschreiben lässt. Verwiesen wird das Individuum auf Selbstreferenz – und die historische Genese des *bürgerlichen Individuums* ist letztlich die Genese einer Reflexionsform, die zur Beschreibung von Individualität deren Selbstreferenz in Anspruch nimmt. Gleich, so schreibt Luhmann (1997, S. 1017) treffend paradox, gleich seien Individuen sich vor allem in ih-rer Einzigartigkeit. Das verweist darauf, dass das Individuum in seiner Individualität gesellschaftsstrukturell unterbestimmt bleibt, sich dafür aber mit einem *Selbst* ausstatten muss, dessen Bestimmung aber immer weniger durch eineindeutige *Personenmerkmale* wie Stand, Herkunft und Familie möglich war. Und obwohl die *bürgerliche Gesellschaft* durchaus eine Gesellschaft mit radikalen sozialen Ungleichheiten war, definierte jene neue Trägergruppe des Bürgertums Stratifikation weniger über die bloße Faktizität von Zugehörigkeiten als über die Fähigkeit, solche Zugehörigkeiten praktisch herzustellen, durch individuelle Selbstbeschreibungen, an die sowohl Sprecher als auch Hörer glauben konnten. Motive waren demnach *Bildung*, spezifische Formen der *Lebensführung*, vermittelt etwa über vor allem protestantische Formen der Reflexion, und später *Unternehmertum* als spezifische Form von Freiheit (vgl. Lepsius 1987). All diese Distinktionsmerkmale nahmen einen emphatischen Begriff von *Freiheit* und *Gleichheit* in Anspruch, um Ungleichheit distinktiv begründen zu können.

Entscheidend jedenfalls ist, dass die Semantik der Subjektivität des Bewusstseins als Reflexionstheorie exakt dieser Trägergruppe gelesen werden muss, die Erfahrungen mit einer multiinkludierenden, sich modernisierenden Gesellschaft gemacht hat und die Handlungskoordination wesentlich mit jener Form bürgerlicher *Freiheit* vermitteln und versöhnen musste, die die äußere Unterbestimmung mit innerer Überbestimmung kompensierte (vgl. van Dülmen 1997, S. 130 ff.). In diesem Milieu erst konnte das Einzelbewusstsein jenes *Subjekt* sein wollen (wohlgemerkt: nicht *sein*, sondern *sein wollen*), als das es mit der epochalen philosophischen Semantik der Subjektivität konzipiert wurde. Der Erfolg dieser Semantik hängt damit zusammen, dass sie *einerseits* plausibel vermeiden konnte, die empirischen Besonderheiten der Einzelindividuen ins Kalkül zu ziehen – es ging ja zunächst nur um die historische Substitution der alten ontologischen Fragen –, *andererseits* erlaubte exakt dies, die abstrakte Idee der Freiheit und der Domestikation des Willens durch die Vernunft mit der empirischen Erfahrung der Unvernunft zu versöhnen. Deshalb verfügte die Semantik der Subjektivität als aufklärerische Semantik von Beginn an über ein normatives Potential, mit dem sich einzelne Individuen als Teil jener intelligiblen Welt wähnen konnten, der sie empirisch nicht waren. Und der Höhepunkt ist sicher Kants Idee jener – in Habermas' (1981c, S. 530) späterer Rekonstruktion – »dreistrahligen Vernunft«, die der Kritik der theoretischen Vernunft auch die der praktischen Vernunft und die der Urteilskraft einverleiben konnte. Das *Subjekt* war dann immer noch weit entfernt von der gesellschaftlichen Realität, enthielt aber die Möglichkeit des *synthetischen Urteils a priori* und lag damit aller empirischen Erfahrung buchstäblich zugrunde. Der Bürger konnte also die ganze Welt in sich entdecken – und so zunächst auf die unmittelbare Welt um ihn herum verzichten, zumindest wenn er des moralischen Gesetzes in sich und des gestirnten Himmels über sich gewahr wurde.

Das strukturelle Problem einer solchen Semantik ist nicht das Subjekt, das der Welt zugrunde liegt. Das strukturelle Problem ist vielmehr jene Konstellation, die die Semantik der Subjektivität erst hervorgebracht hat: die äußere Unterbestimmung des Individuums, zumindest seine Unterbestimmungserfahrung vor dem Hintergrund der traditionalen Welt, in der der Einzelne als Einzelner kaum vorkam. Das Grundproblem des *Subjekts* besteht darin, dass auch der *andere* ein *Subjekt* ist/sein soll/sein will. Im Rahmen der kantischen Semantik ist das Subjekt als »intellektuelle Vorstellung« letztlich nicht im Plural zu haben. Der Plural wird in der theoretischen Philosophie hergestellt durch die Kategorienlehre – eine der ontologischen Philosophie entlehnte Figur –, in der praktischen Philosophie durch das Universalisierungspostulat, also durch vorsichtige Reverenz an soziale Bewährungspotentiale. Der andere kommt hier aber nicht wirklich vor – er wird gewissermaßen transzendental wegphilosophiert. Er taucht aber empirisch wieder auf, und das erzwingt geradezu die *empirische* Dekonstruktion des *Subjekts*, das sich zwar in seiner Subjektivität nichts hereinreden lässt, von anderen Individuen aber schon – notgedrungen.

In Fichtes Sittenlehre taucht der Andere dann auf. Zwar ist das Ich jeweils Produkt einer Selbstsetzung: »ich bin von dem Augenblicke an, da ich zum Bewußtsein gekommen, *derjenige, zu welchem ich mich mit Freiheit mache, und bin es darum, weil ich mich dazu mache.*« (Fichte 1962, S. 616) Fichte zweifelt, ob der Andere für mich tatsächlich wirklich sein kann, und muss die Existenz des anderen Individuums dennoch anerkennen: Gewissermaßen analog schließt er von meiner Relationierung zum Anderen auf dessen Relationierung zu mir (vgl. ebd., S. 615). Im Naturrecht freilich bleibt selbst Fichte aus *empirischen* Gründen nichts anderes übrig, als die Freiheit des Anderen nicht nur als Residualkategorie einzuräumen, sondern systematisch zu setzen. Auch den Anderen ist damit Freiheit einzuräumen – und ihre Einschränkung in der Arena wechselseitiger Zumutungen.

Das andere Subjekt – es verweist auf die *Arena*. Ein sozialhistorischer Blick auf jenes Milieu, in dem die Subjekt-Semantik, die Erfindung des transzendentalen Subjekts, das Postulat der freiwilligen Unterwerfung unter vernünftige Maximen und nicht zuletzt die Zurechnungsfähigkeit von Geltungsansprüchen entstand, offenbart eine Sozialform, die von der Selbsteinschränkung des Bürgers lebte.

Eingeschränkt wurde der Bürger durch den anderen Bürger, durch Öffentlichkeiten, in denen sich Ansprüche vor dem realen Publikum der Anwesenden und dem virtuellen Publikum der Vernunft bewähren mussten. Die äußere Unterbestimmung des Menschen im Vergleich zur vorbürgerlichen Welt meint keineswegs, dass der Bürger mit weniger Ansprüchen belegt wurde. Im Gegenteil: Ansprüche werden nur dort erhoben, wo sie zurückgewiesen werden können. Die »Subjektivität« des Bürgers zeichnet sich dadurch aus, dass er soziale Ansprüche als Ansprüche *an sich selbst* wahrnimmt. Aus dem Angehörigen einer Schicht, einer Familie oder eines Hauses wird ein Individuum, das sich insbesondere durch sich entfesselnde Kommunikation am Interessenausgleich beteiligen muss. Das gilt im Übrigen nicht nur für die Sphäre des Staates oder der politischen Öffentlichkeit. Wie Rebekka Habermas deutlich zeigt, ist das Bild einer eindeutigen Opposition zwischen öffentlicher und privater Sphäre allzu einfach gebaut. Ehen begannen zum Interessenausgleich zwischen den Partnern zu werden, Frauen waren keineswegs weniger Adressaten und Quellen von Geltungsansprüchen, familiale Öffentlichkeiten waren der entscheidende Diskursraum, in dem über Partnerwahl, Gestaltung des familialen Lebens und Kindererziehung entschieden wurde, und diese Entscheidungen waren solche, die sich im Sinne einer je individuellen Lebensführung zu bewähren hatten (vgl. R. Habermas 2000, S. 259 ff.). Der bürgerliche familiale Alltag war durch eine merkwürdige Pädagogisierung geprägt, die die Bildungsansprüche der bürgerlichen Kultur zu einem Umgang mit sich selbst umformte, die Ulrike Döcker (1994, S. 279) »Selbsterziehung« nennt. Das Familiale entsprach weniger einer verstärkten Emotionalisierung der Liebe zwischen Ehepartnern oder zu Kindern, sondern eher der gegenseitigen Supervision im Hinblick auf strenge Maßstäbe der Lebensführung. Trotzdem wundern sich noch heute Soziologen darüber, dass sich Liebe im Kontext von Macht und Geld ereignet und familiale Lebensführung keineswegs nur im Medium der Liebe geschieht, sondern auch mit Praxisfragen anderer Art zu tun hat (vgl. Wimbauer 2003; Illouz 2003, dazu Nassehi 2005a). Erst vor diesem *praktischen* Hintergrund wird die Erfindung von *Geschlechtscharakteren* (vgl. Hausen 1976) plausibel, die gewissermaßen Darstellungsprobleme von Persönlichkeiten aufwerfen, denen ein aktives *impression management* abverlangt wurde, also eine aktive Gestaltung des Selbst

– als weibliches und männliches Selbst in hermeneutischer Einstellung zu sich selbst und dem/der Anderen.

Nicht umsonst kann im deutschen Kontext die Entwicklung des Protestantismus zur »Bürgerreligion« mit seiner Tendenz zur »Heiligung des Alltags« (vgl. Maurer 1996, S. 615 f.) als dasjenige Vehikel angesehen werden, das aus der vorbürgerlichen Praxis des Alltags eine geradezu hermeneutische Praxis macht. Das Besondere bürgerlicher Werte waren nicht die Werte an sich, sondern ihre Bindung an Motive, an den Willen des Bürgers, an sein Gewissen (vgl. Maurer 1996, S. 376). Nicht Notwendigkeiten wurden reduziert, *Einsicht* in diese war das entscheidende Prinzip. All das findet stets und permanent im Horizont unvernünftiger Entscheidungen, im Horizont des Scheiterns und als Teil einer je individuellen (Bildungs-)Geschichte statt. Die Freiheit des Bürgers, seine Subjektivität, also seine Konzentration auf erzähl- und argumentierbare Motive, machte es möglich, *zu wollen, was man soll.* Vielleicht ist das das entscheidende *empirische* Charakteristikum, das der *theoretischen* Figur des vernünftigen Subjekts entspricht, das so frei ist, dass es nicht einfach tut, was es will, auch nicht einfach tut, was es soll, sondern will, was es aus Vernunftgründen soll.

Rebekka Habermas hat dies empirisch etwa darin zum Ausdruck gebracht, dass zur bürgerlichen Geselligkeit – in Familien, Vereinen, Freundeskreisen etc. – auch gehöre, dass vieles *nicht* angesprochen werden könne und das auch durchhaltbar gewesen sei (vgl. R. Habermas 2000, S. 193 f.). Kommunikative Inszenierungen werden damit riskanter, weil sie letztlich durch jeden Einzelnen der Beteiligten zum Scheitern gebracht werden können. Diese *Veto*-Möglichkeit des einzelnen Akteurs und das gesteigerte Risiko von Nein-Stellungnahmen in der Kommunikation erfordern stabile Mentalitäten, die um die Differenz zwischen Innenwelt und äußerer Wirkung wissen, diese zugleich bearbeiten und unthematisch machen. Dazu gehört auch die Selbstinszenierung der Familie (nach innen und außen) und nicht zuletzt die Briefkultur (vgl. Bohrer 1989; R. Habermas 2000, S. 341), in der sich schreibende Männer und Frauen einerseits ästhetisch darstellen konnten, andererseits aber in Distanz zu sich traten und das Sagbare vom Unsagbaren scheiden mussten – Schreiben ist erst im Horizont des nicht Geschriebenen zu verstehen und zwingt den Schreiber dazu, sich in seinen Aussagen zu sich selbst und zu einem eigentümlichen Konsistenzzwang zu verhalten, der durch die

Form des Schriftlichen gegeben ist. Ferner binden *geschriebene* Motive den Handelnden durch die Zeitfestigkeit seiner Äußerungen. Man kann nun einen Willen, einen Anspruch, eine Zumutung, eine Kritik äußern, die sich erst später zu bewähren hat – auch vor dem Handelnden selbst, der damit Teil seines Publikums wird und sich selbst einschränkt. Schließlich ist eine Welt, in der geschrieben wird, in erster Linie eine Welt, in der gelesen wird, wobei in diesem Kontext vor allem auf die Bedeutung der literarischen Produktion empfindsamer Individualität und Innerlichkeit hinzuweisen ist (vgl. R. Habermas 2000, S. 345 ff.; Willems 1999; Eibl 1999; Mellmann 2005).

Überhaupt ist ein enormer Vorrang der schriftlichen und mündlichen Repräsentation vor der Praxis selbst zu beobachten. Maurer spricht von der besonderen Bedeutung der »Wortkultur« (vgl. Maurer 1996, S. 377), also jenes Mediums, das sich fast nur in Formen von Maximen, Motiven, Zielen und Bedeutungen ausdrücken kann – allesamt Verweisungshorizonte, die weit über die Gegenwart des konkreten Ereignisses hinausweisen und mithin *Zukunftsmedien* sind.

Philosophisch lässt sich das wiederum in dem Rigorismus der kantischen Praktischen Philosophie wiederentdecken, in der es nicht auf die Wirkung des moralischen Handelns, sondern ausschließlich auf die Maxime des dem Handeln vorgelagerten moralischen Urteils ankommt – völlig unabhängig von den praktischen Konsequenzen (vgl. Kant 1983b, S. 27). Dieser praxisferne Rigorismus reflektiert eine Praxis, die in erster Linie Begründungspraxis für entsprechende Motivlagen war. Die Innerlichkeit des Bürgers, die Entstehung zurechnungsfähiger Innenwelten, die *innere Unendlichkeit* des Subjekts erzeugen einen unbeobachtbaren Raum für Motive. Als Handeln erscheint das, was Menschen tun, wenn dem Geschehenen ein gewisses Potential an Unbestimmtheit anhängt – *gehandelt hat nur der, der auch anders konnte.* Motive bzw. die wachsende Betonung individuell zurechenbarer Motive fürs Handeln werden dann umso wichtiger, je unbestimmter sich Handlungen darstellen. *Modernisierung* stößt also auf folgendes Problem: *Umgang mit Unbestimmtheit.* Die Lösung sind *Motive,* die dem Handeln einen Sinn verleihen und noch das Scheitern und das Sinnlose, die Unvernunft und die Abweichung bearbeitbar machen. Freilich ist die Lösung nie punktuell, sondern steht im

Kontext immer neuer Motive, immer neuer Anforderungen an den Willen, sich mit dem Sollen zu versöhnen, immer neuer Aufgaben, die erst das Leben zu einem Projekt machen, das es in Zeiten eindeutiger, Unbestimmtheit nicht zulassender Vollinklusion nicht war und nicht sein durfte.

Die Kontinuität des Argumentations- und Willenszusammenhangs verweist auf Zukünfte, auf Lebensführung, auf Entwicklung. Die Subjektivität des Bürgers war in zeitlicher Hinsicht zweifach gebaut: Sie war im Hinblick auf ihre Vergangenheit erzählbar und im Hinblick auf ihre Zukunft gestaltbar. Bürgerlichkeit war der Wille zur Selbstvervollkommnung (vgl. Maurer 1996, S. 617), aufstiegsorientiert (vgl. Döcker 1994, S. 282), es entstand die Idee der beruflichen Karriere und der familialen gemeinsamen Geschichte. Kinder wurden zum Symbol für die eigene Zukunft (vgl. R. Habermas 2000, S. 265 f.). Der multiinkludierte Bürger (und das galt prinzipiell auch für die Bürgerin) fand sich in verschiedenen Arenen vor, deren Abstrakta Vernunft, Allgemeinwohl und Tugendhaftigkeit hießen, deren konkrete Gestalt aber darin bestand, Handlungskoordination mit Motiven, mit Handlungsmotiven auszustatten. Die eigentliche Herausforderung bestand demnach darin, das Subjekt mit jenen Motiven auszustatten, die es wollen lassen, was es soll. Und das lässt sich theoretisch nur sehr abstrakt rein individualistisch auf den Begriff bringen. Peter von Zima (2000, S. 91 ff.) hat – ich habe bereits im ersten Kapitel darauf hingewiesen – seine Rekonstruktion des Subjektgedankens entlang der Frage nach dem theoretischen »Auftraggeber« des Subjekts aufgebaut. Der *empirische* Auftraggeber scheint der Andere zu sein, mit dem der Einzelne sich in Arenen größerer und kleinerer Öffentlichkeiten vorfindet, die nicht abstrakte Subjektivitäten, sondern konkrete Motivlagen miteinander koordinieren, oder besser: durch die praktische Koordinationsarbeit erst erzeugen. Wiewohl der Andere normativ (im Sinne der Semantik des »Menschen«) auf gleicher Augenhöhe gedacht wurde, war empirisch dieser Andere eher ein asymmetrischer Partner – man denke etwa an die hierarchisch gebaute Form bürokratischer Verwaltung und Herrschaft, an den Siegeszug pädagogischer Verhältnisse, an die Medizin und die Hygiene als Autorität der Formierung angemessenen Verhaltens, an die Polizei als Überwachungsinstanz, an die Asymmetrie von Textautor und Leser, an das Militär, vor allem aber an die zentrale

Rolle des Predigers als Experte des richtigen Alltagslebens und an den Familienvater als häusliche Autorität. Diese institutionalisierten Gegenüber waren die *empirischen* Auftraggeber des Subjekts, das der Vernunft nicht in der intelligiblen Welt transzendentaler Deduktionen begegnete, sondern in Gestalt von Autoritäten, die die Vernunft verkörperten – im wahrsten Sinne des Wortes *verkörperten*, indem sie die Vernunft per Habitus repräsentierten und *vernünftige* Motive einforderten. Diese *empirische Dekonstruktion* des Subjekts ist die andere Seite seiner theoretischen Konstruktion, die in einer Welt stattfindet, in der es nichts anderes als Motive gibt, individuelle Motive, Subjekte eben.

Die *theoretisch* folgenreichste – und ich meine: auch *soziologisch* folgenreichste – Dekonstruktion des Subjekts entstammt Hegels Kant-Kritik. Die Fundierung der Weltlichkeit des Subjekts in seiner Ichheit war für Hegel (1970b, S. 321) Anlass, diesen bürgerlichen Subjekten, »die in selbständiger Freiheit und als *Besondere* für sich sind«, zu bescheinigen, sie verlören ihre »sittliche Bestimmung«. Diese »Atomistik« habe »der Staat als bürgerliche Gesellschaft« aufzuheben. Die hegelsche Aufhebung des bewusstseinsphilosophischen Innerlichkeitsmodells in seiner Phi-losophie des Geistes ist gewissermaßen die erste gesellschaftstheoretische Fassung des Identitätsproblems, also des Problems der Versöhnung des Einzelnen mit seinen Differenzen: mit den *zeitlichen* Differenzen einer je eigenen Vergangenheit und Zukunft, die als biographischer Horizont zum legitimen Fokus der Selbstbeschreibung wird; mit den *sachlichen* Differenzen in einer sich entzweienden Moderne, die den Zusammenhang alltäglicher Tätigkeiten nicht vorreguliert; mit den *sozialen* Differenzen einer Gesellschaft der Individuen. Hegel führt also den Anderen an theoriestrategisch entscheidender Stelle ein, der aber wie das Ich Individuum nur so weit sein konnte, als er sich der Einsicht in die Notwendigkeit fügte und dafür eine sittliche Totalität benötigte, die im postrevolutionären Zeitalter Hegels noch in der sittlichen Totalität des Staates zu finden war und in der Sprache der späteren Soziologie normative Integration heißen sollte.

Zunächst: War schon bei Kant das Subjekt insofern ambivalent gebaut, als es eben keine individuelle Größe ist, sondern nur ein Allgemeinheitsprinzip, dem sich das individuelle Ich letztlich zu subordinieren hat (wenn man so will: als *sub-iectum*), lässt Hegel schon den Begriff auf den *Geist* übergehen, auf die Selbstentfaltung des Vernünftigen in der Geschichte, der sich der Einzelne stets nur gegenübersah – als Individuum, nicht als Subjekt. Das geschichtlich konkrete Gegenüber ist dann für Hegel das *Volk* als empirische Entäußerung des objektiven Geistes, dem der Einzelne (und: der andere Einzelne) sich je schon einverleibt gegenübersieht. Die Ichheit, die Kant also noch in einer gewissermaßen extramundanen Vernunftquelle konfundiert, unterliegt bei Hegel einer durchaus mundanen Quelle: jener Vernunft nämlich, als die und in der sich der Geist in der Geschichte entfaltet und dem sich das Individuum unterzuordnen hat – als Akt seines freien Willens, der als solcher weder bloß subjektiv noch bloß objektiv ist (vgl. Hegel 1970c, S. 78). Subjektivität lässt sich für Hegel also nur denken, wenn der Einzelne *als Subjekt* zugleich aufgehoben wird in einem Allgemeinen *als Subjekt. Subjektivität* ist also ein Vermittlungsbegriff – und wie die kantische Formierung der Subjektivität auf die innere Überbestimmung des Subjekts bei gleichzeitiger äußerer ambivalenter Bestimmung reagiert, ist das Bezugsproblem der hegelschen Kontextur die Frage, wie sich die offensichtliche historische Erfahrung der Freiheit der Individuen als Notwendigkeit interpretieren lässt. Indem Hegel die antinomischen Begriffe dieser Erfahrung *aufhebt,* bleibt vom Subjekt nur mehr seine objektivierte, also vernünftige, also allgemeine Gestalt, und das Allgemeine gerät zum Subjekt, das zu sich selbst strebt.

Subjektivität ist dann keineswegs nur die Idee eines *in sich selbst ruhenden Individuums*, das alles, was es hervorbringt, mittels Selbsttätigkeit hervorbringt. Die Konzeption des Subjekts lebte zunächst von dem Bezugsproblem, dass das Individuum eben *nicht* als Subjekt gedacht werden kann, sondern dass die *Subjektivität* des Individuums eine *Quelle* haben muss: bei Descartes ist es Gott, bei Kant ist es die Vernunft und bei Hegel der Geist, der in der Geschichte zu sich selbst kommt. *Subjekt* ist das »Subjekt« also nur, weil es kein Subjekt ist. Die Paradoxie dieser Figur wurde letztlich dadurch aufgefangen, dass die gesellschaftliche Erfahrung Zurechnungsroutinen ermöglichte, die es den *vermittelten* Subjekten gestattete, ihre Subordination als Freiheit wahrzunehmen und im Vernunftgebrauch ihre Handlungsmöglichkeiten so einzuschränken, dass sie beides gleichzeitig sein konnten: *autonom* und *unter Kontrolle*. Stilisieren konnte sich das bürgerliche Individuum dann als das Gegenüber der Gesellschaft, seine Subjektivität wurde zu einem Protestbegriff, zum Maßstab der Kritik und zur Quelle von Authentizität. Mit einer philosophischen Semantik der Entfaltung der Subjekt-Subjekt-Paradoxie ausgestattet, erkaufte sich das bürgerliche Individuum seinen Status als *Subjekt* gewissermaßen durch Verzicht auf jene Versöhnung, die sich philosophisch in der Vernunft und/oder in der Geschichte platzieren ließ, praktisch aber nur in einer Form der Lebensführung, die die *Exklusionsindividualität* des Individuums promovierte. Die gesamte Semantik der Individualität, der Individualisierung, der bürgerlichen Selbstvergewisserung als autonomes Zentrum der (je eigenen) Welt, als Zurechnungspunkt für Verantwortlichkeit, als Anspruchsadresse und nicht zuletzt als Träger von Distinktionsmerkmalen anderen Schichten gegenüber, die sich ihre *Subjektivität* erst noch per Bauernbefreiung, Arbeiterbewegung oder Verbürgerlichung des Adels erkaufen mussten, machte das Individuum zum Subjekt. Das Besondere der bürgerlichen Lebensordnung liegt wohl darin, dass es gelingen konnte, *Autonomie* und *Fremdbestimmung* miteinander zu versöhnen. Dass Angehörige der bürgerlichen Gesellschaft *wollen, was sie sollen*, ist letztlich diejenige soziale Technik, Handlungen durch Verzicht auf zu starke Koordinierungsleistungen von außen zu koordinieren. Die Asymmetrie zwischen einer stets als Allgemeinheit im Sinne des Gemeinwohls, des Familienwohls, des Patriotismus, der Ehre auf beruflichen oder militärischen Gebieten, der Volksgesundheit, der Moral fungierenden normativen Idee des Vernünftigen einerseits mit den individuellen Restriktionen eines Lebens, das geführt werden will, andererseits wird gelöst durch die Implementation von und die Zurechnung auf *Motive*. Dass die Kritik an den Verhältnissen selbst Teil der Verhältnisse ist, wie sich der dialektischen Gesellschaftstheorie von Hegel über Marx bis Adorno ablesen lässt, liegt daran, dass auch die Kritik der herrschenden Vernunft nur *als Vernunft* auftreten kann.

Soziologisch so folgenreich ist die hegelsche Kant-Kritik nicht nur deshalb, weil hier der Andere eingeführt wird, dem in Anerkennung zu begegnen ist. Soziologisch folgenreich ist vielmehr Hegels Idee der Versöhnung individueller Motive und sozialer Erwartungen. In den individuellen Motiven lässt sich die Gestalt des Sozialen ablesen, wie diese sozial, also kollektiv sind, indem sie sich in den individuellen Motiven wiederfinden lassen. Im individuellen Subjekt und seiner Vermittlung mit dem Allgemeinen formuliert

Hegel eine Integrationsidee, die sich auf der Ebene der Gesellschaft für ihn noch in der Allgemeinheit des Staates wiederfinden lässt. Das »gesellschaftliche« Milieu, in dem Hegels Versöhnung von Allgemeinem und Besonderem in der Subjektivität sich bewegt, ist der Nationalstaat, wie er sich im 19. Jahrhundert nach dem Wiener Kongress als *empirische* Vermittlung von Differenzierung und Integration in ganz Europa durchgesetzt hat. Die Konzentration auf den Staat symbolisiert jene Idee der bürgerlichen *Mitte* im Sinne einer gesellschaftlichen *Arena*, die im Falle Deutschlands gewissermaßen vor der Staatswerdung sich listig selbst durchsetzte und in der gescheiterten 1848er-Revolution und dem Versuch, den Preußischen König mit der Kaiserkrone zu belegen, ihren politischen Fokus fand. Das Politische macht Kollektivitäten sichtbar – und so ist es nur konsequent, die gesellschaftstheoretische Scholastik Hegels an politiknahen Begriffen zu schärfen. Hegel war *nicht mehr* ein Ontologe gesellschaftlicher *strata*, aber auch *noch nicht* an sozialer Praxis interessiert. Ihm war es um die Vermittlung zu tun, die sich in jener merkwürdigen Gemengelage empirisch zeigte, die den Nationalstaat des 19. Jahrhunderts auszeichnete: einerseits autoritär und patriarchalisch, andererseits ein revolutionärer Wegbereiter der europäischen Moderne.

Wiewohl heute niemand mehr den Staat mit einer solchen Erwartung ausstatten würde, ist es dem soziologischen Diskurs der Moderne lange gelungen, den Begriff der Gesellschaft als *politischen Begriff* zu führen. Ich komme darauf im fünften Kapitel ausführlich zurück. Auf der Ebene des handelnden Individuums findet sich die Idee der Integration in den *vernünftigen Motiven* wieder, in jener oben mit Durkheim, Marx und Weber andeutungsweise dargestellten Vermittlung individueller Motive mit der gesellschaftlichen Allgemeinheit. Nach meiner kurzen Rekonstruktion des kantischen und des hegelschen Subjektgedankens freilich ist das Entscheidende nicht mehr nur diese Vermittlung, sondern jenes gesellschaftliche Milieu, das die Motive und nicht zuletzt die Vermittlung differenter Motive im Subjekt als Handlungsträger verorten musste. Es erscheint geradezu selbstverständlich, das soziale Geschehen auf Motive zurückzuführen, und die größten Teile der empirischen Sozialforschung suchen nach nichts anderem als nach entsprechenden Motivlagen: Präferenzen, Entscheidungen, Interessen, Deutungsmuster, Erzählungen etc.

Der erste Schritt der Rekonstruktion des *soziologischen Diskurses der Moderne* sollte freilich darin bestehen, sich über diese Selbstverständlichkeit zu wundern. Zunächst kann jedenfalls festgehalten werden, dass die soziologische Selbstverständlichkeit der Zurechnung auf Motive einer historisch kontingenten Konstellation der bürgerlichen Gesellschaft entstammt, die all ihre (Multi-)Inklusionsformen, vor allem die zeitliche Kontinuierung der Inklusion über Lebensgeschichten und Karrieren einer merkwürdigen *Verdoppelung der Welt* (vgl. Nassehi 2003a, S. 34 ff.) verdankt, wie sie in (Handlungs-)Motiven und ihren Derivaten wiederzufinden ist. Die Zurechnung auf Motive, also die Beobachtung des Geschehens *als Handlung* bringt ein Moment Unbestimmtheit und Uneindeutigkeit in die Welt. Wie in der sozialen Welt die Bedeutung in den Motiven des Akteurs gefunden werden muss – dies sicher Erbe der höfischen Gesellschaft (vgl. Luhmann 1989a; Elias 2003) –, findet sich in der theoretischen Welt seit den cartesischen Zweifeln das Sein der Welt nur noch im Bewusstsein wieder. Die soziologische Erfindung der motivierten Handlung darf als Teil dieser Tradition gesehen werden. Wie das Sein zum Bewusstsein, das Wesen zur Erscheinung, das Zeichen zum Bezeichneten, der Signifikant zum Signifikat, die Erkenntnis zum Erkenntnisgegenstand sich verhält, so verhält sich das Handlungsmotiv zur Handlung. Das ist der Kern des soziologischen Verständnisses der Moderne. Das Neue freilich, das sich in der Soziologie ankündigt, ist nicht die Prolongierung dieser Figur, sondern ihre gleichzeitige Kritik – und Umkehrung, aber dazu später.

Dezentrierungen

Zunächst zurück zur Theorie des Subjekts. Die nachklassischen Subjektsemantiken benutzten das Subjekt dann nur noch als Chiffre für die Einzelheit des Einzelnen, letztlich als Gegenbegriff gegen die Allgemeinheitszumutung der deutschen Meisterdenker – vielleicht auch deshalb, weil die weiland erhobene Allgemeinheitszumutung mit dem durchgesetzten europäischen Nationalstaat keine denkerische, sondern eine empirische Zumutung sowie selbstverständlich geworden ist. Wozu soll man die Allgemeinheit fordern, wenn sie doch politisch zu sich selbst gekommen ist? Am deutlichsten ist die

Gegenposition in Nietzsches *Zur Genealogie der Moral* ausgedrückt. Durchaus den hegelschen Gang der Geschichte paraphrasierend betont Nietzsche, dass des Menschen »ganze *vorhistorische* Arbeit [...] ihren Sinn, ihre grosse Rechtfertigung« darin hatte, »mit Hülfe der Sittlichkeit der Sitte und der socialen Zwangsjacke wirklich berechenbar *gemacht*« zu werden. Nun aber trete die »Sittlichkeit der Sitte endlich zu Tage«, da »das *souveraine Individuum*, das nur sich selbst gleiche, [...] dieser Herr des *freien* Willens« mit dem »Privilegium der *Verantwortlichkeit*« ausgestattet werde, gegängelt aber durch »sein *Gewissen*« (Nietzsche 1980, S. 293 f.). Nietzsche spottet gegen die Idee der Freiheit des autonomen Individuums (Subjekts), die letztlich auf nichts anderes zulaufe als auf die Selbstbeschränkung der Freiheit in ihrem eigenen Namen. Hier schon kündigt sich in der philosophischen Arbeit des Begriffs das *soziologische* Bezugsproblem an, die Freiheit der Individuen, ihre Handlungsautonomie gerade nicht in der Innerlichkeit des Handelnden selbst zu lokalisieren, sondern in den Verhältnissen – ein Gedanke, der Hegel und Nietzsche verbindet, der aber bei Hegel zur großen Legitimation des Subjekts, als Unterworfenem, als *sub-iectum*, als große Vorgeschichte der politischen und gesellschaftlichen Ideologien des 19. und 20. Jahrhunderts gerät, bei Nietzsche dagegen zum Spott gegen jene bürgerliche Hybris, die ihre eigene »sociale Zwangsjacke« wie einen Herrenmantel ausführt.

Überhaupt scheint dort, wo es weiterhin ums Subjekt geht, entweder eine merkwürdige Selbstverständlichkeit zu herrschen, oder aber die *soziale* Kulturbedeutung des Subjekts als des verantwortlichen Akteurs wird mit seiner theoretischen Dezentrierung gerettet. Erstere Selbstverständlichkeit lässt sich in allen Spielarten der analytischen und rationalistischen Philosophie und der Auflösung von Substanzen in (rational geordnete) Semantiken nachverfolgen, in denen es um nichts anderes als Gründe geht – womit der Träger der Begründung als rational Handelnder letztlich begründungsfrei vorausgesetzt wird. Solcherart Philosophie – von der Wissenschaftstheorie bis zur Ethik – ist weit entfernt von der Frage ihrer eigenen Möglichkeitsbedingung. Sie bewegt sich in einer Welt, in der Unbestimmtheit erst nach der Voraussetzung begründungsfähiger Subjekte vorkommt – als Problem der richtigen oder falschen Begründung, aber nicht als die Frage nach den sozialen und historischen Voraussetzungen des Begründens. Die zweite, hier als

Dezentrierung eingeführte Subjektsemantik ist für unseren Zusammenhang dagegen von einiger Bedeutung, weil sich daraus durchaus Parallelen für die soziologische Weiterentwicklung des (Handlungs-)Subjekts ergeben.

Es ist dies nicht der Ort einer historisch vollständigen oder erschöpfend systematischen Rekonstruktion. Die philosophische Arbeit des Begriffs verlegt sich nun letztlich auf gepflegte Formen der Kritik ihrer eigenen Tradition, in Form etwa des Existentialismus seit Søren Kierkegaard, in Form der Kritischen Theorie und ihrer Idee authentischer Erfahrung *gegen* die Totalität der Welt, in Form der postmodernen Entfaltung der Paradoxie der unbedingten Kritik des Unbedingten und nicht zuletzt in Form extremer Formalisierung in der analytischen Philosophie, deren Vertrauen in die Welt nur noch als Vertrauen in die Widerspruchsfreiheit ihrer Abbildbarkeit daherkommt. Exemplarisch sei auf zwei aktuelle deutschsprachige Versuche einer Rekonstruktion des Subjekts hingewiesen. Gemeinsam ist beiden Versuchen, dass sie *einerseits* die starke Pathosformel des klassischen Subjekts vermeiden wollen, *andererseits* aber die Funktion der Subjekttheorie zu retten trachten. Deren Funktion, so habe ich herausgearbeitet, besteht darin, das bürgerliche Individuum mit einer Chiffre auszustatten, die es ihm erlaubt, die inklusionsbedingte Form der Selbstvergewisserung mit der Anerkennung anderer zu verbinden. Die hegelsche Anerkennung der Anerkennung soll hier letztlich rekonstruiert werden – allerdings ohne den kantischen normativen Maßstab einer urteilenden Vernunft und ohne das hegelsche Unterwerfungspostulat als Freiheitsgeste. Wenn man so will, passen diese Modelle die normative Idee der bürgerlichen Subjekttheorie dem nachbürgerlichen Zeitalter an.

Zunächst ist Manfred Franks Versuch zu nennen, das starke erkenntnistheoretische Subjekt der Tradition und das semantische Subjekt in Personenmodellen des 20. Jahrhunderts *hermeneutisch* aufzulösen. Gegen das erkenntnistheoretische Modell bringt Frank vor, dieses klassische Modell scheitere schon an seinem reflexionstheoretischen Design, an der klassischen fichteschen Frage nach dem Ich hinter dem Ich, die stets und *ad infinitum* ein weiteres Frage-Ich voraussetzen müsse. »Nun *besteht* aber Bewusstsein, also kommt das Reflexionsmodell als Erklärung nicht in Betracht.« (Frank 1987, S. 60)

Am semantischen Personmodell, wie es in Strawsons *Individuals* (Strawson 1959), aber auch bei Tugendhat (1979) zu finden ist, kritisiert Frank vor allem die zugrunde liegende Annahme einer »Isomorphie zwischen Rede-Struktur und dessen, wovon geredet wird« (Frank 1987, S. 68). Diese sei insofern naiv, als aufgrund der Modularisierbarkeit der Personalpronomina aus der semantischen Identität unterschiedlicher Modalitäten von Personalpronomina (ich – du – er) letztlich eine merkwürdige Symmetrie dieser Positionen resultieren müsse. Vor allem aus dieser kontraintuitiven Vorstellung einer semantischen Symmetrie unterschiedlicher Personalpronomina gewinnt Frank sein eigenes hermeneutisches Modell. Er betont gegen die semantischen Identitätsunterstellungen: »Bedeutungen sind nicht einfach – ein für alle Mal – durch einen semantischen Code fixiert, sie beruhen auf individuellen Interpretationen. Eine Person, die ihren Sinn spontan entwirft, kann die Bedeutungen der Prädikate, in deren Licht sie sich selbst und andere erschließt, verschieben, neu festsetzen, von einem Gebrauch auf den anderen unkontrollierbar modifizieren. Damit ist Intersubjektivität keineswegs ausgeschlossen: Sie verlangt lediglich eine schritthaltende Spontaneität des Verstehens auf seiten des Gesprächspartners.« (Ebd., S. 71) Sowohl das semantische Modell als auch das hermeneutische Modell Franks arbeiten sich am Bezugsproblem der Unbestimmtheit ab. Während das erstere aber geradezu grobschlächtig den Identitätszumutungen einer propositional gebauten Sprachstruktur sich subordiniert und den objektiven Geist, die Präsenz in die semantische Struktur der Sprache verlegt, vertraut Frank auf die klassischen Chiffren des bürgerlichen Identitätsmodells: Es reagiert auf Unbestimmtheit mit dem Einbau von Kontingenz in die innere Unendlichkeit eines *verstehenden*, spontanen Individuums, das keinen fixen Kern hat, keine fixe Identität, aber letztlich das Zentrum seiner selbst und seiner Welt ist. Franks Idee von Individualität kulminiert darin, die Identitätszumutung totaler Präsenz, d. h. des Zusammenfallens von Bezeichnung des Ich und dem Ich dadurch aufzubrechen, dass dem Ich ein ursprüngliches Mit-sich-vertraut-Sein zugesprochen wird, das freilich stets praktisch und in der Zeit hergestellt werden muss. Dieses Modell *dezentriert* das Subjekt dadurch, dass es radikal individualisiert wird und zugleich das Vertraut-Sein mit sich selbst nicht in prädikativer Einheit aufgehen lässt, sondern in praktischer Selbst-Vergewisserung über – da sind sie wieder! – *Motive*. Motive sind für Frank keine kausalen Wirkursachen, sondern kontingente Formen der Erschließung von Wirklichkeit, auch und gerade der eigenen (Frank 1987, S. 75). Man könnte sagen: Das Ich muss sich von sich erzählen (können), damit es von sich weiß (wissen kann). Es verlegt die Performanz vor die Proposition.

An der Erzählung – einer durch und durch bürgerlichen Form der Selbstvergewisserung – setzt auch Dirk Rustemeyer an. Er wendet gegen das Subjekt als »Pathosformel der Metaphysikkritik« (Rustemeyer 2001, S. 119) ein, dass die ursprüngliche Idee, das Subjekt als »Gewißheits- und Bestimmungsinstanz« (ebd., S. 121) als kritisches Gegenüber der Welt einzusetzen, letztlich seinen sozialen Sinn verloren habe. Was vor zwei Jahrhunderten als kritisches Konzept gegen eine stabile stratifizierte Ordnung funktioniert habe, trifft, so formuliere ich Rustemeyers Analyse begrifflich um, auf neue Bezugsprobleme. In der Konsequenz dreht Rustemeyer das Bezugsproblem einer angemessenen Theorie des Subjekts um. Nicht mehr der Erfahrungs-, Gewißheits- und Bestimmungsinstanz möchte er offenbar eine theoretische Plattform bieten, sondern eher dem Gegenteil: der Ungewissheit und der Unbestimmtheit. Subjektphilosophische Bemühungen des 20. Jahrhunderts rekonstruierend schreibt Rustemeyer: »Die Kategorie des Subjekts transformiert sich von Husserl über Heidegger und Gadamer bis Merleau-Ponty zu der Figur eines Feldes, in dem sich Strukturen der Erfahrung überlagern, ohne je vollständig aus der Anonymität in die transparente Helle des Bewusstseins zu gelangen.« (Ebd., S. 128) Rustemeyer empirisiert das klassische Subjektkonzept vor allem dadurch, dass er auf die *praktische* Seite der Subjektwerdung hinweist, und zwar auf die individuell-perspektivischen Formen der Fremd- und Selbstbeschreibung von *Erfahrungen*. »Dieser Ausdruck referiert auf ein Subjekt als Zuschreibungsfokus von Aussagen, die sowohl im Modus der Selbst- als auch der Fremdbeschreibung erfolgen.« (Ebd., S. 137) Es geht hier nicht darum, gute Gründe transparent zu machen. Rustemeyer schreibt gegen das Präsenzmodell einer Subjektivität an, die als ursprüngliche Kategorie mit dem zusammenfallen könnte, was sie bezeichnet. Das Paradigma einer solchen Subjektivität ist das theoretische, das moralische oder das ästhetische Urteil – ins 20. Jahrhundert soziologisiert als die habermasschen *Geltungsansprüche*. Rustemeyer ist skeptischer. Ihm ist es nicht darum zu tun, die Rationalitätspotentiale der Lebenswelt gegen uneingestandene Routinen und Selbstverständlichkeiten in Stellung zu bringen, sondern umgekehrt die Intransparenz lebensweltlicher Praxis für sich selbst zu betonen. Das Paradigma eines solchen Modells sei »die Erzählung, nicht das Urteil« (ebd., S. 137), ausdrücklich ohne Aussicht auf vollständige Transparenz. Eine solche Dezentrierung des Subjekts leiste »Aufklärung über Verschiebungen im semantischen Selbstverständnis der bürgerlichen Gesellschaft« (ebd., S. 156). Ähnlich wie Frank nötigen diese Verschiebungen Rustemeyer offenbar dazu, das Subjekt zu hermeneutisieren, d. h. gerade seine Bestimmungsgründe kontingent zu setzen und nicht die Bestimmung der Welt *durch das Subjekt* wie im Subjekt der klassischen Metaphysikkritik.

Ich referiere auf diese beiden zeitgenössischen Theoretiker des Subjekts nicht in dem Sinne, dass mit ihnen besonders außergewöhnliche Vorschläge vorlägen. Sie seien – mit ihrer jeweiligen Originalität – stellvertretend in Anspruch genommen für verschiedene Formen der Dezentrierung des Subjekts, wie sie auch in der poststrukturalistischen Präsenzkritik (vgl. Derrida 1991), in der körperzentrierten Phänomenologie (vgl. Merleau-Ponty 1966) oder in der Praxisphilosophie (vgl. Schatzki 2002) zu beobachten sind. Das Problem, auf das Frank und Rustemeyer reagieren, ist freilich so neu nicht. Denn, wie ich herauszuarbeiten versucht habe, scheint auch das klassische Subjektmodell, seine *Pathosformel*, an einem ähnlichen Problem sich abgearbeitet zu haben: wie das bürgerliche Individuum, dem letzte Bestimmungs- und Gewissheitsgründe seiner lebensweltlichen Praxis abhanden gekommen sind, sich selbst *sagbar* machen und sich mit Geltungsansprüchen versehen kann, die zwar vom Anspruch an eine überindividuelle Allgemeinheit der Vernunft zehren, aber in erster Linie Geltungsansprüche *einer konkreten, unverwechselbaren Person sein sollen*. Und nicht umsonst wählt Frank wie Rustemeyer jeweils ein Erkenntnismedium, das dem sozialen Milieu der bürgerlichen Gesellschaft entstammt: die Hermeneutik der Selbstauslegung und das Vorfinden der eigenen inneren Unendlichkeit als Rätsel und Lösung bei Frank; die Narrativität der Selbstauskunft, die Kontingenz der biographischen Selbstvergewisserung bei Rustemeyer; das praktische Bemühen um subjektive Einheit und Abgeschlossenheit im Horizont des praktischen Verlusts jeglicher Einheit und Abgeschlossenheit bei beiden; schließlich ebenfalls bei beiden die Figur des Subjekts als kritisches Gegenüber einer komplexen Welt, in der und gegen die es sich behaupten muss.

Geändert zu haben scheint sich im subjektphilosophischen Kontext offenbar nur die theoretische Ästhetik. In einer Welt der Wende vom 18. zum 19. Jahrhundert, in der sich das europäische Modell des stabilen, vereinheitlichenden Nationalstaats durchzusetzen begann, in der die Einheit der Wissenschaften und die Idee durchsetzungsfähiger »vernünftiger« Maßstäbe fürs Urteilen auf allen Gebieten zur Zentralsemantik gerann, war auch das Subjekt nur als gewissermaßen überempirische Einheitschiffre theoretisierbar – in einer Welt des Übergangs vom 20. zum 21. Jahrhundert dagegen, die sich am Verschwinden solcher Einheitszumutungen abzuarbeiten hat, ist das hermeneutische Modell der Unabgeschlossenheit aller Repräsentation erheblich plausibler. *Beide aber referieren auf dasselbe: Auf den Handelnden, dem Motive zugeschrieben werden, die dieser in sich zu suchen und zu finden hat und die so kontingent sein müssen, dass sich Kommunikation (und: Forschung) über die Suche und das Finden lohnt.*

Wenn auch die theoretischen Figuren sich unterscheiden: Das Bezugsproblem ist bei beiden das *Subjekt*, nicht aber jenes transzendentalphilosophische, dem es seinen Namen verdankt, sondern das *bürgerliche*, das sich erzählt und dem erzählt wird, dass es *Subjekt seiner Handlungen ist.* Es ist diese Erzählung, die das Grundcredo der Moderne zu einem *bürgerlichen, westlichen* und *(alt-)europäischen* Credo geraten lässt. Und noch in der soziologischen Kritik am starken Subjekt, am Subjekt der *klassischen Moderne* lässt sich dieses bürgerliche Credo ablesen. Denn das Subjekt, wie es heute verabschiedet wird, hat es nie gegeben.

Die soziologische Arbeit des Begriffs

Vorsoziologisch wird das Bezugsproblem des Subjekts, wiewohl die Subjektphilosophie mit ihrer vorausgesetzten Theorie der bürgerlichen Gesellschaft mehr Soziologie enthält, als man zunächst erwartet, stets von der Seite des Subjekts selbst her gedacht. Die *soziologische* Arbeit des Begriffs aber dreht die Beweislast zunächst um. Sie fragt nicht primär, wie sich Freiheit ohne Verlust der Welt denken lässt (denn es käme einem Totalverlust der Welt gleich, wollte man die Weltlichkeit des Individuums tatsächlich ausschließlich in der Innerlichkeit des Individuums suchen, das dann nur noch Subjekt seiner selbst, nicht mehr aber Subjekt der Welt sein könnte), sondern wie soziale Ordnung möglich ist, obwohl die »Subjekte« eigentlich tun und lassen können, was sie wollen. Wie kann es, so lautet die Frage, unter Bedingungen der modernen Gesellschaftsstruktur – also unter Bedingungen einer Multiinklusion in einer funktional differenzierten Gesellschaft – gelingen, dass Handlungen einzelner Individuen, denen gerade aufgrund der Umstellung von Totalinklusion auf Multiinklusion Handlungen nun mehr und mehr individuell zugerechnet werden, so miteinander koordiniert werden können, dass sie zusammenpassen. Man muss die Idee des soziologischen Denkens womöglich wirklich zunächst auf diese ganz einfache Frage zurückführen: Wie ist soziale Ordnung möglich, wenn sie doch letztlich aufgrund der den Individuen zugeschriebenen Freiheit höchst unwahrscheinlich ist?

Nicht umsonst beginnt die frühe Soziologie mit einer Dekonstruktion des »Subjekts«. Bei Durkheim gerät die Gesellschaft zu einem *Zwangsmechanismus*, der den Einzelnen Solidarität und Mores lehrt, Max Weber lässt den subjektiven Sinn zum bloß subjektiv *gemeinten* Sinn als methodologisches Konstrukt schmelzen, und George Herbert Mead kann das Selbst nur im Prozess seiner unterstellten Fremdbeobachtung auf den Begriff bringen. Selbst dort, wo die Soziologie nicht vom *Subjekt* lassen will, ist sie doch als *Soziologie* stets damit konfrontiert, *einerseits* die Differenz der Subjekte beschreiben zu müssen, andererseits die Formen »subjektiver« Lebenslagen, »subjektiv« gemeinten Sinns oder auch nur »subjektiver« Interessen als andere Seite eines Objektverhältnisses zu behandeln. Indem »subjektive« Lebenslagen eben Lagerungen im sozialen Raum sind, »subjektiv« gemeinter Sinn von den möglichen Kulturbedeutungen der sozialen Umwelt des Handelnden abhängt und »subjektive« Interessen eben Interessen in sozialen Kontexten sind, *dekonstruiert* der soziologische Blick die Subjektivität des Subjekts, *ob er will oder nicht.*

Die frühe Soziologie arbeitet sich an diesem Bezugsproblem ab, das die preußischen Meisterphilosophen noch in die nicht-empirische, i. e. transzendentale Sphäre der Denknotwendigkeit oder der Selbstentfaltung des Geistes auslagern konnten. Für die Soziologie konstitutiv war freilich nicht, dass ihr als empirischer Wirklichkeitswissenschaft eine solche Verschiebung unmöglich war. Konstitutiv war eher das Bezugsproblem, das die »Subjektivität« des Handelnden – soziologisch müsste man formulieren: die Unterstellung, dass ein Individuum das, was es tut, intentional und bewusst tut – unter jene Einschränkung stellen muss, für die der Begriff der *Gesellschaft* gebildet wurde. Individuen wurden insofern in allen soziologischen Varianten als das Pendant zu einem Allgemeinen gedacht, das die Besonderheit des Besonderen erst hervortreten lässt. Die Kontextur des soziologischen Denkens ist also die Unterscheidung von individueller Freiheit (als Kontingenzgenerator) und gesellschaftlicher Notwendigkeit (als Kontingenzeinschränkung). Letztlich ist es diese *bürgerliche* Form der Selbstbeschreibung menschlicher Individuen in der modernen Gesellschaft, die für die Soziologie als eigenständige wissenschaftliche Disziplin konstitutiv war, denn darin spiegelt sich jene Inklusionsform wider, die die Grunderfahrung der *bürgerlichen Gesellschaft* auszumachen scheint: *Freiheit* und *Notwendigkeit* miteinander versöhnen zu müssen – die Freiheit des Handelns mit der Notwendigkeit der Handlungskoordination. Der Ort dieser Vermittlung ist jene *Arena*, in der Ereignisse als Handlungen erscheinen. Die *Bürgerlichkeit* dieser Form nimmt zwei Motive auf, die sich letztlich auf die beiden Wurzeln der klassischen Subjektphilosophie zurückführen lassen. Es ist dies auf der eher kantischen Seite zum einen die Idee der *Virtualisierung des Sozialen*, die den Einzelnen als Träger sozialer Handlungen ansetzt; und es ist dies auf der eher hegelschen Seite das Motiv der *Versöhnung von Besonderem und Allgemeinem*, das vor allem in der Figur der *Identität* deutlich werden wollte.

Das *erste Motiv* stellt auf die Selbstzurechnung des (bürgerlichen) Individuums ab, d.h. auf die Grunderfahrung, dass sich alles, was in der Welt geschieht, letztlich auf Motive und Präferenzen, auf gemeinten Sinn und die *innere* Virtualisierung der Welt zurückführen lässt. Unter *Virtualisierung* verstehe ich die Grundannahme, dass die *Energiezufuhr* im sozialen Raum letztlich durch den Durchlauferhitzer eines vorstellenden Bewusstseins hindurchmuss. Exakt darauf ist das grundlegende soziologische Bezugsproblem ausgerichtet: dass das Individuum *wollen* muss, was es sozial *soll*. Vermittelt wird das über Klassenstandpunkte, über die Kulturbedeutung des Handlungssinns, über eine neu zu schreibende Moral für organisch solidarisierte Gesellschaften, über das *role taking* des Individuums oder über die Idee der Welt aneignenden Ausbildung von Routinen, Rezeptwissen und Reparaturstrategien der »Subjekte«. Beobachten lässt sich daran zweierlei: *einerseits* die »Seinsverbundenheit« der Soziologie als Reflexionstheorie jener historischen Erfahrung, in der die Komplexität der Welt als die Komplexität von Handlungssituationen erschien; *andererseits* das Zurückschrecken davor, sich der Normalerfahrung jener historischen Konstellation zu entziehen, das individuelle Subjekt als bloßes semantisches Korrelat einer merkwürdigen Konstellation von individueller Freiheit und sozialer Notwendigkeit zu entdecken. Denn so sehr das *Soziologische* der soziologischen Handlungstheorie spätestens seit C. Wright Mills' (1940) epochalem Aufsatz darin besteht, Handlungen und ihre *virtuelle* Seite, also Motive und Präferenzen, als Ergebnis von *Zurechnungspraxen* zu beschreiben, so sehr scheint mir die soziologische Forschung bis heute daran festzuhalten, den sozialen Sinn einer Handlung in der Virtualisierungsleistung eines Handelnden zu lokalisieren – das gilt ebenso für die »Unterstellung« von Motiven und Präferenzen für die Modellierung in der quantitativen Forschung und erst recht für die meisten Spielarten qualitativer Sozialforschung. Für die Frage der Subjektkonzeption der Soziologie ist das insofern relevant, als die Soziologie zwar sehr wohl weiß, dass *Subjekte* ein *Movens* haben, das sie nicht selbst sind – das wusste auch schon die transzendentalphilosophische Subjektkonzeption –, dass sie aber die gesellschaftliche Praxis der Zurechnung von Motiven schlicht perpetuiert. Statt also zu fragen, welchen sozialen Sinn die Zurechnung auf Motive und Intentionen überhaupt hat, wird deren sozialer Sinn in den Motiven (und ihren dem Subjekt äußerlichen Ursprüngen) selbst lokalisiert.

Das *zweite Motiv* stellt auch auf die Selbstzurechnung des bürgerlichen Individuums ab, nun aber eher auf die dem Subjekt äußerlichen Ursprünge jener Motive. Es ist dies die alte hegelsche Frage, wie Individuen in ihrer strukturell *atomistischen* sozialen Lagerung eine soziale *Aufhebung* erfahren können. Seit ihren Anfängen begleitet diese Frage die Soziologie – und seit ihren Anfängen wird diese Frage mehr oder minder deutlich mit einer Modellierung beantwortet, die dem einzelnen Individuum als dem Besonderen, das in seinen Handlungen beobachtbar ist, ein Allgemeines gegenüberstellt, das dem Besonderen erst den Status des Besonderen verleihen kann. Die besondere Leistung der frühen Soziologie (und stilbildend ist bis heute Georg Simmel) bestand dann freilich darin, diese beiden Seiten nicht schlicht als zwei zwar aufeinander bezogene, aber voneinander ontologisch geschiedene Einheiten zu betrachten, sondern sie in ihrer Gleichursprünglichkeit zu rekonstruieren.

Von ihrem hegelschen Erbe scheint sich die Soziologie also letztlich nie wirklich emanzipiert zu haben, von jenem Erbe nämlich, das *Gesellschaft*, dort noch konfundiert im Staat, als das Allgemeine beschreibt, dem die Individuen als das je Besondere gegenüberstehen. Deren Individualität ist dann stets – und hier kommt der Identitätsbegriff ins Spiel – nicht nur ein Identisch-Sein oder -Bleiben mit sich selbst, sondern eine Identität des Besonderen mit dem Allgemeinen, das in dialektischer Verschlingung sein je anderes je ist. Wie in Hegels Rechtsphilosophie das staatliche Gemeinwesen als die »substantielle Einheit [...] absoluter, unbewegter Selbstzweck« (Hegel 1970c, S. 399) ist und damit zu einem »wirklichen Gott« (ebd., S. 403) gerät, scheint auch die soziologische Selbstbeschreibung der modernen Gesellschaft in einem staatsanalogen Gebilde ihren allgemeinen Fokus gefunden zu haben. Es ist letztlich der hegelsche Volksgeist als objektiver Geist des (staatlich formierten) Gemeinwesens, der von Durkheims *conscience collective* über Parsons' *societal community* bis zu Habermas' *vernünftiger Identität* einer komplexen Gesellschaft so etwas wie den optischen Fluchtpunkt des gesellschaftstheoretischen Denkens darstellt.

Die Kontextur der hegelschen Gesellschaftstheorie, die die *Identität von Identität und Differenz* betont und dabei die dialektische Versöhnung von subjektivem und objektivem Geist anstrebt, ist ganz offensichtlich die Frage danach, wie sich die Unterwerfung des Besonderen unters Allgemeine als Freiheit denken lässt – das Besondere sei »durch seine Reflexion in sich mit dem Allgemeinen ausgeglichen« (Hegel 1970c, S. 55). Erst dies macht es plausibel, den Staat für einen *wirklichen Gott* zu halten. Denn allein die Unterwerfung unter einen Gott lässt sich letztlich in Freiheit umdefinieren, wie die theoretietechnische Funktion der Sittlichkeit, als deren Wirklichkeit der Staat erscheint, darin besteht, die Einschränkung individueller Handlungsmöglichkeiten zugunsten eines Allgemeinen gewissermaßen divinatorisch postulieren zu können. Es wäre eine Überinterpretation, der *mainstream*-Gesellschaftstheorie eine hegelsche Denkfigur zu unterstellen – aber die hegelsche Kontextur des Problemaufrisses ist dieselbe: Wie lässt sich soziale Ordnung denken, obwohl Individuen prinzipiell mehr Handlungsmöglichkeiten zur Verfügung stehen, als sie letztlich wählen? Wie lässt sich Allgemeinheit herstellen, obwohl Akteure sich – gesellschaftsstrukturell gesehen – als Besondere, als Ichheiten, als endlich setzen? Unter gesellschaftstheoretischen Auspizien komme ich darauf im fünften Kapitel zurück. Hier lautet die Antwort auf diese Fragen zunächst: *Identität*.

Die beiden Motive – das Motiv der *Virtualisierung* des Sozialen und das identitätstheoretische Motiv der *Vermittlung von Allgemeinem und Besonderem* – bilden letztlich den Kontext, innerhalb dessen die Soziologie sich nur für *Subjektkonzeptionen* interessieren kann, zumindest mit begrifflich kontrollierten Mitteln. Deutlich sollte jedenfalls geworden sein, dass die Soziologie letztlich ein doppeltes Spiel betreibt: Sie dekonstruiert *einerseits* die Idee eines starken Subjekts, indem sie eine Erzählung anbietet, die die Motive und Intentionen, die guten Gründe und authentischen Prinzipien des bürgerlich sich selbst reflektierenden *»Subjekts«* schlicht dezentriert und historisiert. Sie verlegt das Motiv für Motive in die *Gesellschaft* oder in die *Kultur*, in *Klasseninteressen*, in *Solidaritätsformen* oder in die Erwartungen eines *generalisierten Anderen*. Sie macht das authentisch über sich Auskunft gebende Individuum zum Rollenträger – selbst dort, wo es angeblich keine Rolle mehr spielt, sondern ganz bei sich ist: als Gläubiger und in der Familie. *Andererseits* aber scheint sie die Konsequenzen dieser Dekonstruktion zu scheuen wie der Teufel das Weihwasser. Nach wie vor virtualisiert sie das Soziale in der Weise, dass es doch wiederum Präferenzen und Motive, Intentionen und Willensakte sind, die das Handeln als soziales Handeln hervorbringen. Und selbst wo ins Kalkül gezogen wird, dass es im sozialen Raum nur um die sozial sichtbar gewordenen bzw. sozial zuschreibbaren Motive geht, an dem Grundaxiom, das Handeln und die Handlungen jenem virtuellen Bereich des Handlungsträgers *zuzurechnen*, kommt die Soziologie nicht vorbei. Da ist sie ganz und gar *bürgerliche* Wissenschaft – nicht in dem Sinne, wie es die Kritische Theorie gemeint hatte, ihren Klassenstandpunkt nicht zu kennen (vgl. Horkheimer 1973), sondern in dem Sinne, die äußere Unterbestimmung des Menschen (i.e. seine Handlungsfreiheit) mit innerer Überbestimmung (i.e. Motivzurechnung) zu kompensieren.

Die soziologische Dekonstruktion des Subjekts bringt die Handlungstheorie hervor, also eine Theorie, die zum einen die bürgerliche Form der Virtualisierung alles sozialen Geschehens durch Handlungsträger, durch Akteure voraussetzt, andererseits diese Träger selbst als soziale Effekte beschreibt – als Effekte von normativen Erwartungen, von Klassenstandpunkten, von Einstellungen, Interessen oder kulturell vermittelten Präferenzen. Insofern besteht die soziologische Kritik des Subjekts darin, es zugleich zu stärken – indem es zum Akteur aufgewertet wird – und zu schwächen – indem der Akteur nur ein Ausdruck sozialer Verhältnisse ist. Die handlungstheoretische Dekonstruktion des Subjekts besteht also tatsächlich, wie oben bereits vermutet, darin, das *theoretische* Bezugsproblem des klassischen Subjekts – seinen »Auftraggeber« zu bestimmen – *empirisch* zu lösen. Der Auftraggeber des Akteurs ist der Akteur selbst – in dem subtil der andere verborgen ist. Verdeutlichen lässt sich das exemplarisch an einer der Grunderzählungen der Handlungstheorie, nämlich an der Weber-Kritik von Alfred Schütz.

Der Auftraggeber des Handelns

Die Weber-Kritik von Alfred Schütz macht auf ein Defizit Max Webers aufmerksam und löst damit epistemologische Probleme, die Weber tatsächlich vernachlässigt hatte – aber zugleich fällt sie radikal hinter Weber zurück, weil sie für bare Münze nimmt, was bei Weber noch ein methodologisches Konstrukt war. Anders gesagt: Schütz macht aus einem *bürgerlichen* Beobachtungsschema einen authentischen Akteur. Schütz hat bekanntlich seine Analyse über den *Sinnhaften Aufbau der sozialen Welt* mit der Feststellung begonnen, Webers verstehende Soziologie fahnde zwar nach der »besonderen Konstitutionsweise des Sinnes für den Handelnden«, er suche aber »nicht nach den Modifikationen, die dieser Sinn für den Partner in der Sozialwelt oder für den außenstehenden Beobachter erfährt, nicht nach dem eigenartigen Fundierungszusammenhang zwischen Eigenpsychischem und Fremdpsychischem, dessen Aufklärung für die präzise Erfassung des Phänomens ›Fremdverstehen‹ unerläßlich ist.« (Schütz 1981, S. 15) Bei Weber sei die Art und Weise der Sinnhaftigkeit sozialen Handelns und darin die Annahme,

»daß auch der Andere mit seinem Verhalten einen Sinn verbinde« (ebd., S. 28), schlichtweg vorausgesetzt. Für Schütz ermöglicht erst die Klärung der Konstitution des Handlungssinnes und damit – gemäß der Bezogenheit des *sozialen* Handelns auf *alter* – die genaue Analyse der Möglichkeitsbedingungen des Fremdverstehens eine Analyse der Konstitution der Sozialwelt.

Um dies zu erreichen, knüpft Schütz an seinen zweiten Gewährsmann, Edmund Husserl, an. Mit explizitem Verweis auf die *Phänomenologie des inneren Zeitbewußtseins* und Henri Bergson weist er auf die im Bewusstseinsstrom sich konstituierende Sinnhaftigkeit der »Jemeinigkeit« innerer Dauer hin. »Zur Konstituierung der ›Je-Meinigkeit‹ aller meiner Erlebnisse genügt eben die innere Zeitform des Ich, die durée, oder wie Husserl es nennt, das innere Zeitbewußtsein [...]. Es wäre also unrichtig, ohne jeden Vorbehalt zu behaupten, dass einem meiner Erlebnisse Sinnhaftigkeit prädizieren nichts anderes hieße, als dass dieses Erlebnis von mir erlebt wurde, dass es meiner Dauer zugehöre.« (Ebd., S. 94) Zunächst scheint klar, dass ein Erlebnis *mein* Erlebnis ist. Die Jemeinigkeit allein jedoch konstituiert noch keinen Sinn, sondern erst die Konstitution der Einheit des Erlebnisstromes *in der Zeit*. Sinn entsteht durch Erfahrungsaufschichtung. Der Sinn eines bestimmten Erlebnisses »besteht dann in der Einordnung dieses Erlebnisses in den vorgegebenen Gesamtzusammenhang der Erfahrung« (ebd., S. 104). Dieser Gesamtzusammenhang stellt jenen Boden dar, der als Erfahrung zur Deutung neuer Erlebnisse fungiert. Die aufgeschichtete Erfahrung dient demnach als Deutungsschema für neue Erfahrungen, wodurch eine Identität in der Zeit konstituiert wird, die sich je gegenwärtig neu fundieren muss und durch Herstellung einer jemeinigen Relationalität bewusster Erlebnisse sinnstiftend wirkt. Daraus lässt sich schließen, dass Sinn für Schütz keine ontologische, erlebnisunabhängige Größe ist, sondern durch die Relationierung von bewussten Daten subjektrelativ und operativ, d. h. in actu konstituiert wird. Von dem Gesagten her wird deutlich, warum Schütz seine Reflexionen über *Sinn* mit dem lapidaren Satz beginnt, das *Sinnproblem* sei ein *Zeitproblem* (vgl. ebd., S. 20).

Es fällt auf, dass das Sinnproblem hier in den gleichen Bahnen verhandelt wird wie bei Husserl. Sinn als Herstellung innerer Dauer bedeutet letztlich nichts anderes als die husserlsche Beschreibung der retentionalen und protentionalen Einheit der Differenz von je gegenwärtigen Urimpressionen (vgl. Husserl 1980). Wie bei Husserl bleiben diese urgegenwärtigen Erlebnisse auch bei Schütz präreflexiv; sie sind nicht selbst sinnhaft, sondern gewinnen ihren Sinn erst durch nachträgliche Reflexion und durch Relationierung mit den bisher erlebten Erlebnissen. Schütz schließt unmittelbar an Husserls subjektphilosophische Theorie des Bewusstseins an und vermag damit letztlich die soziologische Dimension der Konstitutionsbedingungen von Sinn gar nicht zu erfassen. Er bleibt fest in der bürgerlichen Kontextur gefangen, dass sich letztlich in der inneren Unendlichkeit des Handelnden jener Sinnüberschuss vorfindet, der sich in einem Handeln entäußert, das *sozial* nur in der Weise ist, als es sich nach Webers Diktum am Ablauf des Handelns anderer orientiert: »Nur mit Hilfe einer allgemeinen Theorie des Bewußtseins, wie Bergsons Philosophie der Dauer oder Husserls transzendentaler Phänomenologie, kann die Lösung der Rätsel gefunden werden, mit denen die Problematik der Sinnsetzungs- und Sinndeutungsphänomene umlagert ist.« (Schütz 1981, S. 21) Und dass Schütz sich mit der schlichten transzendentalphilosophischen Generalthesis des Alter Ego und der ebenso schlichten Erklärung von Intersubjektivität als denknotwendiger Bedingung einer konstitutionstheoretischen Soziologie (vgl. Schütz 1971, S. 111 ff.) dem grandiosen Scheitern Husserls am Intersubjektivitätsproblem anschließt, ist nur konsequent (vgl. Husserl 1977, S. 91ff.; Nassehi 1993a, S. 70ff.). Gewiss ist Schütz zuzustimmen, dass Max Webers Grundbegriffen die Idee der Perspektivität fehlt, dass Weber die *Jemeinigkeit* der sinnhaften Konstitution vernachlässigt. Aber letztlich braucht Weber diese Perspektivität gar nicht, denn seine Idee des subjektiv gemeinten Sinns, also: der Produktion von Motiven als Movens des Handelns ist erheblich subtiler gebaut: als methodologisches Konstrukt zur Erfassung von Kulturbedeutungen möglichen Handlungssinns. Epistemologisch ist Weber insofern subtiler, als er mit der Konstruktion von Idealtypen eine Idee des *Als-ob* hat, eine Idee davon, dass das, was in der sozialen Welt beobachtet wird, *beobachtet* werden muss. Schütz dagegen nimmt für bare empirische Münze, was bei Weber noch als Methodologie sichtbar war.

Was Weber normativ als das Bild der einheitlichen, sich ganz hingebenden, die Mannigfaltigkeit der Welt in sich aufhebenden Persönlichkeit feiert, gewissermaßen als das Standbild des männlichen, bürgerlichen Individuums, das darum weiß, dass es sich in der sozialen Welt auf dünnem Eis bewegt und deshalb umso standhafter aus eigenen Ressourcen zu leben hat, wird bei Schütz theoretisch zur Authentizität der Konstitution jemeinigen Sinns aufgewertet. Schütz' Erbe des soziologischen Diskurses der Moderne schließt noch am engsten an das bürgerliche Selbstverständnis an, dass es das Individuum selbst sei, dem der soziale Sinn seines Handelns zu entnehmen sei – und nicht umsonst spielt bei Schütz die Unterscheidung des Handelns und der Handlung (vgl. Schütz 1981, S. 50 f.) die theoretische Vermittlerrolle zwischen der spontanen Authentizität des Handlungsvollzugs und den Konsequenzen für andere. Handlungen werden hier nicht sozial konstituiert, sie haben nur soziale Folgen. Und gerade deshalb ist es Schütz' Soziologie, die in der soziologischen Forschung vor allem dort eine entscheidende Rolle spielt, wo es darum geht, die Kontinuität des individuellen Handlungsträgers und seiner Entwürfe gegen die Strukturen einer Sozialwelt in Stellung zu bringen, deren überpersönlicher Charakter einen Sinn enthält, der dem Handelnden letztlich fremd bleibt. Diese Art Soziologie eignet sich gerade deshalb für jene Art qualitativer Sozialforschung, die klassische *bürgerliche* Äußerungsmedien zum Gegenstand erhebt: Biographien und Schrift, Narrationen und Bekenntnisse, Deutungen und Motiverklärungen. *Soziologisch* klingen solche Interpretationen dann nur deshalb, weil sie mit Hilfe der in Schütz' späteren Schriften explizierten Lebensweltheorie (vgl. Schütz/Luckmann 1979) den *Auftraggeber* des Handelnden sowohl in ihm selbst als auch in der Lebenswelt lokalisieren können. Diese Bilokalität des Auftraggebers wird vermittelt über die radikale husserlsche Perspektivität aller Sinnkonstitution und damit über das, was Jürgen Habermas die Boden- und Horizont-Funktion der Lebenswelt genannt hat (vgl. Habermas 1981b, S. 182). Die Lebenswelt ist die Quelle der Authentizität – und die Paradoxie dieser Aussage wird dadurch verdeckt, dass diese Quelle zugleich innerhalb und außerhalb des Handelnden lokalisiert wird.

Man wird Schütz' Soziologie auf den ersten Blick nicht für paradigmatisch für den *soziologischen Diskurs der Moderne* halten wollen, wird hier doch Modernität letztlich kaum zum Thema gemacht. Aber womöglich ist gerade die schützsche Soziologie paradigmatisch für jene Art von Modernität, die die soziologische Praxis hervorbringt. Sie macht einerseits das authentische, subjektive, sich selbst hervorbringende und orientierende Individuum stark, das sich in hermeneutischer Einstellung zur Welt in dieser orientiert und über die Kontinuitätsunterstellung eines Bewusstseinsstroms eine starke Identität mit sich selbst in der Zeit aufbaut. Sie hebt andererseits die bürgerliche Form der Selbstadaption an gesellschaftliche Verhältnisse und vor allem die *individuelle* Quelle *sozialer* Motivlagen von einer historischen Konstellation – von der Weber noch zu wissen schien – in den Rang eines protosoziologisch-ontologischen Grundcharakteristikums des Sozialen schlechthin. Die Plausibilität der schützschen Soziologie reflektiert die Plausibilität des Selbstverständnisses der Moderne, dass sich das, was in der Welt geschieht, nur über die Motive von Akteuren verstehen lässt. Motive (und ihre Derivate) sind hier das *explanans*, nicht das *explanandum*.

Man mag sich wundern, Schütz eine solch besondere Stellung einzuräumen, spielt doch seine Soziologie für den soziologischen Diskurs der Moderne und für den soziologischen Diskurs überhaupt keineswegs eine zentrale Rolle. Das mag freilich daran liegen, dass die Lektüre von schützschen Texten oftmals – auch in der Soziologie-Didaktik – zu merkwürdigen Erstreaktionen des Selbstverständlichen führt. Die Stärke dieser Soziologie liegt ohne Zweifel, wie Rolf Eickelpasch treffend betont, in der »beharrlich verfolgten Rehabilitierung der vorwissenschaftlichen Erfahrung« (Eickelpasch 1994, S. 133) und darin, »den Alltag soziologiefähig gemacht« (ebd.) zu haben. Vielleicht wäre es freilich noch treffender gewesen, hinzuzufügen, dass damit aber vor allem die Soziologie alltagsfähig gemacht wurde. Denn wenn es tatsächlich ein Grundcharakteristikum der Basisnarration der Moderne gibt, dann ist es der historische Siegeszug jener *Virtualisierung* der Welt durch bewusstseinsbasierte Motive und der *Versöhnung* von Allgemeinem und Besonderem, was im schützschen Fall einerseits in der Versöhnung von gegenwärtigem Motiv und Erfahrungsaufschichtung in der Zeit, andererseits aber auch in seiner späteren Lebensweltphänomenologie in der Versöhnung von authentischer Individualität und sozialer (i. e. *lebensweltlicher*) Zugehörigkeit liegt. Noch einmal: Schütz erhebt die aus dem Selbstverständnis und der Inklusionspraxis der bürgerlichen Gesellschaft stammende Praxis der Motivzurechnung des Handelns zu einer protosoziologischen Grundkategorie und begrenzt damit den soziologischen Blick auf exakt jene Form der Problemlösung: dass die Ordnung der Welt über Motivlagen erklärbar (und: wahrscheinlich sogar lösbar) gemacht werden kann.

Die Alltagsfähigkeit dieser Soziologie kann man – ich habe es schon erwähnt – in der besonderen Plausibilität für die qualitative Sozialforschung sehen, die sich insbesondere für die alltäglichen, vortheoretischen, praktischen Formen der Erfahrungsaufschichtung interessiert. Der authentische Sprecher kommt hier gewissermaßen doppelt vor: einerseits als *theoretische* Grundkategorie eines Subjekts, das sich *subjektiv* mit den *objektiven* Anforderungen der Sozialwelt auseinander zu setzen hat (vgl. Berger/Luckmann 1969) und Deutungen in einer bereits gedeuteten Welt anbietet; andererseits als *empirisches* Datum in Form eines Interviewpartners oder beobachteten Alltagshandelnden, dessen Handlungen in der Weise als authentische Äußerungen erscheinen. Als authentische Äußerungen erscheinen sie schon deshalb, weil der sozialwissenschaftliche Beobachter sich selbst in jene verstehende Einstellung versetzen muss, in der er zum Beteiligten einer Welt authentischer Sprecher wird. Diese Art Soziologie *kopiert* letztlich jene Praxis, die als Praxis der bürgerlichen Gesellschaft ordnungsstiftend war: die *analytische* und die *empirische* Trennung der Motive von den Handlungen. Sie betreibt selbst, was sie in ihrem Gegenstand deutend versteht: Sie rechnet zu. Und sie bietet sich einer Soziologie an, die selbst nichts weiter tun will, als die Subjekte zum Sprechen zu bringen: zuzurechnen also.

Die Zurechnung auf subjektive Motive rechnet also die Kontingenz der Welt weg, verlegt sie in die Motiv- und Entscheidungspraxis von Handelnden und domestiziert sie damit auf die lebensweltlich eingeschränkte Perspektive von Akteuren, deren lebensweltlicher *Horizont* zwar prinzipiell frei ist, durch den unmerklichen lebensweltlichen *Boden* aber eingeschränkt bleibt (vgl. Nassehi/Saake 2002a). Und selbst dort, wo nicht wie bei Schütz ein rein kognitivistischer, bewusstseinsphänomenologischer Zugang gewählt wird, sondern ein eher *indexikal-praktischer* wie in der Ethnomethodologie (vgl. Garfinkel 1967), geht es um die kunstvolle Erzeugung von Zurechnungsmöglichkeiten. Paradigmatisch dafür ist die *dokumentarische Methode*, die Äußerungen von Handelnden dadurch zurechnungsfähig macht, dass eine Handlung als Dokument von etwas, als Hinweis auf Bekanntes, als Bedeutung innerhalb eines Kontextes interpretiert wird (vgl. Garfinkel 1973). Die Welt ist bereits ausgelegt – und das lässt sich an der Auslegungspraxis der Akteure ablesen. Die besondere Stärke der Ethnomethodologie im

Vergleich zur schützschen Phänomenologie besteht freilich darin, dass hier nicht so sehr der propositionale Gehalt sozialen Handelns im Vordergrund steht, sondern die Performanz seines Vollzugs, in dem sich jene »concerted activities of daily life« (Garfinkel 1967, S. VII) gegenwartsbasiert ereignen, wiewohl dies womöglich nur die andere Seite ein und derselben Medaille ist. Denn ob man nun die propositionalen Akte eines Akteurs phänomenologisch voraussetzt oder den Referenzrahmen eher in der Performanz sieht, beides setzt letztlich die *bürgerliche* Kompetenz der *richtigen* Auslegung voraus, hier des Sinnvollzugs, dort des Vollzugssinns (vgl. dazu ausführlicher Nassehi/Saake 2002b).

Beide, die kognitivistische, an Motiven interessierte, wie auch die an Performanz orientierte Handlungstheorie scheinen mit einem großen Vertrauen in die Welt ausgestattet zu sein. Für den schützschen Zugang ist das insofern plausibel, als sich hier die Sinnkonstitution auf dem Boden einer wohlgeordneten Lebenswelt vollzieht, deren einschränkende Strukturvorgabe außerhalb wie innerhalb des Subjekts lokalisiert werden kann. Man sieht dann nur authentische Sprecher – oder muss zur Pathologisierung neigen, wenn die Authentizität nicht mit der lebensweltlichen Plausibilität zusammenpasst. Entweder pathologisiert man dann etwa Interviewmaterial als »schlechte Daten« oder aber den Probanden, was manche Formen der Biographieforschung (vgl. Fischer-Rosenthal/Rosenthal 1997) oder der objektiven Hermeneutik (vgl. Reichertz 1997) in die Nähe des Therapeutischen rückt. Für den ethnomethodologischen Zugang ist das eher erstaunlich, da man sich dort gar nicht für Motive interessiert, mithin auch nicht für den Abgleich der Motive mit der Welt, sondern für eine eigene »logic of practice« (Lynch 2001, S. 142). Man vertraut damit noch mehr der Vollzugswirklichkeit, die aus kompetenten Akteuren besteht, die *selbst* wissen, was sie zu tun haben. Aus der Vollzugswirklichkeit wird damit unter Umgehung der Motive auf die Gesamtrationalität der Situation und des *settings* geschlossen. Genau das erklärt, »warum Ethnomethodologen sich eigentlich nicht für Motive interessieren, sie dann aber doch zu Beschreibungen bzw. Metaphern gelangen, die aus der Gleichzeitigkeit eines Arrangements auf einen motivierenden Sinn schließen« (Saake 2003, S. 437). Zu diesen Metaphern gehören dann Formulierungen, wie »members of society organize and assess the

›rationality‹ of their own activities« (Pollner 1991, S. 371). Es gebe in der Gesellschaft nichts jenseits der »Sinnproduktion ihrer Mitglieder« (Psathas 1979, S. 181), jenseits der »members' procedures for making those settings ›accountable‹« (Garfinkel 1967, S. 1). Saake formuliert, es werde von der Reibungslosigkeit des Sozialen auf gemeinsam geteiltes Wissen geschlossen (vgl. Saake 2003, S. 436). Exakt darin ist die *bürgerliche* Kontinuität der handlungstheoretischen Basiserzählungen zu sehen, die sich für die *Rationalität* der Handlungsmotive interessieren, die sich in einer *Arena* als plausibel erweisen, wie ich sie im ersten Kapitel herausgearbeitet habe.

Im Vergleich zur klassischen Subjektphilosophie rechnen diese beiden wohl paradigmatischen Handlungstheorien zwar nicht mit einer den Subjekten inhärenten Vernunft, aber doch mit der Rationalität der Kontexte, die sowohl in der phänomenologischen als auch in der ethnomethodologischen Variante deutlich anzutreffen sind. Enthielt ja bereits die Subjektphilosophie mehr Soziologie, als man zunächst annehmen möchte, scheint die Handlungstheorie auch dort mit erheblichen Rationalitätsunterstellungen zu arbeiten, wo nicht explizit rationalistisch argumentiert wird. Schütz' Bewusstseinsstrom und die Kompatibilität der eigenen Erfahrungsaufschichtung und Relevanzstrukturen mit den lebensweltlichen Wissensbeständen – noch stärker später Bergers und Luckmanns Präsupposition von ganzen Weltbildern in *symbolischen Sinnwelten* (vgl. Berger/Luckmann 1969, S. 98 ff.) – erzwingt geradezu Rationalitätsmaßstäbe für situationsangemessenes Handeln sowie für die innere Kontinuität und Einheit der im Bewusstseinsstrom sich ereignenden Mannigfaltigkeiten. Der hier aufscheinende Rationalitätsstandard entspricht letztlich der kulturprotestantischen Intuition Webers, für den gelungene Persönlichkeitsbildung im Aushalten der Differenzen und im *credo, quia absurdum* Kontinuität stiftender Selbstwahl liegt. Die empirische Entsprechung findet der Sozialforscher in widerspruchsfreiem oder wenigstens um kontinuierliche Problemlösung bemühtem Interviewmaterial, etwa in Form biographischer Narrationen als bürgerlichem Königsweg der Selbstauskunft. Der »Auftraggeber« dieses Handlungssubjekts ist die unterstellte Konsistenz einer geteilten Lebenswelt, an der sich Motive und Äußerungen testen lassen. Und die ethnomethodologische Variante, die ja an die gegenwarts- und alltagsbasierte Perspektivität von Schütz anschließt, unterstellt dabei letztlich nicht weniger Rationalität. Hier scheint die *Vollzugswirklichkeit* eine nicht kognitivistische, aber situationsbezogene Wissensstruktur vorauszusetzen, die vollzogen werden muss und an deren Vollzug sie beobachtet werden kann. Wie in der der Bewusstseinsphilosophie nahen phänomenologischen Variante das Handeln an seiner Kompatibilität mit einer kognitiven Wissensstruktur getestet wird, wird das Wissen hier von der sprachlichen Performanz mit ihrer Nähe zu propositionalen Semantiken zu einer »ganzheitlichen« Performanz der Praxis aufgerundet, in der dann auch Körper, Artefakte und räumliche Arrangements vorkommen. Diese beiden paradigmatischen Handlungstheorien haben sich an Parsons abgearbeitet, hier besonders an der Frage der Vorgängigkeit einer Struktur, mit der Parsons ja selbst das theorietechnische Problem der Vermittlung von Voluntarismus und Ordnung lösen wollte. In der Phänomenologie wird diese Theoriestelle durch die Gemeinsamkeit der Kultur gestiftet, in der ethnomethodologischen Variante durch die Selbstgenügsamkeit praktischer Kompetenzen praktisch kompetenter Akteure bzw. Akteurskonstellationen.

Noch einmal deutlicher formuliert: Die ethnomethodologische Kritik der strukturtheoretischen Soziologie brandmarkt das Übervertrauen in die Strukturiertheit der sozialen Welt – und vertraut dann doch dem Ordnungsrahmen der Praxis. Empirisch gesehen reagiert der ethnomethodologische Blick auf Vollzugswirklichkeiten, »auf das Sichtbarwerden einer Gleichzeitigkeit von Kontexten, kann jedoch die Entstehung dieser Art von Sichtbarkeit selbst nicht mitbeobachten, weil er sich von der Sichtbarkeit überzeugen lässt« (Saake 2003, S. 433). Dies ist ein Hinweis darauf, wie sich in dieser Forschungsperspektive der ehemalige Feind, der Verweis auf die Gesellschaft, zugunsten einer letztlich nicht verstandenen und gesehenen Gesellschaftsdiagnose aufgelöst hat. Das stilllebenartige Forschungsdesign löst die Gesellschaft als Gesamthorizont auf – und reagiert damit auf eine Gesellschaft, die sich tatsächlich in Gegenwarten auflöst, die sich nahezu selbstgenügsam gerieren, was man aber als *soziologisches Datum* ernst nehmen muss, um der Ästhetik des Stilllebens und dem Voyeurismus des verfremdenden Blicks zu entgehen. Einen besonderen Blick für die Produktivität, aber auch für die merkwürdige Restriktion dieser praxistheoretischen Perspektive lässt sich aus Theodore Schatzkis Praxisphilosophie gewinnen, der die alten Schlachten gegen Parsons noch einmal schlägt und nur mit Verwunderung und Erstaunen zur Kenntnis nimmt, dass es wirklich Leute gibt, die neben der »site of the social« noch andere *sites* entdecken, in denen sich »sets of doings and sayings« (Schatzki 2002, S. 73) finden lassen und damit auf eine *Gesellschaft* stoßen. Im Unterschied zum theoretischen »individualism« nennt Schatzki diese übrigens »socialism«, was eine wirklich wunderbare Begriffsentscheidung ist.

Der blinde Fleck der beiden handlungstheoretischen Soziologien besteht wohl in der Frage, in welcher Gesellschaft Handlungen eigentlich vorkommen. In der phänomenologischen Variante scheint die Idee einer kulturell integrierten Gesellschaft auf, in der Ethnomethodologie eine Gesellschaft unvermittel-ter Gegenwarten, kleiner Inseln, auf denen man kompetente Akteure vorfindet, die in der Lage sind, das Problem der Situationsauslegung ganz ohne bürgerliche Distanzmedien wie Sprache, Motivbildung oder Legitimationsdiskurse zu bewältigen.

Die Theorie des Handelns setzt implizit eine Gesellschaft voraus, die das Problem des Handelns längst gelöst hat. Wenn von Handeln sinnvoll nur gesprochen werden kann, wenn man auch anders kann, ist das Bezugsproblem des Handelns Unbestimmtheit. Sowohl die phänomenologische als auch die ethnomethodologische Variante rechnet diese Unbestimmtheit weg – kulturalistisch oder situationistisch. In Parsons' Theorie des Handlungssystems wäre dies die Funktionsstelle des sozialen Systems, das Handlungen aufeinander bezieht – und sich insofern Handlungen stets nur in einer geordneten Welt vorstellen kann. Wahrscheinlich hat sich gerade Parsons als Lieblingsgegner der soziologischen Theoriebildung insofern angeboten, als er den Finger in die offene Wunde aller Theorien des subjektiven Handelns gelegt hat: *Wer ist der Auftraggeber des Subjekts?*

Verkürzungen: kulturalistisch und situationistisch

An dieser Stelle tritt nun Jürgen Habermas in den Blick, dessen Theorie des kommunikativen Handelns nach wie vor als der Kulminationspunkt gelten kann, indem er zugleich das Grundcredo des soziologischen Blicks auf den Begriff bringt und ihre implizite Selbstkritik bereits enthält. Ich werde hier nun nicht die gesamte

Theorie des kommunikativen Handelns rekonstruieren, sondern nur einen Aspekt herausgreifen, nämlich die Frage, wie sich die Lebenswelt ohne jene »kulturalistische Verkürzung« (Habermas 1981b, S. 210) der phänomenologischen Soziologie denken lässt, aber auch ohne die uneingestandene privilegierte Position des angeblich »uninteressierten« ethnomethodologischen Beobachters, dessen situationsbezogener Blick mehr in Anspruch nehmen muss als nur die Sichtbarkeit des Sichtbaren (vgl. Habermas 1981a, S. 186 f.). Habermas konzipiert die Lebenswelt so, dass er Ressourcen benennen muss, die es erlauben, das Handeln der Akteure nicht aus sich selbst heraus zu erklären. Anders formuliert: Wie kann die Tradition der Subjektphilosophie so gebrochen werden, dass sich die hegelsche Idee der Anerkennung der Anerkennung als Grundbedingung rationaler Handlungskoordination erschließen lässt? Der kulturalistische Lebensweltbegriff, so Habermas, verfüge zwar über die Möglichkeit, das Gemeinsame der sozialen Welt auf den Begriff zu bringen, versage aber spätestens an der entscheidenden Praxisbedingung der Lebenswelt, an der interaktiven Herstellung dieser gemeinsamen Welt, die nicht nur eine Welt geteilter Bedeutung sei, sondern vor allem eine Welt, in der Handlungen koordiniert werden müssen. »Die Einseitigkeit des kulturalistischen Lebensweltbegriffs wird klar, sobald wir berücksichtigen, dass die Aktoren, indem sie sich über etwas in der Welt verständigen, zugleich an Interaktionen teilnehmen, wodurch sie ihre Zugehörigkeit zu sozialen Gruppen sowie ihre eigene Identität ausbilden, bestätigen und erneuern.« (Habermas 1981b, S. 211) Worauf Habermas' Kritik zielt, ist zweierlei: *Zum einen* macht er darauf aufmerksam, dass sich Bedeutungen und Geltungen sprachlicher Äußerungen nicht dem kulturellen System der *Sprache* verdanken, sondern den praktischen Potentialen des *Sprechens*. Sowohl gegen kulturalistische Theorien wie auch gegen Theorien semantischer Identitäten (vgl. ebd., S. 155 ff.) bringt Habermas den operativen Aspekt zur Geltung, dass das Sprechen als ein *Handeln* rekonstruiert werden muss, dessen Geltung sich nicht allein aus dem propositionalen Gehalt der Rede ergibt, sondern sich auch dem performativen Sinn verdankt, den es als Handeln vor anderen gewinnen kann. Für Habermas muss die Geltung eines Satzes nicht nur praktisch aktualisiert, sondern praktisch hergestellt werden. Insofern wird aus der propositionalen Geltung bei Habermas ein performativer Geltungsanspruch – also etwas, das nur dadurch verständlich wird, dass dieser Geltungsanspruch *an andere* adressiert werden kann. Habermas hält damit am handlungstheoretischen Modell fest, lokalisiert aber den Sinn einer Handlung in jener *Lebenswelt*, in der eine Äußerung nicht einfach eine Geltung *hat*, sondern diese *beansprucht*. Wie Habermas also in seiner Rekonstruktion des philosophischen Diskurses der Moderne darauf stößt, dass sich Geltungsansprüche nicht subjektphilosophisch ableiten lassen, stößt er soziologisch darauf, dass soziales Handeln nicht nur dadurch charakterisiert ist, dass es am Ablauf des Handelns anderer orientiert sei. Das vermag auch die »kulturalistisch verkürzte« Handlungstheorie auf den Begriff zu bringen. Habermas verlegt die Bedeutung der Handlung in jene *Arena* der Lebenswelt, in der sich Sprecher begegnen, die ihrerseits mit Geltungsansprüchen auf Geltungsansprüche reagieren. Habermas dezentriert die Handlung dadurch, dass er den Auftraggeber des Subjekts tatsächlich benennt, und zwar durch Ergänzung des klassischen Lebensweltkonzepts von Husserl und Schütz durch Motive, die er von Durkheim und Parsons sowie von George Herbert Mead gewinnt.

Habermas nimmt eine funktionalistische Perspektive auf die Lebenswelt ein und isoliert drei Bezugsprobleme lebensweltlicher Strukturen: »Unter dem funktionalen *Aspekt der Verständigung* dient kommunikatives Handeln der Tradition und der Erneuerung kulturellen Wissens; unter dem Aspekt der *Handlungskoordinierung* dient es der sozialen Integration und der Herstellung von Solidarität; unter dem *Aspekt der Sozialisation* schließlich dient kommunikatives Handeln der Ausbildung von personalen Identitäten.« (Ebd., S. 208) Unter diesen drei funktionalen Aspekten führt Habermas *Kultur, Gesellschaft* und *Persönlichkeit* als drei strukturelle Komponenten der Lebenswelt ein – neben dem Wissensaspekt der Kultur also den Integrationsaspekt der Gesellschaft und den Identitätsaspekt der Persönlichkeit. Letzteren rekonstruiert Habermas aus Meads pragmatistischer Theorie der Identitätsbildung – ich komme später auf diese Rezeption zurück. Hier sei dem Aspekt der *Gesellschaft* besondere Aufmerksamkeit geschenkt.

Zunächst ist zu betonen, dass Habermas hier explizit formuliert, was die Handlungstheorie ganz offensichtlich stillschweigend voraussetzen muss: dass Handlungen ihren Sinn nur dadurch erhalten, dass sie *in einer Gesellschaft* stattfinden. Vielleicht ist das heute der entscheidende Punkt, an dem sich die Soziologie von früheren Versionen unterscheidet. Mit einer Gesellschaft zu rechnen bedeutet in erster Linie, das Jenseits konkreter Situationen mitdenken zu können, d. h. diese in einem sozialen Zusammenhang zu lokalisieren, der weder subjektphilosophisch erklärt werden kann noch sich der bloßen Logik der Situation entnehmen lässt. Wie voraussetzungsreich dieses Rechnen mit der Gesellschaft ist, lässt sich an der Attraktivität von Forschungsdesigns ablesen, die den Bezug auf eine *Gesellschaft* systematisch ausblenden. Hier sind dann etwa Theorien wie die Rational-Choice-Variante von Hartmut Esser und ethnomethodologische Theorien feindliche Schwestern vom gleichen Stamm. Letztere rundet, wie bereits erläutert, Garfinkels forschungspraktische Sparsamkeitsregel zu einem sozialtheoretischen Credo auf. Lag der forschungspraktische Sinn der ethnomethodologischen Kritik (vor allem) der parsonsschen Soziologie darin, forschend den Blick tatsächlich auf die Logik der Situation, auf das Hier und Jetzt des Sichtbaren zu richten, gerinnt diese praktische Aufforderung an den soziologischen Beobachter zu einer Charakterisierung seines Gegenstandes. Aus dem Gegenstand wird eine *Hier-und-Jetzt-Gesellschaft*, als drehe man die soziokulturelle Evolution zurück zu Gesellschaften, die sich wie Stämme durch die Prozessierung von Anwesenheit und damit wechselseitiger Sichtbarkeit reproduzieren.

Auch Esser sieht nur noch Situationen – und es ist kein Zufall, dass für eine solche Perspektive die Adaption der schützschen Theorie (vgl. Esser 1991) besonders attraktiv ist, ist diese doch in der Lage, subjektive Präferenzen wenigstens so weit zu soziologisieren, dass sie in den kulturellen Horizont einer Situa-tion gestellt werden können, in denen der subjektiv erwartbare Nutzen sich mit hinreichender Kontingenz ausstattet, um im Forschungsprozess einen Grenznutzen durch verstehbare Variabilität zu erzielen. Das erlaubt es dann, ganz im Sinne der habermasschen Analyse der »kulturalistischen Verkürzung« des schützschen Lebensweltkonzepts die Idee einer *Gesellschaft* als bloße Randbedingung wegzurechnen – kulminierend in der Forderung, sie wenigstens richtig zu beschreiben. Damit wendet Esser die »kulturalistische Verkürzung« gewissermaßen auf sein eigenes Forschungsdesign an.

Exkurs: Der methodologische Individualismus und seine situationistische Verkürzung

Eine in dieser Weise methodisch individualisierte Soziologie hat es zunächst damit zu tun, dass sie die Hervorbringung gegenwärtiger Ereignisse in den Ereignissen selbst vorfinden muss. Andererseits kann sie nicht umhin, die individuellen Ereignisse stets in sachlichen, zeitlichen und sozialen Kontexten vorzufinden. Denn nur sie sind es, die den sozialen *Sinn* eines Ereignisses beobachtbar machen; und nur sie sind es, die konkrete Handlungen, Kommunikationen, *Ereignisse* also, *erklärbar* machen, wenn man darunter verstehen will, dass diese Selektionslogik der Ereignisse bestimmte Anschlüsse weniger unwahrscheinlich macht als andere, dass man aber stets mit Unwahrscheinlichkeit rechnen muss.

Nun ist das Bezugsproblem des methodologischen Individualismus keineswegs die Frage der angemessenen Beurteilung der individuellen Handlungsrationalität. Der »soziale Sinn« einer Handlung ergibt sich auch hier nicht (allein) aus dem Handlungsmotiv oder aus den Präferenzen der Handelnden, nicht einmal aus der Handlung selbst, sondern aus den situationslogischen Voraussetzungen und aggregationslogischen Folgen des Handelns. Das Grundproblem ist also die Frage, wie das einzelne beobachtbare Verhalten als Handeln *erscheint*, und zwar in einem Kontext, in dem allein es als eine rationale Handlung wahrscheinlich sein kann. Das rationalitätstheoretische Modell des *resourceful, restricted, evaluating, expecting and maximizing man* (Lindenberg 1985; Esser 1996, S. 238) bietet sich dann als Modellunterstellung an, aus den Präferenzen von Akteuren die Logik der Situation zu deduzieren. Wenn sich die Rationalität einer Handlung aus der popperschen Situationslogik ergibt, ist der Akteur durchaus ein Effekt, zumindest ein Zurechnungsfokus des Handlungsgeschehens und keineswegs der Handlung kategorial – als »Subjekt« oder »Mensch« – vorgeordnet. Auch der methodologische Individualismus Essers müsste genau genommen den Handlungsprozess von Ressourcen außerhalb des egologischen Handlungsgeschehens her konstruieren, und das heißt dann letztlich: *nicht handlungstheoretisch.* Aber letztlich geht es Esser kaum um die handlungstheoretische Fundierung, sondern lediglich darum, die Situationslogik so handhabbar zu machen, dass sie in eine dem deduktiv-nomologischen Erklärungsmodell genügende Form gebracht werden kann, die sich mit hinreichend scharfen Eindeutigkeiten ausstatten kann. Die Idee der deduktiv-nomologischen Erklärung ist nichts anderes als ein Algorithmus, dem Eindeutigkeiten entnommen werden sollen. Es ist eine Modellierung, die unter bestimmten Bedingungen mit bestimmten Ereignissen rechnet und methodische Kontrolle wiederholbar machen will. Entscheidend ist freilich, dass Esser zugleich betont, dass bei aller handlungstheoretischen Formierung der Selektionslogik des Handelns doch letztlich *fast alles* von der Situationslogik abhängt (vgl. Esser 1999a, S. 403).

Das empirische Erklärungsmodell lebt von einer selbst erzeugten Exaktheit. Wenn es aber um die Frage geht, wo die Randbedingungen des jeweiligen Erklärungsmodells herkommen, ist es um die geforderte Exaktheit geschehen. Immer wieder wird mit Rekurs auf Popper eingeräumt, das größte Problem bei der soziologischen Erklärung sei die Beschreibung der Randbedingungen, der sich erst die soziologische Beschreibung der Situationslogik verdankt. Ganz offensichtlich entzieht sich also die Voraussetzung der Erklärung der erklärenden Soziologie. Es ist Essers Stärke, auf die Bedeutung jener Randbedingungen hingewiesen zu haben – um so fassungsloser steht man vor jener Notlösung, die da angeboten wird. Allen Ernstes verlangt Esser dies: »*Immer* müssen selbstverständlich *alle* relevanten Randbedingungen für einen Erklärungsschritt genau erhoben und in die Logik des Ablaufs eingefügt werden.« (Esser 1996, S. 106) Natürlich weiß auch Esser, dass ein Modell »von der ›Wirklichkeit‹ abstrahieren« (ebd., S. 133) muss. Aber ohne darin mehr als ein methodisch-technisches Problem zu sehen, plädiert Esser für die »richtige Beschreibung« (Esser 1999a, S. 403) der Brückenhypothesen und Randbedingungen. Warum nicht gleich *echt* richtige?

Es kommt fast einem logischen Kunstfehler gleich, jene Voraussetzungen der Erklärung mit einer schwachen soziologischen Logik auszustatten, während im Rahmen der Randbedingungen dann Exaktheit simuliert werden kann. Was macht eine richtige Beschreibung aus? Wie lassen sich deren Ergebnisse kontrollieren? Was sind deren Falsifikationsbedingungen? An ihrer eigenen Darstellung könnte die erklärende Soziologie lernen, dass sie mehr Mühe aufwenden müsste, um die Logik der Situation, also die handlungstheoretisch nicht erfassten Voraussetzungen des Handelns, auf den Begriff zu bringen.

Am Ende bleibt dann wohl nur die Alternative, zwischen einem *erklärenden* und einem dann wohl *spekulativen* Teil der soziologischen Denkbewegung zu unterscheiden. Es kann dabei dann aber nur ein einfacher soziologischer Konventionalismus herauskommen, der sich die Randbedingungen so zurichtet, dass sich innerhalb des Spielfeldes die Züge »erklären« lassen. Es ist dann nur konsequent, dass Theorien solcher Art eine erhebliche Nähe zu ökonomischen und spieltheoretischen Modellen pflegen. Man soll die ökonomische Theorie nicht unterschätzen – aber eine Theorie der Ökonomie bietet sie nicht an, weil sie den Markt als Randbedingung immer schon voraussetzen kann und ergo nicht theoretisch zu formieren braucht; ebenso setzen spieltheoretische Modelle die Regeln des Spiels, innerhalb deren Züge möglich sind, bereits kategorial, also: nicht empirisch, früher sagte man dazu: *transzendental* voraus. Das ist für die ökonomische Forschung sicher ebenso legitim wie für spieltheoretische Modelle, für die die Randbedingungen schlicht als gegeben vorausgesetzt werden können. Gäbe sich die Soziologie freilich damit zufrieden, käme das dem Eingeständnis gleich, ihren wesentlichen Gegenstand, die Gesellschaft nämlich, immer schon voraussetzen zu müssen, allerdings über keinerlei Kategorien zu verfügen, wie sie auch nur zu benennen sei. Die Beschreibungen der Gesellschaft kommen dann sehr freihändig daher, zumindest – gemessen an dem hehren Ziel – nicht *erklärend*. Und auch die zugrunde gelegte Handlungstheorie konventionalisiert ein *historisch kontingentes Modell* des Akteurs zu einer universalen Theorie, die sich letztlich nicht überraschen lassen kann und über die Dehnung des Rationalitätsbegriffs das Modell noch in der Zurichtung des empirischen Designs retten will.

Die Attraktivität Schütz' für Esser besteht wohl darin, der konventionell-kulturalistischen Beschreibung von Situationen wenigstens ein Moment soziologischer Tiefenschärfe zu geben – lernen freilich lässt sich aus dieser meiner Kritik an Esser, wie sich der soziologische Diskurs der Moderne im Hinblick auf die Theorie des Handelns sein Bezugsproblem erarbeitet. Dieses Bezugsproblem kulminiert in Habermas' Betonung der *Gesellschaft* als funktionalem Aspekt der Lebenswelt als dem Ort, an dem sich Sprecher, Handelnde begegnen.

* * *

Nach diesem Exkurs kehre ich zu meiner Argumentation zurück. Es sollte deutlich geworden sein, dass Habermas gegen zweierlei opponiert: *sowohl* gegen einen Situationismus, dem der gesellschaftliche Horizont der konkreten Handlungssituation abhanden gekommen ist, *als auch* gegen den Kulturalismus, für den Handlungen eingebettet sind in Wissensstrukturen, an denen sie sich bloß orientieren. Habermas' Lebensweltkonzept versucht dagegen die Handlung nicht nur kulturell einzubetten, sondern auch sozial, d.h. im Hinblick auf eine Gesellschaft. Die Arbeit des soziologischen Begriffs nimmt dabei fast eine Kreisbewegung an. Hatte sich die Handlungstheorie in den beschriebenen phänomenologischen und ethnomethodologischen Varianten nicht zuletzt durch eine Emanzipation von Parsons etabliert, nimmt Habermas nun seinerseits eine breite Auseinandersetzung mit Parsons zum Anlass, der Handlungstheorie ihre blinden Flecke vorzurechnen. Das besondere Verdienst von Habermas für die soziologische Theoriebildung scheint mir dabei zu sein, dass er jene stillschweigende Voraussetzung der Handlungstheorie – das Problem des Auftraggebers nämlich–wieder sichtbar macht. Dabei benützt er die Chiffre Gesellschaft, soweit sie als Komponente der Lebenswelt auftritt, in jenem klassischen Sinne, den ich im ersten Kapitel als *Arena* herausgearbeitet habe. Gesellschaft taucht hier auf als »die legitimen Ordnungen, über die Kommunikationsteilnehmer ihre Zugehörigkeit zu sozialen Gruppen regeln und damit Solidarität sichern« (Habermas 1981b, S. 209). Habermas gewinnt diesen Gesellschaftsbegriff aus der Tradition Durkheims und Parsons', wobei er gegen letzteren insbesondere die Idee der Kultur nicht nur als Speicher von Wissen, sondern vor allem als Ressource für Wissenserwerb und für die Legitimation und Kritik von Wertorientierungen stark macht. Gegen Ersteren dagegen macht er den Gedanken stark, dass Differenzierungsprozesse von sich modernisierenden Gesellschaften nicht mit den gleichen Kategorien des Moralismus wie in traditionalen Gesellschaften beschrieben werden können. Habermas bringt das auf die griffige Formel der »Versprachlichung des Sakralen« (ebd., S. 118 ff.). Gegen Durkheim und gegen Parsons bringt Habermas zur Geltung, dass die Integrationskomponente der *Gesellschaft* nicht als der Handlung vorgeordnet beschrieben werden kann, und führt damit ein entschieden *operatives Moment* in den soziologischen Diskurs der Moderne ein: Handlungskoordinierung, Zugehörigkeit zu Gruppen, gesellschaftliche Solidarität wird durch die Handlungen kompetenter Sprecher *erzeugt*, und zwar durch verständigungsorientiertes Handeln, das als Folge einer Dezentrierung und Rationalisierung der Lebenswelt historisch möglich wird. Es kommt hier nicht darauf an, diesen Gedankengang bis ins Einzelne nachzuverfolgen. Entscheidend ist vielmehr die Grundstruktur des Arguments. Habermas rekonstruiert die soziologische Theorie des Handelns von zwei Seiten her:

Von der Seite der *Gesellschaftstheorie* her bringt er zur Geltung, dass sich die Integration von Gesellschaften weder über die Unterstellung kultureller Basisselbstverständlichkeiten noch über den formbildenden Charakter einer gemeinsamen Moral denken lässt, sondern allein durch die Praxis der Handlungskoordination. Dass Habermas dabei die Teilnehmerperspektive verständigungsorientierten Handelns von einer Beobachterperspektive unterscheidet, für die Handlungen »durch die nicht-normative Steuerung von subjektiv unkoordinierten Einzelentscheidungen integriert« (ebd., S. 226) werden, hat für ihn den theoriestrategischen Sinn, der Komplexitätssteigerung moderner Gesellschaften gerecht zu werden. Gesellschaften konzipiert er zweistufig als »*systemisch stabilisierte* Handlungszusammenhänge *sozial integrierter* Gruppen« (ebd., S. 228), die ihre Handlungskoordinierung nicht allein der verständigungsorientierenden Kraft der Rede verdanken, sondern der mediengesteuerten Bewältigung von Weltkomplexität. Das entscheidende Argument für Habermas ist freilich nicht, gewissermaßen zwei ontologische Sphären der Gesellschaft zu behaupten, sondern die beiden Niveaus der Handlungskoordination aufeinander zu beziehen.

Habermas hält an der befreienden Kraft der Rede fest – also an der handlungstheoretischen Überwindung des subjektphilosophischen Atomismus. Dafür rekonstruiert er die Bedingungen vernünftiger Rede als *soziale* Bedingungen. Das ist es, was ich im ersten Kapitel als *Soziologisierung der Subjektphilosophie* bezeichnet habe. Der Auftraggeber des Sprechers ist der andere Sprecher, ist ein Publikum, ist eine Sphäre deliberativer Willensbildung, die nicht einfach Träger von Präferenzen oder Orientierung, von Willen und Bedürfnissen enthält, sondern jene vernünftigen Motive erst hervorbringt, die sich deliberativer Bearbeitung stellen. Neben dem *philosophischen* Motiv einer Soziologisierung des subjektphilosophischen Programms gelingt Habermas hier das *soziologische* Motiv, die Handlungstheorie so weit an die Gesellschaftstheorie heranzuführen, dass er den Handelnden tatsächlich gemäß dem bürgerlichen Arena-Modell als jemanden einführt, dessen Handeln und dessen Handlungen sich innerhalb von Referenzgruppen bewähren müssen, die die Gesellschaft als einen Kooperationsraum auffasst, in dem soziale Kontrolle als Selbstkontrolle funktioniert. Dabei betont Habermas mit dem zweistufigen Gesellschaftsmodell einen eindeutigen Vorrang der Lebenswelt vor der systemischen Reproduktion der Gesellschaft. Nur Erstere könne für jene Mentalitäten und Handlungsmotive, für jene Loyalitäts- und Disziplinressourcen sorgen, von denen auch die durch Macht und Geld gesteuerten Systeme des Ökonomischen und Politischen zehren.

Wohl ist das das eigentlich »Bürgerliche« an Habermas' Handlungstheorie. Habermas konzipiert weder Handelnde, die allein der Entfaltung eines kulturell oder gesellschaftlich Allgemeinen sich fügen. Noch verficht er eine romantische Vereinigungsidee, die die Gesellschaft in lebensweltlicher Vergemeinschaftung aufgehen lässt. Zwar zehren die von Habermas beschriebenen postkonventionellen Mentalitäten in erster Linie von lebensweltlichen Sozialisationsinstanzen – klassischerweise Familie, Bildung und deliberative Öffentlichkeiten –, aber gerade das versetzt sie in die Lage, zwischen Situationen zu unterscheiden, deren Handlungskoordination verständigungsorientiert oder mediengesteuert ist. Vielleicht ist das die empirischste Möglichkeit, die Figur der *Einsicht* in die Notwendigkeit theoretisch auf den Begriff zu bringen. Empirisch reagiert Habermas damit auf eine Gesellschaft, die einerseits das Handeln ihrer Mitglieder an Motive bindet, andererseits deliberative Motivbildung aus Komplexitätsgründen entlasten muss. Vorausgesetzt ist dann in der Tat jene bürgerliche Figur, die in der Lage ist, sich in bestimmten Situationen zurückzunehmen, Distanz zu sich und seinen unmittelbaren Wünschen, sogar zu normativen Unbedingtheiten aufzubauen und diese Dissonanz dann über ein als Gesamtheit zu führendes Leben zu überwinden. Sinn wird nicht punktuell gestiftet, sondern über die Erzählbarkeit des Lebens aktualisierbar gemacht. Theoretisch versöhnt Habermas damit letztlich die merkwürdige Antinomie zwischen *Gesellschaft* und *Organisation*. Erstere erfordert als moderne Gesellschaft prinzipiell freien und gleichen Zugang zur Arena möglicher Sätze und deliberativer, im

Horizont kollektiver Geltung erfolgender Willensbildung, letztere macht vor allem darauf aufmerksam, dass Handlungskoordination sich in modernen Gesellschaften insbesondere *Organisationen* verdankt, die sich den Freiheit und Gleichheit postulierenden normativen Energien eines als legitim gedachten, verständigungsorientierten Horizonts gegenüber eigentümlich unbeeindruckt halten. Eine solche Gesellschaft braucht Ich-starke Mentalitäten, die sich ihrerseits nicht allzu beeindruckt geben, wenn die lebensweltlich erlernten normativen Intuitionen des kommunikativen Handelns zeitweise suspendiert werden. Die Legitimität der legitimen Ordnung der Gesellschaft als Komponente der Lebenswelt beinhaltet bei Habermas also explizit einen Konsens darüber, wo und unter welchen Bedingungen Legitimationsstandards legitimerweise außer Kraft gesetzt werden können und dürfen und wo selbst das *automatische*, also verständigungsunsensible und persönlich indifferente Handeln *vernünftig* sein kann – unter Verzicht auf allzu *vernünftige* Ansprüche nämlich. Für die Handlungstheorie bedeutet das, dass Habermas die Idee des Handelns radikal soziologisiert, indem nicht nur der propositionale Gehalt von Motiven, sondern die Praxis des Umgangs, der Bewährung und der Verflüssigung von Motiven betont wird.

Ich rekapituliere: Das Argument der *Kultur* als Interpretationshorizont gewinnt Habermas aus der Rekonstruktion des phänomenologischen Lebensweltbegriffs – und kritisiert dessen Vorstellung des Vorrangs des Wissensvorrats vor seinem Gebrauch; das Argument der *Gesellschaft* bezieht er von Durkheim und Parsons, die die Reproduktion von Gesellschaft eng an die Idee der Integration und einer legitimen Ordnung binden – und kritisiert die Vernachlässigung der deliberativen Voraussetzungen solcher Integration als tätiger Praxis sprach- und handlungsfähiger Subjekte. Habermas' Soziologie steht insofern an einem Scheidepunkt des soziologischen Denkens, als sie wohl die bürgerliche Idee der Gesellschaft als eines Raums stark macht, in dem sich der Einzelne in und durch die Praxis seiner Lebensführung vor einem Publikum darstellt, für das er selbst Publikum ist. Habermas liefert eine Reflexionstheorie jenes *goldenen Zeitalters* (vgl. Hobsbawm 1995) nach dem Zweiten Weltkrieg, in dem es den westlichen Industrieländern gelang, einerseits die Enge der nationalistischen Parteilichkeit ihres Außenverhältnisses und den Klassenantagonismus in ihrem Innenverhältnis zu entschärfen, zugleich aber immer noch von der integrativen Idee der (national-)staatlichen Ordnung und einer durch Schichtung stabilisierten Gesellschaft potentieller sozialer Aufsteiger zu zehren.

Vielleicht lässt sich das ästhetisch am besten an funktionierender Expertenkommunikation und der Erreichbarkeit öffentlicher Debatten ablesen. Habermas hat unter anderem eine Kritik der von der lebensweltlichen Reproduktion abgekoppelten Expertenkulturen geliefert (vgl. Habermas 1981b, S. 482), also eine Kritik, die offensichtlich eine Gesellschaft voraussetzt, in der diesen Expertenkulturen – zu denen sicher auch die Sprecherposition des Intellektuellen gehört – zumindest so viel Autorität zugesprochen werden kann, dass sie einer deliberativen Kritik würdig sind. Das öffentlich wirksame Argument braucht einen autoritativen Gegner – sonst könnte es seinen *eigentümlich zwanglosen Zwang* gar nicht entfalten. Das Bezugsproblem einer Soziologie wie der habermasschen scheint mir zu sein, die Spannung zwischen der eigensinnigen Reproduktion der Gesellschaft und der Visibilisierung von Sprechern aufzulösen. Die bürgerliche Grundidee der *Gesellschaft* war die Idee der Beteiligung, die Idee der Kollektivität, die Idee der Ansprechbarkeit, also letztlich: die Idee der Deliberation. Dass die Gesellschaft *als Gesellschaft* erschien, hing exakt damit zusammen, dass Inklusionsbedingungen der Moderne die Bewährung von Motiven vor einer Arena voraussetzten, in der sie sich gegen andere Ansprüche auf Geltung durchsetzen mussten – inklusive der motivbildenden Einsicht in die Notwendigkeit des Verzichts auf allzu eigensinnige Motive dort, wo Habermas *systemische* Formen der Integration lokalisiert.

Verkürzungen: sozietär

Ich habe die Figur des *Subjekts* als eine theoretische Figur rekonstruiert, die es erlaubt, den Handelnden mit dem Motiv auszustatten, das Subjekt sein zu *wollen*, das er faktisch nicht sein *kann*, das aber damit eine Einsicht in jene Notwendigkeit findet, was er sein (und tun) *soll*. Habermas' Kritik des Subjekts und seine Lokalisierung der Vernunft in der Praxis des Sprechens, in der deliberativen Form der Handlungskoordinierung dynamisiert diese Motivbildung des

Subjekts dadurch, dass sie es in einer Gesellschaft lokalisiert, die selbst noch einmal kontingent gesetzt wird und in der die Legitimität der sozialen Ordnung sich der *verflüssigenden Kraft* der vernünftigen Rede auszusetzen hat. Die bürgerliche Gesellschaft hat autoritative Sprecher hervorgebracht, vor denen sich der Einzelne zu bewähren hatte – exakt in dem Sinne, aus dem der Doppelcharakter von Expertenkulturen besteht: *einerseits* als ein Gegenüber (auch in der Form von Schrift, von »wichtigen« Büchern, von autoritativen künstlerisch-ästhetischen Formen etc.), an dem sich in Bildungs- und Emanzipationsprozessen abzuarbeiten jene Mentalitäten schafft, die zur Deliberation und zur Unterwerfung – im Sinne der Selbst- und Fremdunterwerfung – unter das bessere Argument fähig macht; *andererseits* die autoritative Verhinderung deliberativer Willensbildung durch Kartellierung von Argumenten. Habermas' Soziologie lebt in einer Welt, in der das Argument des Gegenübers *als Argument* erscheint, als etwas, das sich der Arena zu stellen hat – und am Ende schon aus sprachpragmatischen Gründen auch stellt. Das Bezugsproblem ist letztlich die nicht vollständig hergestellte Bedingung für Partizipationsprozesse. Dass *Gesellschaft* zur entscheidenden Komponente des Lebensweltkonzepts wird, hat damit zu tun, dass Gesellschaft als exakt jener *Solidarraum der legitimen Ordnung* begriffen wird, der das kritisierbare Gegenüber auf den gemeinsamen Boden einer geteilten Moral zu stellen in der Lage ist, die ihn nur als *geteilte* Moral überhaupt kritisierbar macht. Die »Versprachlichung des Sakralen«, wie Habermas in Auseinandersetzung mit Durkheims Religions-Buch formuliert, macht Sprecher sichtbar – und zwar sowohl faktisch als auch normativ. Insofern enthält die Idee der Gesellschaft tatsächlich die Idee der *Reform*, der *Revidierbarkeit*, aber auch einer Einheit, die sich als ansprechbar darstellt. *Kritisch* ist eine solche Perspektive insofern, als sie zumindest zu den Bedingungen ihrer eigenen Möglichkeit ein affirmatives Verhältnis einnehmen muss: Man muss an die *Gesellschaft* glauben, um sie als Adresse zu führen, an die die Kritik zu richten ist. Insofern ist die Lebenswelt im habermasschen Sinne tatsächlich der *transzendentale* Ort, an dem sich Sprecher begegnen (vgl. Habermas 1981b, S. 192) – nicht nur ein empirischer Ort also, sondern einer, der eine legitime Ordnung voraussetzen muss, um die es der Kritik und der Versprachlichung der legitimen Ordnung geht.

Habermas schreibt: »*Wir verstehen einen Sprechakt, wenn wir wissen, was ihn akzeptabel macht.*« (Habermas 1981a, S. 400) Akzeptabel sei ein Sprechakt dann, »wenn er die Bedingungen erfüllt, die notwendig sind, damit ein Hörer zu dem vom Sprecher erhobenen Anspruch mit ›Ja‹ Stellung nehmen kann« (ebd., S. 401). Es versteht sich von selbst, dass Habermas diese Bedingungen nicht egologisch aufweist – »weder sprecher- noch hörerrelativ« (ebd.). Diese Rekonstruktion der Verstehbarkeit lässt das Bezugsproblem der habermasschen Idee der Gesellschaft sehr deutlich werden. Es wird letztlich die empirische Erfahrung wegargumentiert, nach der gerade in einer modernen Gesellschaft das Wissen darüber, was einen Sprechakt akzeptabel macht, nicht intersubjektiv geteilt werden kann. Worum es Habermas hier ganz offensichtlich geht, scheint dasselbe zu sein, was schon die klassische Subjektphilosophie ausgezeichnet hatte. Habermas muss eine Realität herschreiben, die es ermöglicht, die Akzeptabilitätsbedingungen für (Sprech-)Handlungen nicht in den Akteuren selbst zu lokalisieren, und stößt dabei auf jene Gesellschaft, die schon Adorno als Nachfolgerin jenes objektiven Geistes erschien, von der zuvor die Philosophie handelte (vgl. Adorno 1997a, S. 196). Habermas rekonstruiert die Einstellung des Handelnden so, dass dieser »nichts anderes meint als die wörtliche Bedeutung dessen, was er sagt« (Habermas 1981a, S. 400). Nur wenn der Sprecher also authentisch spricht und wenn er die Kontinuitätsbedingung der Gesellschaft in Anspruch nimmt, kann erst jener Mechanismus der operativen *Herstellung* von Wahrheit, Richtigkeit und Wahrhaftigkeit in Anspruch genommen werden. Habermas' gesamtes Theorieprojekt funktioniert nur deshalb, weil es letztlich die Kontingenzbedingungen einer sich dynamisierenden, in Echtzeit ablaufenden, operativen Gesellschaft negiert und dem Gesellschaftsbegriff dann doch jene Allgemeinheitsfunktion zuweist, mit der bereits Hegel den kantischen Atomismus zu heilen suchte – wenn er auch weit von jener scholastischen Allgemeinheitsidee Hegels entfernt ist, die noch an der metaphysischen Tradition geschult war. In der Konsequenz hat Habermas keinen Sinn für die Handlung – also für die tatsächlich praktische Hervorbringung von Ereignissen. Nicht umsonst ist ihm Gesellschaft auch eine Metapher für eine legitime *Ordnung*, für intersubjektiv anerkannte Geltungsansprüche und für die Bedingungen, unter denen ein Sprechakt akzeptabel sein kann. All das sind letztlich statische

Bedingungen der Ordnung. Nicht die Ordnungsbildung, nicht die Kontingenz möglicher Anschlüsse, nicht die Bedingungen, unter denen eine solche Ordnung stabil gehalten werden kann, nicht die Überwindung von Unwahrscheinlichkeit, nicht einmal die Erfahrung der Moderne, dass gleichzeitig Unterschiedliches geschieht, ist in diesem Gesellschaftsbegriff aufbewahrt. Theorietechnisch ist dieser Gesellschaftsbegriff ein Einheitsbegriff, ein Kontinuitätsbegriff – er baut Stabilität in die Konstruktion ein. Er arbeitet Kontingenz weg, weil er keinen Sinn dafür hat, wie sich soziale Ordnung dadurch selbst stabilisieren muss, dass sie Ereignisse aneinander bindet und dies in operativen Gegenwarten zu bewältigen hat – vielleicht ist das die *kontrafaktische* Bedingung, die dem Begriff der Gesellschaft inhärent ist, ich komme darauf zurück.

In Habermas' Argumentation scheint die Komponente der Gesellschaft eine ähnliche Restriktion zu beinhalten, die seine eigene Rekonstruktion des Kulturbegriffs anlässlich der Entwicklung des Lebensweltbegriffs aufgedeckt hat. Habermas betont, dass im Falle von Konflikten, etwa über eine Norm, *Gründe* anzuführen seien. Das müsste beinhalten, dass auch Gründe nur dann verstehbar sind, wenn wir verstehen, was sie akzeptabel macht. Gründe sind also selbst Teil jener Struktur der legitimen Ordnung, in der sie sich entfalten können. In Bezug auf die Frage der Legitimität einer Anweisung schreibt Habermas: »Geltungsansprüche sind *intern* mit Gründen verknüpft. Insofern können die Bedingungen für die Akzeptabilität von Anweisungen dem illokutionären Sinn einer Sprechhandlung *selbst* entnommen werden« (Habermas 1981a, S. 405). Der illokutionäre Sinn einer Sprechhandlung freilich erschließt sich erst aus der legitimen Ordnung, in der sie geschieht. Habermas bindet also die Motive des Handelnden an die Handlungssituation, an die illokutionären Energien sprachlicher Äußerungen – und muss dafür doch die Kontinuität einer Gesellschaft voraussetzen, die damit der soziologischen Aufmerksamkeit entzogen wird. Gesellschaft fungiert dann doch als eine Substanz – zumindest in dem Sinne, dass sie für jene Beharrlichkeit zu sorgen hat, die sich gerade nicht dafür interessiert, wie sich eine gesellschaftliche Ordnung stabilisiert, sondern wie *darin* Geltungsansprüche mit guten Gründen zu versehen sind. Die *Versprachlichung des Sakralen* und die *Verflüssigung von Bedeutungen* findet auf dem Boden einer alles andere als versprachlichten und verflüssigten Gesellschaft statt.

Habermas' Gesellschaftsbegriff scheint kein empirischer Begriff zu sein. Jedenfalls wird ein merkwürdig hochschwelliges Kriterium für das Nacheinander von (kommunikativen) Handlungen eingeführt: *Akzeptabilität*. Das heißt zwar nicht, dass Sprechhandlungen stets im Modus des Akzeptierens erfolgen – es bindet aber selbst die Verstehbarkeit etwa eines Befehls oder auch des strategischen Einsatzes von Kommunikation daran, dass der Handelnde weiß, was einen Sprechakt akzeptabel macht. Die Chiffre *Gesellschaft* steht hier also keineswegs nur für eine die Situation transzendierende Ordnung, für einen Horizont, der auf anderes verweist als auf das, was sich aus der bloßen Situation oder ihrer Kulturbedeutung erschließt. *Gesellschaft* ist letztlich ein merkwürdiger *Präsenzbegriff*. Er appräsentiert eine normative Ordnung und baut sie damit zugleich in die Situation ein, wie er sie auch der Situation selbst entzieht.

Die Stärke des Rekurses auf Gesellschaft im Vergleich zu kulturalistisch oder situationistisch verkürzten Handlungstheorien besteht gerade darin, dass hier mit einem weiteren Kontext gerechnet wird, mit einer *Gesellschaft* eben. Ihre Schwäche aber liegt darin, dass die Potentiale des Gesellschaftlichen ausschließlich in jener bürgerlichen Kollektivitätsidee denkbar sind, die jede Situation als Situation einer Sprachgemeinschaft ausflaggt. Vielleicht wird die Schwäche einer *sprachtheoretisch* fundierten Theorie des Sozialen daran deutlich, dass man den Sinn des Sprachlichen letztlich immer innerhalb eines Verweisungssystems von Bedeutungen lokalisieren muss. Wittgensteins Erbe, die Verstehbarkeit eines Satzes an die Konvention der Sprachgemeinschaft zu binden, verhindert ja gerade den Blick darauf, *wie* sich Bedeutungen etablieren und dass die Akzeptabilität nur *eine mögliche*, nicht aber die *konstitutive* Form des kommunikativen Anschlusses ist. Ich habe im ersten Kapitel entfaltet, wie der Gesellschaftsbegriff im 19. Jahrhundert zu einem normativen *Erwartungsbegriff* geworden ist, der eine Sphäre aufspannte, in der sich Geltungsansprüche in einer Zukunft zu entfalten hatten. Sehr richtig betont Habermas die Zukunftsorientierung des Handelns, in dem es nicht nur um Geltung geht, sondern um einen *Anspruch*, der sich frühestens in der erwarteten Gegenwart des nächsten Sprechaktes erfüllen kann. Zusammengehalten werden die Sprechakte aber durch das gemeinsame und reziproke Wissen darüber, was einen Sprechakt akzeptabel macht. Damit bindet Habermas nicht nur die Verstehbarkeit einer Situation an die legitime Ordnung der Gesellschaft, er bindet auch die subjektive Innenwelt der Akteure authentisch an die kommunikativen Prozesse, an denen sie teilhaben. Man kann das für unrealistisch halten. Entscheidender ist jedoch, wie sehr sich Habermas' Idee der Gesellschaft in der bürgerlichen Kontextur bewegt, die Motive der Akteure zu binden, sie mit dem Allgemeinen der Ansprüche anderer zu versöhnen, sich in einem Raum zu wähnen, in dem es tatsächlich darum geht, einen Ausgleich der Ansprüche zu erreichen – und als sei das das eigentliche Interesse des Sprachlichen.

Die sprachpragmatische Fundierung der Theorie, der es bewundernswert gelingt, noch im strategisch, nicht verständigungsorientierten Einsatz von Sprache die illokutionären Energien der Verständigung aufzufinden, hypostasiert das bürgerliche Selbstverständnis der sprachlichen Performanz und der Strukturen deliberativer Rede zum Grundmuster des Sprachlichen überhaupt. Dass die bürgerliche Gesellschaft die sprachliche Performanz in den Mittelpunkt gestellt hat, reagiert erst auf eine »Gesellschaft«, in der jene empfindsame Individualität und Innerlichkeit erzeugt wird, die nun nicht mehr einfach Handlungen, sondern deren Motive aufeinander bezieht. Nicht umsonst ist Habermas' Theorie des Handelns eine Theorie des *kommunikativen* Handelns – das den Einzelnen zugleich von sich selbst distanziert und eng an seine eigene motiv- und maximenbewehrte Selbstbeobachtung/-beschreibung bindet. Nur der Bürger muss seine Motive wirklich glauben – weil er sich im Kontext möglicher Kontingenz und Unbestimmtheit erlebt. Und es sind die kommunikativen Formen einer *Gesellschaft*, die ihn mit ausreichenden Motiven ausstatten können, die das in der Handlung versteckte Potential an Unbestimmtheit *vernünftig* bearbeiten können. Habermas ruft jene gesellschaftliche *Mitte* (vgl. Lepsius 1993, S. 51 ff.) auf, die es erlaubt, Motive vernünftig aufeinander zu beziehen – das bedeutet auch, die Folgenlosigkeit von Kritik zu verhindern. Denn Kritik kann, soll sie nicht nur die Potentiale der Macht und des Kampfes als Medium in Anspruch nehmen, sondern deliberativ wirken, nur dann gelingen, wenn das Gegenüber auch motivbildend *getroffen* werden kann, d. h. wenn das Gegenüber darauf festgenagelt werden kann, auch wirklich zu meinen, was es da sagt. Dass das *gesagt* werden muss und nicht unmittelbar *beobachtbar* wird, wird bei Habermas über den Kollektivitätsbegriff der Gesellschaft gestiftet.

Es ist unbestritten, dass sich die normativen Intuitionen deliberativer Willensbildungsformen, die für die Selbstbeschreibung westlich-moderner Rechtsstaaten konstitutiv sind, mit Hilfe eines solchen Gesellschaftsbegriffs als Chiffre für den *Auftraggeber* des handelnden Subjekts anbieten – und Habermas' Theorie ist in diesem Sinne sicher unüberbietbar. Aus der Perspektive einer Theorie des Handelns freilich ist zu fragen, ob ein solcher Theoriehorizont das empirische Bezugsproblem des Handelns tatsächlich soziologisch angemessen auf den Begriff bringen kann. Als Bezugsproblem scheint bei Habermas jedenfalls ähnlich wie in der klassischen Subjektphilosophie die Erfahrung der Unvernunft auf. Wie die *transzendentale* Figur des vernünftigen Subjekts auf die tatsächliche oder drohende *empirische* Unvernunft der Menschen reagierte, scheint in der Theorie des kommunikativen Handelns die *normative* Figur des verständigungsorientierten Handelns auf die empirische Erfahrung einer eigensinnigen Form der gesellschaftlichen Ordnungsbildung zu reagieren – die Habermas zwar durch seine geradezu geniale Ergänzung durch eine Ordnungsebene mediengesteuerter Systeme in Wirtschaft und Politik (vgl. Habermas 1981a/b) und einer vermittelnden Ebene im Recht (vgl. Habermas 1992) ergänzt, damit aber nicht wirklich in ihrer Dramatik ernst nimmt.

Meine Habermas-Interpretation liegt wohl quer zum habermasschen Selbstverständnis der »Verflüssigung« von Bedeutungen, Ansprüchen und Konventionen durch Kommunikation. Insbesondere Hauke Brunkhorst (2005) hat darauf hingewiesen, dass das Besondere an Habermas' Gesellschaftstheorie die Konzentration auf Kommunikation sei. Diese Umstellung ermögliche es, von Ordnung auf Operation umzustellen, von der autoritären gehlenschen Institutionentheorie auf die deliberative Reflexion von Intentionen. Das ist ohne Zweifel richtig, denn in der Tat geht es Habermas explizit darum, die ordnungsgenerierenden, illuktionären Potentiale sprachlicher Handlungen stark zu machen. Allerdings geht es Habermas nicht nur um die Plausibilisierung von Dynamik, sondern vor allem um eine normative Einbettung der ereignishaften kommunikativen Verflüssigung durch Sprechakte. Dafür bedarf es der von ihm beschriebenen Lebensweltkomponente, die die kommunikative Dynamik auf dem Boden einer gesellschaftlichen Stabilität verorten muss, um der theoretischen Isolation der Sprecher und der Sprechakte zu entkommen. Es spricht daraus ein ungeheures Vertrauen in die Stabilität der Gesellschaft, gewissermaßen das Selbstbewusstsein des nationalstaatlich-demokratischen Gesellschaftsmodells der nach-totalitären westlichen Industriegesellschaft der zweiten Hälfte des 20. Jahrhunderts. Das Selbstbewusstsein dieser Version der gesellschaftlichen Moderne war so groß, dass sich eine Umstellung von Ordnung und Institutionen auf Kommunikation anbot – freilich blieb das erhebliche Vertrauen in die ordnungsbildenden Kräfte der Gesellschaft fast unsichtbar. War »Gesellschaft« im 19. Jahrhundert noch die bürgerliche Zumutung der Reform, steht »Gesellschaft« hier für eine legitime Ordnung, in der die bürgerliche Verheißung der gesellschaftlichen Mitte und der *Arena* zu sich selbst gekommen zu sein scheint.

Deshalb muss der Gesellschaftsbegriff ein (letztlich parsonianischer) *Ordnungs*begriff bleiben und die Erfahrung der echtzeitlichen Dynamisierung von Gleichzeitigem ausklammern. Wiewohl Habermas Konsense und deliberative Willensbildung verzeitlicht und dynamisiert, bleibt der Gesellschaftsbegriff eigentümlich *zeitlos* – er steht also tatsächlich für die *Präsenz* einer Ordnung, die Akteure wissen lässt, was einen Sprechakt akzeptabel macht.

Habermas' gesamte Konzeption baut Zeit nur an zwei Stellen ein: *einerseits* als historische Zeit im Sinne einer Rekonstruktion und Empirisierung der Geschichtsphilosophie, die er in den 1970ern noch eine Rekonstruktion des Historischen Materialismus nannte (vgl. Habermas 1976); *andererseits* als die Endlosigkeit des unabgeschlossenen Diskurses, der immer noch weitere gute Gründe kennt. Am Ende glaubt Habermas aber an die Stabilität der legitimen Ordnung, die die Produktion von Gründen »vernünftig« verknappen wird, ganz in dem Sinne, dass sich die normativen Energien der europäisch-amerikanischen Gesellschaftsentwicklung immer wieder jener deliberativen Selbstbeschränkung versichern, die sie sogar mit ihrer Selbstkritik haben überleben lassen. Damit wird letztlich die operative, die echtzeitliche, die ereignishafte, die praktische Herstellung dieser Ordnung, das Problem des Ordnungsaufbaus und der Evolution von Ordnung der soziologischen Analyse entzogen. Kann man also bei Schütz von einer *kulturalistischen Verkürzung* ausgehen, in der Ethnomethodologie und utilitaristischen Handlungstheorien von einer *situationistischen Verkürzung*, muss man Habermas wohl eine *sozietäre Verkürzung* vorwerfen. Der Horizont der Gesellschaft taucht hier allein in jener Form auf, wie er im Sinne der klassischen Kollektivitätsidee des 19. Jahrhunderts vorbereitet wurde – als statischer Begriff, als Ordnungsbegriff, der offensichtlich seine operative, seine praxistheoretische Lektion noch nicht gelernt hat. Dabei hätte Habermas diese dem Pragmatismus George Herbert Meads entnehmen können – und ich meine, dass gerade an der habermasschen Mead-Rezeption deutlich wird, dass der soziologische Diskurs der Moderne einen zweiten Diskursstrang enthält, der in meiner Argumentation bis jetzt völlig ausgeklammert blieb.

Die Praxis der Bewährung

George Herbert Meads sozialpsychologische Theorie stellt das Bewusstsein des Menschen in einen naturgeschichtlichen Zusammenhang, gibt der Handlungstheorie ein pragmatistisches Fundament – und beabsichtigt damit, die Aporien des bewusstseinsphilosophischen Reflexionsmodells mit seiner transzendentalen Lösung des Problems der Selbstbezüglichkeit zu lösen. In einem Aufsatz von 1913 – »Die soziale Identität« – geht Mead, wie Habermas (1988, S. 210) formuliert, vom insbesondere von Fichte bekannten Problem des »Zirkels der selbstvergegenständlichenden Reflexion« aus. Die Zirkularität dieses Modells – das Subjekt müsse bereits vorausgesetzt sein, damit es sich objektivierend auf sich als Subjekt zurückbeugen könne – versucht Mead dadurch zu umgehen, dass er jenen reflexiven Akt nicht als *subjektiven* Akt im Sinne der klassischen Bewusstseinsphilosophie, sondern als *sozialen* Akt auffasst. Er betont, »daß die Identität im Bewußtsein nicht als ein ›Ich‹ auftreten kann, sondern stets ein Objekt ist, d. h. ein ›Mich‹« (Mead 1980, S. 241). Das *Mich* resultiert aus der Perspektivenübernahme eines anderen, und diese Übernahme wirkt auf das *Ich* zurück, das aber niemals als solches ansichtig wird, sondern quasi das unhintergehbare, aber vorbewusste Zentrum des Bewusstseins darstellt. »Das ›Ich‹ tritt nicht in das Rampenlicht; wir sprechen zu uns selbst, aber wir sehen uns nicht selbst. Das ›Ich‹ reagiert auf die Identität, die sich durch die Übernahme der Haltungen anderer entwickelt. Indem wir diese Haltungen übernehmen, führen wir das ›ICH‹ (= ›Mich‹; A. N.) ein und reagieren darauf als ein ›Ich‹.« (Mead 1988, S. 217) Die Identität – Mead spricht vom *self* – ist also nicht Ergebnis eines subjektiv-sinnhaften Prozesses, sie ist vielmehr das Resultat eines Prozesses, den Mead einen »gesellschaftlichen Prozeß« nennt, »der die gegenseitige Beeinflussung der Mitglieder der Gruppe, also das vorherige Bestehen der Gruppe selbst voraussetzt« (ebd., S. 207). Diese gegenseitige Beeinflussung ist nur deshalb möglich, weil Interaktionspartner ihre Individualität reziprok durch Rollenübernahme und Perspektivenwechsel konstituieren. Individualität ist also kein letzter, vorreflexiver Identitätsgrund einzelner, sondern Resultat sozialer Prozesse.

Entscheidend ist nun Folgendes: Mead geht von einer Differenz von Perspektiven aus, die zwar füreinander unaufhebbar, jedoch auch aufeinander angewiesen sind. Die Perspektiven sind notwendigerweise verschieden, sonst würde es keinen Sinn machen, wenn Mead von einer reziproken Perspektivenübernahme spricht. Mich im Spiegel des anderen als Individualität zu konstituieren, heißt explizit *nicht*, dass ich im anderen aufgehe. Mead bemerkt ausdrücklich, dass es das *Ich* ist, das auf das *Mich* reagiert und so eine *Identität* erzeugt (vgl. auch Wenzel 1985, S. 34). Damit wird eine unhintergehbare *Relativität* der Standpunkte und Perspektiven geschaffen – eine Relativität im Wortsinne, denn das Individuum steht immer in Relation zu anderen, wobei diese Differenz durch die Relativität der Perspektive gerade *nicht* überbrückt wird. *Identität* resultiert aus der unhintergehbaren *Relativität* der Positionen zueinander. Diese Relativität der Positionen zueinander, also ihre Unterschiedlichkeit (Differenz) und ihre Bezogenheit aufeinander (Identität) ist eine *soziale Relativität*, weil sie in der Perspektivenübernahme notwendig auf den sozialen Austausch der Subjekte angewiesen ist.

Für Habermas ist Meads Theorie insofern von besonderer Relevanz, als es diesem gelingt, den Prozess der Selbstwerdung, der Ausbildung einer kommunizierbaren Identität, die sich im sozialen Raum bewähren kann, als interaktive Praxis zu beschreiben. Mead, dessen operative Theorie der Genese des Bewusstseins (auf die ich sogleich zurückkommen werde) eine entschieden *soziale Genese* auch des Einzelbewusstseins postuliert, dekonstruiert das klassische Subjekt insofern, als dieses nicht als *Urheber*, sondern als *Folge* sozialer Handlungen angesetzt wird. Sozialität heißt für Mead »die Fähigkeit, mehrere Dinge gleichzeitig zu sein« (Mead 1969, S. 280), was für ihn übrigens keineswegs auf menschliche Sozialität beschränkt ist. Sozialität ist für Mead letztlich ein temporaler Begriff. Er bezeichnet den auf frühere Ereignisse bezogenen Anschluss eines neuen Ereignisses, *aus dessen Perspektive* die Welt eine andere geworden ist. Was Mead als das »Zwischen« des alten und neuen Stadiums beschreibt, ist die Differenz zwischen den Ereignissen, die von einem Ereignis nur dann als Differenz wahrgenommen werden kann, wenn es die Fähigkeit hat, »gleichzeitig auch in anderen Systemen enthalten« (ebd., S. 295) zu sein, also die Fähigkeit zur Sozialität hat.

Die Formulierung eines Stadiums *zwischen* dem Alten und dem Emergenten scheint mir missverständlich zu sein. Es ist explizit kein *tertium comparationis* gemeint, das als Vermittler zwischen Alt und Neu fungiert. Im Gegenteil: Das Zwischen ist exakt jene Differenz, die ein emergentes Ereignis der Welt hinzufügt, um als neues Ereignis sich zu konstituieren. Sozialität ist dann gewissermaßen eine Differenzerfahrung, die neben der eigenen auch die differente Perspektive einnehmen muss, um sich in Beziehung zu anderen Ereignissen setzen zu können. Hätten Ereignisse nicht die Fähigkeit, gleichzeitig mit der eigenen die Perspektive des Vorherigen einzunehmen, könnten sie sich nicht auf das vorherige Ereignis bzw. auf den vorherigen Prozess beziehen. Diese Beziehung ist aber nötig, damit Anschlussereignisse – etwa: Handlungen – sich selbst als Anschlussereignisse innerhalb eines Prozesses identifizieren können. Ähnlich wie etwa die Bewusstseinsereignisse in Husserls *Phänomenologie des inneren Zeitbewußtseins* per Retention immer auf vorherige Ereignisse referieren (vgl. Husserl 1980), werden Ereignisse auch hier nicht als isolierte Einheiten ohne Bezug zu anderem verstanden, sondern finden sich immer als neue Elemente eines Anschlusszusammenhanges vor. *Sozialität* meint letztlich bei Mead, dass Ereignisse niemals allein auftreten, ohne ereignisrelativen Bezug zu anderen Ereignissen. Aus der Perspektive eines Ereignisses ergibt sich daraus logischerweise die Fähigkeit, gleichzeitig auch in Anderem enthalten sein zu können. Man könnte sagen: Ohne die Fähigkeit zur Sozialität *wüssten* Ereignisse nichts voneinander. Nur so lässt sich ein Kontinuum denken, ein Kontinuum, das nicht schon per se existiert und in prästabilierter Harmonie temporalisierter Monaden vorgängig kontinuiert ist, sondern je aktuell neu hergestellt werden muss. Das Kontinuum kann deshalb nicht als *Partizip Perfekt* zur Sprache gebracht werden, sondern nur als *Partizip Präsens*: Es ist kein vorgängig schon kontinu*iertes*, sondern ein sich je gegenwärtig kontinu*ierendes* Kontinuum. Nur die jeweilige Gegenwart verbürgt den Anschluss ihrer selbst und muss dazu die Fähigkeit haben, *mehrere Dinge gleichzeitig zu sein*, um sich als kontinuierendes Ereignis eines Ereigniskontinuums wahrzunehmen. Das impliziert keineswegs ein *semantisches* Potential, Kontinuität reflexiv als Kontinuität zu definieren – wie sollte dies auch als Strukturmerkmal des Universums aussehen? Es ist vielmehr so, dass jedes Ereignis durch seine Position innerhalb eines bereits strukturierten Kontinuums durch Antezedenzbedingungen vorstrukturiert ist. »Dies bedeutet also, dass alles, was geschieht – auch das Neu-Entstehende –, unter determinierenden Bedingungen geschieht.« (Mead 1969, S. 244)

Mit Mead kann Habermas also die Identität nicht als Effekt der *Sprache*, sondern des *Sprechens* beschreiben; mit Mead kann er die soziale Genese der Identität als Folge der Antizipation des Gegenübers als Adressaten von Geltungsansprüchen beschreiben; und mit Mead kann er zeigen, dass sich sprech- und handlungsfähige Subjekte, die sich selbst in der ersten Person singular begegnen, dies aber in einer sozialen Welt, in der sie andere in der zweiten Person als ein je anderes Ich ansprechen und von diesen so angesprochen werden. Für Habermas resultiert daraus die normative Intuition einer Sozialwelt, die sich auf symmetrische Sprecherpositionen stützen kann. Nun ist an Habermas' Mead-Rezeption Folgendes bemerkenswert: Habermas nimmt einerseits wahr, wie Mead in Theoriekonstruktionsprobleme gerät, andererseits löst er diese dann nicht mit den starken Teilen der meadschen Theorie. Mead beschreibt zunächst, wie sich das einzelne Bewusstsein, die einzelne Identität durch das Handeln selbst hervorbringt, wie sich die einzelne Handlung in der Handlungshemmung, also der Antizipation der *sozialen Folgen der Handlung* und ihrer sozialen Plausibilitätsbedingungen (vgl. Mead 1969, S. 106 ff.), ihrer selbst bewusst wird und das Ich-handle in den Zusammenhang eines Handlungskontinuums stellt. Nun stößt er freilich ähnlich wie Whitehead auf das Problem, wie sich die Einzelhandlungen zueinander verhalten bzw. wie sich aus der wechselseitigen Antizipation eine intersubjektive Welt ergibt. Bekanntlich weist Mead in menschlichen Gesellschaften *Symbolen* jene Bedeutung zu, die für die soziologische Potenz seiner Theorie von ganz entscheidender Bedeutung sind: Zum einen zeichnet sich ein Symbol durch seinen *zeitfesten Charakter* aus, d. h. es verfügt über die Möglichkeit, den Charakter einer (oder mehrerer) Vollzüge möglicher Handlungen antezipatorisch vorzustellen (vgl. Mead 1988, S. 160). Zum anderen hat ein Symbol für Mead *intersubjektiven* oder *allgemeinen Charakter* (vgl. ebd., S. 189), d. h. der Symbolgebrauch geht idealiter davon aus, dass andere das gleiche Symbol im gleichen Kontext in gleicher Bedeutung verwenden. Mead betont jedoch immer wieder, dass die Teile der Gesamthandlung nicht isoliert voneinander betrachtet werden dürfen und dass die individuellen Perspektiven aus der Perspektivenübernahme, also aus dem Prinzip der Sozialität resultieren. Man kann deshalb mit Fug und Recht sagen, dass für Mead tatsächlich Handlungen und nicht Bewusstseinsakte die elementaren Ereignisse der sozialen Welt sind: »In Mead's philosophy«, bringt es Harold N. Lee auf den Punkt, »the world that is there does not arise from knowledge; instead, knowledge arises from it. The world that is there does not arise within consciousness; instead, consciousness is a response to it. The world that is there, does not arise within experience; experience takes place within it. The world that is there does not arise at all; it is there. It is passage, process. It is the passage that is the ›undifferenciated now‹.« (Lee 1963, S. 53) Diese Ereignisse erst sind es, die die strukturierenden Bedingungen für Anschlüsse neuer, unmittelbarer Handlungsgegenwarten sind. Diese resultieren zwar aus den Handlungsversuchen von Individuen, doch kann man die Handlungen selbst nicht primordial dem Individuum zurechnen, da deren Perspektiven sich nicht der welttranszendenten Sphäre isolierter operativer Einheiten verdanken, sondern durch das Gleichzeitig-in-mehreren-Perspektiven-Sein *sozial* strukturiert werden.

Der *zeitfeste* und *allgemeine* Charakter der Symbole hat damit einen hohen Strukturwert für die individuellen Perspektiven und für die Wahrscheinlichkeit von Anschlusshandlungen. Die Allgemeinheit des Symbols ist es, die den zeitfesten Bedeutungscharakter der Welt sichert. Mead spricht in diesem Zusammenhang von »Generalisierungen« in der Verwendung von Symbolen, die dadurch entstehen, dass bestimmte Erfahrungen immer wieder gemacht werden und so zum Allgemeingut werden können (vgl. Mead 1980, S. 295 f.). Symbolisierungen als Speicher kollektiver sozialer Erfahrungen haben in menschlichen Gesellschaften die Funktion, die Manipulationsphase des instinktreduzierten Menschen sozial vorzustrukturieren – ein Gedanke, der stark an Gehlens Theorem des

Menschen als Mängelwesen erinnert. »Er wäre in jeder natürlichen Umwelt lebensunfähig, und so muß er sich eine zweite Natur, eine künstlich bearbeitete und passend gemachte Ersatzwelt, die seiner versagenden organischen Ausstattung entgegenkommt, erst schaffen.« (Gehlen 1961, S. 4; auch 1957) Freilich impliziert Meads funktionale Beschreibung nicht die Implikationen Gehlens, für stabile Institutionen sorgen zu müssen, deren autoritativer Charakter auch in der Moderne eine angemessene Form der Subjektivität ermögliche. Symbolisierungen bieten gleichwohl, so Mead, erst die Möglichkeit der Sozialität, nämlich in mehreren Perspektiven gleichzeitig sein zu können.

Die Welt wird damit eine Welt sinnhafter Bedeutungen, die in ihrer Sinnhaftigkeit eine große Fülle von Handlungsmöglichkeiten – und damit: Handlungshemmungen – eröffnet. »Sinn ist das, was anderen aufgezeigt werden kann, während es durch den gleichen Prozess auch dem aufzeigenden Individuum aufgezeigt wird. Insoweit der Einzelne ihn sich selbst in der Rolle des anderen aufzeigt, macht er sich dessen Perspektive zu eigen, und da er ihn dem anderen aus seiner eigenen Perspektive aufzeigt, das Aufgezeigte also identisch ist, muß es in verschiedenen Perspektiven auftreten können. Es muß somit *universal* sein«. (Mead 1988, S. 129; Hervorh. A. N.) Für den Einzelnen werden die verschiedenen Universalien, die aus der Perspektivenübernahme anderer stammen, zur Idealisierung des »verallgemeinerten Anderen« (ebd., S. 130) (»generalized other«) integriert. Diese Figur des unterstellten generalisierten Anderen ist sozusagen der je individuelle Vertrauensvorschuss in die Bekanntheit der Welt und die Verstehbarkeit der anderen, die als wesentliche Bedingung der Möglichkeit für die Emergenz von Handlungen anzusehen ist.

Mead entpuppt sich als ein Theoretiker, dessen Intuitionen offensichtlich streng empirischer Natur sind. Mead ist es darum zu tun, möglichst voraussetzungsfrei zu beginnen und zunächst den ontologischen oder funktionalen Primat der Gegenwart zu betonen, wie er in konkreten empirischen Handlungen zunächst empirisch beobachtbar ist – seine pragmatische Perspektive stößt auf eine Praxis, die sich selbst hervorbringt, inklusive der in Handlungshemmungen durch Selbstdistanzierung, Antizipation von Folgen und vor allem Rollenübernahmen erst entstehenden Innenwelt des Handelnden, dessen Identität sich jener Praxis verdankt, deren

Grundlage sie zugleich ist. Letztlich aber bleibt Mead dann doch dem Problem verhaftet, wie eine radikal praxeologische Perspektive den Horizont ausweisen kann, in dem und vor dem Rollenübernahmen und Antizipationen überhaupt möglich sind. Diese Funktionsstelle besetzt Mead dann doch wie Whitehead oder auch Leibniz' Monadologie mit einem Allgemeinheitspostulat. Mead betont, dass jedes Selbst durch den gesellschaftlichen Prozess geformt werde, dass zugleich jedes einzelne Selbst aber eine je eigene Individualität besitze. Diese Individualität versieht er dann aber doch mit einem Gegenüber, mit einem *Auftraggeber*, nämlich mit dem Ganzen im Sinne eines universalen Diskurses – »genauso wie jede Monade im Leibnizschen Universum dieses Ganze aus einer anderen Sicht spiegelt« (Mead 1988, S. 245).

Habermas, der an entscheidender Stelle auf ebendiese Bemerkung Meads referiert, meint, dies gebe »die Intuition, die Mead ausdrücken will, gut wieder; aber die ontologisierende Anknüpfung an Leibniz und Whitehead verstellt die angemessene Explikation, auf die Meads eigene Überlegungen verweisen« (Habermas 1988, S. 226). Die Intuition, um die es Mead aus Habermas' Perspektive geht, ist der Status des verallgemeinerten Anderen, der in einer Gesellschaft nicht nur autonomer, sondern auch individuierter Individuen wechselseitige Anerkennungsverhältnisse verbürgt. Habermas rundet Meads Horizont eines Diskursuniversums zu einer *universalistischen Lebensform* auf, im Horizont einer »Bürgschaft, die ich im Lichte eines überlegten individuellen Lebensentwurfs für die Kontinuität meiner Lebensgeschichte bewusst übernehme« (ebd., S. 226). Habermas bleibt hier also ganz der hegelschen »Anerkennung der Anerkennung« verhaftet, die die Idee eines Allgemeinen strukturell voraussetzen muss – wenn auch mit dem empirisierenden Index eines »kontrafaktisch unterstellten« (ebd., S. 227) Diskurses versehen. Habermas schreibt: »Das Selbst des praktischen Selbstverhältnisses kann sich seiner [...] nur vergewissern, wenn es aus der Perspektive anderer auf sich als deren Alter ego zurückkommen kann – diesmal nicht als Alter ego eines anderen Alter ego der jeweils eigenen, aber konkreten Gruppe (als ›Me‹). Es trifft sich nur an als das Alter ego *aller* vergemeinschafteten Anderen, und zwar als freier Wille in der moralischen und als schlechthin individuiertes Wesen in der existentiellen Selbstreflexion.« (Ebd.) Habermas versöhnt mit Meads Idee der sozialen Genese des Selbstbewusstseins und seiner Figur des generalisierten Anderen als Horizont des Sprechers die Sozialisationstheorie mit der sprachpragmatischen Perspektive eines unterstellten Diskurskontinuums, das wenigstens kontrafaktisch vorausgesetzt werden kann. Rezeptionsästhetisch ist daran interessant, dass Habermas letztlich die Theoriestelle Meads stark macht, die mir als Verlegenheitslösung einer Theorie erscheint, die am Ende dann doch davor zurückschreckt, was sie auf geradezu beispielhafte Weise vorbereitet: vor einer *operativen* Theorieanlage.

Habermas' Bedeutung für die Handlungstheorie besteht darin, sie *einerseits* auf eine gesellschaftstheoretische Grundlage gestellt zu haben, *andererseits* den prozeduralen Aspekt der Handlungskoordinierung betont zu haben. Ferner hat er mit seinem zweistufigen Gesellschaftskonzept zu einer entschiedenen Empirisierung normativer Theorieformen beigetragen, indem er die Grenzen der normativen, i. e. verständigungsorientierten Form der Handlungskoordination für moderne, funktional differenzierte Gesellschaften auf den Begriff gebracht hat. Zugleich wird aber gerade darin deutlich, wie sehr Habermas' Theorie von der bürgerlichen Kontinuität zehrt, die Handlungen eines Subjekts an die Strukturiertheit einer legitimen Ordnung binden zu können. Das gesamte Handlungsmodell steht und fällt mit der Voraussetzung, dass sich im Konzept der *Gesellschaft* als der Arena für die Anerkennung der Anerkennung Strukturen aufbauen, in denen dann jene Mentalitäten erzeugt werden können, die zu zivilisiertem Interessenausgleich in der Lage sind. Hier ist diejenige Theoriestelle, an der Mead für Habermas von besonderer Bedeutung wird, weil dieser die Operativität des Handelns mit der Allgemeinheitsidee eines Diskursuniversums versöhnt, vor dem dann konkrete Sprechhandlungen jene *kommunikative* Vernünftigkeit erhalten, die sie im instrumentellen Sinne der klassischen Subjekt-Objekt-Konstellation nicht hätten.

In Habermas' Mead-Rezeption bewährt sich eine Handlung vor einem virtuellen gesellschaftlichen Publikum – das Mead freilich nur deshalb braucht, weil er in *Geist, Identität und Gesellschaft* die eher interaktionistische Anlage der operativen Beschreibung der sozialen Genese von Bewusstwerdung zu einer Diagnose der Gesellschaft aufrundet. Habermas begründet mit Mead also den sozialisationstheoretischen Teil seiner normativen Handlungstheorie, die den Sinn einer Handlung tatsächlich als Handlung vor einem Publikum konstruiert, in dem die Idee einer Konsentierbarkeit über die praktischen Gründe fürs Handeln wenigstens kontrafaktisch vorausgesetzt werden kann. Eine solche Theorie stößt auf Gründe – vor allem aber auf jenen Raum, in dem Gründe bereits einen Geltungsgrund haben müssen, um einen Anspruch auf Geltung erheben zu können. Denn nur vor einem bereits grundsätzlich konsentierten Publikum können Gründe als Gründe wirken.

Ein alternativer Diskursstrang

Man kann mit Mead freilich auch einen anderen Diskursstrang im soziologischen Diskurs der Moderne beginnen sehen, als Habermas dies tut. Habermas nimmt den entscheidenden Gedanken von Mead auf: die praktische Bewährung einer Handlung. Die Bewährungskriterien freilich macht Habermas in einer spezifischen Form gelingender Kommunikation aus, die von der Erreichbarkeit einer *wirklich authentischen Konsentierung* ausgeht, die nicht nur in der operativen Situation situiert ist, sondern im postkonventionellen Fall mindestens für alle Teilnehmer einer Sprachgemeinschaft und mindestens im Lichte eines kontinuierlichen Lebensentwurfs plausibel und akzeptabel sein müssen. Habermas' Welt ist eine Welt von Motiven und Gründen für diese Motive – ganz nach dem bürgerlichen Vorbild einer Arena, in der sich Sprecher begegnen und in der jeder zum Sprecher (gemacht) wird.

Mead geht zunächst nicht von diesem höherstufigen Modell der Bewährung aus, sondern hat einen Sensus dafür, dass sich Ordnung tatsächlich in einer je gegenwärtigen Praxis aufbaut und ereignet, die zunächst keinen Außenhalt hat, sondern sich selbst genügen muss. Habermas setzt bei seiner Mead-Rezeption am Ende an, an der Plausibilisierung des Ordnungsaufbaus durch eine sehr konventionelle Idee des Allgemeinen, das dem Besonderen zu jener Sinnhaftigkeit verhilft, die im bürgerlichen Kosmos der Idee der Gesellschaft offenbar nur denkbar war. Man kann aber auch ganz anders an Mead anschließen.

In der Tat geht es Mead darum, dem Solipsismus der subjektphilosophischen Tradition eine Absage zu erteilen, indem er das handelnde Individuum nicht als den Urheber der Handlung, sondern letztlich als sekundäres Phänomen beschreibt. »Für die Sozialpsychologie ist das Ganze (die Gesellschaft) wichtiger als der

Teil (das Individuum), nicht der Teil wichtiger als das Ganze; der Teil wird im Hinblick auf das Ganze, nicht das Ganze im Hinblick auf den Teil oder die Teile erklärt.« (Mead 1988, S. 45) Analytischer Ansatzpunkt ist die Wechselseitigkeit der Handlungen handelnder Individuen, die weder allein den inneren Intentionen der Handlungsträger zugerechnet werden können noch per Reiz-Reaktions-Ketten ausgelöst werden.

Das intentionale Modell fällt schon deshalb aus, weil die psychische Disposition des Einzelnen, seine Identität, durch das Theorem der Sozialität Ergebnis eines gesellschaftlichen Geschehens ist. Die identitätsstrukturierende Funktion der Perspektivenübernahme schließt eine individualistische intentionale Handlungstheorie kategorial aus. Das Reiz-Reaktions-Schema scheidet aus einem anderen Grunde aus. Mead bezieht sich dabei auf den berühmten Aufsatz von 1896 »Die Elementareinheit des Verhaltens« von John Dewey (2003). Dewey kritisiert darin heftig die Vorstellung, dass äußere Reize, innere Reaktionen und motorische Handlungen unabhängig voneinander existierende, aber kausal aufeinander bezogene Einheiten seien. Dewey skizziert den Dualismus von Reiz und Reaktion folgendermaßen: »Statt den Charakter von Empfindung, Idee und Handlung aus ihrer Stellung und Funktion im sensorisch-motorischen Schaltkreis zu interpretieren, neigen wir immer noch dazu, den Letzteren aus unseren vorgefassten und vorformulierten Ideen, zwischen Empfindungen, Gedanken und Akten bestehe ein starrer Unterschied, zu interpretieren. Der sensorische Reiz ist eine Sache. Die zentrale Aktivität, die für die Idee steht, ist eine andere Sache, und die motorische Entladung, die für den eigentlichen Akt steht, eine dritte. Infolgedessen ist der Reflexbogen keine umfassende oder organische Einheit [unity], sondern ein Flickwerk aus unverbundenen Teilen, eine mechanische Verbindung zwischen unverbundenen Prozessen. Was wir brauchen, ist, dass das Prinzip, das der Idee des Reflexbogens als der fundamentalen Elementareinheit [unit] zugrunde liegt, konsequent angewandt wird, um den Wert seiner konstruktiven Faktoren zu bestimmen. Spezifischer gesagt, was wir brauchen, ist, dass sensorischer Reiz, zentrale Verknüpfungen und motorische Reaktionen nicht länger als getrennte und an sich vollständige Entitäten, sondern als Arbeitsteilungen, als dienende Faktoren innerhalb des einzelnen konkreten Ganzen angesehen werden, das jetzt als Reflexbogen bezeichnet wird.« (Dewey 2003, S. 230 f.)

Verfährt man nach diesem Modell, geraten wichtige Phänomene gar nicht in den Blick, so etwa der aktive Part der Wahrnehmung, die Reize je nach Relevanz aufnehmen oder auch ignorieren kann; verschiedene Aufmerksamkeitswerte und Indifferenz gegenüber bestimmten Reizen (vgl. Mead 1988, S. 63; vgl. dazu auch Joas 1989, S. 69). Entscheidend für Dewey ist, dass die als Reiz und Reaktion isolierten Phänomene Reduktionen der psychologischen Beobachtung sind. Vor allem gibt er zu bedenken, dass Wahrnehmung und Empfindung selbst nicht einfach Objekte einer unabhängigen Variable *Reiz* sind, sondern aufgrund der je eigenen psychischen Verfasstheit – vorherige Erfahrungen, Relevanzen, Aufmerksamkeiten etc. – selbst schon ein aktives Geschehen sind. Der Reiz ist keine *causa materialis* der Empfindung! Dazu Mead: »Der so genannte äußere Reiz ist eine Gelegenheit für solche Empfindungen, nicht aber ihre Ursache. [...] Wie der physikalische Reiz (von der reduktionistischen Psychologie; A. N.) auf ein bloßes System bewegter Körper reduziert wird, in dem der Reiz als solcher vollständig verschwindet, so werden die so genannten psychischen Elemente zu nichts als einer Reihe von Empfindungen reduziert, in der der Charakter einer Reaktion ebenso wirkungsvoll zum Verschwinden gebracht wird, wie der Charakter eines Reizes in der abstrakten physikalischen Welt zum Verschwinden gebracht worden ist.« (Mead 1980, S. 123 f.) Ein Reiz ist also nicht durch seinen »objektiven« Gehalt ein Reiz, sondern wird vielmehr durch die psychische Disposition selbst bestimmt. So kann Mead sagen, dass Empfindungen nur deshalb Empfindungen sind, »weil sie als Reize dienen« (ebd., S. 124).

Wodurch wird aber ein »objektiver« Reiz eine »subjektive« Empfindung? Um diese Frage beantworten zu können, muss auf Meads Begriff des Handelns zurückgegriffen werden. Ich habe betont, dass Meads Sozialpsychologie nicht das Individuum als Teil, sondern die Gesellschaft als Ganzes in den Blick nimmt. Verfährt man so, ergeben sich zwei Konsequenzen: Erstens ist es nicht möglich, Handlungen auf Bewusstseinszustände zu verrechnen, weil diese selbst Ergebnis sozialer Mechanismen sind. Zweitens scheinen Handlungen jene letzten Elementarereignisse zu sein, aus denen die Welt als Ereigniszusammenhang aufgebaut ist. Daraus wiederum ergibt sich die Konsequenz, dass die Elemente der Handlung wie Reiz, Reaktion, Bewusstsein und Vollzug als *Teile* jenes Elementarereignisses nicht isoliert voneinander betrachtet werden können (vgl.

dazu Mead 1988, S. 45 f.). Mead nimmt damit Parsons' epochale Überlegung vorweg, den *unit act* der Handlung in Systemkomponenten zu differenzieren, die die klassische Kausalität zwischen Intention und Handlung aufbrechen.

Damit wird es für Mead möglich, Handlungen als jene elementaren Gegenwarten aufzufassen, die als Ereignisse eine dynamische Welt konstituieren. Wie Husserl *Bewusstseinserlebnisse* als Letztelemente des temporalen Bewusstseinsstroms behandelt, sind für Mead *Handlungen* »als etwas in Fluß Befindliches« (ebd., S. 45) emergente Elemente eines Handlungszusammenhanges, also der Gesellschaft. Gesellschaft wird somit mit Mead beschreibbar als ein Zusammenhang von Handlungen, also von zeitlichen Schnitten, von einem operativ, praktisch hergestellten Ereigniszusammenhang, dessen entscheidender Motor die Zeit ist. Motive, Bewusstsein und sonstige Gründe des Handelns bekommen damit einen sekundären Charakter, weil die Handlung als solche das Bewusstsein nicht voraussetzt. Es ist dann eher eine empirische Frage, inwieweit Motive von Subjekten oder Subjekte als Motivträger das zeitliche Kontinuum des Handelns mitbestimmen – und vor allem, wer das so sieht. Die epochale Bedeutung von Meads Theorie des Handelns liegt darin, dass sie den Systemcharakter der Handlung ebenso vorwegnimmt wie die Idee der Nachträglichkeit von Motiven. Anders formuliert: Der *soziale* Charakter von Motiven wird nicht wie in der Habermas-Interpretation Meads darin gesehen, dass sich durch die Rollenübernahme in der Handlungshemmung sozialverträgliche Motive bilden. Der soziale Charakter von Motiven lässt sich mit Mead in der Sentenz von der Fähigkeit, *mehrere Dinge gleichzeitig zu sein*, aufweisen. Motive sind damit – Mills' Perspektive vorwegnehmend (vgl. Mills 1940) – nicht einmal funktionale Teile der Handlung, sondern bestenfalls ihre Derivate.

Verdeutlichen lässt sich dies an Meads funktionalistischer Theorie der Genese des Bewusstseins. Nach klassischer Auffassung ist das Bewusstsein durch seine Intentionalität der Handlung analytisch vorgeordnet. Mead kehrt dieses Verhältnis um: »Anstatt eine Voraussetzung für gesellschaftliches Handeln zu sein, ist das gesellschaftliche Handeln eine Voraussetzung für Bewußtsein.« (Mead 1988, S. 56) Meads funktionalistische Psychologie, die im Anschluss an Dewey das Individuelle als Teil der Handlung auffasst, begreift das Bewusstsein nicht als eine Entität *sui generis*, nicht als Seiendes von eigener Qualität. »Bewußtsein ist funktional, nicht substantiv« (ebd., S. 153), heißt es lapidar bei Mead. Um es traditionell zu formulieren: Die Bedingungen der Möglichkeit für Bewusstsein sind nicht substantielle Vermögen und denknotwendige Voraussetzungen, sondern *funktionale Erfordernisse*, die durch die Situiertheit in sozialen Kontexten bestimmt werden. Nicht das *Ich-denke* ist es, das das Ich ständig begleitet, sondern das *Handeln* selbst, das nicht notwendig ein *Ich-handle* beinhaltet.

Die Welt ist dynamisch, durch ihre Ereignishaftigkeit in permanentem Wandel begriffen. So stellt sie sich auch für den individuellen Beobachter dar. Wäre sie statisch, würde keine problematische Situation auftreten, d. h. Handlungsanschlüsse würden sich gewissermaßen von selbst ergeben, da keinerlei äußere Hemmungen für Handlungen vorliegen. Bewusstsein wäre funktional nicht erforderlich. Aus dem Gesagten lässt sich umgekehrt schließen, dass Bewusstsein als funktionale Reaktion auf die Unbestimmtheit von Anschlusshandlungen aufzufassen ist. So kann man denn auch Tieren mit ihrer physiologisch geringeren Bandbreite von Verhaltensmöglichkeiten eine erheblich geringere Bewusstseinstätigkeit zuschreiben als dem Menschen, der aufgrund seiner biologischen Ausstattung im Verhältnis erheblich mehr Handlungsmöglichkeiten hat, als situativ und gegenwärtig zu realisieren sind. Die größere Wahlmöglichkeit zwischen Anschlüssen hat aber keineswegs eine größere Freiheit zur Folge. Im Gegenteil: Soziale Situationen, also das *In-mehreren-Situationen-gleichzeitig-Sein*, werden vom Einzelorganismus als *Hemmung* erfahren, als *Handlungshemmung*, die vor der Ausführung der Handlung verarbeitet werden muss. Diese komplexe Handlungssituation menschlicher Gesellschaften ist also der Generator des Bewusstseins. Es ist aus dieser Perspektive – eine Zumutung für alle transzendentalphilosophischen oder dualistischen Bewusstseinstheorien – ein Produkt der Naturgeschichte, was bei Max Scheler noch eine der natürlichen Evolution und dem Leben entgegengesetzte Größe genannt wird (vgl. Scheler 1976, S. 31).

Bewusstsein ist für Mead kein anthropologischer Begriff. »Menschliches Verhalten unterscheidet sich zunächst und vor allem vom Verhalten der Tiere durch eine Zunahme der Hemmungen, die eine wesentliche Phase willkürlicher Aufmerksamkeit darstellen. Verstärkte Hemmungen bedeuten eine Zunahme von Gebärden, Anzeichen, von Handlungen, die nicht ausgeführt werden, und von angenommenen Haltungen, deren funktionaler Wert im Verhalten nicht vollständig zum Ausdruck gelangt.« (Mead 1980, S. 228) Gebärden und Gesten haben Mead zufolge die Funktion, passende Reaktionen auf das Verhalten anderer individueller Organismen zu ermöglichen (vgl. Mead 1988, S. 52, Anm. 9). Sie sind gewissermaßen das funktionale Äquivalent der Handlung in der Situation der Handlungshemmung. Dieser Mechanismus ist der gesamten belebten Natur eigen, jedoch weist Mead dem Unterschied zwischen menschlichem und tierischem Verhalten durchaus mehr als einen nur quantitativen Aspekt zu. »Wenn wir anerkennen, dass die Sprache eine Differenzierung von Gebärden ist, dann ist das Verhalten aller anderen Lebewesen mit dem der Menschen in Bezug auf die Fülle der Gebärden nicht zu vergleichen.« (Mead 1980, S. 228 f.) Diese Unvergleichlichkeit belegt Mead mit dem Begriff *Geist*. Er bezeichnet die Fähigkeit des Menschen, sinnhaft sein Verhalten zu reflektieren, Distanz zu Reizen aufbauen zu können und sich und sein Verhalten zu kontrollieren (vgl. Mead 1988, S. 172 f.). Gleichwohl bleibt der menschliche Geist »eine Evolution in der Natur [...], die in jener Sozialität kulminiert, welche das Prinzip und die Form des Entstehens ist« (Mead 1969, S. 318).

Es dürfte nun endgültig deutlich geworden sein, warum subjektive Empfindungen als Reize dienen. Die Perspektivenübernahme des Einzelnen und seine Wahrnehmung von Handlungshemmungen führen dazu, dass die sinngenerierenden Akte des damit entstehenden Bewusstseins zur Emergenz neuer Handlungen beitragen. Man könnte sagen: Das Bewusstsein entscheidet selbst, welchen »objektiven Reiz« es zur Empfindung kommen lässt. Dies ist aber – man verstehe diesen Schluss nicht falsch – keineswegs intentionalistisch gedacht, denn die Bewusstseinstätigkeit selbst ist ja durch Perspektivenübernahme sozial strukturiert. Es liegt bei Mead sozusagen eine rekursive Vernetzung von verschiedenen Handlungselementen vor, die durch rekursive Beziehung zueinander erst Handeln konstituieren.

George Herbert Meads Handlungstheorie bringt eine völlig neue Konstellation in den soziologischen Diskurs der Moderne ein. Sie nimmt nicht nur die Idee des dekomponierbaren, also systemhaften *unit act* der Handlung vorweg, und sie bereitet nicht nur das attributionstheoretische Argument vor, nach dem Motive nur soziale

Beschreibungen für Handlungsverläufe sind (Beschreibungen übrigens, zu denen man auch *den Handelnden selbst* überreden muss). Mead begründet insofern einen neuen Strang des soziologischen Diskurses der Moderne, als er als Erster die *Kritik der handelnden Vernunft* so weit treibt, die *requisite variety*, die dem Ereignis erst jene Kontingenzmöglichkeit gibt, dass sie als Handlung zurechenbar wird, *in den Handlungsprozess selbst zu verlagern* (vgl. auch Joas 1992, S. 229 f.). Meads Handlungstheorie entzieht sich der Frage, welchen Anteil oder welchen Auftraggeber das »Subjekt« hat. Für ihn ist, im Anschluss an die whiteheadsche Ereignisphilosophie, die Ereignisstruktur der Welt das Entscheidende. Anders als Whitehead aber verzichtet Mead auf einen externen Beobachterstandpunkt, von dem her der Ereigniszusammenhang als Welt sichtbar wird. Vielmehr gelingt es ihm, den operativen Charakter des Handlungsgeschehens sichtbar zu machen und im Nacheinander der Handlungsereignisse den emergenten Charakter sozialer Prozesse zu verdeutlichen.

Letztlich schließt Mead damit doch an das subjektphilosophische Erbe an – allerdings anders, als Habermas es meint. Habermas' eigene Theorie soziologisiert das Subjekt in der Weise, dass sie subjektive Motive in den Horizont ihrer sozialen Plausibilität stellt. Wenn Habermas das Verstehen eines Sprechaktes an das *Wissen* um dessen Akzeptabilitätsbedingungen bindet, so geht es ihm letztlich um den Aufweis der kommunikativen Genese subjektiver Motive, um die illokutionäre Fähigkeit der Sprache, sprech- und handlungsfähige Subjekte durch ihre eigenen Motive zu binden, wobei die eigenen Motive wiederum aus der Erfahrung mit der Teilnahme an Verständigungsprozessen resultieren. Der Fokus von Habermas verschiebt sich zwar von der subjektiven auf eine kommunikative Begründungsebene, im Fokus bleibt aber immer noch der Träger von Motiven, dem Geltungsansprüche nicht nur zugerechnet werden, sondern der sie auch faktisch erhebt – bisweilen sogar gegen seine eigenen Intentionen. Mead dagegen ist an Motiven gar nicht interessiert, auch wenn sich aus seiner Perspektive »Motive« einem »Wissen« um ihre Akzeptabilität verdanken. Nur wird diese Akzeptabilität bei Mead operativ, in einer Gegenwart erzeugt und nicht vor der Arena einer Gründewelt – die Mead dann inkonsequenterweise doch mit seinem *generalisierten Anderen* an ein unterstelltes Allgemeines bindet.

Ich habe oben den Funktionssinn der Figur des klassischen Subjekts als Zurechnungspunkt herausgearbeitet, dem genügend interne *requisite variety* zugemutet werden kann, um genügend Kontingenz in eine Welt einzubauen, deren Kontingenzerfahrung unaufhörlich steigt. Die soziologische Handlungstheorie hat dann im Unterschied zur Subjektphilosophie den *Auftraggeber* des Subjekts externalisiert – als Kultur, als Situation, als Ergebnis von Sozialisationsprozessen etc. Mead nun baut die *requisite variety* ins Handlungsgeschehen selbst ein. Alfred Schütz hatte seine Weber-Kritik mit der Idee eingeleitet, das *Sinn*-Problem sei ein Zeitproblem (vgl. Schütz 1981, S. 20). Er wollte damit im Anschluss an Husserl auf die Zeitlichkeit der bewussten Erfahrungsaufschichtung hinweisen, auf den Prozesscharakter und die Gegenwartsbasiertheit alles bewussten Geschehens. Analog dazu beschreibt Mead, das *Handlungs*problem sei ein Zeitproblem, in dem Sinne nämlich, dass sich der Sinn einer Handlung durch das Nacheinander der Einzelhandlungen ergibt – ebenso wie das Bewusstsein als Folge, nicht als Voraussetzung der Handlung. Meads Theorie bietet die Chance, das durkheimsche Programm realistisch weiterzuführen. Das Handeln wird tatsächlich eine *Realität sui generis*; im wahrsten Sinne des Wortes generiert sie sich selbst und erzeugt die dazu passenden Motive und symbolischen Repräsentationen. Zu wenig Aufmerksamkeit ist wohl der Tatsache geschenkt worden, dass Meads Symboltheorie enger mit der funktionalen Theorie des Bewusstseins zusammengedacht werden muss. Selbstverständlich ist das Besondere der menschlichen Interaktion ihr Symbolgebrauch, aber gerade dieser wird an die Selbstdistanzierungsmöglichkeit des menschlichen Bewusstseins gebunden, das selbst wiederum Folge einer spezifisch symbolvermittelten Handlungsform ist.

Mead baut die Idee der *Selbstreferenz* in den soziologischen Diskurs der Moderne ein, indem er sie vom Bewusstsein emanzipiert und in die Selbstbezüglichkeit des Sozialen einbaut. Darin ist Mead für den soziologischen Diskurs der Moderne jene Drehscheibe, an der sich die unterschiedlichen Geschichten der Soziologie verzweigen – beide mit Rekurs auf Mead. Nicht umsonst schließt Habermas an Meads Verlegenheitslösung eines universalen Diskurses an, der ihm dazu dient, den unheilbar interaktionistischen Rahmen von Meads Theorie zu sprengen. Diese Verlegenheitslösung kommt Habermas deshalb zugute, weil er in Ergänzung zu einer Kulturtheorie (Schütz) und einer normativistischen Theorie der Gesellschaft (Parsons) in seiner Rekonstruktionsarbeit eine Sozialisationstheorie sucht, die die handelnde Situiertheit des Subjekts in einen intersubjektiven Rahmen stellt, der die Situation selbst transzendiert. Mead bietet exakt dies an – doch scheint mir das nicht das wirklich aufregende Theoriestück zu sein, an dem sich seine Originalität zeigt. Diese sehe ich eher darin, die Selbstreferenz *des Handelns* auf den Begriff gebracht zu haben – mit der Konsequenz, die Verhältnisse umzukehren: *Nicht das Bewusstsein (bzw. seine Motive) bringt das Handeln hervor, sondern das Handeln das Bewusstsein (und seine Motive).* Zusätzlich wird dies in eine operative Theorie eingebaut, die das Handlungsproblem als Zeitproblem auffasst. Damit begründet er gewissermaßen eine nachbürgerliche Form des soziologischen Diskurses der Moderne, der einen *niedrigschwelligeren Begriff des Sozialen* bevorzugt – mit erheblichen Konsequenzen für die empirische Gegenstandskonstitution.

Resümee:
Kritik der handelnden Vernunft

Der soziologische Diskurs der Moderne beginnt mit einer Dekonstruktion des Subjekts. Ich habe gezeigt, dass freilich die Subjektphilosophie mehr Soziologie enthält, als man zunächst annimmt. Zumindest erschließt sich mit einer soziologischen Beobachtung der Erfindung des transzendentalen Subjekts, dass es wohl Schwierigkeiten mit dem empirischen Subjekt gab: Es *konnte* nun unvernünftig sein, nachdem die bürgerliche Gesellschaft die Inklusion von Personen auf eine völlig neue Basis gestellt hatte. Der Bürger war nun empirischer Zurechnungspunkt seines eigenen Lebens – es gab nun nicht mehr nur richtige und falsche Urteile, Motive und Entscheidungen, sondern es kam zu einer radikalen Kontextualisierung individueller Äußerungen. Was sich in höfischer Kommunikation noch als Versuch darstellte, sich in Szene zu setzen, eine undurchsichtige soziale Gemengelage unter Vermeidung zu direkter Kommunikation indirekt, ironisch, andeutungsweise auf den Begriff zu bringen, wandelte sich im Zuge der Verbürgerlichung der Lebensführung zu harten Anspruchsdifferenzen und keineswegs indirekten Anforderungen an ein konsistentes Leben. War, um es allzu grobschlächtig zu formulieren, die höfische Kommunikation um die kunstvolle Vermeidung eindeutiger Zurechnung bemüht, ist Zurechnung nun das Entscheidende. Aus der undurchsichtigen Gemengelage, die sich ihre Undurchsichtigkeit durch relativ klare Herrschaftsbeziehungen, aber unklare Loyalitäten leisten konnte, entstand der Versuch, Motive und Präferenzen, Interessen und Maximen *transparent* zu machen. Die frühe politische Philosophie der Neuzeit – reagierend auf die Unfähigkeit der Herrschaft, die religiösen Bürgerkriege zu verhindern – ersetzt die mittelalterliche Legeshierarchie (*lex aeterna, lex divina, lex naturalis*) durch die Grundannahme einer Gesellschaft von Subjekten, die sich ihre Ordnung *selbst* und *aus freien Stücken* geben und mithin sogar als Unterworfene unter den *Leviathan* (Hobbes) »Subjekte« sind (vgl. dazu Brunkhorst 2000, S. 179 ff.; Wagner 1993, S. 53 f.). Diese Rechtsbegriffe mit ihren nun vertrags- und vernunfttheoretischen Konnotationen setzen nicht mehr auf eine vorgegebene Ordnung der Welt, sondern darauf, dass sich Subjekte *selbst* einschränken und damit auf den nun entscheidenden Referenzpunkt stoßen, der fortan als politischer Grundbegriff fungieren konnte: auf den *Willen* des Einzelnen und den *verallgemeinerten Willen* als politisches Abstraktum, das jene Kollektivität erzeugt, vor der sich die politische Willensbildung zu bewähren hat.

Nicht nur die politische Willensbildung ist nun *Willens-* und nicht einfach *Ordnungs*bildung. Ebenso die protestantisch-religiöse Gottesunmittelbarkeit des Individuums setzt auf Willensbildung, auf Motive und innere Antriebe, man denke etwa an die puritanische Sittlichkeit und die paulinische Differenzierung *und* Integration der zwei Reiche in der Lebensführung. Das familiale Ideal emanzipiert sich von der ökonomischen Notwendigkeit zur selbst gewählten und gewollten Gemeinschaft. Und etwa die Ethik auf Maximen zu bauen und nicht mehr auf ein *Ethos* (im Sinne von *Haltung*), reagiert auf eine Gesellschaft, in der in der Tat die *Maxime* das entscheidende Charakteristikum wird, nicht unbedingt die *Wirkung* einer Handlung. Die Idee des Subjekts schreibt also eine innere Unendlichkeit her – stößt aber stets auf äußere Endlichkeiten, vor denen sich der Bürger nun durch angemessene Motivbildung bewähren muss. Und um die drohende Unvernunft vernünftig wenden zu können, bietet sich eine unsichtbare innere Unendlichkeit geradezu an, um genügend *requisite variety* vorzuhalten, ohne die das Richtige zu tun niemals als Geste der Freiheit hätte erscheinen können.

Bereits die Subjektphilosophie kannte stets einen Auftraggeber des Subjekts, Gott bei Descartes, später die Vernunft, schließlich die Notwendigkeit, die der Bewegung des Geistes zu entnehmen war. Was in der Subjektphilosophie noch nachgerade unsichtbar bleiben musste, war dann Programm für die Soziologie. Sie hat sich um die empirischen Auftraggeber des Subjekts bemüht, das nun zum Akteur befördert (oder: degradiert?) wurde. Dabei oszilliert die soziologische Arbeit des Begriffs zwischen einer eigentümlichen Gegenüberstellung des handelnden Individuums und der Gesellschaft. Von Durkheim und Simmel über die Kritische Theorie bis zu Dahrendorfs »ärgerlicher Tatsache«, sogar zu Colemans »asymmetrischer Gesellschaft« wird der empirische Auftraggeber gewissermaßen außerhalb des Akteurs situiert – mit dem Vorteil, dass sich die Handlungsgründe *im* Handelnden kritisch als Zwangsmechanismus oder als Einschränkung einer inneren Freiheit denken ließen, in welcher theoretischen Form das auch immer thematisiert wird. Vielleicht ist die originellste Form dieser Authentifizierung des Ichs in Georg Simmels *soziologischer* (sic!) Begründung der Unsterblichkeit zu sehen (vgl. Simmel 1984a). Ähnlich der kantischen Figur der Begründung der Unsterblichkeit mit dem »Endzweck der Natur« (vgl. dazu Nassehi/Weber 1989, S. 121 ff.) begründet Simmel die Unsterblichkeit der Seele damit, dass nur ein von allen sozialen Ansprüchen gereinigtes postmortales Ich ein authentisches Ich sei. In der kritischen Theorie ist es die authentische Erfahrung, die nur begriffslos begriffen werden könne, weil alle Begriffe bereits durch den universalen Verblendungszusammenhang kontaminiert seien (vgl. Adorno 1997a, S. 369). Bei Dahrendorf ist es die Idee, dass zwischen dem Menschen und dem Rollenträger eine geradezu tragische, da unüberbrückbare Kluft klaffe (vgl. Dahrendorf 1974). Und Coleman macht sich Sorgen darüber, dass eine Gesellschaft, die individuelles Wollen an Organisationen delegiere, das individuelle Wollen irgendwann selbst korrumpiere (vgl. Coleman 1986). Zugegeben, diese Beispiele sind disparat – aber gerade deshalb treffen sie. Sie machen auf einen Subtext aufmerksam, der die Handlungstheorie begleitet. Darin bleibt sie der bürgerlichen Kontextur verfangen, nach der das Subjekt einer Welt gegenübersteht, die als Anforderung an das Subjekt selbst erscheint, und zwar in der kommunikativen Form einer *Arena*, vor der es sich zu legitimieren hat und vor der allein es als jene unbestimmte Adresse erscheinen kann, von der man Kreativität und Überraschung, Individualität und Konformität erwarten kann.

Jürgen Habermas' *Theorie des kommunikativen Handelns* bündelt die unterschiedlichen Teilideen, die sich in diesem Diskursstrang im soziologischen Diskurs der Moderne finden lassen. Kultur, Gesellschaft und Persönlichkeit als Komponenten der Lebenswelt differenzieren gewissermaßen den Auftraggeber des Subjekts und ermöglichen es Habermas, das konkrete kommunikative Handeln als Ergebnis eines Prozesses zu sehen, der nicht allein vom Akteur her verstanden werden kann, sondern von der verständigungsorientierten Kraft der sprachlichen Überlagerung allen Handelns zehrt. Habermas' zweistufiges Gesellschaftskonzept erhält dabei aber bisweilen nicht genügend Würdigung. Keineswegs dient es nur dazu, auf nicht verständigungsorientierte Formen der Handlungskoordination aufmerksam zu machen. Vielmehr gelingt Habermas damit, die Ambivalenz der bürgerlichen Idee der Einsicht in die Notwendigkeit auf den Begriff zu bringen und aufzulösen. Habermas stellt sich eine Welt vor, in der sprech- und handlungsfähige Subjekte *einerseits* stets in der Lage sind, Geltungsansprüche zu erheben und selbst Adressaten von Geltungsansprüchen zu werden. Es müssen Subjekte sein, die jegliches andere Subjekt als potentiell legitimierten Sprecher anerkennen und bei aller Anerkennung sich dem eigentümlich zwanglosen Zwang des besseren Argumentes unterwerfen. *Andererseits* kommen in dieser Welt Leute vor, die wissen, wo und unter welchen Umständen Koordination nicht über die Anerkennung von Personen, sondern über die Anerkennung von Abläufen, Sachzwängen und Effizienzgesichtspunkten läuft.

Was die soziologische Handlungstheorie in dem von mir rekonstruierten Diskursstrang unmittelbar an die Subjektphilosophie anschließen lässt und was sie letztlich in einer bürgerlichen Arena-Kontextur gefangen hält, lässt sich weniger in den theoriekonstruktiven Formen finden. Sicher kann man Habermas konzedieren, dass er die egologischen Restriktionen der Subjektphilosophie überwunden hat, und ohne Zweifel enthalten die phänomenologische Lebenswelttheorie oder die webersche Rekonstruktion des subjektiv gemeinten Sinns im Horizont möglicher Kulturbedeutungen implizite Kritiken einer egologischen Theorie der Bedeutungsgenerierung. Aber mir scheint, dass das ein Nebenkriegsschauplatz ist, an dem man die Subjektphilosophie mehrfach *überwinden* will (vgl. nur Kneer 1996), um dann nur im Vorgänger den letzten Subjektphilosophen vorzufinden wie weiland Heidegger in Nietzsche den letzten Metaphysiker pries und schalt. Allein das Egologische der Subjektphilosophie aufzuheben scheint mir doch sehr weit von empirischen Perspektiven der Soziologie entfernt gedacht zu sein. Wer nur einmal mit empirischen Daten in Berührung gekommen ist – welcher qualitativen oder quantitativen Natur auch immer –, wird solcherart Probleme nicht mehr haben, denn schon die Benennug der Kontextdaten im Verhältnis zu den Daten verrät viel über den *Auftraggeber* des Befragten. Wie man auch die Subjektphilosophie nur dann beim ersten Wort nehmen wird, wenn man sich nicht für die Kontextbedingungen interessiert, in der solch ein Denken plausible Probleme löst, so wird sich auch ein soziologischer Diskurs nur dann mit der akademischen Frage der *Überwindung der Subjektphilosophie* beschäftigen, wenn er sich eigentlich nicht für den Gegenstand der Soziologie interessiert – zumal die Subjektphilosophie, liest man sie nur in ihren historischen Bezügen, keineswegs so egologisch war, wie es scheint.

Konfundiert im Erbe der Subjektphilosophie ist die soziologische Suche nach Motiven vielmehr darin, dass nicht nach *irgendwelchen* Motiven gesucht wird, sondern nach *angemessenen* Motiven, nach *akzeptablen* Motiven, nach *verstehbaren* Motiven. Gemeinsamer Fokus ist nicht die empirische Suche nach Motiven – oder nach ihrem Ausbleiben –, sondern die Suche nach angemessenen Motivqualitäten. Wie die Tradition der Theorie des starken Subjekts in der eher kantischen Variante die Qualität der Motive in den Horizont einer denkmöglichen Vernunft stellt und in der eher hegelschen Variante in die Freiheit der Unterwerfung unter eine historisch zu sich gekommene Wirklichkeit des Vernünftigen, scheint die soziologische Handlungstheorie ganz ähnlich nicht einfach eine Operationalisierung für die innere Virtualisierung der Welt zu suchen. Ihr ist es darum zu tun, auf richtige, i. e. *sozial angemessene* Motive zu stoßen, die allein verstehbar sind. Exakter lässt sich die bürgerliche Kontextur nicht abbilden: den Handlungsgrund in die Freiheit der je eigenen, inneren Entscheidung zu legen, diese aber einem Bewährungsraum auszusetzen, der Fremd- und Selbststeuerung miteinander versöhnt. *Bürgerlich* ist daran die Idee, dass sich das

Handeln an einer gesellschaftlichen Mitte zu bewähren hat, dass auch das Neue, das Kreative, die Kritik und die Abweichung plausibel gemacht werden muss – plausibel vor anderen, die stets und je ein virtuelles oder reales Publikum darstellen, das sich nicht nur für die Konsequenzen der Handlung, sondern auch für die Motive des Handelns interessiert. Vorausgesetzt ist stets ein kollektiver Horizont, der exakt das besorgt, was für Habermas die Möglichkeit des Fremdverstehens verbürgt: das Wissen darum, was einen Sprechakt *akzeptabel* macht. Selbst abweichendes Verhalten zehrt von diesem Wissen – nicht nur, weil es sonst nichts gäbe, wovon man abweichen könnte, sondern auch, weil die Abweichung die Logik der Akzeptabilität des Konventionellen voraussetzen muss.

Der soziologische Diskurs der Moderne erzeugt den Akteur ähnlich wie die Philosophie, aus deren Kritik sie unter anderem erwachsen ist, das Subjekt. Wie diese letztlich nicht am empirischen Subjekt interessiert war, sondern nur am *vernünftigen* Subjekt, erfindet jene den modernen Akteur als jemanden, der in der Lage ist, die soziale Welt zu lesen und für angemessene Handlungskoordination zu sorgen. Um dies nur andeutungsweise an jenen Stationen nachzuverfolgen, auf die ich in diesem Kapitel explizit eingegangen bin: Die marxsche Umstellung von der Arbeit des Begriffs auf die handelnde Arbeit der Arbeit lokalisiert noch *notwendige* Motive, die, selbst wenn sie *falsches Bewusstsein* widerspiegeln, historisch *richtig* sein können. Durkheim stößt auf Akteure, denen aufgrund von übertriebenem Individualismus die Motive geradezu durcheinander geraten – gute Motive sind nur solche, die nicht nur *analytisch* in den Einzelnen verankert sind, weil sie ihres sozialen Ursprungs wegen kollektiv sind, sondern auch einen *wirklichen* kollektiven Charakter haben, so dass sie Motive sind, die zu einer angemessenen sozialen Ordnung beitragen. Max Weber ist nicht nur an der abstrakten, gewissermaßen funktionalen Bestimmung von Kulturbedeutungen interessiert, sondern konzentriert seine geradezu fatalistische Diagnose der gesellschaftlichen Moderne auf das Problem der Inkonsistenz zwischen individuellen Aspirationen und gesellschaftlichen Möglichkeiten in einer *gottfernen und prophetenlosen Zeit*. Angemessene Motive lassen sich dann nur noch in der heldischen, aristokratischen Idee der *Persönlichkeit* wiederfinden, die den Inkonsistenzzumutungen der Welt ein trotziges *credo, quia absurdum* entgegenhält. Schütz misst Handlungsgründe an den Plausibilitätsbedingungen der Lebenswelt und an der Fähigkeit, die Reziprozität der Perspektiven gewissermaßen in dieser Reziprozität aufzuheben – etwa durch sprachliche Konventionen oder naiv-natürliche Vertrauensvorschüsse einer gesellschaftlichen Mitte, die noch auf dem Weg von der entlegensten Sinnprovinz zur nächsten beschritten werden muss. In der Ethnomethodologie geht man dem Problem insofern aus dem Weg, als man sich fasziniert zeigt, wie kreativ die situationistische Praxis ist und wie stabil sie Motive voraussetzen kann, die dann nicht einmal der Erwähnung wert sind.

Wie selbstverständlich die Idee des *angemessenen* Motivs konstitutiv für die Soziologie ist, kann man an der Theorie rationaler Wahl ablesen. Diese Theorieperspektive ist jeglicher hermeneutischen Perspektive völlig unverdächtig, und doch steht und fällt sie mit der Grundannahme, dass nur richtige Motive richtig erklärbar sind. Hier paart sich die *Bürgerlichkeit* des Arena-Modells mit dem Verzicht auf eine hermeneutische Perspektive auf das *richtige* Fremdverstehen, indem kurzerhand *alles Handeln* unter Rationalitätsverdacht gerät – so weit, dass der Rationalitätsstandard dann auf die *subjektiv erwartete Präferenz* abgerundet werden muss. Womöglich erwirtschaftet sich eine solche Perspektive die höchsten Freiheitsgrade im Hinblick auf die Angemessenheit der Motive dadurch, dass sie gar nicht an der bürgerlichen Idee der *gesellschaftlichen* Mitte interessiert ist, weil sie aufgrund ihrer situationistischen Verkürzung letztlich gar keinen Sensus für einen *gesellschaftlichen* Horizont haben kann. Aber an der Grundidee der inneren Einsichtigkeit von Motiven hält selbst sie fest – das Wirkliche wird zum Rationalen, und damit bleibt die Operationalisierung fürs Empirische allzu konventionell.

Vor allem Jürgen Habermas' *Theorie des kommunikativen Handelns* trifft fast immer auf *angemessene* Motive. Habermas stellt für die Soziologie insofern einen Höhepunkt dar, als er auf diffizile Weise nicht einfach die Vernünftigkeit von Motiven behauptet oder begründet, sondern die Quelle ihrer Vernünftigkeit *einerseits* in den pragmatischen Strukturen der Sprache, *andererseits* in der Idee der Lebenswelt als dem Ort lokalisiert, an dem sich Sprecher begegnen. Neben dem kulturellen Wissensspeicher und entgegenkommenden Mentalitäten ist die Lebenswelt vor allem Ausdruck einer *Gesellschaft*, die Orte der Zugehörigkeit zu Gruppen und damit die Zumutungsräume für fordernde und geforderte Solidarität strukturiert. In Habermas' Theorie kommt die Idee der Gesellschaft gewissermaßen zu sich selbst – als *kritischer Horizont.* Hatte die marxistische Klassentheorie in der realen Gestalt der Gesellschaft noch einen zwar historisch notwendigen, aber letztlich antinomischen Horizont entdeckt, *gegen den* sich Kritik zu richten hatte, und hatte die alte kritische Theorie ihre Kritik letztlich *gegen* die ubiquitär verblendete Gesellschaft gerichtet, stößt Habermas auf die real existierende Gesellschaft, *die selbst der Ort und das Movens der Kritik wird.* Bei Habermas erfüllt sich die im 19. Jahrhundert begonnene Denkungsart, nach der das Konzept *Gesellschaft* selbst einen Reform- und Kritikhorizont darstellte, weil in ihr Nein-Stellungnahmen *produktiv* verarbeitet werden konnten. Dass Habermas vom Handeln auf *Kommunikation* umstellt, ist nur konsequent, weil es nun um den gesellschaftsinternen Ausgleich von Geltungsansprüchen geht, um die Multiplikation von Sprechern, deren Partizipation nicht mehr einfach durch Interessendurchsetzung oder sichtbare, repräsentative Zugehörigkeit zu Klassen gesichert werden kann, sondern durch die Teilnahme an deliberativen Formen der Rede, die dem Handelnden erste jene Gründe erschließen, an die er sich selbst hält. Es entsteht eine Welt von Gründen, die *gute Gründe* dadurch werden, dass sie sich gesellschaftlich bewähren können.

Theorietechnisch bindet Habermas die guten Gründe an die Lebenswelt, an ihre Fähigkeit, mit Formen legitimationsimmuner Formen der Handlungskoordination umzugehen, und nicht zuletzt an die *Subjektivierungen*, die sich aus der Teilnahme an lebensweltlicher Praxis ergeben – in dem Sinne, dass Sprecher erst durch Sprechen zu Sprechern werden. Vorausgesetzt ist dabei aber ein unbändiges Vertrauen und ein Selbstbewusstsein gegenüber der nationalstaatlich-demokratischen Gesellschaft der nach-totalitären westlichen Industriegesellschaft der 2. Hälfte des 20. Jahrhunderts, der es in unterschiedlichen europäischen und nordamerikanischen Varianten gelungen ist, ökonomische Prosperität, politische Stabilität, wissenschaftliche Lösungskompetenz und massenmediale Partizipationsangebote zu jener *gesellschaftlichen Mitte* zu bündeln, von deren Idee der Kommunikationsstil der »bürgerlichen Gesellschaft« als Distinktionsidee seit der Mitte des 19. Jahrhunderts zehrte. Der soziologische Diskurs der Moderne versöhnte sich gewissermaßen mit seiner eigenen Projektion: der *Gesellschaft* als jenem semantischen Raum, der in seiner politischen Konnotation für die Herstellung und Bindung von Kollektivitäten im Sinne der parsonsschen *societal community* sorgt – ich komme darauf ausführlich im fünften Kapitel zurück. Entscheidend ist jedenfalls, dass der soziologische Diskurs der Moderne das Handeln als Grundkategorie führt, dabei den »Auftraggeber« des Akteurs in die Gesellschaft selbst verlagert, aber offensichtlich von der Stabilität einer Idee des Gesellschaftlichen zehrt, das sich historisch als westliche industriegesellschaftliche Moderne mit ihren institutionalisierten Konflikten, ihrer nationalstaatlichen Erfindung einer kulturellen und gesellschaftlichen Mitte und der bürgerlichen Selbstverständlichkeit der Unterwerfung unter ein Allgemeines aus freien Stücken zehrt. Habermas hat völlig Recht: Ein Sprechakt ist dann verstehbar, wenn wir wissen, was ihn akzeptabel macht – das setzt eine stabile, integrative Idee voraus, für die sich offensichtlich der Begriff der *Gesellschaft* anbietet – ganz offensichtlich kein analytischer Begriff, sondern jener Horizont, der den *common sense* einer Gesellschaft darstellt, die sich im Sinne der bürgerlichen Gesellschaft des 19. Jahrhunderts als gesellschaftliche Mitte zu etablieren begann und der dann ausreichend »Übersichtlichkeit« vorhält, die jenes Wissen um die Akzeptabilität eines Sprechaktes verbürgt.

Die Gegenstandskonstitution der Soziologie bedient sich also eines Beobachtungsschemas, das eine ähnliche Technik nutzt, wie sie es ihrem Gegenstand unterstellt: Sie ordnet die Welt nach Motiven und Absichten, Interessen und subjektiv Gemeintem. Der soziologische Diskurs der Moderne dekonstruiert zwar das Subjekt, aber nicht die Motivzentriertheit der Handlungstheorie. Es werden immer noch innere Unendlichkeiten vorausgesetzt, wenn diese auch auf ein Äußeres bezogen werden. Freilich gehört die Soziologie damit selbst zu jenen *praktischen Instanzen*, die durch ihre Forschungstechnik jene Subjekte, resp. *Akteure* erzeugen, die sie dann in ihrem Gegenstand sehen. Das gilt für qualitative wie für quantitative Befragungstechniken, die eben in erster Linie *Befragungs*techniken sind – Motive werden empirisch nämlich vor allem dadurch erzeugt, dass man nach ihnen nachfragt, dass man eine Praxis ex post entsprechend sanktionieren lässt, ob nun als Auskunft über Meinungen und Präferenzen, in Fragebögen, standardisierten oder weniger standardisierten Interviews, in Erzählungen, Biographien usw. Damit gehört sie selbst zu jenen Techniken, die *durch ihre*

Praxis das erzeugen, was jene *Gesellschaft* ausmacht, die als Arena für gute und bessere Gründe fungiert und die sich dadurch angemessen und übersichtlich ordnen lässt. Woran die meiste Soziologie offensichtlich nach wie vor zu glauben scheint, ist eine spezielle Form der Authentizität – zwar gebrochen durch die Dekonstruktion des Subjekts zum sozialen Akteur, aber doch zentriert um jene Virtualisierung des Sozialen in Motiven und ihren Derivaten. Zumindest gilt das für den Diskursstrang, den ich in diesem Kapitel in erster Linie nachzuzeichnen beabsichtigt habe – verdichtet in Habermas' Sozialtheorie, der das Verstehen eines Sprechaktes an das Wissen um seine Akzeptabilitätsbedingungen bindet und die illokutionäre Kraft der Sprache nur dann gewährleistet sieht, wenn der Sprecher tatsächlich meint, was er sagt – oder aber: Der Sprecher sagt, was er meint, wenn die illokutionären Kräfte der Sprache auf ihn einwirken. Es sind dann aber vielleicht weniger die eigentümlich zwanglosen Zwänge des besseren Arguments, die den Konsens tragen, sondern die eigentümlich zwanglosen Zugzwänge sozialer Erwartungen, die ihn dann auch glauben lassen, dass er exakt das gemeint hat, was er von sich gehört hat. Ich werde im nächsten Kapitel den zweiten Diskursstrang aufnehmen und dabei entdecken, dass die Soziologie ihren Gegenstand auch anders konstituieren kann – indem das Besondere nicht als Funktion des Allgemeinen, sondern als Funktion des Besonderen sich erweist: als *Kritik der authentischen Vernunft*.

3. Kapitel
Das Besondere des Besonderen: Kritik der authentischen Vernunft

Die Leitfrage meiner Rekonstruktion des soziologischen Diskurses der Moderne ist die Frage, wie die Soziologie funktioniert und vor welchem Publikum sie sich bewähren kann. Der im zweiten Kapitel herausgearbeitete Diskursstrang steht in unmittelbarer Tradition der subjektphilosophischen Idee der *Virtualisierung der Welt* durch das Subjekt bzw. durch den tätigen Akteur. Im ersten Kapitel habe ich dafür geworben, den Umgang mit soziologischen Begriffen nicht als *reine Soziologie* zu betreiben. Die Begriffsarchitekturen der Soziologie lassen sich nicht ableitungstechnisch verstehen oder mit merkwürdigen Konsistenzprüfungen beurteilen. Zugleich trifft sie nicht auf einen Gegenstand, der ihr wirklich entgegensteht – sondern tritt gewissermaßen in ein praktisches, ein performatives Verhältnis zu ihm. Sie hat exakt an der Gesellschaft teil, von der sie handelt. Und die Soziologie, von der bis jetzt die Rede war, findet offensichtlich in einer Welt statt, die flächendeckend aus Motiven und ihren Derivaten besteht bzw. die nur über Motive und ihre Derivate verständlich zu machen ist. Vielleicht muss aus soziologischer Perspektive nun so etwas Ähnliches erfolgen, wie es Husserl im Sinne seiner *Cartesianischen Meditationen* angestellt hatte. Hatte dieser die cartesianische Technik des epistemologischen Zweifels, die Welt nicht in apodiktischer Evidenz voraussetzen zu dürfen, eine methodische Einklammerung des Weltglaubens vorgeschlagen (vgl. Husserl 1977, S. 22), so ist hier etwas Ähnliches zu leisten. Eine Einklammerung des Glaubens an die bürgerliche Kontextur einer Welt von Motiven eröffnet erst die Möglichkeit, zu sehen, dass diese Kontextur *praktisch* erzeugt wird, und zwar durch eine Praxis, zu der die Soziologie selbst gehört. Zwar hat die Soziologie das subjektphilosophische Paradigma der Brechung der Wahrnehmung der Welt über die Wahrnehmung der Wahrnehmung, über die Unterstellung von Motiven, Interessen, Strategien etc. stets kritisiert. Sie war immer eine Beobachterin zweiter Ordnung – aber darin doch gebunden an die Idee, dass bis dato nur die Quelle der Motive nicht angemessen beschrieben worden sei. Und erst einer soziologischen Beobachtung der Idee des Subjekts wird dann gewahr, wie viel Soziologie schon die klassische Idee des Subjekts beinhaltete – zumindest in dem Sinne, dass diese Theorie eine Reflexionstheorie der neuen bürgerlichen Inklusionsform des Menschen suchte, dessen Freiheit nur innerhalb der dialektischen Figur des Selbstzwangs fungierte. Das Bezugsproblem der Freiheit reagierte auf eine Gesellschaft, deren Ordnung unter anderem davon abhing, Motive als individuelle Motive behandeln zu können.

Zugleich habe ich an der Mead-Rezeption von Habermas angedeutet, wie der *soziologische Diskurs der Moderne* einen zweiten Diskursstrang eröffnet, als dessen Drehscheibe ich eben George Herbert Mead sehe. Habermas nimmt Mead für zweierlei in Anspruch: *erstens* für eine praxeologische Beschreibung der Subjekt*werdung* durch soziale Praxis, d. h. durch Teilnahme an Handlungs-/Kommunikationsprozessen, *zweitens* für die Versöhnung von individuellem Geltungsanspruch und einer verallgemeinerbaren Perspektive. Letztere habe ich eher als *Verlegenheitslösung* Meads interpretiert, aus seinem radikal interaktionistisch gebauten Theoriedesign den Kontext der jeweiligen Praxis wenn nicht beschreiben, dann wenigstens lokalisieren zu können. Plausibler wird diese Verlegenheitslösung freilich dann, wenn man sie in den Kontext ihrer Entstehung stellt.

Einen verallgemeinerten Anderen vorauszusetzen ist sicher im amerikanischen Kontext einer intellektuellen Geschichte erwartbar, da sich hier das Problem der individuellen Handlung, anders als im europäischen Kontext, weniger an der Frage entzündete, wie sich das Individuum mit einer autoritären Allgemeinheit versöhnen könne, in der die Weltgeschichte zu sich selbst kommen konnte. Ohne dies nun systematisch betreiben zu wollen, man vergleiche nur die Amerika-Beobachtungen des Franzosen Alexis de Tocqueville etwa mit der Perspektive der hegelschen Rechtsphilosophie – die beiden Werke sind im Abstand eines guten Jahrzehnts erschienen. Das hegelsche Problem der Versöhnung von Allgemeinem und Besonderem, gewissermaßen eine *Legeshierarchie* der Allgemeinheitsfähigkeit von Assoziationen, setzte den Staat an die Spitze, der vor Familie und bürgerlicher Gesellschaft letztlich jene Objektivität verkörpert, vor der allein der sich fortpflanzende und wirtschaftende Bürger ein Bürger werden konnte. Abgearbeitet wurde hier letztlich die scholastische Denkfigur, das Wahre nur im Ganzen auffinden zu können, wie es in der Vorrede zur *Phänomenologie des Geistes* heißt (vgl. Hegel 1970a, S. 24). Dies wurde geschrieben vor dem sozialen Hintergrund einer hierarchischen Reichsidee, deren institutionelles Ende mit dem Wiener Kongress und deren politisches Ende mit der Französischen Revolution für den jungen Hegel zeitgenössische Ereignisse waren. Die Handlungen der Einzelnen waren dann Fragen der Identität – der Identität von Allgemeinem und Besonderem, wobei das Besondere das Erläuterungsbedürftige war. Letztlich wurde hier das nahezu ironische Konstrukt der *Identität* als europäische Grundfigur der nationalstaatlichen Kontextur des Gesellschaftlichen auf den Weg gebracht (vgl. Nassehi 2005b). Hegel hatte 2000 Jahre Scholastik im Rücken, ein Denken, das stets mit der Einheitszumutung regierte und an der ontologischen Einheitsidee der aristotelischen Form oder der thomanischen *creatio* ebenso wie an der Unterstellung einer gewissermaßen zeitlosen Struktur des Bewusstseins/Subjekts geschult war. Und noch wo die utilitaristische Idee des Interesse verfolgenden Bürgers in der Reflexion der englischen Bürgerkriege auf den Plan trat, gab er seine Macht an den *sterblichen Gott* des Staates ab.

Tocqueville beobachtet von einer anderen Seite her – und stößt auf nichts dergleichen. Er beobachtet eine Gesellschaft, die eher *praktische* Probleme zu lösen hat – freilich nicht einfach als phänomenalen Bericht. Worauf es mir ankommt, ist dies: Das Bezugsproblem, das Tocqueville beschreibt, ist dem hegelschen durchaus ähnlich: Wie lässt sich das Individuelle mit dem Kollektiven zusammendenken? War aber der hegelsche Gedanke noch einer, geschult am Problem des kantischen »Atomismus«, der gewissermaßen die Orientierungslosigkeit des individuellen Subjekts und seine Vereinzelung aufzuheben sich anschickte, macht sich Tocqueville eher Sorgen um das Allgemeininteresse. Er bekämpft den *Individualismus*, nicht die *Orientierungslosigkeit*. Während Hegel in seinem Vorschlag einer ständischen Ordnung der Gesellschaft den Atomismus des Subjekts noch durch Zugehörigkeiten heilen wollte (vgl. Hegel 1970c, S. 393 ff.) und die junghegelianischen Anschlüsse dann die allgemeine, i. e. staatliche Organisation der sozialen Frage im Blick hatten, berichtet der Amerika-Reisende Tocqueville von der *praktischen* Vermittlung von Individualismus und Gemeinwohl. »Die Amerikaner haben den Individualismus, der durch die Gleichheit entstanden war, mit der Freiheit bekämpft, und sie haben ihn überwunden.« (Tocqueville 1985, S. 244) Tocqueville faszinierte die unmittelbar praktische Herstellung von Solidarität, ihre religiös motivierte, durch widrige Umstände beförderte und nicht zuletzt durch die Sichtbarkeit des Anderen stabilisierte Bedeutung. Der Staat war fern, der Nachbar nah, und zusätzlich war die lokale Verwaltung im Aufbau begriffen und nicht vom Staat her konzentrisch inauguriert. »Lokale Freiheiten also, die das ständige Bestreben der Bürger wecken, die Liebe ihrer Nachbarn und Nächsten zu erwerben, führen die Menschen zur Gemeinschaft und zwingen sie ständig, trotz der Neigungen, die sie trennen, sich gegenseitig zu helfen.« (Ebd., S. 245) Einen *aufgeklärten Egoismus* (vgl. ebd., S. 257) macht Tocqueville aus, dem es gelingt, individuelle Interessen zu beschränken – wohlgemerkt: *als individuelle Interessen*.

Letztlich bearbeitet diese Beschreibung der Demokratie der Vereinigten Staaten des frühen 19. Jahrhunderts ein ähnliches Bezugsproblem wie der Europäer Hegel. Nur läuft die Vermittlung anders. Mit Hegel muss das Besondere vom Allgemeinen emanzipiert – und zugleich: mit Bedeutung versehen – werden. Die europäischen demokratischen Bewegungen stießen eher auf eine stabile herrschende Struktur, auf eine nicht nur abstrakte, sondern konkrete Allgemeinheit. Man denke etwa an die demokratische Bewegung der 1848er-Revolution in Deutschland, in der die demokratische Bewegung selbst dem preußischen König Friedrich Wilhelm IV. die Kaiserkrone andienen wollte, die dieser verschmähte und damit die Märzrevolution zum Scheitern brachte. Die Demokratie kämpfte nicht nur gegen die Zentralität der alten Macht, sie wollte sie in Anspruch nehmen – anders in Amerika. Hier scheint nach den Beschreibungen Tocquevilles jene Zentralität gefehlt zu haben, so dass die Demokratie weniger durch eine zu starke Zentralmacht gefährdet wurde als vielmehr durch ihr Fehlen. Die *Tyrannei der Mehrheit* (vgl. Tocqueville 1985, S. 157 f.) höhle vielmehr die Autorität des Staates aus, mache ihn schwach, obwohl Tocqueville die institutionelle Macht des Staates (besser: der Staaten) in Amerika der europäischen durchaus gleichstellt.

Ich breche diesen Ausflug hier ab. Es sollte aber wenigstens eine Ahnung davon vermittelt werden, in welchem gesellschaftlichen Milieu und vor welcherart Publikum sich zur Wende zum 20. Jahrhundert in Amerika soziologisches Denken etablieren konnte. Es ist sicher kein Zufall, dass hier weniger von *Kulturbedeutungen* die

Rede war wie bei Max Weber oder von der Frage der Substitution der alten Solidaritätsformen, die der Franzose Durkheim in der europäischen Vormoderne walten sah und für die er funktionale Äquivalente suchte.

An dieser Stelle lässt sich in zwei Richtungen anschließen. *Zum einen* lässt sich aus den wenigen Andeutungen schon erkennen, dass ein wirklich eigenständiges amerikanisches Denken zur Jahrhundertwende als *pragmatistisches* Denken in eindeutiger Abgrenzung zur europäischen Kontextur des bürgerlichen Subjekt-/Akteursmodells beginnt. *Zum anderen* schärft sich an diesem (vielleicht etwas überzeichneten) Unterschied einer pragmatistischen Kritik des individuellen Akteurs der Fokus auf das, was vor allem in der deutschsprachigen Soziologie als *Individualisierungsdebatte* bekannt ist. Diese scheint mir jene Nachfolgerin der habermasschen Soziologie zu sein, die das bürgerliche Paradigma des Akteurs noch dadurch zu retten versuchte, dass sie ein bürgerliches Publikum voraussetzte, dem die Vermittlung von Allgemeinem und Besonderem durch die Idee der vernünftigen Rede, der moralischen Adressierbarkeit und einer protestantisch-konsistenten Lebensführung nahe gebracht werden konnte. Ich werde zunächst diesen zweiten Weg einer *Apologie der authentischen Vernunft* weiter verfolgen, bevor ich ihre Kritik im zweiten Diskursstrang des soziologischen Diskurses aufweise.

Die Multiplikation von Sprechern

Ich habe im ersten Kapitel am Beispiel einer Gegenüberstellung von Habermas und Ulrich Beck herausgearbeitet, wie sehr sich die Publika der Soziologie verändert haben. Es lässt sich nun zeigen, wie konsequent diese Ablösung erfolgt. Sieht man einmal von Habermas' theoretischen *credenda* einer Asymmetrie guter und besserer Argumente ab, die sich bekanntlich mit eigentümlich zwanglosem Zwang durchsetzen, stößt man auf die empirischen Konsequenzen dieser Theorie: Sie multipliziert Sprecherpositionen. Sie macht ausnahmslos jeden zum legitimen Sprecher und symmetrisiert damit die Verhältnisse. Sie ersetzt letztlich den autoritativen durch den authentischen Sprecher. Um dies zu verdeutlichen, ist ein Blick in die Rezeption der habermasschen Diskursethik lohnend, in der letztlich die normativen Konsequenzen seiner gesamten Handlungstheorie fokussiert zur Geltung kommen.

Es ist insbesondere Matthias Kettner, der die Diskursethik auf unterschiedliche Anwendungsfelder übertragen hat (vgl. Kettner 1996, 1999, 2003, 2005). Und es liegt in der Tat nahe, eine Ethik zu bemühen, die auf den prozeduralen Aspekt der *Herstellung* gemeinsamer, konsentierbarer Entscheidungen *durch Kommunikation* setzt – das gilt sowohl für Kontexte ethischer Entscheidungsfindung in Organisationen, also in Ethikgremien, als auch für den allgemeinen praktischen Diskurs. Nun weiß auch Kettner empirisch, dass selbst unter den idealisierten Bedingungen eines herrschaftsfreien Diskurses – denen reale Diskurse ungefähr so nahe kommen wie die priesterliche Absolution der eigentlichen Erlösung – keine wirklich abschließbaren Ergebnisse erzielt werden können. All das dient gewissermaßen bloß als *regulative Idee*. Den *missing link* zur Empiriefähigkeit des Modells formuliert Kettner so, dass natürlich einerseits gute Gründe vorgebracht und diskutiert werden müssen, dass aber andererseits die *authentische Bindekraft* des Konsenses nicht nur auf den guten Gründen beruht, sondern auch auf der Authentizität der Teilnehmer (vgl. Kettner 2005). Sowohl die Gründe als auch die aufrichtige Authentizität der Teilnehmer sind jene Medien, die Argumente verknappen und damit wenigstens dem empirischen Bruder des idealisierten *zwanglosen Zwangs des besseren Arguments* zu seinem Recht verhelfen.

Es ist sehr interessant, dass der Hinweis auf die Authentizität der Träger möglicher Äußerungen gewissermaßen den blinden Fleck von Kettners Argumentation darstellt – für ihn selbst unsichtbar, weil Voraussetzung der gesamten Argumentation. Moralische Autorität, so schreibt Kettner, kann einem diskursiv erzielten Konsens nur durch die Authentizität der Sprecher verbürgt werden, die sich selbst wiederum in authentischer Einstellung dem »*moralisch richtigen* Austragen von Meinungsverschiedenheiten« (Kettner 2005, S. 37) verpflichten. Dabei vermag Kettner durchaus zu sehen, dass unter einem Konsens eher ein Prozess denn ein fixierbares Ergebnis zu verstehen ist. Letztlich scheint es die Praxis selbst zu sein, in der Sprecher als authentische Sprecher anerkannt werden und die die ethische Qualität eines moralischen Diskurses verbürgt, nicht dagegen den effizienten Output eines moralischen Fixums.

Schöner kann man den sozialen, den praktischen Sinn der Diskursethik nicht auf den Begriff bringen – einen *praktischen* Sinn freilich, der seiner theoretischen Gestalt womöglich gar nicht auffällt. Die Verheißung einer zunehmenden Symmetrisierung von Sprecherpositionen löst sich anders ein, als es die Diskursethik verspricht: Die Relativierung von Kontexten erzeugt tatsächlich symmetrische Sprecherpositionen, aber sie führt nicht zu mehr Eindeutigkeit, sondern zu mehr Anschlussfähigkeit. Damit wird all das, was einzelne Sprecher an Geltung beanspruchen, noch plausibler, aber es wird damit die Möglichkeit moralischer Eindeutigkeit erst recht unterminiert. Gesichert werden kann die Authentizität unterschiedlicher Sprecher, ohne den Preis zahlen zu müssen, dass diese Authentizität zugunsten eines fixierbaren Konsenses eingeschränkt werden muss. Im Gegenteil: Der Diskurs erhöht die Authentizität der Sprecher dadurch, dass ihre Inkommensurabilität wechselseitig anerkannt wird – und diese Inkommensurabilität dann selbst eine *»ethische«* Qualität annehmen kann.

War es Habermas noch darum zu tun, einen Algorithmus zu finden, der nicht die Zahl der Sprecher, aber die Geltung möglicher Argumente verknappt – auf die besten nämlich –, scheint diese ethische Theorie entgegen ihren Intentionen die Inkommensurabilität von Argumenten zu steigern – und damit ihre Zahl. Die Plausibilitätsbedingungen werden gewissermaßen in die Praxis selbst verlagert, in der es zunehmend unplausibel wird, bestimmte Geltungsansprüche *nicht* anzuerkennen. Diese Applikation der Diskursethik promoviert den authentischen Sprecher und bildet damit eine gesellschaftliche Praxis ab, deren klassisch-moderne Vermittlung der Vernunft durch professionelle und autoritäre Sprecher nicht mehr vorausgesetzt werden kann. Insofern wird jeder vernünftig, zurechnungsfähig für Geltungsansprüche – und die Gesellschaft scheint sich eine Ordnung zu geben, die auch trotz solcher Anspruchsinflation zu stabiler Erwartungsbildung kommt.

Das mag eine Überzeichnung sein – aber sie bildet das ab, was mit der habermasschen Soziologie und ihrer Idee der Moderne letztlich impliziert war: eine Rekonstruktion der bürgerlichen Idee des aktiven Interessenausgleichs, der performativen Darstellung des Subjekts in der kommunikativen Praxis und – nicht zuletzt – die Demokratisierung dessen, was in der bürgerlichen Gesellschaft noch als *Einsicht in die Notwendigkeit* autoritativ beansprucht werden konnte. Wiewohl in Habermas' Denken diese Einsicht in die

Notwendigkeit in der Idee des gewissermaßen subjektlosen Zugzwangs des besseren Arguments zumindest theoretisch aufbewahrt werden konnte, sind die empirischen Konsequenzen dieser Denkungsart darin zu sehen, dass sich Sprecherpositionen unheilbar multiplizieren und damit das Sprechen selbst zum Argument wird. Die Authentizität des Sprechers erhält damit unmerklich einen Vorrang vor der Authentizität des Gesprochenen. Vielleicht lässt es sich in einer Analogiebildung so formulieren: Wo Joseph Beuys' Versicherung, jeder Mensch sei ein Künstler, noch eine subtile und subversive Kritik einer sich vom Publikum abwendenden Avantgarde und ihrer unterwürfigen Kommentatoren darstellte, reagiert die Promotion von Sprechern noch auf die empirische Erfahrung ihrer Einschränkung, ihrer mangelnden Teilhabe, der Macht von Expertenkulturen und der allzu konservativen kulturellen Exklusionspraxen einer unkritischen Öffentlichkeit. Wo sich freilich in der Kunstszene die Avantgarde schon deshalb aufgelöst hat, weil die autoritativ-kanonischen Kriterien des legitimen bzw. konventionellen Geschmacks fehlen, kann das Postulat der Teilhabe nur dort von subversiver Kraft sein, wo sie sich nicht längst durchgesetzt hat. Mein Beispiel mit Kettners Applikation der Diskursethik auf ein konkretes empirisches Feld zeigt, dass sich das Sprechen selbst zu genügen scheint und jene subversiven Kräfte freisetzt, denen nun *ethische* Qualitäten zugerechnet werden können. Hier eine Analogie zu einer Medienlandschaft zu zeichnen, in der noch die banalste Äußerung zumindest gehört werden muss, wenn sie authentisch genug daherkommt, mag allzu suggestiv sein. Aber zumindest scheint sich jenes Publikum, dem als *Gesellschaft* noch vor kurzem ein deliberatives Verhältnis zu theoretischen und praktischen Fragen abverlangt wurde, daran gewöhnt zu haben, dass die Zurechnung aufs Individuelle und seine authentische Performanz die Botschaft selbst zu sein scheint. Man spricht dann als Mann oder als Frau, als Angehöriger dieser oder jener Kultur, als Anhänger dieses oder jenes Lebensstils – und dem soziologischen Beobachter scheint jenes *tertium comparationis* zu fehlen, mit dem Habermas die Multiplikation der Sprecher noch mit der Verknappung der Argumente auf die besten ihrer Art erreichen wollte. Die moderne Gesellschaft also ausschließlich im Hinblick auf Kontingenz als zentralem Eigenwert (vgl. Luhmann 1992) zu beobachten, ist erheblich zu kurz gedacht. Vielmehr bildet Kontingenz, also die Offenheit von Anschlüssen, die Uneindeutigkeit von Möglichkeiten und die allgemeine Erfahrung, dass nichts notwendig, aber auch nichts zufällig erfolgt, erst den Hintergrund für die Etablierung guter Gründe, innerer Präferenzen und Motive zur Erklärung und Verstehbarkeit von sichtbaren Ereignissen.

Es wird von hier aus noch einmal deutlich, wie empirienah das Subjekt der klassischen europäischen Tradition gebaut war. Seine Empirienähe bestand gerade darin, die Bedingung der Möglichkeit des Subjekts bzw. seiner Vermögen *nicht-empirisch*, i.e. transzendental auszuweisen. Das bildet letztlich die Bedingungen exakt ab, unter denen die Zurechnung konkreten empirischen Subjekten gegenüber erfolgt: einer unsichtbaren Innenwelt gegenüber, die der Sprecher *selbst* zu verwalten hatte und die Ereignisse erst als Handlungen plausibel gemacht haben. Die Kontingenz der Welt überträgt sich auf den Sinn der Ereignisse, deren Kontingenz durch Zurechnung weggearbeitet wird. Die entscheidende Technik dafür ist die Differenzierung von Motiv und Aktion – was dann die Zukunftsorientierung der modernen Kultur erklärt, denn ein Motiv ist immer Motiv für eine kommende Handlung, deren Effekte dann nach der Handlung liegen. Die Idee der Authentizität als Unterstellung nicht-kontingenter Motivgründe bearbeitet die prinzipielle Kontingenz aller Möglichkeiten. Das gilt auch für das Vertrauen in Planung, für die Inszenierung von Entscheidungen in Lebensläufen und Organisationen, für die Plausibilität des Schemas kausaler Erklärungen und nicht zuletzt für die Selbstverständlichkeit, mit der wir Fehler in einer Art negativer Kausalität in der Rekonstruktion von (sozialen und technischen) Schadensverläufen rekonstruieren.

Habermas' Soziologie hinterlässt ein ambivalentes Bild. Einerseits vollendet sie die Suche nach einem Verknappungsalgorithmus für gute Gründe und versöhnt diesen mit einer dynamischen und komplexen Welt. Die Umstellung der Theorie auf *Kommunikation* verbürgt, dass Geltungen an wechselseitige Bedingungen, an prozedurale Formen und an das Erzielen von Einverständnis gebunden werden. Die kommunikationstheoretische Wende in der Soziologie, für die Habermas in einer spezifischen Weise steht, versöhnt gewissermaßen die Nicht-Beliebigkeit der Gründe mit der Nicht-Einschränkbarkeit von Sprecher-Ansprüchen. Habermas arbeitet eine Gleichursprünglichkeit von Kommunikation und Begründung (vgl. Brunkhorst 2005, S. 10) heraus, macht also darauf aufmerksam, dass Gründe *performativ erzeugt* werden müssen, um im sozialen Raum zu funktionieren. Ich habe oben ausführlich darauf hingewiesen, in welcher Weise diese Konstruktion die normative Idee der Gesellschaft als identitätsverbürgendem Horizont voraussetzt, als Inklusion in Gruppensolidaritäten und als Arena der Auseinandersetzung, die letztlich *nur Beteiligte* kennt und die sich mit Disziplin der selbst erzeugten normativen Bindung an ebenso selbst erzeugte normative Einverständnisse zu unterwerfen hat. Zum letzten Mal findet man hier die hegelsche Idee der Unterwerfung als Freiheitsgeste, freilich ohne die scholastische Idee der Selbstreferenz eines sich historisch entfaltenden Allgemeinen, sondern in der *kommunikationstheoretischen* Version einer Gesellschaft, der es gelingt, das bürgerlich-demokratische Versprechen der *sozialen* Teilhabe als *sachliche* Lösung von kollektiven Problemen einzulösen.

Andererseits aber – und hier kommt die Ambivalenz zum Tragen – promoviert diese Denkungsart das Verschwinden *guter* Gründe zugunsten *vieler* Gründe (vgl. Saake/Nassehi 2004a). Sichtbar werden nun nicht bessere Argumente, sondern authentischere Sprecher – bei Habermas freilich noch so »vernünftig«, dass sie um die deliberative Kraft der öffentlichen Rede wissen und dass sie in der Lage sind, Sphären der Gesellschaft (»Systeme«) anzuerkennen, in denen es nicht um Anerkennung geht. Nach Habermas freilich verschwindet der gesellschaftstheoretische Rekurs auf die Möglichkeitsbedingung der Rede, auf die Argumentstruktur der prozeduralen Herstellung von Einverständnis und auf die Idee einer zumindest in dem Sinne *bürgerlichen* Gesellschaft, dass sich Geltungsansprüche an den konkurrierenden Ansprüchen anderer zu messen haben. Exakt das war es, was Gesellschaften zu Arenen im klassisch-modernen Sinne gemacht hat. Übrig geblieben ist davon nur die Rede selbst, die Authentizität des Sprechers und die Promotion seines *Anspruchs* auf Geltung, nicht die Geltung selbst.

Apologie der authentischen Vernunft

Dies ist der Hintergrund, vor dem ich im ersten Kapitel Ulrich Becks Soziologie als Nachfolgerin der habermasschen Vollendung der bürgerlichen Gesellschaft beschrieben habe. Hatte Habermas noch die Grundintuition des Subjekts im Blick und in einer unvergleichlichen theoretischen Syntheseleistung durch seine kommunikationstheoretische Wende soziologisiert, tauchen nun nur noch Adressen für (Selbst-)Zurechnung auf. Zumindest im deutschen Sprachraum wurden Diagnosen der Multiplikation von Möglichkeiten, der Entstrukturierung stabiler Klassenmilieus, der sozialen Mobilität und der Dynamisierung von Lebensläufen unter dem Stichwort *Individualisierung* diskutiert. Als mythischer Anfangspunkt gilt ein Aufsatz von Beck (1983), in dem die Individualität von Individuen *jenseits von Stand und Klasse* vermutet wurde. Es geht hier nicht darum, die Debatte über Individualisierung im Einzelnen nachzuverfolgen. Von Interesse für meinen Zusammenhang ist eher die Frage, inwiefern sich der soziologische Diskurs selbst verschoben hat. Der These der Individualisierung von Lebenslagen und der stetigen Wiederholung von *Sowohl-als-auch-* und *Einerseits-andererseits-Diagnosen* ist es gelungen, zumindest in Deutschland und teilweise in Großbritannien der Soziologie in der öffentlichen Wahrnehmung eine im Vergleich zu Habermas ganz andere Form der Publizität zu verschaffen. *Sowohl* eine Gefahr *als auch* eine Chance sei die Individualisierung; *einerseits* setze sie frei, *andererseits* mache sie neue Zwänge geltend; *sowohl* eine Vereinzelung zeitige sie *als auch* die Chance für ganz neue Allianzen; *einerseits* ermögliche sie Verständnis und Toleranz für den anderen, *andererseits* erhöhe sie den Rechtfertigungsdruck – all diese Diagnosen sind weder falsch noch soziologisch bedeutungslos. Aber sie verschieben den Diskurs tatsächlich auf die Ebene eines neuen *common sense*, in dem nicht die Argumente von Sprechern durch deliberative Formen der Rationalität verknappt, sondern Sprecher durch die Authentizität ihrer sozialen Lagerung vervielfältigt werden. Es ist sehr interessant, dass die Soziologie auf diese Diagnose zunächst mit Abwehrreaktionen gekontert hat – am beliebtesten war wohl der Hinweis darauf, bei der Individualisierung handle es sich wohl eher um eine allzu narzisstische Selbstreflexion der Intelligenzia (vgl. etwa Friedrichs 1998, S. 7; Treibel 1996, S. 431), etwa im Sinne der simmelschen Beschreibungen des großstädtischen Dandy (vgl. Simmel 1984b) oder der Distinktionsbemühungen des Bürgertums, dem eine eher individualistische Ideologie nachzusagen ohnehin zum kollektiven Gedächtnis einer Soziologie gehört, die sich nicht zuletzt am Aufkommen der »sozialen Frage« erst entzünden konnte.

Dieser Abwehrreaktion freilich stand eher die Plausibilität der Ambivalenz-Diagnose gegenüber. Tatsächlich gelang es dieser Theorie, so etwas wie öffentlich sagbare Erfahrungen auf den Begriff zu bringen. Exakt darin ist sie, wie ich im ersten Kapitel gezeigt habe, der Soziologie von Habermas ebenbürtig. Funktionierte diese noch als Theorie einer mit der Gesellschaft versöhnten Kritik, die in der *Versprachlichung des Sakralen* für *kommunikative Verflüssigung* sorgte und einen moralischen Rechtfertigungsdiskurs gegen die etablierten Beschreibungen setzte, promovieren die beckschen Texte eher die Übersetzbarkeit der soziologischen Perspektive in persönliche Erfahrungen. Man beachte die Richtung des Arguments: Nicht eine Übersetzung persönlicher Erfahrungen in eine soziologische Sprache behaupte ich, sondern umgekehrt: Der Erfolg dieser Texte scheint darin zu liegen, Erfahrungschiffren zu liefern, mit denen sich soziale Lagen und persönliche Erfahrungen tatsächlich narrativ zugleich erzeugen und damit auf den Begriff bringen lassen. Wenn ich nun behaupte, dass manche Erfahrung erst durch die Diagnose erzeugt wird, dann soll damit nicht gesagt werden, dass hier gewissermaßen eine *ideologische Verschleierung* vorliege. Im Gegenteil: Ich behaupte dagegen, dass Erfahrungen im sozialen Raum nur dann als solche ankommen, wenn sie kommunizierbar werden, wenn sie einen *sozialen* Sinn annehmen können, wenn es überindividuell verständliche Formen gibt, das individuell Erfahrene als authentisch individuell auf den Begriff bringen zu können. An religiöser Glaubenserfahrung lässt sich das ebenso ablesen wie an sexuellen Vorlieben, an politischen Überzeugungen ebenso wie am Kunstgeschmack. Ohne Vorlagen, ohne Muster der Benennbarkeit lässt sich all das nicht wahrnehmen und kommunizieren – insofern betreibt die Soziologie Becks (vielleicht gar nicht wirklich gewollt) das, was Durkheim der Soziologie bereits abverlangen wollte: eine *Moral* zu formulieren, die zur Form der Gesellschaft passt. Und das entscheidende Medium, in dem solche Formen der Benennbarkeit Erreichbarkeit in Anspruch nehmen können, sind die Massenmedien.

Vielleicht ist es das, was Jeffrey Alexander und Philip Smith in einem Kommentar zu Becks Soziologie als *mythologisch* ansahen (Alexander/Smith 1996), indem sie Becks Zeitdiagnose als einen »mythological discourse« lesen, dem es gelungen sei, das Unsichtbare mit Hinweis auf seine Unsichtbarkeit sichtbar zu machen – bezogen auf die Unsichtbarkeit von Gefahrenquellen wie Radioaktivität oder Schadstoffe und bezogen auf die Unsichtbarkeit der Risiken als Risiken. Risiko bearbeitet (und erneuert) gewissermaßen das zentrale Versprechen des technologischen Kontroll- und Beherrschungsmythos – ähnlich wie die marxsche Kapitalismustheorie das Mythologem der Errettung in die Debatte brachte. Alexander und Smith sprechen solchen Diagnosen sogar gewisse »religiöse« Funktionen und Bedeutungen zu. So weit muss man nicht gehen. Worin sie sich aber bewähren, ist in der Tat ihre Erzählbarkeit, ihre Nacherzählbarkeit, ihre Anschlussfähigkeit. Ihre Erzählbarkeit ereignet sich jenseits der sozialen und sachlichen Schließung, die die unverständliche Sprache wissenschaftsinterner Begründungserwartungen nolens volens hervorbringt. Schon die mythische Erzählung hatte nicht nur den Sinn, die Welt abzubilden, sondern die Welt erfahrbar zu machen. Und manche Zeitdiagnose setzt exakt dort an: an einer Form der Benennbarkeit der Welt, deren Chiffrierung sich dazu eignet, die Komplexität der Welt in eine Form zu bringen, die man als Rezipient als Erfahrung ausgeben kann. Wer behauptet, *Individualisierung* oder *Globalisierung* oder *Risiken* gebe es gar nicht (oder schon immer) oder dafür allzu eindeutige Operationalisierungen zur Prüfung des Sachverhalts sucht, hat den *Funktionssinn* solcher Diagnosen nicht begriffen. Denn es ist gerade der Benennungserfolg, der bestimmte Erfahrungslagen erst als solche hervorbringt. Wenn schon der Exkurs ins Mythologische: Erst als Gott seinen Geschöpfen *Namen* gab, sie also *benennbar* machte, hatten sie den Status als vollwertige Geschöpfe, denen eine Repräsentation anhaftete. Die Ästhetik soziologischer Zeitdiagnosen läuft in ganz ähnlicher Weise darauf hinaus, bestimmte Erfahrungslagen dadurch zu promovieren, dass sie benennbar gemacht werden. Sie erlauben eine Subordination unter die Macht der Bilder, die sie damit normativ aufladen. So kommen *individualisierte* Individuen viel besser an, ebenso wie jene, die sich der *Risiken* ihrer Lebensführung bewusst werden – von den *global players* ganz zu schweigen, deren Kritiker selbst welche sein müssen. Es kommt mir hier nicht auf einen womöglich pejorativ erscheinenden Gestus an, sondern auf den *Funktionssinn* solcher Beschreibungen.

Der Benennbarkeitserfolg, den Becks Texte haben, ist ohne Zweifel ihre Umsetzbarkeit in persönliche Erfahrungschiffren. Sie bedient ein Publikum, dem die deliberative Form des öffentlichen Diskurses abhanden gekommen zu sein scheint und das sich die gesellschaftliche Realität nicht mehr mit dem habermasschen Gestus einer empirisch abschließbaren Gemeinschaft von Sprechern erschließt. Die becksche Gesellschaft ist *grenzenlos*, und zwar in mehrfacher Hinsicht: Sie ist kosmopolitisch, und sie ist grenzenlos insofern, als sie tatsächlich den individuellen Sprecher promoviert, dessen Kreativität gewissermaßen die vorherige institutionelle Zugehörigkeitsordnung in Klassen und Schichten kompensiert. Zugleich wird aber versichert, dass nicht nur die Verheißungen der *Freisetzungs- und Entzauberungsdimension* eintreten. Individualisierung wird zugleich eine *Reintegrationsdimension* nachgesagt, die selbst wiederum eine *negative* und eine *positive* Seite hat, nämlich eine Kontrolldimension und die Möglichkeit neuer Vergesellschaftungen – *einerseits-andererseits* eben (vgl. Beck 1986, S. 206) und *sowohl-als-auch* (vgl. Beck/Lau 2005, S. 130). Die Radikalität der Krisendiagnose, die beobachtete »Krise in Permanenz« (ebd., S. 129), in der alle Kategorien verschwimmen, weil das Krisenhafte nicht mehr vor dem Hintergrund von Regelmäßigem sichtbar wird, ermöglicht es gewissermaßen, disparate Erfahrungen innerhalb eines Kontinuums abzubilden. Hier braucht es kein Bilderverbot mehr, weil nach dem Verlust aller Kategorien letztlich alles im Bild Platz haben kann.

Innerhalb des im engeren Sinne soziologischen Diskurses, also jenseits des gewissermaßen *authentischen* Erfolgs der Texte innerhalb und außerhalb des akademischen Publikums, ist zweierlei zu beobachten. Auf der einen Seite wird allenthalben beklagt, dass die Individualisierungstheorie Becks sich der Frage der Operationalisierbarkeit oder der genaueren Differenzierung zugunsten der *Sowohl-als-auch*-Rhetorik verweigert (vgl. Honneth 1994, S. 244 ff.; Joas/Knöbl 2004, S. 653 f.; Berger 1996, S. 279; Burkart 1993); auf der anderen Seite aber scheint sich jene Übersetzbarkeit in Erfahrung auch in den soziologischen Diskurs selbst einzuschleichen. Ganz anders als Beck selbst, dessen Texte sich Rekursen auf die soziologische Tradition und einer systematischen Theoriebildung eher sparsam bedienen, wird in kommentierender Literatur die Gegenwartsdiagnose von Beck geradezu als zentraler Diskurs der Soziologiegeschichte rekonstruiert (so etwa Schroer 2001). Ohne Zweifel hat die Soziologie sich als Nachfolgerin des schon soziologisch kontaminierten Gedankens der europäischen Subjektphilosophie etabliert. Dass sie – zumindest in dem Diskursstrang, den ich bereits ausführlich behandelt habe – das Handeln und den handelnden Akteur zum Zentrum der Analyse macht, reagiert bereits auf die Erfahrung einer *Individualisierung* in dem Sinne, dass die Ereignisse der sozialen Welt tatsächlich nur über die Zurechnung auf Individuen sich verstehbar darstellen. Dabei ist die Stoßrichtung des Arguments durchaus konventionell. Ähnlich wie Habermas lokalisiert Beck das Problem in der Komplexitätssteigerung der modernen Gesellschaft, noch mehr aber darin, was bei Habermas als *Kolonialisierung der Lebenswelt* (vgl. Habermas 1981b, S. 522) firmiert. Bei Beck heißt das dann *Arbeitsmarktindividualisierung* oder *institutionenabhängige Individuallage* (vgl. Beck 1986, S. 205 ff.). Der entscheidende Unterschied zwischen beiden ist freilich, dass Habermas sich darauf kapriziert, die individuellen Motive so aufeinander zu beziehen, dass sich daraus Anschlussfähigkeiten entwickeln, die Differenz aufheben und an den klassischen deliberativen Horizont dessen gemahnen, was sich historisch als *Gesellschaft* etabliert hat. Bei Beck dagegen werden die Differenzen gerade nicht aufgehoben, sondern in einer Apologie des Authentischen stabilisiert. Wollte Habermas die Kontingenz der Welt noch dadurch bearbeiten, dass die Vernunft als schwankende, aber nicht sinkende Schale im Meer der Kontingenzen (vgl. Habermas 1988, S. 185) in ihr wenigstens die Idee eines kollektivierbaren Einverständnisses stiftet, konturiert Beck die Lösung exakt umgekehrt: Es ist die Betonung der Differenz, die uneindeutige Adresse, die Unbegründbarkeit der jeweiligen Position, die hier *als Lösung* firmiert. Bei Beck ist das sowohl eine theorietechnische wie eine gegenstandsorientierte Lösung: *Theorietechnisch* wird damit sichergestellt, nach dem Ende der klassischen Vernunftansprüche noch Anschlüsse herstellbar zu machen. Beck schreibt: »Überall sind die Zukunftsprobleme zunächst und vor allem Sprachprobleme, Probleme einer fehlenden Sprache für die Herausforderungen, die drohen, und die Möglichkeiten, die sich öffnen. […] Damit ist aber die Kraft der Sprache, Gemeinsamkeit zu stiften, gefährdet. Die Gemeinschaftskrise, die viele beunruhigt, ist eine Sprach- und Denkkrise.« (Beck 1997a, S. 380) Gerade das wertet das konkrete Sprechen auf. Beck bringt gewissermaßen auf den Begriff, was die logischen Konsequenzen der habermasschen Perspektive sind, die sich damit gegen diese selbst wenden. Geltungsansprüche werden Ansprüche ohne die Aussicht auf Geltung – und exakt das ist die Quelle ihrer Geltung. Indem Beck in die Kommunikation eine solche Unterbrechung einbaut, wertet er jedes konkrete kommunikative Ereignis erheblich auf. Daraus erst folgt theorietechnisch gesehen die fast völlige Konzentration aufs Individuelle. Das Individuelle, dieses Unteilbare ist der Nukleus des Sozialen, so dass sich letztlich die ganze Welt – bis zur weltgesellschaftlichen Perspektive – in diesem monadischen Spiegel verdichtet, wobei die Denkbewegung nicht von der Welt in die Monade führt, sondern von der Monade in die Welt. Im privaten Blick der Lebensführung ist dann die gesamte Weltgesellschaft aufgehoben (vgl. Beck 1993, S. 235), wie die Gesellschaft gar nicht mehr als ein *Sui generis* anerkannt wird. Es ist »der Kampf um das eigene Leben« (Beck 1996, S. 341), das soziale Verbindungen stiftet, und das nicht nur im Nahbereich der institutionenabhängigen Lebens- und Liebeslage, sondern in großräumigen Dimensionen – so gerinnt die normative Bedeutung Europas nicht in ihrer politisch-institutionellen, staatsähnlichen Gestalt, sondern als »Europa der Individuen« (ebd.), und so bewährt sich die weltgesellschaftliche Perspektive in einem Kosmopolitismus der Lebensführung: »Der kosmopolitische Blick verbindet also den Respekt vor der Würde der kulturell Anderen mit dem Interesse am Überleben jedes Individuums.« (Beck 2002, S. 16)

Man würde Becks Soziologie unterschätzen, wenn man in solchen Formulierungen *nur* die Politisierung von Lebenslagen läse – die sie auch ist. Man würde auch diese Politisierung nicht verstehen, wenn man ihre theorietechnische Funktion nicht begreift. Beck Ungenauigkeit vorzuwerfen (etwa Joas/Knöbl 2004, S. 653) ist zu einfach. Die Texte von Beck sind sehr genau – sie bauen Unterbrechungen dort ein, wo man üblicherweise Kontinuitäten und Zugzwänge installieren würde, als Kulturbedeutung bei Max Weber, als Orientierung an kollektiven Referenzen und Zielen bei Durkheim und Parsons, als eine sich vor dem Gerichtshof der Rationalität bewährende Präferenz in der RC-Theorie oder als vernünftiger, i. e. wenigstens im Horizont der Verallgemeinerungsfähigkeit formulierter Geltungsanspruch bei Habermas. Sehr genau reagiert Beck auf eine Gesellschaft, deren Struktur sich solchen Kontinuitätsunterstellungen entzieht – und stößt damit auf die kontinuierliche Diskontinuität des Individuums, dessen Rationalität eine bloße Rationalität des Authentischen sein kann, die sich nicht weiter festlegen lässt. Deshalb zählt Beck auf die Unterbrechungskompetenz des Individuums und findet Lösungen *in diesen Unterbrechungen*.

Wäre all dies im Horizont einer konsequenten Theoriebildung formuliert, wäre der Schritt nicht weit gewesen, sich von George Herbert Mead über die Funktion der Handlungshemmung belehren zu lassen – aber dann wäre Beck darauf gestoßen, wie abhängig das individuelle Bewusstsein davon ist, sich an seinem Gegenüber abzuarbeiten, wie eigenartig und eigendynamisch die *requisite variety* der sozialen Anschlüsse selbst ist. Und das hätte dann eine *Theorie* des Individuums erfordert. Becks Theorie des Individuums besteht darin, keine haben zu *wollen*. Auf dieser Basis dann werden die *gegenstandsorientierten* Zugzwänge des beckschen Denkens plausibel. Jegliche Äußerung hat dann einen Sinn: die Politikverweigerung von Jugendlichen wird »hochpolitisch« (Beck 1997b, S. 11); die Konsumgewohnheiten des Einzelnen kosmopolitisch bedeutsam (vgl. ebd., S. 349), Namensgebung wird zur »Namenspolitik« (vgl. Beck-Gernsheim 2003) und ökologisches Handeln im Alltag wird zur »Kosmopolitik« (Poferl 2004). Beck kehrt das marxsche Diktum vom Sein, das das Bewusstsein bestimme, um: »das Bewusstsein der neuen Handlungssituation – der kosmopolitische Blick – maximiert die Handlungschancen der Spieler im weltpolitischen Metaspiel« (Beck 2002, S. 26). Letztlich gibt es hier keine Gesellschaft mehr, sondern nur noch Handlungschancen und Handlungssituationen – mit dieser Grundintuition trifft sich die becksche Soziologie durchaus etwa mit der RC-Theorie. Hartmut Esser hat denn auch – mit dem üblichen uninformierten Seitenhieb auf den angeblichen *Kollektivismus* aller methodologisch nicht-individualistischen Soziologien – in der Individualisierungstheorie einen methodisch zwar insuffizienten, aber von der Denkungsart durchaus nicht aus der Art geschlagene Familienangehörige entdeckt, was durchaus konsequent ist (vgl. Esser 2000). Anders als Esser freilich ist Beck dann gar nicht mehr daran interessiert, ob und wie sich Emergenzen einstellen, ob sich Makro- aus Mikroverhalten erklären lässt usw., sondern lediglich daran, wie sich Individuen im Dickicht der Verhältnisse orientieren können. Authentizität ist dabei nicht der Ausgangspunkt der Analyse, sondern ihr Endpunkt und ihr Lösungshorizont. Das heißt selbstverständlich nicht, dass die Soziologie Becks sich nur für Individuen/Subjekte interessiert. Im Gegenteil, denn der besondere Charme dieser Soziologie besteht ja gerade darin, tatsächlich auf entscheidende Strukturprobleme der Gegenwart aufmerksam zu machen. Freilich steht ihr fast nur die ästhetische Form zur Verfügung, all dies aus »subjektorientierter« Perspektive zu beschreiben und zu lösen, so etwa die Frage, ob »hochindividualisierte Gesellschaften integrierbar« (Beck/Beck-Gernsheim 1994, S. 32 ff.) sind – was hier eher wie das Problem der Integration und Koordination von Lebensführungsmodellen behandelt wird.

Das Bezugsproblem im Vergleich zu Habermas hat sich damit keineswegs verschoben: Es geht um die Frage der angemessenen Motive. Lediglich der Algorithmus ihrer Angemessenheit ist ein anderer geworden: Hatte Habermas noch die gesellschaftliche Produktion *von* Motiven im Blick, geht es Beck um die gesellschaftliche Produktion *aus* Motiven, und zwar aus Motiven der Anerkennung der Differenz und der Einzigartigkeit von konkreten Erfahrungen, deren soziale Genese zwar durchaus anerkannt wird, aber soziologisch kaum zum Thema wird. Innerhalb der soziologischen Diskussion der Individualisierungsthese ist diese Konsequenz der beckschen Soziologie bis dato kaum diskutiert worden – und es steht zu vermuten, dass Beck selbst diese Konsequenzen nicht sieht und sehen kann. Vielleicht ist es ja ein Ausdruck reflexiver Modernisierung, dass sich die Substanz dieser Art Soziologie *hinter dem Rücken ihrer Akteure* verbirgt – wie ja auch auf der Gegenstandsseite der Feind jeglicher Authentizität darin liegen dürfte, sie als solche zu beobachten.

In der Konsequenz schließt die deutsche Individualisierungsdebatte ungewollt an Helmut Schelskys *transzendentale Theorie der Gesellschaft* an. Bei Schelsky fühlt man sich an ein ähnliches Ethos wie bei Beck erinnert. Ähnlich wie dieser hat Schelsky bereits Ende der 1950er Jahre eine Perspektive eingenommen, die sich dafür interessiert, wie sich das Individuum im Bestimmungsbereich des Sozialen bewähren kann. »Die Konfrontation, um die es dabei jeweils geht, könnte in der Thematik ›die subjektive Reflexion und der Zwang des Sozialen‹ oder pointierter *›die Subjektivität und die Institutionen‹* zusammengefaßt werden. Sie als das formale und materielle, begriffliche und praktische Schema der Auseinandersetzung des Menschen mit unserer Gesellschaft nachzuweisen, wäre zunächst die Aufgabe einer so angelegten Theorie der Gesellschaft. Von ihr aus ist der Teil der Soziologie zu entwickeln, der Soziales durch Nichtsoziales erklärt.« (Schelsky 1959, S. 105) Schelsky spricht offen davon, eine Perspektive zu gewinnen, »die außerhalb der als Soziologie definierten Sinnebene« (ebd., S. 98) liegt. Nicht um die Befreiung der Gesellschaft, um eine Freiheitsutopie ist es Schelsky zu tun, sondern um die »Bestimmung der Freiheit des Menschen *von* der Gesellschaft« (ebd., S. 101). Auch hier wird ein *common sense* abgerufen, der die Gesellschaft letztlich nur aus der Perspektive des Einzelnen, des Individuums, des Subjekts zu verstehen in der Lage ist. Die Idee des Subjekts wird hier letztlich ihrer schon inhärenten »Soziologie« entkleidet, um die bürgerliche Selbstbeschreibung des transzendentalen, i. e. nicht-empirischen Ursprung des empirischen Akteurs dazu zu nutzen, die Komplexität der Welt von den Bewältigungsstrategien der Individuen her zu verstehen.

Beck würde solche Sätze nicht schreiben – schon weil sie ästhetisch viel zu nah an der bürgerlichen Subjektsemantik gebaut sind. Aber die Konsequenz ist durchaus ähnlich. »Entsprechend ist das Individuum nicht mehr als festes, unverwechselbares Subjekt zu begreifen, sondern als ›Quasi-Subjekt‹, das Resultat *und* Produzent seiner Vernetzung, Situierung, Verortung, Gestalt ist,« so formulieren Beck, Bonß und Lau (2001, S. 44) in einer Programmschrift zur Theorie reflexiver Modernisierung. Das *Quasi-Subjekt* unterscheide sich vom erstmodernen Subjekt dadurch, dass es nicht mehr über die Identität von Besonderem und Allgemeinem vermittelt sei. Soziokulturelle Bestimmung, Gruppenzugehörigkeit und biographische Perspektiven waren hier noch gewissermaßen kollektiv vermittelt, klassenspezifisch vorgegeben und an positionsgebundene Lebenslagen angekoppelt. In der reflexiven Moderne dagegen zerflössen diese vorgegebenen Grenzen, mit der Konsequenz, »keine festen Subjektgrenzen mehr« (ebd., S. 43) angeben zu können. Ist die Formulierung so wirklich gewollt? Zumindest wird deutlich, dass die Subjektivität der *ersten Moderne* ganz nach dem hegelschen Vermittlungsmodell gebildet wird, als Identität von Identität und Differenz, als Identität des Besonderen mit dem Allgemeinen, als Aufhebung des Einzelnen im kollektiven Aggregat. Dagegen setzen Beck, Bonß und Lau nun das *Quasi-Subjekt*, dem aufgrund der Auflösung, Entgrenzung und Mehrfachcodierung von Zugehörigkeiten und sozialen Kategorisierungen letztlich die Subjekt konstituierende Seite wegbricht: das Allgemeine nämlich. Die Folge: Subjektivität »kann nicht länger kollektiv nach den vorgegebenen sozialen Mustern, sondern muss individuell beantwortet werden« (ebd., S. 43). Das ist nicht ganz identisch mit Schelskys Postulat einer Konzeption, die das Subjekt von der Gesellschaft befreit, aber in der Konsequenz findet sich das zweitmoderne Subjekt befreit von der Vermittlung durch »Großgruppenidentitäten« vor, so dass Subjektivität nun individuell wird – und wie ein Maßstab außerhalb gesellschaftlicher Bezüge aussieht. Und damit kehren die Theoretiker der Zweiten Moderne letztlich vom Identitätsmotiv der hegelschen Kontextur zurück zur Idee der Virtualisierung des Sozialen durch den individuellen Akteur und statten ihn wieder mit jenen bürgerlichen Selbstzurechnungen aus, die sich bei Kant noch nicht bürgerlich *aufheben* ließen. Dass das *Quasi-Subjekt* einerseits Hersteller des jeweiligen Netzes seiner sozialen Beziehungen sein soll, andererseits aber Produkt dieser Beziehungen (vgl. ebd., S. 45) – wie sollte man einem solchen Satz widersprechen? Und dass das *Quasi-Subjekt* nicht mehr »Herrscher seiner Umwelt« (ebd., S. 44) sei und bloß eine Fiktion – wie könnte es anders sein?

Dass das Subjekt ein *Quasi-Subjekt* sei, sowohl Resultat und Produzent seiner Vernetzungen, nebenfolgenbelastet und kein Herrscher seiner Umwelt, das Entscheidungen als Fiktionen fälle und dessen – etwa biographische – Selbstbeschreibungen nicht mit dem Beschriebenen zusammenfielen, all das gemahnt eher an eine Art *soziologische Propädeutik* als an innovative Theoriebildung. Die Folie der Kritik am klassischen Subjektkonzept der »ersten Moderne« jedenfalls scheint nicht mit soziologischen Theoriemitteln auf die klassische Moderne zu blicken, sondern ihren prominenten, vor allem politikfähigen und im Gestus der Kritik kommunizierbaren Selbstbeschreibungen auf den Leim zu gehen. Im Übrigen kommen diese Formulierungen in ihrer Allgemeinheit ähnlich daher wie weiland die Großgruppenkategorien – ist also auch das »Quasi-Subjekt« eine »Zombie-Kategorie«, oder gar – *horribile dictu* – so etwas Ähnliches wie eine transzendentale Figur? Jedenfalls wird an dieser Stelle deutlich, dass die Rede vom *Subjekt* hier kein Zufall ist, sondern Programm – wenn auch vielleicht nur als Nebenfolge, aber auch das wäre ja Programm!

Sicher haben Beck, Bonß und Lau Recht mit der Annahme, dass in der »reflexiven Moderne« jene Fiktion des starken Subjekts nun sichtbarer wird – nur ist sowohl die Sozialgeschichte von Modernisierungsprozessen als auch die Fachgeschichte der Soziologie voll von jenen Dezentrierungen und Dekonstruktionen des Subjekts, die den *begriffsstrategischen* wie den *Funktionssinn* der Zurechnung aufs »Subjekt« verdeutlichen. Freilich beginnt der soziologische Blick sich erst von der Alltagsrationalität dieser Zurechungspraxis zu emanzipieren, wenn er sich zumutet, sie *als Alltagsrationalität* wahrzunehmen. Und wie stark diese Alltagsrationalität auch für den Alltag der Soziologie gilt, lässt sich daran ablesen, wie sehr die soziologische und erst recht die mediale Öffentlichkeit es immer noch zu goutieren pflegt, wenn man sich einer *subjektorientierten Soziologie* verschreibt, den *Akteur* nicht aus dem Blickfeld verlieren will, die Logik des *Handelns* hochhält oder die *Subjekte* selbst sprechen lässt. Diese Alltagsrationalität scheint bisweilen weitere theoretische Begründungsprobleme unsichtbar zu machen. Bei Beck und in der Theorie reflexiver Modernisierung freilich ist da gar nichts, was man unsichtbar machen müsste, denn es geht ja letztlich um nichts anderes als um die Apologie des authentischen Sprechers, von dem her sich der Gegenstand der Soziologie allein erschließt.

Die Art und Weise, wie hier dem klassischen, dem autonomen Subjekt der Garaus gemacht wird, und zwar mit den Mitteln einer nun *reflexiven* Aufhebung und Aufwertung des »Subjekts«, ähnelt sehr den theoriestrategischen Revirements der aufklärerischen Kritik der Gegenwartsgesellschaft durch die Subjektphilosophie, die die *erste Moderne* gegen die traditionale Welt verteidigte. Die Idee, die Erfahrung der äußeren Unterbestimmung des Individuums durch innere Überbestimmung zu kompensieren, war philosophischer Ausdruck jener Entstehung von *Bürgerlichkeit*, die die Welt in Gestalt des *bürgerlichen Bewusstseins* virtualisierte – *Bewusstsein* ist hier in einer doppelten Weise zu verstehen: als Form der *bewussten*, d. h. vor allem *selbstbewussten* Selbstzurechnung *und* als Generator von Innerlichkeit, Empfindsamkeit und *innerem* Ausdruck, schlicht: als sichtbare Differenzierung des Psychischen von der (sozialen) Außenwelt. Analog dazu reagiert das Konzept des *Quasi-Subjekts* ganz ähnlich auf das Wegbrechen der hegelschen Selbstverständlichkeit der *ersten Moderne* und kompensiert seinerseits die nun äußere Unterbestimmung des Individuums mit einer inneren Überbestimmung des »Subjekts«, das nun – in der nebenfolgenbedrohten modernisierten Moderne – nicht mehr nur mit der Virtualisierung seiner Handlungspläne zu kämpfen hat, sondern auch mit der Virtualisierung seiner Folgen. Selbstbewusst freilich und empfindsam bleibt es immer noch – in diesem Sinne *bürgerlich* eben.

Solcherart subjektorientierte Soziologie reagiert auf das empirische Prekärwerden der hegelschen Kontextur der Vermittlung von Besonderem und Allgemeinem, historisch aufgehoben im nationalstaatlichen Container, und setzt damit weniger auf die Staatszentriertheit des 19. Jahrhunderts als auf die Entdeckung des Handelnden des 18. Jahrhunderts, der nun Entscheidungen fällen kann, die weiland immer schon entschieden waren, und später der Einsicht in die Notwendigkeit sich fügen musste, um wirklich frei zu sein. Damit überbietet die *Zweite Moderne* die erste mit deren Frühgeschichte – und reiht sich damit ein in das alte und immer wieder neue Versprechen der Moderne, dass alles neu werde. Und damit stelle ich nicht Neuerungen und Umwälzungen in Abrede – im Gegenteil. Ich versuche die ästhetische Figur des *Quasi-Subjekts* zu verstehen als jenen Ansatzpunkt, an dem sich das Neue, das Ungewohnte, das Überraschende einfach besser sehen lässt – weil die Soziologie allzu fixiert ist auf jene Technik, die sie in ihrem Gegenstand stets vorfindet: auf die Zurechnung auf Handelnde, die man als solche voraussetzen kann und damit kaum als *soziologisches* Datum behandeln muss, und wenn sie nur *Quasi-Subjekte* werden als Ausdruck einer *individuellen Allgemeinheit* (vgl. Frank 1985), die sich *funktional* nur unter Bezug auf die innere, unbeobachtbare Unendlichkeit beschreiben lässt, wie man seit Schleiermacher formulieren kann. Kurioserweise freilich wären dann eher die hegelschen Subjekte *Quasi-Subjekte*, wenn man das Hegelsche als Chiffre für jene stabile »Container-Phase« zwischen der »Aufhebung« des aufklärerischen Gedankens des »Kosmopolitischen« durch den Container des Nationalstaats beim Wiener Kongress im frühen 19. Jahrhundert und der »kosmopolitischen« Aufhebung des Containers im späten 20. Jahrhundert ansetzen will. *Subjekte* sollten die Subjekte nur im romantischen und frühaufklärerischen Stadium (vgl. Hoffmeister 1990) vor dieser Phase und dann wieder in der *Zweiten Moderne* sein. Dazwischen wurde das Subjekt Subjekt durch Einsicht – in die Notwendigkeit und damit frei. Nicht umsonst fällt in diese historische Phase der nationalstaatliche Container, die Entstehung von Disziplinierungstechniken, die den alten Leib-Seele-Dualismus empirisch durch ihre Praktiken überwinden.

Ich wiederhole noch einmal, dass ich das eigentlich Problematische dieser Theorie nicht darin sehe, dass sie irgendwie *falsch* wäre. Ich beabsichtige nicht, mich an billigem *Beck-Bashing* zu beteiligen (vgl. dazu Hitzler 2005). Das haben weder Ulrich Beck noch seine Soziologie verdient. Es wäre allerdings schade, wenn man diese Soziologie nur in ihrer diagnostischen und politischen Potenz ernst nehmen würde. Ich beabsichtige, sie *soziologisch* ernst zu nehmen. Und dann erschließt sich das eigentlich Problematische dieser Theorie in ihrer Wahrheit, in einer Wahrheit, die darin liegt, dass sich Individuen in der Moderne tatsächlich so ansprechen lassen wie die beckschen Individuen, deren individuelle Äußerungen in einer Weise aufgewertet werden, dass sie ihre Maßstäbe tatsächlich in sich selbst finden. Es ist die *empirische Wahrheit* einer Praxis, die den Sprecher aufwertet und ihn je zum Teilnehmer promoviert. Wiederentdecken lässt sich hier Habermas' Idee der Teilnehmerperspektive, die in dessen Anschluss zu einer Moral des Authentischen evaluiert wird. In Habermas' Worten gesprochen, wirkt die Individualisierungstheorie als eine theoretische Reflexion der *Teilnehmerperspektive.* Eine theoretische *Beobachterperspektive* scheint das nicht nur nicht zu ermöglichen, sondern auch nicht zu erfordern. Insofern besteht die eigentümliche *Wahrheit* der beckschen Soziologie wohl auch darin, eine Reflexionstheorie der Teilnehmerperspektive zu sein und die soziologische Evidenz gegen jene der Teilnehmer-Evidenz auszuspielen. Insofern hat Becks scharfe Kritik der soziologischen *Zombie-Begrifflichkeit* nicht nur einen sachlichen, sondern vor allem einen sozialen Sinn, der über das virtuelle Publikum plausibilisiert wird, durch ein Publikum von Teilnehmern, die als Individuen angesprochen werden können.

Ethik der Authentizität

Die Differenz von Teilnehmer- und Beobachterperspektive – für die Habermas in seiner zweistufigen Gesellschaftstheorie sogar eine empirische Ordnungsentsprechung gefunden hat – kann als das wirksamste Erbe der Kritischen Theorie innerhalb des soziologischen und sozialphilosophischen Diskurses angesehen werden. Ulrich Beck, der für sich sogar das Label einer *neuen* – das ist das mindeste, was man von der *zweiten Moderne* erwarten kann – kritischen Theorie in Anspruch nimmt, reproduziert mit seiner Individualisierungstheorie letztlich exakt diese Perspektivendifferenz einer bloßen Beobachter- im Unterschied zu einer Teilnehmerperspektive, die auf Sprecher trifft, die man gewinnen und nicht überzeugen muss – gewinnen in dem Sinne, dass man ihnen Chiffren zur Verfügung stellt, die als eigene Erfahrungen ausgegeben werden können. Für eine Rekonstruktion des soziologischen Diskurses der Moderne ist es von besonderem Interesse, diesen eher impliziten Diskursstil bei Beck nachzuverfolgen. Schon in der Risikogesellschaft schreibt er etwa an die Adresse der Systemtheorie: »Die Ursachen verkrümeln sich in einer allgemeinen Wechselhaftigkeit von Akteuren und Bedingungen, Reaktionen und Gegenreaktionen. Dies verschafft dem Systemgedanken soziale Evidenz und Popularität. [...] Daran wird exemplarisch deutlich, worin die biographische Bedeutung des Systemgedankens liegt: *Man kann etwas tun und weitertun, ohne es persönlich verantworten zu müssen.* Man handelt sozusagen in eigener Abwesenheit. Man handelt physisch, ohne moralisch und politisch zu handeln. Der generalisierte Andere – das System – handelt in einem und durch einen selbst hindurch: Dies ist die zivilisatorische Sklavenmoral, in der gesellschaftlich und persönlich gehandelt wird, als stünde man unter einem Naturschicksal, dem ›Fallgesetz‹ des Systems.« (Beck 1986, S. 43) Lässt man zunächst die Uninformiertheit des Autors darüber außer Acht, dass der Systemgedanke alles andere meint als eine Determination des Besonderen durchs Allgemeine – das traf so nicht einmal für die Systemphilosophie des Deutschen Idealismus zu –, wird deutlich, dass sich hier eine Form von Soziologie etabliert, die nicht einmal um die Differenz von Teilnehmer- und Beobachterperspektive *weiß*. Evident wird das daran, dass Beck auch die Systemtheorie aus der *Teilnehmerperspektive* liest und ihr dann eine biographische und moralische Entlastungsfunktion zuweist. Es scheint in diesem Denken keinen Sensus dafür zu geben, dass die Zuschreibung von Verantwortung – und damit auch die Zuschreibung von Handlungsmotiven, Präferenzen und verwandten Derivaten – eine *Zuschreibung* ist, zumindest sozial erzeugt werden muss, wie immer man das theoretisch beschreibt. In dieser Soziologie gibt es nur authentische Stellungnahmen zu den letzten Dingen. Deshalb ist sie auch nicht in der Lage, Theorien überhaupt *als Theorien* zu lesen und dazu eine Beobachterperspektive einzunehmen.

Noch einmal wiederholt: Die Wahrheit der beckschen Soziologie und damit zugleich ihre öffentliche Anschlussfähigkeit, gepaart mit einer eigentümlichen soziologischen Interesselosigkeit, was theoretische Figuren angeht, ist ihr völliger Verzicht auf reflektierte Beobachterperspektiven zugunsten praller Anschlussangebote für Teilnehmer. Darin ist diese Theorie durch und durch *normativ gehaltvoll*, und zwar in dem doppelten Sinne der Qualifikation richtiger Urteile und der Zurechnung auf verantwortliche Individuen, die ihre authentische Subjektivität dadurch erlangen, dass sie, gemessen an den Standards des klassischen *vermittelten* Subjekts, *Quasi-Subjekte* sind. Die implizit bleibenden, sich letztlich nur über die Textästhetik erschließenden normativen Maßstäbe seiner Theorie hätte Beck der sozialphilosophischen Anerkennungs- und Authentizitätsdebatte entnehmen können. Ich möchte dies kurz an Arbeiten von Axel Honneth und Charles Taylor demonstrieren.

Axel Honneth kritisiert den bloßen Interessenutilitarismus der Soziologie. »Innerhalb der akademischen Soziologie ist [...] der interne Zusammenhang, der zwischen der Entstehung sozialer Bewegungen und der moralischen Erfahrung von Missachtung nicht selten besteht, schon in den Anfängen weitgehend durchschnitten worden: die Motive für Aufruhr, Protest und Widerstand wurden kategorial in ›Interessen‹ umgewandelt, die sich aus der objektiven Ungleichverteilung von materiellen Lebenschancen ergeben sollen, ohne mit dem alltäglichen Netz moralischer Gefühlseinstellungen noch irgendwie verknüpft zu sein.« (Honneth 1992, S. 258) Im Anschluss an die Anerkennungsphilosophie des jungen Hegel rekonstruiert Honneth dagegen, dass soziale Konflikte, wenn man so will: Sozialität schlechthin, Ausdruck einer grundlegenderen Verletzung seien, die jene fundamentale Anerkennung negiert, die in die Begegnung der Subjekte unvermeidlich eingebaut ist. Solche Missachtungserfahrungen wiegen nur deshalb so schwer, weil »die Entwicklung der persönlichen Identität eines Subjekts prinzipiell an die Voraussetzung von bestimmten Arten der Anerkennung durch andere Subjekte geknüpft« (Honneth 1992, S. 64) ist, was Honneth nicht als bloßes Sozialisationsargument verstanden wissen will, sondern als elementare Anerkennungsbeziehung, die in jegliche soziale Begegnung immer schon einen »Zwang zur Reziprozität« (ebd.) einbaut. Hegels Stufenhierarchie der Anerkennung – Liebe, Recht, soziale Wertschätzung – rekonstruierend rundet Honneth Anerkennung als das Movens des Sozialen gar zu einer gesamtgesellschaftlichen Perspektive auf. »Erst mit der Durchsetzung der ›Rechtsperson‹ ist daher auch das Mindestmaß an kommunikativer Übereinstimmung, an ›allgemeinem Willen‹, in einer Gesellschaft gegeben, das eine gemeinsame Reproduktion ihrer zentralen Einrichtungen erlaubt; denn nur, wenn alle Gesellschaftsmitglieder wechselseitig ihre legitimen Ansprüche respektieren, können sie sich sozial so konfliktfrei aufeinander beziehen, wie es für die kooperative Bewältigung gesellschaftlicher Aufgaben notwendig ist.« (Honneth 1992, S. 84)

Vielleicht wird anhand einer solchen Beschreibung noch deutlicher, welches Publikum hier angesprochen werden soll. Es scheint einerseits kein Publikum zu sein, das an einer Theorie der Gesellschaft interessiert ist, die sich der Frage verschreibt, wie ein solches Publikum sich konstituiert und wie jene Sprecherpositionen hervorgebracht werden, die hier vorausgesetzt werden. Es ist eher ein Publikum, dem man offensichtlich seine bürgerlichen Sicherheiten in der Weise zurückgeben muss, dass man es ansprechbar macht, dass man an Intuitionen anknüpft, die in der Tat die Inklusionsverhältnisse der modernen Gesellschaft wiedergeben – aber nicht diese problematisieren, sondern die soziale Welt ausschließlich als Welt von Motiven, Gründen und Interessen wahrnehmen können. Zugleich scheint diese am normativen Gehalt orientierte Theorie der Gesellschaft eine merkwürdig *subalterne Geste* auszuzeichnen – in der Weise nämlich, dass sie die Gesellschaft und ihre herrschende Struktur letztlich voraussetzt und normativ gehaltvolle Positionen nur in der Verweigerung, im Kampf, im Widerstand entdecken kann – analog dazu bei Beck in der Anerkennung des Fremden und kulturell Anderen, in der Promotion noch der Verweigerung des Politischen als politische Geste, in der Gegenmacht der Konsumenten, der Alltagshandelnden und der sozialen Bewegungen gegen die etablierten Mächte der Staaten und Konzerne. Dagegen ist nichts einzuwenden – aber es ist zumindest zu registrieren, dass hier kein Publikum vorausgesetzt wird, das sich für die Bedingung der eigenen Sprecherposition interessiert, sondern eines, das sich selbst als legitimer Sprecher im *Kampf um Anerkennung* zu etablieren anschickt.

Aus dieser Denkungsart spricht eine erstaunliche Sicherheit über die Struktur und die Funktionsweise der Gesellschaft, die als solche nicht weiter problematisiert wird. Die Frage der »Bewältigung gesellschaftlicher Aufgaben« kann dann von Honneth einfach so hergeschrieben werden, ohne dass auch nur die Frage am Horizont auftaucht, was das Gesellschaftliche gesellschaftlicher Aufgaben ist – und was davon von wem und wem aufgegeben wurde. Göran Therborn hat in seinem empirischen Vergleich europäischer Gesellschaften als typisch für Modernität »*kollektives Handeln*, insbesondere organisiertes und dauerhaftes kollektives Handeln auf der Grundlage einer gewählten kollektiven Identität« (Therborn 2000, S. 27) bezeichnet. Diese Idee des Gesellschaftlichen, auf die ich ausführlich erst im fünften Kapitel eingehen werde, hängt also aufs engste mit jener Arena zusammen, in der sich Publika vorfinden, die sich damit immer schon in einer Teilnehmer-Einstellung begegnen. Das gilt hier sogar für die Theoriebildung selbst, die sich nicht als wissenschaftliche Beobachtung der Gesellschaft in der Gesellschaft beobachtet, sondern als Teilnehmerin im Kampf um Sprecherpositionen. Die Sicherheit im Hinblick auf die Struktur und Funktionsweise der Gesellschaft entpuppt sich damit auch als Sicherheit, dass die Gesellschaft in Form ihrer *Arena* entsprechend ansprechbar sei – und darin die Anerkennung der Subjekte, die letztlich *immer schon* gegeben ist und nur dementiert werden kann, *weil* sie vorausgesetzt ist. Exakt darin, in der Chiffrierung der merkwürdig gleichzeitigen Zugehörigkeit und Nicht-Zugehörigkeit, als die sich die inkludierte Person seit der bürgerlichen Subjekt-Kontextur erfährt, spiegelt sich die Attraktivität der Individualisierungsdiagnose. Sie ist gerade jenseits ihrer empirischen Operationalisierbarkeit und jenseits eines soziologischen Interesses an den Bedingungen individuellen Sprechens an in Lebensbildern abbildbaren Formen interessiert. Was der klassischen deutschen Kultursoziologie seit Max Weber die Weltbilder waren, reduziert sich nun auf Lebensbilder, deren Konkurrenz die Anerkennung von Sprechern provoziert.

Der kanadische Sozialphilosoph Charles Taylor geht von der angelsächsischen Variante des Individualismus aus. In seinem kleinen Buch *Das Unbehagen an der Moderne* macht er drei grundlegende Probleme aus, nebst dem Individualismus den Vorrang der instrumentellen Vernunft sowie einen Freiheitsverlust, der sich vor allem dadurch einstellt, dass die Menschen nicht ihr eigenes Leben leben. Taylor beschreibt einen eigenen Lernprozess – nämlich die Einsicht, dass Freiheitsverlust und Individualismus sich keineswegs widersprechen, wie man im ersten Moment denken könnte. Es komme darauf an, den Individualismus mit der Anerkennung zu versöhnen. Darin, so Taylor, stecke eine eigentümliche normative Substanz, die in zweierlei gipfelt: *einerseits* in der Diagnose des Verlustes eines gemeinsamen Bedeutungshorizontes im Sinne der Kollektivitätsorientierung, in der Anerkennungsverhältnisse möglich sind, *andererseits* in der Anerkennung eines *authentischen* Individualismus. Als Ideal der Authentizität führt Taylor die Idee vor, »dass jeder von uns seine eigene originelle Weise des Menschseins hat. [...] Es gibt eine bestimmte Weise, Mensch zu sein, die *meine* Weise ist. Ich bin dazu aufgefordert, mein Leben in ebendieser Weise zu führen, ohne das Leben irgendeiner anderen Person nachzuahmen. Doch damit wird der Treue zu sich selbst neue Wichtigkeit verliehen. Wenn ich mir nicht treu bleibe, verfehle ich den Sinn meines Lebens; mir entgeht, was das Menschsein für *mich* bedeutet.« (Taylor 1995, S. 38) Taylor lokalisiert die Entstehung dieser Zumutung des *eigenen Lebens* im 18. Jahrhundert, und mit dieser Zumutung zugleich das Bewusstsein des moralischen Sensus, der mit der Zumutung, ein eigenes Leben zu führen, verbunden sei (ebd., S. 34). Sehr deutlich wird hier gesehen, dass unser Selbstbild als »Wesen mit innerer Tiefe« (ebd., S. 35) historischen Ursprungs ist. Zugleich aber nimmt Taylor eine geschichtsphilosophische Perspektive ein, nach der das Subjekt erst mit diesem bürgerlichen Erbe zu sich selbst gekommen und ganz Subjekt geworden sei. Die Ethik der Authentizität wird an die *richtige Entscheidung* gebunden: »Der Individualismus der Anomie und der Zerrüttung geht natürlich nicht mit einer Sozialethik zusammen. Doch der Individualismus als moralisches Prinzip oder Ideal muß eine Anschauung anbieten, aus der hervorgeht, wie der einzelne mit den anderen zusammenleben soll.« (Ebd., S. 53)

Sehr deutlich ist an Taylor zu beobachten, dass anders als in der deutschsprachigen Diskussion nicht Individualisierung, sondern Individualismus das Problem ist. In der Debatte zwischen Kommunitarismus und Liberalismus (vgl. dazu Honneth (Hg.) 1995) ist die Leitfrage nicht, wie sich Individuen den engen Bindungen klassenspezifischer und institutionenabhängiger Lebenslagen entziehen und »freigesetzt« werden. Es geht auch darum, aber von der anderen Seite her. Hier geht es darum, wie viel Gemeinsinn nötig und möglich ist, um der negativen Folgen eines individualistischen Lebensstils Herr zu werden. Diese Frage vereint die Kombattanten der beiden Lager – sie ist ebenso für John Rawls leitend, der auf die »fairen Bedingungen sozialer Kooperation« (Rawls 1979, S. 49) pocht, wie für Amitai Etzioni, der »the community's voice and the inner one« (Etzioni 2001, S. 224) zu harmonisieren trachtet. Auf die gesellschaftstheoretische Bedeutung dieses individualistischen, eher von der utilitaristischen Tradition Hobbes' als von der systemphilosophischen Tradition Hegels sich emanzipierenden Denkens werde ich im fünften Kapitel zurückkommen. Hier ist zunächst entscheidend, dass sich gerade an der US-amerikanischen Debatte ablesen lässt, woran sich die kontinentaleuropäische Soziologie abarbeitet. Den Erfolg der Soziologie der Individualisierung kann man also gewissermaßen als Fortsetzung der Kritik der verwalteten Welt (Adorno) und als Reaktion auf die kulturelle Öffnung des europäisch-konservativen (Klein-)Bürgermilieus lesen. Zugleich zehrt sie – kaum reflektiert – von den normativen Standards jenes transatlantischen Denkens, das sich in seiner Form vor allem der Erfahrung verdankt, die bürgerliche Vermittlung von Allgemeinem und Besonderem historisch nicht erfahren zu haben.

Meine kurzen Rekurse auf Axel Honneth und Charles Taylor entstammen nicht der Absicht, die Plausibilität der Individualisierungsdebatte philosophisch zu unterfüttern. Es geht mir vielmehr darum, den intellektuellen Rahmen abzustecken, innerhalb dessen die Radikalisierung des ersten Diskursstrangs des soziologischen Diskurses der Moderne ihr Publikum findet. Es geht um die Freilegung von Motiven, von richtigen, angemessenen Motiven als dem entscheidenden Movens des Sozialen. Diese Motive werden aus einer Teilnehmerperspektive heraus plausibilisiert, die die Welt in Perspektiven von Akteuren auflöst. Eine subjektorientierte Soziologie findet sich in einer subjektorientierten Gesellschaft wieder und plausibilisiert sich über die Radikalisierung des *common sense*. Letztlich trifft sich diese soziologische Perspektive mit der verstehenden Soziologie im Stile eines Alfred Schütz, dessen protosoziologische Perspektive ebenfalls eingeschränkt bleibt auf die Rekonstruktion der Teilnehmerperspektive von Subjekten, die sich in sozialen Bezügen zurechtfinden müssen. Was bei Schütz aber gewissermaßen als gebrochene Teilnehmerperspektive jenseits der Politisierbarkeit einer *Ethik* der Authentizität formuliert wird, findet sich etwa bei Alain Touraine strukturell ähnlich wie in der deutschen Individualisierungsdebatte als Wiederkehr des Subjekts in einer Gesellschaft, deren institutionelle Ordnung klassisch-modernen Typs prekär geworden ist (vgl. Touraine 1998). Das Subjekt wird zum Entscheidungszentrum seiner selbst, so dass der eigentliche Gegenstand der Soziologie das Subjekt zu sein habe, nicht die Gesellschaft mit ihrer institutionellen Ordnung, wobei Touraine keineswegs eine Analyse des Gesellschaftlichen für unmöglich erklärt, aber letztlich im Sinne einer *subjektorientierten Soziologie* nur mehr die individuellen Stellungnahmen des Subjekts für interpretierbare Größen hält. Die Transformation der Gesellschaft sei am Subjekt abzulesen: »ils ne se définissent plus par rapport à la société mais par rapport au Sujet.« (Touraine 1997, S. 134) Das Subjekt Touraines ist nicht das Subjekt als eine allgemeine Identitätskategorie aus Kants Vernunftphilosophie oder aus Hegels vermitteltem Subjekt der Rechtsphilosophie, sondern als individuelle Differenzkategorie (vgl. Touraine 1997, S. 80 ff.). Es sind *individuelle*, in diesem Sinne: *empirische* und damit *authentische* Stellungnahmen, die das Subjekt ausmachen, von dem her sich diese *demodernisierte* Moderne (vgl. Touraine 1998; 1997, S. 134) allein verstehen lässt.

Ähnlich *subjektorientiert* funktionieren die Soziologien von Richard Sennett und Anthony Giddens, deren methodischer Zugriff auf den Strukturwandel des Sozialen ebenfalls darin besteht, etwa die Veränderung ökonomischer und Arbeitsmarktinklusionen (vgl. Sennett 1998) aus der Perspektive von Lebensführungsregime zu beobachten. Die Frage der Multiplikation von Sprechern in einer Gesellschaft ohne stabile Großgruppenzugehörigkeiten löst Sennett neuerdings etwa als Frage nach dem »Respekt« auf, der durch Ungleichheit verloren gehe, wenn diese nicht mehr gesellschaftsstrukturell abgefedert sei (vgl. Sennett 2004). Und Giddens formuliert eine britische Version des Individualisierungstheorems (vgl. Giddens 1991; 1993). Solche Analysen bringen sehr eindrucksvoll die authentische Form einer Teilnehmerperspektive zum Ausdruck, eine soziologische Perspektive, die sich sensibel den konkreten Erfahrungen moderner Lebensstile widmet – wobei man empirisch einschränken muss, dass letztlich nur diejenigen Stilelemente zur Geltung kommen, die im Hinblick auf damit belegbare Strukturveränderungen und Wandlungstendenzen vor einem entsprechenden Publikum »funktionieren«.

Dass damit ein *common sense* ausgedrückt werde, soll freilich nicht bedeuten, dass die Analysen als solche unbrauchbar oder gar soziologisch bedeutungslos seien. Der *common sense*, den ich meine, ist die Plausibilisierung des Sozialen vor einem Publikum, das ausschließlich in seiner Teilnehmerperspektive in den Blick gerät. Wie dann die Protosoziologie von Schütz gar keine Gesellschaft kennen kann, sondern nur das alternde Bewusstsein, das bisweilen gemeinsam mit anderen altert; wie Touraine die Perspektive auf die institutionellen Bedingungen des Subjekts aus der Perspektive individueller, authentischer Stellungnahmen kennt und wie Richard Sennett den Kapitalismus aus der Perspektive von Lebensbildern rekonstruiert, so geht auch Beck von einem Publikum für seine Soziologie aus, das sich in einer Welt individueller Stellungnahmen vorfindet und das sein Publikum durch die Versicherung einer *Reintegrationsdimension* im Individualisierungsprozess beruhigen kann – als zeige sich in den offenkundigen Umbrüchen der gegenwärtigen Moderne nicht auch ein erhebliches Stabilitäts- und Kontinuitätspotential, das der soziologischen Analyse harrt. Axel Honneth wie auch Charles Taylor, Anthony Giddens, Richard Sennett oder Alain Touraine finden vor allem opponierende Individuen vor, opponierend gegen eine Gesellschaft, die offenbar keine passgenauen Stellen zum Einrasten von Motiven anbietet – und gerade deshalb die individuelle Motivlage extrem aufwertet.

Mein Urteil wiegt insofern besonders schwer, als es gerade die Soziologie im Umkreis von Ulrich Beck ist, die sich mit der Selbstbeschreibung ausstattet, den *common sense* zu überschreiten, d. h. die üblichen, gängigen Begriffsschemata zu überwinden und deren Untauglichkeit auf den Begriff zu bringen. Wahrscheinlich bedarf es eines erheblichen Vertrauens in die Ordnung des Gesellschaftlichen, um den offenkundigen Dynamisierungen der gesellschaftlichen Entwicklung zwischen Globalisierung, Individualisierung und Steigerung von Risikopotentialen vor allem damit zu begegnen, Sprecherpositionen aufzuwerten und die Welt in eine Welt authentischer Stellungnahmen aufzulösen. Taylors Ethik der Authentizität findet letztlich in Becks subjektorientierter Soziologie einen Partner, der die gesellschaftliche Realität insofern abbildet, als auch distanzierte Beobachterperspektiven dem Sog authentischer Teilnehmerperspektiven ausgesetzt werden. So werden aus Experten Verantwortliche (vgl. Beck 1986), aus der Dynamisierung von Kontakten Mobilitätspioniere (vgl. Bonß/Kesselring 2001), aus den Grenzen wissenschaftlich-technischer Rationalität wird »anderes Wissen« (Böhle et al. 2001) – und aus Beschreibungen, die nicht übersetzbar sind in die Perspektiven ihres Gegenstandes zum Beispiel biographisch entlastendes *falsches Bewusstsein.*

Der Argumentationsgang meiner Rekonstruktion ist nun an dem Punkt angelangt, an dem sich die Differenz der beiden Diskursstränge des soziologischen Diskurses der Moderne präparieren lassen. Ich führe dazu zwei Argumente zusammen, zum einen nämlich meine Kritik an Habermas' Mead-Rezeption, zum anderen meine Interpretation jener Apologie der Authentizität, die in Becks Theorie der *Zweiten Moderne* auf die Spitze getrieben wird. Zur Erinnerung: Habermas (ähnlich auch Honneth 1992, S. 114 ff.) hatte Meads operative Theorie der Reziprozität systematisch übersehen und dessen Verlegenheitslösung des *generalisierten Anderen* in Anspruch genommen, um das virtuelle Publikum eines verallgemeinerten Sprechers stark zu machen, dem die Idee der Vermittlung von Geltungsanspruch und Geltungsmöglichkeit zu entnehmen war. Letztlich hat Habermas damit die hegelsche Idee der Anerkennung auf einen gesellschaftstheoretischen Nenner gebracht, indem er die romantische Idee der Anerkennungsverhältnisse zugleich mit der Anerkennung von Verhältnissen verknüpft, die nicht auf Anerkennung basieren. Habermas gibt damit dem Bürger des 20. Jahrhunderts letztlich den Impetus des Bürgers des 19. Jahrhunderts zurück, dessen Identität sich insbesondere der revolutionären Kraft der eigenen Leistung verdankte – daraus macht er mit der Kritik des instrumentellen Charakters der Arbeit die Interaktion zum Motor der Verhältnisse. Die unbeabsichtigte Konsequenz ist die Promotion des Sprechers zu Lasten des verknappten Arguments, das einen eigentümlichen Zugzwang entfesseln sollte. Er verliert die verknappende Kraft des vernünftigen Arguments freilich trotz der Rekonstruktion der kommunikativen Vernunft an die Multiplikation von Sprecherpositionen. In der Konsequenz bleibt der authentische Sprecher, dem man nicht mehr widersprechen, sondern nur noch selbst als authentischer Sprecher begegnen kann. Dies – so mein zweites Argument – ist der Anschlusspunkt für Soziologien des Typs Schütz und Touraine, die je unterschiedlich aus methodologischen Gründen die Perspektive auf das zum Individuum diversifizierte Subjekt verschieben. Und es gilt erst recht für die Individualisierungstheorie von Beck und für dessen Theorie reflexiver Modernisierung überhaupt. Mit der Konfrontation mit Honneths Rekonstruktion des jungen Hegel und Charles Taylors Essay über seinen eigenen Lernprozess bezüglich des Individualismus der amerikanischen Kultur habe ich jene Denkungsart aufgezeigt, die ein Publikum normativ formiert, für das eine solche Apologie des Authentischen plausibel ist. Wiewohl sich dies *hinter dem Rücken* der Theorie reflexiver Modernisierung abspielt, verweist es auf eine *soziologische Sicherheitsfiktion*, die offensichtlich immer noch mit jener bürgerlichen Arena-Öffentlichkeit rechnet, vor der sich Sprecher darstellen können – heute freilich nicht mehr diszipliniert durch den zwanglosen Zwang des besseren Arguments und die Asymmetrie, die in einem solchen Zwang ausgedrückt wird, sondern letztlich nur noch diszipliniert durch die vorbehaltlose Anerkennung des Individuums als dem letzten Zurechnungspunkt für Unterschiede. In einer solchen Welt *kann* es nur noch Teilnehmer geben. Damit wird der teilnehmende Akt des Individuums zum *unit act* – obwohl der erste Diskursstrang des soziologischen Diskurses mit einer *Dekonstruktion des Subjekts* begonnen hatte.

Kritik der Teilnehmerperspektive – die Vergegenständlichung des Sozialen

Ich habe dieses Kapitel mit einer – zugegebenermaßen sehr schematischen – Gegenüberstellung einer eher europäischen und einer eher amerikanischen Denkbewegung begonnen. Die hegelsche Vermittlung von objektivem und subjektivem Geist oder Besonderem und Allgemeinem habe ich als eine eher an der Zentralität des Allgemeinen ausgerichtete Perspektive angesehen, der die Perspektive des Zeitgenossen Tocqueville gegenübersteht, dem die Idee einer theoretischen Staatszentriertheit schon aufgrund ihres empirischen Fehlens nicht zur Verfügung stehen konnte. Die europäischen Bürger waren dann Subjekte, also vermittelte Wesen, die wollen, was sie sollen, die amerikanischen Bürger waren tatsächlich *citizens*, die zu einem kollektiven Willen aufrundeten, was sie je wollten. Insofern laborierte die Demokratie in Europa im 19. Jahrhundert eher an der Macht der alten Eliten, während die Demokratie in Amerika der *Tyrannei der Mehrheit* unterlag. So grobschlächtig diese Gegenüberstellung ist, so sehr schärft sie doch die Urteilskraft im Hinblick auf den Anfang des Denkens. Beide politischen Denkfiguren, interessiert an der Frage des Verhältnisses von individuellem und kollektivem Willen, reagieren auf das Bezugsproblem, wie das Besondere mit dem Allgemeinen zu vermitteln sei. Der Europäer Hegel, wiewohl im Einzelnen durchaus an der konkreten Tätigkeit interessiert, konzentriert sich auf eine Konstitutionstheorie, deren scholastischer Blick an der Identifikation eines (und mit einem) Allgemeinen haftet; der europäische Amerika-Beobachter Tocqueville dagegen wundert sich über eine umgekehrte Konstitution und stößt damit auf eine Erfahrung, die erheblich *praktischer* und weniger *transzendental* begründet werden muss. Insofern habe ich das Bezugsproblem der amerikanischen *Individualismus-Kommunitarismus*-Debatte von der deutschen/europäischen *Individualisierungs*-Debatte unterschieden – in ersterer geht es um die Frage, wie viel Individualismus sich eine Gesellschaft leisten kann, in zweiterer darum, wie sie den Verlust von Kollektivität verschmerzen kann. Die erste rechnet mit praktischen Individualisten, die zweite mit Subjekten, die ihren Auftraggeber verloren haben. Insofern macht die erste Perspektive auf die *pragmata* der Subjektwerdung aufmerksam, die zweite eher auf eine Subjektivität, die ihren merkwürdigen blinden Fleck zu sehen beginnt, der die Genese des besonderen Subjekts aus dem objektiven Geist eines (gesellschaftlichen, national-staatlichen) Allgemeinen bis dato unsichtbar gemacht hatte. Nicht umsonst beginnt ein wirklich eigenständiges amerikanisches Denken an der Wende zum 20. Jahrhundert nicht mit einer subjektphilosophischen Reflexion bürgerlicher innerer Unendlichkeiten, denen man ausreichend *requisite variety* unterstellen konnte, um soziales Geschehen zurechenbar und Akteure zurechnungsfähig zu machen. Es beginnt eher als Kritik einer solchen Form der Bürgerlichkeit, es beginnt *pragmatistisch*. Es misstraut der Bewegung des Geistes ebenso wie der Bewegung seiner empirischen Gestalt in Volksgeistern oder staatlichen Verbänden – es interessiert sich stattdessen für die sichtbare Bewegung des Handelnden, für die sichtbare wohlgemerkt.

Das *pragmatistische* Denken beginnt nicht mit dem isolierten Ich, das seit dem cartesischen epistemologischen Zweifel von der Welt getrennt wird. Es beginnt mit einem *sinnlichen* Ich, das sich ausschließlich *in* Weltbezügen, nicht als ihre Opposition erfährt (vgl. Peirce 1991, S. 40 ff.). Der Begriff der *Erfahrung* spielt schließlich eine entscheidende Rolle für John Dewey, dem es vor allem darum zu tun ist, den Dualismus zwischen der subjektiven Innenwelt und der bewirkten Außenwelt zu überwinden – ein Dualismus, wie er für jene bürgerliche Kontextur konstitutiv ist, die ich als Grundlage für den ersten Diskursstrang im vorigen Kapitel angesetzt habe. Wie Peirce missbilligt Dewey die Trennung von Innen- und Außenwelt, vermag aber zugleich den *funktionalen Sinn* einer solchen Beschreibung für die Selbstbeschreibung von Erfahrungen auf den Begriff zu bringen. Ein längeres Zitat möge das verdeutlichen: »Wenn die Dinge der Erfahrung, wie es nach meiner Theorie der Fall ist, durch die Interaktion von Organismus und Umweltbedingungen hervorgebracht werden, dann sind sie als der eigene Vordergrund der Natur keine Schranke, die mysteriös zwischen uns und der Natur aufgerichtet worden ist. Darüber hinaus ist der Organismus – das Ich, das ›Subjekt‹ des Handelns – ein Faktor *innerhalb* der Erfahrung und nicht einer außerhalb ihrer, an den Erfahrungen nur als das Privateigentum des Ich angehängt werden. Meiner Ansicht nach ist eine Charakterisierung eines beliebigen Aspekts, Abschnitts oder Elements der Erfahrung als *mein* keine Beschreibung seiner direkten Realität, sondern eine näher zu spezifizierende Beschreibung der Erfahrung mit Hinblick auf ein besonderes Problem für eine besondere Absicht.« (Dewey 2004, S. 378 f.)

Dewey wendet sich hier gegen die dem Repräsentationsmodell entstammende Figur des Nacheinanders und der Kausalbeziehung zwischen Motiv und Handlung, zwischen intentionalem Bewusstseinsakt und vollzogener Handlung. Beides, die zeitliche Extension und Stellung der Handlung wie die sich mit der Handlung vollziehende Erfahrung sind Teile der Handlung selbst, sie sind *pragmata*, sie entstammen der Praxis. Zugleich betont Dewey, dass die Beschreibung dieses Vorgangs als Privatangelegenheit und als etwas, das allein dem Akteur entstamme, eben nur eine Beschreibung sei, »ein besonderes Problem für eine besondere Absicht«, wie es bei ihm heißt. Damit ist die Beschreibung einer Handlung durch Formen der Zurechnung eben auch nichts anderes als eine Handlung, als Praxis. Daraus auszubrechen setzt selbst wiederum praktisches Verhalten voraus. Damit wird die Innenwelt des Subjekts als der entscheidende Realitätsgarant der cartesischen Welt zugunsten einer Realität der beobachtbaren Praxis abgewertet – aber nicht negiert, sondern in seinen funktionalen Bezügen aufgeklärt. Das Bewusstsein ist demnach eine *Folge* des Handelns, wie ich bereits im vorigen Kapitel mit Mead betont habe, nicht seine *Voraussetzung*.

Das pragmatistische Denken hebt das eindeutige Verhältnis von *Subjekt* und *Objekt* auf, indem es das Subjekt weder als bloß rezeptive noch als autonom konstruierende kognitive Substanz ansetzt. Das Subjekt-Objekt-Verhältnis wird nicht als Kausalverhältnis konzipiert, sondern das Bewusstsein wird in eine funktionale Beziehung zu seinem Gegenstand gesetzt. Der Pragmatismus denkt in Problemsituationen, die nicht bereits ein Set von Lösungsmöglichkeiten anbieten, zwischen denen utilitaristisch zu wählen sei. Vielmehr ist es die Konstruktion des Problems durch die Situation selbst, die einem beteiligten Bewusstsein jene Kapazität abfordert, die für die Problemlösung möglich ist und die Situationen dann mit entsprechender Komplexität versorgen, um ausreichend Probleme zu schaffen, in denen sich Lösungen ereignen können. Man kann das als Steigerungsverhältnis beschreiben oder als evolutionäre Beziehung von Problem und Lösung, in der erst das Erfordernis für jene Kognition entsteht, in der Bewusstsein funktional notwendig ist und mit der jene gemeinsame Welt entsteht, die nicht gemeinsam ist, weil sie eine Welt ist, sondern die eine Welt wird, weil sie praktisch und gemeinsam erschlossen wird. Der Pragmatismus ist deshalb eine immer schon *empirische* Theorie, besser: eine Theorie, die sich insbesondere für die *empirische Genese* der theoretischen Figur selbst interessiert. Und so sind die Evidenzen dieser Art Theorie auch viel weniger in einer angestrengten Ableitung zu finden, sondern in der Rekonstruktion empirischer Fälle, in denen man beobachten kann, dass diejenigen Mentalitäten, denen die Alltagspraxis den Alltag zurechnet, Produkte exakt dieser Alltagspraxis sind. Man muss sich nur professionelle Arbeitsfelder ansehen oder die Dynamik von Familien, religiöse Praktiken oder auch nur ein soziologisches Hauptseminar, um es nicht unplausibel zu finden, dass all diese Mentalitäten außerhalb der jeweiligen Praxis nicht denkbar wären – sozial sinnlos und persönlich undurchschaubar. In Meads Begriffen gesprochen: Die Bewusstsein generierenden Handlungshemmungen stammen exakt aus jenen Feldern, in denen sie praktisch erzeugt und auf Dauer gestellt werden und erst darin jene *gemeinsame* Realität erzeugen, als die die soziale Welt erscheint. In einer treffenden Wendung spricht Hans Joas hier von *praktischer Intersubjektivität* (Joas 1989) als dem Ergebnis einer praktischen Herstellung von Bedeutung, die jene Bewusstseine erst praktisch erzeugt, die in den bewusstseinsphilosophischen Intersubjektivitätstheorien vorausgesetzt werden müssen und deshalb theorietechnisch nur transzendental begründbar sein können – ebenso wie die Selbstpräsenz des Bewusstseins. Damit wird im Pragmatismus letztlich schon die Kritik Derridas an Husserls Phänomenologie einige Jahrzehnte vorweggenommen (vgl. Derrida 1979).

Der zweite Diskursstrang des soziologischen Diskurses der Moderne geht in der Tat vom amerikanischen Pragmatismus aus, von dem bis heute Einsprüche gegen das bürgerliche Heldensubjekt formuliert werden, man denke etwa an den Neopragmatismus von Richard Rorty, der mit seinem *Der Spiegel der Natur* Ende der 1970er Jahre John Dewey wieder ins Gespräch brachte. Rortys These von der »Erfindung des Mentalen« (Rorty 1981, S. 27 ff.) erneuert den Vorwurf gegen die cartesianische Denkungsart, die Innenwelt des »Subjekts« als eine Realität *sui generis* aufzufassen. Dabei ist es Rorty nicht darum zu tun, die Realität des Bewusstseins zu leugnen, vielmehr ist ihm das »Mentale« selbst Teil jener Praxis, die thematisiert werden muss, die zwischen den Sprechern auftaucht, nicht dem Sprechen vorausgesetzt ist. Exakt deshalb mündet das Buch in einen *hermeneutischen* Ansatz, der das platonische Gespräch fortzuführen gedenkt – in dem Sinne, dass sich Bedeutungen, die man sonst dem *Mentalen* zuschreibt, dem Gespräch, der Interaktion, einem *Dazwischen* verdanken und nicht einer *Präsenz*, die man nicht sehen kann. Was man vom Pragmatismus sicher lernen kann, ist, dass die Funktion des »Mentalen« darin besteht, ihm gerade aufgrund seiner Unsichtbarkeit all das zurechnen zu können, was sich an der sichtbaren Praxis nicht von selbst erschließt. Gerade *weil* das Mentale, das Subjekt so unsichtbar ist, kann man ihm nahezu Beliebiges zurechnen – auch darin ähnelt das Heldensubjekt jenem Gott, der, je unsichtbarer und je weniger ansprechbar er sich gibt, umso allmächtiger erscheint.

Der zweite Diskursstrang des soziologischen Diskurses der Moderne beginnt mit einer *Kritik der authentischen Vernunft*. Authentizität kann als fraglose Zurechenbarkeit aufgefasst werden. Authentisch ist ein Satz dann, wenn er unbedingt daherkommt, weil er seine Bedingtheit in der Schwärze des Mentalen verbergen kann. Damit ein Satz aber als authentisch gelten kann, muss die Schwärze des Mentalen auch kommunikativ anerkannt werden. Sobald das Mentale aber als Funktion der Praxis erscheint, wird Authentizität zu einem möglichen Zurechnungsfokus unter anderen – und hier fängt Authentizität erst an, soziologisch interessant zu werden. Nun gerät man fast automatisch von einer Teilnehmer- in eine Beobachterperspektive, denn die Beobachtung der Teilnehmerperspektive stößt ihrerseits auf Beobachter, gewissermaßen auf teilnehmende Beobachter. Schon bei Habermas implodiert letztlich die methodologische Unterscheidung der »Binnenperspektive von Angehörigen sozialer Gruppen« (Habermas 1981b, S. 226) von der »Außenperspektive eines Beobachters« (ebd., S. 227) dann, wenn man bei der Analyse lebensweltlicher Verständigungsprozesse die unmittelbare Teilnehmerperspektive verlässt und neben der Dekomposition der Lebenswelt in Analysekonstrukte (»Kultur, Gesellschaft, Persönlichkeit«) etwa die evolutionäre Ermöglichung entsprechender Mentalitäten für eine Rationalisierung der Lebenswelt (vgl. Habermas 1976) in den Blick nimmt. Schon mit der Unterscheidung von Teilnehmer- und Beobachterperspektive zeigt sich, wie der habermassche Blick ganz anders als die nachfolgende individualisierungstheoretische Soziologie mit einem Publikum rechnete, das sich darüber belehren ließ, dass diese Unterscheidung nicht nur analytischer, sondern auch empirischer Natur sei: In einer rationalisierten Lebenswelt müsse man sich daran gewöhnen, dass es Bereiche gibt, die dem verständigungsorientierten Potential des sprachlichen Mediums legitimerweise entzogen sind. Nur so gelingt es Habermas, seine kritische Teilnehmerperspektive mit einer Beobachterperspektive zu versöhnen, deren theorietechnischer Sinn vor allem empirisch gestützt wird: durch den prosperierenden Sozialstaat, in dem Alltagshandelnde beides sein sollten: vernünftig und autonom einerseits und andererseits Empfänger staatlicher Leistungen gegen Massenloyalität bzw. materieller Versorgung gegen entsprechend loyale Arbeitsmotivation. Der Idealzustand war eine bürgerliche Gesellschaft, die das System der Bedürfnisse und den entsprechenden Konkurrenzkampf marktindividualistischer Subjekte durch einen wechselseitigen Austauschprozess ablösen sollten. Für die Soziologie hieß das, eine Gesellschaftstheorie anzubieten, die beidem Rechnung trägt: den nun individualisierten Lebensformen mit ihren Ansprüchen auf Geltung ebenso wie der Komplexität einer Gesellschaft, deren effizienzsteigernder Macht man ebenso trauen wie misstrauen kann. Exakt deshalb gerieren sich *Gesellschaftstheorien* auch als *Kritik*, weil sie ein unbändiges Vertrauen in die staatliche und ökonomische Kompetenz der Moderne mit dem Anspruch auf eine individuierende Teilnehmerperspektive verschränken sollten. Übrig geblieben sind nur noch Individuen, deren Authentizität nun gewissermaßen zur analytischen Kategorie selbst geworden ist, wie ich exemplarisch an Becks Soziologie gezeigt habe. Die Teilnehmerperspektive wird dann identisch mit der Soziologie selbst, und diese muss systematisch blind bleiben für die Einsicht Rortys, dass das Mentale selbst, nicht nur bestimmte mentale Inhalte, ein historisches Praxisprodukt ist.

Ich habe diesen Gedanken noch einmal wiederholt, um zu zeigen, dass der amerikanische Pragmatismus tatsächlich als der Kulminationspunkt beschrieben werden kann, dessen Beobachtungen über Teilnehmerperspektiven aufklärt – also keine authentische Soziologie anbietet, sondern eine Soziologie des Authentischen in all seinen Brechungen möglich macht, wie ich mit Deweys Hinweis auf den allein *empirisch-kontingenten* Charakter der Behauptung des Sitzes der subjektiven Erfahrung im Subjekt unterstrichen habe. Und insofern sehe ich in George Herbert Mead tatsächlich den Drehpunkt, an dem sich jener zweite Diskursstrang entzündet, wenn er auch keineswegs stets und unmittelbar an Mead anschließt. Was sich mit Mead vorbereitet, ist der Einbau der *requisite variety* in das Soziale und damit die Möglichkeit einer Theorie des Handelns, die sich für die operative Genese des Handelnden in der und durch die Handlung interessiert.

Bereits mit Meads Theorie des Bewusstseins habe ich herausgearbeitet, dass das Bewusstsein des Akteurs (und damit: der Akteur) nicht als Voraussetzung, sondern als Folge des Handelns angesetzt werden muss. Der zweite Diskursstrang des soziologischen Diskurses der Moderne baut auf dieser Intuition auf. Dieser zweite Diskursstrang ist außerordentlich heterogen und speist sich aus unterschiedlichen Theorie- und Forschungstraditionen. Ich werde im Folgenden versuchen, ihn so zu rekonstruieren, dass deutlich wird, wie sich ein operatives Paradigma etabliert, das keineswegs *Teilnehmerperspektiven* aus dem Blick verliert, sich aber dafür interessiert, wie solche Perspektiven überhaupt entstehen und wie sie operativ erzeugt werden. Ich werde mich dabei zunächst – vielleicht überraschenderweise – auf Parsons konzentrieren, der üblicherweise nicht als Gewährsmann für *operative* Theorieanlagen herangezogen wird. Was man freilich an Parsons lernen kann, ist die Idee, den Prozess der Handlung als *systemisches Geschehen* aufzufassen, d.h. als ein

Geschehen, das von unterschiedlichen Komponenten abhängig ist, die jene Teilnehmerperspektive des Akteurs nur als einen Aspekt der Handlung gelten lassen – als einen Aspekt einer Struktur freilich, die den funktionalen Operationen vorgeordnet ist.

Die Dekomposition der Handlung

Paradigmatisch für die Idee, die Handlung einerseits zu dekomponieren, andererseits aber am handlungstheoretischen Konzept des Voluntarismus festzuhalten, ist Parsons' erstes großes Werk, *The Structure of Social Action* von 1937 (Parsons 1949). Parsons hat seine Denkbewegung bekanntlich mit einer Kritik des Utilitarismus begonnen, dem gerade dies nicht gelingen könne. Parsons spricht von einem »›utilitarian dilemma.‹ That is, either the active agency of the actor in the choice of ends is an independent factor in action, and the end element must be random; or the objectionable implication of the randomness of ends is denied, but then their independence disappears and they are assimilated to the conditions of the situation, that is to elements analyzable in terms of nonsubjective categories, principally heredity and environment, in the analytical sense of biological theory.« (Parsons 1949, S. 64) Als zweites Problem des Utilitarismus nennt Parsons die Unterstellung einer vollständigen Transparenz des Wissens um den Charakter einer Situation im Hinblick auf die Realisierbarkeit von Zielen (ebd., S. 65). Parsons macht also darauf aufmerksam, dass sich die Koordination von Handlungen, i. e. die soziale Ordnung, nicht aus der Wahlhandlung des Akteurs selbst ableiten lässt. Es bedarf bereits eines gewissen Maßes an sozialer Ordnung, um die Wahl einer Handlung nicht einem Zufall zu unterwerfen und ihr damit erst eine gewisse Rationalität zu ermöglichen. Die Wahlmöglichkeit muss eingeschränkt sein, um Möglichkeiten zu eröffnen. Dies führt Parsons dazu, die Handlung in Elemente zu dekomponieren, die nicht dem Handelnden selbst entstammen, um *darin* erst den Voluntarismus der Handlung zu sichern. Was auf den ersten Blick wie ein Widerspruch klingt, führt letztlich die Idee fort, dass *subjektive* Motive nur dann möglich sind, wenn sie einen *Auftraggeber* haben, den Parsons in einer normativen Orientierung des Akteurs und der Aktion sehen will. Insofern gehört Parsons ohne Zweifel in den ersten Diskursstrang des soziologischen Diskurses der Moderne – allerdings kann man gerade an seiner Rekonstruktion der Klassiker der ersten Soziologen-Generation lernen, dass der Auftraggeber gewissermaßen selbst *Teil* der Handlung ist und somit die Handlung als *unit act* eben nicht eine Dichotomie von Akteur und Auftraggeber meint, sondern gerade die Integration der unterschiedlichen Elemente der Handlung voraussetzt. In der frühen Phase seines Werks waren diese Elemente einerseits der *actor*, andererseits *ends* und *goals*, die nicht ohne den Rahmen einer *situation* denkbar waren, die die *conditions* ebenso vorgab wie die *means*, mit denen Ziele erreicht werden konnten. Zusammengehalten wird all das durch *norms* und *values* (vgl. Parsons 1949, S. 43 ff.). Dieser *frame of reference* ist es, der ein Ereignis erst zu einer Handlung werden lässt. In seinem späteren Werk dann hat Parsons die Handlung als allgemeines Handlungssystem beschrieben, deren AGIL-Funktionen (vgl. Parsons 1970; Parsons et al. 1953) neben der Persönlichkeit und dem menschlichen Verhaltensorganismus noch das kulturelle und das soziale Subsystem beinhalten (vgl. Parsons 1966a, S. 26).

Es ist mir nun hier nicht darum zu tun, die inneren Inkonsistenzen des parsonsschen Werkes – insbesondere den Übergang von den *pattern-variables* zur Generalisierung des AGIL-Schemas – zu diskutieren, auch nicht die vielfältigen Kritiken des Werks, an denen sich unterschiedlichste theoretische Denkstränge der Soziologie abgearbeitet haben (vgl. bes. Joas/Knöbl 2004 und Alexander 1983; 1987). Sich an Parsons abzuarbeiten eröffnet tatsächlich gute Möglichkeiten der Profilierung. Man kann den Konflikt gegen die Struktur ausspielen wie Coser (1965), Bendix (1956) und Dahrendorf (1986); man kann die Eindeutigkeit der normativen und werthaften Orientierungen fürs Alltagshandeln in Zweifel ziehen wie Garfinkel (1967); man kann einen Mangel an individuellen Perspektiven beklagen wie Schütz (vgl. Schütz/Parsons 1977); man kann wie Homans (1964) einen starken Begriff der Erklärung gegen die bloßen Beschreibungen des Strukturfunktionalismus ins Spiel bringen und das Problem mit einem Plädoyer für methodologischen Individualismus für gelöst halten; man kann wie Lockwood (1970) mit der Unterscheidung von Sozial- und Systemintegration die nicht-normativen Formen gesellschaftlicher Integration betonen; und man kann wie Giddens (1976) die politische Genese der Soziologie gegen die parsonssche Rekonstruktion der soziologischen Theorie aus dem normativistischen Geist der Utilitarismus-Kritik in Stellung bringen. Diese vielfältige Kritik ist freilich ein deutlicher Hinweis darauf, dass Parsons' Soziologie tatsächlich lange Zeit *funktioniert* hat. Die Stärke von Parsons scheint mir darin gelegen zu haben, einerseits an der Idee des individuell handelnden Individuums – entkleidet aller bürgerlichen Zumutungen einer übertriebenen Innerlichkeit – festhalten zu können, andererseits also gerade aufgrund des Verzichts jener radikalen Innerlichkeit die Quelle des Selbst nicht in einem Prozess der Entäußerung und authentischen Autorenschaft zu sehen. Umgekehrt: Das Selbst war die Folge eines *Verinnerlichungsprozesses* normativer Orientierungen und konsentierbarer Werte, die – in Tönnies' Begriffen – den ökonomisch-utilitaristischen Individualismus des »Gesellschaftlichen« mit der kollektiven Idee der »Gemeinschaft« als verbindender Kraft versöhnen. In Parsons' Soziologie wird gewissermaßen die Kritik des Authentischen dazu genutzt, eine angemessene Authentizität zu sichern – ähnlich dem sozial- und entwicklungspsychologischen Identitätsparadigma Erik H. Eriksons, für den eine gelungene Identität gerade darin gründet, dass der Akteur einsieht, dass er eben nicht allein die Quelle seines Selbst ist, aber dennoch exakt dafür zu sorgen hat. Eine gelungene Identität ist also eine Identität, die sich zwischen den Zielen einer Gruppe und denen eines Individuums einstellt, das also gewissermaßen auf dem Boden einer *allgemeinen Sittlichkeit* steht und in ontogenetischer Entwicklung eine *Ich-Identität* ausbildet, d.h. ein reflexives Bewusstsein dieser gruppenspezifischen Quelle des Individuellen erlangt (vgl. Erikson 1966, S. 17). In Termini der Psychoanalyse geht es also um gelungene Sublimierung, in der Konformismus und individuelles Engagement versöhnt werden. Man könnte in Abwandlung von Hegels Affirmation des Wirklichen mit dem Vernünftigen sagen: *Das Gesunde ist das Vernünftige.*

Es geht auch hier um die Denkfigur der *Subordination aus freien Stücken* – und als Referenzrahmen für solche Routinen, Modelle und Muster macht Erikson explizit den Nationalstaat westlicher Prägung mit seinem institutionellen Arrangement von Ökonomie, Recht, Bildung, Wissenschaft, Kultur und Politik aus. Dessen Organisationsarrangement ist gewissermaßen jene Adresse, von der her man *Identität* bezieht, Identität nämlich mit einer Gruppe, die jene Bedingungen schafft, die für Erikson die Voraussetzung dafür bilden, eine stabile Identität zu erlangen. Theorieästhetisch betrachtet macht es dann bisweilen gar keinen Unterschied mehr, was mit *Identität* eigentlich angesprochen wird, die Individualität eines *Individuums* oder die Identität einer *Gesellschaft*? Schön ist dies in Eriksons berühmter *Jefferson Lecture* zu beobachten, in der von einer neuen amerikanischen Identität die Rede ist, die als Identität einer Nation die Bedingung der Möglichkeit für eine angemessene lebenszyklische Identitätsentwicklung von Einzelnen anführt und deren moderne, differenzierte Gesellschaftsstruktur einer reflexiven *Ich-Identität* bedarf, in der das Prekärwerden des Identisch-Seins mit dem Allgemeinen alles Besonderen immer schon unmerklich mitformuliert wird (vgl. Erikson 1975).

Und selbst wo diese nationalstaatliche, sich an die konkrete Sittlichkeit eines konkreten »Volkes« bindende Selbstbeschränkung aufgegeben wird, kann die Identitätstheorie nicht davon lassen, Identität immer schon als Identität eines Besonderen mit einem Allgemeinen zu behaupten – das gilt auch für Jürgen Habermas, der schon in den 70er-Jahren die Ich-Identität »auf Grundnormen der vernünftigen Rede zurückführen« wollte und in der phylogenetischen Stufenfolge kognitiver Reflexionsleistungen und moralischer Urteilsbildung auch die gesellschaftsstrukturellen Bedingungen für die Entfaltung dieser Grundnormen aufgezeigt zu haben glaubte. Zumindest darin bleibt Habermas ein strenger Hegelianer, wenn auch die volksgeistige Sittlichkeit *universal*pragmatisch aufgelöst wird. Unübertroffen heißt es in Habermas' Hegelpreisrede aus dem Jahre 1974, im gleichen Jahr formuliert wie Eriksons *Jefferson Lecture*: »Die neue Identität einer erst im Entstehen begriffenen Weltgesellschaft kann sich nicht in Weltbildern artikulieren; sie muß zwar, wenn sie die strukturanaloge Ergänzung zu postkonventionellen Ich-Identitäten darstellen soll, die Geltung einer universalistischen Moral unterstellen. Aber diese lässt sich auf Grundnormen der vernünftigen Rede zurückführen; das kommt ohnehin einer kollektiven Identität entgegen, die [...] im Bewusstsein der allgemeinen und gleichen Chancen der Teilnahme an wert- und normbildenden Lernprozessen begründet ist. Eine solche Identität braucht keine fixen Inhalte mehr, um stabil zu sein; aber sie braucht jeweils Inhalte. Identitätsverbürgende Deutungssysteme, die heute die Stellung des Menschen in der Welt verständlich machen, unterscheiden sich von traditionellen Weltbildern nicht so sehr in ihrer geringeren Reichweite, als vielmehr in ihrem revisionsfähigen Status.« (Habermas 1976, S. 117)

Wenn *Identität* also die Antwort ist, dann ist die Frage *Nicht-Identität*, also die soziale Verhinderung von Abweichung und Beliebigkeit. Noch genauer heißt die Frage: *Wie kann eine Gesellschaft Strukturen ausbilden, Erwartungssicherheiten herstellen, Ressourcen für kollektive Zielerreichung bereitstellen?* Das sind exakt die parsonsschen Fragen, deren positive Beantwortung für ihn der empirische Fall der amerikanischen »Führungsgesellschaft« (Parsons 1972, S. 110 ff.) darstellt, deren *gesellschaftliche Gemeinschaft* in der Lage sei, die Motive ihrer Mitglieder so zu binden, dass Dysfunktionalitäten vermieden werden können. Die parsonssche Kritik der authentischen Vernunft operiert mit einem *theoretischen* Modell der Homöostase, das letztlich auf ein *empirisches* Problem trifft, wie in einer differenzierten Gesellschaft mit entsprechend funktionalem Individualismus-Grad ein homöostatischer Ausgleich *praktisch* möglich gemacht werden kann. Authentizität wird gewissermaßen gelenkt: Empirisch wird sie gelenkt durch die Idee einer Versöhnung von Individualismus und Konformismus: Ersteres über stabile, nicht weiter problematisierbare, insofern *latente* Wertmuster, Letzteres über sanktionsbewehrte Normen. Theoretisch wird sie analog dazu durch die Dekomposition der Handlung gelenkt, die die Persönlichkeit als dem entscheidenden Movens der Handlung in homöostatischen Austauschprozessen mit kulturellen, sozialen und organischen Parametern durch jene Praxis formt, die sie selbst hervorbringt. Hier treffen wir auch bei Parsons wieder auf jenes *pragmatistische* Motiv der praktischen Hervorbringung der Bedingung der Praxis.

Parsons freilich hat diese Art Praxis nur als interne Reaktion auf eine von außen störbare ultrastabile Ordnung auffassen können. Selbst dort, wo er mit der Interpretation des hobbesschen Problems als Problem der *doppelten Kontingenz* unmittelbar auf das Problem der *praktischen* Generierung von Ordnung gestoßen ist (vgl. Parsons 1951, S. 36 ff.), löst er das Problem gänzlich unpraktisch: durch Rekurs auf eine normative Asymmetrisierung der Situation nämlich. Die Welt, in der Parsons' Soziologie funktionierte, ist eine stabile Welt, in der sich eins dem anderen fügt – dies ist freilich eine geradezu sprichwörtliche Kritik an Parsons. Zumindest legt die Kombination aus einem *analytischen*, in diesem

Sinne unempirischen Differenzierungsschema sowie die empirische Konzentration auf das Erfolgsmodell des politisch und kulturell integrierten Nationalstaats moderner Prägung es nahe, jene Stabilitäten zu preisen, die Parsons in einer merkwürdigen Kombination aus distanzierter Beschreibung und engagierter Parteinahme zur funktionalen Bedingung sozialer Ordnung stilisiert. Parsons Theorie steht jedenfalls historisch für die 20.-Jahrhundert-Version jener bürgerlichen Arena-Vorstellung, die im 19. Jahrhundert noch den kämpferischen Vorteil hatte, dass mit ihr eine Trägergruppe *pars-pro-toto* zu sprechen in der Lage war. Die Neuerfindung der Gesellschaft im 20. Jahrhundert dagegen war tatsächlich nicht nur eine Totalitätsvorstellung, sondern fand auch ihren Gegenstand voll durchvergesellschaftet vor. Man verzeihe diese etwas holprige Formulierung – aber spätestens mit Parsons war kein Außen mehr zu denken. Die evolutionäre Universalie der Inklusion von allem und allen fungierte als Deskription einer Erfahrung und als normativer Maßstab für das Gelingen gesellschaftlicher Integration. Eher parallel als mit Parsons, aber durchaus in derselben »Welt« gelang es so etwa den Modernisierungstheorien der späten 50er und frühen 60er Jahre, das politische, ökonomische und kulturelle Modell der westlichen Industrieländer so zu operationalisieren, dass man daran Modernisierungsgrade im Rest der Welt empirisch vergleichbar machen konnte (vgl. Bellah 1985; Lerner 1965; Rostow 1971). Kategorien waren dabei politische und kulturelle Inklusion, Partizipations- und Bildungsgrad, Urbanisierung und Arbeitsteilung – und der Horizont, wie bei Rostow schon im Titel mitzulesen ist, ist der Antagonismus des Kalten Krieges, der die Idee der »Gesellschaft« mit einem (zumeist ungenannten) gesellschaftlichen Gegenmodell versorgte.

Wie die Idee der »sozialen Frage« im 19. Jahrhundert den Horizont eines Denkens aufspannte, in dem sich selbst erhaltende soziale Großkollektive über Konflikte die Wahrnehmung von Differenz selbst beschreiben und damit erzeugen konnten, ist es im 20. Jahrhundert die Frage der tatsächlichen Herstellung inklusiver Kollektivitäten und damit die Beantwortung der sozialen Frage durch die Versöhnung gesellschaftlicher Effizienzkriterien und gemeinschaftlicher Solidaritätskriterien. Letztlich enthält bereits diese soziologische Orthodoxie, so sehr sie gerade von Ungleichheitsforschern kritisiert wurde (vgl. klassisch Bendix 1956), ein Gespür für die

»sozialdemokratische« Bändigung des Kapitalismus und die Herstellung von Erwartungssicherheit für ein Publikum, dem über die Funktionen des *goal attainment* und der *adaptation* vereinfachende Beschreibungen einer komplexer werdenden Welt angeboten wurden, die über die Funktion der *integration* jene Arena-Sphäre erzeugten, in der durch *latency* geschützte Basisselbstverständlichkeiten selbst Konflikte integrativ wirken konnten. Wohlgemerkt, dies ist kein theoretisches Angebot für ein akademisches Publikum – es ist ein *gesellschaftliches* Angebot für ein *gesellschaftliches* Publikum, dessen inkludierendes Organisationsarrangement – je nach wohlfahrtsstaatlichem Grundmodell (vgl. Esping-Andersen 1990; Conrad 1996) – von der sozialen Frage der Ansprechbarkeit auch der unteren Klassen zur Anspruchsberechtigung von Gesamtbevölkerungen dem Staat gegenüber sich wandelt (vgl. Nassehi 2003b). Es ist letztlich das stabile Erwartungsarrangement der modernen, westlichen, industriegesellschaftlichen Moderne, das sich in Parsons' Denken ausdrückt und in dem die Struktur wechselseitiger Austauschprozesse von Subsystemen unter die Regie der Bestands- und Strukturerhaltung gestellt werden kann. So problematisch dies ist, so konsequent ist es doch im Hinblick darauf, dass sich damit letztlich die »Wahrheit« einer Moderne auf den Begriff bringt, der es gelungen ist, die Fliehkräfte von Differenzierungs- und Entgrenzungsprozessen zu bündeln – die Fliehkräfte von Differenzierungsprozessen durch das Organisationsarrangement der Inklusion von Gesamtbevölkerungen in Arbeitsmärkten, Bildungs- und Versorgungssystemen und mediale Konzentration auf ein *Hier und Jetzt*, das den unmittelbaren Nahraum transzendiert, aber ein regionales oder nationales *Hier und Jetzt* durchaus durch die Herstellung von recht eindeutigen Relevanz- und Zuständigkeitsstrukturen sichert. Die einzelne Handlung ist dann tatsächlich nicht nur Element eines *Systems*, sondern selbst *System*, dadurch nämlich, dass ihre Plausibilität nicht durch sie selbst hergestellt wird, sondern sie durch ihre Plausibilität.

Ich kehre damit zur Frage der Dekomposition der Handlung zurück. Parsons hatte – und das dürfte ihn für Habermas so attraktiv gemacht haben – die Dekomposition der Handlung mit einer geradezu symphonischen Komposition der Komponenten erkauft, die die Handlung ermöglichen. Das gilt sowohl für das allgemeine Handlungssystem als auch für dessen soziologisch relevantestes

Subsystem, das soziale System nämlich. Der Voluntarismus der Handlung ist das bürgerliche Erbe des 19. Jahrhunderts, das Parsons der frühen Soziologie entnimmt. Die Ordnung der Komponenten ist gewissermaßen die evolutionäre Universalie, die als Beitrag des 20. Jahrhunderts den Voluntarismus einer vormaligen selbstbewussten, zugleich distinktiven Trägergruppe der Modernisierung gewissermaßen gesellschaftsweit sichtbar machte. Man rechnete mit individuellen Entscheidungen und Entscheidern, die am Ende dann doch keine *bürgerlichen Subjekte* mehr waren, sondern *Mitglieder*, die über ihre Mitgliedschaft jene Struktur verinnerlichen sollten, die als Struktur die Gesellschaft im ganzen sichtbar machte. Parsons versorgte die Soziologie mit dem Grundmodell einer Welt, in der sich letztlich alles fügte und die eigentlich keine Praxisfragen aufwirft, allenfalls Abstimmungsfragen. So schlecht Parsons' Presse in der Soziologie auch wurde, so sehr hat er doch die Idee der »Gesellschaft« als einer kontinuierlichen Struktur befördert, der man vertrauen konnte. Aus heutiger Perspektive mag man sich jene enge Welt von Eindeutigkeiten und Zuständigkeiten, von integrierter Differenziertheit und von der ungebrochenen Einsicht nicht nur in die sanktionierbare normative Struktur der Gesellschaft, sondern auch in die eindeutigen Grenzen einer »self-sufficient society« nicht mehr vorstellen. Wie wertvoll freilich Parsons' Gesellschaftsidee für Habermas als Stabilität verleihende Komponente der Lebenswelt ist, sollte nun noch deutlicher geworden sein.

Das meinte ich damit, Parsons' Lösung für eine *unpraktische*, vielleicht sollte ich sagen: *unpragmatische* Lösung zu halten. Ihm geht es nicht um die *Erzeugung der Handlung* oder die *Erfahrung* als jener Kategorie, in der sich die Plausibilität der Handlung herstellt. Für ihn ist die Handlung selbst letztlich unproblematisch – seine Leistung besteht darin, die Dekomposition der Handlung in unterschiedliche analytische Kategorien plausibel gemacht zu haben. Die Dekomposition der *konkreten*, der *praktischen* Handlung entzieht sich diesem Denken – auch wenn es mit der Konstruktion des Theorems der *doppelten Kontingenz* die Möglichkeit gegeben hätte, sich den pragmatischen Dimensionen der Handlungserzeugung zuzuwenden. Aber Parsons diente dieses Denkmodell nur dazu, die Bedeutung normativer *prerequesites* in den Vordergrund zu stellen, statt sich für die praktische Überwindung doppelter Kontingenz zu interessieren. Hans Joas (1992, S. 51) hat darauf hingewiesen, dass Parsons den Pragmatismus als den entscheidenden (und einzigen) amerikanischen Beitrag zur Philosophie seiner Zeit nicht zur Kenntnis genommen hat.

Parsons wollte letztlich nur den Voluntarismus retten, ohne die Quelle der Handlung allein in der *voluntas* des Handelnden zu lokalisieren – seine Lösung ist der *unit act* der Handlung, dekomponiert in füglich aufeinander bezogene Komponenten, Subsysteme der Handlung, die nicht eine Kausalbeziehung zwischen Handelndem und Handlung herstellen. Ähnliches schwebte Simmel vor, aber er löst das Problem anders. Er interessiert sich dafür, wie Handlungen und ihre Formen durch *Wechselwirkung* erzeugt werden – also auch ein Gegenmodell zur Kausalität (vgl. Simmel 1987, S. 41). Simmel sieht in der Praxis selbst ein Drittes emergieren, das allein der Praxis des Wechselwirkens entstammen kann, nicht den einzelnen Menschen, dennoch aber nur durch sie. Damit ist – bei allen Unterschieden, die ich hier des Arguments wegen vernachlässige – bei Simmel ähnlich wie bei Mead ein Vorrang der Praxis vor der Struktur formuliert, womöglich noch mit dem Vorteil, dass Simmel überpersönliche Formen nicht zu einem »verallgemeinerten Anderen« aufrundet, sondern empirischer für die Frage der Formierung konkreter sozialer Gebilde sich interessiert. Mit Mead wie mit Simmel scheint der soziologische Diskurs der Moderne an sich selbst entdeckt zu haben, wie sich jene Ordnung, die dem Handeln vorgeordnet ist, durch das Handeln selbst erzeugt. Wenn Mead den Akteur und dessen Bewusstsein als Teil und Folge des Handlungskomplexes beschreibt und wenn Simmel mit der Wechselwirkung auf ein Drittes verweist, das in sozialer Praxis entsteht, hat der soziologische Diskurs jene Teilnehmerperspektive verlassen, aus der sein Gegenstand allein mit den Augen der Handelnden gesehen wird.

Mead und Simmel stehen für die ersten Dekompositionen der Handlung, die dem bewusstseinsphilosophischen Solipsismus ebenso misstrauen wie dem alltäglichen *common sense* der individuellen Zentralperspektive, worauf Mead in einer Rezension der *Philosophie des Geldes* übrigens selbst hingewiesen hat (vgl. Mead 1900, S. 617). Parsons stößt bei seiner Rekonstruktion ebenfalls auf diese Spannung, löst sie aber letztlich über den *common sense* einer normativen Beschreibung der Einschränkung von Handlungen. Darin wenigstens ist Parsons' Soziologie letztlich *europäischer* als die

Soziologien von Mead und Simmel, die den operativen Charakter der Ordnungsbildung entdecken. Dennoch gelingt Parsons ein entscheidender Schritt: Seine Soziologie dekomponiert die Handlung so, dass zumindest der epistemologische *Bedarf* für eine operative Perspektive entsteht. Parsons' Theorie sozialer Ordnung rechnet mit Austauschprozessen, die wie ein kybernetisches Regelsystem ein homöostatisches Gleichgewicht herzustellen trachten. Parsons »weiß« bereits, dass die Welt instabiler ist, als es der übliche handlungstheoretische Voluntarismus nahe legt. Sein eigenes Frühwerk ist davon geprägt, die Handlung als einen *unit act* auszuweisen. Erst später gelingt es ihm, Handlungen aufeinander zu beziehen und mit der Integration systemtheoretischer Argumente das Systemganze vor den *unit act* zu stellen. Die Handlung bekommt dann letztlich stets den funktionalen (oder: dysfunktionalen) Sinn, den sie im Hinblick auf die funktionalen Prozesse für das angestrebte Equlibrium des Systemganzen hat und der für ein imaginiertes Ganzheitsschema den funktionalen Bezugsrahmen setzt. Seit *The Social System* (Parsons 1951) bis zur Ausarbeitung des AGIL-Schemas hat Parsons unermüdlich die Austauschvorgänge und homöostatischen Kontrollprozesse beschrieben und dabei die *Praxis* des Sozialen analog kommunizierender Röhren beschrieben. Letztlich ist soziale Dynamik eine *Wasserstandsdynamik*, deren analytischer Charakter das Soziale als einen Selbststabilisierungsprozess beschreibt und damit letztlich auf eine soziale Ordnung zielt, die sich selbst genügt.

Parsons Kritik der authentischen Vernunft in seinem reiferen Werk ist letztlich eine Selbstkritik des *unit act* – die Praxis, die er vorfindet, ist freilich nur eine Praxis analytischer Komponenten, die ein Bild gesellschaftlicher Ordnung erzeugen, das exakt jener Art von *Kooperation* entspricht, wie man es dem klassischen westlichen industriegesellschaftlichen Ordnungsmodell entnehmen kann, dessen historische Leistung sicher darin besteht, die auseinander strebenden Momente der Moderne so zu bündeln, dass das Arrangement wie Arbeitsteilung aussieht und von Parsons als *Funktionsteilung zugunsten eines Ganzen* beschrieben werden kann. Der Erfolg von Parsons besteht sicher darin, dass er diesem Arrangement der westlichen Industriemoderne eine sagbare Form gegeben hat, nämlich die Idee einer Homöostase, in der die gesellschaftliche *Arena* der bürgerlichen Deliberation zum Interessenausgleich einer Gesellschaft wird, deren ökonomische und weltpolitische Prosperität sicher jener *Bün-*

delung von gesellschaftlichen Triebkräften geschuldet ist, die man in theoretischer Form heute vor allem in der deutschen so genannt neofunktionalistischen Parsons-Nachfolge Richard Münchs (1985; 1991) wiederfindet. Die Dekomposition der Handlung baut die Kooperation in das Handlungsmodell ein, vermag dann aber den *praxeologischen* Aspekt des Sozialen nur in relativ abstrakten Bewegungen zur Herstellung von dynamischen Equilibrien (vgl. Moore 1967, S. 8) aufzufinden.

Die Disziplinierung des Authentischen

Die Konsequenzen der mit Parsons beschriebenen Dekomposition der Handlung haben letztlich den soziologischen Diskurs der Moderne eher untergründig, *subversiv* bestimmt. Ohne Zweifel sind all die Kategorien wie *Rollen*, *normative Orientierungen* und *Muster*, *Gruppenverhalten* und *Sozialisationsagenturen,* die Idee der *Integration*, des *Motivs* und der *Zielorientierung*, der *Differenzierung*, der *Kollektivitätsorientierung*, der *Einstellung*, der *Sanktion* usw., ob sie nun mit Hilfe der *pattern variables* oder in den späteren Begriffen von Strukturkomponenten begründet wurden, in das kollektive Unbewusste der Soziologie eingegangen – und zugleich auch in die Bildungssprache der westlichen Industrieländer, deren öffentlicher Diskurs als intellektueller Diskurs zwar ein *kritischer* Diskurs war. Aber das hinderte ihn nicht daran, mit exakt diesem Denkschema der Strukturierung des Sozialen durch jene Komponenten zu arbeiten, die die soziale Einzelerscheinung im Lichte ihrer sozialen Situiertheit betrachteten. Die *Dekomposition der Handlung* wurde gewissermaßen dadurch alltagskompatibel, dass man sich die Individualität des modernen Individuums tatsächlich als eine Lebensform vorstellen musste, die sich praktisch dadurch erzeugt, dass die unterschiedlichen analytischen Komponenten des soziologischen Mainstream nun alltagspraktisch relevant wurden. Ich erinnere noch einmal an die Identitätstheorie von Erikson, die letztlich diese *selbstinklusive Funktion der Persönlichkeit* auf den Begriff gebracht hat, die der Bewohner moderner Gesellschaften offensichtlich braucht, um den unterschiedlichen Ansprüchen einer differenzierten Gesellschaft zu genügen – nicht identisch zu sein und gerade darin auf das Problem (und die Lösung) der Identität zu stoßen.

Authentizität ist dann *eingebettete* Authentizität – und bei aller Dekonstruktion des Subjekts, die darin enthalten ist, scheint die Soziologie mit ihrer eigenen Praxis jenes Subjekt mit zu erzeugen, als das es in ihren eigenen Weltmodellen erscheint: durch Befragung und Beobachtung, durch spezifische Formen einer schichten-/klassen-, kultur-, geschlechts-, bildungs- und milieusensiblen Form der Zurechnung. Das galt ebenso für die Formulierung von *items* in der quantifizierenden Sozialforschung, deren Systematik letztlich die Sichtbarkeit der Gesellschaft ermöglicht hat – in Form von Einkommensklassen und Milieus, von Merkmalsclustern etc. Robert K. Mertons Kritik der parsonsschen Großtheorie zielte letztlich exakt darauf: die Kategorien so zu isolieren, dass sie für anschlussfähige Forschungsfragen handhabbar wurden. Unbeabsichtigte Nebenfolgen, Inter- und Intrarollenkonflikte (vgl. Merton 1957), aber auch die Frage nach der integrativen Kraft von Konflikten (vgl. Coser 1965) machte einerseits die Soziologie handhabbarer für konkrete Forschung, andererseits waren exakt dies Stichworte zur öffentlichen Selbstbeobachtung von Gesellschaften, die sich nicht mehr über Distinktion und die organisationelle Beantwortung der sozialen Frage wie im 19. Jahrhundert konstituierten, sondern über die Frage des Interessen- und Motivationsausgleichs einer ebenso differenzierten wie zielgerichtet integrierten Gesellschaft – dies wird das Hauptthema meiner *Kritik der gesellschaftlichen Vernunft* im sechsten Kapitel sein.

Ebenso galt das für die Fragestellungen der qualitativen Sozialforschung, deren Kritik an Parsons durch die Ethnomethodologie oder die verstehende Sozialphänomenologie letztlich keine Kritik der grundlegenden Begriffe selbst war, sondern eine der soziologischen Anschauung und des Gegenstandsbezugs. Gerade hier lassen sich – ebenso bei Beobachtungen praktischer Situationen wie bei der Deutung von Orientierungsmustern, Erzählstrukturen – jene Muster wiederfinden, als die das Soziale erscheint, vor allem freilich die Idee der dekomponierten Handlung, die sich über Beobachtung und Befragung in ihren unterschiedlichen Komponenten wiederfinden lässt.

Es war insbesondere Pierre Bourdieu, der diese definitorische Rolle der Soziologie bei der Herstellung ihres Gegenstandes thematisiert hat: »Ganz wie, Kant zufolge, die Vernunft die Grundlage ihrer Urteile nicht in sich selbst, sondern im Wesen ihrer Gegenstände zu situieren pflegt, bringt der *scholastische Epistemozentrismus* eine völlig unrealistische (und idealistische) Anthropologie vor: Dem Gegenstand zuschreibend, was im Grunde aus seiner Anschauungsweise hervorgeht, projiziert er, wie in der *rational action theory*, eine gedanklich nicht verarbeitete soziale Beziehung, die nichts anderes ist als die scholastische Beziehung zur Welt, auf die Praxis.« (Bourdieu 2001a, S. 68) Was Bourdieu hier an die Adresse der rationalistischen Handlungstheorie richtet, könnte man einerseits als Fundamentalkritik an der Soziologie lesen. Andererseits kann man es auch als Hinweis auf epistemologische Selbstkritik lesen, darauf nämlich, den Blick des soziologischen Beobachters darauf zu lenken, dass die soziologischen Kategorien es sind, die den Gegenstand erzeugen. In seiner Antrittsvorlesung am *Collège de France* hat Bourdieu dies insbesondere am Beispiel der akademischen »Herstellung« von Klassen demonstriert. So stellen, trug Bourdieu vor, »die Eigenschaften und Meinungen innerhalb der verschiedenen gesellschaftlichen Klassen, die der Soziologe zu einem bestimmten Zeitpunkt protokolliert, ja selbst die Klassifikationskriterien, die er dabei benutzt, das Ergebnis der gesamten Geschichte der symbolischen Kämpfe dar, die, um die Existenz und Bestimmung der Klassen geführt, in sehr realem Sinne zur *Formierung* dieser Klassen beigetragen haben« (Bourdieu 1985, S. 55) Bourdieu stellt hier nicht nur im Gegenstandsbereich der Soziologie auf Praxis ab, sondern verdeutlicht das Pragmatische seines Gegenstandes an der Soziologie selbst, die Teil jener Praxis ist, von der sie handelt. Worauf Bourdieu also hinweist, sind Praktiken, in denen und durch die jene Akteure erzeugt werden, denen sie dann zugerechnet werden. Das gilt sowohl für den Gegenstand der Soziologie als auch für die Soziologie selbst – sie ist selbst das, was sie praktisch erzeugt. Bourdieu ist insofern paradigmatisch für jenen zweiten Diskursstrang des soziologischen Diskurses der Moderne, den ich systematisch mit dem amerikanischen Pragmatismus habe beginnen lassen. Mir kommt es dabei – ich wiederhole dies – nicht auf tatsächliche Entwicklungslinien an, sondern auf eine spezifische Denkungsart, die mir in George Herbert Meads Theorie der Praxis der Handlung und des Vorrangs der Praxis vor dem die Praxis intendierenden Akteur paradigmatisch vorbereitet zu sein scheint.

Der zweite Diskursstrang des soziologischen Diskurses der Moderne dreht exakt dieses systematische Verhältnis von Praxis und intendierendem Akteur um – systematisch wohlgemerkt, nicht temporal. Auf die temporalen Verhältnisse werde ich später zu sprechen kommen. Die systematische Umkehrung meint also keineswegs, dass es keine Intentionen von Akteuren gäbe, die Handlungen hervorbringen. Das würde jeglicher empirischen Anschauung widersprechen – auch der Selbstanschauung des Autors dieses Buches, der sich den einen oder anderen Satz tatsächlich intentional vorgenommen hat, bevor er ihn hinschreibt (ohne dabei zu vernachlässigen, dass er von vielen Sätzen, die er geschrieben hat, durchaus überrascht wurde). Soziologisch wird – im Sinne der pragmatistischen Idee Rortys über die Erfindung des Mentalen – in diesem zweiten Diskursstrang die Entstehung entsprechender Intentionalitäten, Plausibilitäten und Erwartbarkeiten nicht gewissermaßen als die Präsenz einer dann vollzogenen Handlung angesehen. Es geht um die Einsicht, dass bestimmte Intentionen gerade an der Logik des Sozialen hängen, dass sie sich zwar selbst hervorbringen, allerdings in einem Hervorbringungsprozess, dessen *Subjekt* sie *nicht* selbst sind. Um dies zu beschreiben, habe ich Parsons gewissermaßen für etwas in Anspruch genommen, das man ihm meistens nicht abverlangt: für die *Dekomposition der Handlung* und ihre *praktischen* Aspekte der Selbstherstellung in einer Gemengelage von Wirkkräften, die man nur der Einfachheit halber auf Entitäten zurechnet, die dann als Träger einer *voluntas* erscheinen.

Neben der pragmatistischen Soziologie ist es vor allem die französische Auseinandersetzung mit dem Strukturalismus, der die praktischen Aspekte der Selbsterzeugung des Sozialen stark macht. Bourdieus Hinweis auf die Genese des soziologischen Gegenstandes durch die Beobachtungsweise der Soziologie selbst steht in einer französischen Tradition, deren bekanntestes und sicher wirkmächtigstes Beispiel der Michel Foucault der »Ordnung der Dinge« darstellt – ein Denker von erheblicher soziologischer Relevanz, aber sicher nicht ohne Grund stets dem kanonischen Selbstverständnis der Soziologie eher äußerlich.

Man kann Foucault so rekonstruieren, dass er jene Konstellation zu erklären versucht, in der die historische Bedingung entstanden ist, unter der sich Gesellschaften *als Gesellschaften* wahrzunehmen begannen und unter der so etwas wie ein *soziologisches* Projekt der Moderne möglich wurde. Foucault bindet dies an die *Erfindung des Menschen*, nicht freilich des biologisch bestimmten Gattungswesens, sondern eines Wesens, dessen individuelle Endlichkeit jene Geschichte ermöglicht, die es dann der Menschheit als selbst hervorgebracht zurechnen kann. Der anthropologische Diskurs bindet die invariante, i. e. *unendliche* Struktur des Menschen unhintergehbar an seine ihn erst individuierende *Endlichkeit*. Der Mensch, so Foucault, taucht nämlich erst in dem historischen Moment auf, in dem er ein funktionales Äquivalent für die klassische Repräsentation, also für die Identität von Signifikant und Signifikat entdeckt hatte, nämlich seine »Kraft, sich Repräsentationen zu geben« (Foucault 1980, S. 378). Sich Repräsentationen zu geben, das heißt seine Welt selbst zu erfinden und die Geschichte selbst in die Hand zu nehmen, wurde nun eine empirische Angelegenheit, was zugleich bedeutet, dass die Repräsentation selbst paradoxerweise ihre Kraft verlieren musste. Diese Leerstelle füllten die Anthropologie und die Humanwissenschaften aus. War die klassische Repräsentation schon deshalb gültig, weil es sie gab, müssen die anthropogenen Synthesen und Analysen neu bestimmt werden: »Diese empirischen Synthesen mußten woanders als in der Souveränität des ›Ich denke‹ gesichert werden. Sie mußten dort gesucht werden, wo genau jene Souveränität ihre Grenze findet, das heißt: *in der Endlichkeit des Menschen.*« (Ebd., S. 410)

Die anthropologische Struktur erkennt, dass der Mensch als endliches Wesen stets nur zu endlicher Erkenntnis in der Lage ist. Er ist aber zugleich der Ort, an dem die Bedingung von Erkenntnis überhaupt aufscheint. Der Mensch ist »eine seltsame, empirisch-transzendentale Dublette, weil er ein solches Wesen ist, in dem man Kenntnis von dem nimmt, was jede Erkenntnis möglich macht« (ebd., S. 384). Der Mensch stößt auf die Bedingungen der Möglichkeit von Erkenntnis überhaupt in dem Augenblick, in dem er zugleich der Bedingung ihrer Unmöglichkeit ansichtig wird, seiner Endlichkeit nämlich. Die »empirisch-transzendentale Dublette« trachtet danach, die Lücke, die der Verlust der klassischen *episteme* hinterlassen hat, zu schließen. Deshalb hat das moderne Denken, so Foucault, den Menschen stets in seiner Endlichkeit als Subjekt, als das der Welt Zugrundeliegende, als *hypokeimenon*, zu denken versucht und musste in *transzendentalen* Bedingungen, die zeitlos und apriorisch gedacht wurden, die *empirische* Bedingung des Humanums, seine Endlichkeit, kompensieren.

Eine Metaphysik des Unendlichen, so Foucault, war in dem Moment noch möglich und nötig, in dem die Regeln der Repräsentation noch galten. Ersetzen aber der Mensch und seine empirisch begrenzte Erkenntnis nach seiner Erfindung durch die Humanwissenschaften den Raum der Repräsentation, können die Humanwissenschaften ihren Gegenstand nicht anders als endlich denken, in dem Doppelsinne endlich, dass das Erkenntnissubjekt endlich ist und damit auch der Mensch als grundlegende moderne *episteme*. »Die Philosophie des Lebens denunziert die Metaphysik als Schleier der Illusion, die der Arbeit denunziert sie als entfremdetes Denken und Ideologie, die der Sprache als kulturelle Episode.« (Foucault 1980, S. 383) Was nun beginnt, ist die anthropologische Struktur, hergestellt durch die Humanwissenschaften, die vor allem in Theorien des Lebens, der Arbeit und der Sprache die ontologischen Bedingungen des Menschen beschrieben haben. Gleichzeitig aber ist zu beobachten, dass die Humanwissenschaften nicht zuletzt wegen ihrer Fundiertheit in der Endlichkeit ihrer eigenen Relativität gewahr wurden. Die Humanwissenschaften sind per se instabil, weil sie durch methodische Reflexion immer wieder auf die Zirkularität ihrer Grundlagen stoßen. Die Modernisierung der Humanwissenschaften besteht demnach nach Foucault insbesondere darin, sich selbst zu historisieren und sich im Feld einer historisch relativen *episteme* zu verorten. Die »Folge ist, dass die Humanwissenschaften, während sie das behandeln, was Repräsentation (in einer bewußten oder unbewußten Form) ist, eben das als ihren Gegenstand behandeln, was für sie die Bedingung der Möglichkeit ist. Sie sind also stets von einer Art transzendentaler Beweglichkeit belebt. Sie hören nicht auf, sich selbst gegenüber eine kritische Wiederaufnahme zu praktizieren. Sie gehen von dem, was der Repräsentation gegeben wird, zu dem, was die Repräsentation möglich macht, was aber wiederum eine Repräsentation ist« (ebd., S. 436). Die Humanwissenschaften werden auf ihre Begrenztheit gestoßen, indem sie der Endlichkeit ihrer Voraussetzungen gewahr werden: Sie sehen nur das, was zu sehen sie sich durch ihre eigene *episteme* zumuten, und die moderne *episteme* lernt an sich selbst, dass sie das, was sie sieht, *als episteme* und nicht als Abbild einer wie auch immer beschaffenen objektiven Wirklichkeit sieht. Foucault konstruiert eine versteckte *Selbstkritik der anthropologischen Vernunft*, die nicht nur aus der basalen Erfahrung der Endlichkeit des Menschen und damit auch seiner Erkenntnismöglichkeiten resultiert, sondern die auch die epistemologischen Grundlagen erschüttert, den Menschen als Menschen zu denken.

Jedoch sind es nicht die Humanwissenschaften selbst, die die von ihnen vorbereitete Destruktion ihrer eigenen Grundlagen konsequent zu Ende führen. Die entscheidende Rolle bei der Selbsterschütterung der Humanwissenschaften weist Foucault den *Gegenwissenschaften* Psychologie, Ethnologie und Linguistik zu, die, zwar aus den Humanwissenschaften hervorgegangen, stets die Relativität jeder epistemologischen und ontologischen Aussage betonen (vgl. ebd., S. 447 ff.). Auf philosophischem Gebiet ist es vor allem Nietzsches Gedanke der *ewigen Wiederkehr des Gleichen* und der *Tötung Gottes* durch den Menschen, der für Foucault das Ende des humanwissenschaftlichen und transzendentalphilosophischen Paradigmas markiert (vgl. ebd., S. 459 ff.). Wenn der Mensch tatsächlich ein Produkt der Humanwissenschaften ist und wenn die Humanwissenschaften insbesondere durch den *gegenwissenschaftlichen* Diskurs ihr Fundament verlieren, so Foucault, dann ist es auch nicht mehr möglich, den Menschen zu denken. So resultiert letztlich aus der modernen Erfahrung der Endlichkeit aller Bedingungen der Tod des Menschen (vgl. auch Schmid 1991, S. 132 f.).

Foucaults Diagnose, der Mensch werde »verschwinden« (Foucault 1980, S. 460), ist zugleich ein Postulat. Foucault behauptet damit selbstverständlich nicht, dass es keine Menschen mehr gibt (vgl. Foucault 1978a, S. 28), sondern fordert ein Denken ein, das die Chiffren der anthropologischen Struktur aufgibt, um so die »Theologisierung des Menschen« (Schmid 1991, S. 139) zu überwinden. Seine Forderung gipfelt darin, der epistemologischen Relativität der herrschenden *episteme* radikal ins Auge zu sehen: »In unserer heutigen Zeit kann man nur noch in der Leere des verschwundenen Menschen denken. Diese Leere stellt kein Manko her, sie schreibt keine auszufüllende Lücke vor. Sie ist nichts mehr und nichts weniger als die Entfaltung eines Raums, in dem es schließlich möglich ist, zu denken.« (Foucault 1980, S. 412) Damit schließt Foucault an die grundlegende Erfahrung an, dass mit der komplexer werdenden modernen Gesellschaft sich die Systeme, Strukturen, Kombinatoriken, Formen, die Machtprozeduren und Diskurspraktiken quasi verselbständigt haben und letztlich keinen Platz mehr für die romantische Vorstellung des Menschen als Zentrum der Welt lassen. Es ist der sprachliche Kosmos und seine dynamische Struktur, der

der Individualität des Menschen entgegensteht: »das ›Ich spreche‹ läuft dem ›Ich denke‹ zuwider.« (Foucault 1978a, S. 56) Indem die überindividuelle Struktur der Sprache dem Menschen gegenüber autonom wird, ist der Tod des Menschen, der Tod der Subjektivität besiegelt. Der Mensch war nur eine Episode; er »hat sich gebildet, als die Sprache zur Verstreuung bestimmt war, und wird sich wohl auflösen, wenn die Sprache sich wieder sammelt«; er »verschwindet wie am Meeresufer ein Gesicht im Sand« (Foucault 1980, S. 460 f.). – In den 1970er-Jahren hat Foucault die Analytik der Endlichkeit durch seine Theorie der Macht ergänzt. Macht sei keine destruktive Kraft: »In Wirklichkeit ist die Macht produktiv; und sie produziert Gegenstandsbereiche und Wahrheitsrituale: das Individuum und seine Erkenntnisse sind Ergebnisse dieser Produktion.« (Foucault 1989a, S. 250) Disziplinar- und Kontrollmächte als herrschende *episteme* (vgl. Foucault 1978b) kontrollieren den Menschen nicht als ein Äußeres, sondern indem sie ihn hervorbringen – durch Bio-Macht und Bio-Politik.

Es drängt sich nun geradezu die Frage auf, ob die Soziologie zu jenen *Gegenwissenschaften* zu zählen ist oder ob sie nicht im Zentrum des anthropologisch-humanwissenschaftlichen Diskurses steht. Eine angemessene Antwort muss ambivalent ausfallen. Denn die Soziologie ist ohne Zweifel eine der Humanwissenschaften, die die Disziplinierungs- und Normierungsversprechen der klassischen Moderne repräsentieren. Sowohl in ihrer normativistischen Variante als auch in ihrer utilitaristischen Spielart, sowohl in Webers Utopie der integrierten Persönlichkeit als auch in Durkheims Utopie der integrierten Gesellschaft ist die Soziologie eine Agentin der Ordnung, die nicht nur das Handeln beschreibt, sondern vor allem das *richtige Handeln*. Von der Zurechnung auf kulturell bedeutsame Muster in der verstehenden Soziologie bis zur ubiquitären Unterstellung von Rationalität im Neo-Utilitarismus, selbst in der ethnomethodologischen Rekonstruktion situationsbezogener Praxiskunstwerke bringt der soziologische Blick jenen Handelnden hervor, dessen individuelle Endlichkeit mit einer diese Endlichkeit transzendierenden Struktur versöhnt wird. Wie die Bio-Wissenschaften im Sinne Foucaults *Bio-Politik* dadurch betreiben, dass sie den Menschen dazu anhalten, ein methodisch kontrolliertes, ein gesundes, ein konformes, ein durch sich selbst gesteuertes, in diesem Sinne ein *subjektives* Leben zu führen, so lässt sich die soziologische Reflexion des menschlichen Handelns – will man an Foucaults Bezugsrahmen festhalten – durchaus als *Sozio-Politik* rekonstruieren. Wie ich im zweiten Kapitel herausgearbeitet habe, geht es den unterschiedlichen Spielarten soziologischer Theorien des Handelns eben nicht nur ums Handeln oder um irgendwelche Motive, sondern um *angemessene, akzeptable, verstehbare* Motive, um *rationale* Kriterien fürs Handeln. Darin habe ich die bürgerliche Wurzel der Soziologie ausgemacht, den Handlungsgrund in die Freiheit der je eigenen, inneren Entscheidung zu legen, diese aber einem Bewährungsraum auszusetzen, der Fremd- und Selbststeuerung miteinander versöhnt. Es ist fast ein kantianisches Motiv, das den humanwissenschaftlichen Blick des soziologischen Diskurses der Moderne trägt. Es geht nicht um eine in ihrer Mannigfaltigkeit unerreichbare Wirklichkeit des Sozialen, sondern vor allem um die Bedingung der Möglichkeit ihrer Erkennbarkeit. Exakt dafür bilden der *homo oeconomicus* der utilitaristischen Tradition, der *homo sociologicus* der Durkheim/Parsons-Tradition, der *homo hermeneuticus* der verstehenden Soziologie, der *homo maturus et virilis*, wie Max Weber sich die gelungene Persönlichkeit vorstellt, der *homo communicans et fundans* Habermas', der *homo faber* der Ethnomethodologie, der *homo laborans* der marxistischen Tradition oder der *homo authenticus et cosmopoliticus* der neuen Zeitdiagnosen reine soziologische Verstandesbegriffe an. Wie sich wie bei Kant der Gegenstand nach der Erkenntnis zu richten hat, so entsteht auch erst jene Idee des Sozialen und des Akteurs durch den soziologischen Erkenntnisprozess. Darin, nicht nur in Theorien der Disziplinierung des Subjekts und des Körpers, wie wir sie vom späteren praxistheoretischen Foucault (1989a; 1989b), aber auch von Norbert Elias (1976) kennen, diagnostiziere ich eine *Disziplinierung des Authentischen,* die noch *ex negativo* dazu dient, die Abweichung und die Dysfunktion beschreiben zu können. Auch dies lässt sich von Foucault lernen: Wie die Vernunft sich in Abgrenzung und in Ausgrenzung des Wahnsinns etabliert hatte (vgl. Foucault 1973), so bildet die Mannigfaltigkeit der Gesellschaft, die Befrachtung der gesellschaftlichen Moderne mit Kontingenz und Abweichungsmöglichkeiten den Hintergrund, vor dem jene je vernünftigen *homines sociologiae* entwickelt werden konnten, an denen sich das angemessene Handeln studieren lässt – im wahrsten Sinn des Wortes übrigens, denn alle soziologische Forschung bemächtigt sich exakt dieser Modelle und versteckt damit in ihren Fragen bereits die Antworten. Das gilt nicht nur für die großen Bilder einer »allgemeinen« Soziologie, sondern ebenso für die forschende Praxis der Soziologie, die ihre Gegenstände so zurichten muss, dass daraus zeitstabile Forschungsobjekte entstehen, etwa Jugendliche (vgl. v. Trotha 1982) und Alte (vgl. Saake 1998), Deviante (vgl. Hess/Scheerer 1997) und Angehörige von Klassen (vgl. Bourdieu 1985), Frauen/Männer (vgl. Hirschauer 2004) und Angehörige von Ethnien/Nationen/Rassen (vgl. Nassehi 1997a).

Die Soziologie schreibt also mit an den »Menschenbildern«, an der »Anthropologisierung« der Wissenschaften, welche Foucault als ihre »große innere Gefahr« (Foucault 1980, S. 417) brandmarkt. Dabei hegt Foucault keineswegs einen Ideologieverdacht, denn letztlich produzieren die Humanwissenschaften ja nicht falsches, sondern *richtiges* Bewusstsein. Er schreibt: »Die ›Wissenschaften vom Menschen‹ gehören zur modernen *episteme* wie die Chemie, die Medizin oder eine andere Wissenschaft, oder auch, wie die Grammatik und die Naturgeschichte zur klassischen *episteme* gehörten. Aber zu sagen, dass sie zum epistemologischen Feld gehören, bedeutet lediglich, dass sie darin ihre Existenzberechtigung finden, dass sie also nicht nur Illusionen und pseudowissenschaftliche Schimären sind, die auf der Ebene der Meinungen, der Interessen, des Glaubens motiviert sind, dass sie nicht das sind, was andere mit dem seltsamen Namen ›Ideologie‹ belegen.« (Ebd., S. 437) Sie sind keine *Ideologie*, weil sie eine Wahrheit ausdrücken – die Wahrheit jenes Verständnisses des Menschen als Akteur, an dem die Soziologie wie die anderen Wissenschaften vom Menschen mitschreibt und deren epistemologische Genese sie ebenso verdeckt wie aufdeckt. Sie verdeckt sie, indem sie tatsächlich den Akteur und seine Handlungen als das Grundthema ansetzt; sie deckt sie auf, indem sie auf die Bedingungen zu sprechen kommt, unter denen der Akteur jene Authentizität gewinnt, die ihn zu seinen Handlungen bringt. *Darin* ist die Soziologie sowohl Apologetin der authentischen Vernunft als auch ihre Kritikerin. Sie ist im Sinne Foucaults *Humanwissenschaft*, wo sie jenseits aller Ideologie jenen Gegenstand mit Wahrheit beschreibt, den sie durch ihre Wahrheit erzeugt – und sie ist *Gegenwissenschaft*, indem sie exakt darauf hinweist: auf den Prozess der *Erzeugung* jener Realität nämlich, der in der und durch die Beschreibung entsteht.

Es geht hier nun nicht um eine genaue Foucault-Exegese, die hier ohnehin auf den eher strukturalistischen Foucault der »Ordnung der Dinge« beschränkt blieb. Es sollte vielmehr eine Denkungsart deutlich werden, die für den zweiten Strang des soziologischen Diskurses der Moderne durchaus paradigmatisch ist. Es ist die Entdeckung der *Praxis*. Gerade der spätere Foucault kommt in seinen materialen Analysen stets und immer wieder auf *Praktiken* zu sprechen: auf Praktiken der Disziplinierung und Züchtigung, auf Praktiken der Selbstkontrolle, auf Praktiken der Einhaltung normativer Vorgaben, auf Körperpraktiken, auf Praktiken der medizinischen, pädagogischen, wissenschaftlichen und (bio-)politischen Normierung. Meine Rekonstruktion des soziologischen Diskurses der Moderne nimmt Foucault für die Verdeutlichung dessen in Anspruch, was ich eine Brechung der Idee des Authentischen nennen möchte. Foucault dekonstruiert gewissermaßen die Idee des *richtigen* Motivs, indem er nicht einmal *falsche* Motive entdeckt, sondern nach den Bedingungen fragt, unter denen Motivlagen überhaupt entstehen bzw. unter denen individuelle Motive einen *Funktionssinn* haben. Die Authentizität des Handelnden wandelt sich dann vom systematischen Explanans zum historischen Explanandum, das ein Effekt von Praktiken ist, nicht deren Voraussetzung.

Extrem radikalisiert findet sich der Gedanke, dass es nicht um falsche Motive, sondern um Motive überhaupt geht, in der differenztheoretischen Dekonstruktion des Marxismus durch Ernesto Laclau und Chantal Mouffe. Laclau widerspricht der Idee einer etablierten Differenz, also etwa der Differenz von Kapital und Arbeit, die als etablierte Differenz eine Art privilegierte epistemologische Einheitsperspektive simuliert. Das Soziale ist ihm vielmehr ein Spiel der Differenzen, das die andere Seite im Dunkeln lässt, ein Kampf um Bedeutungen, der praktisch entschieden werden muss, nicht bereits historisch oder normativ vorentschieden ist. »It is neither a question of explaining differences from a mythical starting point – e. g., ›society‹ conceived as an underlying unity – nor of explaining the society through a no less mythical set of originating differences. On the contrary, it is a question of identifying the social with an infinite play of differences in relation to which there is no privileged point of entry. All approaches to the social must consequently abandon the Cartesian myth of an absolute point of departure which would transform the ensemble of social relations into a transparent unity.« (Laclau 1983, S. 39) Laclau und Mouffe haben ebenfalls Foucaults *Analytik der Endlichkeit* aufgenommen, um auf den *praktischen* Aspekt der Kritik der authentischen Vernunft hinzuweisen. Wie Foucault einen unaufhebbaren Antagonismus zwischen dem *Sprechen* und dem *Denken* formuliert, also zwischen der sprechenden Praxis und der denkenden Repräsentation, so reduzieren Laclau und Mouffe das Subjekt auf seine Position innerhalb eines Diskurses. »Subjekte können demgemäß nicht der Ursprung sozialer Verhältnisse sein [...], weil die ›Erfahrung‹ von präzisen diskursiven Bedingungen ihrer Möglichkeit abhängt.« (Laclau/Mouffe 1991, S. 168) Diese Dekonstruktion des Marxismus bestreitet den marxschen Strukturalismus des eindeutigen Antagonismus, gewinnt dabei aber den Antagonismus als praktische Differenz – und wird damit letztlich eine pragmatistische Theorie.

Authentische Praktiken – der *practical turn*

Meine Rekonstruktion des zweiten Diskursstrangs des soziologischen Diskurses der Moderne kehrt damit unmerklich an ihren Ausgangspunkt zurück: zu John Deweys Einsicht in die praktische Verschlingung von Motiv und Handlung und in die Subjekt konstituierende, nicht: voraussetzende Funktion der Erfahrung; ebenso zu George Herbert Meads Aufweis der praktischen Genese des Bewusstseins in der und durch die Handlung. Was ich die *Disziplinierung des Authentischen* genannt habe, meint dabei, dass diese soziologische Beobachtung des Handelns darauf abstellt, wie das, was uns in der alltäglichen Beobachtung der Teilnehmerperspektive als Quelle des Handelns erscheint, weder Ursache ist noch Wirkung, sondern bloß das Ergebnis einer Praxis, die sich selbst bewirkt. Diese Idee basaler Selbstreferenz der Praxis hat Gabriel de Tarde bereits 1890 in seinen *Gesetzen der Nachahmung* in den soziologischen Diskurs eingebracht: »*Die Gesellschaft besteht aus Nachahmung und Nachahmung aus einer Art Somnambulismus.*« (de Tarde 2003, S. 111) Die Metapher des Schlafwandelns soll hier nur besagen, dass die Motive des Handelns selbst nicht bewusst entstehen, weil sie kein »Davor« kennen, denn welcher Art Motive sollten Motive sein, die Motive motivieren? Von de Tardes Nachahmungstheorie kann man also nicht nur lernen, dass soziale Regelmäßigkeit das eigentlich

Aufregende ist (nicht: der Wandel). Man kann von ihr auch lernen, dass der soziologische Blick sich dafür zu interessieren hat, wie Praxisformen sich selbst hervorbringen – einschließlich der Selbstbeschreibungen dieser Praxis, die nichts als ein Teil davon sind. Gewissermaßen stößt man bei einem solchen Vorrang der Praxis auf *Überraschung*, d. h. auf eine Praxis, die je in Gegenwarten erzeugt wird und insofern kein Davor kennt, das außerhalb der Praxis liegt. Damit löst der zweite Diskursstrang des soziologischen Diskurses der Moderne das alte Problem der Motivation der Motive, in Fichtes Diktion: der Selbstsetzung des Ich, eben nicht transzendental, sondern empirisch. Nicht *hinter* der Praxis, also: transzendental, ist ihr Gegenstand anzusetzen, sondern *in* ihr. Was erklärt werden muss, ist dann die Frage, wie ein praktisches Ereignis auf das nächste trifft, wie angeschlossen wird, welche Selbsteinschränkung von Möglichkeiten eine Praxis entstehen lässt, die sich zwar überrascht, aber nicht überfordert. Dieser zweite Diskursstrang etabliert eine Theorie der *Praxis*, eine Theorie der Gegenwart, nicht eine der Präsenz. Diese Figur der *Überraschung* verweist auf eine radikale *Temporalisierung* des soziologischen Blicks, auf *operative* Theorieanlagen, die durch den Vorrang der *Praxis* vor der Repräsentation geradezu erzwungen werden. Ich komme darauf sogleich zurück.

Inzwischen scheint sich so etwas wie ein *practical turn* anzukündigen (vgl. Reckwitz 2003a), der sich gegen jenen »Mentalismus« in Stellung bringt, der einer auf Motive fixierten Theorie des Handelns/des Sozialen zugrunde liegt. Vielleicht könnte man von einem zweiten *Pragmatismus* sprechen, der sich in erster Linie dafür interessiert, was tatsächlich geschieht, nicht was dahinter an Motiven und Repräsentationen vermutet wird. Freilich meint *Praxis* nicht einfach die Tatsache, dass etwas geschieht. Eine *soziologische* Frage wird aus der Praxisfrage erst dort, wo es um Kontexte des Geschehens geht, wo Anschlussmöglichkeiten und -wirklichkeiten diskutiert werden und wo Praxen praktisch aufeinander bezogen werden. Andreas Reckwitz, der den *practical turn* zu systematisieren versucht hat, bringt denn auch die Praxistheorie nicht nur gegen den Mentalismus in Stellung, sondern auch gegen den Strukturalismus (Reckwitz spricht von *Textualismus*) der foucaultschen Diskursanalyse und die Theorie der Alltagszeichen Roland Barthes' sowie gegen Luhmanns angebliche »Festlegung des Sozialen auf die Codes und Semantiken von Kommunikationssequenzen ›in der Umwelt‹

von psychischen Systemen« (ebd., S. 289). Ob darin tatsächlich, wie Reckwitz meint, ein konzeptueller »›Intellektualismus‹« oder gar eine »›Intellektualisierung‹ des sozialen Lebens« (ebd.) zu sehen ist, sei bezweifelt, aber zunächst dahingestellt. Jedenfalls bringt Reckwitz durchaus treffend auf den Begriff, der Ort des Sozialen sei keineswegs allein durch Texte und Symbole bestimmt und reproduziere sich weniger durch eine intellektuelle Form einer hermeneutischen Einstellung zur Welt. Soziale Praktiken bezeichnet er vielmehr »als know-how abhängige und von einem praktischen ›Verstehen‹ zusammengehaltene Verhaltensroutinen, deren Wissen einerseits in den Körpern der handelnden Subjekte ›inkorporiert‹ ist, die andererseits regelmäßig die Form von routinisierten Beziehungen zwischen Subjekten und von ihnen ›verwendeten‹ materialen Artefakten annehmen« (ebd.). Diese Formulierung weckt sofort Assoziationen zur Metapher des *Schlafwandelns* bei de Tarde, was darauf gemünzt ist, die soziologische Beobachtung von der Vorstellung zu befreien, ihr Gegenstand sei der Effekt einer mentalen Repräsentation nicht einmal des Handlungsvollzugs selbst, sondern vor allem seiner antizipierten Effekte. Dass hier selbstverständlich der Hinweis auf den »Körper« nicht fehlen darf, ist nicht zu kritisieren – aber durchaus interpretierbar. Ohne Zweifel sind es Körper, an denen sich soziale Konstellationen und Verhalten sichtbar machen lassen, so sichtbar, dass man soziologische Beschreibungen ganz aufs Körperliche reduzieren kann und in diesem Verfremdungsaspekt dann durchaus auf Einsichten in eine Ordnung stößt, die an den Körpern sichtbar wird (vgl. etwa Hirschauer 1991; 1994; Mol 2002). Aber ist das, was da sichtbar wird, tatsächlich nur eine Ordnung des Körpers bzw. der Körper? Ich habe den Verdacht, dass die Sichtbarkeit des Körpers allzu sehr auf das Vertrauen in Sichtbarkeit überhaupt setzt und damit dem kritisierten Mentalismus ähnlicher wird, als ihr lieb sein kann. Denn die kulturelle Plausibilität der »Sichtbarkeit« des Mentalen, also der Motiv- und Innenwelt des Akteurs bestand gerade darin, dass dieses Bild der bürgerlichen Genese der klassischen europäischen Praxis der Weltbeobachtung geläufiger war als die Bilder des Körpers. Nun könnten es eher die Bilder des Körpers sein, vermittelt durch eine bebilderte Welt der Massenmedien, in denen die Konfrontation mit allerlei Geschehen ohnehin eine Art »practical turn« nahe legt, der von Motiven geradezu befreit wird. Es sind andere Sehgewohnheiten dazu gekommen – nicht nur im

Gegenstand der Soziologie, sondern auch in ihr selbst. Die Orte des »Wissens« werden unter anderem Körper, deren Konstellationen dann schlicht so *sind*, wie sie *aussehen* – ja die Orte des »Wissens« wandern sogar aus der Menschenwelt und aus der Zeichenwelt von Verweisungssystemen aus und lassen sich in Artefakten nieder, in Tieren und in der Natur, die ja selbst ebenso Zeichen wie Bezeichnetes ist und darin im Verhältnis von Handelndem und behandelter Welt wieder symmetrische Verhältnisse einführt, wie man es aus Gesellschaften kennt, die nicht einmal »nie modern« waren (locus classicus dazu: Latour 1995).

Dass der Körper der Wahrheit näher sei als alle sinnhafte Verweisung psychischer oder sozialer Natur, zieht sich von der peinlichen Befragung der spätmittelalterlichen Inquisition bis zum Authentizitätsgehabe sexuellen Begehrens, vom Schmerz als religiösem Läuterungsmittel bis zur Reduzierung des Lebens auf die körperliche Reaktion in Extremsportarten, von der Sichtbarkeit angeblicher menschlicher »Rassen« bis zur eindeutigen geschlechtlichen Identifizierbarkeit weiblicher und männlicher Menschenkörper (vgl. dazu Nassehi 2003a, S.294; 2003c). Der Körper kann als Chiffre jenes »Außenkontaktes« gelten, der sich zeichen- und operationstheoretisch offenbar nicht mehr beschreiben lässt. Und als soziale Praxis funktioniert das nach wie vor: Der Rekurs auf den Körper kommt mit einer Unmittelbarkeit daher, die sich weiteren Verweisungen entzieht. Der Körper steht für das *wirkliche* Leben, für jenes reale Substrat, das dem kulturellen Selbstverständnis offenbar abhanden gekommen zu sein scheint – oder ihm, wie im Alltagsverständnis der sexuellen Differenz, radikal vorgeordnet ist. Im Körper scheint sich eine Eindeutigkeit zu manifestieren, die der Arbitrarität des Zeichens Hohn spricht. Der Körper ist authentisch. Wie er in der schon erwähnten hochnotpeinlichen Befragung früherer Tage als Beweismittel und Mäeut der Wahrheit fungierte, der sich der arme Sünder auch durch Verstellen und List nicht entziehen konnte, so dient er heute dazu, die Unmittelbarkeit der Existenz auszudrücken. Wer nicht weiter interpretieren will, verweist auf seinen Körper – und das geht nicht nur als soziale Praxis durch, sondern auch als soziologische Praxis.

Nun wäre es naiv, in Abrede zu stellen, dass sich soziale Konstellationen in der Tat *auch* als Körperkonstellationen darstellen. Richtig ist auch, dass die auf individuelle Motive sich kaprizierende

Soziologie die praktische Bedeutung solcher Körperkonstellationen vernachlässigt hat und gerade durch Forschungen darauf aufmerksam wurde, die die *Disziplinierung des Authentischen* aufgedeckt haben – ich habe Foucault und Elias erwähnt. Entscheidend ist aber, dass sich mit der Praxistheorie letztlich eine ähnliche Konstellation wiederholt, wie man sie bereits in der pragmatistischen Soziologie beobachten konnte. Ähnlich wie zum Beispiel Mead formuliert Reckwitz, die Praxistheorie sehe »›Handlungen‹ nicht als diskrete, punktuelle und individuelle Exemplare vorkommen, sondern dass sie im sozialen Normalfall eingebettet sind in eine umfassende, sozial geteilte und durch ein implizites, methodisches und interpretatives Wissen zusammengehaltene Praktik als ein typisiertes, routinisiertes und sozial ›verstehbares‹ Bündel von Aktivitäten.« (Reckwitz 2003a, S. 289) Die Formulierung erinnert an Theodore Schatzki, der Praxis als ein »›bundle‹ of activities« bezeichnet, präziser: als einen »organized nexus of actions« (Schatzki 2002, S. 71). Schatzki beschreibt Praktiken als Tätigkeiten in einer Gegenwart, die freilich, ganz wie Reckwitz es formuliert hat, in eine soziale Struktur eingebettet sind. Es fällt auf, dass diese Praxistheorie auf ein ganz und gar traditionelles Problem der soziologischen Begriffsbildung stößt. Wie die traditionelle »mentalistische« Handlungstheorie auf je gegenwärtige Ereignisse stößt, auf Handlungen eben, entsteht auch für die Praxissoziologie das Problem, wie die unterschiedlichen Handlungen aufeinander bezogen werden, wie sie koordiniert werden und was jenes Medium ist, das es ermöglicht, dass sich Handlungen »am Ablauf des Handelns anderer« orientieren können. Zwar legt Schatzki Wert darauf, Praktiken als »open, temporally unfolding nexuses of actions« (ebd., S. 72) zu bezeichnen, der Ort aber, an dem und durch den es zu *organized constellations* kommt, wird nicht recht ausgewiesen. Am Ende bleibt dann doch nur eine Qualität, die an den Akteuren hängt. Reckwitz postuliert sehr nahe an Durkheim eine »Kollektivität von Verhaltensweisen, die durch ein spezifisches ›praktisches Können‹ zusammengehalten werden« (Reckwitz 2003a, S. 289) – Durkheim begründete den Zusammenhang von Kollektivität und individuellem Vermögen bekanntlich so, dass das Kollektive nicht allgemein sei, weil es in den Einzelnen verankert sei, sondern es sei in den Einzelnen verankert, weil es kollektiv sei (vgl. Durkheim 1961, S. 111). Und Schatzki spricht von einer »practical intelligibility« (Schatzki 2002, S. 75), die er weder normativ noch rationalistisch verstanden wissen will. Dennoch sind es »rules« (ebd., S. 79), die er in Anspruch nimmt, um das *Bündel von Handlungen* zu schnüren, oder jenen Ort, von dem her *organized nexuses* erzeugt werden – ganz in dem Sinne, in dem Parsons, zwar noch verfangen in einer sehr traditionellen »mentalistischen« Vorstellung des Akteurs, das Problem der Handlungskoordinierung gelöst hatte.

Die (behauptete) praxeologische Wende in der Soziologie setzt in der Tat an der Frage an, wie sich Praxen in einer Gegenwart hervorbringen, wie die Qualitäten von Akteuren letztlich in der Praxis erzeugt werden und wie sich daraus ein *pragmatistisches* Verständnis sozialer Ordnung entwickeln lässt. Aber ganz ähnlich wie etwa bei Mead bleibt die Beantwortung der Frage unterkomplex gelöst, wie sich die Elemente von Praxen zu einem Bündel verdichten und in welchem Kontext dies stattfindet. Offensichtlich rechnet dieses Verständnis von Praxis dann doch mit einer Kollektivitätsidee, mit Sprachspielregeln im Sinne Wittgensteins oder mit strukturalistischen Diskursformationen, wie man sie von Foucault her kennt. Wenn Reckwitz die alleinige Erklärungskraft von Intentionalität, Normativität und kulturellen Schemata in Zweifel zieht, so ist dem nur zuzustimmen. Wenn als Lösung freilich nur angeboten wird, Handeln müsse eher als »*wissensbasierte* Tätigkeit begriffen werden [...], als Aktivität, in der ein praktisches Wissen, ein Können im Sinne eines ›know-how‹ und eines praktischen Verstehens zum Einsatz kommt« (vgl. Reckwitz 2003a, S. 294), dann scheint sich die Praxistheorie von der Frage nach der sozialen Ordnung selbst letztlich verabschiedet zu haben. Es geht dann nur noch um die Entfaltung von Ordnung, zwar ausgestattet mit Freiheitsgraden, aber letztlich organisiert. Beschreiben lassen sich dann *settings*, eingelassen in soziale Kontexte, die selbst entweder vorausgesetzt oder soziologisch unterkomplex bestimmt werden können. So gesehen laboriert die Praxissoziologie an einem ähnlichen Defizit, wie es für einen ihrer größten Gegner typisch ist: für die so genannte »erklärende« Soziologie, für die in Deutschland vor allem Hartmut Esser Pate steht. Ich habe schon im zweiten Kapitel darauf hingewiesen, dass Essers Akteur so reduktionistisch zugerichtet wird, dass man sein Verhalten so modellieren kann, dass am Ende eine »Erklärung« dabei herauskommt – die Randbedingungen freilich, auf die »alles« ankomme, müssen schlicht beschrieben werden und entziehen sich einer engeren soziologischen Aufmerksamkeit. Ähnliches lässt sich hier beobachten. Die *site of the social* ist ein Praxisarrangement, in dem einzelne Handlungen zu einer kollektiv verstehbaren Praxis gebündelt werden, allerdings tatsächlich begrenzt auf jene *site*, die dem unmittelbaren Blick ansichtig wird. Auch hier können die Randbedingungen nur allzu konventionell beschrieben werden, als kollektiv geteiltes »Wissen«, das dann insbesondere im *schlafwandlerischen* Vermögen der beteiligten Akteure aufgefunden wird. Der diskursstrategische Sinn, hier den Körper zu bemühen, liegt wohl darin, dass an ihm in einer recht konventionellen Ontologie so etwas wie substantielle Kontinuität – die *Beharrlichkeit der Substanz* (Kant) – aufbewahrt werden kann, ohne dass man kulturelle Codierungen und intellektualistische Deutungsmuster bemühen muss, die in der Tat allzu sehr an eine Gründewelt gemahnen, in der die soziale Praxis in ihrer begründenden Repräsentation aufgeht. Ferner vermag die Konzentration auf die unmittelbare Praxis jenen Sinn für Authentizität wiederherzustellen, der mit der Idee des kulturellen und zeichenhaften Überbaus verloren gegangen zu sein scheint. Praxissoziologen scheinen vor allem von dieser Authentizität fasziniert zu sein, die sich in jenem »Können« niederschlägt, das Beteiligte an Praxisbündeln an den Tag legen. Es ist eine Authentizität des Körpers, deren Attraktivität wohl daran liegt, dass mit der Metapher des und mit der Konzentration auf den Körper die merkwürdige postbürgerliche Selbsterfahrung auf den Begriff gebracht werden kann, von der eigenen Praxis überrascht werden zu können.

Dass in Beschreibungen des spezifischen *Könnens*, auch des *Könnens des Körpers*, eine besondere Faszination liegt, hängt sicher damit zusammen, dass mit diesem fast reflexionsfreien, in diesem Sinne schlafwandlerischen Tun alle Zweifel weggearbeitet werden können, die die intellektuelle Repräsentation von Gründen immer in sich trägt. Ich habe oben die Idee des bürgerlichen Subjekts unter anderem daran geknüpft, dass die gesellschaftliche Erfahrung der Abweichungsmöglichkeit und die empirische Sichtbarkeit von Unvernunft die kontingente Hervorbringung vernünftiger Gründe erfordert hat. Die Unterscheidungspraxis von Motiven und Gründen verweist stets und immer nur auf andere Gründe und Motive, so dass die darin aufscheinende Authentizität des Begründens stets der Gefahr ausgesetzt ist, eben nur Grund unter Gründen zu sein. Die soziologische Selbsterfahrung fügt dem noch die Idee hinzu, dass Gründe und Motive nicht einmal allein der inneren Unendlichkeit mit sich vertrauter Subjekte entstammen, sondern entweder im Kontext spezieller sozialer Selbsterfahrungen auftreten oder gleich nur als eine Komponente eines systemischen Handlungsgeschehens aufgefasst werden, deren andere Komponenten Verhaltensorganismen, soziale Systeme oder kulturelle Latenzformen sind. Die unmittelbare Beobachtung von Praxen scheint ohne diese Kontingenzerfahrung auszukommen. Sehr wohl scheint die Praxissoziologie sich dafür zu interessieren, wie sich soziale Ordnung *praktisch* herstellt, wie die Wechselseitigkeit praktischer Akteure *settings* schafft, Praxisbündel eben, die den Tätigkeiten der Beteiligten entstammen, aber dennoch einem Regelwerk unterliegen. Ähnlich wie die Ethnomethodologie kommt auch die mit dem Begriff der Praxis operierende Soziologie von der Fixierung auf das unmittelbare *setting* nicht los und muss dann so etwas wie eine regelhafte Integration von Handelnden und von Handlungen voraussetzen. Und ähnlich wie bei dieser lebt auch hier die Attraktivität des »Tuns« davon, dass es unmittelbar beobachtbar ist und damit eine Authentizität verbürgt, die nicht der Gefahr semantischer, sinnhafter *Nein-Stellungnahmen* ausgesetzt ist. Die Faszination fürs Tun oder fürs Können liegt daran, dass dieses Können sich nicht im semantischen Horizont kultureller Uneindeutigkeit bewähren muss, sondern im praktischen Horizont einer geradezu stofflich, material, widerständig und berührbar werdenden Praxis. Authentisch sind sie, weil man ihnen nicht widersprechen kann – und zumindest lässt sich daraus lernen, wie Authentisches letztlich funktioniert.

Resümee: Kritik der authentischen Vernunft

Eine authentische Stellungnahme zur Welt hängt weniger von der Stellungnahme als solcher ab, sondern von dem Kontext, in dem eine Stellungnahme *als authentisch* erachtet und betrachtet wird. Als soziologisches Konzept ist Authentizität *performativ* zu verstehen, d. h. es hängt davon ab, ob an authentische Sätze so angeschlossen wird, dass sie tatsächlich als authentisch wahrgenommen, besser: ernst genommen werden. Tatsächlich gilt das auch für soziologische Perspektiven selbst, wenn diese wie bei Beck, Sennett oder Touraine eine »subjektorientierte« Soziologie pflegen. An solchen soziologischen Diagnosen kann man studieren, was es bedeutet, Authentizität *performativ* herzustellen – oder sich aber dafür zu interessieren, wie solche Performanzen hergestellt werden, in der Soziologie und in ihrem Gegenstandsbereich. Die soziologische Dekonstruktion des Subjekts schwankt zwischen einer solchen Zurechnung von Authentizi-tät – etwa Befragten und Interviewäußerungen gegenüber, kontrolliert entweder durch kunstvolle narrative Investigationstechniken (vgl. Fischer-Rosenthal/Rosenthal 1997; Wohlrab-Sahr 1999) oder durch das Wegrechnen sozial erwünschter Antworten (vgl. Reinecke 1991) – und der Angabe jener Bedingungen, unter denen eine solche Authentizität sich einstellt. Letzteres wird freilich zumeist unsichtbar gemacht, so dass auch die Soziologie gerne – wie ihr Gegenstand – Äußerungen ihrer Probanden performativ in einer Weise ernst nimmt, dass sie als authentische Daten aufgefasst werden können. Am deutlichsten lässt sich das in der soziologischen Biographieforschung beobachten, die die Authentizität ihrer Probanden vor allem an die angemessene Text-/Erzählform bindet. *Authentizität* verbürgen biographische Texte danach nur dann, wenn sie eine ganz bestimmte Form von Eindeutigkeit generieren, wenn sozusagen die Kontingenz kommunikativer Anschlussmöglichkeiten zugunsten einer »ganzheitlichen Reproduktion des damaligen Handlungsablaufs« (Fischer-Rosenthal/Rosenthal, 1997, S. 413; ähnlich Wohlrab-Sahr 1999, S. 488) zurück tritt. Wohlrab-Sahr kontert denn auch meine Kritik an der Homologie-These, die Biografie könne den Lebenslauf nur über die Repräsentation der Biografie enthalten, mit dem Argument, es gehe nicht darum, »Objektives« und »Subjektives«, also: das *gelaufene* Leben und das *erzählte* Leben in ein Verhältnis zu setzen (vgl. Nassehi 1994; inzwischen grundlegender Saake 2005a; 2006). Es gehe vielmehr auch in der Vergangenheit um modalisierte Realitäten, in den Worten von Wohlrab-Sahr: um *»in der Vergangenheit Erfahrenes* und *gegenwärtig Erzähltes«* (Wohlrab-Sahr 1999, S. 487). Ich teile diese Kritik nicht – aber sie verdeutlicht zumindest, wo die Konfliktlinie *soziologisch* eigentlich zu suchen wäre. Denn überhaupt auf die Idee zu kommen, eine ontologisch irgendwie existente *Vergangenheit* jenseits ihrer je gegenwärtigen Repräsentation anzunehmen, scheint mir gegenstandslogisch aus allen denkbaren Kategorien zu fallen. Selbstverständlich kann es der Soziologie ausschließlich nur um sozial und psychisch repräsentierte Vergangenheiten gehen. Aber dann darf man die Modalitäten nicht nur in der Sachdimension verorten, sondern auch in der Zeitdimension. Und selbst wenn es um die Differenz von erzähltem und *erlebtem* Leben geht – worum auch sonst? – bleibt die Homologie-Annahme ein merkwürdiger Versuch, die Kontingenz möglicher Kommunikationen einzuschränken und damit *Authentizität* zu verbürgen, also das grundlegende erkenntnistheoretische Problem dadurch zu lösen, die Äußerungen der Probanden um jeden Preis in ihrer Genese unsichtbar zu machen. Letztlich gerinnt die Biografieforschung damit zu einer Art Sondermethodologie einer bestimmten kommunikativen Gattung: *einer bestimmten modernen Form der biographischen Selbstauskunft nämlich, deren Authentizitätsversprechen noch aus der protestantischen Tradition der bürgerlichen Gesellschaft stammt.*

Dergestalt geraten solche Daten in die Gefahr, dass man ihre soziale Genese bemerkt – weil jeder Sinn auf anderen Sinn verweist und damit auf andere Möglichkeiten. Die Unterstellung authentischer Daten und ihre methodische Kontrolle arbeitet Kontingenz weg – und das gilt nicht nur für die hermeneutische Soziologie im engeren Sinne, sondern auch für solche Soziologien, die sich den Uneindeutigkeiten des Hermeneutischen und des »Intellektualistischen« (Reckwitz) zu entziehen trachten (vgl. Nassehi/Saake 2002a; 2002b), etwa für die Ethnomethodologie oder die Praxissoziologie. Sie muss erst gar nicht den Umweg über angemessene Äußerungsformen gehen, über interpretierbare Textformen und die Kontingenz des hermeneutischen Geschäfts. Sie hält sich direkt ans Sichtbare und kann somit die Kontingenz der Bedeutung durch ihre Sichtbarkeit wegarbeiten. Damit scheint der *practical turn* in der Soziologie das zu vollziehen, was der *iconic turn* für die Naturwissenschaften und womöglich die Hirnforschung (vgl. Singer 2002) für die Theorie des Bewusstseins darstellt – die Konzentration auf die Plausibilität bildgebender und in Bildern sich darstellender Verfahren (vgl. Maar/Burda 2004; Gehring 2004).

Damit ist die Praxissoziologie der soziologischen Apologie des Authentischen ähnlicher, als es zunächst scheint. Wie ich gezeigt habe, stößt die Soziologie auf die Multiplikation von Sprechern und Akteuren und reagiert darauf mit Anerkennung – anders freilich als in der hegelschen Tradition einer Einsicht in eine irgendwie am Allgemeinen orientierten Notwendigkeit. Die grundlegende

Instanz ist nicht mehr das habermassche Argument, sondern das Argumentieren selbst. Wenn es stimmt, dass Authentizität als kommunikative Form von dem Kontext abhängig ist, in dem eine Äußerung als authentisch behandelt wird, lässt sich an *subjektorientierten* Soziologien deutlich zeigen, dass sie einen solchen Kontext herstellt. Die Gesellschaft erscheint dann nur noch aus der Perspektive von »Teilnehmern« – und *nach* Habermas ist eine solche Form des Authentischen nur mehr authentisch, nicht einmal mehr »vernünftig«. Der soziologische Diskurs der Moderne, in dem ich bereits im vorigen Kapitel eine pragmatistische Tradition als zweiten Diskursstrang herausgearbeitet habe, reagiert darauf entweder mit einer sowohl deskriptiven als auch normativen Apologie des Authentischen oder aber mit einer Dekomposition der Handlung, die die Bedingungen authentischer Kommunikation beobachten kann. Die klassische Form einer solchen Dekomposition stammt von Parsons, dem der soziologische Diskurs der Moderne die Einsicht verdankt, dass das Handeln als ein »systemisches« Geschehen Authentizität gewissermaßen nicht-authentisch herstellt. Um *angemessene* und *richtige* Motive zu erzeugen – und auch Parsons geht es in erster Linie um solche Motivqualitäten –, bedarf es mehr als authentischer Äußerungen, nämlich kultureller, sozialer und normativer Komponenten, die erst jene Mentalität erzeugen, der man authentische Äußerungen zurechnet. Ich habe Parsons für etwas in Anspruch genommen, was man ihm normalerweise nicht zumutet: das pragmatistische Motiv des kategorialen Vorrangs der Handlung vor dem Handelnden zu begründen und damit auf die *praktische* Erzeugung von Akteuren zu stoßen. Üblicherweise ist es ein weiter Weg von Parsons bis Foucault – kürzer wird er, wenn man in der Dekomposition der Handlung eine Praxis der *Subjektivierung* beobachtet. In diesem zweiten Diskursstrang des soziologischen Diskurses der Moderne bahnt sich eine operative Theorieanlage an, die sich für die gegenwartsbasierte, eben pragmatische Herstellung von Ordnung interessiert und Handlungen nicht als Effekt von Motiven und ihren Trägern, sondern umgekehrt diese als praktischen Effekt eines Geschehens auffasst – am deutlichsten wird dies in einem soziologischen Programm, das seit einiger Zeit als *practical turn* bezeichnet wird.

Letztlich konterkariert die Praxissoziologie das bürgerliche Erbe der Soziologie, nämlich die Orientierung an Motiven, an richtigen

Motiven und an der Frage, wie sich Motive zugunsten sozialer Ordnung einschränken lassen. Sie versucht dem »Textualismus« dadurch zu entgehen, dass sie nichts dahinter und nichts davor vermutet – um dann aber doch auf Regeln zu stoßen bzw. sich über die Wiederholbarkeit von Praxis zu wundern. Und zugleich traut sie der Praxis eine Authentizität zu, deren performativer Gehalt gerade dadurch gesichert werden kann, dass ihr die Möglichkeit der sprachlichen Nein-Stellungnahme weitgehend genommen wird – durch Konzentration auf Praktiken nämlich.

Nun geht es mir nicht darum, den grundlegenden Ansatz der Praxissoziologie zu kritisieren – im Gegenteil macht dieser Art Soziologie auf etwas aufmerksam, das für den zweiten Diskursstrang des soziologischen Diskurses der Moderne von eminenter Bedeutung ist. Sie schließt an den pragmatistischen Gedanken an, dass soziale Ordnung und Bedeutungen, Rollenkonzepte und Konventionen dem sozialen Handeln nicht prinzipiell vorgeordnet sind, sondern der Praxis selbst entstammen oder zumindest in der Praxis selbst modifiziert, stabilisiert oder sogar erzeugt werden müssen. Diese Art Soziologie entwickelt ein Sensorium dafür, dass sich alles, was in der sozialen Welt geschieht, in unmittelbarer sozialer Praxis *bewähren* muss, also je neu *getan* werden muss, um *praktisch* zu werden. Dies kommt in de Tardes Beobachtung zum Ausdruck, dass sich soziale Strukturen empirisch als *Wiederholung* darstellen und somit einen Hinweis darauf geben, dass die Praxis mehr beinhaltet als die *pragmata* ihres Vollzugs. Allerdings ist dies nicht in dem strukturalistischen Sinne zu verstehen, dass sich in Praxen letztlich nur logische Programme abarbeiten. Sowohl gegen eine strukturalistische Top-down-Logik als auch gegen eine allzu sehr auf das Stillleben des konkreten Handlungssettings sich kaprizierende Perspektive formuliert Bourdieu treffend: »Man muß der Praxis eine Logik zuerkennen, die anders ist als die Logik der Logik, damit man der Praxis nicht mehr Logik abverlangt, als sie zu bieten hat.« (Bourdieu 1987, S. 157) »Anders« meint *anders* als eine strukturalistische Logik eines Gesamtalgorithmus und *anders* als das, was sich aus der unmittelbaren Anschauung des Sichtbaren ergibt. Um es an einem Beispiel zu verdeutlichen: Wenn Stefan Hirschauer (1996) sehr treffend beschreibt, wie unterschiedliche *Körper* an einem Operationstisch gemeinsam den »Körper« des Operateurs bilden, wie eine Hand in die andere greift, ohne dass klar ist, zu welchem

Individualkörper sie gehören, wenn trotzdem auf unterschiedliche Rollen wie etwa Chirurg und OP-Schwester hingewiesen wird, und wenn er verfremdend beschreibt, wie aus dem Patienten spätestens nach erfolgreicher Sedierung ein bloßer Körper wird, so dient die Reduktion des beschriebenen Gegenstands auf die beteiligten Körper ohne Zweifel auch dazu, den Gegenstand so zuzurichten, dass nur das Sichtbare sichtbar wird (vgl. Saake 2003). Interessant daran ist freilich, dass gerade diese Technik angewandt wird, um auf Unsichtbares aufmerksam zu machen – etwa die Instrumentalisierung des Patienten(körpers) oder der Schwester und ihres Körpers. Bourdieu würde dazu sagen: Es wäre ebenso falsch, in der Situation der Operation nur ein Strukturprogramm ablaufen zu sehen, wie es unangemessen wäre, das, was in einem Operationssaal geschieht, allein mit den Mitteln zu beschreiben, die man im Operationssaal vorfindet. Mit anderen Worten: *Auch eine praxissoziologische Perspektive muss mit Kontexten rechnen*, und zwar mit Kontexten, die weder einfach vorausgesetzt werden dürfen noch ebenso einfach beobachtbar sind wie das, was sich vermeintlich so einfach beobachten lässt.

Das Problem aller praxistheoretischen Sozialforschung besteht darin, jenen Ort systematisch zu beschreiben, an dem die »Wiederholung« geschieht, an dem jene Form aufbewahrt wird, an die sich Praxen halten. Sowohl in Meads pragmatistischer Perspektive als auch in der auf Schatzki basierenden Praxissoziologie sowie ihrer Garfinkelschen älteren Schwester bleibt dieser *Ort* der Wiederholung, der Kontext der Praxis ungeklärt. Das verweist darauf, dass die *Authentizität* der praxeologischen Beschreibung mit ähnlichen Mitteln erkauft wird wie Authentizität stets: damit nämlich, das, was unmittelbar sichtbar wird, als solches ernst zu nehmen. Die Chance für eine performative Form des Authentischen ist empirisch nur gegeben, wenn ein Sprecher an einen authentischen Satz mit der Anerkennung des Authentischen anschließt – forschungspraktisch wird hier mit der Anerkennung des Sichtbaren als des Charakteristischen angeschlossen. Das Sichtbare ist hier das Vernünftige – das Unsichtbare Ideologie.

Mit dem Unsichtbaren freilich ist nun fortzufahren. Der zweite Diskursstrang des soziologischen Diskurses der Moderne bleibt in einer Sackgasse stecken, wenn der Preis für die praxistheoretische *Kritik der authentischen Vernunft* der Verzicht auf die Beschreibbarkeit von Kontexten bleibt. Wer nur die Authentizität der *Äußerung*, also der Umkehrung innerer Befindlichkeiten in Äußeres in Form von Motiven, Intentionen und Einsichten, in die Authentizität des *Äußeren*, also des Sichtbaren verwandelt, begibt sich der Möglichkeit, die Kontexte konkreter Praxen beschreiben zu können. Gerade ethnomethodologisch wird gerne auf Teilnehmerperspektiven gepocht, auf Erfahrungen, die man mit einem Gegenstand machen muss, auf das ethnologische *going native*, das den Beobachter über die Teilnahme erst zu einem authentischen soziologischen Sprecher über seinen Gegenstand machen kann. Letztlich wiederholt sich hier das, was ich oben als die *Apologie des Authentischen* beschrieben habe – nur unter den Bedingungen, statt der Motive das Bewegte selbst für das Eigentliche zu halten. Es muss also um die Frage gehen, wie sich konkrete operative *Praxisgegenwarten* zu ihren Kontexten verhalten. Dies mündet in die Fragestellung einer *Kritik der operativen Vernunft*, die sich der *Temporalisierung des Besonderen* annimmt.

4. Kapitel
Die Temporalisierung des Besonderen: Kritik der operativen Vernunft

Es kommen immer wieder Zeitverhältnisse ins Spiel. Zum einen löst der zweite Diskursstrang, den ich vom amerikanischen Pragmatismus bis zur Praxissoziologie rekonstruiert habe, das Problem der sozialen Ordnung stets über *Gegenwarten*, d. h. über konkretes Geschehen, das stets und immer wieder in konkreten Gegenwarten stattfindet. Die Praxistheorie nimmt damit letztlich jene bereits aus der aristotelischen Ontologie stammende Idee auf, dass nur das, was je gerade ist, ein Sein hat (vgl. Phys. IV, 218a). Aristoteles hatte versucht, die Frage zu beantworten, ob die Zeit zum Seienden oder Nichtseienden gehöre. Und da etwas nur ist, wenn es gegenwärtig ist, kann aus dem Nacheinander von Jetztpunkten noch keine Zeit abgeleitet werden, weil man die Jetztpunkte ja nacheinander ansetzen müsste, was eine zeitliche Differenz jenseits der Jetztpunkte voraussetzen würde, denn woher wüsste man, dass das eine Jetzt *nach* oder *vor* dem anderen liegt? Schon Aristoteles kommt auf eine merkwürdig *pragmatistische* Lösung des Problems der Gegenwart, indem er einen *zählenden* Beobachter einführt. Er setzt jenseits der Zeit eine *Zahlstruktur* voraus, d. h. eine bereits strukturierte Reihe, deren kleinste Einheit die *Zwei* ist, denn nur sie ermöglicht bereits das Abzählen, das Unterscheiden, das selbst eine *Tätigkeit* ist, denn die Zahlenreihe als solche ist nur eine abstrakte Form. Aristoteles schreibt: »Man kann sich die Frage stellen, ob es die Zeit geben könnte, wenn keine Seele existierte; denn wenn es nichts geben kann, was überhaupt zu zählen vermag, so kann es auch nichts geben, zu dessen Abzählung es einmal kommen könnte; woraus folgt, dass es dann zweifellos auch keine Zahl geben kann.« (Ebd., 223a) Es ist bemerkenswert, dass bereits das ontologische Denken nicht umhin kommt, einen Kontinuität stiftenden Beobachter einzuführen, wenn es um die Beschreibung einer gegenwartsbasierten *Praxis* geht (vgl. dazu Nassehi 1993a, S. 19 ff.). Nun könnte man Aristoteles' Idee einer vorausgesetzten abstrakten Zahlenreihe als eine strukturalistische Figur lesen: Es bedarf einer festgelegten Struktur, damit sich eine Praxis entfalten kann. Freilich ist die Einführung des Beobachters als Zähler nicht zu unterschätzen. Jedenfalls macht diese Zeitkonstruktion – nur deshalb erwähne ich sie hier – darauf aufmerksam, dass sich allein mit der Beschreibung von Ereignisgegenwarten noch keine kontinuierliche Praxis beschreiben lässt, sondern dass es um die konkreten Anschlussbedingungen und Formen geht, die sogar bei der festgelegten Struktur einer Zahlenreihe eine »Seele« voraussetzen, die zählt.

Die Temporalisierung des Sozialen

Das theorietechnische Problem bei der Beschreibung aller gegenwartsbasierten Handlungsreihen ist die Frage, wie eine – um wiederum mit de Tarde zu sprechen – Wiederholung sich *als* Wiederholung identifizieren kann. Ich habe im zweiten Kapitel mit Mead darauf hingewiesen, dass es der pragmatistischen Handlungstheorie gelingt, die *requisite variety* in den Handlungsketten selbst zu verorten, in ihrer Anschlussfähigkeit, in ihrer praktischen Sukzession von Ereignissen. Das Problem ist nun, wie in diesem Sinne dann eine soziale *Zeit* im Sinne einer diskontinuierlichen Kontinuität hergestellt werden kann, die einerseits *Wiederholung* sichert, andererseits *Abweichungen* registrieren kann. Ebenfalls erwähnt habe ich die Funktion von Symbolen für Mead, denen er vor allem die Fähigkeit zuweist, zeitfeste Formen der Organisation von Handlungshemmungen bereitzustellen. Symbole und ihre Generalisierungen sind es also, die in der Lage sind, die Temporalität der gegenwartsbasierten Ereignisreihen zu sichern. Freilich sind Symbole, ebenso wie die Figur des »generalisierten Anderen«, theorietechnische Versuche, einerseits den Strukturalismus einer Top-down-Logik zu vermeiden, andererseits aber auch nicht der Naivität zu verfallen, die Temporalstruktur, die aller Praxis innewohnt, allein aus selbstgenügsamen Gegenwarten abzuleiten.

Neben den *Gegenwarten* sind es also *Vergangenheiten* im Sinne von sozialen Voraussetzungen für gegenwärtige Handlungssituationen und *Zukünfte* im Sinne kontingenter Möglichkeiten, die jeglicher Praxis zugrunde liegen. Dass es sich dabei um modalisierte Zeiten handelt – je gegenwärtige Vergangenheiten und Zukünfte –, versteht sich von selbst (vgl. dazu Nassehi 1993a, S. 59 f.). Es stellt sich soziologisch also die Frage, wie sich eine Theorie von Praktiken formulieren lässt, die beidem Rechnung trägt: der Unmittelbarkeit einer je gegenwärtigen Praxis *und* den sozialen Kontexten, die diese Praxen strukturieren. Der *practical turn*, wie er derzeit in der Soziologie inszeniert wird, setzt exakt an diesem Problem an, lässt aber letztlich die Frage der Struktur, der Einschränkung von Anschlussmöglichkeiten zwar nicht außer Acht, beantwortet sie aber doch vergleichsweise unterkomplex. Auf Regeln und kollektiv geteilte Muster zu setzen ist allzu konventionell, weil man die Genese solcher Regeln und geteilter Muster nicht systematisch soziologisch verfolgen kann. Und auf ein vor allem vorreflexives, schlafwandlerisches *Können* zu setzen, auf »tacit knowledge« (Collins 2001), geht nun mit dem Körper oder wenigstens den unmittelbar sichtbaren Vorgängen ähnlich um wie weiland die Theorie des Subjekts mit der inneren Unendlichkeit. Was *von* der Praxissoziologie zu lernen ist, ist die Wahrnehmung der Bedeutung der Gegenwart einerseits und eine empirische Sensibilität für konkretes Geschehen andererseits. *An* ihr kann man lernen, dass Gegenwarten in einem Kontext stehen, deren *Regeln* und *kollektive Muster* das Explanandum, nicht das Explanans sind. Schon Meads Pragmatismus gegenüber lässt sich einwenden, dass die Figur des »generalisierten Anderen« letztlich eine Verlegenheitslösung darstellt, exakt diesen Kontext nicht mit Bordmitteln beschreiben zu können – und Ähnliches gilt für alle Spielarten dessen, was als Praxissoziologie an die interaktionistische Tradition anschließt, ohne die bewusstseinsphilosophische und kulturalistische Variante der Sozialphänomenologie weiterzuführen. Weitgehend unberücksichtigt bleibt dabei das, was man mit dem Begriff der *Gesellschaft* belegen könnte. Damit findet sich der zweite Diskursstrang des soziologischen Diskurses der Moderne an dem Punkt vor, an dem auch Habermas neben der Persönlichkeit und der Kultur »Gesellschaft« als jene Komponente der Lebenswelt einführte, die für den Kontext sorgen sollte, in dem sich Sprechakte zu bewähren haben. Auf die allzu konventionelle Vorstellung der »Gesellschaft« als eines Diskursraums kollektiver Willensbildung habe ich hingewiesen.

Nimmt man die Praxissoziologie produktiv auf, kapriziert man sich zunächst auf *Gegenwarten* und stößt dann auf Kontexte, die diese Gegenwarten sowohl zeitlich als auch sachlich transzendieren. Anders als die Praxissoziologie stößt man dann nicht nur auf *Gegenwarten*, sondern auf eine *Gesellschaft*, in der diese Gegenwarten statthaben. Es deutet sich hier im Laufe meiner Rekonstruktion zum ersten Mal exakt das an, was sich im sechsten Kapitel als *Gesellschaft der Gegenwarten* als ein theoretisches und empirisches Programm entfalten wird.

Der soziologische Diskurs hat insbesondere zwei Theorieformen hervorgebracht, die sich *sowohl* für die Gegenwart der Praxis *als auch* für den gesellschaftlichen Kontext dieser Praxis über die konventionelle soziologische Unterstellung von Regeln, Normen oder kollektivierbaren Mustern hinaus interessieren. Es sind dies Pierre Bourdieus Strukturtheorie der Praxis und Niklas Luhmanns Theorie operativer sozialer Systeme. Beiden ist gemein, dass sie eine radikale *Temporalisierung des Sozialen* formulieren.

Auf den ersten Blick haben Bourdieus und Luhmanns Theorie wenig gemein, zumindest wenn man an jene Dichotomien denkt, die mit beiden Theorien üblicherweise assoziiert werden: Ungleichheits-/Klassendifferenzierung vs. funktionale Differenzierung; kritische vs. affirmative (bestenfalls: neutrale) Perspektive; Akteurstheorie vs. Systemtheorie; explizit politische Theorie vs. explizit nichtpolitische Theorie; auch: empirisch gesättigt vs. bloß theoretisch deduziert usw. Weniger lehrbuchstabilisiert dagegen erweisen sich die Theorien Bourdieus und Luhmanns in vielem als erheblich ähnlicher, als es zunächst den Anschein hat. Hier lassen sich auf den ersten Blick zunächst *drei Gemeinsamkeiten* herausstellen: *Erstens* gelingt es beiden, sich selbst, also: die Soziologie als Wissenschaft, auf dem Bildschirm ihrer soziologischen Bemühungen zu entdecken; *zweitens* stoßen beide durch ihre *praxeologische* bzw. *operative* Theorieanlage auf das Problem der Selbstanwendung, und schließlich *drittens* lassen sich diese beiden *praxeologischen/operativen* Theorien als theoretische Emanzipationsgeschichten lesen, und zwar als Emanzipationsgeschichten gegen starke Strukturtheorien, die das Besondere immer schon als Reflex auf eine allgemeine Struktur kennen. Im Falle Pierre Bourdieus ist das die Emanzipation vom Strukturalismus eines *Claude Lévi-Strauss*; im Falle Niklas Luhmanns die Abkehr vom Strukturfunktionalismus eines *Talcott Parsons*.

Das gemeinsame Bezugsproblem der beiden Theorien scheint in der Tat zu sein, dass sie den Strukturaufbau der sozialen Welt von der Top-down-Logik strukturalistischer bzw. strukturfunktionaler Theoriemuster zu befreien versuchen. Bourdieu wirft der strukturalen Anthropologie Lévi-Strauss' vor, mit ihren Strukturmodellen zum einen eine allzu widerspruchsfreie und geglättete Geschichte der sozialen Realität anzubieten. Die *Wahrheitsfähigkeit* dieser Geschichte sehe der Strukturalismus ausschließlich in seiner Logizität, in der jedes einzelne Element zum logischen Teil eines Ganzen gerät, das erst dann zu Ende erzählt ist, wenn sich noch das kleinste Detail innerhalb der Struktur als widerspruchsfrei erzählbar darstellt. Zum anderen wirft Bourdieu Lévi-Strauss vor, den Modellcharakter seiner Modelle »vergessen« zu machen und sie gewissermaßen zur Realität selbst zu erklären. »Von der Regelmäßigkeit, d. h. von dem, was in einer bestimmten, statistisch messbaren Häufigkeit geschieht, und der Formel zu ihrer Erklärung zum bewusst erlassenen und eingehaltenen *Reglement* übergehen oder zur *unbewussten Regulierung* durch einen mysteriösen zerebralen oder sozialen Mechanismus, das sind die beiden üblichsten Formen des schleichenden Übergangs vom Modell der Realität zur Realität des Modells.« (Bourdieu 1987, S. 75) Dabei hat Bourdieu vor allem im Blick, dass er die Strukturtheorie keineswegs durch einen Subjektivismus heilen möchte, den er ähnlich dem Strukturalismus lediglich als die Perpetuierung und Universalisierung eines »Modells« ansieht, das der »Intellektuelle« offensichtlich von sich selbst habe: eines »Ultrasubjektivismus« eines Subjekts, »das den Sinn der Welt jeden Augenblick neu erschafft und Konstantheit und Kontinuität nur in der Treue zu sich selbst findet« (ebd., S. 87), wie Bourdieu den Existentialismus Jean-Paul Sartres paraphrasiert. Sowohl der »Objektivismus« als auch der »Subjektivismus« seien beide nicht in der Lage, Subjektivität, also den Handelnden selbst, in seinen sozialen Bezügen zu verstehen. Bourdieu schlägt dagegen vor, als eigentlichen Gegenstand der Sozialwissenschaften weder die angeblich »objektiven«, dem Akteur vorgeordneten Strukturen zu untersuchen, noch das Phantasma einer angeblichen intentionalen, reflexiven und sich selbst transparenten Kraft der Akteure. Die Formel zur Auflösung dieser Dichotomie heißt bei Bourdieu »Praxis«. Wiederum gegen den Strukturalismus betont Bourdieu, dass die Praxis eine je eigene Logik entfalte und keineswegs so etwas wie eine »Logik der Logik« (ebd., S. 157) beinhaltet, die der Praxis ganz und gar transzendent sei. Seiner eigenen empirischen Forschungspraxis geschuldet, erkennt Bourdieu an, dass es gerade die situativen Praxisformen sind, die sich keineswegs konsistent der Logik *der* Logik fügen, die den Akteur in seinem Verhalten hervorbringen und die der Akteur durch sein Verhalten hervorbringt. In der Figur des Habitus verdichtet sich für Bourdieu denn auch die Idee, dass der Akteur das, was er tut, zwar selbst vollbringt, dass er sich aber vorreflexiv immer schon in einer Struktur vorfindet, die ihn das tun lässt, was er tut. Nun legt diese Formulierung es nahe, darin doch eine *strukturalistische* Figur entdecken zu sollen – und letztlich ist auch Bourdieus Theorie ein Strukturalismus.

Wogegen sich Bourdieu letztlich wehrt, ist die strukturalistische *Methode*, die sich eher für die kulturelle Repräsentation, besser: die kulturelle Repräsentierbarkeit einer »wissenschaftlich« widerspruchsfreien Geschichte interessiert und die konkrete Praxis des Untersuchungsgegenstandes dieser Geschichte subordiniert. Bourdieu dagegen ist es darum zu tun, die Struktur in den konkreten *Praxis*formen aufzufinden und die Praxis selbst als dasjenige Vehikel zu sehen, in dem und durch das Strukturen sich reproduzieren – und das erfordert eine Theorie, die sich fürs Empirische interessiert. Vielleicht liegt darin jene Koketterie begründet, die Bourdieu stets an den Tag legt, wenn er sich als einen Soziologen mit nur sekundären Theorieinteressen beschreibt, und womöglich lässt sich darin die Hegemonie des Strukturalismus im französischen Denken erkennen, die Theorie mit Strukturdenken gleichsetzt.

Wiewohl die Selbstbeschreibung Luhmanns ganz anders ausfällt, ist sein Ausgangspunkt sehr ähnlich. Wie Bourdieu gegen das Erbe Lévi-Strauss' die Idee der *praktischen* Genese der Struktur zur Geltung bringt, hat Luhmann mit der Betonung der Funktion vor der Struktur gegen Parsons ebenfalls die praktische, die *operative* Genese von Strukturen betont. Luhmann kritisiert an Parsons, dass er das, was er letztlich theoretisch beschreiben müsste, in der Beschreibung voraussetzt. Zeigen lässt sich das am Beispiel der Situation doppelter Kontingenz. Parsons hatte mit diesem Gedankenspiel gezeigt, dass es zu sozialem Handeln erst dann kommen kann, wenn eine solche Situation asymmetrisiert wird. Wenn also der eine Akteur sein Verhalten von dem des anderen abhängig macht, wie dieser sein Verhalten von jenem, erstirbt die Situation letztlich in einer homöostatischen Selbstblockade, wenn nicht ein Moment Asymmetrie für einen Anfang sorgt, der Fortsetzungen ermöglicht. Parsons sah sich angesichts dieser iedaltypischen Situation der doppelten Kontingenz auf eine bereits bestehende Form der Asymmetrie verwiesen, die sich in erster Linie *normativ* niederschlägt. Die Bedingung der Möglichkeit sozialen Handelns, so lernt Parsons aus seinem Gedankenexperiment, verweist auf die funktionale Notwendigkeit normativer Strukturierung, besser: normativer Integration, die den einzelnen Handelnden die Möglichkeit gibt, sich an Handlungsmuster zu halten, die weit über die konkrete Situation hinausgehen.

Die Auflösung dieses Problems ist paradigmatisch für die strukturell-funktionale Theorie, die letztlich auf der Suche nach einem der Empirie konkreter Situationen transzendenten Funktionenset war – und die normative Auflösung der Situation doppelter Kontingenz sorgt gewissermaßen für die *strukturelle* Seite einer je situativ *funktionalen* Lösung. Luhmann hat bereits in den 70er-Jahren, also 15 Jahre vor seiner Integration der allgemeinen Theorie selbstreferentieller und autopoietischer Systeme in seine Soziologie, vor allem gegen dieses Modell opponiert. Die allseits bekannte Formulierung, die *Funktion* theoretisch vor die *Struktur* zu setzen (vgl. Luhmann 1970, S. 113 ff.), meinte nichts anderes, als die Struktur eines sozialen Systems empirisch offen zu halten, indem man zunächst Handlungen nicht danach beurteilt, *welche der bereits bekannten Funktionen* sie abarbeiten, sondern wie sie selbst einen Problemhorizont entfalten, den sie funktional lösen, und wie daraus durch Wiederholung, Bewährung und Neujustierung Strukturen (Selektion, Variation, Restabilisierung) entstehen.

In der späteren Theorieentwicklung betont Luhmann dann mit seiner ereignistheoretischen Soziologisierung der Theorie autopoietischer Systeme noch stärker den dynamischen, den operativen Aspekt der Emergenz sozialer Ordnung. Soziale Systeme werden als gegenwartsbasierte Systeme konzipiert, deren Struktur sich je in einer Gegenwart bewähren muss. Es sind die jeweiligen konkreten, je gegenwärtigen Ereignisse, in die Luhmann die Reproduktion *autopoietischer* Systeme lokalisiert. Diese radikal *operative* Theorieanlage setzt die Einzelereignisse sozialer Systeme freilich in einen relationalen Zusammenhang. Jedes Ereignis referiert auf vorherige Ereignisse, auf Erwartungen und Strukturen, die freilich nur in den Ereignissen selbst sichtbar werden. In diesem Sinne sind soziale Systeme *selbstreferentielle* Systeme, indem jegliche Kommunikation an Kommunikation anschließt und nicht als die Entäußerung einer objektiven Systemstruktur erscheint. Luhmanns Theorie selbstreferentieller Systeme ist noch mehr als die frühere Variante einer funktional-strukturellen Systemtheorie eine Theorie, die Systeme nicht für stabile Strukturzusammenhänge hält, sondern sich gerade für den Strukturaufbau von Systemen interessiert (vgl. Luhmann 1984).

Was Luhmann und Bourdieu also verbindet, ist zum einen die Erfahrung, dass Theorien mit allzu starken Strukturvorgaben den theoretischen Blick und die empirische Sensibilität für die Entstehung und Perpetuierung von Strukturen trüben. Zum anderen reagieren sie ähnlich auf diese Erfahrung: Sie antworten nicht mit individualistischen Theoriemitteln, die sich eher für die Kreativität von Akteuren interessieren, wie in sozialen Strukturen zu überleben sei. Und sie reagieren auch nicht wie die Ethnomethodologie oder die Praxissoziologie mit einer schlichten Ausklammerung von Strukturen, die nicht unmittelbar *sichtbar* sind. Sie erzeugen damit eine ganz andere Idee von *Sichtbarkeit*, die mit wenigstens unmittelbar unsichtbaren gesellschaftlichen Kontexten rechnet. Sie lassen die Seite der Struktur nicht unterbestimmt – im Gegenteil, und gerade deshalb ziehen beide die Unterscheidung *individualistischer* und *objektivistischer* Theorieformen ein. Beide negieren diese Unterscheidung, indem Einzelereignisse, Kommunikationen, Handlungen, Praxis als Entfaltung konkreter Situationen interpretiert werden, deren Relationalität mit anderen Einzelereignissen, Kommunikationen, Handlungen, Praxen Ordnung erzeugt. Wie Bourdieu die soziale Struktur ausschließlich in der Praxis der Akteure will auffinden können, zählen für Luhmann nur die konkreten Operationen, in denen und durch die sich soziale Systeme kontinuieren und selektiv einschränken. Die Kritik des Strukturalismus bzw. des Strukturfunktionalismus provoziert also bei beiden nicht eine Antwort, Strukturen zugunsten von *Operationen*, *Ereignissen* oder *Praxis* unterbestimmt zu lassen. Vielmehr setzen beide auf die Linearität von Ereignisreihen, *in denen* sich soziale Strukturen nicht nur zeigen, sondern auch reproduzieren. Ganz ähnlich wie Luhmann soziale Systeme als das Nacheinander je gegenwärtiger Ereignisse beschreibt (vgl. Luhmann 1984, S. 388 ff.), macht Bourdieu darauf aufmerksam, Praxis sei eine »dem Wesen nach lineare Reihe« (Bourdieu 1987, S. 152) – beides freilich in einem *gesellschaftlichen* Kontext, der nicht einfach vorausgesetzt wird, sondern das eigentliche soziologische Problem darstellt. In dieser Theoriefigur

Verhältnis einfach umzukehren. Es geht beiden darum, einen Sensus für die operative Genese und den operativen Vollzug des Sozialen ohne eine rein interaktionistische Reduktion der Gesellschaft zu ermöglichen. Anders als Bourdieu freilich ist Luhmanns Theorie erheblich voraussetzungsloser gebaut. Bourdieus Perspektive oszilliert in eigentümlicher Weise zwischen einer Teilnehmer- und einer Beobachterperspektive – darin ist er im Habitus etwa Jürgen Habermas erheblich näher. Bourdieu stilisiert sogar seine eigene akademische Biografie als soziologisierbaren Sachverhalt – der Außenseiter aus der Provinz, der weder geografisch noch von der Klassenzugehörigkeit her gesehen dort erwartet werden dürfte, wo er in seiner Karriere ankam: an zentraler Stelle am *Collège de France*. Bourdieu war stets an den strukturellen Restriktionen für die Strategien von Akteuren interessiert – oder sollte man sagen: an den strategischen Möglichkeiten, die gerade solche Restriktionen bereithielten? Nicht nur sich, gleich die gesamte Soziologie positioniert Bourdieu in eine Außenseiterposition der Wissenschaft (vgl. Bourdieu 1985; 2002). Bourdieu wird nicht müde, immer wieder ihre den »Herrschenden« unangenehme Position zu betonen. Auch die Beobachtung der *eigenen* Praxis geht davon aus, dass Praxis stets eine Praxis ist, die herrscht oder beherrscht wird, die kämpft und darin gewinnt oder verliert – und damit macht sie auf *gelingende* Sozialität in der Weise aufmerksam, dass sie nach Bedingungen sucht, in denen Handlungspotentiale auch für jene entstehen, denen der soziale Raum in erster Linie als Zwangsmechanismus erscheint, anders als denen auf den »besseren« Plätzen, denen der soziale Raum »wie von Ferne« erscheint (vgl. Bourdieu 1987, S. 53). Und wo Bourdieu eine Beobachterposition einnimmt, bekommt er eben nur den *sozialen* Sinn aller Ordnungsbildung in den Blick, der aufgrund seiner alleinigen Frageperspektive in der Sozialdimension den Beobachter stets auf eine Teilnehmerperspektive festlegt. Dahinter geht keiner der Texte Bourdieus zurück, nicht einmal diejenigen, die exakt dies thematisieren, und insofern bilden sie letztlich die *inkorporierte* Prädisposition ihrer selbst.

Die Systemtheorie dagegen beginnt anders. Luhmann gefällt sich in der Rolle des ironisch distanzierten Beobachters, der jene Kritik- und Entlarvungsbedürfnisse eines akademisch-intellektuellen Publikums ebenfalls bedient – aber explizit *ex negativo*. Auch die Systemtheorie interessiert sich für das *Gelingen* von Sozialität, ist letztlich jene Überwindung der Dichotomie von Objektivismus und Subjektivismus angelegt, um die sowohl Bourdieu als auch Luhmann ringen. Dass ein Einzelereignis immer das Einzelereignis eines Bewusstseinsstroms ist, stellt Husserl (1980) – auf den sowohl Bourdieu (vgl. 1987, S. 152) als auch Luhmann ohnehin Bezug nehmen – plausibel so dar, dass die jeweilige *urimpressionale Gegenwart* eine jeweilige Perspektive erzeugt, aus der heraus sich der Bewusstseinsstrom *für ihn selbst* darstellt. Soziologisch bedeutsam ist an dieser Figur die Idee, dass der Ordnungsaufbau eines sozialen Geschehens radikal an der *echtzeitlichen Gegenwartsperspektive des Sich-Ereignens* hängt.

Habitus und *blind spots*

Was Bourdieu als *Praxis* beschreibt, darf nicht nur als eine Art Entgegenkommen dem Gegenstand gegenüber gelesen werden, sondern entfaltet in der Tat die Struktur eines Feldes *in der Praxis* der darin Verstrickten. Anders als der Strukturalismus klassischer Prägung sieht Bourdieu hier weniger ein theoretisch beschreibbares Programm praktisch ablaufen, sondern die Praxis ist selbst jene Struktur, die durch sie erst ermöglicht wird. Und was Luhmann als *Ereignis* beschreibt, stellt ebenfalls darauf ab, dass soziale Systeme keineswegs als starre Muster der Relation von Elementen anzusehen sind, auch nicht als Superstrukturen, die Ereignisprogramme ablaufen lassen. Soziale Systeme werden vielmehr als Ereignisreihen konzipiert, die sich *selbst* in ihrer ereignishaften Dynamik stabilisieren.

Das gemeinsame Bezugsproblem ist jenes *Selbst*. Luhmanns und Bourdieus Systemtheorie und Strukturalismus nehmen beide Abstand von Theoriemuster die man zunächst von Systemtheorie und Strukturalismus erwartet. Weder Systeme noch Strukturen gelten hier als eine Art objektive Wirklichkeit, als deren Entäußerung das Besondere nur anzusehen sei. Vielmehr geht es beiden um die *Dynamisierung* von Systemen und Strukturen. Sowohl die *ereignistheoretische* Perspektive Luhmanns als auch die *praxistheoretische* Soziologie in Bourdieus Sinne sind *operative Theorien*, die Ganzheiten als Folge emergenter Operationen ansehen und die *als Ganzheiten* nur einem Beobachter zugänglich sind – etwa einem wissenschaftlichen

Beobachter, der sich freilich nicht nur für die vordergründige Sichtbarkeit interessiert, sondern für den Anschlusszusammenhang, *in dem* Praxis möglich ist. Exakt deshalb interessieren sich sowohl Bourdieu als auch Luhmann für die *operative Dekonstruktion* von Strukturen.

Die angedeuteten Ähnlichkeiten zwischen Bourdieu und Luhmann sind bemerkenswert – bemerkenswert insofern, als die beiden Soziologen mit völlig unterschiedlichem Theoriehabitus auftreten, auf dessen Gründe ich sogleich zu sprechen kommen werde. Zuvor sei noch auf eine Ähnlichkeit aufmerksam gemacht, die sich aus der Umstellung auf eine *operative* Theorieanlage ergibt. Auch hier lässt sich der theoriekonstruktive Schlüssel bereits in Husserls *Phänomenologie des inneren Zeitbewußtseins* finden (vgl. Husserl 1980). Der – aus der Tradition der Bewusstseinsphilosophie allseits bekannte – besondere Clou dieser operativen Theorieform besteht darin, dass die Struktur einer Ereignisreihe tatsächlich nur in den Ereignissen aufgefunden werden kann, die in ihrem Nacheinander einen Referenzraum erzeugen. Die jeweilige Gegenwart – Husserl nennt sie ausdrücklich *urimpressional* – ist demnach nicht reflexiv gegeben, sie ist für sich selbst blind und liegt dann einem Beobachter (der das nächste Ereignis sein kann) immer nur als Resultat vor. Insofern spielen für Luhmann die Idee des *blinden Flecks* und für Bourdieu die Figur des *Habitus* theorietechnisch dieselbe Rolle.

Sowohl Bourdieu als auch Luhmann dezentrieren die jeweilige Handlung/Kommunikation insofern, als sie sie der Dynamik der Situation, des Systemzustands, der sozialen Struktur eines Feldes, einem sozialen Sinn zurechnen. Damit wehren sich beide gegen den Kategorienfehler intentionalistischer Handlungstheorien. Diese führen *einerseits* Handlungen auf die Intentionen, Präferenzen oder Handlungspläne individueller Akteure zurück und unterschätzen damit *andererseits* die soziale Genese solcher Intentionen – selbst wenn dies schon seit Mills' Weber-Diskussion als geklärt gelten kann (vgl. Mills 1940). Es zeichnet *operative Theorien* besonders aus, dass sie die Eigendynamik und den sozialen Sinn von Handlungsketten und Ereignisreihen von den Selbstbeschreibungen trennen, die in Form von Motiven, Präferenzen und Intentionen oder auch gepflegten Narrationen selbst Teil jener Dynamik sind, die sie beschreiben. Wie sich Bourdieu darüber wundert, dass sein Gegenstand ein Gegenstand sei, der über sich selbst reflektieren kann, der die Welt thematisiert und nicht einfach vorfindet (vgl. Bourdieu 1987, S. 246), so pflegt Luhmann Selbstbeschreibungen und -thematisierungen nicht als ein Äußeres aufzufassen, sondern als Teil jener Dynamiken. Exakt daraus ergibt sich das Problem des *blinden Flecks*. Akteure, Ereignisse, Handlungen, Kommunikationen finden sich immer schon vor, sind selbsttragende Phänomene, die in ihrer Dynamik nur dann zu durchschauen sind, wenn man sie nicht einer präsupponierten *Struktur* oder einem vorausgesetzten *System* zurechnet. Vor dieser Gefahr warnen beide Theorieformen.

Der *blinde Fleck* in Luhmanns Theorie dient als Metapher dafür, die erklärende Kausalkette für Ereignisse zu unterbrechen, um die Ereignishaftigkeit des Geschehens angemessen zu würdigen. Interpretiert man etwa das, was in der Soziologie üblicherweise *Handlung* heißt, intentionalistisch oder rationalistisch, so wird die Handlung auf ein Motiv, eine Präferenz oder eine Intention zurückgeführt, die letztlich verdecken soll, dass auch diese Motive, Präferenzen oder Intentionen Teil derjenigen Dynamik sind, die gerade erklärt werden soll. Es scheint aber immer noch plausibler zu sein, die motivationale *Innenwelt* des Handelnden für weniger voraussetzungsreich zu halten als das Auftreten der Handlung innerhalb eines Handlungsraumes selbst. Insofern dient der Rekurs auf jene inneren Repräsentationen der Handlung letztlich der Verdeckung jener Dynamik, die im Sozialen selbst aufgefunden werden soll. Streicht man dies, stößt man auf den blinden Fleck, auf jene Voraussetzung, die einem Ereignis selbst nicht ansichtig werden kann, weil dies wiederum eine Beobachtung, ergo: ein Ereignis voraussetzen müsste. Der *blinde Fleck* ist also eine Chiffre für den Vorrang der Dynamik vor der Struktur, im Sprachgebrauch des frühen Luhmann: für den Vorrang der *Funktion* vor der *Struktur*. Das eigentlich Innovative der luhmannschen Systemtheorie besteht dann darin, dass der Hinweis auf jene Selbstvoraussetzung auf Paradoxien aufmerksam macht – aber nicht auf Paradoxien im Sinne einer in sich widersprüchlichen Welt, die irgendwie *aufgehoben* werden müssten. Diese Paradoxien sind keine *Strukturstörungen*, die nach Synthesen streben. Es kommt vielmehr darauf an, wie diese Paradoxien *praktisch entfaltet werden*, wie also Systeme damit umgehen, die Kontingenz ihrer eigenen Möglichkeit unsichtbar zu halten. Die *Entfaltung von Paradoxien* meint nichts anderes als den je praktischen Versuch sozialer Systeme, sich selbst *in* und *durch* ihre Praxis zu plausibilisieren und Anschlussmöglichkeiten einzuschränken (vgl. Luhmann 1990a; 1993).

Etwas Ähnliches hat Bourdieu mit der theoretischen Konstruktion des *Habitus* im Blick. Der Habitus ist – aus der Perspektive des Handelnden gesehen – tatsächlich die *blinde* Voraussetzung des Handelnden. Bourdieu wehrt sich mit diesem Konzept gegen die Unterstellung der Selbsttransparenz des »rationalen« Akteurs (vgl. Bourdieu in Bourdieu/Wacquant 1996, S. 159). Das Konzept des Habitus dagegen versucht zu zeigen, dass das *Handeln* ein Geschehen ist, dessen *sozialer Sinn* die sinnhaften Reflexionen des Handelnden weit übersteigt. Bourdieu formuliert: »Weil die Handelnden nie ganz genau wissen, was sie tun, hat ihr Tun mehr Sinn, als sie selber wissen« (Bourdieu 1987, S. 127) – und dieser Sinn liegt im *Habitus* begründet, in einer Verhaltensdisposition, die dem Handelnden offensichtlich *vorreflexiv* gegeben ist und der soziale Räume/Felder entstehen lässt, in denen der Habitus sich im Sinne bestimmter Anschlussfähigkeiten geradezu *aufzwingt*. Der Habitus, so die Quintessenz Bourdieus, wird nicht *gewählt*, sondern er stellt die *Grundlage allen Wählens* dar. Nun hört sich dies doch sehr verdächtig *strukturalistisch* an – der Habitus, besser: die Habitus wären dann die Programme, die sich *in praxi* entfalten und deren Entfaltung geradezu *blind* und *unbegriffen* erfolgt. Allein, würde man Bourdieu so lesen, bliebe man doch in der billigen theoretischen Kontextur von *Individualismus* und *Kollektivismus* gefangen, die er ja gerade überwinden will. Ich sehe in Bourdieus Habitus-Konzept vielmehr eine ähnliche Reaktion auf ein theoretisches Bezugsproblem, wie Luhmann es systemtheoretisch löst: die durch operative Praxis selbst erzeugte Form sozialer Ordnung zu beschreiben.

Zunächst ist zu betonen, dass Bourdieus Perspektive der Praxissoziologie, wie ich sie oben kurz dargestellt habe, durchaus ähnlich ist. Auch Bourdieu dezentriert den Akteur in Richtung seiner körperlichen Sichtbarkeit, auch Bourdieu sieht Praxis als ein Bündel von Ereignissen, die vorreflexiv aufeinander bezogen sind, weswegen sich die Körpermetapher auch hier bewährt. Was Bourdieu meines Erachtens freilich im Vergleich zur Ethnomethodologie ebenso wie im Vergleich zur Praxissoziologie etwa Schatzkis auszeichnet, ist sein Sensus dafür, dass das, was an den Körpern geschieht, einen *sozialen Sinn* hat, der über die Praxis hinausgeht.

Wenn Bourdieu formuliert, das Handeln der Akteure habe mehr Sinn, als sie wissen, so ist das nicht nur darauf gemünzt, dass die Akteure nicht nur »bewusst« und »intentional« handeln. Es meint auch, dass der Sinn einer Handlung sich nur *in einer Gesellschaft* entfalten kann, die den Boden darstellt, auf dem etwas einen Sinn haben *kann*. Die Attraktivität der Soziologie Bourdieus besteht darin, in aller Radikalität ernst zu nehmen, dass sich soziale Ordnung je aus der Perspektive konkreter Akteure und Aktionen erschließt – und zwar sowohl im Sinne des soziologischen Beobachters, der sich auf die Praxis der jeweiligen *settings* beziehen muss, als auch im Sinne des Gegenstandes selbst, der sich auch vor sich selbst nur als Praxis erschließt. Eine »Theorie der Bedeutung des Eingeborenseins« (Bourdieu 1987, S. 40) strebt Bourdieu an, was darauf gemünzt ist, die Alternativlosigkeit des Eingebettetseins in eine Struktur zu beschreiben und zugleich die Freiheitsgrade und strategischen Möglichkeiten in Betracht zu ziehen, die sich einem Akteur innerhalb einer solchen Struktur praktisch bieten. Damit wendet sich Bourdieu dagegen, die Regeln der Praxis als etwas anderes als die Praxis selbst anzusehen. Das ändert dann auch die Praxis des soziologischen Beobachters, der die deduzierte *Erzeugungsformel* nicht wie einen allgemeinen Algorithmus behandeln darf, wie es der Strukturalismus üblicherweise ansetzt. Bourdieu schreibt: »Wenn den Praktiken die Erzeugungsformel zugrunde läge, die man zu ihrer Erklärung konstruieren muß, d. h. eine Gesamtheit von zugleich selbständigen und schlüssigen Axiomen, wären nach völlig bewussten Erzeugungs*regeln* hervorgebrachte Praktiken bar allem, was sie eigentlich als Praktiken definiert.« (Ebd., S. 28) Das freilich kann man erst sehen, wenn man Praktiken nicht eine allgemeine Struktur von Klassifikationen überstülpt, etwa die Verwandtschaftsstrukturen des klassischen Strukturalismus, die Grenznutzenidee des Utilitarismus, ein Funktionenset im parsonsschen Sinne, den anthropologischen Protestantismus der Sozialphänomenologie, die auf selbst aufklärende Reflexivität des Subjekts setzt, oder eine Klassentheorie, die immer schon weiß, nach welchen Parametern Klassen sich unterscheiden. Es bedarf also eines *empirischen* Blicks auf die *empirische* Genese jener Kategorien, die in der Praxis sich ereignen, nicht eines »scholastischen Epistemozentrismus« (Bourdieu 2001a, S. 68), der die Welt mit seinen eigenen Konstruktionen verwechselt. Der scholastische Blick erspare sich »das methodische

Infragestellen der Differenz zwischen dem theoretischen und dem praktischen Blickpunkt« (ebd., S. 70), was dann auch zur Konsequenz hat, dass man nicht sehen kann, dass auch der theoretische Blick eine *Praxis* ist. Insofern lässt sich Bourdieus *Theorie der Praxis* als eine *Theorie der Empirie* rekonstruieren: »Immer wieder betont Bourdieu, dass nicht eine Klassifikation sozialer Akteure ein entsprechendes Verständnis des Sozialen ermöglicht, sondern nur der Blick auf die Bedingungen klassifikatorischer Unterscheidungen. Und eben dies kann man – folgt man Bourdieu – nur sehen, wenn man tatsächlich empirisch forscht, wenn man im Alltag beobachtet, wie sich Handeln aus den Möglichkeiten der jeweiligen Situation ergibt, wenn man sich einen Eindruck davon verschafft, wie vertraut sich andere in einem Umfeld bewegen, das einem selbst sehr fremd ist.« (Saake 2004, S. 91) Bourdieus Theorie der Praxis interessiert sich also *einerseits* dafür, wie sich Praxen von selbst entfalten, *andererseits* aber auch für die Logik jener Struktur, in der diese Entfaltung stattfindet. Erst auf diesem Hintergrund bekommen dann die Klassifikationsschemata, über die auch Bourdieus Theorie verfügt, ihren theoretischen Sinn – Felder etwa oder Kapitalien.

Nun ist es freilich kein Zufall, dass Bourdieu die *Blindheit* der Voraussetzung des Handelnden weniger in der sozialen Dynamik selbst lokalisiert. Wo bei Luhmann letztlich ein epistemologisches Argument ausgeführt wird, das im Hinblick auf *blind spots logisch*, i. e. über die *Entfaltung von Paradoxien*, aufgelöst wird, kommt bei Bourdieu der Körper ins Spiel. Dass Bourdieu sowohl metaphorisch als auch material immer wieder den Körper, das Inkorporierende und Inkorporierte des Habitus betont, scheint mir auf zweierlei hinzuweisen: *zum einen* dient der »Körper« dazu, die nicht-intentionalistische Struktur des Handelns und der gesamten Verhaltensdisposition zu betonen. Der Habitus sei die *inkorporierte* soziale Struktur – und der Hinweis auf diese Kognition des Körpers ist auch ein Hinweis darauf, dass es Bourdieu vor allem darum zu tun ist, den Akteur zu dezentrieren, das intellektualistische Selbstmissverständnis des für sich selbst transparenten, über sich verfügenden und die Welt zum Objekt seiner Subjektivität machenden Heldenakteurs, der – um mit Freud zu sprechen – *Herr im eigenen Haus* sei. Der *Körper* hat hier also eine ganz ähnliche Funktion wie in der oben beschriebenen Praxissoziologie. Auch bei Bourdieu ist er nicht nur das physikalisch-materielle Substrat eines räumlich vorkommenden Akteurs, sondern auch eine Chiffre für etwas Vorfindbares, das man schwer negieren kann, das einfach *da* ist. Der Körper steht für ontologisches So-Sein, das sich der paradoxalen, selbsttragenden Dynamik entzieht – zumindest aus der Perspektive des Akteurs: »Was der Leib gelernt hat, [...] das ist man.« (Bourdieu 1987, S. 135) Der Körper kennt – anders als Kommunikation – das *Nein* nicht, das es der Kommunikation erlaubt, zu negieren und doch weiter zu kommunizieren. Der »Körper« – sowohl in metaphorischer als auch in materialer Gestalt – dient Bourdieus Habitus-Theorie dazu, die nicht-intentionalistische Struktur der *Überraschung* der Praxis durch sich selbst auf den Begriff zu bringen. *Handeln* erscheint (zumindest einer solchen Beobachtung) hier letztlich als *Erleben*, was Bourdieus Orientierung am Bezugsproblem der *Emergenz sozialer Strukturen aus der Praxis* betont.

Zum anderen macht der »Körper« aber auch darauf aufmerksam, wie sehr Bourdieus gesamte Theorie letztlich am Handelnden, am Akteur hängt. Er dekonstruiert zwar – wie die Systemtheorie – den Akteur als Effekt der sozialen Dynamik, so dass seine Handlungstheorie letztlich nicht handlungstheoretisch daherkommt. Aber zugleich lokalisiert er die Dezentrierung des Akteurs in ihm selbst, in seinem Körper, der ihm ebenso blind vorausgesetzt ist wie die epistemologische Voraussetzung jeder selbst tragenden Struktur, wie Luhmann sie beschreibt. Anders als die Systemtheorie vermag die Habitustheorie freilich nicht vom Akteur als zentraler Figur lassen zu können und siedelt seine Voraussetzung dort an, wo ihn die cartesianische Tradition nie vermuten durfte – am Körper, an der *res extensa*, was wiederum als begriffstechnischer Hinweis auf den geradezu inflationären Gebrauch der *Raummetapher* bei Bourdieu gelesen werden kann.

Die Raummetapher dient freilich auch dazu, genau zu bestimmen, dass Praxis immer an einem Ort – und das heißt auch: immer zu einer bestimmten Zeit – stattfindet, und zwar an einem Ort, der sozial durch das Feld strukturiert ist, in dem geschieht, was geschieht. Der Handelnde wird hier nicht in erster Linie als ein mit einer quasi autonomen Innenwelt ausgestatteter Handlungsträger modelliert, nicht einmal als *Mensch*, gemahnt das doch an die Scholastik vorstrukturierter Analysekategorien, nicht als autonomes *Subjekt*, nicht als der *Ursprung* sozialen Sinns. All diese Zurechnungsformen bewegen sich innerhalb des cartesianischen

Rahmens, indem sie auf Kognitionen, Repräsentationen, Volitionen und Intentionen bauen, deren innere Unendlichkeit gewissermaßen den Ort darstellt, von dem her sich die Sinnhaftigkeit von Operationen erklären lässt. Bourdieu wendet sich davon radikal ab; er konzipiert in einer schönen Formulierung »das Individuum wie das Elektron [als] eine *Ausgeburt des Feldes*« (Bourdieu in Bourdieu/Wacquant 1996, S. 138). Aber er orientiert sich theoretisch dann doch am Akteur, der aber nicht als Ursprung, auch nicht als Effekt, sondern als Element einer sozialen Dynamik angesehen wird. Dass Bourdieu all dies »im Körper der Akteure und in der Struktur der Situation« (Bourdieu 1998, S. 7) lokalisiert, ist ein Hinweis darauf, dass der Akteur nach wie vor gebraucht wird, aber theoretisch entthront werden muss – aus dem Heldensubjekt wird der Körper, der an einem Ort, zu einer Zeit vorkommt.

Die praktische Logik ist diejenige einer konkreten empirischen Bewährung von Möglichkeiten. Wieder treffen wir hier auf das pragmatistische Motiv, das die Erfahrung und das Bewusstsein, den Handlungsentwurf und die Orientierung an Erwartungen dem Handeln selbst entnimmt – und Motive, so sie denn relevant werden, gewissermaßen als Teil des Explanandums auffasst und nicht als Explanans. Bourdieus Figur des *sozialen Sinns* geht ganz ähnlich wie Meads Pragmatismus davon aus, dass es die konkrete Handlungsgegenwart ist, in der Strukturgenese und Strukturerhaltung gewissermaßen zusammenfallen. Das gilt letztlich auch für de Tardes Paradigma der »Wiederholung«, der eine jeweilige Vergegenwärtigung des strukturellen Aspekts des Sozialen inhärent ist. Eine Wiederholung muss konkret geschehen, um Kontinuität zu erzeugen. Das Problem des *sozialen Sinns* ist also ein *Zeitproblem*. Mead schreibt in der *Philosophie der Sozialität*: »Zeit ist also die Erfahrung inhibierten Handelns, in der das Ziel als erreichtes Ziel dadurch gegenwärtig ist, dass das Individuum die Einstellung der Kontakt-Reaktion einnimmt und so die zwischen Anfang und Ende der Handlung vorkommenden Ereignisse nur in ihrer abstrakten Eigenschaft als ›passierende‹ Ereignisse gegenwärtig sein läßt.« (Mead 1969, S. 167) Es entsteht dabei so etwas wie ein *Zeitbewusstsein des Handelns* (vgl. dazu Nassehi 1993a, S. 127), d. h. eine auf die Gegenwart der Praxis bezogene Perspektive, die gerade in der Handlungshemmung das *Bewusstsein der Situation* erzeugt – mit Bourdieu würde man wohl sagen: Strategien, um sich im Feld bewegen zu können. Nur auf den ersten Blick scheinen folgende Sätze Bourdieus denen Meads zu widersprechen: »Die Idee der praktischen Logik als einer Logik an sich, ohne bewusste Überlegung oder logische Nachprüfung, ist ein *Widerspruch in sich*, der der logischen Logik trotzt. Genau nach dieser paradoxen Logik richtet sich jede Praxis, jeder *praktische Sinn*: gefangen von dem, *um was es geht*, völlig gegenwärtig in der Gegenwart und in den praktischen Funktionen, die sich in dieser in Gestalt objektiver Möglichkeiten entdeckt, schließt die Praxis den Rekurs auf sich selbst (d. h. auf die Vergangenheit) aus, da sie nichts von den sie beherrschenden Prinzipien und den Möglichkeiten weiß, die sie in sich trägt und nur entdecken kann, indem sie sie ausagiert, d. h. in der Zeit entfaltet.« (Bourdieu 1987, S. 167) Das meint keineswegs, dass die Praxis vollkommen blind für sich wäre. Es bedeutet lediglich, dass sich *Sichtbarkeit* nur *praktisch* einstellen kann.

Die Empirisierung des theoretischen Blicks, wie man ihn Bourdieu, aber auch der pragmatistischen Tradition entnehmen kann, ist das, was den zweiten Diskursstrang im soziologischen Diskurs der Moderne ausmacht. Solcherart Soziologie macht sich selbst nicht zur Beteiligten in dem Sinne, dass sie immer schon weiß, wie sich die Gesamtstruktur des Sozialen in einer *Arena* darstellt. Sie trifft aber gerade deshalb nur auf Beteiligte, d. h. auf solche, die »gefangen (sind) von dem, *um was es geht*«, wie es ja auch der Soziologie nur um das geht, *um was es geht* – um was es *ihr* geht. Indem die Gesellschaft so aufgelöst wird in Horizonte und Perspektiven (vgl. dazu ausführlich im sechsten Kapitel), eröffnet sich ein Sensus für Gegenwarten, in denen sich eine Praxis ereignen kann. Das erfordert von der soziologischen Theoriebildung einen Sensus für die *Logik der Praxis*, von der man lernen kann, dass Praktiken »von *Strategien* (und nicht von Regeln) geleitet sind« (Bourdieu 2001a, S. 71), also nicht einfach dadurch, dass es kollektiv geteilte Regeln gibt (so Reckwitz 2003a), sondern Situationen, in denen sich die Möglichkeiten eines Habitus eröffnen und strategisch verfolgt werden können. Ein Habitus, schreibt Bourdieu, kann bestimmte Akte eben nicht hervorbringen, »wenn er nicht auf die Situation stößt, in der er sein Potential aktualisieren könnte« (Bourdieu 2001a, S. 167, Fn. 1). Dass hier alles auf Gegenwarten sich konzentriert, in denen Strukturen (re-)produziert werden, heißt freilich explizit nicht, dass sie in Gegenwarten aufgelöst werden, denn Bourdieu ist es ja gerade darum zu tun, die der Praxis nicht unmittelbar ansichtige Logik in die Logik der Praxis einzubeziehen.

Bourdieu entparadoxiert die Praxis des Akteurs, der die Praxis ebenso hervorbringt, wie er selbst durch sie hervorgebracht wird, durch die Anwendung und Dekonstruktion der cartesischen Dualität von Bewusstsein/Reflexion und Körper/Habitus. Dass Bourdieu diese Entparadoxierung am Akteur festmacht – im wahrsten Sinne des Wortes *fest macht* –, verweist darauf, dass seine Theorie des *sozialen Sinns* tatsächlich eine Theorie ausschließlich des *sozialen* Sinns ist – und darin kündigt sich die entscheidende Differenz zur Systemtheorie an. Mit ihr gemeinsam hat er jedenfalls das Motiv der *Temporalisierung*.

Sozialer Sinn

Beiden, Bourdieu und Luhmann, ist es darum zu tun, das sinnhafte Geschehen in der sozialen Welt als *sozialen* Sinn zu beschreiben. Und beiden geht es um die Dezentrierung des Akteurs, um die soziale Genese des Akteurs, dessen Sinnhaftigkeit als Akteur ein *sozialer* Sinn sei. In der luhmannschen Systemtheorie erscheint die Handlung (und damit der Akteur als Adresse) als Ergebnis einer Zurechnung innerhalb von Kommunikationsprozessen. Die Umstellung von Handlung auf Kommunikation (vgl. Luhmann 1984, S. 191 ff.) dient theoretisch dazu, die soziale Genese des *Sinnes* einer Handlung auf den Begriff zu bringen. Diese Dezentrierung des Akteurs ist freilich keine Dezentrierung auf Kosten einer allgemeinen Systemstruktur, die der Handelnde nur passiv ablaufen lässt, sondern es ist die Dynamik der Kommunikation selbst, die Handlungen und damit Handelnde hervorbringt – in ihrem *sozialen Sinn* wenigstens. Ähnlich erfolgt die Dezentrierung bei Bourdieu, der im Habitus so etwas wie eine reziproke Verhaltenserwartung sieht, die freilich nicht »bewusst« und »intentional« hervorgebracht wird, sondern durch die Praxisform selbst, die als solche erst bei Abweichung für die Handelnden manifest wird: dann wird die blinde Selbstreferenz des Geschehens gewissermaßen unterbrochen, und die Akteure müssen »rationale« Entscheidungen treffen (vgl. Bourdieu in Bourdieu/Wacquant 1996, S. 165). Auch hier entgeht Bourdieu wie Luhmann der Gefahr des strukturalistischen Objektivismus dadurch, dass er den Habitus sich in den Praxisformen selbst reproduzieren lässt.

Oben habe ich bereits darauf hingewiesen, dass Bourdieu mit der *körperorientierten* Konzeption des Habitus die Dezentrierung des Akteurs am Akteur selbst festmacht, an seiner vorreflexiven Verhaltensdisposition nämlich, die in einem entsprechenden sozialen Raum/Feld erwartet wird. Luhmann dagegen lokalisiert den *sozialen Sinn* im kommunikativen Geschehen selbst, d. h. im Nacheinander kommunikativer Akte, deren Anschlussformen jene Struktur erzeugen, durch die sie sich selbst einschränken. Darin liegt nicht nur der entscheidende konzeptionelle Unterschied der beiden Theorien sozialen Sinns, sondern dieser Unterschied hat auch erhebliche Folgen für die beiden Soziologien. In Begriffen der Systemtheorie gesprochen steht Bourdieu gerade aufgrund seiner Dezentrierung des Akteurs *am Akteur* nur die *Sinndimension des Sozialen* zur Verfügung. Das *Soziale* des sozialen Sinns bei Bourdieu ist stets die Frage der Zurechnung, die Frage der eigenen Durchsetzungschancen, eine Frage des Kampfes um knappe Ressourcen und Positionen. Die Eigendynamik des Sozialen ist für Bourdieu ausschließlich eine *soziale* Eigendynamik in dem Sinne, dass Akteure sich in einem Feld ungleicher Verteilung von Chancen und Möglichkeiten bewegen und um Machtpotentiale kämpfen, die eigenen Chancen und Möglichkeiten zu verbessern. Sprechen, sagt Bourdieu (in Bourdieu/Wacquant 1996, S. 177 f.), sei *immer* ein Machtakt – wie jede andere Handlung auch in ihrem *sozialen* Sinn die Frage der sozialen Zurechnung, der sozialen Positionierung, der sozialen Ungleichheit berührt. Der soziale Raum, besser: die sozialen Räume werden von Herrschenden und Beherrschten, von Monopolisten und Massenkonsumenten, jedenfalls in erster Linie von Ungleichen bevölkert – und die Auflösung des Bezugsproblems der bourdieuschen Soziologie, nämlich sich gegen eine starre strukturalistische Top-down-Logik zu richten, erfolgt durch die Entlarvung der Praxis als *praktischer, echtzeitlicher Umsetzung einer »sozialen« Logik*, deren Grundstruktur darin besteht, dass erreichbare Güter knapp sind, knapper als die Nachfrage jedenfalls.

Was Bourdieu ohne Zweifel gelingt, ist, den *sozialen* Sinn der Ordnung sozialer Ungleichheit tatsächlich zu dynamisieren, d. h., ihn an konkreten Praxisformen anschaulich zu machen und zu verzeitlichen. So existiert für ihn soziale Ungleichheit eben nicht als schlichte Strukturvorgabe, sondern muss sich *dem soziologischen Beobachter* als Praxis zeigen, um angemessen beschreibbar zu sein. Die Logik des Sozialen ist für Bourdieu ausschließlich eine *soziale* Logik des ungleichen Zugangs zu knappen Ressourcen, der alle anderen Sinndimensionen untergeordnet bleiben. Sowohl die zeitliche wie die sachliche und räumliche Zurechnung und Organisation sozialen Sinns untersteht der Logik des sozialen Knappheitsaugleichs. Anders als in Luhmanns Systemtheorie, in der es eine offene empirische Frage ist, welche der Sinndimensionen eine Situation, ein System oder ein Bezugsproblem primär strukturiert, ist für Bourdieu der Vorrang der Sozialdimension immer schon ausgemacht. Letztlich ist dies vielleicht das einzige, aber dafür stabilste strukturalistische Erbe seiner Soziologie: dass sich die gesellschaftliche Praxis *ausschließlich* als Kampf um knappe Ressourcen darstellt. Zeigt sich die Systemtheorie offen für die empirische Bedeutung der Strukturierung gesellschaftlicher Prozesse in der Sozialdimension neben denen sachlicher, zeitlicher und räumlicher Art, bildet für Bourdieu die Sozialdimension fast so etwas wie ein nicht-empirisches, mithin nahezu *transzendentales* Moment gesellschaftlicher Prozesse.

So gesehen stellt sich die bourdieusche Soziologie als erheblich traditionalistischer dar, als es zunächst den Anschein hat. Bourdieu gilt in der Fachdiskussion als derjenige, dem es gelungen sei, die Klassentheorie von ihrem Ökonomismus zu befreien (vgl. Honneth 1984; Neckel 2001) und die strukturierende Bedeutung kultureller Formen und sozialer Netzwerke zu betonen (vgl. Müller 1986; 1992). Zugleich aber wird der merkwürdige *theoretische Ökonomismus* der Soziologie Bourdieus bemerkt (vgl. nur Kieserling 2000). Und in der Tat formuliert Bourdieu seine Theorie in weiten Teilen in ökonomischen Begriffen: da ist von Kapitalsorten die Rede, von Knappheit, Investitionen und Einsätzen, nicht zuletzt von der »Ökonomie« der Praktiken. Sieht man also auf den ersten Blick eine Theorie, die zwar an der Idee der Klasse festhält, die Klassenverhältnisse aber nicht mehr nur über die Stellung zu den Produktivkräften und in den Produktionsverhältnissen erklärt, erscheint eine Theorie, die den Ökonomismus der frühen Sozialwissenschaften – sowohl der marxschen als auch der nationalökonomischen Tradition – in die Schranken weist. Einem zweiten Blick jedoch wird gewahr, wie sehr Bourdieu geradezu einer Universalisierung des Ökonomischen das Wort redet. Für Bourdieu ist nicht mehr nur die Ökonomie ökonomisch strukturiert, sondern letztlich *jegliche* Form sozialer Praxis, die um die Verfügung über knappe Chancen und Ressourcen kämpft. Hatte der klassische Marxismus die Ökonomie der nicht-ökonomischen Sphären noch als Reflex aufs ökonomische Klassenverhältnis gedacht, bilden nach Bourdieu die unterschiedlichen Felder der Gesellschaft, ja jegliche soziale Praxis, eine je eigene Form der Ökonomie aus, die das Prinzip des ökonomischen Knappheitsausgleichs zum Algorithmus des Sozialen schlechthin macht. Die Theoriesprache Bourdieus ist eine ökonomische Sprache – allein die Währungen variieren; Geld gilt nur in der ökonomischen Ökonomie, nicht in den anderen.

In vergleichender Perspektive zur Theorie Niklas Luhmanns könnte die Entscheidung Bourdieus für diese Theoriefigur besonders plausibel nachgestellt werden. Es wäre sicher zu einfach, Bourdieu schlicht den ökonomistischen Traditonalismus klassischer marxistischer Perspektiven nachzusagen – schon die empirische Genese seiner Begrifflichkeiten aus der Analyse des vorindustriellen Algerien ließe das nicht zu. Ich sehe vielmehr in der konzeptionellen Einschränkung seiner Perspektive auf die *Sozialdimension* eine fast unweigerliche Notwendigkeit, die Logik des Sozialen *in ökonomischen Begriffen* auszudrücken. Während Luhmann die Logik des Sozialen zunächst recht voraussetzungslos beschreibt – es kommt zunächst nur auf die Frage der Anschlussfähigkeit an –, kann er sich empirisch dafür offen halten, welche Problembezüge soziale Anschlüsse entfalten. Und es gehört wenig soziologische Phantasie dazu, gerade in der polykontexturalen Gesellschaft der Gegenwart nicht nur auf *soziale* Problembezüge zu stoßen, sondern auch auf sachliche, räumliche oder zeitliche. Bourdieu dagegen legt sich darauf fest, dass der *soziale Sinn* sich ausschließlich als Problem der Positionierung von Akteuren, als Kampf um knappe Güter, als Streben nach Positionen, als Konkurrenz und Streit um politische Partizipation und Repräsentation zeigt. Wer das Movens des Sozialen tatsächlich so in dem Streben von Einzelnen nach *Gewinn* im Sinne einer Positionsverbesserung fokussiert, wird von einer ökonomischen Theoriesemantik geradezu angezogen. Wenn es stimmt, dass die Funktion des Ökonomischen in der modernen Gesellschaft darin besteht, die Vorsorge mit knappen Gütern mit ihrer gegenwärtigen Distribution zu verknüpfen; wenn es weiterhin stimmt, dass diese Funktion nur durch die Verbindung einer quasi »natürlichen« Knappheit verfügbarer Güter und Leistungen und der »künstlich« erzeugten Knappheit seiner Repräsentation – üblicherweise in der Form des Geldes – erfüllt werden kann (vgl. Luhmann 1988a, S. 63 ff.), lässt sich die Plausibilität von Bourdieus semantischem Ökonomismus durchaus nachvollziehen: Wenn das Soziale tatsächlich als ein Raum konzipiert wird, in dem es in erster Linie um Knappheiten geht, wenn dieser Raum nicht nur mit empirischen Knappheiten zu tun hat, sondern auch mit seiner Reflexion, seiner semantischen Repräsentation und sinnhaften Bedeutung, dann muss *sozialer Sinn* offensichtlich mit artifiziell erzeugten Knappheiten aufwarten. Und so erscheint dann sowohl Ökonomisches als auch Kulturelles, Symbolisches und Soziales als *Kapital*, mithin als *gesellschaftlich erzeugte Knappheit*. Der *Sinn* von Bourdieus begrifflichem Ökonomismus besteht darin, diese *gesellschaftlich erzeugte Knappheit* auf den Begriff zu bringen, um den *sozialen Sinn* tatsächlich ausschließlich *in der Sozialdimension* sehen zu können.

Mein hier vorgetragenes Argument soll nun zweierlei leisten: *Zum einen* soll es zeigen, wie konsistent und überzeugend Bourdieus Entscheidung für den semantischen Ökonomismus ist – zumindest auf dem Boden einer Theorie, die nur die Sozialdimension kennt. *Zum anderen* ist es letztlich ein perfides Argument. Denn sein performativer Gehalt soll weit über das hinausgehen, was hier vordergründig gesagt wird. Es weist nämlich – aus der Perspektive der Theorie Luhmanns, namentlich der Theorie funktionaler Differenzierung gesehen – darauf hin, dass soziale Anschlüsse offensichtlich nicht nur in der *Sozialdimension*, sondern auch in der *Sachdimension* strukturiert werden. Das Argument führt an sich selbst vor, dass die moderne Gesellschaft sich vor allem in der Sachdimension ihrer zentralen Funktionen strukturiert. Vorgeführt wird dies an Bourdieus eigenem Argument, das von der sachlichen Logik des Ökonomischen geradezu angezogen wird – einer sachlichen Logik, die sich insbesondere am Problem der zukünftigen Knappheit und der gegenwärtigen Distribution von Gütern orientiert. Dass dies – gerade ökonomisch – primär Folgen in der Sozialdimension hat, widerspricht diesem Gedanken nicht. Im Gegenteil: Es macht darauf aufmerksam, dass die gesellschaftliche Universalisierung der Sozialdimension als Grundalgorithmus des Sozialen eine Argumentation in ökonomischen Begriffen nahe legt. Ich möchte also an der Argumentationsstruktur Bourdieus zeigen, wie die Anschlussfähigkeit von Kommunikation jenen Zugzwängen einer funktional differenzierten Gesellschaft folgt, die eben nicht primär in der Sozialdimension strukturiert sind. Was zu zeigen ist, ist die empirisch beobachtbare Tatsache, dass sich die gesellschaftliche Struktur keineswegs nur in der Frage erschöpft, wie Knappheitsmanagement und Distributionslogik gesellschaftlich knapp gehaltener Güter organisiert werden. Vielmehr scheint *sozialer Sinn* auch *sachlicher* oder *zeitlicher sozialer Sinn* zu sein, der im Falle der funktional differenzierten modernen Gesellschaft zur Ausdifferenzierung von sachlichen Logiken führt, um die herum sich Funktionssysteme ausbilden, und deren Nebeneinander das Grundkonstituens der polykontexturalen Moderne ausmacht. Die alleinige Konzentration auf Knappheit und Distribution als Bezugsproblem sozialer Ordnung erscheint vor diesem Hintergrund als außerordentlich unterkomplex. Denn offensichtlich hat Bourdieu nur wenig Sinn für den *sachlichen* Sinn der Felder sozialer Praxis.

Ich fasse kurz die Bedeutung der *Temporalisierung sozialen Sinns* zusammen, wie ich sie mit Bourdieu und in zunächst kursorischer Kontrastierung zu Luhmann entwickelt habe. Ausgangspunkt war die Leistung einer praxistheoretischen Perspektive, die für die Bedeutung sich selbst entfaltender Gegenwarten sensibilisiert, aber an der Frage laboriert, wie der Kontext der Praxis anders als über die Konventionalität kollektiv geteilter Regeln oder im Sinne eines »generalisierten Anderen« zu beschreiben ist. Bourdieu und Luhmann radikalisieren beide Seiten. Sie machen explizit auf die Bedeutung der Temporalisierung der Praxis aufmerksam – Luhmann über den Kommunikationsbegriff, dem ich mich sogleich zuwenden werde, Bourdieu über die Dekonstruktion von *Regeln* zu *Strategien*, die nicht einfach angewandt oder entfaltet, sondern *aktiv verfolgt* werden müssen, also performativer Natur sind. Zugleich betonen sie den *sozialen Sinn* der Praxis, der über die konkrete Praxisgegenwart hinausgeht, aber nur in ihr sichtbar wird. Um es an einem beliebigen Beispiel festzumachen: Sieht man sich die Tätigkeit eines Hochschullehrers im Hörsaal an, so trifft man – mit Bourdieu gesprochen – auf einen Habitus, an dem man einerseits ablesen kann, ob ihm das *setting* vertraut ist, ob er damit umgehen kann usw., man trifft aber auch auf *entgegenkommende Bedingungen*, z. B. die Habitus von Studierenden, die eine Erwartungshaltung an den Tag legen oder ungestraft Desinteresse signalisieren können, ohne dass es irgendwie negativ auffällt. Es fällt auch auf, dass sich der Hochschullehrer vor einem praktisch erzeugten Publikum bewegt, das nicht nur aus den anwesenden Personen besteht. So spricht er an die Fachöffentlichkeit, noch mehr vielleicht an die nicht anwesenden Kollegen des eigenen Instituts, deren Vorlesungen die Anwesenden im Anschluss besuchen werden. Er wird zugleich *körperlich* den Hochschullehrer geben, wird sich mehr oder weniger ungezwungen im Hörsaal bewegen oder sich am Lesepult festhalten, frei formulieren oder ein gestelztes Manuskript intonieren. Er wird daran glauben, was er zum Besten gibt, ihm geht es radikal um die Sache, und er ist geradezu beseelt von dem, was da geschieht. Der Habitus ist also nicht nur das, was man am Körper und an den Bewegungen des Hochschullehrers im Hörsaal sehen kann, sondern das, was im Hörsaal *möglich* ist, was darin *eingeschlossen* ist und was *ausgeschlossen.* Denn derselbe Mensch und derselbe Körper ist woanders ganz anders gefragt – selbst wenn an ihm und am Körper so etwas wie ein Trägheitsmoment des Habitus zu beobachten ist, der für eine gewisse Kontinuität des Habitus über die Situation hinaus sorgt, etwa im Sinne einer *deformation professionelle* oder eines zum *Charakter* aufgerundeten Ensembles von Verhaltensweisen (vgl. Engler 2000; 2001, S. 443 ff.). Aber gerade das erzeugt auch die Klassenstruktur einer Gesellschaft, die keine beliebigen Habitusensembles zulässt. Für Bourdieu jedenfalls kämpft der Hochschullehrer im Hörsaal um die Verbesserung seiner Position, konkurriert er mit realen und virtuellen Wettbewerbern um knappe Ressourcen wie Mittel, Wahrheit, Redezeit und Aufmerksamkeit – und doch wird der werte Kollege das kaum so sehen, sondern weiterhin der *illusio* anhängen, dass es ihm um die Sache geht. Und das wird Bourdieu auch gar nicht bestreiten, sondern die *illusio* selbst als ein entscheidendes Element des Kampfes um knappe Ressourcen ansehen. Die *illusio* ist kein *falsches*, sondern ein *praktisches* Bewusstsein.

Die Struktur eines Feldes, so Bourdieu, »gibt den *Stand* der Machtverhältnisse zwischen den am Kampf beteiligten Akteuren oder Institutionen wieder« (Bourdieu 1993, S. 108), während die *sachliche* Dimension eines Feldes für Bourdieu sich allenfalls als *illusio* darstellt. Im Falle der Wissenschaft besteht die *illusio* etwa »im Wissenschaftsglauben, einer Art interesselosem Interesse und Interesse an Interesselosigkeit, das zur Anerkennung des Spiels bewegt, zum Glauben, dass es das wissenschaftliche Spiel, wie man sagt, wert ist, gespielt zu werden« (Bourdieu 1998, S. 27). Die *illusio*, dass es in der Wissenschaft tatsächlich um die Wahrheit, im religiösen Feld um den authentischen Glauben (vgl. Bourdieu 2000), im Feld der Politik um die gemeinwohlorientierteste Entscheidung (vgl. Bourdieu 2001b) oder im künstlerischen Feld um interesseloses Wohlgefallen an ästhetischer Schönheit gehe (vgl. Bourdieu 2001c), ist für Bourdieu freilich selbst wiederum Teil jener *Feldökonomien*, nämlich jener *Einsatz*, jene *Investition*, zu der man bereit sein muss, um am Kampf um die besseren Plätze teilnehmen zu können. Unser Hochschullehrer, so legt es der strukturalistische Gedanke Bourdieus nahe, ist also jemand, der selbst dort, wo es ihm ganz um die Sache geht, in erster Linie darum kämpft, seine Ausgangsposition zu verbessern und sich besser zu positionieren als andere und als zuvor. Die Idee einer *sachlichen* Differenzierung der Gesellschaft in Felder dient Bourdieu nur dazu, die Rahmenbedingungen des Kampfes um knappe Ressourcen beschreiben zu können – und hier schließt sich dann auch der Kreis, dass Bourdieu deshalb nichts anderes bleibt, als doch im Stile eines Entlarvungstheoretikers sagen zu können, was dahinter steckt: die antiökonomische Ökonomie aller nicht-ökonomischen Felder nämlich.

Diese antiökonomische Ökonomie dient Bourdieu theorietechnisch als funktionales Äquivalent für das, was in allen Theorien, die sich aufs Aktuelle, auf Praxis, auf den Strukturaufbau durch konkrete empirische Prozesse kaprizieren, in Regeln, konsentierten Strukturen oder generalisierten Anderen aufzufinden ist. Wer sich für den Vorrang eines solchen *operativen* Verständnisses des Sozialen entscheidet, muss, will er nicht einer naiven Ontologie der Gegenwart als *Präsenz des Präsens* auf den Leim gehen, die Kontexte bestimmen können, in denen solche Gegenwarten statthaben können. Man muss also die *Gesellschaft* jener Gegenwarten bestimmen können, um nicht nur ein Stillleben zu erzeugen, das sich nur für das Sichtbare interessiert und daneben, also außerhalb des Bilderrahmens, nichts weiter vermutet als das, was im konventionellen Bild des Sozialen ohnehin vorkommt, Regeln eben oder Konsens. Die Stärke Bourdieus besteht darin, eine solche *Gesellschaft* bestimmen zu können – ob freilich die Idee ausreichend ist, *Gesellschaft* allein in der Organisation von Knappheitsmanagement aufgehen zu lassen, darf bezweifelt werden. Die Theorie Bourdieus kennt nur ein einziges Bezugsproblem: die Bearbeitung von Knappheit nämlich. Ihr großes Verdienst ist es, das Knappheitsproblem allein vom Medium des Geldes abgekoppelt zu haben und andere Medien wie Wahrheit und Liebe, Glaube und wissenschaftliche Wahrheit, ästhetische Schönheit und politische Macht als funktional äquivalente »Währungen« eingeführt zu haben. Jedenfalls liegt mit Bourdieu jene Praxistheorie vor, die noch den stärksten Sensus dafür hat, dass sich Gegenwarten in einer *gesellschaftlichen* Gegenwart bewähren müssen.

Was Meads *generalisierter Anderer* leistet, besorgt bei Bourdieu die Metapher des *Kampfes um Knappheiten* – weswegen sich Meads Pragmatismus gewissermaßen als Theorie radikaler Demokratie stilisieren lässt (vgl. etwa Joas 1989, S. 21 ff.) und Bourdieu als kritische Theorie sozialer Ungleichheit (vgl. Eickelpasch 2002; Bittlingmeyer/Eickelpasch 2002). Darin sind beide in einem Sinne *modern*, dass sie an Grunderzählungen der Moderne anschließen, die für ihre Selbstbeschreibungen zentral waren. Demokratie ist jenes Programm, mit dem die Idee der *Gesellschaft als Arena* politisiert wird, zugleich aber als eine Art gesamtgesellschaftlicher Ordnungsmechanismus verstanden werden kann. Jedenfalls atmet die Betonung, dass sich der Ordnungsaufbau einer Gesellschaft durch Akteure auf gleicher Augenhöhe vollzieht, eine implizite Kritik des Autoritären und in der Figur des *generalisierten Anderen* sogar die Idee des *Universalismus*, wie er dann in Habermas' Theorie des kommunikativen Handelns offensiv aufgenommen wurde – dabei entstammt diese Figur der Universalisierung eines *gemeinsamen* Horizonts bei Mead eher der Verlegenheit, die *gesellschaftliche* Umwelt der in Interaktionen herzustellenden Struktur von wechselseitigen Rollenerwartungen nicht mit Bordmitteln beschreiben zu können. Und Bourdieus Universalisierung des Kampfes um knappe Ressourcen scheint für seine Dezentrierung des Subjekts im Habitus des Akteurs zu entschädigen, denn so provokativ sein Strukturalismus des Habitus ist, so versöhnlich und geläufig ist doch die Figur der Kritik der Ungleichheit bei gleichzeitigem Nachweis ihrer Funktionalität für die gesellschaftliche Ordnung.

Ich habe bei der Darstellung von Bourdieus Perspektive Luhmanns Theorie sozialer Systeme im Hintergrund mitlaufen lassen. Luhmann teilt mit Bourdieu jedenfalls das erhebliche Interesse daran, Strukturen Prozessen weder schlicht vorzuordnen noch dieses

hier: von Kommunikation. Aber die Kriterien des Gelingens sind völlig andere. Ihr geht es um die Frage, unter welchen Voraussetzungen Anschlussfähigkeit erreicht wird, welche Mechanismen zu Anschlussformen führen, die sich selbst stabilisieren und fortsetzen können. Dabei dient nicht der Grad der Stabilität als Gradmesser fürs Gelingen. Es ist dies keine Theorie der homöostatischen Ultrastabilität à la Parsons mehr. Es interessiert vielmehr der (unwahrscheinliche und doch empirisch häufige) Fall, dass und wie es überhaupt zu Stabilitäten, zu sozialen Erwartungen und zu Strukturbildung kommt.

Kommunikation als empirischer Operator

Die Grundoperation sozialer Systeme im Sinne Luhmanns ist *Kommunikation*, nicht: *Sprache*. Sprache ist in diesem Sinne lediglich als ein *Medium* zu verstehen, das selbst die Form von *Laut und Sinn* (vgl. Luhmann 1997, S. 213) hat. Der Laut *ist* nicht der Sinn, denn dieser kann nur – analog zu Saussure – in einem sinnhaften Verweisungszusammenhang zur Sprache kommen. Aber ohne den Laut, der für sich nur ein Geräusch ist, kommt es nicht zur Sprache. Für Luhmann ist die Sprache, die zunächst nur als Geräusch (und im Falle der geschriebenen Sprache als Strichanordnung) vorkommt, ein Medium, das die Wahrscheinlichkeit von Kommunikation dadurch erhöht, dass sie etablierte Formen zeitfest ermöglicht und damit leicht mit Kommunikation als dem praktischen *Gebrauch* der Sprache verwechselt werden kann. Sprache als eigener sinnhafter Verweisungszusammenhang ermöglicht es jedenfalls der Kommunikation, sich einerseits von den Wahrnehmungen der Beteiligten unabhängig zu machen – die Sprache hält Begriffe für Dinge vor, die man gerade nicht sehen kann (und die es womöglich gar nicht »gibt«), und senkt damit die Schwelle für kommunikative Anschlüsse enorm, wie man etwa in »gestörten« Kommunikationen gut beobachten kann, in denen keine (gemeinsame) Sprache zur Verfügung steht, in denen es aber dennoch unvermeidlich zu Kommunikation kommt, etwa mit Kleinkindern oder in der Konfrontation unterschiedlicher Sprachen mit gegenwärtigen, durch gemeinsame Wahrnehmung unvermeidbar gewordenen Situationen der Problemlösung, die dadurch entstehen, dass sich

Personen nicht nur wahrnehmen, sondern zugleich auch noch dies wahrnehmen.

Es ist wichtig zu betonen, dass Kommunikation damit keineswegs als eine Art Vollzug einer sprachlichen Struktur aufgefasst werden darf. Wer in die Situation gerät, auf eine kommunikative Äußerung reagieren zu müssen, wenn also angeschlossen werden muss, bietet die Sprache allenfalls Formen an, mit denen man dies tun kann. Man gerät dabei aber nicht *in die Sprache*, sondern explizit *in eine Situation*, die dadurch kontinuiert wird, dass man anschließt, nicht obwohl, sondern *weil* die Situation eine Offenheit enthält, durch die die Mitteilung eine Information enthält, die verstanden, an die also wiederum angeschlossen werden kann. Im Übrigen ist Sprache keineswegs die einzige Möglichkeit des Anschlusses. Man kann auch nichts sagen, sich körperlich verhalten oder eine sonstige Praxis an den Tag legen. Zur Kommunikation wird sie dadurch, *dass* sie genügend Unbestimmtheit und Offenheit erzeugt, dass daran angeschlossen werden kann. Dies kann Sprache nicht leisten, weil sie selbst erhebliche Kontingenz produziert, denn es ist kaum absehbar, welche Kombinations- und Verweisungsmöglichkeiten Sprache potentiell enthält. Die konkrete Möglichkeit muss vielmehr praktisch *aktualisiert* werden, also Selektionen vornehmen, und zwar nicht prinzipiell im Sinne einer abstrakten Einschränkung von Möglichkeiten, wie sie durch den Strukturalismus beschrieben werden, sondern *konkret* und *praktisch* und *empirisch* in einer jeweiligen konkreten Jetzt-Situation. Unbestimmtheit erfordert Selektion; und Selektivität setzt Unbestimmtheit voraus. »Gelungene« Kommunikation lässt sich also nicht daran bemessen, dass eine Information erfolgreich von A nach B übertragen wird. Kommunikation ist vielmehr die Selektion, die zwischen A und B stattfindet und aus Unbestimmtheit Bestimmtheit nur je aktuell herstellen kann, denn die Aktualität wird schon durch die Selektivität des nächsten Ereignisses gebrochen. Der Kommunikationsbegriff, wie er hier entwickelt wird, stellt exakt auf diesen praktischen, in dieser Theoriesprache: den *operativen* Aspekt ab.

Der Gegenstand dieser Soziologie ist das Nacheinander von Ereignissukzessionen. Ihr Gegenstand ist letztlich die *Zeit*, diejenige Zeit nämlich, die dadurch entsteht, dass etwas in einer Gegenwart geschieht, die sich erinnernd auf frühere Gegenwarten bezieht (Prozess) und spätere Gegenwarten erwartet (Struktur) – und all das jeweils als Modalität der Gegenwart, die ihre Vergangenheit nicht kennt, sondern konstruiert, und die ihre Zukunft nicht kennen kann, sondern erwartet. Sprache spielt dabei gewissermaßen einen konservativen Part. Sie versorgt die Kommunikation mit der Möglichkeit des Erinnerns, entlastet sie von genauerem Hinsehen und rettet sie so über die Zeit.

Sprache kann als Medium nur in der Kommunikation Formen zum Weitergebrauch annehmen. Kommunikation unterscheidet sich von Sprache dadurch, dass sie die praktische, ereignishafte Rekursion von Ereignissen meint, die aneinander anschließen und deren Anschlusszusammenhang nicht bis ins letzte festgelegt ist. »Mit Kommunikation ist folglich (wie schon mit Operation) ein jeweils historisch-konkret ablaufendes Geschehen gemeint – und nicht eine bloße Anwendung von Regeln richtigen Sprechens. Für das Zustandekommen von Kommunikation ist es unerläßlich, dass alle Beteiligten mit Wissen und mit Nichtwissen beteiligt sind.« (Luhmann 1997, S. 70) Das gilt auch im Hinblick auf die Sprache – sie liefert »Wissen«, insofern sie als sinnhafter Verweisungszusammenhang unterstellbaren Sinn zur Verfügung stellt. Zugleich besteht das »Soziale« der Sprache keineswegs darin, eine Gemeinsamkeit als Bedingung für Kommunikation zu stiften – es verhält sich eher umgekehrt: Kommunikation ermöglicht es *der Sprache*, semantische Gemeinsamkeiten operativ zu erzeugen, besser: zu prozessieren. »Insofern folgen wir dem ›linguistic turn‹, der das transzendentale Subjekt durch Sprache, aber das heißt jetzt: durch Gesellschaft ersetzt. Im Eigenverhalten des Kommunikationssystems Gesellschaft wird jener imaginäre Raum von Bedeutungen stabilisiert, der im rekursiven Anwenden von Kommunikation auf Kommunikation nicht zerstört, sondern etabliert wird; und dies gerade dank eines Eigenwertes, also durch die Erfahrung, dass gerade das Durchschauen des Durchschauens die Ergebnisse liefert, die eine Fortsetzung des rekursiven Kommunizierens, also die Autopoiesis der Gesellschaft ermöglichen. Das muß nicht gelingen. Aber Systeme dieser Art entstehen und evoluieren nur, wenn es gelingt. Man könnte daher auch sagen, dass Sprache in einer Art self-fulfilling prophecy entsteht, – der Begriff hier allerdings nicht im klassischen Sinne von Merton gemeint, also nicht als bloßes Methodenproblem der empirischen Sozialforschung, sondern als konstitutiv für die Gesellschaft schlechthin.« (Ebd., S. 219) Kommunikation erzeugt eine Art *Selbststabilisierung* des Sozialen, die Sprache *praktisch* dafür in Anspruch nimmt, gewissermaßen die *illusio* einer gemeinsamen Welt zu erzeugen. Um es in Bourdieus Diktion auszudrücken: Kommunikation stattet sich mit der *illusio* aus, dass die Dinge so gemeint sind, wie sie gesagt wurden, um das Unbestimmtheitsproblem aller rekursiven Kommunikation zu überwinden und so etwas wie wechselseitige Erwartungsstabilisierung zu ermöglichen. In der Kommunikation, wie sie hier verstanden wird, wird ein Sprechakt nicht dadurch verstanden, dass Sprecher »wissen, was ihn akzeptabel macht« (Habermas 1981b, S. 400). Vielmehr wird ein sprachliches Ereignis dadurch akzeptabel, dass an es so angeschlossen wird, als ob es tatsächlich »verstanden« worden wäre – und dieser *illusio* spielt die Funktion der Sprache in die Hände.

Weder Sprache noch Handlung können dazu dienen, Intersubjektivität zu begründen. Sprache bildet für Habermas bekanntlich dasjenige Medium, das die Aporien einer rein egologischen Begründung von Intersubjektivität vermeidet, an der Husserl so großartig gescheitert ist. Die phänomenologische Tradition hatte sich gefragt, wie Intersubjektivität, gemeinsame Welterfahrung und Sozialität möglich ist, *obwohl* die Bewusstseinsströme unterschiedlicher Menschen füreinander kategorial intransparent sind. Hier werden die Bedingungsverhältnisse umgekehrt. Nicht *obwohl*, sondern *weil* Bewusstseine füreinander radikal intransparent sind, entsteht so etwas wie die funktionale Notwendigkeit für die Emergenz von sozialen Operationen, von Kommunikationen. Indem das eine Bewusstsein eine Kommunikationsofferte macht, kann das andere daran anschließen, woraufhin das erste wieder reagiert und so weiter. Das ist eine recht banale Beschreibung, und sie ist in ihrer Banalität zunächst auch völlig unproblematisch. Was Luhmann daran jedoch interessiert, ist dies: Indem diese beiden Bewusstseine kommunizieren, geht weder ihre operative Geschlossenheit verloren, noch sind sie im engeren Sinne die Subjekte des Kommunikationsgeschehens. Vielmehr bildet das Kommunikationsgeschehen selbst so etwas wie – in den Worten von Ranulph Glanville (1988, S. 109) – *wiedereintrittsfähige, sich selbst verstärkende und damit selbstreferentielle Unterscheidungen* aus. In der Kommunikation selbst entsteht ein rekursives Nacheinander von mitgeteilten Informationen, *weil* Bewusstseine füreinander intransparent sind. Die Emergenz von Kommunikation, so könnte man sagen, ist die funktionale Folge der radikalen Individualität psychischer Systeme, die ihre schon physiologisch bedingte operative Unabhängigkeit voneinander nur in Form einer emergenten Operationsebene des Sozialen überleben können.

Der theoretische Gedanke, als Gegenstand der Soziologie primär kommunikative Prozesse und ihre Strukturbildungen zu untersuchen, beruht also darauf, Gesellschaft als ein ereignisbasiertes, in Echtzeit sich vollziehendes, rekursives Netzwerk zu beschreiben, das in seinen und durch seine Prozesse selbst Strukturen und Regelmäßigkeiten, Brüche und Unerwartetes hervorbringt. Der theoretische Clou besteht darin, Kommunikation tatsächlich nach jenem Modell abzubilden, das auch für die phänomenologische Beschreibung des Bewusstseins Pate stand. In diesem Sinne ist Kommunikation ein für sich selbst zunächst intransparentes Geschehen, das erst reflexiv zur Beobachtung seiner selbst in der Lage ist. Bereits am Beispiel des Bewusstseins lässt sich schön sehen, dass jede Theorie eines vorreflexiven Mit-sich-vertraut-Seins, wie es etwa Manfred Frank (1986) in Rekonstruktion des bewusstseinsphilosophischen Reflexionsmodells beschreibt, an der empirischen Tatsache vorbeisieht, dass das Bewusstsein für sich selbst alles andere als transparent ist. Die üblichen bewusstseinsphilosophischen Lockerungsübungen über die Frage, wie Selbstbewusstsein möglich sei, sind bekannt. Meistens ist der Reflexionszirkel durch transzendentale Annahmen gestoppt worden, weil man nicht aushalten konnte, dass das Bewusstsein für sich sozusagen immer erst *nach* der Reflexion sichtbar wurde, was ja wieder einen bewussten Akt voraussetzt, der wiederum nur *ex post* zu beobachten war usw. Bereits mit Husserl konnte man hier aus der Not eine Tugend machen und den je gegenwärtigen intentionalen Akt als für sich selbst unsichtbar darstellen. Die Metapher der *inneren Unendlichkeit* verweist in etwa auf diesen Mechanismus: Wir werden letztlich in unserem Bewusstsein von uns selbst überrascht, weil wir den operativen Akten unseres Bewusstseins unhintergehbar ausgesetzt sind. – Es würde sich, was hier nur am Rande erwähnt werden kann, lohnen, den Gedanken der Überraschung des Bewusstseins durch sich selbst im Lichte der Diskussion um die Bedeutung von Erregungszuständen *vor* der bewussten Entscheidung im Gehirn vor dem Hintergrund einer solchen *operativen*, also an konkrete *Gegenwarten* gebundenen Theorie des Bewusstseins zu erörtern. Man käme dann womöglich auf andere Unterscheidungen als auf die naive Alternative zwischen *Determinismus* und *Freiheit*, wie Neurowissenschaftler weismachen wollen, deren Vorstellungen über die Idee des »Subjekts« in der *ersten Person* und über die soziale Komplexität von Entscheidungen bisweilen allenfalls vulgär genannt werden können (so besonders exponiert Singer 2002; 2003). Eine über solche Vulgärvorstellungen hinausgehende Deutung der auch für eine *operative* Theorie des Psychischen bedeutsamen Ergebnisse der zeitlichen Extension von Gehirnzuständen findet sich bei Benjamin Libet (2005, vor allem S. 159 ff. und S. 232 ff.).

Luhmann legt Wert darauf, dass es sich bei diesen Selektionen nicht um psychische, sondern um soziale Selektionen handelt. Natürlich kann eine mitgeteilte Information zunächst psychisch existent gewesen sein, und natürlich kann die Mitteilung jener Information psychisch intentional fundiert sein – und zumeist dürfte das auch der Fall sein, denn woher sollte die Kommunikation eigentlich ihre – wenn man so will – energetische Basis erhalten, wodurch sollte sie mit Wahrnehmung versorgt werden, und wie sollten sonst überhaupt Kommunikationsanlässe entstehen? Aber damit weiter kommuniziert wird, muss *in der Kommunikation* Information und Mitteilung unterschieden werden. Luhmann hat dafür den Begriff des Verstehens eingesetzt, was auf den ersten Blick missverständlich ist. Es geht hier nicht ums psychische Verstehen, sondern darum, dass an eine Kommunikation eine weitere anschließt, dass eine *Anschlussselektion* stattfindet, dass das System sowohl Zeit aufbaut als auch verbraucht. Die Kommunikation versteht, indem sie kontinuiert. Erst so kommt jener *autopoietische* Kommunikationsverlauf zustande, der immer neu rekursiv auf sich referiert. Bewusstsein und Kommunikation sind gewissermaßen wechselseitig die Bedingungen ihrer Negentropie. Oder anders gesagt: Der Fluch der Kommunikation ist, dass sie immer weitergeht, nie zu einem *eigenen* Ende kommt. Sie kann natürlich enden, aber niemals aus eigener Kraft, weder durch erzielten Konsens oder letzten Dissens, weder durch erschöpfende Behandlung eines Themas noch durch sonstige Erfüllung. Und wenn ein Ende von Kommunikationsprozessen in der Kommunikation vorkommt, dann eben nur, indem es *kommuniziert wird*, was das Ende nur hinauszögert, weil Kommunikation anschließt, also verstanden hat. Denn: Es *muss* verstanden werden, weil Kommunikation nirgendwo ankommt, und weil Kommunikation nirgendwo ankommen kann, kann sie eben nur: *verstanden* werden – und insofern ist der Begriff doch gut gewählt, denn auch die Technik des »guten« Verstehens, die Hermeneutik, gibt es nur, weil sich die Dinge nicht von selbst verstehen. Vielleicht lässt sich deshalb Gemeinsamkeit und Übereinstimmung, vielleicht sogar: Versöhnung, nur schweigend erreichen, durch bloße wechselseitige Wahrnehmung, vielleicht wirklich nur als *Mimesis*. Das Problem ist nur, dass man dafür zuvor durchs Purgatorium der Kommunikation muss. Und das trennt eher, setzt die Kommunikanden in Differenz, als dass es sie vereinigt.

Dass Kommunikation als ein rekursiver, sich selbst steuernder Prozess von Ereignissen verstanden wird, basiert auf kybernetischen und systemtheoretischen Kommunikations- und Kontrollkonzepten. Ich erläutere dies nur sehr kurz und kursorisch und lege dabei besonderen Wert auf die Frage der Kontrolle und der Offenheit. Gemeinsam ist all diesen Konzepten, dass sie das *schließende* Konzept der Kausalität, das Eindeutigkeit hervorbringt, durch das Prinzip der *Wechselseitigkeit* ersetzen, deren Eindeutigkeit sich erst *in der Zeit* ergibt. Das kausale Prinzip von Ursache und Wirkung braucht eindeutige Messgrößen, die in ein zeitliches Vorher-nachher-Verhältnis gesetzt werden können. Das Prinzip der Wechselseitigkeit dagegen interessiert sich für Gleichzeitigkeiten und für die Umkehrung der Kontrollverhältnisse innerhalb eines Interaktionszusammenhangs. Es geht dabei dann nicht um *eine* Bewegungsrichtung, sondern um *wechselseitige Interaktion* von Elementen (vgl. Bateson 1990, S. 407 f.). Ranulph Glanville formuliert dies folgendermaßen: »Das, was ›kontrolliert wird‹ (diese Rolle zugeschrieben bekommt), kontrolliert zugleich das, was ›kontrolliert‹ (diese Rolle zugeschrieben bekommt)« (Glanville 1988, S. 205). Wir könnten nicht, so Glanville, weiter davon ausgehen, »daß der Kontrolleur (oder der Beobachter) ›oberhalb‹ des Kontrollierten (oder Beobachteten) steht, da der Prozess zirkulär ist« (ebd., S. 213). Jedenfalls kommt es in solchen sich selbst kontrollierenden Systemen zur Bearbeitung von Differenzen, d. h. von Unbestimmtheit, von komplexen Möglichkeiten. Komplex ist ein solches System dann, wenn Selektionsdruck entsteht, wenn also nicht jeder mögliche Systemzustand oder jedes mögliche Element gleichzeitig mit jedem anderen verknüpft werden kann. Das schließt nicht aus, dass es zu *Kausalitäten* kommt, aber eben nur zur *Beobachtung* von Kausalitäten. Die Grundidee der Kybernetik zeigt, dass sich Teilprozesse sehr wohl als kausale Prozesse beobachten lassen, aber dass sie eben als solche *beobachtet* werden müssen. In Luhmanns Diktion der »Differenz von Identität und Differenz« (Luhmann 1984, S. 26) wird exakt dies zum Ausdruck gebracht. Die Identität eines Systems, also der Zustand, den es an sich selbst registriert, unterscheidet sich von der Differenz, die damit und die überhaupt im System produziert wird. Somit ist die Anfertigung von Selbstbeobachtungen und Beschreibungen selbst nicht etwas, das neben, über oder unabhängig vom System angefertigt werden kann. Es ist vielmehr selbst *Teil* des Systems und damit rekursiv in die Wechselseitigkeit von Möglichkeiten, in die Unbestimmtheit ihrer Anschlüsse und damit in die Selektivität aller konkreten Operationen eingeschlossen. Auch die Identität des Systems ist *zustandsdeterminiert*, und zwar nicht nur in dem Sinne, dass es sich um eine Selektion handelt, sondern auch in dem Sinne, dass die Identität durch die Setzung von Differenzen *praktisch* erzeugt werden muss. Für Systeme gibt es keine Möglichkeit, sich der *Empirie ihrer selbst* zu entziehen. Jedes Ausbrechen aus dem Gewohnten, sogar der Versuch der Unterbrechung bleibt an die *Rekursivität* der Ereignisse gebunden. Rekursivität bedeutet nach Heinz von Foerster, »daß das Resultat einer Operation aufs neue zum Ausgangspunkt dieser Operation genommen wird, deren Resultat aufs neue zum Ausgangspunkt dieser Operation genommen wird... usw., usw.« (v. Foerster 1987, S. 149, und Hofstadter 1985, S. 137 ff.). Eine Operation ist demnach immer die andere Operation einer anderen Operation des gleichen Systems, so dass eine systeminterne Dynamik entsteht, die sich selbst durch Rekurs auf die eigenen Operationen einschränkt und nicht durch lineare Umwelteinwirkungen eingeschränkt wird. Dadurch erarbeitet ein autopoietisches System eine interne Beschreibung seiner selbst, die seine einzige Realitätsgarantie ist (vgl. Nassehi 1992). So entsteht eine *geschlossene operative Einheit*, die ihre Geschlossenheit dadurch erreicht, dass sie sich rekursiv auf ihre jeweiligen Zustände bezieht und damit eine gegenwartsbasierte Form der *praktischen* Zeitlichkeit erzeugt. Die Geschlossenheit kommunikativer Prozesse entsteht dadurch, dass Kommunikation stets nur an die Zustände anschließen kann, die sie selbst erzeugt – nicht die Umwelt, etwa die psychische Umwelt der beteiligten Menschen, die für die Kommunikation völlig intransparent sind. Was die Kommunikation allein registrieren kann, ist ein *Unterschied*, den sie selbst erzeugt und damit Rückkopplungen auf sich selbst (vgl. Ashby 1956, S. 47). Die Grundidee der Kommunikation besteht also darin, dass erst*ens* an vorherige Ereignisse angeschlossen wird, dass *zweitens* der Anschluss eine Selektion darstellt, also genügend Unbestimmtheitspotential erfordert, dass *drittens* dadurch ein rekursiver und operativ geschlossener Zusammenhang entsteht, dass *viertens* dieser Ereigniszusammenhang radikal gegenwartsbasiert ist und Differenzen *praktisch* erzeugt und dass *fünftens* damit auch die Identität des Systems praktisch erzeugt werden muss.

Im soziologischen Diskurs der Moderne, wie ich ihn hier rekonstruiere, scheint mit Luhmanns Theorie sozialer Systeme eine Radikalisierung der Beobachterperspektive und eine ebenso radikale Verweigerung der Teilnehmerperspektive vorzuliegen. Was ich mit Dewey und Mead habe beginnen lassen, die die Idee der Repräsentation der Handlung im *Durchlauferhitzer* des Bewusstseins bereits negieren, findet mit Luhmann als zweitem Diskursstrang seinen Höhepunkt. Der soziologische Beobachter kombiniert hier zweierlei: Er rechnet mit einer je gegenwärtigen Praxis, deren operative Bedeutung gerade darin besteht, dass sie nicht Bestimmtheit produziert, sondern mit Unbestimmtheit umgeht. Dieser soziologische Beobachter interessiert sich für die *Mühe*, die es erfordert, über Praxissituationen hinwegzukommen. Sie feiert nicht die Mühelosigkeit des »Könnens« der Körper oder der »eingespielten Routinen«, sondern beobachtet die Leistungen, die ein soziales System erbringen muss, damit alles so mühelos aussieht. Sie wundert sich weniger über den Wandel und die Instabilität, sondern über die Stabilitäten und Strukturen, die in einer Praxis auffindbar sind. Und sie kann, weil sie diese Mühe nicht den Beteiligten, sondern dem Selektionsgeschehen zurechnet, diese Mühe auch dort registrieren, wo die Beteiligten gar keine Mühe erfahren.

Darin ähneln sich Bourdieu und Luhmann insofern, als auch Bourdieu jenes voraussetzungsreiche *setting* beschreibt, *in dem* sich Akteure so scheinbar ganz ohne weitere Voraussetzung bewegen können. Damit aber wird das, was Habermas die *Teilnehmerperspektive* genannt hat, erst *soziologisch* sichtbar: nämlich in ihren Bedingungen, die nicht einfach dadurch gegeben sind, dass Sprecher immer schon Teilnehmer sind, sondern darin, *wie sie* zu Teilnehmern werden. Insofern trifft man mit einer Theorie des Typus

Systemtheorie in der luhmannschen Variante eigentlich *nur* auf Beteiligte – auf Beteiligte, deren *Handlungen* sie nur innerhalb eines kommunikativen Anschlusszusammenhangs als Beteiligte konstituieren. Noch einmal anders formuliert: Was Beteiligte zu Beteiligten macht, ist – so der *common sense* des soziologischen Blicks – nicht einfach ein abstraktes Mitgliedschaftsversprechen, sondern ihr *Handeln*. Nicht umsonst spricht selbst Habermas, dessen besonderes Verdienst ohne Zweifel darin besteht, ebenfalls von Sprache auf Kommunikation und damit auf die Offenheit von Anschlüssen hingewiesen zu haben, nicht einfach von Kommunikation, sondern von *kommunikativem Handeln*. Handeln aber, so kann man von einer systemtheoretischen Perspektive lernen, konstituiert sich in seinem Sinn dadurch, dass bestimmte Ereignisse dadurch einen Informationswert erhalten, dass sie vom System selbst (und das heißt nur: durch Anschlusskommunikationen) als Handlungen behandelt werden. Es ist dann eine *empirische* Frage, wie Beteiligte exakt dadurch Beteiligte werden, dass ihnen Ereignisse als Handlungen zugerechnet werden. Diese Beobachterperspektive kann also gar nicht anders, als auf Beteiligte zu stoßen, denn sie behandelt dies nicht einfach als steigerbaren Sachverhalt angemessener oder unangemessener Anerkennung oder als bloßes Recht, gehört zu werden, oder als Pflicht des Zuhörens, sondern als schlichte empirische Frage, wie diejenigen, die in der Kommunikation vorkommen, in der Kommunikation vorkommen.

Ordnungen des Operativen – die Verringerung von Unwahrscheinlichkeit

Eine solche Theorie kommunikativer *Operationen* ist eine Theorie *empirischer* Ordnungsgenerierung (vgl. Saake 2004), deren besonderer Charakter dadurch entsteht, dass die jeweiligen Gegenwarten letztlich blind für sich selbst sind. Theoretisch formuliert: *Es werden Differenzen erzeugt, ohne dass Identitäten registriert werden müssen.* Empirischer formuliert: Nimmt man die Gegenwartsbasiertheit der kommunikativen Praxis wirklich ernst, gibt es keinen Ort, an dem das Präsente als Präsenz repräsentiert wäre. Es geschieht, was geschieht, und auch die beteiligten Psychen/Menschen/Akteure sind letztlich nicht kausal, sondern durch die Gleichzeitigkeit von System und Umwelt an diese Praxis gekoppelt und finden sich in ihr vor. Selten wird in der Soziologie wirklich ernst genommen, was oft genug registriert wird: dass vieles Handeln eher einer »dumpf hingenommenen Gewöhnung« (Weber 1972, S. 192) entstammt; dass eine bewusste Repräsentation der Handlung eine Funktion der Handlung, nicht ihre Voraussetzung ist (vgl. Mead 1988); dass es die Praxis selbst ist, die sich ohne intellektuelle Repräsentation hervorbringt (vgl. Schatzki 2002); dass es Körper sind, an denen sich die Identität anlagert und erst nachträglich ihre Bewusstheit (vgl. Merleau-Ponty 1966; Meyer-Drawe 2001). Ein genauer empirischer Blick auf die meisten sozialen Prozesse wird zugestehen müssen, dass das, was geschieht, weitgehend ohne die intentionale Repräsentation des Geschehens auskommt – und wo sie vorkommt, ist sie, gemäß der pragmatistischen Beobachtung von Dewey und Mead, selbst Teil der Handlung bzw. der Sukzession von Handlungen und hat eine kommunikative Bedeutung. Dass geschieht, was geschieht, bedeutet, dass es vor dem Geschehen kein Geschehen gibt. Eine solche soziologische Beobachtung ist darauf eingestellt, sich tatsächlich von jenen Überraschungen überraschen zu lassen, die sich ergeben, wenn man ein System ganz und gar auf die Gegenwärtigkeit ihrer Operationen aufbaut.

Aus der Bewusstseinsphilosophie ist die Figur bestens bekannt: Eine allein selbsttragende Struktur gerät in die Paradoxie der Selbstanwendung, und man muss dann letztlich nicht-empirische, i. e. *transzendentale* Begriffe finden, um diese Paradoxie gar nicht erst auftreten zu lassen. Husserl hatte das Problem über die *Urimpression* gelöst, die so unsichtbar ist, dass sie nicht einmal phänomenologisch ausgewiesen werden kann. Die Selbstgegenwart eines Systems lässt sich somit nicht widerspruchsfrei ausdrücken – es sei denn, man wechselt von einer *logischen* zu einer *empirischen* Beobachtung. Dann stößt man darauf, dass die Paradoxie schlicht dadurch (auf-) gelöst wird, dass dem unbeobachtbaren Moment gleich der nächste nachfolgt und dadurch eine Struktur entsteht, die trotz Differenz für Identität gehalten werden kann. Während traditionelle Lösungen des Problems eine *invariante Substanz* als Entparadoxierung annehmen, etwa bei Kant die *Beharrlichkeit der Substanz* als Bedingung für zeitliche Extension (vgl. Kant 1983, S. 226), *entparadoxieren sich ereignisbasierte, autopoietische Systeme durch Zeit* (vgl. dazu ausführlich Nassehi 1993a, S. 184 ff.; 2003a, S. 73 ff.). Luhmann schreibt dazu: »Eine erste Unterscheidung kann nur operativ eingeführt, nicht ihrerseits beobachtet (unterschieden) werden. Alles Unterscheiden von Unterscheidungen setzt diese ja voraus, kann nur nachher erfolgen, erfordert also Zeit bzw., in anderen Worten, ein in Operation befindliches autopoietisches System. Und alle Rationalisierung ist deshalb Postrationalisierung.« (Luhmann 1990b, S. 80) An dieser Stelle wird die besondere *empirische* Bedeutung der Systemtheorie deutlich. Sie geht nicht von einer Systemstruktur aus, sondern richtet den Blick des soziologischen Beobachters darauf, wie sich Praxis von sich selbst überraschen lassen kann, d. h. mit dem Problem der Unbestimmtheit und der Kontingenz umgeht.

Jegliche Gegenwart lebt davon, jene Kontingenz wegzuarbeiten, die sich schon dadurch ergibt, dass man es mit *Kommunikation* zu tun hat. Kontingenz muss weggearbeitet werden, und das geschieht immer schon dadurch, dass es der Kommunikation gelingt, sich eine Struktur zu geben, die den Zufall besiegt und die Notwendigkeit negiert (vgl. dazu Nassehi/Saake 2002a). Kommunikationsprozesse müssen irgendwo Halt finden, und diesen Halt finden sie letztlich nur in sich selbst, d. h. in der praktischen Lösung, die sich ihnen bietet. Noch mehr als alle Praxistheorien vom Pragmatismus über die Ethnomethodologie, den so genannten *practical turn* und Bourdieus Theorie der Praxis eröffnet sich hier ein empirischer Blick darauf, dass sich *Gesellschaft* in Gegenwarten manifestiert, in der sie Halt finden müssen, dass dies aber in einer Gesellschaft stattfindet, die freilich selbst wiederum nicht als Zentralmetapher einer übergreifenden *Ordnung* fungiert. Gesellschaft ist hier weder als generalisierter Anderer im Sinne Meads zu verstehen noch im Sinne der »Regeln«, die die Ethnomethodologie oder die Praxeologie Schatzkis bemühen, auch nicht im Sinne von Bourdieus Algorithmus des Knappheitsmanagements. Auch Gesellschaft wird in dieser Perspektive als eine *Ordnung des Operativen* angesehen, was sich empirisch schon darin zeigt, dass man nirgendwo auf eine Praxis trifft, die *nicht* in einem strengen gesellschaftlichen Kontext stattfindet und die zugleich *nicht* je praktisch-gegenwärtig sich entfalten muss. Was das Stück *Gesellschaft* exakt zu jenem *Drama* macht, dessen zeitliche Dramaturgie ihr besonderer Charakter ist, ist gerade die Tatsache, dass diese Dramaturgie weder einen Dramaturgen noch einen zentralen Regisseur kennt. Nicht einmal ein *unbekanntes* oder *unbeobachtbares* Skript kann man voraussetzen, an dem man sich abarbeitet (und das von privilegierten Beobachtern von Priestern bis sozialwissenschaftlichen Entlarvungstheoretikern hilfsweise sichtbar gemacht werden könnte). Wenn man die Metapher weiter bemühen will, spielt auf der Bühne *Gesellschaft* eine Laienspielschar, die, zur Echtzeit gezwungen, weder Probe- noch Korrekturmöglichkeiten hat. Sie muss ihre Struktur gewissermaßen improvisieren, kommt aber gerade deshalb zu Selbststabilisierungen. Gerade darin ist (gerade die moderne) Gesellschaft eine *Gesellschaft der Gegenwarten* (vgl. Nassehi 2003a, S. 159 ff.). Ich komme im sechsten Kapitel darauf zurück.

Das Problem aller Theorien, die sich irgendwie für Operationen interessieren und nicht einfach eine allgemeine gesellschaftliche Struktur voraussetzen, besteht darin, die andere Seite der Praxis, d. h. ihre Voraussetzung, ihren Kontext, das sie Transzendierende angemessen beschreiben zu können. Ich habe das im zweiten Kapitel an Habermas' Mead-Rezeption zu demonstrieren versucht: Wer die Generierung von Ordnung tatsächlich in Interaktion, Kommunikation oder kommunikatives Handeln auflöst, bekommt es mit dem Problem zu tun, den Horizont dieser Praxissphäre angemessen zu bestimmen. Bei Mead war es ein generalisierter Anderer als Verlegenheitslösung dafür, dass er das Problem des Horizonts aller Praxis überhaupt gesehen hat; bei Habermas war es die hegelsche Idee, dass Gesellschaft nach wie vor als so etwas wie eine Allgemeinheitschiffre fungiert, die nicht nur abstrakte Grenzen absteckt, sondern die Grenzen einer Sprachgemeinschaft, die zugleich einen Raum für die performative Herstellung von Wahrheiten, Richtigkeiten und sogar Wahrhaftigkeiten darstellt. Bourdieu löst das Problem wenigstens – nur kann seine Annahme eines gesellschaftsweiten Algorithmus nicht wirklich überzeugen, weil ihm letztlich jeglicher Sinn für den *sachlichen* Sinn von Anschlüssen fehlt. Was man von Bourdieu freilich lernen kann, ist, dass es tatsächlich um *Knappheit* geht, aber nicht nur um die Knappheit von *sozialen* Positionen und Ressourcen, sondern auch um die notwendige Knappheit von *sachlichen* Anschlussmöglichkeiten, um die unvermeidliche Knappheit der *Zeit* und – neben den von Luhmann eingeführten Sinndimensionen – auch um *räumliches* Knappheitsmanagement (vgl. Nassehi 2002a; Stichweh 2000, S. 184 ff.). Exakt das ist der Sinn des *systemtheoretischen* Designs. Ein System zeichnet sich dadurch aus, dass es Anschlussmöglichkeiten in ihrer Unwahrscheinlichkeit einschränkt, d.h. dass durch Erinnerung und Erwartungsbildung bestimmte Anschlüsse wahrscheinlicher werden als andere. Auch dies ist ein *empirisches* Problem: wie Systeme, deren grundbegriffliches Arrangement der soziologischen Analyse prinzipiell die Offenheit von Anschlüssen einräumt, diese Offenheit empirisch einschränken und so für sich selbst kalkulierbar werden. Es geschieht dies etwa durchs Anfangen, durch die Etablierung von Unterscheidungen oder dadurch, dass Anschlüsse dadurch begrenzt werden, dass es sich um Interaktionssysteme oder Organisationen handelt, die je in eigener Weise für Knappheiten sorgen. Auf der Ebene der Gesellschaft sind solche Knappheitsgeneratoren in primär stratifizierten Gesellschaften hierarchische Codierungen, die sich über alle anderen Anschlussformen legen. In der funktional differenzierten Gesellschaft sind es Kommunikationsmedien von Funktionssystemen.

Der theoriestrategische Sinn der Medientheorie zielt auf den *gesellschaftstheoretisch* folgenreichen Fall der *symbolisch generalisierten Kommunikationsmedien*, in dem der Zusammenhang von stabiler loser Kopplung und eher instabiler fester Kopplung zur Anwendung kommt (vgl. dazu Luhmann 1997, S.198). Symbolisch generalisierte Kommunikationsmedien haben die Funktion, »die Annahme einer Kommunikation erwartbar zu machen in Fällen, in denen die Ablehnung wahrscheinlich ist« (ebd., S.316). Die soziologische Erklärung der Herausbildung einer modernen Gesellschaftsstruktur bindet Luhmann an die historische Rekonstruktion solcher stabiler medialer Substrate, um die herum und im Anschluss an die sich dann stabile binäre Codierungen und schließlich operativ geschlossene Funktionssysteme ausdifferenzieren, was auf die evolutions- und differenzierungstheoretische Grundlegung der Gesellschaftstheorie verweist, über die hier nicht verhandelt wird. In meinem Zusammenhang ist Folgendes von Interesse: Luhmann zeigt am Beispiel der sich langsam herausbildenden symbolisch generalisierten Kommunikationsmedien wie Wahrheit, Liebe, Geld/Eigentum, Macht/Recht und Kunst, wie Kommunikationsofferten, die im jeweiligen Medium erfolgen, im allgemeinen auf Annahme stoßen – Annahme heißt nicht, *ja* zu sagen, sondern im Bestimmungsbereich des Mediums anzuschließen. Wer also auf ein Kaufangebot *nicht* eingeht, kommuniziert bereits auf der Basis des Mediums; wer die erklärte Liebe verschmäht, lässt sich bereits auf Liebe ein – nur eben nicht auf diese –; wer einen Rechtsbruch begeht oder die Macht umgeht, rechnet bereits mit ihr; wer Badewannen, gefüllt mit Schmalz, nicht für Kunst hält und das kommuniziert, nimmt das mediale Substrat in Anspruch, nur wer es aus Versehen »sauber« macht, wie es einem Werk Joseph Beuys' widerfahren ist, konnte die Form nicht sehen und bewegte sich dann auf wesentlich rutschigerem Boden.

Symbolisch generalisierte Kommunikationsmedien versorgen gesellschaftliche Kommunikation mit Formvorschriften und stellen so sicher, dass kommunikative Umgebungen entstehen, in denen Annahmewahrscheinlichkeiten oftmals stabiler sind als konkretes Erleben. Das theoretische Problem scheint mir freilich nicht in der Beschreibung der Stabilität jener Räume zu liegen, sondern in der Frage, an welchen systematischen *Orten* jene Formvorschriften und medialen Substrate aufbewahrt und kontinuiert werden, wenn die Theorie weder Normen noch sonstige *präoperative* Mechanismen anbietet, die kommunikative Operationen einschränken. Dieses Problem wird in Luhmanns *Gesellschaft der Gesellschaft* in eigentümlicher Weise im Dunkeln gehalten – ja Luhmann bemüht gar mirakulöse Formulierungen, wenn er meint, symbolisch generalisierte Kommunikationsmedien transformierten Nein- in Ja-Wahrscheinlichkeiten »auf wunderbare Weise« (Luhmann 1997, S. 320). Lösen lässt sich das Problem meines Erachtens nur so: Auch symbolisch generalisierte Kommunikationsmedien sichern ihren Erfolg nur reflexiv, also durch Anschlussereignisse, die für Annahme sorgen – oder eben nicht. Es ist dann ein empirisches Problem, unter welchen Bedingungen Macht, Eigentum, Liebe oder Recht als lose gekoppelte Medien zu strikt gekoppelten Formen führen und in diesem Sinne Kommunikationsketten kontinuieren – oder eben nicht. Der systematische Ort dieser Medien ist ihre empirische Formierung, ist ihre prozesshafte Kontinuierung gesellschaftlicher Strukturen, ist Strukturbildung aus sich selbst heraus, die allein *internen* Notwendigkeiten für Bewährungs- und Anschlussfähigkeit folgt.

Wenn allenthalben die mangelnde Integration und Dialogfähigkeit empirischer und theoretischer Soziologie beklagt wird, so lassen sich dafür sowohl inhaltliche, disziplinäre, nicht zuletzt aber auch institutionelle Gründe anführen, die viel mit Finanzierungsfragen, mit dem Verhältnis von konkreter Forschung zu ihren politischen

Auftraggebern und mit etablierten Karrierewegen und Lehrstuhldenominationen zu tun haben (vgl. etwa Turner 2004, S. 146 ff.). Nun scheint sich in der soziologischen Theoriebildung selbst diese Dichotomie zwischen Empirie und Theorie wenn nicht aufzulösen, dann wenigstens unplausibler zu werden. Gerade an den beiden Theorien, die ich in diesem Kapitel ausführlich behandle, an dem Franzosen Bourdieu und an dem Deutschen Luhmann, lässt sich sehr deutlich sehen, dass die Umstellung auf eine radikal *operative* Theorieform eine empirische Perspektive geradezu anzieht – das gilt für die soziologische Praxis übrigens ebenso, die hier auf dem Bildschirm ihrer eigenen Analyse auftaucht (vgl. dazu Saake 2004, S. 112 f.). Gerade der luhmannschen Theorie, überhaupt Theorien, die den Begriff des »Systems« im Titel führen, scheint man dies nicht auf den ersten Blick zuzutrauen. Der Effekt operativer Theorieformen, einen empirischen Blick geradezu anzuziehen, hängt meines Erachtens sicher auch damit zusammen, dass sich das Selbstbild der modernen Gesellschaft schlicht den Eindeutigkeiten sowohl einer Modernisierung des bürgerlichen Selbstverständnisses des Gesellschaftlichen als des Allgemeinen bei Habermas als auch dem parsonsschen Setzkasten einer eindeutigen Problemstufenhierarchie und eines endlichen Funktionensets entzieht. Diese Uneindeutigkeiten, auf die ich im nächsten Kapitel ausführlich zu sprechen kommen werde, schreien geradezu nach Formen der Sozialforschung, die sich für den Ordnungsaufbau aus sich selbst heraus interessieren, da sich das »Ganze« weder mit Hegels Wahrheit noch mit Adornos Unwahrheit ausdrücken lässt. Das Ganze verschwindet – zugunsten einer Perspektive, die sich dafür interessiert, wie das Konkrete, das Besondere innerhalb eines Ganzen praktisch erzeugt wird. An Bourdieu und Luhmann lässt sich lernen, dass die Zeit der großen Erzählungen vorbei ist – freilich ohne die dandyhafte postmoderne Kritik des Ganzheitlichen, wie man sie in den sicheren 80er Jahren noch pflegen konnte, sondern eingedenk der Tatsache, dass die Zeit der bürgerlichen Gesellschaft als Arena, als adressierbarer Sachverhalt, als Derivat politischer Öffentlichkeitsbegriffe unweigerlich vorbei ist. In den Blick treten dabei jene Praxisformen, die nichts weiter als sich selbst und nichts weniger als die »Gesellschaft« hervorbringen. Bevor ich mich dieser Frage der »Kritik der gesellschaftlichen Vernunft« zuwende, ist noch auf zwei Probleme aufmerksam zu machen, die sich aus der Perspektive einer systemtheoretischen Soziologie der Praxis stellen. Die eine ist die Frage der Konstitution von Akteuren, die andere die nach dem Subjektbegriff als solchem.

Inclusio – illusio

Die Dezentrierung des Subjekts bzw. seines kleinen Bruders, des Akteurs, durch Bourdieus Habitustheorie ist schon ein starkes Stück. Sie macht letztlich *zum* Subjekt, was man üblicherweise *am* Subjekt beobachtet, und sie ist in der Lage, diese geradezu kalte Beobachterperspektive in eine Teilnehmerperspektive zu wenden, die freilich das Besondere der eigenen Beobachterperspektive nicht verleugnet. Wie Bourdieu sich stets davon überraschen lässt, dass es fremden Perspektiven, i. e. den Praxisformen im Gegenstandsbereich seiner soziologischen Beobachtung, stets *um etwas* geht, so nimmt er wie selbstverständlich in Anspruch, dass es auch der Soziologie *um etwas* geht. Bourdieu, für den Individuen *Ausgeburten der Felder* sind, in denen diese vorkommen, beschreibt Inklusionsformen, die nicht einfach als Formen der Teilhabe oder der Partizipation, der Mitgliedschaft oder der Gewährung von Zugang konzipiert sind. Er beschreibt vielmehr Inklusionsformen, bei denen es auch *um etwas* geht, buchstäblich *um alles*. Der Akteur wird über den Habitus so in soziale Felder inkludiert, dass er durch die Inklusionsform erst entsteht. Er ist weder dasselbe noch das Gegenüber der Praxis, sondern entsteht in ihr und durch sie. Die besondere Attraktion Bourdieus besteht exakt darin, die Arena-Vorstellung der Gesellschaft schon dadurch hinter sich gelassen zu haben. Das *Subjekt*, das hier entsteht, ist letztlich die Praxis selbst – und in ihr jene Habitus, in denen sich Akteure vorfinden, die sich durch diese Praxis als diejenigen erfahren, die sie sind. Ich habe dies etwas überspitzt bzw. sehr enggeführt an einigen Basissätzen des pragmatistischen Denkens rekonstruiert, um zu zeigen, wie stark diese Tradition im zweiten Diskursstrang des soziologischen Diskurses der Moderne wirkt. Der empirische Blick richtet sich dabei auf jene Bedingungen, unter denen es Akteuren möglich ist, zu tun, was sie tun.

Systemtheoretisch kulminiert diese Einsicht in diesem Satz: »Menschen können nicht kommunizieren […], nicht einmal das Bewußtsein kann kommunizieren. Nur die Kommunikation kann kommunizieren.« (Luhmann 1988b, S. 884; ähnlich 1990b, S. 31; 1997, S. 92 ff.) Die Bedingungen, unter denen es Akteuren möglich ist, zu tun, was sie tun, bringen die Akteure als Konstruktionen der Kommunikation selbst hervor – nicht material, aber operativ in dem Sinne, dass sich der soziologische Blick ausschließlich dafür interessiert, wie soziale Ereignisse aneinander anschließen. Keineswegs ist dies übrigens so neu und ungewöhnlich, dass man es allein Niklas Luhmann zurechnen muss. Diese Formulierung steht in der Kontinuität einer ganzen Reihe wissenschaftlicher Entwicklungen des 20. Jahrhunderts, die das Bewusstsein als alleiniges Subjekt der Welt dezentrieren. Man denke nur an die strukturalistische und poststrukturalistische Diskussion über den bedeutungsgenerierenden Zusammenhang von Texten, der weit über die Intentionen ihrer Autoren hinausgehen, man denke an die hermeneutische Dezentrierung des Subjekts bei Gadamer (1960), und man denke an die archäologischen und genealogischen Arbeiten Michel Foucaults, in denen Diskurse und Praktiken jene Subjekte erst hervorbringen, denen jene Diskurse und Praktiken zugeschrieben werden – ich habe auf all das hingewiesen. So sehr solche Theorien die letzten Momente theoretischer und praktischer Unbedingtheiten auf ihre Bedingungen hin befragen und damit radikal verunsichern, so sehr werden sie womöglich dem kommunizierenden und handelnden Individuum eher gerecht als jene schöne Erzählung des autonomen Subjekts. Womöglich bietet die Kommunikations- und Systemtheorie Niklas Luhmanns eine Theorie an, die das Individuum ernster nimmt als jene Theorien, die das Subjekt theoretisch nur als Held feiern können und empirisch dann allenfalls auf gefallene Helden treffen, bedroht in ihrer Autonomie, behindert in ihrer Kreativität und dem falschen Bewusstsein verfallen, der Effizienz des Getriebes statt der Eudämonie des Lebens nachzustreben.

Was das, was üblicherweise als *Subjekt* erscheint, empirisch zugänglich macht, ist die Einsicht, dass *Subjekte* als Effekte von Kommunikation erst entstehen, als Adressen, die nicht vor der Adressierung schon da sind, sondern durch die Adressierung erst in der Kommunikation vorkommen. Diese das »Subjekt«, was immer das dann noch heißen kann, dezentrierende Theorie lässt sich am besten über den Mechanismus der *Inklusion* erklären. Inklusion steht bei Luhmann für denjenigen Mechanismus, durch den Menschen im Kommunikationsprozess für relevant gehalten werden – durch

Bezeichnung, durch Adressierung, durch Bereithaltung von Unbestimmtheit und nicht zuletzt durch Erwartung an Verhalten. *Bezeichnung* meint die schlichte Thematisierung von Menschen als Adressen in der Kommunikation; *Adressierung* steht für den Mechanismus, Menschen in der Kommunikation als Adressen für die Unterstellung von Motiven und Präferenzen, von Entscheidungs- und Zurechnungsfähigkeit zu behandeln; unter *Bereithaltung von Unbestimmtheit* verstehe ich den Grad von Bestimmtheit bzw. Unbestimmtheit, der es erfordert, dass Menschen sich mit psychischer Komplexität ausstatten, die dann gewissermaßen als Horizont für kommunikative Selbstplausibilisierung dient; und *Verhaltenserwartung* meint nichts anderes als die Ausrichtung des Verhaltens an der Erfüllung oder Enttäuschung sozialer Strukturen, zu denen auch die Enttäuschung von Erwartungen gehören kann. All das beschreibt die Systemtheorie als einen empirischen Prozess, der Menschen als *Personen* in der Kommunikation vorkommen lässt. Der Begriff der *Person* meint diejenige Form, die Menschen annehmen, wenn sie in der Kommunikation vorkommen (vgl. Luhmann 1991). Dabei geht es keineswegs nur um die Frage, wie Menschen als *Themen* der Kommunikation vorkommen. Es geht auch um die Bindung von *Menschen*, von *Akteuren* an den kommunikativen Prozess. Womöglich ist der Vorwurf an Luhmann, dass er ein allzu intellektualistisches Konzept verfolgt (vgl. Reckwitz 2003a, S. 289), zumindest in dem Sinne nicht verfehlt, dass die Kopplung und der echtzeitliche Sinn-Abgleich von psychischen Systemen an Kommunikation tatsächlich kaum die raumzeitliche Inanspruchnahme des »Menschen« berücksichtigt. Ähnliches gilt auch für die Frage von Motiven.

Motive kommen in der Systemtheorie nicht als der Kommunikation vorgeordnete, die Zukunft antizipierende Repräsentationen vor. Aber man kann kaum daran vorbeisehen, dass die soziale Welt voller Motive ist. Inklusion, also von Kommunikation in Anspruch genommen zu werden, bedeutet stets auch, dass Akteure als solche beobachtet werden. Motivunterstellungen erzeugen erst die Motive, an die die angesprochene Psyche dann *als Akteur* auch glaubt. Motive sind gewissermaßen Selbst- und Fremdunterstellungen von Kausalitäten des Bewirkens, des Wollens, der Antizipation. Wer sich je Datenmaterial wie Interviews, teilnehmende Beobachtungen, ethnografische Aufzeichnungen, Gesprächsprotokolle etc.

angesehen hat, stößt (auch) auf Motive, und zwar auf thematisierte Motive oder Motivunterstellungen. Und wer nach seinen Motiven befragt wird, wird sie nicht nur in seiner inneren Unendlichkeit finden. Motive bewähren sich vor allem dort, wo sie thematisiert werden können, in der Kommunikation, an die aufgrund der Grundcodierung der Sprache mit *Ja-* oder *Nein*-Stellungnahmen angeschlossen werden kann. Motive müssen *funktionieren*, und sie funktionieren auch psychisch wohl nur, wenn sie sich in der Kommunikation bewähren können. Wenn man Habermas' Credo, wir verstünden einen Sprechakt dann, wenn wir wissen, was ihn akzeptabel macht, von ihrem normativen Ballast befreit, dann stößt man darauf, dass die Akzeptabilitätsbedingungen *operativer* Natur sind. An so genannten qualitativen Daten lässt sich dies deutlich beobachten. Wenn man sie als Protokolle von Kommunikation auffasst, wird man an ihren Anschlussformen ersehen können, wie die Kommunikation *selbst* versteht und wie sie dadurch jene Personen erzeugt, von denen wir nur etwas durch die Daten selbst wissen (vgl. dazu Nassehi 1997b). Üblicherweise etwa liest die soziologische Biografieforschung Biografien als Dokumente, in denen sich Motive (und durchaus auch ihre paradoxe Wirkung) fürs gelebte Leben auffinden lassen. Man kann aber umgekehrt auch biografische Texte als Formen beobachten, die erst durch die Inklusion durch Forschung, aber auch durch die Notwendigkeit, eine Geschichte zu erzählen, handhabbare Motive erzeugen (vgl. Saake 2005a; 2006). Handhabbar heißt: *kommunizierbar*. Ähnliches lässt sich aber auch in ethnomethodologischen Untersuchungen beobachten, deren Untersuchungsgegenstände gerne so gewählt werden, dass man auf Motive bei der Interpretation geradezu verzichten kann (vgl. nur Hirschauer 1999), was man auch als Hinweis auf die besondere Bedeutung von Motiven lesen kann. Und übliche Deutungsmusteranalysen oder objektiv-hermeneutische Untersuchungsdesigns (Lüders/Meuser 1997) stöbern ebenfalls Motive auf und stellen diese kulturalistisch in einen entsprechenden Zusammenhang. Und was die Akzeptabilität von Motiven in Designs angeht, die rationale Akteure unterstellen oder die von einer schichtenmäßigen oder kulturellen Formierung von Motivlagen ausgehen, so ist auch hier deutlich zu sehen, dass die Akzeptabilität sozialer Natur ist, d. h. der Anschlussfähigkeit, der *antizipierten* Anschussfähigkeit von kommunizierbaren Motiven unterliegt. Die systemtheoretische Figur der Inklusion erzeugt also letztlich gar keine besonders abwegige oder übertrieben kontraintuitive Vorstellung von der Genese von Motiven und der *sozialen* Formierung von Akteuren, zu der auch die *soziologische* Formierung von Akteuren gehört. Sie ist lediglich ausreichend voraussetzungslos gebaut, um sich für Formierungen *jeglicher Art* empirisch offen zu halten.

Der Inklusionsmechanismus, also die Form, wie Menschen in der Kommunikation *als Personen* vorkommen, erzeugt nun exakt jene Formen von Bezeichnung, Adressierung, Unbestimmtheit und Erwartungen, durch die jene Zurechnungspunkte als zurechnungsfähige Menschen erscheinen können. Es müssen also bestimmte Inklusionsverhältnisse vorliegen, die es wahrscheinlich machen, an die Kommunikation gekoppelte psychische Systeme und Körper *als Subjekte* behandeln zu können. Ich habe im zweiten Kapitel die Semantik der Subjektivität als Reaktion auf neuartige gesellschaftliche Inklusionsverhältnisse rekonstruiert, die auf die äußere Unterbestimmung des Individuums mit der Notwendigkeit der Unterstellung höherer innerer Komplexität reagieren und damit jene Zurechnungspunkte mit einer ausreichend unbestimmten, also kontingenzstabilen Innenwelt versehen, die gerade aufgrund ihrer Unsichtbarkeit zurechnungsfähig wird. Sowohl die romantische wie die rationalistische Idee der Innenleitung des Individuums muss gelesen werden als Lösung des Problems einer funktional differenzierten Gesellschaft, die einzelnes Verhalten weniger vorregulieren muss, um die Indifferenz der Funktionssysteme füreinander aufrechtzuerhalten. Gerade deswegen müssen kommunikative Prozesse *als Handlungen* auf Personen zurechenbar gemacht werden, damit das je einzelne Verhalten in eine biografische Kontinuität gebracht werden kann – eine Kontinuität, die jene Zurechnungspunkte erst adressierbar macht.

Das *Bürgerliche* an dieser Konstellation besteht in der gleichzeitigen Bestimmtheit und Unbestimmtheit des »Subjekts«, das sich selbst als ein Weltzentrum beschreibt, das seine Einzigartigkeit nur in der Versöhnung mit jenem Allgemeinen finden kann, als das sich die Politisierung der »bürgerlichen Gesellschaft« stilisiert und damit funktional differenzierte Verhältnisse handhabbar macht – in der Sprache Hegels: Sittlichkeit sowohl in der Familie, im »System der Bedürfnisse«, im Staat und im Recht aufzufinden und damit die Entzweiungen der Moderne aufzuheben, zwischen den Sphären der Sittlichkeit, aber auch in der Anerkennung des anderen. Das Individuum ist dabei eine ambivalente Figur – es steht der Gesellschaft ebenso entgegen, wie es in jener Allgemeinheit aufgehoben wird, die aus dem atomisierten Individuum ein »Subjekt« macht. So kann sich der Bürger zugleich *in* der Gesellschaft wähnen und sich ihr *gegenüber* stilisieren – als autonom, reflexiv, einzigartig und selbstverantwortlich. Nicht umsonst kulminiert die Reflexionsform des Subjekts philosophisch in Chiffren von Selbstbewusstsein, Selbstverwirklichung und Selbsterhaltung (vgl. dazu Ebeling 1979; Theunissen 1982).

Einer systemtheoretischen Beobachtung erscheint all dies als Reaktion des Gesellschaftssystems auf die Umstellung der primären Differenzierungsform von der Stratifikation von Sozialverbänden zum Nebeneinander von Funktionszusammenhängen. Erstaunlicherweise freilich bewegt sich Luhmanns eigene Rekonstruktion von *Individualität* eng im Rahmen dieser Gegenüberstellung von Individualität und Gesellschaft – und nimmt damit mehr alteuropäische Bürgerlichkeit in Anspruch, als es zunächst den Anschein hat. Ich spiele auf das ebenfalls schon im zweiten Kapitel erwähnte Konzept der *Exklusionsindividualität* an (vgl. Luhmann 1989a, S.160). Luhmann rekonstruiert dieses Konzept als Reaktion auf die Querlage des Individuums zur funktionalen Differenzierung der Gesellschaft. Wenn die Funktionssysteme jeweils nur auf Partialmomente der Person zugreifen und wenn in der modernen Gesellschaft auf Totalinklusion der gesamten Person verzichtet und stattdessen auf Multiinklusion in unterschiedliche Funktionssysteme umgestellt wird, dann tritt das Individuum in der Tat *quer* zu dieser Differenzierungsform auf. Als Individuum scheint sich das Individuum tatsächlich nur im Zustand der *Exklusion* reflektieren zu können – und das ist ja exakt jene kulturelle Form des Bürgers, der in der Lage ist, die Antinomien der Welt in sich so aufzuheben, dass er in einer diskontinuierlichen Welt eine kontinuierliche Geschichte seiner selbst erzählen kann – als Bildungsgeschichte, als Karriere, als Biographie, als Tagebuch, als Protestgeschichte, als Konversion, in jedem Fall: als Einheit. Auch Luhmann scheint also die Quelle aller Individualität jenseits der Zumutungen der Funktionssysteme zu bestimmen – als Reaktion auf ihre Ausdifferenzierung. Nicht das *individuelle Individuum* der *Deutschen Ideologie* (Marx/Engels 1969) freilich ist hier gemeint, sondern die funktionalistische Beschreibung eines Horizonts, der Individualität dadurch in Anspruch nimmt, dass er sich der Dividualität (vgl. Fuchs 1992, S. 204) einer diskontinuierlichen, inkonsistenten Gesellschaft entzieht. Luhmanns Beschreibung der *Exklusionsindividualität* enthält demnach also beides: *sowohl* die Einsicht in die soziale Genese jener als *quasi-natürlich*, wenigstens: *transzendental* gedachten Subjektivität des Individuums *als auch* ein merkwürdig selbstverständliches Bild der sozialstrukturellen *Außenstellung* von Individualität.

Genau besehen reichen freilich die *Individualisierungs-* und *Subjektivierungspraktiken* der Moderne weit in die Funktionssysteme hinein, ja diese sind letztlich die entscheidenden Formen der Bearbeitung innerer Unbestimmtheit, die jenen sozial erwartbaren Sozialcharakter hervorbringt, dem man – wider alle Evidenz – Subjektivität zuschreiben kann (zum Folgenden ausführlicher schon Nassehi 2003a, S. 106 ff.). So greift etwa die *Ökonomie* stets auf den individuellen Zahler zu, ihre dominante Reflexionstheorie erhebt geradezu den *homo oeconomicus* zum individualistischen Entscheidungsträger, dessen individuelle Intransparenz es gerade ist, die die emergente Dynamik des Marktes am Laufen hält. Das *Recht* ist darauf spezialisiert, Ansprüche auf individuelle Träger zuzurechnen und Verantwortlichkeiten bei zurechnungsfähigen individuellen Adressen zu suchen. Rechtliche Formen wie Gleichheit vor dem Gesetz, universale Menschenrechte, Vertragsfähigkeit, Strafmündigkeit und Anspruchsberechtigung beziehen sich auf eine vorausgesetzte Autonomie zurechnungsfähiger Individuen und erzeugen damit ihre eigene Voraussetzung. Das *politische System* hat zwar die Funktion, kollektiv bindende Entscheidungen bereitzustellen, produziert aber damit eine Kollektivität individueller Adressen. Sowohl das Programm der Nation als auch das Programm der Demokratie bindet individuelle Interessenlagen und Aspirationen an eine Loyalitätsverpflichtung, die von Individuen Loyalität und Partizipation einfordert – nicht real, aber als folgenreiche Selbstbeschreibung. Das Politische ist damit jene Subjektivierungstechnik, die Unterwerfung und Selbstbestimmung in der Idee der Demokratie verschmelzen lässt. *Erziehung/Bildung* kapriziert sich auf Fähigkeiten und Leistungen von Menschen im Hinblick auf ihren je individuellen antizipierbaren Lebenslauf und erzeugt damit die Subjektivität der Selbstzurechnung des Lebens in der Zeitdimension als Entscheidungs- und Bildungsgeschichte; *Religion* ist nur noch dort anschlussfähig, wo sie auf individuelle Ganzheiten zugreift und in der inneren Unendlichkeit des authentischen Gläubigen jene Subjektivität erzeugt, der man alles zurechnen kann, solange die Quelle unzugänglich und unsichtbar bleibt; und *Kunst* rechnet immer mehr mit individuellem Erleben und individualisierter Produktion und Rezeption und setzt damit Subjekte als Schöpfer an, in deren Unsagbarkeit sich gerade das Authentische sagen lässt. Und womöglich ist das medizinische System dasjenige, das am eindringlichsten Verhaltensdispositionen erzeugt, die zu einer »Subjektivierung« der Lebensführung beitragen, indem es von Experten als »notwendig« erachtet wird und in den Willen des Patienten eingepflanzt wird. Das gilt nicht nur für die somatische, sondern vor allem auch für die psychische Heilbehandlung (vgl. dazu Rose 1990).

Diese Andeutungen mögen genügen, um deutlich zu machen, dass die Systemtheorie sich für jene kommunikativen Prozeduren interessiert, innerhalb und im Bestimmungsbereich deren Adressierbare als *Subjekte* erscheinen. Die Idee des Subjekts taugt in diesem Zusammenhang nur als historischer Begriff, nicht als theoretische Figur. Das Subjekt als theoretische Figur kann nur *Thema* einer systemtheoretischen Reflexion sein, nicht ihr Ausgangspunkt. Und deshalb gibt es in der Systemtheorie keinen theoriegeleiteten, systematischen Platz für das Subjekt (oder für seinen kleinen Bruder: den Akteur), sondern nur die Idee von Subjektivierungspraktiken, die vor allem als *Inklusionspraktiken* zu rekonstruieren sind. Soziologisch bedeutsam ist an dieser Diagnose, dass sie die Soziologie selbst als ein Unternehmen beschreiben kann, das sich an jenen Praktiken beteiligt. Schön studieren lässt sich dieses Unbehagen, auf den Akteur als Gegenposition zum Sozialen verzichten zu sollen, in Uwe Schimanks akteurstheoretischer Ergänzung der Systemtheorie. Operiert man so, kann man zwar mit systemtheoretischer Nomenklatur arbeiten, vom systemtheoretischen Beitrag der Beschreibung von »Subjektivierung« bleibt aber nur mehr die konventionelle Beschreibung übrig, dass die Gesellschaft die Individuen einschränkt (vgl. Schimank 2000).

Selbstverständlich ist die Soziologie voll von theoretischen Erwägungen darüber, wie das starke Subjekt einer Vergangenheit, die es so letztlich nie gegeben hat, verabschiedet, dekonstruiert und dezentriert wird. Entscheidender ist aber die *Praxis der Soziologie* selbst – und hier wird man konzedieren müssen, dass diese Fragen der Theoriebildung weitgehend abgekoppelt bleiben vom normalwissenschaftlichen Bild der Forschung. Man muss wissenschaftliche Disziplinen wahrscheinlich darauf hin beobachten, was man in ihnen sagen kann, ohne dass man Widerspruch erntet und ohne dass man komplizierte theoretische Legitimationsdiskurse führen muss (vgl. dazu klassisch Fleck 1935). Und hier ist – in der Forschung! – die Annahme und die Voraussetzung, soziales Geschehen primär der Kontingenz *individueller* Entscheidungs-, Handlungs- und Motivationsgründe zuzurechnen und entsprechend zu modellieren, immer noch der am wenigsten voraussetzungsreiche Fall. Am plausibelsten erscheint die Gesellschaft aus der Perspektive des erlebenden/handelnden Individuums, dessen »Subjekt«position sich damit perpetuieren lässt – unter Absehung von der Frage, welche *sozialen Bezugsprobleme* eigentlich gelöst werden, indem sich Gesellschaften ein Personal mit innerer Unendlichkeit und hochgradiger Unterbestimmtheit bei gleichzeitig disparater Form bisweilen strenger Erwartungsbildung an diese Akteure leisten. Einfacher formuliert: Die individuelle Entscheidungsposition nicht nur als gewissermaßen *ontologisches*, sondern als *soziologisches* Datum zu behandeln, wird weitgehend ausgeklammert. Stattdessen übt sich die Soziologie selbst mit ihren Techniken des Interviewens, der Befragung, der Motivunterstellung, der Operationalisierung von Nutzenerwägungen, der Unterstellung narrativer Authentizität und der Instrumentalisierung des Geständniszwangs als eine Praxis, die Subjekte nicht nur voraussetzt, sondern auch erzeugt. Soziologie ist oft selbst eine jener Praktiken, die Foucault als die Humanwissenschaft beschrieben hat: berauscht von der starken Formulierung des autonomen Handelnden, beseelt von der Praxis, ihr Objekt nach dem eigenen Bilde zuzurichten.

Ähnliches lässt sich dort beobachten, wo soziologische Kommunikation sich zeitdiagnostischer Formen bedient – Formen, die soziologische Erkenntnisse in erster Linie in eine Form übersetzen, die ich eine *Ästhetik der Benennbarkeit* nenne (vgl. Nassehi 2003a, 323). Der Charme dieser Art Soziologie besteht darin, soziologische Sätze in *Erfahrbarkeit zu übersetzen*. Ich habe Ulrich Becks Soziologie als eine solche *Übersetzbarkeit in Erfahrung* rekonstruiert – und das Konzept des *Quasi-Subjekts*, das dem Projekt der »reflexiven Modernisierung« zum Grunde liegt, atmet exakt diesen Geist: eine Sprecherposition zu beschreiben, die sich der Zumutung ausgesetzt sieht, der Welt das eigene Leben als eigene Entscheidung zuzumuten. Systemtheoretisch lässt sich all das auch reflektieren – aber eben nicht mit dem Subjekt als Theoriepartikel, sondern als Semantik einer Gesellschaft, die sich selbst mit jener bürgerlichen Form der Versöhnung von »individueller« Subjektivität und »objektiver« Struktur beschreiben kann. Systemtheoretisch findet sich deshalb keine Verwendung für den Subjektbegriff. Man trifft dann zwar auf mannigfaltige Subjektivierungspraxen (und die Soziologie selbst ist eine ihrer elaboriertesten!), aber nicht auf Subjekte – nirgends. Oder doch?

Die Dekonstruktion des Systems. Oder: Die Differenz von Identität und Differenz

Ich hätte hier schließen können – hätte aber unterschlagen müssen, dass die Systemtheorie selbst *wie eine Theorie des Subjekts* gebaut ist. Zwar sind die meisten begrifflichen Revirements der luhmannschen Theorie mit Hilfe von Begrifflichkeiten aus der allgemeinen und der biologischen Systemtheorie gewonnen, vor allem der Gedanke der operativen Geschlossenheit, der Rückkopplung, der Rekursivität und Autopoiese (vgl. Luhmann 1984; 1995). Die entscheidende theorieästhetische Grundlage für Luhmann bleibt freilich die ins Empirische gewendete Phänomenologie Edmund Husserls. Dabei geht Luhmann allerdings einen völlig anderen Weg als das, was später *phänomenologische Soziologie* heißen sollte. Für diese Art Soziologie erscheint das Soziale letztlich nur in der Form der Repräsentation in Bewusstseinsakten von Personen, die sich innerhalb einer Lebenswelt aneinander orientieren. Das entscheidende Problem, an dem freilich Husserl schon gescheitert war, nämlich das Problem der Intersubjektivität, konnte auch hier nicht gelöst werden. Sie musste von Schütz als *Gegebenheit der Lebenswelt* ontologisch schlicht vorausgesetzt werden (vgl. Schütz 1971, S. 116). Luhmanns Anschluß orientiert sich eher an der Konzeption der *Phänomenologie des inneren Zeitbewußtseins* (Husserl 1980), die fast so etwas wie ein kybernetisches (Selbst-)Kontrollverhältnis beschreibt. Husserl hatte gezeigt, wie sich das Bewusstsein je in ereignistemporalen Gegenwarten, er nennt sie *Urimpressionen,* ereignet und einen Bewusstseinsstrom durch Retention früherer und Protention späterer

Ereignisse (des eigenen Bewusstseins) hervorbringt. Als hätte Husserl Derridas Kritik (vgl. Derrida 1979, S. 119) vorweggenommen, gibt er indirekt selbst der These Recht, dass der »Quellpunkt«, d. h. die genetische Anfangsbedingung der »Abschattungskontinuität« des Bewusstseinsstromes phänomenologisch nicht ausweisbar sei. In diesem Sinne betont er: »Im Aktualitätserlebnis haben wir den Urquellpunkt und eine Kontinuität von Nachholmomenten. *Für all das fehlen uns die Namen.*« (Husserl 1966, S. 75) Derridas Name für dieses Problem war der Metaphysikvorwurf, den er selbst über seine Philosophie der *différance* auflösen wollte, orientiert am Problem der Repräsentation und der ontologischen Differenz. In der Systemtheorie gibt es dafür einen anderen Namen: den *blinden Fleck*.

Luhmanns Systemtheorie schließt also unmittelbar an eine als Subjekttheorie gebaute Theorieform an, so dass man auf den ersten Blick meinen könnte, in der soziologischen Systemtheorie werde die Idee des Subjekts als Zurechnungspunkt schlicht von der Ebene der Bewusstseine auf die Ebene eines sozialen Aggregats übertragen, dem nun ähnliche Qualitäten zugetraut werden wie einem bewussten Subjekt. So lautet etwa der bekannte Vorwurf von Jürgen Habermas, Luhmann verfange sich in der *subjektphilosophischen Erbmasse* und streiche zugleich den Vernunftanspruch, der diesem Erbe inhärent sei (vgl. Habermas 1985a, S. 408 ff.; ähnlich Wagner 1993, S. 410 und S. 428) – oder, in Habernas' schönster Formulierung: der Systemfunktionalismus lasse »die Subjekte selber zu Systemen verwesen« (Habermas 1985a, S. 408).

Anders operiert die Kritik von Peter von Zima, der vom System als einem »mythisierten Subjekt-Aktanten« spricht, dem Tätigkeiten zugeschrieben werden: es *will* und *kann* etwas, *beobachtet* und *weiß* usw. (vgl. Zima 2000, S. 334). Zimas semiotische Kritik orientiert sich vor allem daran, dass Luhmann einerseits die Subjekt-Prädikat-Objekt-Logik der Sprache beklagt, andererseits in seiner Darstellung von Systemen exakt mit dieser Logik operiert, nach der Systeme offensichtlich Subjekte seien, denen ein Prädikat nicht nur sprachlich, sondern auch operativ zugeordnet werden kann. An dieser Kritik von Zima lässt sich die Besonderheit des luhmannschen Systemgedankens sehr gut nachzeichnen. In der Tat liegt zunächst ein darstellungstechnisches Problem vor, denn schon sprachlich liegt es bisweilen nahe, Einheiten, die man Systeme nennt, nicht nur Eigenschaften, sondern auch Tätigkeiten zuzuschreiben – und man erzeugt dadurch »Subjekte«, denn nichts anderes sind ja Subjekte: das Ergebnis von Zuschreibungsprozessen an Einheiten, die sich komplex und intransparent genug darstellen, dass man ihnen jene Bearbeitung von Kontingenz zuschreiben kann, die benötigt wird, um Tätigkeiten (Handeln, Beobachten, Wollen usw.) von andern möglichen Tätigkeiten unterscheiden zu können. Es ist also nichts anderes als ein *Beobachter*, der an Systemen das sieht, was er sprachlich sagen kann: dass das System das Subjekt eines Satzes ist, dem ein Prädikat entspricht und das womöglich ein Objekt traktiert. Dieser Beobachter kann jedes beliebige System sein – auch die Soziologie. In diesem Sinne werde ich im folgenden Kapitel auch darauf zu sprechen kommen, dass dieser sprachliche Zugzwang der *Subjektivierung* in der Tat zu Missverständnissen oder zumindest Ungenauigkeiten führen kann.

Von der Systemtheorie ließe sich nun lernen, dass es sich bei diesen Charakterisierungen von Systemen als Einheiten um *Zurechnungen* handelt, nicht um eine Ontologie des Systems selbst. Diese lässt sich nur theoretisch gewinnen. Und theoretisch scheint Luhmann von Husserl gelernt zu haben, dass ein »Subjekt« (wenigstens in der operativen Phänomenologie Husserls) ein radikal auf seine gegenwärtigen Operationen begrenzter Operator ist, der in jeder Gegenwart neu das herzustellen hat, was einem Beobachter als Subjektkern erscheint. Die Theorieästhetik der Theorie autopoietischer Systeme schließt an Husserl insofern an, als diese die Authentizität des Bewusstseins letztlich in eine für das Bewusstsein selbst unbeobachtbare Gegenwart verlegt, in der etwas geschieht, das dem System selbst erst *ex post* transparent werden kann – und das auch wieder nur durch eine (Selbst-)Beobachtung, also eine – in Husserls Sprache – *urimpressionale Gegenwart*, die für sich selbst blind bleibt. In der romantischen Fassung des Subjektgedankens hatte man dieses »Reflexionsmodell« dahin gehend erweitert, dem Subjekt eine Art *präreflexives Vertraut-Sein mit sich selbst* zu unterstellen (prominent Frank 1990, S. 59); systemtheoretisch wird das Gegenteil behauptet: Jede Vertrautheit mit sich selbst muss als Operation des Systems selbst begriffen werden – und die empirische Frage ist dann, mit welcher Art Vertrautheit sich Systeme ausstatten. Theoretisch gesprochen geht es um die Bearbeitung der Paradoxie der Gleichzeitigkeit unterschiedlicher Zeiten – die gerade dadurch entfaltet wird, dass das System sich selbst von Ereignis zu Ereignis reproduzieren muss.

Es sollte deutlich geworden sein, dass die Theorie autopoietischer Systeme in der Tat eine dem klassischen Subjektparadigma ähnliche Theorieform wählt, aber aufgrund der radikalen Temporalisierung von Systemen gerade auf die Idee der transzendentalen, d. h. auch: *äußeren* Fundierung des Subjekts verzichten kann, und stattdessen all dies im blinden Fleck der eigenen Operativität auflöst. Damit sind Systeme sich eben nicht transparent – sie sind zwar das *Subjekt* ihrer selbst, weil sie operativ geschlossen sind und auf die (Um-)Welt nur in und durch eigene Operationen zugreifen können, sie sind aber zugleich als zustandsdeterminierte Systeme keineswegs *Aktanten*, wie Zima meint. *Systeme sind nicht operationsfähig, sondern ausschließlich operativ gebaut.* Sie müssen sich gewissermaßen von Gegenwart zu Gegenwart »retten« und ihre Strukturen operativ reproduzieren. Strukturen sind ihnen gerade nicht vorgegeben, sondern diese müssen prozessual je neu erzeugt werden. Was also auf den ersten Blick aussieht wie eine bloße Übernahme der *subjektphilosophischen Erbmasse*, ist vielleicht deren radikalste Dementierung – eine Dementierung, die bereits im Kontext der Bewusstseinsphilosophie selbst in Gestalt von Husserl (und dessen Scheitern gerade am Welt- und Intersubjektivitätsproblem) entscheidend vorbereitet wurde. Für eine *soziologische Subjektkonzeption* bedeutet dies also nicht nur eine Dezentrierung des individuellen Akteurs als Zurechnungsadresse für Subjektivierungspraktiken, sondern auch eine radikale Dezentrierung sozialer Operanten, die eben keine Aktanten sind, sondern von ihrer eigenen Zustandsdeterminiertheit überrascht werden. Erst eine in dieser Weise sparsam gebaute Theorie sozialer Systeme kann jenen in der Tat mythischen Diskurs über die Intentionalität und den Anthropomorphismus aller Operationen überwinden. Insofern stehen wir hier erst am Anfang einer Neufassung des Subjektproblems, das sich nur wirklich begreifen lässt, wenn man die Bezugsprobleme der klassischen Theorien des Subjekts ernst nimmt und Selbstreferenz nicht nur für ein Problem des Bewusstseins hält, sondern offensichtlich auch für eines, das soziale Systeme bestimmt.

An dieser Stelle ist der pragmatistisch begonnene zweite Strang des soziologischen Diskurses an der Stelle angelangt, an der die bereits bei Mead vorbereitete Idee, die *requisite variety* in den Anschlussformen des Handelns zu lokalisieren, zu einer vollständigen

Theorieform gereift ist. Dass damit die Theorie zu einer Form zurückfindet, die der Form des Subjekts ähnelt, könnte ein Hinweis darauf sein, wie ausgearbeitet bereits die traditionelle Subjektphilosophie war. Sie ist bereits auf das Problem einer Gegenwart gestoßen, die für sich selbst ebenso blind wie unvermeidlich ist und die letztlich auf Differenz *und* Identität gestoßen ist – auf Operationen, die Selektionen nach sich ziehen, also Differenzen, *und* die gerade darin auf eine Thematisierung ihrer selbst, auf Selbstbewusstsein stoßen, also auf *Identität*. Was die Systemtheorie von ihren Vorgängern unterscheidet, ist freilich, dass sie die *Differenz* von Identität und Differenz registriert und nicht im Sinne der hegelschen Dialektik ihre *Identität* postuliert.

Was hier sehr abstrakt klingt, hat erhebliche empirische Auswirkungen. Die Grundidee des systemtheoretischen Denkens liegt eben gerade in der geradezu ironischen Dekonstruktion alles *Systemischen*. Vielleicht liegen viele Missverständnisse daran, dass der Begriff des Systems älter ist als die Systemtheorie. Schon im Deutschen Idealismus stand das Systemische für die Idee, dass ein partikulares Phänomen nur als Teil eines Ganzen verstanden werden kann, etwa in Fichtes Subsumtion aller Differenzen unter eine Ganzheit oder in Hegels Konjunktion von Ganzheit und Wahrheit. In dieser Tradition steht der Begriff des Systems für eine allgemeine Struktur, der alles Besondere subordiniert ist. Was seit dem frühen 20. Jahrhundert als Systemtheorie firmiert, hat damit freilich wenig zu tun mit dieser Top-down-Logik. Es ging stets vielmehr darum, zu zeigen, dass Einzelphänomene eben nicht aus Deduktionen aus allgemeinen Prinzipien oder aus Kausalbeziehungen resultieren, sondern aus Wechselwirkungen von Elementen. Systemtheorie im engeren Sinne beginnt mit der kybernetischen Einsicht, dass Kontrolle ein wechselseitiger Prozess mit Rückkopplungen ist. Es geht um Komplexität, also darum, dass die Verknüpfung von Elementen eine Selektion des Systems selbst ist und dass diese zugleich nicht beliebig ist. Ludwig von Bertalanffy nannte das »organized complexity« (Bertalanffy 1956, S. 2). Organisierte Komplexität liegt dann vor, wenn Operationen nicht linear, sondern wechselseitig und rekursiv miteinander verknüpft sind. Insofern interessiert sich das systemtheoretische Denken für Phänomene, in denen die Interaktion zwischen Elementen diejenige Struktur hervorbringt, die zugleich die Basis für weitere Operationen ist.

Letztlich reagiert systemtheoretisches Denken auf eine spezifische Modernitätserfahrung, wenn man die empirische Erfahrung von Modernität darin bündeln will, dass Ordnung das Resultat von Praxis ist, nicht ihre Präsupposition. Die Geschichte der Moderne ist voll von Ordnungstheorien, Ordnungsphantasien, Klassifikationsmodellen und Ganzheitlichkeitstheorien – aber gerade das ist ein Hinweis darauf, dass Ordnung *hervorgebracht* wird und all die Reflexionstheorien von der Bewusstseinsphilosophie bis zur staatszentrierten Theorie sozialer Ordnung, vom newtonschen Kausalmodell der Welt bis zur rationalistischen Handlungstheorie, von der Eindeutigkeit nationalstaatlicher/ethnischer Zugehörigkeit bis zur Eindeutigkeit theoretischer Urteile die *Differenz von Differenz und Identität* empirisch demonstrieren. Es sind dies nur Identitäten erzeugende Selbstbeschreibungen des oder innerhalb eines Gesellschaftssystems, das permanent Differenzen erzeugt, Uneindeutigkeit und Unschärfen. Das ist im Übrigen das Grundproblem aller soziologisch handhabbaren Daten: *dass sie in der Unterscheidung von Identität und Differenz stets auf der Seite der Identität zu Buche schlagen.* Sie erzeugen selbst nur Beschreibungen, die in Systemen vorkommen, aber eben nicht die Systeme *sind.* Darin ist die systemtheoretische Soziologie diejenige, die im zweiten Diskursstrang des soziologischen Diskurses der Moderne am weitesten von jener *Teilnehmerperspektive* entfernt ist, zugleich aber *selbst zur Teilnehmerin wird* – oder wenigstens: sehen kann, dass die Verweisung auf *Sinn* unvermeidlich ist. Darin, so könnte man mit Bourdieu formulieren, geht es in Systemen immer *um etwas.* Das anzuerkennen scheint mir die sensibelste Form einer *Teilnehmerperspektive* zu sein.

Alfred Schütz hatte das Sinnproblem als ein Zeitproblem angesehen – und darin tatsächlich eine ganz und gar subjekttheoretische Perspektive eingenommen. Systemtheoretisch wäre zu formulieren, dass das Zeitproblem, d. h. das Problem der operativen Iteration von Kommunikation, ein *Sinnproblem* ist. Bereits Anfang der 70er-Jahre hatte Luhmann *Sinn als Grundbegriff der Soziologie* eingeführt (Luhmann 1971), und zwar als »Ordnungsform menschlichen Erlebens«, die als Verweisungszusammenhang nicht negierbar sei – es sei denn in der Form von Sinn. Sinn ist damit ein *differenzloser Begriff* (vgl. dazu auch Nassehi 1992), er bezeichnet das letzte, nicht transzendierbare Medium, in dem sich sowohl Bewusstseins- als auch soziale Systeme als sinnverarbeitende Systeme bewegen (vgl. Luhmann 1997, S. 59). Luhmann konzipiert Sinn nicht als System, sondern als Medium, und zwar als Medium, das dann sinnhafte Formen erlaubt – also alles, worauf im Kommunikationszusammenhang sowie psychisch verwiesen werden *könnte*. Diese Ganzheit ist selbstverständlich nicht beobachtbar – denn sobald Sinn die Form von Operationen annimmt, ist er bereits selektiver Sinn und schließt andere Möglichkeiten aus. Aber alles, was irgendwie sinnhaft erscheint, verweist auf weiteren Sinn – und nur auf Sinn.

Luhmanns Sinntheorie nimmt Motive der Zeichen-, der Bedeutungs- und der Sprachtheorie auf und betritt damit ein der Soziologie allzu fremdes Gelände. In den genannten Kontexten freilich ist das Motiv der bedeutungsgenerierenden Geschlossenheit von Sinnverweisen – etwa in der Sprachtheorie Ferdinand de Saussures (1931) – geläufig. Luhmann kommt es nun darauf an, diesen sinninternen Zusammenhang von Verweisungen nicht als System zu beschreiben, also ohne Grenzen, sondern vielmehr als Horizont von Möglichkeiten, deren Wirklichkeit sich nur in den Operationen eines Systems ereignen kann. An der möglichen Kritik, dies als eine metaphysische Formentheorie abzutun, lässt sich die Radikalität dieser Lösung ablesen: Es geht eben weder um einen einem operierenden Subjekt noch einem wohlgeordneten Kosmos zurechenbaren Gesamtsinn, sondern es geht ausschließlich um einen Verweisungshorizont, in dem bestimmte Anschlüsse wahrscheinlicher werden als andere und der als Horizont, nicht als Wissensvorrat oder kultureller Bestand mitgeführt wird. Der Unterschied freilich zur poststrukturalistischen Weiterentwicklung dieses Gedankens (etwa Derrida 1988) besteht darin, dass Luhmann sich nicht für eine (postmoderne/poststrukturalistische) Theorie frei flottierender Zeichen oder gar nur für eine Sprachtheorie interessierte. Erst mit Hilfe der systemtheoretischen Beschreibung selbstreferentieller Operationen, also erst unter Hinweis auf Systembildung und Operativität werden diese kulturalistischen Theorien geschlossener Zeichenuniversen (besser: Zeichenmultiversen) soziologiefähig.

Ich komme am Ende dieser Überlegungen nur deshalb auf Luhmanns Sinntheorie zu sprechen, weil ihre theorietechnische Bedeutung letztlich an der Funktionsstelle ansetzt, an der man üblicherweise Subjekte (oder wenigstens: Akteure) vermutet – und von hier aus gesehen wird auch der radikale Unterschied zum subjektphilosophischen Erbe deutlich. Besteht der Funktionssinn der Annahme einer Kontingenz aushaltenden und einschränkenden unsichtbaren Innerlichkeit von Subjekten oder Akteuren darin, die Unerwartbarkeit des Sozialen auf *innere* Unbestimmtheiten zu beziehen, scheint der Funktionssinn des Sinnbegriffs darin zu liegen, sinn- und bedeutungsfähige Anschlussmöglichkeiten für psychische und soziale Operationen bereitzustellen, aber zugleich genügend Unbestimmtheit zu enthalten, um das Sinngeschehen selbst in seiner Dynamik zu begreifen. Was die romantische Metapher der *inneren Unendlichkeit* als kreatives Überschusspotential des Bewusstseins beschreibt, muss dann genauer über das Medium *Sinn* gesagt werden. Er ist für operierende Systeme – ob psychischer oder kommunikativer Natur – ein Horizont *äußerer Unendlichkeit*. Die Metapher der Unendlichkeit passt schon deshalb gut, weil sie auf Unbestimmtheit verweist – und damit auf den Funktionssinn von Bestimmungen, die man nicht vorschnell voraussetzen sollte. Die Systemtheorie beschreibt damit ein Zugrundeliegendes, das kein operationsfähiges Subjekt ist – und noch an der Beschreibung lässt sich sehen, dass sich Unbestimmtheit nicht kommunizieren lässt. Sie ist damit die am wenigsten alteuropäische Soziologie, aber sicher die, die am nächsten an den Bezugsproblemen Alteuropas hängt. Ohne Reflexion dieser Bezugsprobleme bleibt die Soziologie freilich eine Enkelin ihrer historischen Großeltern: eine bürgerliche Veranstaltung, die eine bestimmte Form historischer Bestimmtheit mit der Ontologie des Sozialen verwechselt.

Resümee: Kritik der operativen Vernunft

Die Erbschaft der *Kritik der operativen Vernunft* bestand darin, die herausgearbeitete praxissoziologische Dimension des zweiten Diskursstrangs des soziologischen Diskurses der Moderne seiner alleinigen Konzentration auf die Offensichtlichkeit des Sichtbaren zu befreien und in dem Sinne weiterzuentwickeln, sowohl die Temporaldimension des Praktischen als auch den Kontext, den *gesellschaftlichen* Kontext von Praxisformen soziologisch bestimmen zu können. Mit der Praxistheorie Pierre Bourdieus und der operativen Systemtheorie Niklas Luhmanns habe ich zwei Soziologien gegenübergestellt, die beide ihre zeittheoretische Lektion gelernt haben und sich vor allem dafür interessieren, wie sich Praxen, wie sich Gegenwarten selbst kontinuieren. Beide Theorien haben es mit Formen einer Praxis zu tun, die sich selbst nicht vollständig transparent ist. Sie gehen damit unmittelbar aus der Kritik einer *authentischen* Vernunft hervor, ohne Praxisgegenwarten zu vernachlässigen. Bei Bourdieu ist es die durch den Habitus bestimmte soziale Lagerung, die den Akteur keineswegs determiniert, sondern ihm diejenigen Ressourcen zur Verfügung stellt, über die er letztlich nicht verfügen kann. Bourdieu lässt sich von einer Praxis überraschen, in der es den Akteuren tatsächlich *um etwas* geht, und zwar um das, was auf dem Boden der verfügbaren, aber eben nicht verfügbaren Ressourcen möglich ist. Diese paradoxe Formulierung soll verdeutlichen, dass Bourdieu keine Repräsentation der Praxis *vor* der Praxis annimmt, also keinen bewussten Einsatz des Habitus – denn der Habitus *ist* die Praxis. Was an Möglichkeiten, Ressourcen verfügbar ist, ist insofern nicht verfügbar, als es nicht zur Disposition steht – und exakt das produziert jenen Verhaltensspielraum, in dem es um etwas gehen kann. Bourdieus Praxissoziologie nimmt ernst, dass sich trotz aller »gesellschaftlichen« Strukturvorgaben die konkrete Praxis in je konkreten Praxisfeldern und Situationen entscheidet, ohne dass Habitus für Akteure bewusst verfügbar wären. Aus einem Habitus ausbrechen zu wollen erforderte selbst einen wirksamen Habitus. Darin ist die Theorie Bourdieus der operativen Systemtheorie Luhmanns ähnlicher, als eine oberflächliche Konfrontation der beiden Soziologien zunächst nahe legt. Auch in der Systemtheorie geht es um die Paradoxie einer Praxis, die weder zufällig geschieht noch einen »bewussten« oder irgendwie »repräsentierten« Vorlauf hat, weil sie je in Gegenwarten auftritt. Worauf es mir in meiner Rekonstruktion ankommt, ist, einen Sensus dafür zu schaffen, dass diese beiden Soziologien den *pragmatistischen Vorrang der Praxisgegenwart vor seiner Repräsentation* tatsächlich ernst nehmen.

Beide Theorien sind Theorien ohne Ausgang. Sie negieren die Möglichkeit, dass die Praxis neben sich tritt, ohne dass dies selbst wieder Teil des praktischen Spiels wäre. Sie negieren die Möglichkeit, dass Operationen beobachtet werden könnten, ohne dass dies selbst wieder Operationen wären. Bourdieu und Luhmann bieten Soziologien an, die das, was sich im zweiten Diskursstrang des soziologischen Diskurses der Moderne seit Dewey und Mead angedeutet hatte, konsequent weiterverfolgen: dass auch die Repräsentation des

Geschehens zum Geschehen gehört und dass man dem Zugzwang der *pragmata* nicht entkommen kann. Diese *Temporalisierung des Besonderen* verweist freilich darauf, dass Ereignisse weder zufällig noch notwendig auftreten, sondern jeweils Kontexte haben, die weder wie in der Ethnomethodologie schlicht als sichtbar vorausgesetzt werden können, noch wie in der so genannten *erklärenden* Soziologie richtig beschrieben werden müssen, aber letztlich aus dem eigentlichen soziologischen Geschäft der Erklärung herausfallen. Schon die Temporalisierung verweist darauf, dass Ereignisse stets im Kontext von Ereignisreihen auftreten, die sich als Praxis selbst stabilisieren, Eigenwerte bilden, Strukturen hervorbringen und in ihren Möglichkeiten einschränken. Beide kennen diese temporalen Kontexte – aber auch systematische Kontexte in dem Sinne, dass sie nicht negieren, dass gleichzeitig anderes geschieht, das nicht sichtbar ist, aber wirksam. Hier freilich kommt ein entscheidender Unterschied zum Tragen: Während Bourdieu ausschließlich die *soziale, ökonomische* Logik des Knappheitsausgleichs als grundlegende Kontextbedingung aller Praxis kennt, ist die systemtheoretische Soziologie erheblich voraussetzungsloser gebaut. Sie ermöglicht es eher, diese Kontextbedingungen empirischer zu befragen und Bezugsprobleme konkreter zu bestimmen. Diese Idee einer funktionalen Analyse werde ich erst im sechsten Kapitel im Einzelnen weiterverfolgen. Hier freilich dürfte schon deutlich geworden sein, dass etwa symbolisch generalisierte Kommunikationsmedien in der Lage sind, unterschiedliche Bezugsprobleme zu isolieren und somit mit unterschiedlichen Kontextlogiken zu rechnen.

Was in der Tradition Parsons' noch als System fungierte, nämlich die interne Reaktion auf Umweltveränderungen mit eingebautem Stabilitätsgenerator, sieht letztlich von der *praktischen*, der *operativen* Herstellung von Stabilität ab – und muss deshalb ein Funktionenset gewissermaßen vorpraktisch, vorempirisch kennen, um das Besondere verstehen zu können. Die hier im Anschluss an Luhmann präsentierte Variante schließt daran an, dass Systeme allein durch interne Strukturveränderungen auf ein Außen reagieren – aber sie kennt das Außen nur von innen und ist deshalb gezwungen, vollständig auf operative Geschlossenheit umzustellen. Die Idee einer *operativen Systemtheorie* ist eine *Theorie der Zeit*, und zwar eine Theorie der operativen Zeit des Nacheinanders von Ereignissen, denen es – wenn man tatsächlich mit Bourdieu formulieren will – *um etwas geht*. In einer operativen Gegenwart entscheidet sich, was geschieht, wie es geschieht und ob es sich bewährt – und die Bewährungsauflage ist keine Auflage qualitativer oder normativer Natur, sondern allein das Problem der nächsten Gegenwart, des Anschlusses, der nächsten Kommunikation. Das bedeutet freilich nicht, sich mit der Konzentration auf Operationen allein auf kleinräumige Formen zu kaprizieren, die gewissermaßen interaktionsnah den Blick auf das unmittelbar Sichtbare einschränken. Soziale Systeme entfalten unterschiedliche Ordnungsformen, als Gesellschaft, Funktionssystem, Organisation oder Interaktion – und diese Ordnungsformen unterscheiden sich gerade darin, wie sie Nicht-Anwesenheit in eine Form bringen und wie sie mit aktuell Unsichtbarem rechnen. Darauf komme ich im sechsten Kapitel zurück. Zunächst geht es nur darum, die operative Logik zu verdeutlichen, wie der Horizont des Potentiellen Aktualität ermöglicht.

Nicht ein gesellschaftliches Gesamtsubjekt, auch nicht die Sprache, schon gar nicht eine normative Ordnung ist es, die als Fundus des Potentiellen das Aktuelle versorgt, sondern allein *Sinn* als Verweisungsmöglichkeit – es könnte an alles Mögliche angeschlossen werden, aber schon diese Formulierung ist logisch verwegen, denn das Mögliche ist keine endliche, keine bestimmbare Menge, sondern eben nur ein *Horizont*. *Sinn* als Verweisungszusammenhang zum Grundbegriff der Soziologie zu machen, führt radikal weiter, was sich bei Mead bereits angedeutet hatte: die *praktische* Generierung von Symbolen als Verweisungsmöglichkeiten, die sich allein *praktisch*, also durch ihren *Gebrauch* stabilisieren – und nicht sehen können, was sie nicht sehen können. Eine solche Soziologie erst kann Praxisgegenwarten wirklich ernst nehmen, weil sie in der Unterscheidung von Aktualität und Möglichkeit immer nur auf der Seite der Aktualität steht – die ohne die andere Seite dann aber empirisch ohne Informationswert wäre.

Diese auf *Sinn* als Verweisungszusammenhang setzende Systemtheorie dekonstruiert das System *praktisch*. Ereignisse sind nur in ihrer Ereignishaftigkeit erfahrbar und sichtbar zu machen – und deshalb *sieht* man empirisch auch nur Handlungen, wo Kommunikation stattfindet. Die Ereignishaftigkeit findet sich aber in einem zeitlichen Nacheinander vor. Dieses zeitliche Nacheinander der Ereignisse ermöglicht es, die merkwürdige Paradoxie auszuhalten, dass Ereignisse sich selbst hervorbringen. Ich habe das an anderer Stelle als »zeitweise Entparadoxierung« (Nassehi 2003a, S. 73) bezeichnet. Mit einer noch stärker an der empirischen Erscheinung von Systemoperationen orientierten Perspektive lässt sich die Dekonstruktion des Systems als Form seiner eigenen Praxis beschreiben. Wenn man die Konzentration auf *Situationen*, auf das konkrete *setting* der Praxis nicht einfach nur naturalistisch auffasst oder als *set* von Einflussvariablen, dann erscheinen Praxisgegenwarten tatsächlich als Konstellationen, in denen die Überwindung der Zeit zugleich Problem und Lösung ist. Operationen finden statt, sie erzwingen sich selbst, weil angeschlossen werden muss. Sie zwingen zur Selektion, weil gerade das *Wie* des Anschlusses entscheidend ist. Sie bauen Freiheit in Form von Unbestimmtheit und Notwendigkeit in Form von Strukturdeterminiertheit in Systeme ein – und dabei kommt alles auf die praktizierende Gegenwart an. Dass Systeme das, was sie tun, nicht selbst tun, sondern dass alles, was geschieht, immer im System geschieht, macht gerade auf den ungeheuren Verhaltensspielraum und die prinzipielle Unbestimmtheit allen Geschehens aufmerksam. Systeme liegen sich selbst zugrunde – aber nur indem etwas geschieht, nicht im Sinne einer Substanz.

Es wäre falsch, diese theoretische Figur nun aufzurunden zu einer empirischen Figur der Freiheit und der Abweichungsmöglichkeit, gar der Kritik. Die empirische Dekonstruktion von Systemen findet vielmehr darin statt, dass sich Ereignisse *selbst* einschränken und dies *selbst* tun müssen, ohne ein *Selbst* zu haben. »Es gibt« nur Operationen – und das macht die Systemtheorie zu einer praxistheoretischen Soziologie, die freilich mehr kennt als nur das Stillleben des gerade Sichtbaren. Und exakt das war das Problem, das meine Rekonstruktion des soziologischen Diskurses der Moderne von der *Kritik der authentischen Vernunft* geerbt hatte: Beschreibungen von Praxen vorlegen zu können, die nicht der kontingenten Sichtbarkeit des konkreten Blicks auf den Leim gehen, sondern die *Gesellschaft* jener Praxen, also ihre Kontexte zu bestimmen versuchen. Bevor dies im sechsten Kapitel im Sinne einer Theorie einer *Gesellschaft der Praxisgegenwarten* weiter verfolgt wird, widmet sich der nächste Rekonstruktionsschritt der *Kritik der gesellschaftlichen Vernunft*.

5. Kapitel
Das Besondere des Allgemeinen: Kritik der gesellschaftlichen Vernunft

Gesellschaft ist ein historischer Begriff. Er tritt dort in Erscheinung, wo er eine Form der Zusammengehörigkeit eines Publikums erzeugt, dessen interne Differenzen, Widersprüche und Antinomien in einer Einheit aufgehoben werden. Der historische Begriff der Gesellschaft ruft die *Einheit dieser Differenzen, Widersprüche und Antinomien* auf. Er spannt einen Raum auf, in dem gewissermaßen *Partner* für die andere Seite von Differenzen, Widersprüchen und Antinomien gefunden werden. Insbesondere die Herstellung nationaler Traditionen und die Bearbeitung sozialer Ungleichheit waren die entscheidenden Themen, an denen sich der Gesellschaftsbegriff bewähren konnte. Die Erfindung nationaler Arenen als *Gesellschaften* erzeugte Räume, die die Beobachtung so einschränkten, dass Innen und Außen relativ deutlich zeitfest zu halten war. Und die Bearbeitung der *sozialen Frage* versorgte die Gesellschaft mit Konflikten, an denen sich nicht nur Milieus, sondern auch Grundunterscheidungen öffentlicher Debatten anlagern konnten und sich damit stabil hielten. Beide Themen sind in erster Linie politisierbare Themen, d. h. Themen, die sich auf die Formierung von Kollektivitäten und die Herstellung von Ansprechbarkeit und Loyalität sowie wechselseitige konfligierende Ansprüche kaprizieren. Man kann all dies tiefenschärfer und historisch genauer beschreiben, wie dies etwa in der lesenswerten Studie von Paul Nolte (2000) geschieht, der am Fall der »deutschen« Gesellschaft deutlich aufzeigt, wie die Entwicklung der Gesellschaft erst das erzeugt, wovon sie handelt: die Gesellschaft nämlich. Darum soll es mir freilich nicht gehen. Mein erster Zugang zur Rekonstruktion des soziologischen Diskurses der Moderne als Diskurs über die *Gesellschaft* beginnt mit folgender Beobachtung: Wenn man Gesellschaft als denjenigen soziologischen/sozialwissenschaftlichen Begriff bestimmen möchte, der sich auf die umfassendsten sozialen Einheiten bezieht, gar auf das *Ganze* im Sinne der Vorrede zur hegelschen *Phänomenologie des Geistes* oder auch nur empirisch auf jene sozialen Großgebilde, die mit dem Gesellschaftsbegriff recht unproblematisch aufgerufen werden, so wird auf den ersten Blick zweierlei deutlich: die Beschreibung der Gesellschaft findet *innerhalb* der Gesellschaft statt, *und* die Chiffren der Beschreibung fallen in ihrer Selektivität besonders ins Gewicht. Ersteres dürfte selbstverständlich sein, zumindest wird man sich der Beobachtung kaum logisch und noch weniger operativ entziehen können, denn wo sollte man die Gesellschaft denn beobachten, wenn nicht in ihr? Ich vernachlässige den Sonderfall, dass man ja womöglich *andere* Gesellschaften von außen beobachten könnte – aber um andere Gesellschaften zu Gesicht zu bekommen, muss man doch in einer anderen dieser anderen sich befinden. Also: Es gibt hier auch dann kein Entkommen, wenn man heute (wider alle Evidenz) eine Pluralität von Gesellschaften für soziologisch möglich hält.

Das Zweite freilich erfordert mehr Aufmerksamkeit. Es gibt wohl kaum einen Gegenstand der Sozialwissenschaften, bei dem die Selektivität der Erzeugung des Gegenstandes durch die Beobachtung deutlicher und einsichtiger würde als bei dem Gegenstand namens *Gesellschaft*. Jede Beschreibung kann schon aus epistemologischen Gründen nur eine selektive Beschreibung sein – schon weil man auch anders oder anderes beschreiben könnte oder weil eine Beschreibung nur »Sinn« machen kann, wenn sie aus Möglichkeiten auswählt, die nicht mitvollzogen werden. Beim Gegenstand *Gesellschaft* fällt die Selektivität aber insofern besonders auf, als sich der Gegenstand einer Eindeutigkeit suggerierenden Beschreibung geradezu entzieht. Insofern sind sozialwissenschaftliche Beschreibungen des Gesellschaftlichen noch deutlicher selektiv, als es Beschreibungen ohnehin sind. Theorien der Gesellschaft sind deshalb zumeist noch deutlicher Narrationen, metapherngestützte Texte, die ihren Gegenstand suggestiv erzeugen und damit auch jene Beobachter, die sich dann gemäß der Beschreibung innerhalb des Beschriebenen vorfinden. Am Gegenstand *Gesellschaft* lässt sich das, was ich im vorigen Kapitel als die Differenz von Identität und Differenz beschrieben habe, geradezu handgreiflich nachvollziehen: Alle Beschreibungen der Gesellschaft, die deren *Identität* auf den Begriff bringen, unterscheiden sich radikal von den operativen *Differenzen*, die in der Gesellschaft vorkommen. Man möge das zur Vermeidung von idiosynkratischen Gegenreaktionen zunächst einmal völlig ohne den systemtheoretischen Kontext lesen, aus dem die Figur stammt. Es dürfte auch so einsichtig sein, wie metaphorisch, wie *theoretisch*, wie *unempirisch* in dem Sinne eines uneindeutigen empirischen Gegenübers jener Gegenstand *Gesellschaft* erscheint, der dem Beobachter ja nicht einmal entgegensteht. Wenn es stimmt – und nichts kann dagegen sprechen –, dass der Begriff der Gesellschaft ein historischer Begriff ist, so gilt das selbstverständlich auch für den soziologischen Begriff der Gesellschaft. Zugleich ist zu konzedieren, dass Selbstbeschreibungen der Gesellschaft als modern, als kapitalistisch, als industriell oder postindustriell, als säkularisiert oder differenziert, als demokratisch oder liberal, neuerdings als global, als riskant oder durch Wissen bestimmt, und welche Chiffren auch immer sich finden lassen (vgl. Kneer/Nassehi/Schroer 1997; 2001), auch dazu dienen, die Mannigfaltigkeit möglicher Beschreibungen einzuschränken. All diese Begriffe entstammen Reflexionstheorien, an denen gerade die Soziologie ihren erheblichen Anteil hatte. Die Konjunkturen der jeweiligen Gesellschaftsbegriffe sind also letztlich Konjunkturen *funktionierender* Metaphern. Ich werde diese im Folgenden nicht systematisch oder historisch rekonstruieren, sondern zunächst zwei für den soziologischen Diskurs der Moderne zentrale Metanarrative andeuten. Es sind folgende zwei Metanarrative, die ich für besonders wirkmächtig erachte: Das eine ist die vertragstheoretische Beschreibung des Sozialen in der Tradition von Thomas Hobbes, das andere die an die Metapher des Organischen gemahnende Differenzierungstheorie Emile Durkheims.

Die Metapher des Vertrags

Hobbes hatte bekanntlich im *Leviathan* die Frage beantworten wollen, wie und warum Subjekte sich aus freien Stücken motivieren lassen, auf unmittelbare Verfügungsgewalt zu verzichten und sich regieren zu lassen. Wohlgemerkt: Die Menschen verzichten auf *Rechte*, die sie im Naturzustand letztlich nur virtuell im Sinne einer naturrechtlichen Konstruktion haben, dort aber noch nicht empirisch einklagen können, weil sich hier keine *Arena* findet, vor der ein *j'accuse* auch nur gehört werden könnte. Um freilich Menschen als zugleich frei und dem Recht unterworfen denken zu können, muss die Unterwerfung selbst mit Motiven ausgestattet werden, die sich einer Ordnung unterwerfen, aus der diese Ordnung dann hervorgeht. Das Modell dieser Unterwerfung entstammt der rechtlichen Form des Vertrags, der immer schon Vertragspartner auf gleicher Augenhöhe voraussetzt, die um eines Gewinns willen auf etwas verzichten, und das aus freien Stücken. Dieser *Vertrag* sei es, der wechselseitige Erwartungssicherheit herstellt. »Es ist eine wirkliche Einheit aller in ein und derselben Person, die durch Vertrag eines jeden mit jedem zustande kam, als hätte jeder zu jedem gesagt: *Ich autorisiere diesen Menschen oder diese Versammlung von Menschen und übertrage ihnen mein Recht, mich zu regieren, unter der Bedingung, dass du ihnen ebenso dein Recht überträgst und alle ihre Handlungen autorisierst.*« (Hobbes 1984, S. 134) Üblicherweise wird dieses vertragstheoretische Modell als paradox kritisiert. Denn letztlich müssten die Folgen des Vertrages – reziproke Erwartungssicherheit – bereits vorausgesetzt werden, damit man ihn schließen kann. Freilich verkennt diese Kritik, dass es hier nicht um einen realen Vertrag geht, der bei einer Art *Gesellschaftsnotar* hinterlegt worden wäre. Es geht eher um eine Vertrags*metapher*, die das Individuum damit versöhnen soll, Verzicht *aus freien Stücken* zu leisten. Ferner ist es Hobbes nicht um eine historische Bestimmung des Ursprungs der Gesellschaft zu tun, sondern um eine *denkmögliche* Bestimmung. Fast ist es ein transzendentalphilosophisches Verfahren, das nach den Bedingungen fragt, die gegeben sein müssen, damit so etwas wie gesellschaftliche Ordnung mit dem freien Willen zusammengedacht werden kann. Unter Hinweis auf den in der Einleitung zum *Leviathan* formulierten Vergleich des Ursprungs der Gesellschaft mit dem göttlichen »Fiat« der Genesis, spricht Susanne Lüdemann sogar von einem *mythischen* Entwurf, der Hobbes zugrunde liege (vgl. Lüdemann 2004, S. 166). Vielleicht muss man nicht so weit gehen, aber zumindest wird daran deutlich, dass die Kritik an der gewissermaßen *empirischen* Paradoxie am Vertragsmodell zu kurz greift, müsste man dafür dann doch einen anderen Anfang anbieten können, der noch nicht angefangen hat.

Der metaphorologische Sinn von Hobbes' Theorie liegt darin, die überpersönliche Ordnung des Staates ausgehend von der Evidenz der Entscheidung von Einzelpersonen beschrieben und damit den modernen Subjektbegriff antizipiert zu haben (vgl. auch Wagner 1993, S. 53 f. und S. 62). Einen (naturrechtlichen) Befehl der Vernunft gebe es, der den Menschen »zu Friede und Gehorsam« (ebd., S. 63) zwinge und sich dem *sterblichen Gott* unterwerfen lasse,

»dem wir unter dem *unsterblichen Gott* unseren Frieden und Schutz verdanken« (Hobbes 1984, S. 134). Hegel hat in seiner Kritik der Vertragstheorie deutlich darauf hingewiesen, dass der Gesellschaftsvertrag letztlich nicht einem privatrechtlichen Vertrag gleiche (womit im Übrigen dann auch das Paradoxie-Argument außer Kraft gesetzt ist). Hegel meinte, ein privatrechtlicher Vertrag gehe auf zwei identische »Willen« zurück und sei »nur *ein durch sie gesetzter*, somit nur *gemeinsamer*, nicht an und für sich allgemeiner« (Hegel 1970c, S. 157) Wille, mithin also nicht in der Lage, der Idee des Staates tatsächlich zu entsprechen. Für Hegel stellt sich letztlich die Frage gar nicht, ob die Subjekte in mythischer (also nicht: in historischer) Zeit so etwas wie einen Gesellschaftsvertrag abgeschlossen haben, weil sie erst kraft der Allgemeinheit der Wirklichkeit der sittlichen Idee (i. e. des Staates) Subjekte sein können. Für Hegel ist die Allgemeinheit immer schon vorausgesetzt und insofern die einzige *Wahrheit*, von der die Philosophie handeln kann.

Ich erwähne Hegels Kritik eigentlich nur, um daran deutlich zu machen, um was es Hobbes letztlich ging. Denn exakt jene Allgemeinheit hatte er im Blick, die freilich allein dem Besitzindividualismus privatrechtlich autonomer Subjekte und ihrer utilitaristischen Einsicht entstammen solle, dass es der Vermehrung des Besitzes eher diene, wenn man sich dem *Leviathan* unterwirft. Ich überzeichne etwas, aber es soll damit deutlich werden, dass das Bezugsproblem Hobbes' sich in erster Linie auf die historische Erfahrung einer »Eigentumsmarktgesellschaft« (Macpherson 1967, S. 68) und des Selbstbewusstseins von Bürgern bezieht, das sich insbesondere einer durch Besitz erzeugten Individualität verdankt. Hegels Argument gegen Hobbes war es, im *Leviathan* werde der *Auftraggeber* des Subjekts vergessen, der nur in der Allgemeinheit des Staates liegen könne, dem das Besondere, das *Subjekt*, seinen Status abziehe. Hobbes genügte noch die Allgemeinheit des individuellen Anspruchs auf Besitz und Fortkommen. Denn einerseits ist das Subjekt Hobbes' ein strebsames Subjekt. Es bemüht sich um »ständiges Fortschreiten des Verlangens von einem Gegenstand zu einem anderen, wobei jedoch das Erlangen des einen Gegenstandes nur der Weg ist, der zum nächsten Gegenstand führt« (Hobbes 1984, S. 75). Die *Identität* des Einzelnen verdankt sich im 17. Jahrhundert einer sich dynamisierenden Gesellschaft eben nicht mehr einer bestehenden, perennierenden Ordnung, sondern einer Zukunftsperspektive, die mit Unbekanntem rechnen muss, mit Kontingenz, mit dem bürgerlichen Privileg des Scheiterns und des Erfolgs, die zum einen nur zusammen zu haben sind. Zum anderen stellt sich dieses Privileg nur dann ein, wenn man das Ergebnis – so oder so – ganz und gar individuell zurechnet. Deshalb ist das Bezugsproblem des Gesellschaftlichen für Hobbes die Erfahrung, dass der Gewinn des Einzelnen stets einen Verlust des anderen bedeute – letztlich eine Figur, die von Bourdieu stammen könnte: »Am häufigsten wollen die Menschen einander verletzen, weil viele denselben Gegenstand zugleich begehren, der sehr oft weder gemeinsam genossen noch geteilt werden kann.« (Hobbes 1994, S. 81) Der Besitzbürger ist nicht nur zugehörig, sondern auch Nutznießer eigener Leistung.

Andererseits, und darin wird das Bezugsproblem noch deutlicher (und der historische Bezug zu den englischen Bürgerkriegen), postuliert Hobbes, dass die Bürger sich selbst niemals Unrecht antun würden, ebenso wenig ein angemessener Herrscher. Denn »wer sich über ein Unrecht seines Souveräns beklagt, über etwas, wovon er selbst Autor ist, darf deshalb niemanden anklagen als sich selbst« (Hobbes 1984, S. 139). Ähnlich postuliert Rousseau, der kollektive Wille könne »nicht ungerecht sein, da niemand gegen sich ungerecht ist« (Rousseau 1977, S. 41). Hobbes' Ansatz individueller *Selbstbeschränkungen* zugunsten eines allgemeinen Willens, dem sich der Einzelne unterordnen *will*, ist sicher eine der historisch wirkmächtigsten Begründungen dafür, das, was man das *Gesellschaftliche* nennen kann, als Versöhnung von individuellen und kollektiven Interessen zu formulieren. Bezugsproblem ist die historische Erfahrung, dass Individuen tatsächlich als Interessen verfolgende *Subjekte* gedacht werden, deren Einzelinteressen so gebündelt werden müssen, dass daraus so etwas wie ein Gesamtinteresse entsteht. Diese Metapher der *Gesellschaft* setzt nicht auf romantische Geselligkeit oder gemeinschaftliche Alternativlosigkeit, sondern darauf, dass sich Individual- und Kollektivinteresse gewissermaßen gegenseitig ermöglichen. Das *Medium*, in dem das geschah, war die Erfindung eines *Kollektivwillens*, einer *volonté générale*, wie es dann bei Rousseau heißt, der man insofern vertrauen musste, als darin die Idee des Kollektivinteresses insofern aufgehoben war, als es aus Individuen gebildet wurde, deren Interessen gerade dadurch *legitime* Interessen waren, dass sie durch die vertragliche Ermöglichung schon als *gesellschaftlich kompatibel* sublimiert waren. Auf diese Denkungsart baut das unbändige Vertrauen aller Demokratietheorie auf, dass das *Volk*, jene amorphe, aber mit einem Willen ausgestattete *black box*, tatsächlich der Wahrheit näher ist. Das *Volk* und sein generalisierter Wille ist insofern eine *black box*, als es in modernen Formen des Politischen als tatsächlich *blinder* Fleck fungiert, hinter den man nicht zurückkann. Man kann ihn manipulieren, mit ihm rechnen, ihn womöglich erzeugen oder fälschen, aber man braucht ihn als eine Legitimationsbasis dafür, dem Individuum (und: dem Herrscher, der in Demokratien zumindest logisch mit dem *Volk* zusammenfällt!) Zumutungen entgegenzubringen, denen es gegen seinen Willen, aber willentlich genügt. Und alle Kritik an realer Politik zählt dann gerne auf den *eigentlichen* Volkswillen, dem schon deshalb mehr zugetraut werden kann, weil es niemals gelingen wird, ihn einerseits eindeutig zu bestimmen und andererseits unmittelbar in staatlich-organisierte Politikformen zu übertragen.

Wie lässt sich soziale Ordnung herstellen, *obwohl* Individuen letztlich frei darin sind, zu tun und zu lassen, was sie wollen? Die Antwort lautet: Sie lässt sich herstellen, *weil* die Individuen frei sind, zu tun und zu lassen, was sie wollen. Denn *dass* sie etwas wollen können, ist ja erst das Ergebnis jener in der Vertragsmetapher aufbewahrten Reziprozität und mutuellen Erwartungssicherheit, die das ermöglicht, was man dann später eine *Solidarität unter Fremden* genannt hat (vgl. Brunkhorst 2002).

Dies ist noch keine Gesellschaftstheorie, aber es deutet den intellektuellen Kontext an, in dem man sich Gesellschaften vorstellen konnte: als die Zumutung, vom anderen normative Selbstkontrolle erwarten zu können und diese in dessen eigenen Motiven vorzufinden. Wenn man, wie etwa in der frühen parsonsschen Handlungstheorie, Normen für die grundlegende Voraussetzung dafür hält, dass Handlungen nicht beliebig stattfinden, sondern aufeinander abgestimmt und damit erwartbar, so findet man darin letztlich die Idee wieder, dass es Mentalitäten bedarf, die zugunsten sozialer Ordnung in der Lage sind, sich einem Motivgrund zu unterwerfen, der nicht gleich zu einer *volonté générale* aufgerundet werden muss, aber exakt diese Form benutzt – ich formuliere diese Parallele wohl wissend, dass Parsons üblicher Weise in eine ganz andere Tradition gehört. Von diesem Modell lebt auch Honneths Anerkennungstheorie (vgl. Honneth 1992), gleichwohl sie mit Hegel immer schon eine Idee des Allgemeinen voraussetzt, oder auch John Rawls (vgl. Rawls

1979), der Gerechtigkeit letztlich anthropologisch damit begründet, dass Individuen sich gegenseitig gewissermaßen monologisch aufeinander abzustimmen in der Lage sind, woran sich ein heftiger Streit zwischen Liberalen und Kommunitaristen entzündete, die insbesondere an der Metapher des Vertrages Anstoß nahmen, der zwischen *Individuen* geschlossen wird und ausschließlich auf deren individuellen/anthropologischen Vermögen aufruht (vgl. Sandel 1982). Das Attraktive dieser Gesellschaftsmetapher dürfte freilich ohne Zweifel gerade die Evidenz sein, die eine liberale, d. h. auf das Vermögen der Einzelnen gerichtete, also eher am *Individualismus* des US-amerikanischen Diskurses als am europäischen/deutschen *Individualisierungsdiskurs* ansetzende Beschreibung der Gesellschaft liefert. Sie bringt letztlich noch im Konflikt mit ihrem kommunitaristischen Widerpart soziologisch nicht viel mehr als einen *common sense* zum Ausdruck, nämlich das Widerstreiten zwischen eher individualistischen und eher kollektivistischen Lösungen aller möglichen »gesellschaftlichen« Probleme: von der Sozialpolitik bis zum Zugang zu Bildungsinstitutionen, von der Frage des Verhältnisses von Staatsaufgaben und privater Daseinsvorsorge bis zum Umgang mit Pluralität und Toleranz. Das Bezugsproblem selbst der kommunitaristischen Kritik des Liberalismus ist die Frage, wie ein letztlich programmatischer Individualismus durch ein neues moralisches Band, durch gemeinsame Werte und das Bekenntnis zu einem starken Gemeinwesen nicht überwunden, aber wenigstens gemildert werden kann. Robert N. Bellahs *Habits of the Heart* – ein Text von erstaunlich pastoralem Ton – beschwört geradezu einen Individualismus, der nur zu retten ist, wenn ihm eine *neue Integration* gegenübergestellt wird: »What we fear above all, and what keeps the new world powerless to be born, is that if we give up our dream of private success for a more genuinely integrated societal community, we will be abandoning our separation and individuation, collapsing into dependence and tyranny. What we find hard to see is that it is the extreme fragmentation of the modern world that really threatens our individuation; that what is best in our separation and individuation, our sense of dignity and autonomy as persons, requires a new integration if it is to be sustained.« (Bellah et al. 1996, S. 286) Dieser Text wirbt leidenschaftlich für eine »newly vital social ecology« im Sinne eines Ausgleichs von Egoismus und Kollektivismus – und setzt doch am Individualismus als entscheidendem Wert an. Durchaus in der Tradition stehend, die Tocqueville einst beschrieben hatte, gelingt hier eine Beschreibung der amerikanischen Gesellschaft, die auch in der Kritik des Liberalismus geradezu ein hobbessches Argument pflegt. War der hobbessche Leviathan freilich noch von durchaus gewaltsamer, wenn auch gerechter Strenge, ein *sterblicher Gott* zwar, aber durchaus ein *deus revelatus*, scheinen Bellah und Mitarbeiter einen *lieben Leviathan* herzuschreiben, wie ja auch Gott nur noch als *lieber Gott* durchgehen kann, schon aus pädagogischen Gründen.

Die Konsequenzen, die man mit Amitai Etzioni formulieren kann, sind den soeben genannten sehr ähnlich. Etzionis Version des Kommunitarismus wehrt sich gegen das Vorurteil, für kommunitaristisches Denken seien alle *communities* gleich gut. Etzioni fordert einen dem habermasschen Diskursmodell nicht ganz unähnlichen »megalogue« (Etzioni 2001, S. 157), in dem moralische und normative Differenzen erst sichtbar werden können. Seine Idee einer (gelungenen) Gesellschaft geht davon aus, dass es dem Individuum gelingt, seine individuellen Aspirationen mit gesellschaftlichen Forderungen in Deckung zu bringen. Neben einer *inneren Stimme* etabliert er eine *Stimme der Gemeinschaft*: »Some argue that the reliance on community points to conformism, to ›other-directed‹ individuals who merely seek to satisfy whatever pleases their community. This is not the vision evoked here. The community voice as depicted here is not the only voice that lays claims on individuals as to the course they ought to follow, but rather is a voice that speaks in addition to the inner one. When the community's voice and the inner one are in harmony, this is not a case of conformism, of one ›party‹ yielding to the other, but one of two tributaries flowing into the same channel.« (Ebd., S. 224) Im Weiteren fordert Etzioni bei der Wahrnehmung einer *Differenz* zwischen innerer und äußerer Stimme eine *bewusste individuelle Entscheidung*, ob man sich zugunsten seiner »fellow community members« entscheidet oder nicht. Ohne Zweifel ist diese Position alles andere als eine hobbessche Position, ja, sie repräsentiert geradezu ihr Gegenteil. Aber auch sie lebt letztlich von der Vertragsidee, die davon ausgeht, dass das Individuum sich aus freien Stücken entscheiden (kann), ob es sich einer individualistischen, damit aber erheblich riskanteren, oder einer *community*-kompatiblen Position verschreibt, die es unter den Schutz eines – um das Bild noch einmal zu bemühen – *lieben Leviathan* stellt.

Ich habe die kommunitaristische Position, die ich im dritten Kapitel bereits im Kontrast zur europäischen/deutschen Individualisierungsdiskussion aufgegriffen habe, hier nur deshalb ins Spiel gebracht, um zu zeigen, wie sogar die Gegenposition zu einer rein utilitaristischen und liberalen Position von der Gesellschaftsmetapher des Vertrages zehrt. Es bedarf keiner großen Phantasie und noch weniger Originalität, in diesem Modell das Abbild einer eher dem Individualismus und vor allem einer eher dem Ordnungsaufbau von unten verpflichteten amerikanischen intellektuellen Kultur zu sehen. Bereits Tocqueville war dies vor mehr als 150 Jahren aufgefallen, und die Geschichte der US-amerikanischen Entstehung gesellschaftlicher Institutionen folgt auch empirisch exakt diesem Modell, ganz anders als in europäischen Staaten, die entweder aus mittelalterlichen Reichen hervorgegangen sind und trotz später Staatsgründung stets über eine starke Idee des »Allgemeinen« verfügt haben wie im deutschen Fall, oder die über interne Bürgerkriege zu einer um so stabileren monarchischen Stabilität gefunden haben, unter deren Aufsicht sich dann gesellschaftliche Modernisierungsprozesse abgespielt haben, wie im englischen/britischen Fall, oder deren Revolutionen zumindest an der Zentralität der Machtkonzentration und ihrer ästhetischen Inszenierung wenig geändert haben, wie im französischen Fall. Die Gesellschaftsmetapher des Vertrages jedenfalls setzt weniger auf die Frage der angemessenen Machtdiffusion von oben nach unten, wie die europäischen *nation-building*-Prozesse wohl beschrieben werden können. Sie setzt eher darauf, die Idee der Gesellschaft an ein Bekenntnis zu binden – ob im Sinne der hobbesschen »Eigentumsmarktgesellschaft« durch das Bekenntnis zur Schutzmacht des Leviathan oder im Sinne der kommunitaristischen Liberalismus-Kritik durch das Bekenntnis zu einer *community*, bei der europäische Ohren eine eher vormoderne Gemeinschaftsidee im Sinne von Tönnies' Leitunterscheidung mithören (vgl. Tönnies 1979) – zu Unrecht freilich. Denn schon die Metapher des Vertrages setzt Leute voraus, die sich Adam Smith gemäß *wie Kaufleute* begegnen, was im Sinne Hobbes' sicher auch unmittelbar zutraf, der Gegenstand des Vertrages nun freilich weit über ökonomische Transaktionen hinausgeht. Ein Vertrag bleibt er immer – ich wiederhole: als beschreibende Metapher, nicht *in praxi*.

Die Metapher des Organischen

Die zweite Gesellschaftsmetapher, die ich hier anführen möchte, ist die Metapher des Organischen, d. h. einer Ganzheit, deren Teile sich wie Organe eines Körpers zu einem Ganzen zusammenfügen. Die Teile sind für sich jeweils nicht von Bedeutung, leisten aber einen entscheidenden Beitrag zur Stabilisierung des Ganzen. Der *locus classicus* dieses Modells ist Durkheims *Teilung der sozialen Arbeit* und darin die Beschreibung der gesellschaftlichen Moderne entlang der Metapher der *organischen Solidarität*. Ausgangspunkt von Durkheims Gesellschaftstheorie ist die Frage des *sozialen Bandes*, der Bindung individueller Aspirationen an die gesellschaftliche Herstellung von Gemeinsamkeit. Die Figur der *Solidarität* ist für Durkheim eine Chiffre für die Frage, wie es einer Gesellschaft gelingt, *unterschiedliche* Tätigkeiten aufeinander zu beziehen und die Individuen mit Mentalitäten auszustatten, die das *Band* des Gesellschaftlichen stärken. Und je stärker sich Unterschiedlichkeiten in einer Gesellschaft etablieren, je höher der Grad der Arbeitsteilung und die Spezialisierung der unterschiedlichen Teile ist, desto größere Anforderungen sind an das soziale Band, an die soziale Solidarität zu stellen, um gesellschaftliche Stabilität zu erreichen.

Historisch rekonstruiert Durkheim bekanntlich eine Entwicklung von mechanischer zu organischer Solidarität. Er formuliert, »daß alle sozialen Bande, die der Ähnlichkeit entstammen, allmählich ihre Kraft verlieren. Dieses Gesetz allein reicht bereits hin, um die ganze Gewichtigkeit der Rolle der Arbeitsteilung aufzuzeigen. Denn in der Tat, da die mechanische Solidarität immer schwächer wird, muß sich entweder das eigentliche soziale Leben vermindern, oder eine andere Solidarität muß nach und nach an die Stelle derer treten, die im Begriff ist, sich aufzulösen. Man muß wählen. Vergeblich hält man daran fest, dass sich das Kollektivbewusstsein zugleich mit dem der Individuen erweitert und festigt. Wir haben bewiesen, dass die beiden sich im umgekehrten Verhältnis verändern.« (Durkheim 1988, S. 228) Also allein auf ein bloßes *Steigerungsverhältnis* von gesellschaftlicher Komplexität, Arbeitsteilung, Differenzierung und Kollektivbewusstsein zu setzen, verkenne den Charakter der entwickelten Gesellschaft. Die historische Gestalt des *Kollektivbewusstseins* war insbesondere religiöser Natur, und es vermochte so gut wie *alle* Lebensbereiche *praktisch* zu binden. Dieses Modell freilich gerate an Grenzen. Es könne, so Durkheim weiter, nun allein diese neue, *organische* Form der Arbeitsteilung sein, die das soziale Band der Gesellschaft zu stiften in der Lage sei. Die soziale Solidarität »neigt, rein organisch zu werden. Die Arbeitsteilung übernimmt immer mehr die Rolle, die früher das Kollektivbewußtsein erfüllt hatte. Sie hauptsächlich hält die sozialen Aggregate der höheren Typen zusammen« (ebd.). Durkheim wendet sich explizit gegen alle Versuche, die Geschichte der Moderne als eine Verfallsgeschichte zu erzählen. Ihm ist es explizit nicht darum zu tun, die Kollektivitätsorientierung der früheren Gesellschaftsstadien wiederherzustellen. Im Gegenteil formuliert er selbstbewusst: »Die Arbeitsteilung übernimmt immer mehr die Rolle, die früher das Kollektivbewußtsein erfüllt hatte. Sie hauptsächlich hält die sozialen Aggregate der höheren Typen zusammen.« (Ebd.) Daraus wachse dann der modernen Gesellschaft und insbesondere ihrer Theorie die Aufgabe zu, einen Typus von Moral zu formulieren, der der neuen Situation angemessen sei: »Unsere erste Pflicht besteht heute darin, uns eine neue Moral zu bilden. Ein derartiges Werk kann nicht in der Stille der Studierstube ersonnen werden; es muß aus sich selbst entstehen, nach und nach, unter dem Druck innerer und notwendiger Ursachen. Die Reflexion allenfalls kann und muß dazu dienen, das Ziel, das erreicht werden muß, zu verdeutlichen.« (Ebd., S. 480)

All das ist wohlbekannt, und ich stelle es nur deshalb dar, um auf die Details achten zu können. Durkheim beschreibt nicht nur eine Komplexitätssteigerung, sondern diagnostiziert eine völlig neuartige Form der Interdependenz der unterschiedlichen Teile der Gesellschaft. Er versichert ausdrücklich, der »soziale Fortschritt« bestehe »nicht aus einer stetigen Auflösung; im Gegenteil, je mehr man fortschreitet, desto mehr gewinnen die Gesellschaften ein tiefes Gefühl ihrer selbst und ihrer Einheit« (ebd., S. 228). Was Durkheim hier anspricht, könnte man die Kontingenzkrise der Moderne nennen, sowie die Erfahrung, dass sich die Gesellschaft nicht mehr in einer Idee, einer religiösen Gesamtsinngebung oder einem allen gemeinsamen Prinzip repräsentieren lässt. Eine *symbolische* Repräsentation des Ganzen fällt ebenso aus wie eine durch Ähnlichkeit und vollständige Reziprozität eingeschränkte Perspektive von Individuen, die soziale Ordnung dadurch möglich machen, dass ihnen Verhaltensalternativen fehlen. Wie ist eine solche Steigerung von Kontingenz, von Kombinationsmöglichkeiten sowie der Verlust einer zentralen Repräsentation zu kompensieren? Oder anders gefragt: Mit welchem Recht kann Durkheim postulieren, eine »neue« Moral für die moderne Gesellschaft bestimmen zu können, die selbst mehr ist als wiederum nur ein weiterer Teil einer arbeitsteiligen Struktur? Und wie lässt sich eine solche Moral legitimieren? Wie kann man Gefolgschaft für sie verlangen? Noch anders gefragt: Was ist die Legitimationsgrundlage einer solchen Moral?

Was sich religiös-symbolisch nicht mehr leisten lässt, bedarf nun einer Metapher, deren Legitimation sich von selbst versteht – ähnlich wie es die religiöse Chiffrierung der Welt zuvor leisten konnte. Die Metapher, mit der Durkheim arbeitet, entstammt der *Natur*. Er erläutert selbst die biologische Herkunft der Metapher der *organischen* Solidarität. Diese ähnele der Struktur, die sich bei »höheren Tieren« beobachten lasse. »Jedes Organ hat dort seine eigene Physiognomie und seine Autonomie, und trotzdem ist die Einheit des Organismus um so größer, als die Individualisierung stärker ausgeprägt ist. Aufgrund dieser Analogie schlagen wir vor, die Solidarität, die aus der Arbeitsteilung abgeleitet ist, organische Solidarität zu nennen.« (Ebd., S. 172) Besonders attraktiv an der Organismus-Metapher ist für Durkheim freilich nicht nur das durchaus sprechende Bild einer Arbeitsteilung zugunsten eines Ganzen, sondern folgende Potenz der Metapher: In einem Organismus gebe es nicht nur Arbeitsteilung, sondern vor allem eine Selbstbeschränkung der Teile auf ihre Aufgaben. »Niemals versucht eine Zelle oder ein Organ eine andere Rolle zu übernehmen als die, die ihm zukommt.« (Ebd., S. 416) Und ebenso stellt sich Durkheim eine Gesellschaft vor, in der es gelingt, die Aspirationen des Individualismus einzuschränken und den jeweiligen Akteuren in Teilen der Gesellschaft zu verdeutlichen, nur das zu wollen, *was ihnen zukommt*. Als »lebende Zelle eines lebendigen Organismus« (ebd., S. 392) möge sich jedermann fühlen, dessen Beitrag fürs Ganze ganz so sich darstellt wie der Beitrag des Organs zum Organismus.

Man sieht sogleich, dass Durkheims Beschreibung keineswegs nur eine neutrale Beschreibung ist. Sie enthält starke präskriptive und normative Züge, die die Einschränkung der Teile zugunsten eines Ganzen zum Ziele hat – und die naturalistische Metapher dient dazu, dem Postulat erhebliche Geltung zu verschaffen. Susanne Lüdemann formuliert dies treffend so: »Die Umstellung von ›Gesetz und Tradition‹ auf ›Natur‹ füllt ein legitimatorisches

Vakuum. Gegen ›Rollen‹, die einem durch Gesetz und Tradition – sprich: durch Autorität – zugewiesen werden, kann man aufbegehren; gegen Naturgesetze aufzubegehren ist dagegen sinnlos.« (Lüdemann 2004, S. 118) Nun stellt sich tatsächlich die Frage, ob man der Wirkung der Metapher ein ähnlich wirkmächtiges Eigenleben zugestehen will, wie Lüdemann es tut. Plausibel ist freilich, dass in Durkheims Organismus-Metapher zumindest ein Problem gelöst wird, das sich stets einstellt, wenn es um die Benennung und Beschreibung der Gesellschaft geht: Die naturalistische Metapher lässt einen geradezu sichtbar werdenden *Gegenstand* erstehen, dessen Analogie mit einem Organismus ihm eine nachgerade dinghafte Materialität verleiht – was ja auch methodisch das grundlegende Programm Durkheims ist, soziale Tatsachen *wie Dinge* zu behandeln (vgl. Durkheim 1961, S. 115). Anders als der Vertrag als geradezu unsichtbare und virtuelle Realität, erfordert die Organismus-Metapher nicht einmal ansatzweise eine Diskussion ihres historischen oder nur mythischen oder transzendentalen Ursprungs. Der Organismus ist Durkheim nicht nur eine Heuristik, sondern eine realistische Beschreibung, deren präskriptives Moment gerade in der *Gegenständlichkeit* des so Be- und Erschriebenen liegt.

Dabei dient der naturalistische Begriff nicht nur dazu, den Gegenstand Gesellschaft *sichtbar* zu machen und darin eine Legitimation für den normativen Aspekt der Arbeitsteilung zu finden. Der Rekurs auf Natur hat auch den Sinn, die Gegenwartsgesellschaft in einen historischen, besser: naturgeschichtlichen oder evolutionären Kontext zu stellen. Denn analog zu den »höheren Tieren« ist auch eine »höhere Gesellschaft« – so im Untertitel zum Arbeitsteilungsbuch – eine, deren Teile je höhere Spezifikation aufweisen und damit das Ganze auf eine höhere Stufe heben. Nun ist das für die sozialwissenschaftliche Selbstreflexion des späten 19. Jahrhunderts nichts Außergewöhnliches. Das Besondere bei Durkheim ist freilich, dass er analog zu höheren Tieren auch höheren Gesellschaften so etwas wie einen besonderen Selbstbezug bescheinigt. Ein »tiefes Gefühl ihrer selbst und ihrer Einheit« ermögliche gerade die organische Spezifikation der Teile – und das lässt sich letztlich als diejenige Theoriestelle beschreiben, die dazu dient, die besondere Rolle einer *neuen Moral* für moderne Gesellschaften zu betonen. Dass die Soziologie in diesem Sinne eine *Moralwissenschaft* zu sein habe, widerspricht dabei keineswegs der naturalistischen Metapher, denn es geht Durkheim explizit um die organische *Funktion* der Moral, die ähnlich zu bestimmen ist wie das *surplus* des Lebens, das eben nicht nur die Summe der Teile eines Organismus beschreibt, sondern ihr Zusammenwirken.

Meine kurze, allzu kurze Beschreibung der durkheimschen Organismusmetapher hat mit dem Hinweis darauf begonnen, Durkheims soziologisches Grundproblem sei das des *sozialen Bandes* und der *Solidarität*. Beide Begriffe zielen auf *Integration*, i. e. die (Selbst-)Einschränkung der Teile zugunsten eines Ganzen. Es ist sicher nicht die Organismus-Metapher, die das Integrationsthema inauguriert hat, aber bei Durkheim dient die naturalistische Verdinglichung der Gesellschaft dazu, die auseinander strebenden Momente der Moderne begrifflich so zu fassen, dass sie als Teil eines Ganzen erscheinen. Für den soziologischen Diskurs der Moderne ist diese Grundlegung einer differenzierungstheoretischen Theorie der Gesellschaft insofern von besonderer Bedeutung, als darin ein Motiv soziologisch vorbereitet wird, das als stabile Unterscheidung von *Differenzierung* und *Integration* die gesellschaftstheoretische Debatte bis heute bestimmt. Und letztlich zehrt auch diese Unterscheidung, selbst wo sie alle naturalistischen/biologischen Bezüge aufgegeben hat, von der Vorstellung, die differenzierte Einheit *Gesellschaft* sei in ihrer Gestalt nur zu bestimmen, wenn die Bedingungen der *Integration* der Teile eindeutig bestimmt ist.

So weit meine Andeutungen zu den beiden Gesellschaftsmetaphern, die sicher die größte Evidenz in der gesellschaftstheoretischen Debatte besitzen. Die Vertragsmetapher geht von Individuen aus, die sich selbst einschränken, um in dieser Einschränkung die Möglichkeiten ihrer Freiheit zu erweitern. Noch in der Kritik dieses liberalen Modells durch den US-amerikanischen Kommunitarismus lässt sich die Wirksamkeit der Vertragsmetapher wiederfinden, die letztlich vom Individuum eine werthafte Entscheidung verlangt, um sich als Teil einer Gemeinschaft mit Freiheitspotentialen auszustatten. Für beide Modelle, für das liberale bzw. utilitaristische Vertragsmodell wie für das mit dem Namen Durkheim verbundene Organismus-Modell gilt freilich dasselbe Bezugsproblem. Denn auch hier geht es darum, dass sich die nun unähnlichen, also mit Interessendivergenzen gegenüberstehenden Teile der Gesellschaft sowie die Akteure in ihnen zugunsten des Ganzen einschränken. Letztlich benutzt auch Durkheim utilitaristische Elemente, wenn er von einer gelungenen Ordnung der Gesellschaft verlangt, dass sie den Angehörigen von Berufsgruppen die Möglichkeit geben soll, sich für das Ganze nützlich zu fühlen und dadurch Motivation zur Selbsteinschränkung zu erlangen. Auch Durkheim postuliert keinen *gesellschaftlichen Altruismus*, sondern weist einer *neuen Moral* die Aufgabe zu, dem Unterschiedlichen einen Sinn zu vermitteln, den sich Durkheim freilich nur als kollektiven Sinn, als Gesamtsinn, als Gesamtselektivität der sozialen Welt vorstellen kann. Deshalb ist das durkheimsche Modell auch so nah an jener Einheit gebaut, die dem Leviathan nicht allzu fern ist, denn Durkheims Moral muss letztlich eine mehr oder weniger *politische* Gestalt annehmen, geht es ihr doch um die Herstellung einer Kollektivität, die sich in einer differenzierten, arbeitsteiligen Gesellschaftsform selbst zum Problem wird. Dass organisch solidarisierte Gesellschaften das schon zweimal erwähnte »tiefe Gefühl ihrer selbst und ihrer Einheit« entwickeln, ist ja nicht ein Hinweis darauf, dass es sich dabei um einen konfliktfreien Vorgang handelt. Im Gegenteil: Erst dort, wo die Repräsentation der Gesellschaft in Frage steht, taucht sie als Repräsentation *der* Gesellschaft *in der* Gesellschaft auf – und nicht umsonst ist es für Durkheim die *Soziologie*, die in geradezu comteschem Sinne jene Art von wissenschaftlicher, der Physik analoger Beobachtung ist, die jene Repräsentation besorgt. Die Gesellschaft taucht in der Gesellschaft auf – und das erst erzeugt für den soziologischen Diskurs der Moderne das Motiv für eine Theorie der Gesellschaft.

Die hobbessche Lösung des Ordnungsproblems beginnt anders und kommt doch zu einer ähnlichen Lösung. Sie ist noch ganz der Subjektontologie der frühen Moderne verpflichtet – wenn auch dieser Subjektivismus weniger der epistemologische Subjektivismus des Deutschen Idealismus ist als ein *praktischer, empirischer* Besitzindividualismus, der darunter leidet, dass die (englische) bürgerkriegsgeschüttelte Zentralgewalt scheitert und Allgemeinheit deshalb an ihr vorbei- oder sie konstituierend hergeschrieben werden muss. Der Subjektivismus Kants oder Fichtes, Schleiermachers und erst recht Hegels war ein Subjektivismus, der sich einer *vernünftigen* Allgemeinheit stets sicher war und das Problem eher auf der anderen Seite sah: in der von Neigungen korrumpierten oder der Gefahr des Atomismus ausgesetzten empirischen Unvollkommenheit real existierender Subjekte. Diese Neigungen sind es dagegen, die für Hobbes die eigentlich individuierenden Triebkräfte ausmachen und deren Vernunft darin liegt, sich vor den Neigungen der anderen dadurch zu schützen, die Befriedigung der eigenen von einer politischen Zentralgewalt begrenzen oder *regieren* zu lassen – letztlich ist dies eine frühe Theorie der *Gouvernementalität* (vgl. Foucault 2000). Das Bezugsproblem in beiden Varianten freilich ist das Problem einer *Allgemeinheit*, die man sowohl bei Hobbes als auch bei Hegel in jenem »gesellschaftlichen« Zentrum vermutete, das die systematischen und die territorialen sowie die Grenzen der kommunikativen und machtförmigen Erreichbarkeit symbolisierte: im *Staat* nämlich, bei Hobbes ein *sterblicher*, bei Hegel ein *wirklicher* Gott. Die Idee der gesellschaftlichen Ordnung war denkerisch zunächst die Idee der staatlichen Ordnung, die die Ordnung der bürgerlichen »Gesellschaft« erst ermöglichte – als Stufe minderer Allgemeinheit bei Hegel, als wechselseitige Erwartungssicherheit bei Hobbes, die vom Leviathan verbürgt werden musste.

Ähnliches kann man auch Durkheim nachsagen. Denn schon mit der Figur der *Solidarität* ist seine gesamte Theorie der Gesellschaft sehr politiknah gebaut. Auch der soziologische/sozialwissenschaftliche Diskurs des Gesellschaftlichen hat also, wie die Selbstwahrnehmung der Gesellschaft im 19. Jahrhundert, Gesellschaftlichkeit letztlich als ein *politisches Projekt* aufgefasst. *Politisch* bedeutet hier nicht, dass die Gesellschaft mit dem Staat verwechselt wurde. Hier fiel selbstverständlich auch die Soziologie nicht hinter die spätestens mit Hegels Unterscheidung von Staat und bürgerlicher Gesellschaft etablierte Differenzierung zurück. Im Gegenteil: Gerade Durkheim hat den Sensus dafür gestärkt, die »arbeitsteilige« Gesellschaft dadurch zu charakterisieren, dass in ihr die unterschiedlichen Teile je eigene und füreinander nicht substituierbare Funktionen ausbilden. Staatliche Administration und Macht taucht dann neben dem Ökonomischen und Industriellen auf, Schule und Bildung neben Wissenschaft und Kunst. Und Ähnliches gilt für die gesamte klassische Generation der Soziologie, etwa für Webers These von der Ausdifferenzierung unterschiedlicher Wertsphären, in denen sich die Logiken des Religiösen, Ökonomischen, Politischen, Künstlerischen, ja sogar des Massenmedialen als gegenseitig nicht deckungsfähig darstellen (vgl. Weber 1986, S. 1-16); es gilt für Marxens Theorie der Ausdifferenzierung des Ökonomischen, sobald das Geld zum Kapital wird: »Die einfache Warenzirkulation – der

Verkauf für den Kauf – dient zum Mittel für einen außerhalb der Zirkulation liegenden Endzweck, die Aneignung von Gebrauchswerten, die Befriedigung von Bedürfnissen. Die Zirkulation des Geldes als Kapital ist [...] Selbstzweck, denn die Verwertung des Werts existiert nur innerhalb dieser stets erneuerten Bewegung. Die Bewegung des Kapitals ist deshalb maßlos.« (Marx 1962, S. 167) Es gilt für Georg Simmels Beschreibung der differenzierenden Potentialität des Geldes (vgl. Simmel 1989) sowie für seine Beschreibung der Erfahrung einer »Kreuzung sozialer Kreise«, der zunächst ihre Differenzierung vorausgeht (vgl. Simmel 1992b). Und schließlich gilt es auch für Herbert Spencer, der den gesellschaftlichen Differenzierungsprozess ebenfalls in Organismusmetaphorik einem »law of organic process« unterworfen sieht, in dem »successive differentiations« (Spencer 1857, S. 40, zit. bei Schimank 1996, S. 29) stattfinden.

Die Politisierung des Problems gesellschaftlicher Ordnung

Was für Durkheim aber in besonderem Maße gilt, ist, dass er die Differenzierung der Gesellschaft letztlich als *politisches Problem* modelliert. Oder anders formuliert: Die Plausibilität des Integrationsproblems – wohlgemerkt: des *Problems*, nicht einer konkreten *Lösung*! – wird über die *Logik des Politischen* hergestellt. Mein Argument nimmt hier einen ähnlichen Weg wie meine Begründung der Plausibilität der bourdieuschen Theorie aus der Logik des Ökonomischen im vierten Kapitel. Dort hatte ich so argumentiert, dass die Funktion des Ökonomischen keineswegs nur einer gewissermaßen »natürlichen« Knappheit von Gütern sich verdankt, sondern vor allem einer durch das Geldmedium im System »erzeugten« Knappheit, vor deren Hintergrund sich dann Distributionsprobleme in der Sozialdimension stellen, die dann auch in der Sozialdimension gelöst werden müssen. Die Konstruktion der Gesellschaft als Raum knapper, nein: knapp *gehaltener* Möglichkeiten legt dann die Idee nahe, alle soziale Praxis als *ökonomische* Praxis zu interpretieren und ihren sozialen *Sinn* als *sozialen* Sinn aufzufassen.

Hier argumentiere ich nun folgendermaßen: Es scheint eine der Basiserfahrungen der gesellschaftlichen Moderne zu sein, dass sie es mit auseinander strebenden Momenten zu tun hat, und zwar mit einem Auseinanderstreben, das keineswegs wechselseitige Independenz erzeugt, sondern das krasse Gegenteil: *radikale Interdependenz der Teile, die nicht aufgrund ihrer Ähnlichkeit, sondern aufgrund ihrer Verschiedenheit abhängig voneinander sind.* Das Problem wird im Verlauf des gesellschaftstheoretischen Diskurses der Moderne vor allem als Integrationsproblem behandelt. Ich spanne zunächst einen Bogen von Durkheims moralsoziologischer Fassung über Parsons' Bestimmung der Integrationsfunktion durch eine *societal community* (vgl. Parsons 1972), die entwicklungssoziologischen Perspektiven der Modernisierungstheorie (vgl. Lerner 1965), die integrationstheoretischen Überlegungen des Neofunktionalismus von Alexander (1990) und Münch (1984) bis hin zu Habermas' Frage nach der vernünftigen Identität von Gesellschaften (vgl. Habermas 1976) und zuletzt zu Gesellschaftstheorien, die den Begriff der Gesellschaft letztlich nur noch in dem *common-sense*-Verständnis einer adressierbaren Kollektivität verwenden (vgl. Beck 2002). Bei aller Unterschiedlichkeit dieser Theorieformen tritt hier das Problem der Integration auf, das gleichbedeutend ist mit der Frage der Gegenstandskonstitution des Referenten *Gesellschaft*. Denn eine Gesellschaft als Entität lässt sich tatsächlich nur denken, wenn sich die Einheit all jener Differenzierungen benennen lässt, wenn also die *Ähnlichkeit* im *Verschiedenen* bestimmt werden kann. Exakt diese *theoretische* Funktion erfüllt der Begriff der Integration. Integration ist damit zunächst eine begriffsästhetische oder begriffslogische Angelegenheit, wie man es am deutlichsten in Parsons' AGIL-Schema beobachten kann, das ja zunächst nur ein heuristisches Mittel ist, eine Methode, die empirische Gegenstände so zerlegt, *als seien sie* in die entsprechenden vier Funktionen differenziert (vgl. Parsons/Smelser 1956, S. 46 f.). Freilich scheint diese begriffstechnische Notwendigkeit sich dann auch am so erzeugten Gegenstand erfolgreich zu bewähren. Parsons' AGIL-Schema war insofern außerordentlich suggestiv, als es ihm gelungen ist, eine theoretische Heuristik mit ihrer geradezu überempirischen, transzendentalen Gestalt als *Bedingung der Möglichkeit von Ordnung* mit konkreten institutionellen Erscheinungen begrifflich zu verbinden, die man empirisch *sehen* konnte. Man denke – auf der Ebene des sozialen Systems *Gesellschaft* – an die G-Funktion, die das generalisierte Medium der Macht in Anspruch nimmt; man denke an die A-Funktion mit dem Geldmedium, an die Wertgeneralisierung und -bindung in der L-Funktion und vor allem an die I-Funktion, in der sich Loyalität mit der gesellschaftlichen Gemeinschaft und einflussreiche Formen ihrer (Selbst-)Thematisierung etablieren (vgl. dazu Parsons 1977, S. 183 ff.). Die letzte, die I-Funktion bildet für Parsons die entscheidende Funktion und zugleich auch das entscheidende *Problem* der *modernen* Gesellschaft: »The present crisis centers in the societal community, not in the economy, the polity, or the value system.« (Ebd., S. 240)

Es kreist alles um *Integration*. Sie ist eine *Bedingung der Möglichkeit*, das Soziale überhaupt denken zu können. Und irgendwie ähnelt diese Theorie in ihrer Form den theorieästhetischen Grundintuitionen der Subjektphilosophie, übrigens auch was die Wirkmächtigkeit des Gedankens angeht, denn ohne Zweifel war das in Parsons kulminierende Organismus-Modell von ähnlichem Rang für die soziologische Denkungsart im Allgemeinen, wie es die Fassung des Subjekts war, dessen Realität konstituierenden Akte zur eigentlichen Realität wurden, an der sich die Arbeit des Begriffs abmühte. Dabei geht es mir nicht um *inhaltliche* Parallelen, sondern darum, wie die beiden Theorieformen in der Lage sind, ein Bild zu erzeugen, *in dem* man sich dann bewegen kann und dessen Plausibilität eine merkwürdig analytisch-normative Mischung erzeugt. Dem *Subjekt*, so habe ich im zweiten Kapitel formuliert, gelang es, die abstrakte Idee der Freiheit und der Domestikation des Willens durch die Vernunft mit der empirischen Erfahrung der Unvernunft zu versöhnen. Deshalb verfügte die Semantik der Subjektivität als aufklärerische Semantik von Beginn an über ein normatives Potential, mit dem sich einzelne Individuen als Teil jener intelligiblen Welt wähnen konnten, der sie empirisch nicht waren. Das *Subjekt* bzw. sein Modell war dann immer noch weit entfernt von der gesellschaftlichen Realität, enthielt aber die Möglichkeit des *synthetischen Urteils a priori* und lag damit aller empirischen Erfahrung buchstäblich zugrunde. Ganz ähnlich scheint auch Parsons' AGIL-Modell zu funktionieren. Es verfügt irgendwie auch über die Möglichkeit des *synthetischen Urteils*, und *a priori* ist die Theorie ebenfalls gebaut, weil sie der empirischen Erfahrung des Gesellschaftlichen die Vierfunktionenstruktur voranstellt. Es ist freilich nicht nur dies, was es mit dem Subjektmodell vergleichbar macht. Die Theorie des Subjekts war in der Lage, so etwas wie eine selbstverständliche Normalform zu stiften. Die Suggestivkraft der Theorie war – wider besseres Wissen, könnte man sagen –, dass alle Sinnproduktion, alle Handlung, alle Bewirkung in der sozialen und kulturellen Welt das Ergebnis motivierter Subjekte ist, die Subjekt und Objekt in eins sind: sie sind Objekte der Motive, die sie selbst hervorbringen. Damit ließ sich nicht nur die Selbsterfahrung der bürgerlichen Gesellschaft auf den Begriff bringen. Die selbstbewusste Darstellung des bürgerlichen Individuums *als Subjekt seiner Verhältnisse* ermöglichte erst jene Erfahrung, *Subjekt* zu sein.

Ganz ähnlich verhält es sich mit der parsonsschen Normalform der Gesellschaft als funktional differenzierter Einheit, deren differenzierte Teilung bereits selbst von Integration ausgeht, denn das Schema von Teil und Ganzem setzt ja bereits die integrative Idee des Ganzen voraus. Genauer formuliert: Die unterschiedlichen Funktionen sind schon so konstruiert, dass sie nur aufgrund der Referenz auf das Ganze als Funktionen erscheinen. Damit entsteht mit dem Referenten *Gesellschaft* ein Horizont, in dem ein analytisches und normatives Muster, man könnte sagen: ein präskriptiver Idealtypus gelungener Gesellschaftlichkeit erscheint, den solche Gesellschaften dann an sich wahrgenommen haben. Damit ist der enorme Erfolg von Parsons' Theorie zu erklären: Sie hat der westlichen, industriegesellschaftlichen Moderne einen Spiegel vorgehalten, in dem man sehen konnte, wie sich die enorme Komplexitätssteigerung wirtschaftlicher, politischer, wissenschaftlicher und kultureller Art mit ihren auseinander strebenden Momenten zu einem Ganzen fügt. War es im 19. Jahrhundert eher ein Konfliktmodell des Gesellschaftlichen oder die bürgerliche Selbstzuschreibung von Leistung – insbesondere im Sinne des Besitzindividualismus in einem System der Bedürfnisse, ob nun in der hegelschen oder eher in der hobbesschen Variante –, ist es im 20. Jahrhundert das parsonssche Versprechen der Integration der Funktionen und der Inklusion von Gesamtbevölkerungen unter den Schutzmantel gesellschaftlicher *self-sufficiency*. Und wie man trotz aller empirischen Widerlegung nach wie vor das Subjekt für eine irgendwie existente Realität halten kann, scheint das auch für das Normalbild einer *Gesellschaft* zu gelten, die nach dem Bilde eines integrierten Organismus als Ganzheit erscheint und den »orthodox consensus« (Atkinson 1972) des gesellschaftstheoretischen Denkens darstellt. Noch in der Kritik dieser Modelle wirkt seine Stärke fort. Auch hier sind Analogien zu ziehen: Wie man dem starken Subjekt schwächere Varianten gegenüberstellt (vgl. etwa Rustemeyer 2001; Meyer-Drawe 2000), ohne die Subjektivität des Subjekts prinzipiell in Zweifel zu ziehen, sollen schwächere Varianten des AGIL-Funktionalismus mit Hinweisen auf gegenteilige Trends oder instabilere Verhältnisse das Modell letztlich am Leben halten (vgl. etwa Alexander 1985; 1993, S. 31 ff.; Colomy 1990). Und man kann schwer daran vorbeisehen, dass selbst die öffentliche Debatte um soziale Probleme, um Standorte und Strategien, um die Gesellschaftsdiagnosen und Ansprüche auf Inklusion, Versorgung und Aufmerksamkeit mit exakt diesem Neben- und Miteinander von politischer Zielerreichung, ökonomischer Anpassungsfähigkeit an Märkte und Lebenslagen, treuhänderischer Wertkonservierung und vor allem gesellschaftlicher Gemeinschaftsversprechen und Ansprüche an Massenloyalität geführt. Dazu gehört im Übrigen auch die nach wie vor dominante Begrenzung solcher Loyalitäten auf (national-)staatlich territorialisierte Erfahrungsräume.

Wenn ich behaupte, dass die parsonssche Denkungsart, jener *orthodox consensus*, zum soziologischen Normalmodell geriet, das nach wie vor fortwirkt, so ist dieser Behauptung leicht mit dem Hinweis darauf zu begegnen, dass fast keine der parsonsschen Theorieentscheidungen der Kritik standgehalten und sie überdauert habe – das gilt von den *pattern variables* über das *AGIL-Schema* und die allzu harmonistische Beschreibung der US-amerikanischen Gesellschaft bis zu der *unempirischen* Ansetzung von Basisfunktionen und ihrer geradezu sprichwörtlichen Ultrastabilität und schließlich bis zur Hypostasierung eines Mastertrends als alleinigem Charakteristikum der modernen Gesellschaft. Nun ist die Kontinuierung von Kritik sicher auch ein Zeichen dafür, dass etwas »dran« sein muss – und mir scheint, dass es tatsächlich die grundlegende Denkungsart der parsonsschen Soziologie ist, die einen Sensus dafür entwickelt hat, dass Gesellschaften so etwas wie eine Arena entwickeln, in der ihre legitimatorischen Grundlagen geschaffen und stabilisiert werden – dazu gehören selbstverständlich auch Konflikte, die Parsons in seiner harmonistischen Darstellung so sträflich vernachlässigt hatte. Wie sehr noch die Kritik an diesem Modell zumindest diese integrative Form der Gesellschaft stark macht und wie sehr die Kritik vom Kritisierten profitiert, sei kurz an einem Beispiel erläutert, nämlich an der vom Marxismus inspirierten konfliktsoziologischen Kritik Parsons' durch Reinhard Bendix.

Bendix kritisiert am klassischen Marxismus dessen Konzentration auf den einen zentralen Konflikt, von dem her alle Konflikte und alle Strukturen der Gesellschaft erklärt werden könnten. Es seien unterschiedliche Konflikte, die das (Selbst-)Bild des Gesellschaftlichen bestimmten, wenn auch der ökonomische eine zentrale Rolle spiele. Ganz anders als Parsons, für den Ungleichheiten und Machtdifferenzen, die Legitimation von Einkommensdifferenzen oder Berufsprestiges stets durch Konsense erklärt wurden, die sich generalisierter Werte bedienten, besteht Bendix darauf, den Konflikt an den Anfang zu setzen. Sein berühmtes Werk über *Work and Authority in Industry* formuliert auf der ersten Seite den viel zitierten Satz, dass in Organisationen stets »a few command and many obey« (Bendix 1956, S. 1). Wertgeneralisierung im Sinne Parsons' wäre für diesen Ansatz – will man es marxistisch ausdrücken – *Ideologie, falsches Bewusstsein*, und in Theoriedarstellungen der Soziologie wird Bendix selbstverständlich als radikaler Gegenspieler Parsons' geführt – zu Recht (vgl. etwa Joas/Knöbl 2004, S. 257 f.). Dennoch bleibe ich dabei, dass diese Art Kritik letztlich davon profitiert, Gesellschaften als Räume beschreiben zu können, in denen Antagonisten überhaupt aufeinander treffen. Und selbst wenn man wie Bendix nicht jene versöhnliche Formulierung der integrativen Funktion von Konflikten wählt, wie es paradigmatisch bei Lewis Coser heißt (vgl. Coser 1965), so spannt auch Bendix einen Raum auf, in dem sich »gesellschaftliche« Konflikte so darstellen, dass sie Kollektivitäten erzeugen, darin antagonistische Sprecherpositionen, mithin also jene *Erreichbarkeit*, die sowohl die Erfahrung einer Einheit promovierte als auch Ungleichheit als Ungleichheit *in* dieser Einheit sichtbar machte. Exakt so hatte Paul Nolte die historische Erfahrung beschrieben, das Soziale »auf den Begriff der Gesellschaft zu bringen« (Nolte 2000, S. 37). Und ohne Zweifel ist dies eine Erfahrung, die eine *politische* Denkungsart geradezu anzieht, weil sie Kollektivitäten erzeugt – und Parsons hat es, etwa zu studieren an seiner Analyse der Inklusion von Schwarzen in den USA (vgl. Parsons 1966b), wohl versäumt zu sehen, dass *collectivities* nicht einfach über Wertgeneralisierung inkludiert werden, sondern dass sie gerade dadurch *entstehen*, dass sie sich problematisch sind, wie man *nation-building*-Prozessen stets entnehmen kann. Die konfliktsoziologische Kritik an Parsons zehrt von der Vorstellung von Gesellschaften als sich selbst thematisierenden und beobachtenden Einheiten und findet gerade darin jenen Raum, in dem in der Tat Konflikte »Gesellschaftlichkeit« ausmachen.

Im ersten Kapitel habe ich die *Erfindung der Gesellschaft* an der Erfahrung festgemacht, dass sich Sprecher in einer *Arena* vorfinden und dass ein ebenso angebbares wie unsichtbares Publikum vorausgesetzt werden kann. Dieses Publikum erzeugt, obwohl es ein heterogenes Publikum ist, einen eigentümlich homogenen Raum, in dem immer weniger unbeobachtbar bleibt, oder besser: *prinzipiell* unbeobachtbar bleibt. Denn gerade die Selektivität des Beobachteten erzeugt die Idee dessen, was als *Gesellschaft* firmiert – und das gilt für die Selektivität von Themen ebenso wie für die Selektivität von sozialen Problemen, für die Selektivität von Wissensvorräten, auf die zugegriffen werden kann, für die Selektivität der Erfindung einer gemeinsamen Vergangenheit und sogar für territoriale/räumliche Selektivität. Von einer globalisierten Gesellschaft wird man deshalb üblicherweise nicht schon sprechen, wenn sich soziale Prozesse weltweit aufeinander auswirken, sondern erst dann, wenn sich ein *gesellschaftlicher Raum* von globalen Ausmaßen dann aufspannt, wenn sich wechselseitige weltweite Beobachtbarkeit einstellt (vgl. dazu Nassehi 2003a, S. 188 ff.). Ich komme darauf zurück.

So ist also wechselseitige Erreichbarkeit eine der Grundbedingungen für Integration – wobei dieser Satz an logische Grenzen stößt. Er suggeriert, die Realität wechselseitiger Erreichbarkeit erzeuge Integration. Gemeint ist aber dies: Zunächst sieht öffentlich sichtbare Kommunikation wie wechselseitige Erreichbarkeit aus, etwa in Form massenmedialer Kommunikation, in Form der Bekanntheit von Bildungsinhalten, als Referenzraum unterstellbar bekannter Texte, als gemeinsame Sprache, durch die Unterstellung der Bekanntheit von Personen und Traditionen, durch Versorgungs- und Umverteilungsbeziehungen, durch gemeinsame Distributionskonflikte, durch die versicherungstechnische und steuerrechtliche Herstellung von Zahlungsbereitschaft, durch formale Ansprüche an Institutionen und informale Ansprüche an kollektive Gruppen (Berufsgruppen, Minderheiten, Klassen etc.), durch die Inanspruchnahme für kollektive Gedächtnisse und sogar kollektive Schuld etc. Erreichbarkeit meint also eine Form der Kommunikation, die selbst jenen Raum in Form virtueller Adressaten absteckt, die dadurch reale Adressaten werden. Wenn Integration die Einschränkung der Teile zugunsten eines Ganzen bedeutet, dann bedeutet Erreichbarkeit die praktische Herstellung einer Homogenität, die schlicht dadurch entsteht, dass die Praxis diesen homogenen Raum *erzeugt*.

Integration beinhaltet neben diesem Aspekt der Erreichbarkeit und damit der Erzeugung eines Rahmens für die Integration der Teile auch den Aspekt der *Koordination* der unterschiedlichen Teile. Das scheint mir das Hauptthema des soziologischen Differenzierungsthemas zu sein: wie sich die unterschiedlichen Teile einer Gesellschaft so koordinieren lassen, dass – nun, wie ist der Satz weiterzuführen? – dass eine *Gesellschaft* entsteht, in der tatsächlich sowohl die Interessen als auch die Aufgaben miteinander koordiniert werden, um jene Form zu erreichen, die die organizistische Gesellschaftsmetapher nahe legt. Ulrich Beck hat in einer geradezu unschuldigen Art einmal gefordert, man möge doch weniger von funktionaler *Differenzierung*, sondern mehr von funktionaler *Koordination* sprechen (vgl. Beck 1993, S. 78). Das Argument verkennt, dass die Idee funktionaler Koordination Differenzierung geradezu voraussetzt. Man braucht eine Theorie funktionaler Differenzierung, um den Funktionssinn von Kooperation über seine bloße politische Appellfunktion hinaus überhaupt erfassen zu können. Noch mehr verkennt das Argument freilich, dass funktionale Differenzierung kein gesellschaftspolitisches Programm ist, keine normative Agenda, kein kollektives Ziel. An dem Postulat freilich lässt sich sehr deutlich studieren, wo das Bezugsproblem liegt: Die narrative Erzeugung einer Realität, die erstens *eine* Realität sein will und die (in Durkheims Diktion) aufgrund der hohen Arbeitsteilung und der starken Interessendivergenzen zweitens auf die Triebkräfte *verschiedener* Realitäten stößt, erzeugt gerade dadurch eine *Kollektivität*, deren Homogenität durch gemeinsame Differenzen hergestellt wird. Die Kanalisierung dieser Konflikte auf dem Boden der Unterscheidung von Kapital und Arbeit oder von Klassen gehört zu den historisch einfachsten Varianten. Exakt *diese* Differenz in der Einheit des Gesellschaftlichen hat Durkheim dazu genötigt, in seiner ersten Analysekategorie bereits die Lösung des Problems aufzubewahren: im Begriff und im Postulat der *Solidarität*. Das Bezugsproblem einer differenzierten Gesellschaft ist es also, Motive, die offensichtlich *eigensinnig* werden und deren Eigensinn auch noch *funktional* ist (was immer das heißt), aufeinander zu beziehen, also so aufeinander abzustimmen, dass anomische Zustände verhindert werden. Exakt dies nennt man *Integration*.

Damit lässt sich mein Argument zu Ende führen, inwiefern die Plausibilität von Durkheims Gesellschaftsmetapher des Organischen im Sinne eines *politischen* Problems gelöst wird. Im Blick hat Durkheim ganz offensichtlich die Herstellung einer Kollektivität, die gerade aufgrund des Fehlens einer *conscience collective*, wie sie in vormodernen Gesellschaften geherrscht haben soll, Kollektivität anders erzeugen muss: *gesellschaftlich* nämlich, und das bedeutet hier: *politisch*, denn die Funktion des Politischen ist es, *kollektiv bindende Entscheidungen* zu treffen, mithin sie also in ihrer Rhetorik auf die Herstellung von Solidaritäten angewiesen ist. Das mit der organizistischen Gesellschaftsmetapher begonnene Gesellschaftsmodell erzeugt, wie Durkheim wunderbar formuliert, *ein tiefes Gefühl ihrer selbst und ihrer Einheit*, also den Bedarf für eine kollektivierbare Selbstthematisierung, in der – in Parsons' Begriffen gesprochen – sowohl die Frage der Zielerreichung (*polity*) als auch die Frage der einflussreichen Durchsetzung von Themen, Problemlagen und Loyalitätszumutungen (*societal community*) eine Form annehmen, die das Problem des Gesellschaftlichen als ein in erster Linie *politisches* Problem erscheinen lässt – politisch nicht im Sinne der Herstellung kollektiv bindender Entscheidungen durch staatliche Entscheidungsprozeduren, sondern politisch im Sinne der Herstellung solcher Kollektivitäten.

Bevor ich im Folgenden das differenzierungstheoretische Inventar der Gesellschaftstheorie weiterverfolge, ist deshalb auf die Konsequenzen hinzuweisen, die diese unmerkliche Politisierung der Gesellschaftstheorie auf die soziologische Begriffsbildung hat. Ich werde das zunächst mit Hilfe einer genaueren Funktionsbestimmung des Politischen andeuten und daraus Konsequenzen für das normativistische Verständnis des Gesellschaftlichen ziehen.

Die Funktion des Politischen

Die Ausdifferenzierung des politischen Systems (vgl. zum Folgenden auch Nassehi 2003e) im Zuge des Modernisierungsprozesses lässt sich an zweierlei historischen Entwicklungen ablesen. *Einerseits* wird – im kontinentaleuropäischen Fall – spätestens mit den Folgen des Dreißigjährigen Krieges im 17. Jahrhundert die Abkoppelung einer politischen Logik von der religiösen Gesamtselektivität der Welt deutlich. Indem die konfessionelle Regionalisierung sich den jeweiligen landesherrlichen Regimes unterzuordnen hatte, scheint sich das Politische als eine eigenständige Logik zu etablieren, die mit der Entstehung höfischer Formen der Interessenpolitik, vor allem aber mit der Inklusion des Dritten Standes, ergo: mit der Entstehung dessen, was bei Hegel dann die *bürgerliche Gesellschaft* heißen sollte, sich zunehmend auf sich selbst bezog. Diese beginnende Ausdifferenzierung des Politischen erzeugt nun nicht nur räumliche Abgrenzungen politischer Einheiten, sondern vor allem auch so etwas wie kommunikativ erzeugte *Öffentlichkeiten*, also Sphären kommunikativer Erreichbarkeit, in denen die Inklusion der Menschen langsam eine neue Form kollektiver Zugehörigkeit annahm. Vernachlässigt wird durch eine solche gedrungene Darstellung natürlich die Komplexität des historischen Prozesses und vor allem die sehr langsame, sich zunächst unmerklich vollziehende Emanzipation des Politischen von religiösen, ökonomischen oder wissenschaftlichen Logiken. Deutlich dürfte aber dennoch werden, dass sich – wie bei anderen Funktionssystemen auch – spezielle Formen der Anschlussfähigkeit herausbildeten, mit deren Hilfe sich nun politische von anderen Interessen unterscheiden ließen – und damit auch andere Interessen, etwa *ökonomische* oder auch *religiöse*, sich *als politische* Interessen darstellen lassen konnten.

Andererseits lässt sich die Ausdifferenzierung des Politischen und die Verselbständigung eines symbolisch generalisierten Kommunikationsmediums politischer Macht an der Veränderung jenes semantischen Haushalts ablesen, der die Reflexion des Politischen als Idee, als Form, als Praxis besorgte. Die Grundfrage allen politischen Denkens besteht darin, wie kollektiv bindende Entscheidungen auch gegen den Willen Betroffener legitim durchgesetzt werden können. Stets stieß man hier auf das Problem des *Souveräns*. Und stets stieß man auch hier auf Probleme der Selbstanwendung, zumindest dort, wo sich aufgrund der Ausdifferenzierung eines politischen Systems die Souveränität des Souveräns nicht mehr schlicht per Rekurs auf nicht-empirische Größen – auf Transzendenz oder auf die unbedingte Geltung einer Tradition – konstituieren konnte. Wie vertragstheoretische Modelle stets an der Frage laborierten, welcher Vertrag die Vertragspartner dazu bringt, den ersten Vertrag einzugehen, leidet jede Demokratietheorie daran, dass sie ein Herrschaftsverhältnis zwischen dem Souverän und sich selbst organisieren muss. Exakt deshalb lokalisieren solche Theorien, wie ich oben mit Hobbes dargelegt habe, den Anfang nicht auf einen *empirischen* Anfangspunkt, sondern bleiben doch darauf angewiesen, einen nicht-empirischen, in diesem Sinne *transzendentalen* Antezedenzpunkt anzunehmen – in den anthropologischen Bedingungen eines von Neigungen bestimmten, aber am Überleben interessierten Vertragspartners oder im Glauben an die Qualität einer *volonté générale*.

Vermeiden lassen sich solche *anfangslosen Theorien des Anfangs des Politischen* auch nicht durch reine Verfahrensmodelle. Denn Theorien der schlichten Faktizität der Geltung von Verfahrensmodellen stoßen spätestens bei der Diagnose nicht akzeptabler politischer *Lösungen* durch akzeptable politische *Verfahren* auf die Frage der Legitimität der Lösung jenseits aller Verfahrensfragen. Insofern spannen die bekannten Texte von Niccolò Machiavelli und Carl Schmitt einen Bogen über ein halbes Jahrtausend, indem sie die radikale Selbstdetermination des Politischen auf den Begriff bringen – und die umstrittene Reputation dieser Texte ist ein Hinweis auf ihre Qualität, jene Emanzipation des Politischen von außerpolitischen Tugenden bzw. Souveränitätsansprüchen zu formulieren. Sie zielen damit unmittelbar auf die offene Wunde des Politischen, bei aller Verantwortungsrhetorik und allem Appell an die Vernunft und die Moral, an Gemeinschaft und Solidarität, eben nur *politisch* zu sein. Insofern lässt sich an Texten zur politischen Philosophie bisweilen beobachten, dass ihnen ein Begriff des »Politischen« fehlt, da dieser als gesellschaftliches Medium von »Gerechtigkeit« (Rawls 1979; Forst 1996), »Anerkennung« (Honneth 1992) und »Gemeinschaft« (Taylor 1995) immer schon vorausgesetzt werden kann.

Wie es Machiavelli darum ging, die Logik des Politischen allein im Politischen zu fundieren und alle politischen Tugendfragen der Tugend des Machterhalts und -erwerbs zu subordinieren, ging es Carl Schmitt darum, die Selbstdetermination als Anfangspunkt aller politischen Souveränität anzusetzen. Machiavellis *Fürst* macht erstmals darauf aufmerksam, dass die Logik des Politischen in den Anschlussbedingungen der politischen Praxis zu suchen ist, also im operativen Nacheinander allen politischen Geschehens. Er schreibt:

»Die Handlungen aller Menschen und besonders die eines Herrschers, der keinen Richter über sich hat, beurteilt man nach dem Enderfolg.« (Machiavelli 1978, S. 74) Politische *phronesis* reduziert sich hier auf die Geschlossenheit der Ordnungsvorstellung des Politischen: die allein *politische* Determination des Politischen, deren *virtù* alle inhaltlichen Ausprägungen, Legitimationen und Gründe untergeordnet sind.

Betont Machiavelli zunächst die Selbstdetermination des Politischen in der Praxis, betont er also gewissermaßen die praktische Souveränität des Politischen, ist es Schmitt darum zu tun, die Souveränität des Souveräns zu betonen, also den Anfangsgrund des Souveräns auf den Begriff zu bringen. Er bedient sich dazu ebenfalls einer Denkfigur des 16. Jahrhunderts, als die Entstehung des souveränen Staates die Legitimität der eigenen Rechtsquelle reflexiv werden ließ. Schmitts bekannte Sentenz, souverän sei, »wer über den Ausnahmezustand entscheidet« (Schmitt 1979), ist bereits von Jean Bodin 1576 vorformuliert worden: Souverän sei derjenige, der seinen Untertanen ohne deren Zustimmung Gesetze auferlegen könne und keinem fremden Willen untertan sei (vgl. Bodin 1981). Was Schmitt hier – jenseits aller legitimatorischen Intentionen für autoritäre Herrschaftsformen – auf den Begriff bringt, ist der *Dezisionismus*, der aller souveränen Entscheidung zugrunde liegt, was nicht mit Beliebigkeit gleichgesetzt werden kann, sondern auf den je *politischen* Anfang aller Politik verweist. »Auctoritas, non veritas facit legem.« (Schmitt 1979, S. 54) Dieser Grundsatz allen positiven Rechts und aller verfahrenslegitimierten politischen Entscheidungsfindung reflektiert darauf, dass sich all dies innerhalb der politischen Kontextur abspielt und damit auch die Wahrheit der Macht untergeordnet ist.

Was man – jenseits ihrer *politischen* Konsequenzen – an Schmitts Denkungsart sehr deutlich studieren kann, ist die Konzentration der politischen Reflexionstheorie auf das Problem der paradoxen Selbstbezüglichkeit aller politischen Entschiedenheit auf die politische Entscheidung – und nur ein paradoxiebeobachtender Standpunkt *höherer Amoralität* vermag das zu sehen. Spätere Kommentatoren kompensieren dann diese Position *höherer Amoralität* dadurch, dass sie vom unbedingten Dezisionismus dadurch absehen, dass sie die Bedingungen der politischen Entscheidung einem Jenseits des Politischen zurechnen. Paradigmatisch dafür ist sicher der vielzitierte Satz von Ernst-Wolfgang Böckenförde: »Der freiheitliche, säkularisierte Staat lebt von Voraussetzungen, die er nicht selbst garantieren kann.« (Böckenförde 1967, S. 93) Die Einsicht, dass es sich dabei weniger um ein legitimationstheoretisches, sondern um ein epistemologisches Problem handelt, stand offensichtlich nicht zur Verfügung.

Schmitts berühmte Formel, alle prägnanten Begriffe der modernen Staatslehre seien säkularisierte theologische Begriffe (vgl. Schmitt 1979, S. 49), referiert exakt darauf, dass sie die Immanenz des politischen Geschehens an eine Transzendenz ihres Entscheidungsgrundes binden. Man muss – man sollte – Schmitts Folgerungen in Richtung eines politischen Katholizismus nicht folgen, um dennoch sehen zu können, dass das der Theologie analoge Problem der *Immanenz aller Transzendenzaussagen* sich auch hier stellt. Wie dort die Figur *Gottes* eine paradoxe Figur ist, weil sie als Unsagbares gesagt werden muss, und damit zugleich totale Sicherheit und totale Unsicherheit spendet, scheint die Reflexionstheorie des Politischen auch stets auf *god-terms* (Burke 1961) zu stoßen, deren Unbedingtheit behauptet (und durchgesetzt) werden muss. Das gilt für die souveräne Entscheidung des Souveräns ebenso wie für den Wählerwillen in der Demokratie, der als einziges politisches Datum der politischen Kritik entzogen wird. Und das gilt erst recht für jene staatszentrierte Denkungsart, für die die hegelsche Rechtsphilosophie bis heute das Vorbild geliefert hat (vgl. Hegel 1970c, S. 399 ff.). Und selbst wenn in der rechts- und linkshegelianischen Nachfolge die Begriffe ihre theologische Gestalt ablegen, so bleibt ihnen doch die *säkularisierte Gestalt* eingeschrieben, stets den paradoxen Anfangsgrund aller politischen Herrschaft auf den Begriff zu bringen. In seinen undemokratischen Varianten reicht wohl schlicht die Faktizität der Machtausübung, flankiert durch die Sichtbarkeit möglicher Waffengewalt. In ihrer demokratischen Variante laboriert man dann an der Implosion der Herrschaftsbeziehung: Wie kann sich das beherrschte Volk *selbst* einschränken, also zugleich Herrscher sein? Die Lösungen reichen von eher auf ethnische und nationale Vergemeinschaftung setzenden Ansätzen (vgl. Smith 1991) über merkwürdig disparate Formulierungen einer »gesellschaftlichen Gemeinschaft« (Parsons 1972) bis hin zu »quasi«-transzendentalen Bestimmungen einer der Sprache ohnehin inhärenten Verständigungsabsicht, die erst in demokratisierten politischen Verhältnissen zu sich selbst kommen könne (vgl. Habermas 1981a/b).

Die Funktion des Politischen, darüber herrscht wenig Dissens, ist die Herstellung kollektiv bindender Entscheidungen, und zwar in dem Sinne, dass ein Teil der Gesellschaft für jene kollektiv wirksamen Bindungswirkungen sorgt, und zwar ausgestattet mit einem Monopol auf kollektiv wirksame Macht. Letztlich ist auch der Gedanke der Geschlossenheit, zumindest der Gedanke der Differenzierung oder Distinktion zwischen der politischen und den sonstigen Sphären der Gesellschaft weitgehend unumstritten – zumindest wenn man die Formulierung in dieser globalen Allgemeinheit belässt. Man denke etwa an Max Webers Diktum von der *Kasernierung* öffentlicher Macht im modernen Staat oder auch an Emile Durkheims Einsicht in die strukturelle Differenz zwischen Staat und Kollektivbewusstsein (vgl. Durkheim 1991, S. 74). Es gilt als ausgemacht, die Differenzierung von Politik und Gesellschaft bzw. Politik und anderen gesellschaftlichen Funktionsbereichen anzuerkennen. Und zumindest die kommunikative Vorderbühne wird kaum bestreiten, dass die moderne Gesellschaft so etwas wie ein funktionales Primat eines der Funktionssysteme nicht mehr kennt (vgl. etwa Willke 1995a; Mayntz 1995; v. Beyme 1991). All das scheint inzwischen relativ unumstritten zu sein. So lässt sich mit Luhmann die Funktion des Politischen aus differenzierungstheoretischer Perspektive als das »*Bereithalten der Kapazität von kollektiv bindendem Entscheiden*« (Luhmann 2000, S. 84) beschreiben. Auch diese Funktionsbestimmung kommt wenig überraschend daher und scheint auf den ersten Blick kaum erläuterungsbedürftig zu sein. Betrachtet man sie aber im Kontext der Differenzierungstheorie, ergeben sich sehr wohl offene Fragen.

Zunächst ist vom *Bereithalten der Kapazität* von kollektiv bindendem Entscheiden die Rede, also von einer jederzeit aktualisierbaren Möglichkeit. Das verweist auf das symbolisch generalisierte Kommunikationsmedium politischer Macht, das ja zunächst nicht auf die konkrete Ausübung von Macht angewiesen ist, sondern auf den kommunikativen Horizont, dass sich beliebige Themen und Sachverhalte so kommunizieren lassen, dass über sie mit kollektiver Bindungswirkung entschieden werden *könnte*. Das politische Funktionssystem reproduziert sich also folgerichtig durch »jede Kommunikation [...], die dazu dient, kollektiv bindende Entscheidungen durch Testen und Verdichten ihrer Konsenschancen vorzubereiten« (Luhmann 2000, S. 254).

Dass die Funktion des Politischen an Entscheidungen gebunden wird, hat zweierlei Implikationen: *zum einen* verweisen Entscheidungen und vor allem die Rekursivität von Entscheidungen auf Organisationsbildung. Zwar kommt es in allen Funktionssystemen zur Kumulation von Entscheidungen – etwa Zahlungsentscheidungen in Wirtschaftsbetrieben, Entscheidungen über Bildungszertifikate in Schulen und Universitäten, Entscheidungen über Recht und Unrecht in Gerichten, Entscheidungen über medizinische Diagnosen und Therapien in Krankenhäusern –, aber wohl in keinem anderen System (vielleicht mit Ausnahme des Rechts) dürften sich Zentrum und Peripherie des Funktionssystems so sehr als Nähe und Ferne zu seinen Organisationen abbilden lassen. Politische Kommunikation außerhalb des Staatsapparates rechnet dann *nolens volens* mit exakt jener Erwartung an Entscheidungskapazitäten (oder: der Kritik an falschen oder an Nicht-Entscheidungen), die man üblicherweise entweder den Organisationen des Staates oder seiner inzwischen funktionalen Äquivalente internationaler und transnationaler Natur zurechnet – und hier liegt wohl auch der Schlüssel dafür, warum politische Kommunikation, auch: politische Theorie, immer schon mit der Staatsorganisation »rechnet« (vgl. Nassehi 2005d).

Zum anderen weisen Entscheidungen auf *Bindungen* hin. Entscheidungen sind Zeitstellen, die in der *Sachdimension* eine Selbstbindung etwa im Hinblick auf ein bestimmtes Kausalschema oder eine Wirkungskette fixieren (*»Wenn wir dies tun, wird jenes dabei herauskommen«*), die in der *Zeitdimension* gegenwärtiges Handeln für eine unbekannt bleibende Zukunft festlegen und die in der *Sozialdimension* Entscheider und Betroffene aneinander binden – und zwar im politischen Fall als politische Entscheider des Staates und ihr politisches Publikum. Dieser Komplex wird üblicherweise unter dem Stichwort der Steuerungskompetenzen des Staates abgehandelt – mit dem Ergebnis einer inzwischen erheblichen theoretischen »Entzauberung« der Steuerungskompetenzen des Staates bei gleichzeitiger theoretischer Dekonstruktion des in der politischen Semantik allzu einfachen Kausalschemas der Relation gegenwärtigen Handelns und zukünftiger Wirkungen unter den Stichworten reflexiver oder Kontextsteuerung und struktureller statt strikter Kopplung (vgl. dazu Luhmann 1989b; Mayntz

1995; Mayntz/Scharpf 1995; Willke 1995b; Kneer 1998; Lange 2002; Simsa 2002). Die Bindungswirkung von Entscheidungen ist also in erster Linie eine *Selbst*bindung, und zwar in dem Sinne, dass die in der Sachdimension erfolgende Konstruktion von Ursache und Wirkung des Handelns eine Konstruktion der Entscheidung (bzw. der Entscheider) selbst ist und dass sich Entscheidungen gerade wegen ihres Zeitindex auf sich selbst beziehen, auf frühere Entscheidungen oder späteren Entscheidungsbedarf. Das macht letztlich den operativen Charakter der Politik aus – und erst von hier aus lässt sich der *operative*, i. e. *zeitliche* Aspekt der Systembildung eines politischen Systems verstehen. Politische Kommunikation, rekurrierend auf die Möglichkeit kollektiv bindenden Entscheidens oder diese vollziehend, bezieht sich stets auf die (je gegenwärtig konstruierte) Geschichte politischer Entscheidungen, die als Zurechnungen jenes Bild »der« Politik entwerfen, die der politische Beobachter adressieren kann.

Die Konsequenzen dieser theoretischen Konstruktion sind weit reichend. Denn einerseits erlauben sie es, den Begriff des Politischen noch völlig ohne einen Begriff des Staatlichen bilden zu können, andererseits ermöglicht sie es, ein *empiriefähiges* Kriterium anzugeben, nach dem sich politische von anders codierter Kommunikation unterscheiden lässt. Es wird dann auch möglich, die über ein staatsrealistisches Politikverständnis hinausgehende Form politischer Kommunikation ohne Rekurs auf jene »realistische« Begriffsbildung auf den Begriff zu bringen, der etwa im Begriff der »Subpolitik« (Beck 1993) noch in der Abgrenzung vom Etatistischen zum Ausdruck kommt. Die Schließung des politischen Systems folgt also keineswegs den Entscheidungsroutinen der Staatsorganisation, nicht einmal nur dem, was im unmittelbaren Vorfeld solcher Entscheidungen geschieht. Geschlossen wird das politische System ausschließlich durch den Rekurs auf ein symbolisch generalisiertes Kommunikationsmedium, das mit der *Möglichkeit* bindender Entscheidungen und ihrer machtgestützten Durchsetzungsfähigkeit rechnet. Es ist dann eine empirische Frage, unter welchen Bedingungen, mit welchen Mitteilungsformen, mit Hilfe welcher Verbreitungsmedien, mit welchen Adressaten und nicht zuletzt mit welchem expliziten Ziel politische Kommunikation empirisch vorkommt. Und es ist empirisch evident, dass Kommunikationsformen, die kollektiv bindende Entscheidungen welcher Art auch immer promovieren, in den Sog der politischen Kommunikation geraten. Diese Politiknähe allen appellativen Kommunizierens ist es, die als eine Art empirischer Lackmus-Test für die Tragfähigkeit der hier entwickelten Theorie des Politischen dienen kann. Denn ob man will oder nicht, wer im Hinblick auf die Umsetzung von Sachverhalten oder Möglichkeiten in und durch kollektiv bindende Entscheidungen kommuniziert, kann der *politischen* Anschlussfähigkeit kaum entgehen, weil solche Kommunikationen jene Publika mit erzeugen, an die sie sich wenden: *politische Öffentlichkeiten* nämlich. Das lässt sich sehr schön auch an wissenschaftlichen Texten übers Politische nachvollziehen, die, sobald sie Anschlussfähigkeit für politische Publika gewinnen, für politische Texte *gehalten werden können.* Exakt das macht die *Rede über Politik* so leicht zur *politischen Rede.*

Ein weiteres, vielleicht das wichtigste Element der Funktionsbestimmung des Politischen ist bisher völlig außer Acht geblieben: dass es sich nicht nur um bindende Entscheidungen, sondern um *kollektiv* bindende Entscheidungen handelt. Dieser Aspekt bleibt meistens schlicht vorausgesetzt, wenn die Funktion des Politischen bestimmt wird, ganz im Sinne der klassischen Staatsrechtslehre, die nicht nur das Staatsgebiet, sondern auch das Staatvolk immer schon als gegeben vorausgesetzt hatte. Aus differenzierungstheoretischer Perspektive freilich wird man weder das Staatsgebiet noch das Staatsvolk als dem politischen Prozess vorgeordnet ansehen können. Insbesondere Letzteres ist eben nicht die *Voraussetzung* des Politischen, sondern sein *Produkt*, sein selbst erzeugtes *Publikum*, dem als dem eigentlichen Souverän nicht nur Legitimation fürs politische Handeln abgetrotzt werden kann, sondern vor dem sich das Politische auch stets zu legitimieren hat. Nun ist der theoriestrategische Sinn der schlichten *Voraussetzung* des Staatsvolks als phänomenologisch *früherer* Größe durchaus verständlich. Man kann so das *Paradox der Souveränität* umgehen und in die Funktionsbestimmung des Politischen so etwas wie eine vermeintlich äußere Kontrollbedingung einbauen.

Ich habe deshalb vorgeschlagen (vgl. Nassehi 2002c; 2003e), die Funktion des Politischen nicht nur in der Herstellung kollektiv bindender Entscheidungen zu sehen, sondern auch in der Herstellung und Bereitstellung von gesellschaftlicher *Sichtbarkeit* und *Zurechenbarkeit.* Das Medium, in dem solche Sichtbarkeit und Zurechenbarkeit hergestellt wird, sind unterstellte Kollektivitäten, für die Sichtbarkeit und Transparenz kollektiv wirksamer Kausalitäten ebenso hergestellt wie diese dadurch erst erzeugt werden. Politische Entscheidungen unterscheiden sich von anderen Entscheidungen vor allem dadurch, dass sie *per Entscheidung* einen Entscheidungsraum entfalten, in dem – in unvermeidlicher Tautologie – Entscheidungen für all jene bindend sind, für die sie bindend sind. Diese Erweiterung der Funktionsbestimmung im Hinblick auf die *Sichtbarkeit* und *Zurechenbarkeit* von Kollektiven appelliert also exakt an jenes *definiens* des Politischen, nämlich an jene adressierbare Kollektivität, die ihrer selbst ansichtig werden muss, um sich im Konfliktfall an die Entscheidung zu binden beziehungsweise an sie gebunden zu werden.

Selbstverständlich erzeugen auch andere Funktionssysteme Sichtbarkeiten, etwa in Form von Preisen in der Ökonomie, in Form von Normen im Recht, in Form von publizierten Forschungsergebnissen in der Wissenschaft, in der Form von Ritualen im Religionssystem oder in Form von Formtraditionen in der Kunst. Freilich ist in den genannten Fällen die Herstellung einer je eigenen Form der Sichtbarkeit zur Erzeugung von Ansatzpunkten für rekursiven Medien- und Formgebrauch nichts anderes als der in Kommunikationssystemen notwendige Versuch, sich über selbstreferentielle Beobachtung operationsfähig zu halten, sich mit Gedächtnis, Formvorschriften und vor allem der Einschränkung von Anschlussmöglichkeiten auszustatten. Es geht hier also stets um eine – wenn man so formulieren soll – *operative* Funktion, sich sichtbar und womöglich zurechnungsfähig darzustellen, eine Systemgeschichte zu erzeugen oder auch nur Anschlussroutinen wahrscheinlicher zu machen. Im Falle des politischen Systems dagegen rekurriert *Sichtbarkeit* und *Zurechenbarkeit* auf eine *gesellschaftliche* Funktion. Damit stoßen wir endgültig auf jenes Bezugsproblem des Politischen, mit dem ich die Kontamination des Gesellschaftsbegriffs mit dem Politischen zu erläutern versuche: als Teil des Ganzen zurechnungsfähig fürs Ganze sein zu sollen. Das Besondere der *politischen* Sichtbarkeit liegt also in der Herstellung von sozialen Räumen, die sich selbst als Öffentlichkeiten beschreiben, die kommunikativ erreichbar sind. Es entsteht so die Simulation *gesellschaftlicher Räume*.

Versteht man einen Raum – in der traditionellen Diktion in Kants transzendentaler Ästhetik (Kant 1983, S. 204 und 243) – als

»Synthesis des Mannigfaltigen« und als »Zugleichsein der Substanzen«, werden *gesellschaftliche Räume* dadurch erzeugt, dass sich Unterschiedliches, im Sinne der funktionalen gesellschaftlichen Differenzierung *sachlich* Unterschiedliches, im Medium der Gleichzeitigkeit zeigt und so einen Handlungsraum erzeugt, in dem die unterschiedlichen Anschlusszusammenhänge der Gesellschaft wie in einem Brennglas fokussiert erscheinen. Nicht gemeint ist damit, dass derart politisch erzeugte gesellschaftliche Räume eine Koordination oder gar eine Fokussierung des Differenzierten tatsächlich herstellten. Aber es scheint die Funktion von Politik zu sein, einen sichtbaren Zurechnungspunkt dafür zu liefern, so tun zu können, als habe man es mit einer Zentralperspektive zu tun, die als Teil fürs Ganze stehen könnte. Damit inszeniert das politische System letztlich Gesellschaft als eine zurechenbare Einheit. Das politische System macht damit aus *Gesellschaft* als zunächst abstraktem Horizont aller möglichen Kommunikationen, also aus einem alles Soziale umfassenden, in der Moderne sich längst seit zwei Jahrhunderten als Weltgesellschaft sich darstellenden Zusammenhang, Gesellschaft*en*. Die innere Differenzierung des weltgesellschaftlichen Systems der Politik in (staatlich verfasste) Geltungsräume reagierte also letztlich auf das funktionale Problem, Räume kommunikativer Erreichbarkeit und der Simulation gesellschaftlicher Einheiten erzeugen zu können, deren klassisch moderne Ausprägung sich im Nationalstaat fand und dessen Realität noch längst nicht vorbei zu sein scheint (so schon Deutsch 1966). Indem das politische System (im Singular!) solcherart politische Räume (im Plural!) erzeugt, erfüllt es exakt jene Funktion, die ich als *Herstellung von Sichtbarkeit und Zurechenbarkeit* im Hinblick auf kollektiv bindende Entscheidungen beschrieben habe. Die zentrale Problemformel des Politischen ist damit weniger die *sachliche* Koordination unterschiedlicher funktionssystemischer Perspektiven – das würde eine Aufhebung des Politischen als Funktionssystem in Richtung eines gesellschaftlichen Supersystems erfordern –, sondern die *soziale* Erzeugung von Kollektivitäten, die sich im europäischen Fall als die Herausbildung und nationale Amplifizierung kultureller Differenzen des Nebeneinanders von Nationalstaaten beschreiben lässt, für den Fall Nordamerikas, Südamerikas und Afrikas als Folge kolonialer Grenzregimes und für die gesamte eurasische Landmasse als Transformation von reichsähnlichen Herrschaftsgebilden in zurechnungsfähige Staaten im Sinne des weltpolitischen Systems spätestens mit der nahezu unvermeidlichen Generalinklusion von Staaten in die Vereinten Nationen seit 1948. Und wo Staatlichkeit womöglich durch neue Imperien in Frage gestellt wird, erzeugt die »imperiale Herausforderung« der USA, wie Herfried Münkler formuliert, einen Zugzwang, in Europa *einen* politischen Raum herzustellen (vgl. Münkler 2005, S. 213 ff.). Die *empirische* Frage ist hier freilich auch, *wie* es gelingt, einen entsprechenden politischen Raum in der Sozialdimension herzustellen, der die operativ-institutionelle Politik der Integration von *Staaten* erlaubt.

Diese Umrechnung von Sach- in Sozialprobleme, also: die Umrechnung von Sachkausalitäten und Steuerungsmöglichkeiten auf die Zurechenbarkeit auf, Plausibilisierung vor und Legitimation durch Kollektivitäten lässt deutlich werden, dass *Kollektive* eben nicht dasselbe sind wie *Gesellschaften*. Das Bezugsproblem des Politischen ist nicht die Herstellung *gesellschaftlich* bindender Entscheidungen, sondern eben nur *kollektiv* bindender Entscheidungen. Ersteres würde dem politischen System doch so etwas wie eine Zentralfunktion einräumen und müsste dann behaupten, dass etwa wirtschaftspolitische Entscheidungen unmittelbar wirtschaftlich operieren könnten, wissenschaftspolitische Entscheidungen ihre wissenschaftlichen Folgen kontrollieren könnten und familienpolitische Entscheidungen direktiv in Familien eingreifen. Das systemtheoretische Design zeigt aber gerade, wie sich Systeme mit ihrer Umwelt zwar ändern, aber stets *selbst ändern*. Insofern produziert auf der Ebene der Sachdimension die Politik ausschließlich *politisch*, keineswegs aber *gesellschaftlich* bindende Entscheidungen. Dass es aber *kollektiv* bindende Entscheidungen hervorbringt, macht deutlich, dass *Kollektivitäten* als in erster Linie *politische* Größen zu behandeln sind – und hier liegt der Schlüssel dafür, warum Gesellschaftstheorien, die Gesellschaften als Kollektive ansehen, den Begriff also in der *Sozialdimension* bilden, notwendig vom *Zugzwang politischer Normativität* eingeholt werden. Und diese Konzentration auf die Sozialdimension des Gesellschaftlichen ist es auch, die die parsonssche Theorie mit ihrer konfliktsoziologischen Kritik innerlich verbindet. Diese Theorieformen sind feindliche Schwestern vom gleichen Stamm. Während die eine eine *collectivity* gewissermaßen funktional voraussetzt und Abweichungen, Konflikte, Dissense und Ungleichheiten möglichst durch Werte legitimiert daraus ableiten will, nimmt die andere eine *collectivity* dadurch in Anspruch, dass sie deren Heterogenität betont. Aber auch sie *braucht* die Idee *eines* gesellschaftlichen Sozialraums, ohne den die konfligierenden Parteien gar nicht aufeinanderstoßen würden. Es ist bei beiden exakt das, was ich im ersten Kapitel als *Arena-Modell* der Gesellschaft entwickelt habe. Erst Ungleichheiten, die in einer *Gesellschaft* statthaben, können Konflikte hervorbringen – eben deshalb, weil sich, ich wiederhole Durkheim zum wiederholten Male – Gesellschaften aufgrund der Unähnlichkeit ihrer Teile als solche gewahr werden.

Es kündigt sich hier bereits an, dass sich der Begriff der Gesellschaft auch anders als allein in der Sozialdimension, also nicht nur im Sinne einer Kollektivität beschreiben lässt. Meine Plausibilisierung des klassischen Gesellschaftsbegriffs als *politischer* Begriff führt unmerklich zu der Einsicht, dass Kollektivitäten nicht identisch mit Gesellschaften sind, oder anders gewendet: dass die *politische* Plausibilisierung der Gesellschaft auf andere Formen der gesellschaftlichen Plausibilisierung verweist. Zugleich kündigt sich darin schon an, dass meine bisherige Diagnose zweier paralleler Diskursstränge des soziologischen Diskurses der Moderne sich auch auf dem Felde der Gesellschaftstheorie wiederfinden lässt. Doch ich will nicht vorgreifen. Zunächst geht es um dieses Argument: Es gibt *soziologisch beschreibbare Gründe* dafür, dass sich die Gesellschaftstheorie ihren Gegenstand *politisch* zugerichtet hat: *Erstens* liegt das an der theoriebautechnischen Entscheidung dafür, Gesellschaften als besondere Formen von *Kollektivitäten* zu denken, deren Integrationsform dann fast notwendigerweise *Solidarität* erfordert, also einen Mechanismus, der in erster Linie an Motiven ansetzt und an der Frage der Herstellung kollektiv bindender Kräfte. *Zweitens* folgt daraus, dass die Plausibilisierung des neu erfundenen Gegenstandes über die Symboliken und Chiffren läuft, die innerhalb einer differenzierten Gesellschaft die Plausibilitätsbedingungen des Politischen ausmacht. *Drittens* wird der Begriff der Gesellschaft damit eng an die nationalstaatlich-territoriale Grenze kommunikativer Erreichbarkeit gebunden, hat doch gerade die Semantik des Staatlichen, vor allem in der Form des Nationalen, dazu gedient, den »gesellschaftlichen« Ort zu liefern, an dem sich jene politisierte Plausibilität bewähren konnte. *Viertens* schließlich ist all das keineswegs als Mangeldiagnose zu formulieren, denn zweifellos bildet dieses Begriffssyndrom die historische *Erfahrung* des Gesellschaftlichen exakt ab. Der Begriff der Gesellschaft ist demnach tatsächlich ein historischer Begriff – und die Soziologie ist eine historische Disziplin, die sich exakt jener politisierten Erfahrung verdankt, die Gesellschaft in Form von Kollektiven sich *als Gesellschaften* wahrnehmen ließ.

Die doppelte Normativität der »soziologischen« Moderne

Wenn ich die Funktion der Politik dahin gehend bestimme, dass hier eine Simulation gesellschaftlicher Räume entsteht, die gesellschaftliche Sichtbarkeit ermöglicht, scheint die politische Logik dafür zu sorgen, Gesellschaft als eine »Synthesis des Mannigfaltigen« zu inszenieren – vielleicht ist die historische Idee der »Gesellschaft« als einer realen Entität selbst nichts anderes als eine Folge jener *politisierten* Form der Beobachtung der sozialen Welt, die stets den Blick auf Kollektivitäten, auf die Integration des Unterschiedlichen, auf die Versöhnung der Entzweiungen der modernen Welt gerichtet ist. Sehr deutlich studieren lässt sich dies an Shmuel N. Eisenstadts Konzept der *multiple modernities*. Eisenstadt (2000a; 2000b) konzipiert die gesellschaftliche Moderne als Bewegung, als Projekt. Modernität heißt für ihn Kontingenzbewusstsein und ein Verhältnis zur Welt, das auf Änderbarkeit und Gestaltbarkeit zielt. »Subjekt« solcher Änderung und Gestaltbarkeit sind nicht mehr geschlossene Oberschichten, sondern politisch erzeugte und erzeugbare Kollektivitäten, deren gemeinsame Identität für gewissermaßen revolutionäre Energien sorgt. Der enorme Vorteil von Eisenstadts Vorschlag besteht darin, *modernization* und *westernization* nicht identisch zu setzen. Er formuliert also eine strukturelle, von konkreten Inhalten zunächst völlig unabhängige Form von Modernität, die freilich einen erheblichen politischen *bias* hat: Es geht um die Idee kollektiver, d. h. politischer Weltgestaltung, um die politische Umwälzung der Gesellschaft. Modernität, so würde ich Eisenstadts These umformulieren, hat es mit der Adressierbarkeit von »Gesellschaft« bzw. »Kollektivität« zu tun, und zwar von Kollektivitäten, die in der unterstellten politischen Einheit der *Sozialdimension* eigentümlich *quer* liegen zur Differenziertheit in der

Sachdimension, die die moderne Welt im Vergleich zu den modernen Projektionen angeblich einheitlicher Weltbilder früherer Epochen als *entzweit*, als in sich *widersprüchlich*, als geradezu *unbehaust* erscheinen lassen. Eisenstadt spielt darauf an, dass alle modernen revolutionären Bewegungen – von den bürgerlichen Revolutionen einschließlich der amerikanischen über die faschistischen und kommunistischen Revolutionen des 20. Jahrhunderts bis zu den religiös formierten Fundamentalismen unserer Tage – exakt an jenen inneren Widersprüchlichkeiten der differenzierten Moderne ansetzen und dagegen das Therapeutikum der Einheit, der Integration, der Bewegung, der Gemeinschaftlichkeit, der Einsicht in die Notwendigkeit und der Solidarität setzen.

Eisenstadts treffender Analyse gesellschaftlicher Modernität lässt sich nicht nur das grundlegende Selbstverständnis der (politischen) Selbstbeschreibung der Moderne ablesen, an ihr lässt sich auch studieren, wie Beobachtungsperspektiven auf die »Gesamtgesellschaft« fast unweigerlich einen politischen *bias* bekommen. Eisenstadts Analyse enthält in diesem Sinne – sicher ungesehen – wichtige Hinweise darauf, wie sehr die Soziologie oder wenigstens die Gesellschaftstheorie selbst als *Teil jener politisierten Modernität* beschrieben werden muss, die sie beschreibt. Denn der gesellschaftstheoretische Blick auf das Gesellschaftsganze wird letztlich unmerklich durch jene Funktion aufgesogen, die dem Politischen eingeschrieben ist: das *Ganze* zu repräsentieren (wohlgemerkt: zu *repräsentieren*, nicht zu *sein*) und so jegliche *gesamtgesellschaftliche* Perspektive letztlich kaum jenseits der Zugzwänge politischer Kommunikation formulieren zu können – im Sinne einer Sichtbarmachung bzw. Zurechnung auf eine Art Zentrale oder operative Spitze der Gesellschaft nämlich. Die soziologische Gesellschaftstheorie hält bis heute fast flächendeckend daran fest, eine normativ integrierte, auf Gemeinsinn zielende, auf kollektive Identitätsanteile und Einsicht pochende Theorieform zu präferieren, die bei aller Kritikfähigkeit und Gestaltungsorientierung ein geradezu harmonistisches Bild moderner Gesellschaftlichkeit abliefert (vgl. nur Habermas 1981a/b; Honneth 1992; Taylor 1995; Peters 1993; Hagen 2000; Forst 1996; Brunkhorst 2002). *Harmonistisch* gerät dieses Bild der modernen Gesellschaft deshalb, weil ein ausschließlich in der Sozialdimension gebildeter Gesellschaftsbegriff offenbar auch die *Lösung* gesellschaftlicher Probleme allein in der Sozialdimension sich vorstellen kann, über Verständigung, Partizipation, Solidarität, Gemeinsinn, Einsicht, Rechte und Integration. Die Problemwahrnehmung des »Gesellschaftlichen« gerät damit in den Sog einer ausschließlich in *politischen* Kategorien wahrnehmbaren Problemkonstruktion, die sich allein danach richtet, ob sich Kollektivitäten bilden lassen. Die Nationalisierung des Politischen seit dem Anfang des 19. Jahrhunderts ist insofern brisant, als sich mit ihr sowohl die so genannte *progressive* Seite der Demokratisierung und Partizipation verbinden lässt als auch das Gegenteil: das radikale Ressentiment bis zur Entmenschlichung des national Anderen. Man kann daran sehr schön sehen, dass Lösungen in der Sozialdimension eben nur Probleme in der Sozialdimension lösen. Aus dem Blick gerät dann womöglich eine Dynamik des Gesellschaftlichen, die man nicht mehr sehen kann, wenn man – und hier kommt die Unterscheidung wieder zum Tragen – die gesellschaftstheoretische Debatte ausschließlich aus jener *Teilnehmerperspektive* führt, die die eigenen Sätze *nolens volens* zu politischen oder besser: politisch *beobachtbaren* Sätzen macht. Ganz nach dem durkheimschen Modell thematisieren Gesellschaften sich dann selbst und treffen dabei auf Sprecher, auf legitime Sprecher, auf Sprecher, die um Legitimation kämpfen, auf Gruppen und ihre Interessen, auf die Frage des Widerstreits von Interessen und Diagnosen – und damit auf die Sozialdimension, die zu allem, *was* gesprochen, stets fragen muss, *wer* gesprochen hat. So *sieht* sich die Gesellschaft als eine Gemeinschaft von *Sprechern*.

Allzu *harmonisch* gerät eine solche Diagnose dann, wenn sie Adressaten produziert, die es empirisch kaum geben kann – außer in der wiederum in einer *Arena* erzeugten Plausibilität: vom Volkswillen im Sinne einer geradezu mirakulösen *volonté générale*, dem man die Nähe zum Wahren eher zutraut und bei Enttäuschungserfahrungen auf Bildungsbeteiligung setzt, bis zur Betroffenengemeinschaft einer Weltrisikogesellschaft, die, wenn sie sich nicht von selbst einstellt, dann durch ebenso dramatische wie romantische Beschreibungen des Solidarraums Menschheit hergestellt wird und an die der Weltbürger im Privatleben täglich durch Dosenpfand und Mülltrennung erinnert wird. Plausibel ist, was sagbar ist, und sagbar ist das, was eine soziale Anschlussfähigkeit hervorbringt und Unterscheidungen so etabliert, dass an ihnen ein Publikum sich gleich mitkondensiert.

Mit Eisenstadt lässt sich diese Konzentration auf die *Kollekti-*

vierung gesellschaftlicher Lösungen so deuten: Gesellschaft wurde fast nur in der *Sozialdimension* beobachtet, als Gemeinschaft geselliger Akteure, die sich freilich nur selten an das Geselligkeitsapriori ihrer denknotwendigen Bedingtheit halten und von denen hegelianisch stets die Einsicht in die Notwendigkeit abgefordert oder denen hobbesianisch verhaltenstheoretisch zugestanden wurde, als gewissermaßen nutzenmaximierende Tiere mit entsprechenden Belohnungen (hier: des Überlebens) versehen werden zu müssen. Soziologie entstand dort, wo sich ein Beschreibungsproblem stellte, das einerseits mit kontingent handelnden Akteuren mit gewissen Freiheitsgraden im je eigenen Verhalten rechnen musste, das andererseits die Bedingungen anzugeben hatte, unter denen sich diese Freiheitsgrade zugunsten sozialer Ordnung einschränken ließen. Der soziologischen Beschreibung der Gesellschaft ist also ihrerseits ein Primat der Sozialdimension, der Formierung des Gesellschaftlichen als Kollektiv individueller Akteure vor der Zeitdimension (Evolution, Geschichte) und der Sachdimension (Differenzierung von Bezugsproblemen) eingeschrieben. »Gesellschaft« entsteht dort, wo eine Gemeinschaft von *Sprechern* sichtbar wird, die Ansprüche an exakt den Raum stellen können, in dem gesprochen wird – an die Gesellschaft. Und exakt in diesem Raum taucht dann auch ihre Reflexionstheorie auf, die ich oben in ihren beiden Grundvarianten angedeutet habe. Beide Varianten leben davon, dass die auseinander strebenden Momente – ob nun utilitaristische Interessen von Einzelnen oder arbeitsteilig oder funktional differenzierte Teile der Gesellschaft – normativ eingeschränkt werden. Diese normative Einschränkung spielt gesellschaftstheoretisch die gleiche Rolle wie die Motive im handlungstheoretischen Diskurs der Moderne in der Version dessen, was ich den ersten Diskursstrang genannt habe. Hier fügen sich dann auch die Perspektiven zusammen – der gesellschaftliche Kontext, der durch Normen zusammengehalten wird, und der Kontext des konkreten Handelns, dessen Motivierung normativ anschlussfähig sein muss.

Auch hier stellt sich Parsons letztlich – trotz, vielleicht gerade *wegen* seiner Verabschiedung – als die paradigmatische Normalform heraus. Indem soziale Systeme als integrierendes Subsystem des allgemeinen Handlungssystems fungieren, verbinden sie die normative Motivierung des Handelns mit der normativen Integration von Gesellschaften. Mein Argument möge nicht missverstanden werden als die übliche Kritik des Normativismus Parsons'. Ich möchte vielmehr zeigen, dass Parsons im kollektiven Unbewussten der Soziologie lediglich die Rolle dessen spielt, der die Normalform der soziologischen Konstruktion des Gesellschaftlichen am deutlichsten auf den Begriff bringt. Trotz aller Kritik an Parsons kann man nicht daran vorbeisehen, dass er den *nervus sympathicus* dessen getroffen hat, was aufgerufen wird, wenn von *Gesellschaften* die Rede ist. Habermas' Inanspruchnahme der Gesellschaftstheorie Parsons' mag dafür besonders paradigmatisch sein, für alle differenzierungstheoretischen Modelle gilt das ohnehin. Und selbst dort, wo phänomenologisch wie bei Schütz oder ethnomethodologisch die Eigenlogik der Situation stark gemacht wird, hat man es bereits mit mehr oder weniger normativ integrierten settings zu tun – bei Schütz explizit normativ-intentionalistisch, in der Ethnomethodologie vermittelt über eine funktionierende Praxis, die Schatzki dann sogar explizit normativ integriert. Es gilt natürlich für die rationalistische Handlungstheorie, deren Rationalität sich ja keineswegs nur einem abstrakten Utilitarismus verdankt, sondern auch der normativen Einschränkung von Wahlmöglichkeiten – zumindest ist das der Algorithmus, mit dem sich die Logik der Situation erschließt. Und es gilt sogar für Zeitdiagnosen etwa des beckschen Typus, die – aller theoretischen Begründung eines Begriffs von Gesellschaft abhold – »Gesellschaft« exakt so ansprechen, wie es sich für diese »soziologische« Normalform gehört: als Sprecher vor einem adressierbaren Kollektiv von Sprechern, das dann über den engen Rahmen einer Nationalgesellschaft hinaus an der prinzipiellen und zutiefst konventionellen Denkungsart nichts ändert. Sie widerstreitet der Konzentration aufs Staatliche, ist darin aber eminent *politisch* und in erster Linie mit der normativen Herstellung »richtiger« Motive befasst. Dass gerade Becks konventionelles Soziologie-Design besonders extrem das begriffliche Inventar der Soziologie brandmarkt – *Zombie-Begriffe* –, kann man dann vielleicht nur so erklären, dass sich damit am besten an der strengen Arbeit des Begriffs vorbeiargumentieren lässt. Die Soziologie ist keineswegs mehr eine *Moralwissenschaft*, wie sie Durkheim vorschwebte. Aber sie erzeugt einen *wesentlich normativ strukturierten Gegenstand* – und sowohl an der Disziplinbezeichnung als auch an ihrer Nomenklatur lässt sich ablesen, wie sehr die Soziologie an der Normativität ihres Gegenstandes hängt. Die Normativität der Soziologie hat zwei Seiten.

Einerseits kann nur die normative Rede, der appellative Charakter von Kommunikation, das Postulat der Veränderung einer Zukunft, die nicht beginnen kann, dafür sorgen, Modernität als Bewegung darzustellen und kollektive Identität als Horizont. Kollektivität im eisenstadtschen Sinne zieht Normativität geradezu an, sonst böte sich ihr nicht die Chance zur kollektiven Handlungskoordinierung und revolutionären Mobilisierung. Diese Struktur zeigt Eisenstadt in weltweit allen Formen der *multiple modernities* auf, denen es offenbar gelingt, die Differenzierung gesellschaftlicher Funktionen in der Sozialdimension *einer* semantischen Form zu subordinieren. Der Nutzen und Nachteil der Soziologie wird – anders als bei den meisten anderen Disziplinen – oftmals exakt an jener Appellkompatibilität gemessen, die ihre Bedeutung an der Übersetzbarkeit in mobilisierende Sätze gewinnt. Das Publikum der Soziologie war stets auch ein Publikum, das sich Appellen gegenüber empfänglich zeigt. Insofern gehen die *politische* Formierung des Gesellschaftsbegriffs als normativ integriertes Container-Modell und die Normativität ihres Appell-Charakters ein ästhetisches Bündnis ein.

Andererseits pocht Gesellschaftstheorie selbst auf die Normativität ihres Gegenstandes im Sinne normativer Integration der differenzierten Moderne, die jene Mobilisierung der »Gesellschaft« als politisierbare Einheit postuliert, und in diesem Sinne lässt sich dann Gesellschaft stets nur im Sinne eines mehr oder weniger normativ integrierten Sozialverbandes denken, dessen Normativität eben nicht nur die Normativität eines Beobachters ist, der sich ein Publikum erzeugt, sondern die Normativität des Gegenstandes selbst, die als denknotwendige Bedingung der Möglichkeit von Gesellschaftlichkeit erscheint. In diesem Sinne ist soziologische Gesellschaftstheorie – von ihren durkheimschen Solidaritätsideen über die parsonssche Versöhnung von Gesellschaft und Gemeinschaft und ihre neofunktionalistische Entdramatisierung bis zur Unterstellung vernünftiger Identitäten für ganze Gesellschaften bei Habermas oder den Appellen an die Solidarität aller Betroffenen in der Zweiten Moderne – letztlich *transzendentale* Theorie der Gesellschaft, die die Bedingung normativer Integration der empirischen Gestalt der Gesellschaft vorordnet – oder bei empirischer Abweichung nur Pathologien beobachten kann. Die *doppelte Normativität der »soziologischen« Moderne* besteht also darin, dass sowohl das Beobachtungsschema selbst als auch das, was die Beobachtung allein zu sehen in der Lage ist, *normativistisch* gebaut sind, solange Gesellschaft als ausschließlich in der Sozialdimension strukturierte Entität gedacht wird und nicht als operativer Zusammenhang von Handlungen, Kommunikationen oder Ereignissen. Und noch ihre konfliktsoziologische Kritik zehrt von diesem Normativismus, indem sie ihn letztlich in Anspruch nimmt, und zwar durch den – wohlgemerkt! – *praktischen* Hinweis darauf, dass es *eine* Gesellschaft ist, in der die konfligierenden Parteien überhaupt aneinander geraten können.

Man muss die soziologische Theorieform, ihre theoretische Ästhetik vielleicht wirklich ernst nehmen. Die Betonung von Normativität (sowohl der Theorieform selbst wie ihres Gegenstandes) macht darauf aufmerksam, dass die moderne Ordnungsvorstellung tatsächlich in der Kollektivität ihrer Ziele liegt – oder eben an der Kritik daran, dass es nicht dieselben Ziele sind, denen konfligierende Seiten zustreben. Es ist dies vielleicht die unsichtbare Seite der gesellschaftlichen Moderne – unsichtbar deshalb, weil sie als gesellschaftliche Zentralfunktion immer schon vorausgesetzt wird. Sichtbar wird das erst dort, wo man sich des Adressaten normativer Rede bewusst wird. Der Adressat der doppelten Normativität der soziologischen Moderne ist ein Publikum, das durch jene Normativität erst erzeugt wird – es ist ein *politisches* Publikum, es ist ein Publikum, das sich selbst jener Normalisierungsstrategie verdankt, die die Soziologie mit ihren wohlfeilen normativistischen Begrifflichkeiten mit erzeugt. Es ist ein Publikum, das den Begriff der Gesellschaft ausschließlich in der Sozialdimension kann gelten lassen. Das wollte Eisenstadt sagen, indem er die Idee der Bewegung und der revolutionären Herstellung kollektiver Identität als das semantische Zentrum der Moderne ansetzt – völlig unabhängig von den konkreten Inhalten ihrer empirischen Gestalt. Die Soziologie hat sich damit als eine Reflexionstheorie jener Bewegung etabliert, die Eisenstadt als den semantischen Kern der Moderne ausmacht. Und als Teil jener Bewegung verliert sie zunehmend das Instrumentarium, die Bewegung zu verstehen. Sie macht gewissermaßen das *Explanandum*, die merkwürdige Normativität ihres Gegenstandes, zum *Explanans* und erkauft sich ihre Erfolge dadurch, sich von ihrem öffentlichen Gegenstand nicht mehr zu unterscheiden. Deshalb sind ihre öffentlichen Beobachter so enttäuscht, weil eine solche Soziologie nicht mehr überraschen kann, weil sie sich in diesem

Sinne normalisiert, sich ihrem Gegenstand mimetisch anschmiegt, nur die Sozialdimension kennt und damit an der Einhegung appellierbarer Kollektive sich beteiligt – selbst wenn diese inzwischen Kollektive in weltbürgerlicher Größendimension sein sollen.

Die Erfolgsgeschichte der gesellschaftlichen Moderne und ihre dunkle Seite

Die Diagnose der doppelten Normativität der »soziologischen« Moderne hat mit ihrer Konzentration auf die Sozialdimension bei der soziologischen Konstruktion von »Gesellschaft« zutage gefördert, dass die »gesellschaftliche« Vernunft eine Vernunft ist, die darauf baut, Motive so an sich zu binden, dass individuelle und gesellschaftliche Aspirationen – um auf die Tradition dieser Denkungsart hinzuweisen: subjektiver und objektiver Geist – miteinander versöhnt werden können, sei es durch eine eher an monolektischen Werten oder an dialektischen Konflikten orientierten Form. Darin erzählt sich die Moderne (sogar in ihren grundlegenden Konflikten) als Erfolgsgeschichte. Dass sich die gesellschaftliche Moderne als eine Erfolgsgeschichte erzählen ließ und lässt, hängt exakt mit diesem Bezugsproblem zusammen: Entzweiungen zu erleben und Einheit handelnd herzustellen. Die Erfolgsgeschichte der Moderne ist eine Erfolgsgeschichte des moralischen Appells, der Einsicht in die Notwendigkeit, der Versöhnung individueller Aspiration und gesellschaftlicher *goal attainments*, der Subordination des Besonderen unters Allgemeine. Die Erfolgsgeschichte der Moderne ist eine leuchtende Erzählung. Sie stilisiert sich in einer Lichtmetaphorik des *enlightenment*, der *lumières* und des *illuminismo*. Sie klärt die Trübnis der Beliebigkeit und des Nicht-Wissens auf und versöhnt Freiheit mit Notwendigkeit. Das Programm gesellschaftlicher und kultureller Modernität ist – selbst wenn es sich nicht semantisch als *Aufklärung* stilisiert – stets die Frage nach der Gestaltbarkeit, des kollektiven Einvernehmens und der Umformung äußerer Zwänge in innere Motivation. Kommt der äußere Zwang mit relativ wenig kognitiver Repräsentation aus, ist Motivation nichts anderes als kognitive Repräsentation. Gesellschaftliche Modernität erreichte denn auch ihre enormen Komplexitätserfolge dadurch, dass die kontrollierende Fremdreferenz der Vormoderne in die Selbstreferenz der Moderne entlassen werden konnte – und zwar sowohl auf der Ebene der individuellen Motivationsbildung wie auf der Ebene der gesellschaftlichen Strukturbildung. Beschreibbar konnte all dies nur mit Metaphern des Lichts und der Helligkeit, der normativen Überzeugungskraft und der Motivation erzeugenden Einsichtigkeit gemacht werden – und deshalb wird die *empirische* Ambivalenz der Moderne noch in der Erfahrung des Scheiterns in die *transzendentale* Einsicht der möglichen (Er-)Lösung gestellt. Die *dunklen Seiten der Moderne*, ihre unbestreitbare Katastrophenanfälligkeit, ihre janusköpfige Gestaltungs- *und* Zerstörungskraft wurden dieser radikalen Erfahrung des Lichts untergeordnet. Die beliebteste Figur war letztlich die sachliche und zeitliche Exterritorialisierung des Dunklen und des Negativen als Ausnahme, als historisches Relikt oder Perversion. Nicht umsonst behandelt etwa die politische Moderne den Nationalismus und seine faschistischen und nationalsozialistischen Extreme ebenso wie die kommunistische Kujonierung der Gesellschaft durch kollektivierbaren und organisierten Zwang als letztlich *unmodern*. In alldem bestätigt sich die moderne Idee, einen Kampf gegen die Ambivalenz (vgl. Bauman 1995; Horkheimer/Adorno 1971; Laclau/Mouffe 1991) führen zu müssen, um der Angst vor Uneindeutigkeit, der Angst vor dem Dunkel zu entgehen.

Man kann diese Beschreibung als eine letztlich unsoziologische Beschreibung abtun, fern jeder empirischen Realität, allein Bezug nehmend auf eine sehr grobschlächtige Charakterisierung einer Epochenbeschreibung, deren Verästelungen und Details ein viel tiefenschärferes Bild von Uneindeutigkeiten und Ambivalenzen anzeigen würden. Man kann sie auch abtun als eine Ungenauigkeit im Hinblick auf die tatsächliche gesellschaftliche Entwicklung und im Hinblick auf die gesellschaftlichen Kämpfe und Konflikte, die die Moderne bis in ihr Innerstes zerrissen haben. Ich behaupte dagegen, dass diese zunächst *unsoziologische* Beschreibung der gesellschaftlichen Moderne den Schlüssel für eine angemessene Charakterisierung der *soziologischen* Moderne bietet. Ich behaupte, dass die Soziologie selbst Teil jener Erfolgsgeschichte der Moderne ist, die einen angemessenen Blick auf die dunklen Seiten der Moderne verstellt. Ich möchte deshalb im Folgenden einige Andeutungen darüber machen, warum die Soziologie als genuiner Teil jener normativistischen Bewegung der Moderne die Bedeutung dieser Normativität kaum erklären kann.

Über Ambivalenzen der Moderne zu reden heißt auch, über den Krieg zu reden. Die Geschichte der Moderne ist ohne Zweifel auch eine Kriegsgeschichte (vgl. etwa Nipperdey 1998; Münkler 2002) – und es gehört zu ihrem Selbstbild, dass sich nach 1989, also nach dem vorübergehenden Verschwinden des Ost/West-Antagonismus, im Westen eine merkwürdig optimistische Illusion breit gemacht hat, das Ende der Kriege, das Ende der atomaren Gefahr, wenigsten einen dauerhaften Frieden in Europa anzunehmen, bis die Bürgerkriegsszenarien Südosteuropas und die Ausrufung des *clash of civilizations* dem den Garaus gemacht haben (vgl. Münkler 2002, S. 199). Der Krieg gehört offensichtlich zur permanenten Selbsterfahrung der gesellschaftlichen Moderne, und wo er nicht im Namen des Fortschritts und der Demokratie geführt wird, taugt er wenigstens in seinen bürgerkriegerischen und terroristischen Formen noch dazu, in ihm jenes *ganz Andere* sehen zu wollen, das sich den Kategorien der Moderne entzieht: ethnischer Radikalismus, religiöser Fundamentalismus und Kompensation für den Staatszerfall. Jedenfalls ist die Geschichte der Moderne sowie die Geschichte der Entstehung jener Sozialräume, die faktisch in Form von Staaten seit dem 19. Jahrhundert das Bild der politischen Landkarte zeichnen und die soziologisch als das erschienen, was der historische Begriff der Gesellschaft sagen wollte, in seiner Genese gar nicht denkbar ohne den Krieg als wesentlichen Generator des *nation-building* (vgl. Giddens 1985).

In Carl Schmitts *Begriff des Politischen* von 1932 lässt sich folgender berühmter Satz lesen: »Zum Staat als einer wesentlichen politischen Einheit gehört das *ius belli*, d. h. die reale Möglichkeit, im gegebenen Fall kraft eigener Entscheidung den Feind zu bestimmen und ihn zu bekämpfen.« (Schmitt 1963, S. 32) Die pazifistische Nachkriegsgeneration konnte diesen Satz nur als moralische Perversion lesen. Und in der Tat legt dieser Satz den Finger in die offene Wunde der Staatenwelt seit dem frühen 19. Jahrhundert, die die innere Pazifizierung und Zivilisierung moderner Gesellschaftlichkeit stets mit dem Kampf nach außen, mit der Feindschaft der Nationen schuf. Der Krieg – er war nicht der moderne Ausnahmezustand, sondern letztlich der Katalysator für die Entstehung von Friedensordnungen, ganz nach dem Diktum *pax finis belli,* von Hugo Grotius schon vor dem Westfälischen Frieden von 1648 formuliert. Demgemäß sei das Ziel des Krieges der Friede und sein Subjekt allein der Staat (vgl. dazu Münkler 2001, S. 26; 2003, S. 476). Wäre der weitgehende Frieden, den wir in Zentral- und Westeuropa seit 1945 genießen, kein Ergebnis von Kriegen, wäre er auch kein Frieden. Diese dunkle Seite der Moderne, die andere Seite des Friedens, diese Unmöglichkeit, den Frieden – den inneren wie den äußeren – ohne den Krieg zu denken, wurde über Jahrzehnte verdrängt und unter dem Deckmantel moralischer Wohlgenährtheit als der Ausnahmezustand schlechthin angesehen. So sehr wir bisweilen freilich jenen gemütlichen Zustand der prosperierenden Nationalstaaten des Westens zurücksehnen wollen – auch er war das Ergebnis einer Kriegsordnung und wurde stabilisiert durch ein reales Kriegszenario. Dieses Szenario von kurzen Vorwarnzeiten, roten Telefonen und Abrüstungssimulationen erscheint aus einem guten Jahrzehnt historischer Distanz als sehr übersichtlich. Neben dem *ius belli* gehört zum Staat nämlich auch die Konzentration auf eine Innenperspektive, deren Stabilität auch davon abhängt, den Rest der Welt für das »ganz andere« zu halten und sich mit einer Autonomiefiktion auszustatten, die politische Loyalität erst ermöglicht – und jene Kollektivität zu erzeugen, die das Gesellschaftliche der Gesellschaft auszumachen schien.

Vielleicht hat Carl Schmitt diesen Widerspruch am schärfsten auf den Begriff gebracht. »Kraft eigener Entscheidung den Feind zu bestimmen«, setzt bereits eine Weltordnung voraus, in der letztlich nichts anderes vorkommt als ähnliche potentielle Entscheider, Staaten nämlich, oder besser: *politische Gesellschaften*. Feindschaft richte sich stets gegen andere Staaten, nicht gegen Menschen, schon gar nicht gegen konkrete. Das autonome Subjekt der politischen Moderne ist folgerichtig der Staat, für Hegel noch ein »wirklicher Gott«, der als Subjekt ansprechbar wird. Die Augenhöhe des Politischen ist die Augenhöhe staatlicher Subjekte, ein *Kampf der Götter*. Freunde und Feinde lassen sich deshalb nur auf dieser Augenhöhe wirklich identifizieren. Zumindest macht das das Handeln einfacher und berechenbarer. Und Krieg ist dann nicht das Problem, sondern die Lösung.

Aus konfliktsoziologischer Perspektive erscheint der Krieg bei all seiner zerstörenden Kraft auch als Ordnungsfaktor. Es war stets der Krieg (oder wenigstens: seine Gefahr), der Staaten als weltgesellschaftliche Akteure hervorgebracht und ihnen einen Platz in der transnationalen Ordnung des Politischen zugewiesen hat. Den

Feind »kraft eigener Entscheidung« bestimmen zu können setzt bereits eine stabile Weltordnung voraus, in der letztlich nichts anderes vorkommt als ähnliche potentielle Entscheider, Staaten nämlich, verstanden als die Subjekte des Krieges. Der Krieg erzeugt also eine Konfliktform, die Ordnung schafft, die klare Gegensätze produziert, die Gesellschaft vollständig absorbiert, die nur das Entweder-oder kennt, die nichts aus dem Antagonismus des Guten und des Bösen entlässt, die die Gesellschaft integriert und mobilisiert – weil sie mit einem unterscheidbaren Außen versorgt wird.

Man hat den Zusammenhang von konflikthaften politischen Strategien nach außen – ob nun in einen heißen Krieg mündend oder in einem kalten verharrend – und der Integration nach innen zumeist nur als kluge oder perfide politische Strategie gelobt oder gescholten. Unter gesellschaftstheoretischen Gesichtspunkten scheint der Funktionssinn des Krieges – zumindest des Krieges der europäischen Staaten nach 1648, noch mehr aber der des 19. und frühen 20. Jahrhunderts – auch darin zu liegen, *Gesellschaften* zu mobilisieren, d. h. ihre Differenziertheit im geradezu hegelschen Sinne *aufzuheben*.

Hier deute ich nun das erste Mal im Laufe meines Argumentationsganges den zweiten Diskursstrang des soziologischen Diskurses der Moderne auf der Ebene der Theorie der Gesellschaft an. Wie ich gezeigt habe, liest man die *funktionale Differenzierung* der modernen Gesellschaft zumeist nur in der Tradition einer gesamtgesellschaftlichen Arbeits- oder Funktionsteilung. Die Idee einer gesellschaftlichen Gestalt, eines koordinierenden Zentrums, einer Spezialfunktion für Integration muss dann immer schon vor aller Dynamik, fast möchte ich sagen: *transzendental* und *a priori* vorausgesetzt werden, und zwar in Begriffen, die eng an der politisierten *Sozialdimension* gebaut sind. Von hier aus erscheint dann das Grundproblem der gesellschaftlichen Moderne als Desintegriertheit, als mangelnde Integrationskraft der modernen Gesellschaft. Es ist dies die Standardklage, die den *orthodox consensus*, den Neofunktionalismus, die Kritische Theorie und ihre vernunftphilosophische Weiterentwicklung, das Desintegrationsgejammer und die schöne Erzählung der »Zweiten Moderne« miteinander verbindet und in direkter Tradition mit der ersten, der skeptischen Generation der Soziologie eines weberschen »Sinnverlusts« und eines durkheimschen »Moraldefizits« steht.

Liest man funktionale Differenzierung freilich als operative Theorie, als Theorie der *Selbstentkoppelung* funktionaler Logiken und der *Selbstentgrenzung* ihrer Möglichkeiten, verschieben sich die theoretischen Bezugsprobleme, die dann nicht nur in der Sozial-, sondern auch in der Sach- und Zeitdimension liegen. Der Funktionssinn funktionaler Differenzierung der Weltgesellschaft scheint ja gerade darin bestanden zu haben, für Desintegration zu sorgen, also die wechselseitigen Dependenzen politischer, ökonomischer, wissenschaftlicher, ästhetischer und erzieherischer Logiken zu unterbrechen, um damit *neue Formen der wechselseitigen Abhängigkeit* zu generieren – Abhängigkeiten, die sich nun in Echtzeit bewähren müssen, denen kein koordinierendes Zentrum zugrunde liegt. Funktionale Differenzierung hebt gewissermaßen systeminterne Stoppregeln auf. In diesem Sinne lässt sich von einer *Optionssteigerung der Funktionssysteme* sprechen, die sich keiner irgendwie *gesamtgesellschaftlichen Gestalt* mehr fügen (vgl. Nassehi 1999, S. 29 ff.). Und meine Charakterisierung des klassischen soziologischen Begriffs der »Gesellschaft« als *politisiertem* Begriff verdankt sich exakt dieser Perspektive, die ich sogleich entwickeln werde.

Zunächst aber fahre ich mit meinem Argument fort. Für das so genannte »Desintegrationsproblem« hat es – zumindest im »Westen« – zwei funktionale Lösungen gegeben: Es ist dies *einerseits* der Nationalstaat, der als radikale Optionssteigerung des *Politischen* eine Domestikation der anderen Funktionssysteme erzwungen hat, der bereits seit zweihundert Jahren eine *weltgesellschaftliche* Realität ist, lange bevor man über Globalisierung zu debattieren pflegte. Ironischerweise etablierte die monolithische Idee der Nation erst die Idee der Gesellschaft im *Plural*. Die *politische* Nation machte Grenzen zwischen *Gesellschaften* plausibel, die sich über die Selbstplausibilisierung von je eigenen Traditionen verstärkt haben. Zu dieser Verstärkung hat auch die sozialwissenschaftliche/soziologische »Erfindung« der Gesellschaft beigetragen. *Andererseits* ist der klassische *Krieg der Nationen* zu nennen. Der Krieg war lange Zeit in der Lage, als letztlich einzige Erscheinung eine *gesamtgesellschaftliche* Perspektive zu generieren. Der Krieg war stets in der Lage, die ausdifferenzierten Logiken der Funktionssysteme zu bündeln – und so geraten alle Einzelfaktoren, die man als Bedingungen des modernen Staatenkrieges anführt, zu einer merkwürdigen Beschreibung der gleichzeitigen strategischen Nutzung und Suspendierung funktionaler Differenzierung: der Krieg als *ökonomisches* Bündelungsprogramm zur Produktion von Kriegsmaterial, der Krieg als *wissenschaftliches* Programm zur Vervollkommnung von Technik, der Krieg als *pädagogisches* Programm zur Abrichtung in kognitiver und körperlicher Hinsicht, der Krieg als *religiöses* Programm der Erlösung und Befreiung, der Krieg als *künstlerisches* Programm zur Ästhetisierung von »Stahlgewittern«, der Krieg als *massenmediales* Programm zur Einschwörung auf einfache Konfliktlinien und zur Herstellung eines gemeinsamen Bedeutungsraums, der Krieg als *rechtliches* Programm der Suspendierung von Freizügigkeit, und selbstverständlich der Krieg als *politisches* Programm zur Erzeugung jener Kollektivität, der man bindende Entscheidung abnehmen kann.

Der Krieg scheint der einzige Faktor zu sein, dem es historisch gelungen ist, jene gesamtgesellschaftliche Perspektive zu erzeugen, die durch funktionale gesellschaftliche Differenzierung ausgeschlossen ist – und gleichzeitig ist es der Krieg, der den Funktionssystemen mit die entscheidenden Möglichkeiten der Steigerung ihrer Optionen verschafft. Der Krieg dieses Typus ist damit übrigens keineswegs eine *Folge* der industriellen Revolution und der nationalen Integration von Staaten, sondern geradezu ihre *Voraussetzung*. Das normativ integrierte, auf gesellschaftliche Gemeinschaft aufgebaute, mit unbezweifelbaren Werten ausgestattete, staatlich gesteuerte, industriell produzierende, Schichtung über Arbeit organisierende, gewaltmonopolisierte Gesellschaftsmodell, dem die Soziologie ihre grundbegriffliche Normalität verdankt und das sie über nun ein Jahrhundert als geradezu *transzendentale* Bedingung der Möglichkeit für Modernität hergeschrieben hat, basiert historisch ohne Zweifel auch auf der integrativen Kraft des Krieges als Kulminationspunkt für die Entstehung moderner gesellschaftlicher Ordnungen, die in ihren Selbstbeschreibungen wie in ihrer soziologischen Normalform *nationalstaatliche Ordnungen* sind. Der Krieg, so muss man feststellen, ist der moderne Normalfall, vielleicht ist er gar jenes Vehikel, dem sich historisch und strukturell das verdankt, was als *Modernität* erscheint. Der Krieg ist nicht nur ein technologischer und organisatorischer Modernisierer gewesen, sondern auch ein *gesellschaftlicher* und darin keineswegs der Ausnahmefall. Und er ist ein Horizont, der nicht nur für *kollektiv* bindende Entscheidungsformen sorgt, also nicht nur in der *Sozialdimension* wirkt, sondern auch in der *Sachdimension*, indem er die Dynamiken gesellschaftlicher Funktionssysteme bindet, und in der *Zeitdimension*, indem er Dynamiken aufeinander bezieht.

Gerade am Strukturwandel des Krieges im beginnenden 21. Jahrhundert lässt sich die historische Form dieses Modells deutlich ablesen. Es sind insbesondere die Arbeiten Herfried Münklers, die einerseits historisch auf die parallel mit der gesellschaftlichen Modernisierung verlaufende *Verstaatlichung des Krieges* seit der Etablierung der »westfälischen« Ordnung aufmerksam gemacht haben, vor allem aber auf einen Strukturwandel des Krieges, den Münkler als »Entstaatlichung des Krieges« (2002, S. 220 ff.; 2003, S. 472 f.) bezeichnet. Diese Formen des *entstaatlichten* Krieges, des Krieges *jenseits* der einfachen Staatsantagonismen, des Terrors *jenseits* der Augenhöhe des staatlichen *Kampfes der Götter* entzieht sich nicht nur den gewohnten Kategorien des Krieges. Dieser Wandel ist auch eine Parabel auf eine notwendige Entstaatlichung des Bildes der *Gesellschaft*, und zwar nicht nur einer semantischen Entstaatlichung – die hat weitgehend stattgefunden. Es geht vor allem um eine Entstaatlichung im Hinblick auf die Integrationsidee des Gesellschaftlichen, die nach wie vor davon zehrt, Gesellschaften mit Hilfe politisierter Begrifflichkeiten zu beschreiben – wenigstens politisiert in dem Sinne, dass der Fokus auf der Idee der *Kollektivität* einer Arena liegt, die zu erreichen fast notwendigerweise politische Formen annimmt.

Im engeren Sinne geht es mir aber gar nicht um den Krieg, sondern um den Kontext und den Problemhorizont, in dem sich die Einheit der differenzierten Gesellschaft darstellen lässt. Ich wollte nur demonstrieren, dass sich die Erfolgsgeschichte der Moderne mit ihren evolutionären Errungenschaften der Totalinklusion und der vollständigen Erreichbarkeit, der politischen Herstellung von Gemeinschaft und Solidarität und nicht zuletzt der entfesselten Leistungsfähigkeit wissenschaftlicher, industriell-technischer, medizinischer, oder massenmedialer Art nicht nur als jene Erfolgsgeschichte erzählen lässt, die letztlich auch die Kritik an diesem Modell anleitet – sowohl das Harmoniemodell der parsonsschen Wertgeneralisierung als auch die konfliktsoziologische Kritik setzen auf eine funktionierende, integrierende *Arena*. Der Horizont der Integration und der Verpflichtung von Kollektivitäten bildet auch hier den *basso continuo* des Denkens. Was ich nur demonstrieren wollte, ist, dass sich jene Form der integrativen Kraft einer sich in erster Linie in *politisierten Begriffen des Gesellschaftlichen* beschreibenden Moderne am *ganz Anderen* der pazifizierten Formen modernen Alltagslebens verdeutlichen läßt. Zumindest scheint der *Krieg* als semantische Form und als reales Ereignis ein Hinweis exakt auf jene Ambivalenz zu sein – nicht nur auf die Ambivalenz der Moderne (vgl. Bauman 1995), sondern auch auf die Ambivalenz der *soziologischen Repräsentation und Thematisierung* der Moderne. Der Krieg galt und gilt letztlich als das *ganz andere* der befriedeten, westlichen Modernität; vielleicht ist der Krieg die radikalisierte *dunkle Seite* der Moderne, eine subkutan wirkende Markierung der anderen Seite einer Unterscheidung, die unsichtbar bleiben muss, aber doch immer mitbezeichnet wird, weil sie unterschieden wird. Und insofern scheint der Krieg eine Parabel darauf zu sein, wie sich die soziologische Beschreibung der Moderne letztlich als Teil jener Bewegung darstellt, die sich als im Innern pazifiziert *erlebte* und nach außen gewaltsam *handelte*. Diese Form des *Erlebens*, man könnte auch sagen: diese Form von lebensweltlich anschlussfähiger Selbstbeschreibung der westlichen Moderne hat die Soziologie mit ihrer Selbstbeschreibung der Moderne mit bedient. Meine These ist, dass die Soziologie der Moderne selbst mit jenen Mitteln der Modernität arbeitet, die sie beschreibt und dass sie deshalb ihre *dunklen Seiten*, das ganz andere ihrer hellen Abbildbarkeit unberücksichtigt lassen muss.

Resümee: Kritik der gesellschaftlichen Vernunft

Was ich hier zuletzt – zugegebenermaßen mit allzu grobem Strich – behaupte, erinnert an Michel Foucaults These der Disziplinierung durch die Humanwissenschaften als Normalisierungswissenschaften. Und damit nehme ich die im dritten Kapitel gestellte Frage noch einmal auf, ob die Soziologie zu den *Gegenwissenschaften* zu zählen ist. Foucault nennt die Professionellen der Humanwissenschaften »die Normalitätsrichter«. Sie »sind überall anzutreffen. Wir leben in einer Gesellschaft des Richter-Professors, des Richter-Arztes, des Richter-Pädagogen, des Richter-Sozialarbeiters; sie alle arbeiten für das Reich des Normativen; ihm unterwirft ein jeder an dem Platz, an dem er steht, den Körper, die Gesten, die Verhaltensweisen, die

Fähigkeiten, die Leistungen.« (Foucault 1989a, S. 392 f.) Die Soziologie der Moderne etabliert – so lässt sich anfügen – *Richter-Soziologen*, die jene Normativität ihres Gegenstandsbereichs an sich und durch sich durchführen und damit die *dunklen Seiten der Moderne* im Unsichtbaren lassen müssen. Die Soziologie wäre im Sinne des berühmten Schlusskapitels von Foucaults *Die Ordnung der Dinge* eine Humanwissenschaft, die das Humanum als normativen Akteur festlegt und ihn der normativ integrierten Struktur jener Moderne subordiniert (vgl. Foucault 1980, S. 413 ff.). Das Bezugsproblem der Soziologie der Moderne scheint also dasselbe Bezugsproblem zu sein, das sich auch der Kultur der Moderne stellt: *Eindeutigkeiten* dort zu generieren, wo die Kollektivitätsorientierung der Moderne durch Abweichungen und Optionssteigerungen bedroht wird. Die westliche Moderne hat diese Idee der Eindeutigkeit in vielerlei Hinsicht hervorgebracht: *wissenschaftliche Eindeutigkeit* durch die Idee der einen Wahrheit und die Einheit der Wissenschaften; *Einheit des Gemeinwesens* durch die Idee der nationalen Identität; *politische Eindeutigkeit* durch die Subordinierung des Politischen unter die Idee der Nation und die Praxis des Nationalstaates; *ökonomische Eindeutigkeit* durch Einführung eines universalistischen konvertierbaren Geldmediums; *moralische Eindeutigkeit* durch die Idee der Universalisierung und der Einheit der Vernunft; *Eindeutigkeit der ontologischen Verfassung des Menschen* durch die Erfindung der transzendentalen Subjektivität; *Eindeutigkeit der Lebensführung* durch stabile, an der Schichtungsordnung der Gesellschaft ausgerichtete Lebensstile; *Eindeutigkeit im Sinne eines normativen Musters psychischer Normalität* in Abgrenzung zu pathologischen Formen des Wahnsinns; *Eindeutigkeit im Sinne einer Rechtsordnung*, die eine Allzuständigkeit für innergesellschaftliche Konflikte erhält; *Eindeutigkeit im Sinne stabiler Lebenslaufmuster* und hoher biographischer Erwartungssicherheit; *Eindeutigkeit kultureller Bewertungsmaßstäbe* für Kunst und Kultur etc. (vgl. Nassehi 1999, S. 38 ff.).

Für Foucault sind es die Humanwissenschaften, die einen Großteil dieser Eindeutigkeiten mit semantischen Mustern und habituellen Formen versorgen. Der *dunklen Seiten* der Moderne wird man soziologisch nur dann ansichtig, wenn man auch die Soziologie als eine jener Humanwissenschaften liest. Das Besondere dieser humanwissenschaftlichen *episteme* ist für Foucault aber nicht nur die Generierung von Eindeutigkeit, sondern ihre gleichzeitige Dementierung.

In der *Ordnung der Dinge* heißt es: Die Humanwissenschaften »hören nicht auf, sich selbst gegenüber eine kritische Wiederaufnahme zu praktizieren. Sie gehen von dem, was der Repräsentation gegeben wird, zu dem, was die Repräsentation möglich macht, was aber wiederum eine Repräsentation ist.« (Foucault 1980, S. 436) Es wäre auch für die Soziologie das zu zeigen, was Foucault den Humanwissenschaften bescheinigt; nämlich dass sie unweigerlich auf die Endlichkeit ihrer Voraussetzungen stoßen, gewissermaßen auf die kontingente Bedingung ihrer eigenen Möglichkeit. Letztlich versieht die Soziologie alles, was sie beschreibt, mit dem Index der gesellschaftlichen Konstruiertheit und Bedingtheit. Sie stößt sogar, wenn sie sich dies nur zumutet, auf die soziale Bedingtheit ihrer selbst – und wird damit der *dunklen Seite* gewahr, die ihre authentischen und normativen, ihre kritischen und präskriptiven Sätze, ihre konstativen Behauptungen und die Wahrhaftigkeit ihrer Protagonisten unsichtbar begleiten. Erst wenn die Soziologie so etwas wie *gegenwissenschaftliche* Selbstverunsicherungen in ihren eigenen Apparat einbaut – ähnlich wie sie Foucault als Psychoanalyse, Ethnologie und Linguistik für die Humanwissenschaften beschrieben hat – erst wenn die Soziologie sich dies zumutet, wird sie nicht nur auf die dunklen Seiten ihres Gegenstandes stoßen: auf den *Krieg* jedenfalls als Konstituens des modernen Friedens, vielleicht auch: auf das *Böse* als die Bedingung für die normative Zivilisiertheit unseres Alltags, vielleicht sogar: auf die *Gewalt* als die Bedingung verständigungsorientierter Handlungskoordination, und noch schlimmer: auf die operative *Selbstdementierung* als Bedingung für konstative Wahrheitsaussagen. Sie stößt dann auf jene Praktiken, die Foucault beschrieben hat, auf Hegemonien, wie sie von Laclau und Mouffe expliziert werden (vgl. Laclau/Mouffe 1991), auf die Ambivalenz ihrer eigenen Lösungen (vgl. Bauman 1995) und klassisch auf die *negative* Dialektik, die, weil Dialektik, nicht nur ihre Umkehrung darstellt (vgl. Adorno 1997b).

Sie stößt dabei freilich in all diesen Perspektiven *auch* auf die dunklen Seiten ihrer Gegenstandskonstitution – oft freilich mit der Konsequenz, eine Perspektive auf die *Gesellschaft* letztlich aufzugeben. Laclau und Mouffe sprechen gar von der *Unmöglichkeit der Gesellschaft* (Laclau/Mouffe 1991, S. 176) in dem Sinne, dass sich das *Spiel* der Differenzen nicht auf eine feste Ordnung eingrenzen lasse. Dieses an Derridas Spielmetapher (vgl. Derrida 1988) erinnernde

Argument bricht dann freilich völlig mit einer gesellschaftstheoretischen Perspektive im engeren Sinne. Letztlich würde sich damit Gesellschaft in eine Pluralität von Unterscheidungen auflösen, deren Einheit nicht mehr denkbar wäre. Man geriete dann in ein poststrukturalistisches Metaphernspiel, das noch die eigene Begrifflichkeit dem Simulakrenspiel überlässt, bis man mit Texten wie denen Baudrillards jegliche *Gegenstandskonstitution* zugunsten eitler Selbstdarstellung preisgibt (vgl. Baudrillard 1982). Es bleibt dann nur Dekonstruktion und der unendliche Kreislauf von Signifikant und Signifikat, der dann doch immer nur am Signifikat hängen bleibt. Seit Ferdinand de Saussure (1931), spätestens aber mit dessen Dekonstruktion durch Jacques Derrida (1988) können wir wissen, dass die Differenz zwischen Zeichen und Bezeichnetem, zwischen Signifikant und Signifikat keine messbare Differenz ist, da sich das Signifikat, also das Bezeichnete, nur als Signifikant, also als Zeichen darstellen lässt. Wollten wir wissen, ob unser Bewusstsein die Welt richtig wahrnimmt, müssten wir eine wahrnehmungsfreie Wahrnehmung der Welt voraussetzen können, um die Differenz zwischen Wahrnehmung und Wahrgenommenem, zwischen Bewusstsein und Welt auf den Begriff bringen zu können. Da uns eine solche Möglichkeit nicht zur Verfügung steht, haben wir es stets mit einer verdoppelten Wirklichkeit zu tun, deren Differenz von Original und Bild eine Differenz ist, deren Identität wir zwar voraussetzen, deren Differenz aber nicht überbrückbar ist. Die Verdoppelung der Welt erzeugt also stets zwei Hälften: Die eine ist die Welt, wie sie dem Beobachter erscheint, die andere ist die Welt, wie sie »ist«. Es entsteht die paradoxe Situation, dass die Grenze nicht überwunden werden kann, aber in der Praxis stets überwunden wird.

Der Hinweis auf diese Paradoxie ist kein intellektuelles Spiel mit dekonstruktiven Metaphern und einer praxisfernen, dandyhaften Beteuerung der Unausweichlichkeit einer letztlich uneigentlichen Welt. Die Unausweichlichkeit der Differenz und die darin enthaltene Paradoxie verweist vielmehr praktisch auf das Problem, dass in gesellschaftlicher Praxis diese Paradoxie stets aufgelöst werden muss, oder besser: immer schon *aufgelöst ist*. Dass sie aufgelöst wird, kann man schon daran sehen, dass wir die Welt »wahrnehmen«, das heißt, sie in der Weise für *wahr* halten, wie wir sie *nehmen*. Und praktische Krisen zeichnen sich meistens dadurch aus, dass die beiden Seiten der Unterscheidung ihre vorgestellte Identität verlieren und damit auf die Paradoxie der Verdoppelung der Welt hinweisen. Soziologisch gewendet bleibt die Dekonstruktion dann keine Dekonstruktion mehr, denn soziologisch ist es nicht von Interesse, letztlich an den *alten* Chiffren des Gesellschaftsbegriffs festzuhalten, um dann ihre *Unmöglichkeit* oder *Irrealität* festzustellen. Dass Laclau und Mouffe ihre *Unmöglichkeit* diagnostizieren, begründen sie sehr treffend damit, dass es nicht im marxistischen Sinne *eine* Unterscheidung ist, die *alles* ausmacht. Es seien vielmehr die Differenzen *unterschiedlicher Unterscheidungen*, die um Hegemonie kämpfen und die nicht durch eine Zentralmetapher oder -unterscheidung zusammengehalten werden. *Daraus* schließen sie die Unmöglichkeit der Gesellschaft – dabei haben sie nur gezeigt, wie unplausibel der klassische Einheitsbegriff der geselligen oder durch Konflikte zusammengehaltenen »Gesellschaft« ist, ohne freilich Mittel an der Hand zu haben, die Kontexte zu beschreiben, in denen Unterscheidungen aufeinander treffen. Diese Dekonstruktion des Marxismus hat insofern einen analytischen Sinn, als er einen Sensus dafür entwickelt, dass die Einheit der »Gesellschaft« allenfalls als nicht notwendig integrierte Einheit unter eine zentrale Unterscheidung (oder auch, wie man im *orthodox consensus* argumentieren würde: einer unterscheidungslosen, insofern totalitären Zentralmetapher) gedacht werden kann. Baudrillards These von der *Irrealität* oder *Auflösung* der Gesellschaft dagegen kommt nahezu ohne einen solchen analytischen Sinn aus und präsentiert nur das Unbehagen an einem Gesellschaftsbegriff, der zu viel *common sense* atmet und seine eigene Fragilität nicht sehen kann.

Wie lässt sich das Problem also soziologisch wenden? Ich habe in diesem Kapitel herausgearbeitet, wie sich die *gesellschaftliche Vernunft* seit Durkheims Entwurf einer organizistischen Gesellschaftsmetapher als Kollektivbegriff in der Sozialdimension etabliert hat – und selbst wo, wie in den neofunktionalistischen Weiterentwicklungen oder in Habermas' zweistufigem Gesellschaftskonzept, die Existenz sachlicher Differenzierung durchaus zur Kenntnis genommen wird, bleibt das Grundkontinuum dessen, was soziologisch *Gesellschaft* heißen soll, ein Begriff, der sich über die an der politischen Logik orientierten Kollektivität in der Sozialdimension erschließt. Der Erfolg, der öffentliche Erfolg der Soziologie, die Kontamination des öffentlichen Diskurses mit Chiffren ihrer Reflexionstheorien hängt exakt damit zusammen, dass die Soziologie an jenes Publikum sich richtet, das sie selbst erzeugt. Die Stärke der normativen Konzentration auf Kollektivität als Integrationsbedingung lässt sich auch daran ersehen, dass sowohl die Kritik des *orthodox consensus* insbesondere in konfliktsoziologischen Begriffen als auch die hobbessche und liberale Lösung des Problems sozialer Ordnung inklusive ihrer kommunitaristischen Kritik von diesem Grundmodell zehren, das an die Plausibilität der historischen Erfahrung des Gesellschaftlichen als *Arena* anschließt.

Dieses Arena-Modell verfügt über ähnliche Strukturen, wie ich es im Hinblick auf meine Kritiken der handelnden und der authentischen Vernunft als *ersten* Diskursstrang des soziologischen Diskurses der Moderne herausgearbeitet habe. In George Herbert Meads pragmatistischer Perspektive habe ich den systematischen Beginn eines *zweiten* Diskursstrangs lokalisiert, in dem der Vorrang des Motivs vor dem Handeln kritisiert wurde. Mead gelang es, die *requisite variety* von Handlungsanschlüssen von den Motiven der Akteure auf die Anschlusslogik von Handlungsketten zu verlegen und damit ein operatives Verständnis des Sozialen vorzubereiten. Daraus leitet sich dann eine Soziologie der *Praxis* ab, die die selbstverständliche Zurechnungspraxis der Praxis selbst gewissermaßen *einklammert* und Motive nicht als Movens, sondern als Effekt, Folge oder Teil der Handlung ansieht. Diese pragmatische Figur habe ich dann weiter verfolgt zu einer Theorie des Operativen, das sich mit Bourdieu und vor allem mit der luhmannschen Systemtheorie erschließt. Plakatives Unterscheidungsmerkmal der beiden Diskursstränge ist ihre – in Habermas' Diktion – *Teilnehmer-* oder *Beobachterperspektive*, was freilich nicht bedeuten sollte, dass der zweite Diskursstrang sich nicht für *Teilnehmer* interessiert. Er distanziert sich lediglich davon, die Praktiken der beobachteten Teilnehmer schlicht zu kopieren: auf Motive zuzurechnen und authentische Sprecher vorauszusetzen, ohne diese Positionen als Teil sozialer Praxis und kommunikativer Operationen anzusehen. Etwas vereinfacht formuliert: Der erste Diskursstrang nimmt insofern eine Teilnehmerperspektive ein, als er den Motivlagen *glaubt*, als er eine soziologische Einstellung nur zum Inhalt der Motive, zu ihrer Angemessenheit einnehmen kann, nicht dazu, in welchem Kontext Motive als Motive ausschlaggebend sind. Der zweite dagegen interessiert sich für die Funktion, die Bedeutung und den Beitrag von Motiven für soziale Praxis. Womöglich wird damit aber die so genannte *Beobachterperspektive* den Teilnehmern sozialer Praxis viel eher gerecht, weil sie sich für die Bedingungen interessiert, unter denen jene Adressaten sozial erst entstehen, die die soziale Praxis selbst für ihren Urheber hält.

Eine ähnliche Opposition lässt sich im Hinblick auf die soziologische Theorie der Gesellschaft konstruieren. Der erste Diskursstrang *glaubt* letztlich an die Kollektivität der Gesellschaft, an die integrative Kraft der Arena, in der Konflikte gepflegt oder Konsense bereitgehalten werden. Er *glaubt* daran insofern, als er an jene politisierten, d. h. von der Plausibilität politischer Semantik zehrenden Formen der Einheit in der Sozialdimension anschließt, statt sie systematisch in den Blick zu bekommen. Allenfalls *historisch* gelingt es durch Projektion einer Vergangenheit, die weniger über soziale Kollektivitäten als über religiöse Symbole integriert wird und ergo keine Funktionsstelle für *Kollektivitäten* besitzt. Historisch kommt die *Gesellschaft* tatsächlich erst als *bürgerliche Gesellschaft* zu sich selbst, in der mit privaten Interessen ausgestattete Bürger zu einem ökonomischen und politischen *Ausgleich* ihrer Interessen kommen müssen. *Systematisch* dagegen bleibt die Funktion von Kollektivitäten verborgen, weil ihre historische Genese ja als Erklärung bereits auszureichen scheint und damit zum *explanans* der Theorie gerät.

Die Frage lautet nun: Wie lässt sich eine soziologische Perspektive auf *Gesellschaft* gewinnen, die sich für die Bedingungen interessiert, unter denen *Kollektivitäten* entstehen? Anders formuliert: Wie lassen sich die Erträge des *zweiten* Diskursstrangs gesellschaftstheoretisch nutzbar machen? Bisher jedenfalls sind pragmatistische Soziologien, ethnomethodologische und Praxistheorien von einem merkwürdigen gesellschaftstheoretischen Defätismus geprägt. Allenfalls auf die »›occasional relevance‹ of the macro-social order« (Coulter 2001, S. 36f.) wird bisweilen hingewiesen. Eine wirklich *praktische* Relevanz wird den sogenannten Makrophänomenen allerdings nur als Rahmen eingeräumt. Es wird entweder ganz auf eine Perspektive aufs Gesellschaftliche verzichtet oder aber es gelingt, wie im Falle Meads, nicht, die Restriktionen des klassischen Gesellschaftsbegriffs als Horizont einer Kollektivität *generalisierter Anderer* zu überwinden. Wie lässt sich also, so muss die Frage nun präzisiert werden, ein Gesellschaftsbegriff gewinnen, der an ein *operatives* Verständnis des Sozialen, der an *Praxis* anschließt?

Im Übrigen trifft man anlässlich einer solchen Frage schon auf das, wonach gefragt wird: auf Praxis nämlich, und zwar auf die Praxis der Selbstthematisierung *der* Gesellschaft *in der* Gesellschaft. Die Soziologie kann an ihrer eigenen Praxis sehen lernen, dass sie Ähnliches tut wie andere: sie *thematisiert* die Gesellschaft und ist damit in ihren Gegenstand eingeschlossen – und zwar unweigerlich. Sie findet sich damit als das vor, was ich oben als *Verdoppelung* bezeichnet habe und was in der poststrukturalistischen/dekonstruktivistischen Kritik als *Verschiebung der Präsenz* diskutiert wird. Und in der Tat muss sich in einem zweiten gesellschaftstheoretischen Diskursstrang, will er nicht wie der erste gebaut sein, so etwas wie eine Kritik der *Präsenz* oder der *Repräsentation* der Gesellschaft niederschlagen – nicht im Sinne einer Kritik der *falschen* Repräsentation, sondern als *epistemologische Kritik* an jener *Präsenz*, die dort aufscheint, wo der soziologische Diskurs der Moderne der kollektivistischen politischen Selbstbeschreibung der Gesellschaft *als* Gesellschaft glaubt. Ähnlich wie die pragmatistische Kritik des Handlungsmotivs als Präsenzkritik gelesen werden kann, müsste auch eine operative, praxissensible Kritik des *doppelten Normativismus der »soziologischen« Moderne* letztlich als *Präsenzkritik* gelesen werden – und nicht umsonst zieht eine solche Kritik *dekonstruktivistische* Perspektiven auch für die Soziologie an, wie ich kursorisch mit Derrida, Laclau und Mouffe und Baudrillard angedeutet habe (vgl. Stäheli 2000, S. 5-16). Freilich reicht es soziologisch nicht aus, schlicht auf die Paradoxien hinzuweisen, die eine soziologische Beschreibung der Gesellschaft als *Selbstthematisierung* beinhaltet. Und der bloße Hinweis darauf, dass die Differenz von Präsenz und Repräsentation unüberwindbar ist, ist empirisch nicht nur nicht ausreichend, sondern – unter *empirischen* Gesichtspunkten – nicht wirklich zutreffend. Es geht um die Frage, gerade die *Selbst*stabilisierung einer fragilen Praxis empirisch zu beobachten. Eine solche Soziologie überbietet und unterbietet den textwissenschaftlichen Dekonstruktivismus zugleich: Sie *unterbietet* ihn, indem sie sich für das praktische Ende der Dekonstruktion durch eine echtzeitliche Praxis interessiert, die sich je neu bewähren muss; sie *überbietet* ihn, indem sie sich nicht wie die Textwissenschaften auf einen positiv vorliegenden Text beziehen kann. Bisweilen habe ich den Eindruck, dass die Radikalität des textwissenschaftlichen Dekonstruktivismus, die alle Sicherheiten fahren lässt, dadurch erkauft wird, dass man es mit realen, stofflichen, sichtbaren, zeitfesten, abstellbaren, geradezu mit ontologischer Widerständigkeit ausgestatteten Gegenständen zu tun hat: mit *Texten* und *Büchern*, die man abends ins Regal stellen und alle Praxis ruhen lassen kann, bis man morgens die Praxis wieder aufschlagen kann – bis zur ersten Kaffeepause. Der Gegenstand einer operativen, in diesem Sinne dekonstruktiven Soziologie lässt sich nicht abstellen – abends schon gar nicht, und deshalb radikalisiert sich hier die verdoppelnde Selbstbezüglichkeit seiner Möglichkeitsbedingung. Freilich ist zuzugeben, dass bereits Derrida mit seiner Figur der *Verschiebung* auf eine soziologisch bedeutende Lösung des Problems der Paradoxie der selbsttragenden Struktur aller Benennung aufmerksam macht. Dies habe ich in systemtheoretischen Begriffen einer operativen Theorie im vierten Kapitel bereits als *Entparadoxierung ereignisbasierter Systeme durch die Zeit*, also durch eine Praxis beschrieben, die sich schlicht dadurch stabilisiert, dass sie weitergeht und neue Operationen folgen. Zugleich habe ich darin die *empirische* Bedeutung der Systemtheorie gesehen. Strukturen haben sich in operativen *Gegenwarten* zu bewähren – darin und damit lässt sich eine Theorie der Gesellschaft entwickeln, die dem *orthodox consensus* nicht nur innerhalb dieses Konsenses widerspricht, sondern gar nicht erst mit einem integrativ gebauten Gesellschaftsbegriff beginnt. Im kommenden Kapitel werde ich nun jenes Verständnis einer *Gesellschaft der Gegenwarten* entwickeln, das ich bereits anlässlich meiner *Kritik der operativen Vernunft* angekündigt habe.

6. Kapitel
Die Gesellschaft der Gegenwarten

Meine bisherige Rekonstruktion des soziologischen Diskurses der Moderne hat sich nicht auf die eingespielten Dichotomien des Faches eingelassen, eher handlungs- von struktur- oder systemtheoretischen oder eher subjektivistische von objektivistischen Theorieformen zu unterscheiden, wie sich üblicherweise lehrbuchartige Darstellungen der soziologischen Disziplin organisieren, wenn sie nicht einfach die historische Abfolge zu Hilfe nehmen. Meine Rekonstruktion hat freilich auch eine grundlegende Unterscheidung zur Anwendung gebracht, die das soziologische Denken ordnen soll. Diese Unterscheidung ist mit der von Habermas entlehnten und in seiner Theorie integrierten Unterscheidung von *Teilnehmer-* und *Beobachterperspektive* nur unzureichend beschrieben, leitet aber den rekonstruktiven Blick durchaus an. Ich werde im Folgenden meine bisherige Argumentation noch einmal bündeln. Dazu werde ich den Unterschied dieser beiden Stränge noch einmal grob nachzeichnen, um dann die losen Enden der bisherigen Argumentation mit der *Gegenwart als Bezugsproblem* auf den Begriff zu bringen. Schließlich werde ich die gesellschaftstheoretischen Konsequenzen des zweiten Diskursstrangs auf den Begriff zu bringen versuchen und daraus dann das Konzept einer *Gesellschaft der Gegenwarten* entwickeln.

Zwei Diskursstränge

Ein Schlüssel für das Verständnis des soziologischen Blicks ist der Adressat der soziologischen Rede. Sehr grob lassen sich die beiden Diskursstränge danach unterscheiden, ob sie die Plausibilitäten der historischen Antezedenzbedingung dessen, was seit dem 19. Jahrhundert als *Gesellschaft* gehandelt wird, voraussetzen oder ob sie exakt das zum Thema machen. Was die beiden Diskursstränge am deutlichsten unterscheidet, ist letztlich ihre Haltung zum selbst erzeugten Gegenstand. Der erste, in seiner höchsten Form in Jürgen Habermas' *Theorie des kommunikativen Handelns* und in Parsons'

Integrationsfunktionalismus formuliert, schließt unmittelbar an die Selbsterfahrung der Gesellschaft in der *historischen* Kategorie der »Gesellschaft« an. Er nutzt gewissermaßen die Potentiale der historischen Genese ihres Gegenstandes – die Unterstellung einer Identität von *Sagen* und *Meinen*, die Unterstellung einer Gemeinschaft unter Fremden, die Publikumsorientierung aller Begründung und die Begründungsorientierung allen Publikums –, um sich zum Beteiligten in einem Diskurs zu machen, der in der Tat ein *gesellschaftlicher* Diskurs ist. Diese Perspektive zehrt von einem Gesellschaftsbegriff und von einem Begriff des Sozialen, der auf Kontinuitäten setzt: auf stabile Strukturen bei Parsons, auf lebensweltliche Bedingungen authentischer Rede bei Habermas, auf eine gewisse widerständige Substantialität des Sozialen bei beiden, so unterschiedlich die Theorielagen auch immer sind. Solcherart Soziologie nimmt die Perspektive ihres Gegenstandes ein, um von seiner Plausibilität zu zehren – und stößt bei entsprechend diskontinuierlichen Ergebnissen auf Pathologien oder Dysfunktionen. Dieser Diskursstrang kann nur etwas mit *angemessenen* Motiven anfangen – und selbst dort, wo fehlgeleitete Motive diagnostiziert werden, zehrt die Diagnose von der unterstellten Angemessenheit. Noch der gegenwärtige Utilitarismus und Ökonomismus der *rational choice*-Theorie, so sehr die Basisunterstellung empirischer Evidenz spottet, zehrt von jener Unterstellung von Angemessenheit, die sie vermeintlich so empirienah aussehen lässt. Dieser Diskursstrang setzt auf Motive des Handelns von Individuen und auf die motivierende Kollektivität von *Gesellschaften* – beides eng an der Sozialdimension gebaut und mit einem geradezu transzendentalen Verständnis eines Integrationsmechanismus, entweder im Sinne der Angemessenheit des Handelns oder der Angemessenheit der Handlungskoordination durch legitime Formen normativer Zumutungen oder durch strukturierende Konflikte. Den ersten Diskursstrang stilisiert meine Rekonstruktion als eine Soziologie, die sich insofern zur Teilnehmerin macht, als sie sich nicht für das Spiel, sondern für das Spielen interessiert.

Diese Formulierung ist, genau besehen, eine unzulässige Überzeichnung, denn sowohl an die Adresse Habermas' als auch an die Parsons' scheint sie nicht gerechtfertigt zu sein. Habermas' gesamtes Werk besteht aus dem theoretischen Nachweis der Bedingungen des Spiels und seiner Restriktionen; und Parsons' Texte atmen erst recht nicht den Geist des engagierten Spielers, gelten seine Texte doch als Prototypen der verfremdenden und technisierten Rede. Mein Argument zielt freilich nicht auf die Durchführung der Theoriearbeit selbst, sondern – ich wiederhole – auf die plausibilisierenden Strukturen der jeweiligen Arbeit am Begriff. Und *aus dieser Perspektive* nehmen die so unterschiedlichen Soziologien von Habermas und Parsons einen sehr ähnlichen *common sense* in Anspruch, nämlich die historische Erfahrung des Gesellschaftlichen als einer durch kollektive Willensbildung erzeugten *Arena*, die nahezu mit dem historischen Gebilde des nach innen stabilen Nationalstaats zusammenfällt. Ulrich Beck hat mit seinem Plädoyer für die Überwindung des *methodologischen Nationalismus* des soziologischen Denkens, der sich noch in Habermas' Überlegungen zu einer postnationalen Konstellation (vgl. Habermas 1998) wiederfinden lässt, einiges Gespür dafür bewiesen, dass dieses *Arena*-Modell in seiner historisch bewährten (national-)staatlichen Selbstlimitation, die bei Habermas die empirischen Grenzen einer Sprachgemeinschaft ausmacht und bei Parsons die geforderte *self-sufficiency* des Gesellschaftlichen verbürgen soll, der empirischen Wirklichkeit einer globalisierten Weltgesellschaft spottet. So sensibel Beck in der Lage ist, dieses Unbehagen mit eher unsensiblen Begriffen und eher groben Plakatierungen des soziologischen Instrumentariums als *zombiehaftem* Apparat auf den Begriff zu bringen, so sehr kann man sich gerade an Becks Plädoyer für eine *kosmopolitische Soziologie* verdeutlichen, wie traditionell der erste Diskursstrang des soziologischen Denkens funktioniert und wie sehr er an der historischen Erfahrung dessen hängt, dessen Insuffizienz er nachzuweisen sich anschickt. Becks Soziologie weiß sehr wohl, dass »ein Weltbürgerregime [...] gerade *kein* ins Große projiziertes Nationalstaatsregime« (Beck 2002, S. 90) sein kann. Und ebenso zutreffend analysiert sie sehr genau, dass sich politische, ökonomische, massenmediale und rechtliche Kommunikationsformen in weiteren Räumen vorfinden als in den nur nationalstaatlich begrenzten. Und zugleich kann man von ihr lernen, dass sich Legitimationskonflikte in einer größeren Arena vorfinden. Ohne zu diskutieren, wie sehr vieles von dem, was Beck als den Nationalstaat transzendierend darstellt, bereits erheblich älter ist, als es erscheint, fällt doch auf, dass diese Soziologie letztlich gar nicht anders kann, als die nun immer stärker *gefühlte* Globalisierung der Welt zum Ausgangspunkt eines Postulats zu nehmen, das fast notwendig *kosmopolitische* Züge annimmt. Ästhetisch lässt sich das bei Beck daran erkennen, dass man oft nicht recht unterscheiden kann, welche seiner Sätze konstativer und welche normativer Natur sind. Jedenfalls ist Becks Soziologie – gerade weil sie die Arbeit des Begriffs bis jetzt nur negativ betrieben hat und ohnehin nicht recht ernst nimmt – ein prototypisches Beispiel dafür, dass das Problem der Gesellschaft über *richtige, angemessene Motive* zu lösen ist und dass ein solcher Blick nicht nur kosmo*sozial* sein kann, sondern selbstverständlich kosmo*politisch*, was hier aber letztlich sogar dasselbe wäre.

Prototypisch für den ersten Diskursstrang ist dieses Denken deshalb, weil es nicht anders kann, als Gesellschaftlichkeit an die Bedingungen des Politischen zu binden, an die Herstellung einer *Kollektivität*, die nicht staatlich im engeren Sinne organisiert sein kann, aber ein *Regime* ist, also eine konsistente Form des *Gesellschaftlichen* erfordert. Beck zu kritisieren fällt insofern sehr schwer, als er im Kontext einer Soziologie, die das Soziale per se für das Politische hält und permanent Sätze schreibt, in denen die grammatischen Subjekte verdoppelt werden müssen, weil Gesellschaft immer auch Macht, Herrschaft, Politik und Staat heißt, keine Wünsche offen lässt. Becks Soziologie führt letztlich zu Ende, was Habermas' zu genaue Beschreibung der Bedingungen, unter denen deliberative Formen der kollektiven Willensbildung die Latte zu hoch hängen, nicht ermöglicht: Es reicht das Bekenntnis zum Kosmo*politischen* als Kontingenzformel für die argumentative Herstellung eines hinreichend unbestimmten Raumes, in dem Ansprüche und Gestaltungsmöglichkeiten sich eröffnen können und *gegen* die gewissermaßen die Potentiale des Gesellschaftlichen gerichtet werden können – ganz ähnlich wie der Rekurs auf *Gesellschaft* im 19. Jahrhundert fast von selbst eine *kritische* Perspektive erzeugt hatte, deren Kritik eben darin bestand, dass durch die Rede von der *Gesellschaft* jene Arena erzeugt wurde, in der Sprecher und ihre Adressaten vorkommen. Es dürfte nun deutlicher werden, was die auf Motiven und Gründen aufruhende Theorie des Sozialen und eine auf der Bedingung der Integration in der Sozialdimension basierende Theorie der Gesellschaft verbindet: Es ist die lebensweltnahe, an der politischen Selbstbeschreibung orientierte, stets nach Gründen befragbare Erfahrung des Gesellschaftlichen, das sich (zumindest potentiell) vor einem Publikum vorfindet. Insofern sind es dann empirisch auch allein Gründe und kollektivierbare Selbstbeschreibungen, deren Authentizität es ist, die als »gute« soziologische Daten taugen.

Um nicht missverstanden zu werden: Es ist mir nicht darum zu tun, das, was ich den *ersten Diskursstrang des soziologischen Diskurses der Moderne* nenne, zurückzuweisen oder gar für falsch zu halten. Was wäre das auch für eine Position? Worum es mir geht, ist, zu zeigen, wie sich innerhalb der Soziologie zwei völlig gegensätzliche Formen der Plausibilisierung ihrer Argumente etabliert haben, die viel mit historischen Erfahrungen zu tun haben. Die des ersten Diskursstrangs ist die Erfahrung des 18./19. Jahrhunderts, als das, was sich nun soziologisch gar nicht mit einem Begriff belegen lässt – das Gemeinwesen, die Welt? –, endlich *als Gesellschaft* darstellt, und zwar in der empirischen Gestalt sich selbstgenügsam wähnender Nationalstaaten, die beginnend in ihrer westfälischen Gestalt von 1648 spätestens ab 1815 in Europa jenes Modell verkörperte, das für entsprechende Arenen sorgte. Das ebenfalls mit dem Wiener Kongress beginnende System von Staaten, die sich nun nach den Napoleonischen Kriegen auf gleicher Augenhöhe begegnen konnten, ermöglichte es, gerade im *Anderen* und in dessen radikaler *Verschiedenheit* von der *Ähnlichkeit* des die Gesellschaft ermöglichenden Organisationsarrangements zu zehren. Bereits *hier* beginnt im europäischen Maßstab, was die Stanford-Schule um John W. Meyer mit ihrer Diagnose der institutionellen Isomorphie beschreibt (vgl. Meyer/Rowan 1977; Meyer et al. 1997). Formen der *Staatlichkeit/Gesellschaftlichkeit* wurden sich sehr ähnlich. Und erst auf dieser Basis war die Kulturalisierung und Nationalisierung von Konflikten möglich, die jene radikale Differenz zwischen dem partikularistisch verbürgten Bürger eines Staates und dem universalistisch zu denkenden Angehörigen der Menschheit (oder ihm als Gattungswesen) als unlösbaren Grundkonflikt des westfälischen Gesellschaftsmodells hinterließ (vgl. Kristeva 1990). Ähnlichkeit war also keineswegs nur eine anthropologische Einsicht (oder: Erfindung), sondern eine institutionelle. Es glichen sich Formen des Organisationsarrangements an, es entwickelten sich allenfalls Unterschiede der Inklusionsformen in wohlfahrtsstaatliche Versorgungs- und Redistributionsroutinen (vgl. Esping-Andersen 1990; Therborn 2000). Die empirischen Bedingungen des wirtschaftlichen Kontakts waren durch vollständige Durchkapitalisierung des Marktes und durchgesetzte Geldwirtschaft ebenso gegeben wie die Organisation gepflegter Feindschaft durch ähnliche Militärstrukturen – ähnlich in dem Sinne, dass die militärische Form der Feindseligkeit auf der »anderen Seite« für entsprechende entgegenkommende Bedingungen gesorgt hat. Das machte es möglich, über die Erfindung eigener kultureller Traditionen, d. h. über eine konsistente Geschichtsschreibung und Herstellung nationaler/ethnischer Schicksalsgemeinschaften ebenso wie durch kritische Öffentlichkeiten eine Form der Selbstthematisierung zu etablieren, die das Selbst dieser Thematisierung mit hervorgebracht hat – die »Gesellschaft« nämlich.

Ich nehme noch einmal Durkheims Sentenz auf, entwickelte Gesellschaften erlangten »ein tiefes Gefühl ihrer selbst und ihrer Einheit« (Durkheim 1988, S. 228). Damit wiederholt sich an ihnen selbst, was sich theoretisch auch mit dem Subjekt ereignet hat: auch hier wurde aus der äußeren, womöglich tugendhaften, aber stets eben *äußeren* Herrschaft ein *innerer* Gerichtshof der Vernunft, in dem sich das Subjekt als Sprecher vor sich selbst erlebte und gute Gründe zunächst einmal vor sich selbst zu rechtfertigen hatte – *Handle so, dass DU wollen kannst […]*. Gesellschaften wurden mit der gleichen historischen Erfahrung letztlich *politische Subjekte*, indem sie ähnlich ein stabiles *Selbst*, eine *Identität* aufbauen konnten, die sich zunächst einmal *vor sich selbst* zu bewähren hatte und damit *politisch* wurde. Das erforderte keineswegs eine so harmonistische Gesellschaftsbeschreibung, wie sie dann Parsons ablieferte, die ja selbst offensichtlich davon geprägt ist, *mangelnde* Harmonie zu bekämpfen. »Identity requires disorder« (White 1992, S. 9 f.), schreibt Harrison White und meint damit, dass es gerade Unbestimmtheiten und Unterschiede, Konflikte und Uneindeutigkeiten sind, die für einen Bedarf an *Identitätsbeschreibungen* sorgen. Man könnte den Satz auch umkehren: *Disorder requires identity.* Jedenfalls entsteht eine Perspektive auf die *Gesellschaft* exakt dort, wo ihre Selbstwahrnehmung *sowohl* auf *disorder* stößt *als auch* auf den Bedarf an *identity*. Noch deutlicher wird nun die geradezu unübertreffliche Stellung von Jürgen Habermas für den soziologischen Diskurs der Modere als Höhepunkt des ersten Diskursstrangs und als Schaltstelle zum zweiten. Habermas' Soziologisierung der philosophischen Frage nach der Vernunft hat die Bedingungen beschrieben, unter denen tatsächlich Sprecher so aufeinander bezogen werden, dass der

Raum, in dem sie sich begegnen, keineswegs ein Subjekt wird, aber eine *Identität* erhält. Habermas steht für die historische, die bürgerliche Erfahrung, dass komplexe Gesellschaften tatsächlich eine Identität ausbilden können, und zwar eine vernünftige, die nicht ohne Grund in seiner *Rekonstruktion des Historischen Materialismus* mit offenen Analogien zur Ich-Werdung der Ontogenese gebaut war und Lawrence Kohlbergs Adaption von Piagets Entwicklungspsychologie aufnahm (vgl. Habermas 1976). Und Habermas steht in seinem gesellschaftstheoretischen *opus magnum* für die Beschreibung einer Gesellschaft, in der Mentalitäten erzeugt werden, die *wissen*, wann man auf Gründe zu setzen hat und wann nur auf die effizienzsteigernden Koordinationsleistungen von politischer und administrativer Macht und der Unhintergehbarkeit des Geldes, und die dennoch ihren eigenen Gründen glauben (vgl. Habermas 1981a/b). Gesellschaften sind als Räume entstanden, in denen es um die Etablierung von Motiven geht, die sich begründbar gemacht haben und sich vor einem Publikum zu bewähren haben – auch wenn wir empirisch viel genauer wissen, wie wenig das, was in der sozialen Welt sich zeigt, von solchen Gründen erzeugt wird. Es ist eher umgekehrt: Diese werden von einer Welt erzeugt, die das Problem wegarbeiten muss, dass es eher »unvernünftige« Motive wären, wären es denn Motive, die das Handeln motivieren. Auch die Soziologie mit ihrer Unterstellung vernünftiger Motive für vernünftiges Handeln arbeitet damit Kontingenz weg – sie macht das, was in der Welt geschieht, beschreibbar, weil es sich nur so *vernünftig* beschreiben lässt.

Um zu sehen, dass es sich bei diesem Argument nicht um einen *Vorwurf* an die Soziologie handelt, sondern um eine empirische Analyse der Antezedenzbedingungen, unter denen die Soziologie sich ihren Gegenstand gefügig gemacht hat, sei ein Blick in Susan Neimans wunderbares Buch *Das Böse denken* empfohlen. Neiman hat in einer sowohl systematisch als auch historisch beeindruckenden Darstellung nachgezeichnet, wie sehr das philosophische Denken mit seiner Konzentration auf die *guten* und *vernünftigen* Motive letztlich das Problem des *Bösen* bearbeitet. Sie beginnt ihre Darstellung mit dem Hinweis, dass die Moderne mit der Reflexion des Erdbebens von Lissabon im Jahre 1755 beginnt und mit Auschwitz endet: Es beginnt mit der Unerklärbarkeit der Zerstörung Lissabons, indem gerade die Sinnlosigkeit des Naturereignisses auf die prinzipielle Sinnlosigkeit des menschlichen Tuns verweist – nicht aufgrund der Ähnlichkeit der beiden Seiten, sondern wegen des entscheidenden Unterschieds. Neiman schreibt: »Die radikale Unterscheidung zwischen, wie man früher sagte, *malum physicum* und *malum morale*, wurde so zu einem Charakteristikum der Moderne. Sofern man sagen kann, Auschwitz markiere ihr Ende, dann aufgrund der Art und Weise, wie es unser Entsetzen prägte.« (Neiman 2004, S. 27) Ein Ende ist es nicht prinzipiell, sondern weil es letztlich die grundlegende Technik der *Theodizee* außer Kraft setzt: die Verheißung einer Zukunft nämlich. Es geht mir hier nicht darum, Neimans komplexe Argumentation nachzuvollziehen. Nur an einer Stelle schließe ich an: Neiman meint, dass die klassische Aufklärung von Lissabon in erster Linie gelernt habe, dass das neue Zeitalter sein Schicksal selbst in die Hand nehmen müsse, nicht mehr der Allmacht Gottes, sondern der eigenen Gestaltungskraft zu glauben habe. Daraus habe sich dann ein wenn nicht triumphales, so doch ein »klügeres« Zeitalter entwickelt, das, ganz wie die Fortschrittstheorien etwa im Stile Comtes es nahe legen, alte theologische und metaphysische Muster durch rationale und wissenschaftliche abgelöst habe. Sie schreibt dazu: »Meine These ist, dass diese Ansicht selbst eine historische ist, denn nichts ist leichter, als das Problem des Bösen ohne Gott als Prämisse zu formulieren, beispielsweise in der Auseinandersetzung mit Hegel: Das Wirkliche ist nicht das Vernünftige, ja nicht einmal mit diesem verbunden. Um diese Beobachtung zu machen, bedarf es keiner großen Theorie. Dazu sollte es genügen, die Welt ein paar Minuten zu beobachten.« (Ebd., S. 28)

Dass es dazu keiner *großen Theorie* bedarf, hört sich so an, als sei die große Theorie nur nicht zu dieser Einsicht vorgedrungen. Ich meine aber, man muss den Zusammenhang umkehren: *Man braucht große Theorie, um die Unabhängigkeit des Wirklichen vom Vernünftigen zu verdecken!* Die Idee der Vernünftigkeit des Wirklichen, des Subjekts oder seiner Urteile dient gerade dazu, die Unvernunft seiner empirischen Erscheinung aushaltbar zu machen. Ich habe im zweiten Kapitel den subjektphilosophischen Entwurf als eine Theodizee des freien Willens bezeichnet, der sich den Restriktionen seiner empirischen Bedingungen gegenübersieht, als theoretischen Versuch, die Subjektivität des Subjekts, also das alle verbindende Allgemeine, mit den Freiheitsgraden des individuellen Willens zu versöhnen. Oder anders formuliert: Die *transzendentale*

Figur des *vernünftigen* Subjekts reagiert auf die (wenigstens drohende) *empirische Unvernunft* der Menschen, denen die Vernünftigkeit ihres Tuns nurmehr in sich selbst und nicht mehr in den Verhältnissen oder gar in Gottes Geboten erscheinen kann. Hegel stand für diese Theodizee noch die Idee der Geschichte zur Verfügung. Noch einmal Neiman: »Das Wirkliche sei das Vernünftige, weil das Wirkliche im Laufe der Zeit vernünftig werden würde. Was als gegenwärtige Hoffnung darin enthalten ist, würde in der Zukunft Wirklichkeit werden. Wie Hegel wohl wußte, kommen wir der traditionellen Theodizee dann am nächsten, wenn die gegenwärtigen Übel durch die zukünftige historische Entwicklung mit Sinn zu erfüllen sind.« (Ebd., S. 385) Diese Theodizee entfaltet sich in die Zeit, sie operiert mit Versprechen und mit Ansprüchen, und ihre Widersprüche werden in der Zeit aufgelöst. Diese Technik ähnelt ästhetisch der *Entparadoxierung durch Zeit*, wie ich sie im vierten Kapitel entwickelt habe (vgl. Nassehi 1993a, S. 14 ff.). Die Antinomie der Selbstermöglichung in autopoietischen Systemen wird durch das Versprechen weiterer Operationen aufgelöst – durch das *operative* Versprechen des Sich-Ereignens, nicht durch eine *semantische* Thematisierung.

Man kann auch dem historischen Begriff der Gesellschaft so etwas wie eine Theodizee-Funktion unterstellen, zumindest in dem Sinne, dass er zum einen einen Rahmen abgibt, der wenigstens die Möglichkeit der *richtigen* Motive absteckt – oder im pathologischen oder dysfunktionalen Falle wenigstens eine Erklärung der »Sünde« anbietet. Zum anderen aber, und das ist noch wichtiger, hat der historische Begriff der Gesellschaft per se jenen Zukunftsindex getragen, der die *Lösung* grundlegender Probleme verspricht, der *Ansprüche* ermöglicht, die nur in einer Zukunft erfüllt werden können, der die *Gestaltung* einer noch nicht existenten Welt verlangt und der *Sprecher* inauguriert, die immer für eine Zukunft sprechen. Es ist dies eine »Theodizee der Zukunft«. Das gilt auch nach den großen Zukunftsentwürfen und Utopien – es ist dies gewissermaßen der energetische Unterbau dessen, was eine Gesellschaft ermöglicht, deren entscheidendes Bezugsproblem in der Bindung und Integration von Motiven einer *collectivity* liegt, deren Erscheinungsform vor allem eine *politische* Erscheinungsform ist. Nicht umsonst trägt die entsprechende politische Funktionsbestimmung in Parsons' Funktionenschema einen expliziten Zukunftsindex: *goal attainment*.

Von Neimans Analyse des Bösen als grundlegendem Bezugsproblem der Philosophie kann man zweierlei lernen: *zum einen* die Theodizeefunktion, die darin liegt, das grundlegende Bezugsproblem – die Gefahr der Unvernunft/des Bösen – wenigstens begrifflich wegzuarbeiten; *zum anderen,* noch entscheidender: dass sich alles, was geschieht, einem Bezugsproblem verdankt, auch die Arbeit des Begriffs. Und das gilt nicht nur für die philosophische, sondern auch für die soziologische Arbeit des Begriffs.

Von der *Theodizee* des Gesellschaftsbegriffs zu sprechen mag etwas überzeichnet klingen. Vergegenwärtigt man sich aber die forschungspraktische Frage, wie mit der Mannigfaltigkeit von Beobachtungen, wie mit der Heterogenität des Sozialen, wie mit der Unsichtbarkeit des soziologischen Gegenstandes umgegangen werden soll, dann bietet sich jene methodisch kontrollierte Form des alltäglichen *common sense* geradezu an: stets und immer wieder auf Motive zu stoßen, an die Akteure schon deshalb glauben, weil sie sozial bestätigt werden (vgl. dazu klassisch Mills 1940). In diese Praxis eingeschlossen ist freilich auch die Produktion soziologischer Texte selbst, die als eine *Praxis* aufzufassen ist, also sich selbst in Echtzeit ermöglichen muss, Plausibilitäten durch Abschattungen herstellen, blinde Flecken und unbeobachtbare Bedingungen erzeugen und einen inneren Zugzwang des »Sagbaren« sich erarbeiten muss. Die Soziologie (und selbstverständlich: jegliche andere Texte produzierende Wissenschaft) als eine Praxis zu beobachten heißt nicht nur abstrakt, sie als Teil ihres Gegenstandes aufzufassen, sondern ganz konkret, ihre Arbeit des Begriffs *als Arbeit* aufzufassen, eben als praktische Herstellung einer selbst tragenden Plausibilität *als Text* oder als *gesprochenes Wort*, das in seiner gepflegten Form meist ein Textderivat ist. Die Herstellung soziologischer Texte befindet sich stets im Horizont von selbst erzeugten Bezugsproblemen, oder besser: von Lösungen, die auf Probleme verweisen, die keineswegs ohne die Lösungen schon da wären, sondern sich praktisch bewähren müssen. Am ersten Diskursstrang des soziologischen Diskurses der Moderne habe ich dargestellt, dass das grundlegende Bezugsproblem offensichtlich darin bestand, über Motive und Kollektivitäten jene Plausibilität zu erzeugen, die der historischen Erfahrung der Entstehung von *Gesellschaften* entsprach. Das Bezugsproblem lag gerade darin, die Mannigfaltigkeit des beobachtbaren Sozialen in eine Ordnung zu bringen, die im weitesten Sinne eine *politische*

Ordnung ist, d.h. an begründbaren Motiven und an an Zumutungen gewöhnten Kollektivitäten ansetzt. Und selbst wo dies selbst noch zum Thema gemacht wird – und exakt dafür stehen die beiden paradigmatischen Figuren dieses Diskursstrangs, Habermas und Parsons –, wird hier das Bezugsproblem als solches entdeckt: die Versöhnung von individuellen Motiven mit anderen individuellen Motiven und dieser mit der *gesellschaftlichen Vernunft*, die bei Habermas letztlich mit der Möglichkeit von Vernunft zusammenfällt und bei Parsons auf die Einsicht in den gesellschaftlich-gemeinschaftlichen Integrationsbedarf mündet. Der Gegenstand ist nicht die Aufdeckung von Bezugsproblemen, sondern ihre Lösung. Die Bezugsprobleme sind immer schon da, bei Habermas die Frage der *vernünftigen* Herstellung von moralisch-praktischen Lösungen, bei Parsons das Vier-Funktionen-Schema mit dem Schwerpunkt auf der Integrationsfunktion.

Der *zweite Diskursstrang* macht exakt das zum Thema: Er interessiert sich nicht nur für die Lösung von Bezugsproblemen, sondern für deren praktische, pragmatistische, operative Erzeugung. Er bürstet gegen den Strich, was dem ersten Diskursstrang als Selbstverständlichkeit erscheint – das Motiv als Movens des sozialen Handelns und die Gesellschaft in der Sozialdimension. Ich habe diesen Diskursstrang mit Meads Umkehrung der Bedeutung des bewussten Motivs für die Handlung beginnen lassen sowie mit Deweys Einsicht, dass die Zurechnung auf Motive eine spezielle Funktion besitzt, mithin also unterscheidbar ist von anderen Möglichkeiten, nicht nur von anderen Motiven. Der zweite Diskursstrang behandelt also das als *Explanandum*, was der erste zum *Explanans* erhob. Auf den ersten Blick mag diese Gegenüberstellung vielleicht allzu grobschlächtig erscheinen. Allerdings macht es einen erheblichen Unterschied, ob eine soziologische Beobachtung in ihrem Gegenstand Motive und Formen der Kollektivität auf der Ebene der *Inhalte* unterscheidet oder ob sie sich für Praxen interessiert, für die praktische Ereignisstruktur der sozialen Welt, die die Einheit von Motiv und Kollektivität nicht immer schon voraussetzt. Im zweiten Diskursstrang sind es vor allem die Soziologien Bourdieus und Luhmanns, die die Dezentrierung des Akteurs betreiben, ohne ihn zu marginalisieren. Beide interessieren sich für die *praktische, ereignisbasierte* Herstellung *und* den Vollzug von Ordnung. Sie sind beide scharfe Kritiker strukturalistischer und strukturfunktionalistischer Theorieformen, gerade *weil* diese den überraschenden Aspekt der Praxis wenn nicht negieren, so doch kaum würdigen. Bourdieu und Luhmann spielen – bei aller Unterschiedlichkeit – in meiner Rekonstruktion die *gemeinsame* Rolle, Praxis- und Gegenwartsbasiertheit der Herstellung und des Vollzugs von Ordnung sich nicht dadurch zu erkaufen, die Kontexte der Praxis entweder ethnomethodologisch auszublenden oder konventionell normativistisch vorauszusetzen, wie ich mit Schatzkis Selbstdementierung einer *Praxis*perspektive angedeutet habe. Für beide ist das grundlegende Bezugsproblem der Aufweis von Bezugsproblemen, durch die erst sich die Praxis als Praxis entfalten kann. Bei Bourdieu war das ein *ökonomisches Bezugsproblem*. Bourdieu macht alle soziale Praxis dadurch verstehbar, dass er ihren *ökonomischen Sinn* verdeutlicht. Auch damit versöhnt er übrigens im Sinne einer Theodizee die sichtbare Unvernunft von Handlungen mit der zunächst unsichtbaren Vernunft, die im Habitus aufgehoben ist. Nicht dass damit das Wirkliche zum Vernünftigen gerät – nein: das Wirkliche enthält eine Vernunft, von der es bisweilen nichts weiß und die ihm auch nicht immer wünschenswert ist.

Luhmanns Bezugsproblem hängt ähnlich an der Gegenwart, die freilich als Gegenwart das Bezugsproblem erzeugt, wie sie zu anderen Gegenwarten steht und wie sie sich selbst zu Kontexten verhält. Ich habe meine Auseinandersetzung mit der *Kritik der operativen Vernunft* im fünften Kapitel mit einem kurzen Hinweis auf Aristoteles' These begonnen, dass der ontologische Vorrang der Gegenwart in jeglicher Perspektive auf *Praxis* (hier: Praxis des *Zählens*) stets im Kontext einer Beobachtung steht. Die »Seele«, die zählt, verbürgt schon eine Kontinuität über die konkrete Gegenwart des Zählens hinaus, ohne den ontologischen Vorrang der Gegenwart zu negieren. Was hier sehr abstrakt formuliert ist, lässt sich konkreter an jeder Situation ablesen: Jegliches Ereignis, jegliche Handlung, alles Geschehen muss in einer Gegenwart tatsächlich stattfinden. Es muss sich bewähren und sich in Szene setzen können. Es muss das Problem lösen, über die nächste Gegenwart zu kommen und darin weder in Notwendigkeit festgelegt zu sein noch sich beliebig randomisiert vorzufinden. Weder notwendig noch zufällig sich zu ereignen macht letztlich das Grundproblem operativer Gegenwarten aus, wie sie in der Soziologie die Theorie autopoietischer Systeme am eindringlichsten beschreibt. Ereignisse sind stets nur als Ereignisse eines Systems verstehbar – weil sie sonst keine Ereignisse wären, die Zeitschnitte vornehmen. Sie müssen an etwas anschließen, und diese Differenz ist es, die markiert wird und einen Informationswert erzeugt. Das lässt sich überall dort beobachten, wo kommuniziert wird. Anschlüsse sind stets mit einem Moment Unbestimmtheit ausgestattet – sonst würde es sich eben nicht um Kommunikation handeln. Am deutlichsten lässt sich das an solchen Kommunikationsformen ablesen, die den Überraschungswert ihrer selbst weitgehend einschränken, bei ritueller Kommunikation etwa oder bei technisierter Kommunikation, die nur eine bestimmte endliche Menge von Anschlussmöglichkeiten vorsieht: das Ankreuzen auf einem Fragebogen, das Ausfüllen einer Computermaske oder sogar die sehr eingeschränkten Kommunikationsmöglichkeiten an Fahrkartenschaltern und Ähnlichem. Empirisch ist dann von Interesse, *wie* es in einem sozialen System gelingt, mit der prinzipiellen Offenheit von Gegenwarten umzugehen, d. h. man wundert sich empirisch weniger über den Wandel und die Instabilität als über Stabilität und Wiederholbarkeit. Ein System *besteht* insofern nicht aus einer festgelegten Struktur, sondern erzeugt sich *durch* die Prozesse und den Dauerzerfall seiner Ereignisse. Man muss es sich empirisch vorstellen: Ein kommunikativer Prozess *besteht* aus nichts anderem als aus Ereignissen, die sich in der Zeit ablösen. Das gilt für einfache Vorgänge in Interaktionen, das gilt für komplexe Arrangements in Organisationen und für die Gleichzeitigkeit von Unterschiedlichem in einer funktional differenzierten Gesellschaft ebenso, von der her das, was in der empirischen Sozialforschung als *Situation* oder *Praxis* beschrieben wird, kontextualisiert wird. Zugleich werden Ereignisse *im* System – nicht: *durch das* System, das sie ja selbst *sind* – eingeschränkt, indem sie empirisch anschließen und damit das System kontinuieren.

Struktur und Prozess sind letztlich nur zwei unterschiedliche Beobachtungen desselben Sachverhalts: *Struktur* steht für *zukünftiges* Geschehen und ist damit reversibel; Prozesse dagegen stehen für *vergangenes* Geschehen, also für die Anschlussfähigkeit weiterer Ereignisse, sind also irreversibel. Auch hier darf jedoch nicht vergessen werden, dass Vergangenheit und Zukunft als Modalzeiten der Gegenwart zu verstehen sind (vgl. Nassehi 1993, S. 210 ff.). Die Vergangenheit ist zwar geschehen, aber ihre gegenwärtige Beobachtung enthält genug Kontingenzspielraum, um sie neu zu deuten, mit anderen Unterscheidungen zu beobachten oder sie mit anderen Selektivitäten als Prozess zu konstituieren. Ebenso ist die Zukunft als Erwartung nicht etwas, das *in der Zukunft* liegt. Zukunft liegt immer nur als gegenwärtiger Entwurf, als Erwartung oder Telos vor, niemals aber als Zukunft selbst – und dies deshalb, weil Systeme nur in Gegenwarten operieren: »Die Zukunft kann nicht beginnen.« (Luhmann 1990c, S. 119) Daraus folgt, dass *Prozesse* stärker an der *Vergangenheit* orientiert sind, während *Strukturen* eher an *zukünftig* erwarteten Systemzuständen ansetzen. Man kann dies auf die Formel bringen, dass *Prozesse* die *Selektivität der Vergangenheit* und *Strukturen* die *Selektivität der Zukunft* sicherstellen (vgl. Luhmann 1990c, S. 141).

Der Strukturbegriff ist in dieser Theorieperspektive eng an den Gegenwartsbegriff und damit an den Zeitbegriff und an den Beobachtungsbegriff gebunden. Letzteres lässt sich auch den beiden prominentesten Strukturtheorien in den Sozialwissenschaften entnehmen. So versteht der parsonssche *Strukturfunktionalismus* unter Struktur nicht nur »eine Reihe von verhältnismäßig stabilen Beziehungsmustern zwischen Einheiten« (Parsons 1973, S. 54), die die verschiedenen Einheiten normativ und kollektiv integrieren (vgl. Parsons 1976, S. 140). Die Sozialstruktur ist nicht nur ein integrierendes Fundament sozialer Praxis, das den Aufbau, den Zusammenhang und die Einheit des sozialen Systems bzw. der Gesellschaft sichert. Sie ist auch, oder sogar: vor allem, ein Beobachtungsschema, ein analytisches Muster zur Herstellung von strukturierten Sätzen über einen strukturierten Gegenstand. Noch deutlicher unterscheidet Claude Lévi-Strauss in seiner *Strukturalen Anthropologie* zwischen den *praktischen* Sozialbeziehungen und der *modellhaften* Struktur: »Das Grundprinzip ist, dass der Begriff der sozialen Struktur sich nicht auf die empirische Wirklichkeit, sondern auf die nach jener Wirklichkeit konstruierten Modelle bezieht. Damit wird der Unterschied zwischen zwei Begriffen, die einander so nahe sind, dass man sie oft verwechselt hat, sichtbar, ich meine zwischen der *sozialen Struktur* und den *sozialen Beziehungen*. Die *sozialen Beziehungen* sind das Rohmaterial, das zum Bau der Modelle verwendet wird, die dann die *soziale Struktur* erkennen lassen.« (Lévi-Strauss 1967, S. 301) Struktur ist für den Strukturalisten Lévi-Strauss kein Realgegenstand, der in der sozialen Praxis aufgefunden werden muss. Struktur ist für ihn vielmehr eine *Erkenntniskategorie*, Ergebnis einer *Beobachtung*, während die sozialen Beziehungen sozusagen *Operationen* sind, die nicht mit der Beobachtung übereinstimmen müssen. Allerdings, so Lévi-Strauss, trifft der Ethnologe (oder der Sozialforscher schlechthin) bereits auf einen Gegenstand, der sich selbst strukturierende Beobachtungen gegeben hat. Man hat es »nicht nur mit dem Rohmaterial zu tun, sondern auch mit Modellen, die von der betreffenden Kultur bereits als Interpretation mitgegeben werden« (ebd., S. 304). Strukturen sind also Beobachtungskategorien, die der sozialen Praxis ein Gerüst verleihen und so die sozialen Beziehungen hervorbringen, indem sie sie beobachten – ganz ähnlich offensichtlich, wie dies der »Überbau« der beobachteten Kultur auch tut. Da Sozialbeziehungen immer *einschränkbare* Sachverhalte sind, drückt sich in der Sozialstruktur aus, was innerhalb eines sozialen Feldes zu geschehen hat, was ausgeschlossen werden kann und was ausgeschlossen bleibt.

Anders freilich als diese beiden Strukturtheorien interessiert sich die Theorie autopoietischer Systeme sehr wohl für reale Strukturen – dass diese ihrerseits beobachtet werden müssen, versteht sich dabei freilich von selbst. *Real* meint hier: Es geht um die empirisch interpretierbare Form der Selbsteinschränkung, des Wegarbeitens von Kontingenzen (vgl. Nassehi/Saake 2002a/b), der praktischen Herstellung von Situationen, in de-nen – im Kontext gesellschaftlicher, organisatorischer und interaktionsförmiger Anschlusslogiken und -einschränkungen – eine konkrete soziale Realität erzeugt wird, die sich selbst kontinuiert und jene Akteure erzeugt, denen sie dies zurechnet.

Damit ist letztlich in fokussierter Form beschrieben, was das ausmacht, was ich den *zweiten Diskursstrang des soziologischen Diskurses der Moderne* nenne, der keineswegs mit systemtheoretischem Denken beginnt, sondern überall dort, wo es um die *praktische, operative* Herstellung von Bedeutung und Anschlussfähigkeit im Kontext gesellschaftlicher Strukturen geht, die hier nicht als quasitranszendentale, vorempirische Funktionenarrangements verstanden werden dürfen, sondern als konkrete Formen der Einschränkung möglicher Kontingenz.

Gegenwart als Bezugsproblem – die losen Enden der »Kritik der soziologischen Vernunft«

Im zweiten Diskursstrang des soziologischen Diskurses der Moderne scheint sich, so viel sollte deutlich geworden sein, *Gegenwart*, und zwar *operative Gegenwart* als das entscheidende Bezugsproblem herauszustellen. Damit lassen sich die losen Enden meiner fünf Kritiken – Kritik der reinen Soziologie, der handelnden, der authentischen, der operativen und der gesellschaftlichen Vernunft – verbinden und zu jenem Ziel ausbauen, das selbstverständlich kein intendiertes Ziel einer listigen soziologischen Vernunft ist, sondern konsequent in einer Gesellschaft stattfindet, in der die Vertrauensvorschüsse für die klassische Formierung individueller und kollektiver Subjekte, also: Träger von Motiven und Zugehörigkeiten zu Kollektiven, nicht mehr gedeckt sind. Ganz offensichtlich ist die Soziologie selbst in einem *postbürgerlichen* Zeitalter angekommen – in dem Sinne, dass ihre Derivate bürgerlicher Grundbegriffe wie handelnde Subjekte und politisierbare Kollektive offensichtlich selbst zu historisieren sind. Wie meine Rekonstruktionsarbeit gezeigt hat, besteht der soziologische Diskurs der Moderne selbstverständlich von seinem Beginn an aus der Dekonstruktion dieser historischen bürgerlichen Denkfiguren, wie man insbesondere der Dekonstruktion des Subjekts mit der soziologischen Erfindung seines kleinen Bruders, des Akteurs, entnehmen kann. Freilich hat sich die gesamte Grundbegrifflichkeit der Soziologie an dieser historischen Erfahrung der bürgerlichen Gesellschaft abgearbeitet und mit ihrer Soziologisierung des handelnden Subjekts und des staatlichen Gemeinwesens als sich selbst organisierende oder über Konflikte integrierte Kollektivität die Grunderfahrung des selbstbewussten, auf sich selbst zurückgeworfenen Bürgers auf den Begriff gebracht, der sich sein Leben und sein Vermögen (im Doppelsinn des Wortes) als eigene Leistung zurechnet. Dass Akteure, was sie tun, selbst tun, aber nicht wirklich aus freien Stücken, wie es in Marxens Diktum heißt, reflektiert diese Grunderfahrung des soziologischen Blicks. Freilich bleibt dieser dann doch an der alltagsweltlichen Erfahrung haften, dass Akteure tun, was sie tun, und findet darin den Algorithmus, über den die soziale Welt verstehbar wird. Hier setzt meine *Kritik der soziologischen Vernunft* an.

Es versteht sich zwar von selbst, sei aber nochmals explizit betont, dass meine Kritik der soziologischen Vernunft keine Kritik der Soziologie ist, keine Kritik an der Soziologie, keine Antisoziologie. Im Gegenteil: der Kritikbegriff wird hier im Sinne der kantischen Vernunftkritiken gebildet, die nicht Kritiken an der Vernunft sind, sondern erkenntniskritische Fragen nach den Bedingungen der Möglichkeit theoretischer, praktischer und ästhetischer Fragen. Diese Erkenntniskritiken nehmen zur Grunderfahrung der Erfahrbarkeit der Welt eine skeptische Haltung ein, um nach den Bedingungen zu fragen, nach denen theoretische, praktische und ästhetische Fragen dann doch vernünftig behandelt werden können. Ähnlich geht es mir erkenntniskritisch darum, auf den Zusammenhang von begrifflichen Kategorien und ihrer Gegenstandskonstitution aufmerksam zu machen. Letztlich geht es mir um die Frage nach der *Möglichkeit* der Soziologie, nach einer Soziologie, die auch noch die postbürgerliche Wirklichkeit jenseits der Subjekterbschaft und jenseits des klassischen bürgerlichen Gesellschaftsmodells als Arena deliberativer Herstellung von Kollektivität *soziologisch* in den Blick nehmen kann.

Die losen Enden meiner fünf Kritiken verweisen alle darauf, dass es die komplexe Hervorbringung von operativen Praxen ist, die sich je in einer Gegenwart bewähren müssen und zugleich die Motive wie die Kollektivitäten praktisch erzeugen, mit denen sich solche Situationen entparadoxieren. Die *erste Kritik* kaprizierte sich zunächst darauf, dass soziologische Begrifflichkeiten und die soziologische Rede- und Textform keineswegs in *reiner Form* vorkommen, sondern sich *praktisch* vor einem Publikum bewähren müssen – und das in doppelter Weise. Denn zum einen finden sich soziologische Texte stets vor einem Publikum, andererseits ist die Soziologie diejenige Reflexionswissenschaft, die exakt dies zum Thema hat: dass das, was spätestens mit dem Entstehen des Bürgertums und der Verstaatlichung des Politischen als *Gesellschaft* erscheint, die Vorstellung einer *Arena* erzeugt, in der und vor der sich die Geltung von Sätzen, von Ansprüchen auf Geltung und von Bedeutungen zu bewähren haben. Der besondere Erfolg gerade des soziologischen Denkens besteht, oder besser: bestand darin, diese *Arena*-Selbsterfahrung auf den Begriff gebracht zu haben. An den drei deutschen Nachkriegsvarianten der öffentlichen soziologischen Rede von Theodor W. Adorno über Jürgen Habermas zu Ulrich Beck habe ich dann nachzuzeichnen versucht, wie sich die *Arena* selbst offensichtlich verändert hat und damit auch ihre Soziologie und die Formen der Zumutbarkeit öffentlicher soziologischer Rede. Zu lernen war hier eine erste Lektion in Praxisgegenwarten: Die öffentliche soziologische Rede ist eine Praxis, die sich, wie alle Praxis, in konkreten Gegenwarten zu bewähren hat und die als Kommunikation von der Frage ihrer Anschlussfähigkeit an weitere Kommunikation abhängig ist. Ohne die Frage der *Gegenwart* überzustrapazieren, wird an den drei Beispielen doch sehr deutlich, dass die Soziologie eben nicht einfach mit einer *reinen* Begrifflichkeit operieren kann, sondern im Sinne dessen, was in der Wissenschaftssoziologie sonst als *Laborstudien* bekannt ist, ihren Gegenstand selbst erzeugt (vgl. Knorr Cetina 1988; Latour 1996; Amann 1994). Ihr Labor ist dabei nicht ein vergleichsweise abgeschotteter Raum, in dem ganz eigene Realitäten erzeugt werden – von oszillografischen Ästhetiken über mikroskopische Bilder der Welt bis zu Normmäusen als Maßstab für die »Natur«. Ihr Labor ist der Gegenstand, den sie durch ihre Kategorien selbst erzeugt – die Idee der Gesellschaft nämlich, wie sie im 19. Jahrhundert als Grundmodell (mindestens) der europäischen Moderne entstanden ist und die sich als Beschreibungsform für solche Probleme bewährt hat, die man *soziale Probleme* nennt. Dabei ist darauf zu achten, dass ich hier keinerlei Kausalitäten postuliere. Nicht *weil* es zu soziologischen Chiffren dieser Art kam, haben sich Gesellschaften so erlebt; und nicht *weil* sie sich so erlebt haben, hat die Soziologie (und ihre Derivate) das so abgebildet. In diesem Labor wird wie in jedem anderen Labor eine objektive Welt vorausgesetzt, die freilich außerhalb des Labors nicht existiert und doch Natur ist – und dann außerhalb des Labors zur eindeutigen Beschreibung des Natürlichen dient. All die Diskurse über Grenzverschiebungen des Natürlichen (vgl. Latour 1995) und über die Sozialität von Dingen (vgl. Knorr Cetina 1998; 2001) sind zwar durchaus eindringlich. Sie verlieren freilich ihre Exklusivität, wenn man nicht nur die naturwissenschaftliche Beschreibung der Natur, sondern auch die sozialwissenschaftliche Beschreibung der Gesellschaft nicht in dem Sinne *objektivistisch* auffasst, als gebe es das Soziale sehr wohl, das Natürliche dagegen nicht. Die »Objektivität« des soziologischen Gegenstandes ist in etwa so streng wie die des Gegenstandes der Naturwissenschaften – und insofern muten Versuche, die Plausibilität des Gegenstandes der Soziologie wie bei Durkheim über Organismus- oder Dingmetaphern mit einer Analogie zur Strenge der Naturwissenschaften zu versehen, aus heutiger Sicht irgendwie ironisch an. Die *Kritik der reinen Soziologie* jedenfalls führt zu der Einsicht, dass die soziologische Beschreibung nicht nur abstrakt zu ihrem Gegenstand gehört, sondern konkret und empirisch *operativ* in ihren Gegenstand eingeschlossen ist und insofern ihre Plausibilität über jenen Mechanismus erhält, der die Möglichkeit aller Kommunikation bedeutet: über *Anschlussfähigkeit*, die je gegenwärtig, operativ und nicht ein für alle Mal hergestellt werden muss.

Die zweite, die *Kritik der handelnden Vernunft* hat das Motiv der Anschlussfähigkeit als Grundproblem des Handelns bereits aufgewiesen, ohne jedoch diesen kommunikationstheoretischen Begriff zu benutzen. Hier habe ich in der pragmatistischen Handlungstheorie George Herbert Meads jenen Umschlagspunkt entdeckt, an dem sich die beiden Diskursstränge des soziologischen Diskurses der Moderne voneinander trennen. Und bereits an dieser frühen Stelle kommt der operative Aspekt der Zeit und der Gegenwarten ins Spiel. Sozialität ist für Mead letztlich ein temporaler Begriff. Er bezeichnet den auf frühere Ereignisse bezogenen Anschluss eines neuen Ereignisses, *aus dessen Perspektive* die Welt eine andere geworden ist. Was Mead als das »Zwischen« des alten und neuen Stadiums beschreibt, ist die Differenz zwischen den Ereignissen, die von einem Ereignis nur dann als Differenz wahrgenommen werden kann, wenn innerhalb dieses Prozesses ein Moment an Unbestimmtheit, an Nicht-Notwendigkeit, an Kontingenz eingebaut ist. Damit wird es für Mead möglich, Handlungen als jene elementaren Gegenwarten aufzufassen, die als Ereignisse eine dynamische Welt konstituieren und in denen das Bewusstsein als Folge (oder, wie bei Dewey, wenigstens als Teil) der Handlung fungiert, nicht aber als ihre Voraussetzung. Letztlich beginnt alle Soziologie mit einer Dekonstruktion des Subjekts, indem sie auf die Kulturbedeutung des Motivs und seiner Begründung, auf die Kollektivität seiner Genese oder auf seine soziale Bedingtheit verweist. So wechselt der Auftraggeber (Zima) des Subjekts von der philosophischen Variante einer präsupponierten Vernunft zu seiner kulturellen/sozialen Herkunft. Aber dennoch ist diese Soziologie nach wie vor auf der Suche nach Motiven und ihrer bewusstseinsmäßigen Repräsentation. Allein Mead gelingt es, hier die Denkrichtung umzukehren, indem er auf den *funktionalen* Aspekt der Genese des Bewusstseins und seiner motivorientierten Beobachtung von Handlungsprozessen hinweist. Seine pragmatische Perspektive stößt auf eine Praxis, die sich selbst hervorbringt, inklusive der in Handlungshemmungen durch Selbstdistanzierung, Antizipation von Folgen und vor allem Rollenübernahmen erst entstehenden Innenwelt des Handelnden, dessen Identität sich jener Praxis verdankt, deren Grundlage sie zugleich ist. Leider fehlte Mead noch die Möglichkeit, den Kontext der konkreten Praxis anders als mit Mitteln des Postulats einer gesellschaftlichen Allgemeinheit zu beschreiben. Hier lokalisiert er dann inkonsequenterweise den *Auftraggeber*: als *Ganzes* im Sinne eines universalen Diskurses – »genauso wie jede Monade im Leibnizschen Universum dieses Ganze aus einer anderen Sicht spiegelt« (Mead 1988, S. 245).

An dieser Stelle hat Habermas' Mead-Rezeption angesetzt, die einerseits an der Frage der praktischen Genese von gemeinsamen Horizonten interessiert ist, andererseits aber diese Gemeinsamkeit ganz im Stile des Gesellschaftskonzepts des *ersten Diskursstrangs* stets nur als Allgemeinheit, als Kollektivität, als Quelle aller (richtigen) Motive angeben kann. Dass Habermas Meads eigentliche Theorieleistung ignoriert, nämlich die Lokalisierung der *requisite variety* im Prozess des Handelns selbst und nicht in angemessenen Motivlagen, wie sehr diese immer einer kommunikativen Vernunft sich verdanken, ist meiner Ansicht nach kein *Fehler*. Im Gegenteil lässt sich an dieser Rezeption sehr deutlich nachverfolgen, wie und wo die Demarkationslinie zwischen den beiden Diskurssträngen verläuft. Mead ist gewissermaßen ihr Grenzposten, denn er stößt *einerseits* auf operative Gegenwarten und auf das, was später im systemtheoretischen Kontext *Kommunikation* heißen sollte: auf das in das Nacheinander sozialer Ereignisse eingebaute Problem der Anschlussfähigkeit und eines notwendigen Maßes an Unbestimmtheit möglicher Anschlüsse; er sichtet *andererseits* das Problem einer befriedigenden Beschreibung des Kontextes jener gegenwartsbasierten Praxen und stößt fast von selbst auf eine Lösung, die sich jener Intuition verdankt, die den ersten Diskursstrang des soziologischen Diskurses der Moderne bestimmt: auf Gesellschaft als einer Allgemeinheitsmetapher, die universale Geltung oder wenigstens Bedeutung verbürgt. Was der soziologische Diskurs Mead freilich verdankt, ist die Einsicht, dass das *Handlungs*problem ein *Zeit*problem ist: Der Sinn einer Handlung ergibt sich aus dem Nacheinander der Einzelhandlungen. Damit ist bereits der später in der Systemtheorie behauptete Vorrang der Kommunikation vor der Handlung aufgewiesen – nicht in dem Sinne, dass die Kommunikation *über* Handlungen das entscheidende soziale Faktum sei, wie man fälschlicherweise meinen könnte. Dieser Kommunikationsbegriff stellt vielmehr auf Anschlüsse ab: Kommunikation gelingt nicht dadurch, dass ein Sprechakt *tatsächlich* von einem zweiten Sprecher exakt *verstanden* wird. Kommunikation wird niedrigschwelliger gedacht. Sie kommt allein dadurch zustande, dass *überhaupt* angeschlossen wird.

Dass Luhmann diese dritte Selektion des Anschlusses neben den Selektivitäten der Information und der Mitteilung den Namen *Verstehen* gegeben hat (vgl. Luhmann 1984, S. 110 f.), gibt leider Anlass zu Missverständnissen. Worauf diese Anschlusskomponente freilich deutlich hinweist, ist zweierlei: Sie verweist darauf, dass Sozialität – im meadschen Sinne! – durch je gegenwärtige Zeitschnitte hergestellt wird, durch das Überraschungspotential in jeweiligen Gegenwarten, oder eben für den soziologischen Beobachter: durch das Ausbleiben der Überraschung, durch schlafwandlerische Anschlüsse. Sie verweist des weiteren darauf, dass Handlungen das Produkt von Ereignisketten sind, und zwar ein Beobachtungsprodukt, das Ereignisse *als Handlungen* zurechnet und so das produziert, was ich im vierten Kapitel als wechselseitige Stabilisierung von Erwartungen beschrieben habe.

Ermöglichte die *Kritik der handelnden Vernunft* es zunächst nur, die soziale Genese von Motiven darzustellen, kapriziert sich die *Kritik der authentischen Vernunft* auf die pragmatistische Dekonstruktion der Authentizität solcher Motive. Am Beispiel der Soziologie Ulrich Becks habe ich dargelegt, wie seine Apologie des Authentischen letztlich die Konsequenzen dessen auf den Begriff bringt, was Habermas' Perspektive gegen sich selbst wendet. Was als Versuch der Verknappung von Argumenten und Motiven zu *guten* Argumenten und Motiven beginnt, vollendet sich bei Beck im Gegenteil zur Inflationierung von Sprechern. Nicht *weniger* denkbare Argumente (und vernünftige Argumente sind immer weniger als alle denkbaren), sondern *mehr* Sprecher finden sich vor, denen Anerkennung zu zollen ist. Erst an dieser Stelle der Untersuchung eröffnete sich die Möglichkeit, die beiden Diskursstränge analytisch voneinander zu scheiden: auf der einen Seite die *Teilnehmer-*

perspektive einer Soziologie, die die Gesellschaft aus der Perspektive authentischer Sprecher rekonstruiert, die *Beobachterperspektive* auf der anderen, die sich für die Genese solcher Sprecherpositionen und die Bedingungen ihrer Plausibilität und Anschlussfähigkeit interessiert. Der zweite Diskursstrang beginnt als Kritik der authentischen Vernunft – also nicht als authentische Soziologie, sondern als Soziologie der Authentizität. Parsons konnte hier als ein Beispiel dafür in Anspruch genommen werden, wie die Handlung so dekomponiert wird, dass sie trotz Festhaltens an der volitiven Struktur des Handlungsgeschehens die soziale Genese der Handlung beschreiben kann – allerdings verfehlt es Parsons, daraus operative, praxistheoretische Konsequenzen zu ziehen. Parsons kommt zwar auf das Modell der doppelten Kontingenz und steht damit letztlich vor einem gegenwartstheoretischen, operativen, praktischen Problem, löst es aber *unpraktisch*. Die normative Asymmetrisierung der doppelten Kontingenz nimmt die Handlungsgegenwart nicht recht ernst, denn Normen (und erst recht: Werte) haben den theoriestrategischen Sinn, die Lösung des Gegenwartsproblems zeitfest zu halten. Aber an Parsons lässt sich wenigstens der epistemologische Bedarf für eine operative Perspektive ablesen – und damit nimmt meine Rekonstruktion die Soziologie Talcott Parsons' für etwas in Anspruch, was ihr üblicherweise nicht zugemutet und abverlangt wird.

Wie soziologisch anspruchsvoll es ist, die Logik der praktischen Herstellung von Situationen und Anschlüssen auf den Begriff zu bringen, habe ich dann an der so genannten Praxissoziologie rekonstruiert. Insbesondere an Schatzki wurde deutlich, dass die Praxisgegenwart – strukturell ganz ähnlich wie bei Parsons – dann doch an Regeln, an die Gesamtrationalität eines situativen Settings oder an individuelle Vermögen gebunden wird. In Auseinandersetzung mit Foucault und der so genannten Praxissoziologie konnte schließlich gezeigt werden, dass Authentizität, also die kommunikative Form, Äußerungen ernst zu nehmen und ihre Plausibilität vor allem darin zu sehen, dass es sich um Äußerungen einer konkreten Person handelt, selbst eingebettet in die praktische Form von Anschlussmöglichkeiten gedacht werden muss. Das theoretische Problem besteht dann darin, die Kontexte exakt dieser Anschlussmöglichkeiten benennen zu können, ohne doch wieder wie der *orthodox consensus* auf Normativität als Vorbedingung zu stoßen. Auch hier jedenfalls trifft meine Argumentation wieder auf das Problem der Praxisgegenwart oder der operativen Gegenwart als grundlegendes Bezugsproblem.

Die vierte Kritik, die *Kritik der operativen Vernunft*, macht exakt diese Praxisgegenwart zum Thema und radikalisiert sie. Ich habe hier vor allem Pierre Bourdieus Soziologie der Praxis und Niklas Luhmanns Theorie operativer sozialer Systeme in Anspruch genommen, um daran die theoretische *Temporalisierung des Sozialen* aufzuzeigen. Bourdieu interessiert sich dafür, wie in Praxisgegenwarten mit den zur Verfügung stehenden kulturellen, sozialen und ökonomischen Ressourcen Positionen innerhalb und zwischen Feldern gewonnen und verloren werden. Der *praktische Sinn* sei »gefangen von dem, *um was es geht*, völlig gegenwärtig in der Gegenwart und in den praktischen Funktionen, die sich dieser in Gestalt objektiver Möglichkeiten entdeckt« (Bourdieu 1987, S. 167). Zugleich schließe dieser praktische Sinn einen Rekurs auf sich selbst aus. Die Regeln des Spiels bleiben der Praxis letztlich intransparent, und so kommt Bourdieu letztlich auch zu einem Kommunikationsbegriff, der auf die Unbestimmtheit von Anschlüssen abhebt – freilich eine Unbestimmtheit, die durchaus einer Bestimmtheit ausgesetzt ist, die der Praxis selbst nicht transparent ist. Ich habe deshalb Luhmanns Figur des *blinden Flecks* und Bourdieus *Habitus* theorietechnisch äquivalente Funktionen zugesprochen. Denn wie der Habitus rekurriert auch die Idee des blinden Flecks darauf, dass jegliche Gegenwart sich nicht reflexiv gegeben ist, sondern ebenjenes Element der Praxis ist, das nicht weiter auflösbar ist, weil es aus der Praxis kein Entkommen gibt – es sei denn praktisch. Dies ist womöglich die entscheidende Denkfigur, an der sich die soziologischen Geister scheiden: Nimmt man die praxistheoretische Bedeutung der Gegenwart und der operativen Genese aller sozialen Prozesse wirklich ernst, so stößt man auf empirische Verhältnisse, in denen es, um Bourdieus Sentenz noch einmal aufzunehmen, tatsächlich um etwas geht, und zwar vor allem darum, in einer konkreten, in der Situation nicht transzendierbaren Situation Anschlüsse herzustellen – und das *blind* insofern, als es nicht um die »Thematisierung« von Anschlüssen geht, sondern um das Anschließen selbst. Der Charme dieser Denkungsart besteht darin, gewissermaßen ausweglose Verhältnisse beschreiben zu können – ausweglos in dem Sinne, dass man die soziale Wirklichkeit tatsächlich aus der Perspektive derjenigen Restriktionen heraus beobachtet, in denen sich Kommunikationssysteme oder Praxisformen *über die nächste Gegenwart retten*. Das ist etwas dramatisch formuliert, aber empirisch lässt sich kaum daran vorbeisehen, dass bei allen Strukturvorgaben, bei allen Kontextbedingungen, bei allen einschränkenden Faktoren und bei aller normativen oder auch präferenzbedingten Handlungseinschränkung und wie soziologische Kontextbeschreibungen auch immer lauten, darauf ankommt, wie sich Gegenwarten dadurch entparadoxieren, dass es schlicht *weitergeht*.

Das ist der eigentliche soziologische Sinn der systemtheoretischen Soziologie in der Version einer Theorie autopoietischer Systeme. Letztlich dementiert die Systemtheorie das, was mit dem Systembegriff üblicherweise verbunden wird. Diese vollständig temporalisierte Theorie operativer Systeme vermeidet noch die ontologische Hypostasierung ihrer Elemente als gewissermaßen stofflicher Grundlage für die Emergenz eines »Systems«. Kommunikation erzeugt sich letztlich dadurch, dass sie unvermeidlich wird. »Kommunikation ist nicht wegdenkbar«, schreibt Peter Fuchs (2001, S. 238) und bringt damit treffend zum Ausdruck, dass Kommunikation letztlich keinen Anfangspunkt hat, also zustande kommt, schon wenn Körper aufeinander treffen, deren Verhalten als Mitteilung aufgefasst werden kann – von der Kommunikation wohlgemerkt. Es geht hier nicht darum, das Bewusstsein wegzudenken. Denn es ist erst die Kopräsenz von Bewusstsein (und Körpern), die, sobald sie wahrnehmen, dass sie sich wahrgenommen haben, bereits mitten in einem Kommunikationssystem stecken und doch deren Umwelt sind, Umwelt im Sinne von *anderen* Operationen, aber unvermeidlich gekoppelt. Es ist ein anderer empirischer Blick, der sich weniger dafür interessiert, wie Sprecher etwas sprechen, etwas *äußern*, als sei es erst *innen*. Dieser Blick interessiert sich dafür, wie Sprecher, Akteure, Körper, Menschen von der Kommunikation nicht nur in ihren Bann, sondern schon in ihre operative Anschlussform gezogen werden – und das geschieht stets *in der Zeit*. Weder bewusste Subjekte noch stabile Strukturen erzeugen den Algorithmus dessen, was geschieht, sondern das Geschehen selbst. Es gibt keine Kommunikation außerhalb der Kommunikation, wie es für Bourdieu kein Spiel außerhalb des Spiels gibt, und gerade deshalb interessiert sich solcherart Soziologie sensibel für die empirische Herstellung von Ordnung, die noch in ihrer stabilsten Variante je *hergestellt* werden muss.

Die *Kritik der operativen Vernunft* führt also sowohl die Dekonstruktion des Subjekts als auch die Kritik des Authentischen zusammen, indem sie sowohl die Handlung als auch die Zurechnung an die operativen Akte eines Anschlusszusammenhangs bindet. Ungeklärt bleibt freilich noch die Frage nach dem Kontext der Praxis. Ich habe in meiner kurzen Diskussion der Ethnomethodologie und der Praxissoziologie darauf hingewiesen, dass beide mit ihrer Konzentration auf das praktische *setting* letztlich die Frage nach dem Kontext ausblenden – und die Frage nach dem *setting* ist die Frage nach der *Gesellschaft*, in der solche Gegenwarten statthaben. Mit Bourdieu habe ich gezeigt, wie der Kontext gewissermaßen als ökonomische Form beschrieben werden kann, der freilich auf die Sozialdimension und die Konkurrenz um knappe Ressourcen beschränkt bleibt. Die systemtheoretische Perspektive dagegen operiert erheblich weniger voraussetzungsreich. Insofern führt die Frage nach der *operativen Vernunft*, die eine Aufklärung über die *Gesellschaft* erfordert, in der *Gegenwarten* sich ereignen, zur *Kritik der gesellschaftlichen Vernunft*.

Diese fünfte, die *Kritik der gesellschaftlichen Vernunft*, rekonstruiert zunächst den Gesellschaftsbegriff anhand zweier Metaphern, nämlich anhand der Vertragsmetapher mit Hobbes und anhand der Organismusmetapher mit Durkheim. Beide, die – nach Lehrbuchform – eher individualistische Vertragsmetapher und die eher kollektivistische Organismusmetapher, lösen das Ordnungsproblem zwar nicht im engeren Sinne politisch. Aber beide Wege zu einer Theorie der Gesellschaft führen dazu, das gesellschaftliche Ordnungsproblem semantisch einer *politischen Logik* unterzuordnen, was sich historisch damit erklären lässt, dass sich jene Form der *Arena* tatsächlich gleichursprünglich mit der Form des nationalstaatlichen Gesellschaftsmodells entwickelt hat. »Gesellschaft« entstammt der historischen Erfahrung der Ansprechbarkeit von Kollektiven und nicht zuletzt der Generalinklusion von Bevölkerungen als evolutionärer Universalie der modernen Gesellschaft, in der etwa über Klassenbildung auch eine Kollektivierung und Politisierung weniger privilegierter Gruppen stattgefunden hat. Mit Shmuel Eisenstadt habe ich gezeigt, dass gesellschaftliche Modernität sich insbesondere als kollektive (oder: teilkollektive) Mobilisierbarkeit und als Kritik darstellt – und darin wird gewissermaßen das parsonssche Modell der integrierten und an kollektiven Zielvorstellungen orientierten Sozialität doppelt gebrochen: *zum einen* in dem Sinne, dass sich Gesamtgesellschaften sehr wohl über Konflikte und Dissens integrieren können, darin aber ironischerweise jene Funktion erfüllen, die Parsons so harmonisierend beschrieben hat; *zum anderen* in dem Sinne, dass die Kollektivierung und damit die Ansprechbarkeit von partikularen Gruppen – etwa Arbeitern, religiösen Eiferern oder ethnischen Minderheiten – exakt nach dem Muster erfolgt, das Parsons für *self-sufficient societies* beschrieben hat. Jedenfalls impliziert die funktionale Ähnlichkeit von Integration und Konflikt, an deren Unterscheidung sich die gesellschaftstheoretische Debatte über Jahre orientiert hatte, die ausschließliche Beschreibung der Gesellschaft in der Sozialdimension als integrierbare Kollektivität. Und noch wo von diesem Modell der Integration bzw. der eindimensionalen Beschreibung eines gesellschaftlichen Zentralkonflikts abgewichen wird, liegt es näher, wie etwa bei Laclau und Mouffe die *Unmöglichkeit* der Gesellschaft zu betonen – um damit letztlich der klassischen, in diesem Sinne bürgerlichen Idee der Gesellschaft Recht zu geben.

Dieser klassische Gesellschaftsbegriff setzt dort *integrierte/integrierbare/integrierende Kollektivitäten* ein, wo die Theorie des Handelns *Motive* einsetzt. Beide Konzepte verhindern gewissermaßen die Temporalisierung ihres Gegenstandes und entdramatisieren exakt das, wovon der zweite Diskursstrang des soziologischen Diskurses der Moderne in erster Linie handelt: *operative Gegenwarten*. Dieser Gesellschaftsbegriff, so habe ich bereits im zweiten Kapitel anlässlich Habermas' Adaption von Parsons' Gesellschaftsbegriff als Lebensweltkomponente gezeigt, dient dazu, Stabilität zu suggerieren. Er dient geradezu dazu, operative Gegenwarten und ihre praktische Kontingenz wegzuarbeiten. Darin ähnelt der Gesellschaftsbegriff jenem Subjektbegriff, der ebenfalls eine Stabilität suggerierte, die das *vernünftige* Subjekt Notwendigkeit in Freiheit umdeuten ließ und darin ein Vertrauen zum Ausdruck brachte, das aus *empirischen* Subjekten letztlich insuffiziente Abbilder eines kontrafaktischen Ideals machte. Ähnlich scheint es sich mit der Kollektivität des Gesellschaftlichen zu verhalten, der letztlich die Lösung *gesellschaftlicher* Probleme zugemutet und zugetraut wird. Das gilt sowohl für die harmonistische Variante einer wertintegrierten Kollektivität im Sinne Parsons' oder auch des Kommunitarismus als auch für konfliktsoziologische Ansätze, die ein zurechenbares Kollektiv für die andere Seite des Konflikts voraussetzten. Dieses Vertrauen in die kollektive Kraft des Gesellschaftlichen hat die analoge Funktion des *guten Motivs*: Letztlich vertraut diese klassische, bürgerliche Idee der Gesellschaft – wiederum enggeführt an der Logik des Politischen – dem kollektiven Willen der »Gesellschaft« und schließt letztlich vom *falschen* kollektiven Willen auf Pathologien und fehlgeleitete Ordnungen (vgl. Habermas 1981a/b). Ich überzeichne: das *gute* Motiv folgt der *guten* Gesellschaft und arbeitet damit soziologisch die empirische Kontingenz praktischer Ordnungsbildung weg und glaubt fast ausschließlich den retrospektiven, ordnenden Beobachtungen mit den Denkschemata *Handeln* und *Gesellschaft* – obwohl die Soziologie sowohl das Subjekt als auch die objektive Vernunft radikal dekonstruiert hat und ihre kleinen Geschwister *Akteur* und *Gesellschaft* in einer eigentümlichen Schwebe hält. Insofern habe ich oben sowohl dem Begriff des Subjekts/Akteurs als auch dem Begriff der Gesellschaft eine *Theodizee-Funktion* zugewiesen.

Aus meiner *Kritik der gesellschaftlichen Vernunft* folgt wie aus der *Kritik der handelnden Vernunft* die Frage, wie sich ein Gesellschaftsbegriff gewinnen lässt, der an ein *operatives* Verständnis des Sozialen anschließt, der an *Praxis* anschließt. Wie ist ein Gesellschaftsbegriff im Rahmen dessen denkbar, was ich den *zweiten Diskursstrang des soziologischen Diskurses der Moderne* genannt habe? Wie muss ein Gesellschaftsbegriff verfasst sein, der die *Gesellschaft* jener *Gegenwarten* beschreiben kann, die einer operativen Theorie des Sozialen empirisch erscheinen? Zur Beantwortung dieser Fragen werde ich im Folgenden an die Diskussion um die Theorie funktionaler Differenzierung anschließen, deren Weiterentwicklung in der Lage sein wird, die *Gesellschaft der Gegenwarten* zu beschreiben.

Gesellschaft als operativer Begriff

Aus der Perspektive einer operativen soziologischen Theorie muss auch der Begriff der Gesellschaft ein *operativer Begriff* sein. Wie ich gezeigt habe, umgehen Praxisperspektiven das Problem einer *praxeologischen* Bestimmung der »Gesellschaft« dadurch, dass sie auf eine gesellschaftstheoretische Fragestellung entweder ganz verzichten oder aber doch sehr konventionell auf Regeln und Normen stoßen. Eine Ausnahme habe ich in Bourdieus Soziologie der Praxis ausgemacht, die einem operativen Verständnis der Gesellschaft recht nahe kommt, aber letztlich nur Operationen kennt, Ressourcenknappheit zu bewältigen. Im Übrigen scheint auch Bourdieu auf einen Gesellschaftsbegriff im engeren Sinne zu verzichten. In *einer* Gesellschaft haben die von ihm beschriebenen Felder insofern statt, als sie sich darin ähnlich sind, dass in ihnen eine je spezielle Ökonomie, aber eben doch eine *Ökonomie* herrscht. Dass dies in einer *Gesellschaft* stattfindet, spielt für Bourdieu keine entscheidende Rolle. Er sucht nicht nach dem Band, das die Felder verbindet, auch nicht nach einer elaborierten Verhältnisbestimmung, sondern bleibt tatsächlich jemand, der in erster Linie von der Seite der empirischen Bestimmung von Praxis her auf die Ähnlichkeiten der Ordnungsbildung stößt. Die andere operative Theorie, die luhmannsche Systemtheorie, beginnt weniger voraussetzungsreich, indem sie zunächst einen rein technischen Begriff der Gesellschaft anbietet: Gesellschaft ist dann schlicht das umfassendste Sozialsystem, das alles, was an kommunikativen Ereignissen geschieht, einschließt (vgl. Luhmann 1997, S. 78 ff.).

Dieser voraussetzungslose Begriff der Gesellschaft hält Distanz zu jenem Gesellschaftsbegriff, der sich vor allem der historischen Erfahrung der Politisierbarkeit von Ordnung verdankt. Es ist dies geradezu ein *technischer* Gesellschaftsbegriff, der allein an der Faktizität von kommunikativen Ereignissen und ihren Anschlussformen ansetzt. Dabei ist Gesellschaft als *umfassendstes* Sozialsystem keineswegs als ein *Makro*-Phänomen zu verstehen, im Unterschied zu einer *Mikro*-Realität von Interaktionen oder einer *Meso*-Ebene von Organisationen. Die Unterscheidung von Gesellschaft im Unterschied zu Organisationen und Interaktionen stellt auf unterschiedliche Formen der Generierung von Ordnung ab. So schließen Interaktionen an die Wahrnehmung von Wahrnehmungen an, sind auf Echtzeit angewiesen und zerfallen leicht. Organisationen dagegen finden ihre Reproduktion in Entscheidungen und ihrer Vorbereitung und binden ansprechbare Personen durch mehr oder weniger stabile Mitgliedschafts- und Publikumsrollen. Und als Gesellschaft ordnet sich Kommunikation dadurch, dass sie im Kontext von Abwesendem stattfindet, im Kontext unüberschaubarer Gleichzeitigkeiten. Diese drei Ordnungstypen generieren jeweils unterschiedliche empirische Bedingungen ihrer selbst und produzieren damit *unterschiedliche* Formen der Anschlussfähigkeit – und sind damit je konkret und operativ anwesend und wirksam. *Gesellschaft* ist dann nicht ein emergentes Aggregat aus Interaktionen, sondern Interaktionen finden in einer Gesellschaft statt, aber Interaktion nicht *als* Gesellschaft und Gesellschaft nicht *als* Interaktion (vgl. Luhmann 1984, S. 551 ff.).

Ein empirisches Beispiel aus einem Forschungsprojekt »Todesbilder in der modernen Gesellschaft«, durchgeführt unter meiner und Irmhild Saakes Leitung, möge dies illustrieren. Man stelle sich eine Arzt-Patienten-Interaktion innerhalb eines Krankenhauses vor (vgl. zum Folgenden Saake 2003). Anhand von biographischen und Experteninterviews wird gezeigt, wie der Tod in der Interaktion ausgeblendet wird, und zwar hier im speziellen empirischen Fall der Knochenmarkstransplantation, bei der es unter anderem – aus medizinischen Gründen! – darauf ankommt, dass die Patienten in der kritischen Phase an den Erfolg der Behandlung glauben. Üblicherweise wird in der Medizinsoziologie darauf abgestellt, in vergleichbaren Fällen problematische Machtasymmetrien zwischen Arzt und Patient zu diagnostizieren oder einen »medizinisch produzierten, weil verdrängten« Tod. In diesem Vorwurf »präsentiert sich – komplementär zur Unterstellung der Konstruktion – eine Erwartungshaltung, die mit ›Zauberern‹ rechnet und sich nun, da der Tod doch eingetreten ist, enttäuscht zeigt« (ebd., S. 452). Maßstab ist letztlich wieder die an (falschen) Intentionen und Motiven orientierte Praxis, die als Praxis nicht recht ernst genommen wird, weil die – wohlgemerkt: retrospektiv – (re)konstruierbare Motivlage letztlich als etwas behandelt wird, das dem praktischen *setting* äußerlich sei. Eine solche Diagnose bewegt sich streng in dem Rahmen dessen, was ich den *ersten Diskursstrang* nenne: Sie kennt nur Motive und Kollektivitäten bzw. falsche Motive und – in diesem Fall – Expertenkulturen, die sich außerhalb der kollektiven oder wenigstens kollektivierbaren Willensbildung oder Verständigungsbereitschaft stellen. Und wer falsche Motive in Anschlag bringt, formuliert das im Horizont ihrer möglichen Verbesserung. Hier wird das, was ich oben mit Susan Neiman eine »Theodizee der Zukunft« genannt habe, auf konkrete Forschungsperspektiven kleingearbeitet. Der Forschungshorizont bleibt die *Arena*. Der empirische Blick zeigt jedoch, dass die empirische Praxis eines Krankenhauses nicht als Arena funktioniert, sondern als komplexes Gebilde, in dem unterschiedliche Logiken der Einschränkung von Möglichkeit, i. e.

Ordnung, nebeneinander existieren. Wie hier empirisch gezeigt werden kann, verändert ein Blick auf die Unterscheidung der unterschiedlichen Ordnungsformen sozialer Systeme auch die soziologische Blickrichtung. Diese kurzen Andeutungen machen bereits deutlich, dass ein solcher empirischer Blick auch die Sichtbarkeit, die operative empirische Sichtbarkeit der *Gesellschaft* ermöglicht. Zusammenfassend schreibt Saake: »Die Leugnung des Todes in der medizinalisierten Arzt-Patienten-Interaktion erzeugt den Blick auf einen Zauberer, der vorgibt, mehr zu können, als möglich erscheint. Wenn man die Arzt-Patienten-Interaktion nicht als medizinische Kommunikation entschlüsselt, kann man nicht sehen, dass die Leugnung des Todes im medizinischen Interesse an einem auf die Zukunft ausgelegten Leben liegt. Dass dann doch Tote im medizinischen Betrieb anfallen, ist eher ein organisatorisches Problem als ein medizinisches, denn ein Arzt kann mit einem toten Körper nichts mehr anfangen.« (Ebd., S. 453)

Es geht hier nun nicht um den konkreten empirischen Befund, sondern um etwas anderes. An dem empirischen Beispiel der Arzt-Patienten-Interaktion lässt sich zeigen, dass diese Interaktion als Kommunikation unter Anwesenden sich sehr wohl als Interaktion strukturiert: die Kommunikation über die Behandlung muss sich in konkreter wechselseitiger Wahrnehmung bewähren, es muss so etwas wie eine Konsensfiktion hergestellt werden, Personen werden als Personen ansprechbar, und es entstehen in der Tat »lebensweltliche« Zugzwänge der konkreten Rede, die Sprecher als Personen mit einer Lebensgeschichte und einer unterstellten Innerlichkeit einsetzen. In solchen Interaktionen erscheint der Patient tatsächlich als Patient, hinter dem freilich eine Person aufscheint, die mehr ist als der Patient. Daran kann diese Interaktion nicht vorbeisehen. Zugleich strukturiert sich das, was der Arzt kommuniziert, an den Anschlussbedingungen des medizinischen Systems als Funktionssystem der modernen Gesellschaft. Hier wird also Gesellschaft insofern sichtbar, als codierte Funktionssysteme eine bestimmte Logik der Situation erzeugen – nicht als Makro-Phänomen, was immer das auch sein soll, sondern als konkrete Form der Erzeugung von Ordnung. Die Anschlussfähigkeit dieser Kommunikation schränkt sich anders ein als die Logik der Interaktion. Sieht man nur diese, erscheint das Verhalten des Arztes in der Tat als merkwürdig, sieht man aber nur diese, blendet man exakt das aus, worum es einer operativen Theorie der Gesellschaft geht: in den Blick zu nehmen, wie in konkreten Situationen, wie konkrete, beobachtbare Kommunikationen *Gesellschaft* vollziehen. *Gesellschaft* ist hier nicht eine über den Wolken schwebende oder nur abstrakt unterstellbare Struktur, sondern muss konkret in Operationen vollzogen werden. In besagtem Beispiel rechnet die Kommunikation übrigens auch mit anderen gesellschaftlichen Logiken, mit einer rechtlichen etwa, die aus ganz anderen Gründen das Einverständnis der Patienten erfordert, als es aus medizinischer Sicht erscheint. Zugleich findet sich all das als Kommunikation in einer Organisation vor, die Entscheidungen herstellen muss und dafür sowohl die Logik der Zustimmung in der Interaktion wie die Logik der Krankenbehandlung im gesellschaftlichen Funktionssystem des Medizinischen in Anspruch nimmt. All das muss in einer Gegenwart operativ zusammengebracht werden. Es sind diese Räume geringerer Unwahrscheinlichkeit, von denen konkrete Situationen bestimmt sind. *Praxisgegenwarten* – so lässt sich schon hier sehen – *sind keineswegs nur Interaktionsgegenwarten, nicht einmal nur Organisationsgegenwarten. In ihnen lässt sich jene Gesellschaft aufdecken, in der Gegenwarten statthaben.* Empirisch gesehen ist Gesellschaft stets eine *Gesellschaft der Gegenwarten.*

Bevor ich dieses konkrete empirische Beispiel verlasse, um es in einen größeren gesellschaftstheoretischen Rahmen zu stellen, sei noch ein kurzer Rückblick auf Habermas erlaubt. Habermas hat mit seinem zweistufigen Gesellschaftsmodell durchaus auch darauf reagiert, dass sich innerhalb der Gesellschaft unterschiedliche Ordnungsformen beobachten lassen. In seiner Theoriesprache ist das die Handlungskoordination durch »lebensweltliche« Mechanismen der verständigungsorientierten Herstellung von Einvernehmen in theoretischer, praktischer und subjektiver Hinsicht einerseits und die »systemische« Form der Handlungskoordinierung durch Organisationsmacht und Geldverkehr (vgl. Habermas 1981a/b) andererseits, die analog zu Lockwoods Unterscheidung von System- und Sozialintegration gebaut ist (vgl. Lockwood 1970). Habermas freilich interessiert sich für diese Differenzierung vor allem aus der Perspektive der sozialintegrativen Sphäre, von der her die Legitimität sozialer Praxis beobachtet wird, die sich einem engeren Legitimationsverständnis entzieht. Letztlich baut Habermas die Mechanismen der Lebenswelt – in der Sprache der Systemtheorie gesprochen – sehr *interaktionsnah* und beschreibt damit, dass sich tatsächlich Sprecher begegnen. Für Habermas ist die Lebenswelt gar der *transzendentale* Ort, an dem dies geschieht (vgl. Habermas 1981b, S. 192). Freilich ist Habermas Soziologe genug, um zu sehen, dass das, was er *Lebenswelt* nennt, nicht interaktionistisch beschrieben werden kann. Exakt deshalb baut er *Gesellschaft* als eine der Komponenten der Lebenswelt ein, um lebensweltliche Sozialintegration von der konstitutiven interaktionistischen Bedingung der *Anwesenheit* zu befreien. Die Lebenswelt verbürgt tatsächlich eine Sozialform, die weder die engen, geradezu archaischen Bedingungen einer Gesellschaft der Anwesenden voraussetzt noch an die romantische Enge der Tönniesschen *Gemeinschaft* gemahnt. Nein, hier entsteht exakt die Idee der Arena-Gesellschaft, in der Solidarität *unter Fremden* herrscht, in der unterstellte Freundschaft in Rechtsgenossenschaft sich wandelt (vgl. Brunkhorst 2002). Zugleich aber ist Habermas wiederum Soziologe genug, um dem sozialintegrativen Mechanismus einer letztlich politisierten Gesellschaft zu misstrauen und die für Gründe blinden Formen gesellschaftlicher Praxis anzuerkennen. Die Perspektive des *Systems* im Sinne zweckrationaler Handlungstypen ist insofern sehr konsequent, als Habermas hier *theoretisch* anerkennt, was sich *empirisch* schwer leugnen lässt. Habermas erkennt an, dass sich moderne Gesellschaften offensichtlich nicht nur in der Sozialdimension, sondern auch in der Sachdimension ordnen – und postuliert dann aber mit der Charakterisierung des *systemischen* Handlungstypus als *zweckrationalem* Handlungstypus doch eine Bedeutung, die sich nur aus der Sozialdimension erklären lässt, gewissermaßen als zwar effizienter, aber doch defizienter Modus des Sozialen. Gleichwohl gelingt es Habermas, gewissermaßen aus *empirischen* Gründen zu sehen, dass sich ein angemessener Begriff des Sozialen bzw. der Gesellschaft eben nicht nur in der Sozialdimension bilden lässt.

Von Habermas lässt sich für das Verständnis eines systemtheoretisch informierten empirischen Blicks auf die Gegenwarten der Gesellschaft zweierlei lernen: *Zum einen* löst Habermas die interaktionistische Beschränkung der Lebenswelt dadurch auf, dass er Gesellschaft als analytische Komponente in das Konzept einbaut. Dabei bleibt ihm freilich nichts anderes übrig, als den Gesellschaftsbegriff an die Sozialdimension solidarischer Gruppen zu binden, womit einerseits dem *gesellschaftlichen* Horizont einer Gesellschaft der Abwesenden Genüge getan ist, andererseits die interaktionsnah gebaute Intuition der Lebenswelt als Ort der Begegnung von Sprechern aufrechterhalten werden kann. Es bestätigt sich: Ein interaktionsnah gebautes, an Gründen und Motiven für Handlungen orientiertes, an wechselseitiger Wahrnehmung von Akteuren orientiertes Verständnis sozialer Ordnung erzwingt geradezu einen Gesellschaftsbegriff, wie ich ihn für den ersten Diskursstrang herausgearbeitet habe. *Zum anderen* freilich lässt sich von, besser *an* Habermas lernen, dass Ordnungsbildung durch Interaktion, durch Anwesenheit, durch wechselseitige Wahrnehmung die Sozialdimension geradezu anzieht und ein Verständnis der Gesellschaft im Sinne einer Arena von Sprechern impliziert. Auch eine systemtheoretische Theorie der Gesellschaft muss dem Rechnung tragen und stößt empirisch dann stets dort auf eine Konzentration auf die Sozialdimension, wo sie auf Interaktion stößt. Das empirische Beispiel der Arzt-Patienten-Interaktion zeigt das: Konzentriert sich die soziologische Beobachtung nur auf die Logik der Interaktion, kommt tatsächlich exakt das in den Blick, was Habermas als *lebensweltliche* Form der Handlungskoordinierung meint oder was man mit Honneth als Zugzwang zur *Anerkennung* interpretieren würde. Kommunikation unter Anwesenden schränkt ihre eigenen Kontingenzen schon dadurch ein, dass sie damit rechnen muss, dass das Gegenüber als Person angesprochen wird, dass seine Sichtbarkeit gewissermaßen Unsichtbares impliziert: eine Lebensgeschichte, eine konkrete Situiertheit, eine unbeobachtbare Innenwelt – und eine Arena, in der Gründe zählen: *je mehr Interaktion, desto mehr Sprecher; je mehr Sprecher, desto mehr Gründe, je mehr Gründe desto mehr Zurechnung*. Das empirische Beispiel zeigt: Die Interaktionsperspektive erzeugt exakt das: Transparenz oder das Postulat von Transparenz für gute Gründe. Und man sieht einen Arzt, der aus medizinischen Gründen Transparenz vermeidet. Eine Soziologie, die nur das sieht, begibt sich in die *Arena* und vermeidet damit, mehr zu sehen: die praktischen Bedingungen, unter denen Anschlussfähigkeit hergestellt wird: auf der Ebene von Organisationen und auf der Ebene der Gesellschaft.

Wenn dies auch sehr vereinfachend ist, so lässt sich doch folgende Formel formulieren: Sinn in der *Interaktion* ist zumeist *sozialer Sinn* – es kommen Sprecher in den Blick, es kommt darauf an, wer zu wem spricht und wie Zurechnungen funktionieren. Man erwartet einen einfühlsamen Arzt, und in der ethischen Diskussion etwa wird dann noch zusätzlich ein Patient erfunden, der sich auf gleicher Augenhöhe mit dem Arzt über Gründe und Wünsche verständigen soll. *Organisationen* haben primär die *zeitliche* Sinndimension im Blick – sie müssen stets Zeitschnitte in Form von Entscheidungen bearbeiten. In ihnen wird Sinn danach bearbeitet, wie Entscheidungen auf Entscheidungen folgen und wie sich die Organisation selbst zeitfest an die Entscheidung bindet – bis zur nächsten Entscheidung. *Gesellschaftlicher* Sinn schließlich schränkt Anschlussmöglichkeiten *sachlich* ein – es kommen Anschlusslogiken in den Blick, etwa medizinische Notwendigkeit, Knappheiten des Geldes, rechtliche Formen der Erwartungsbildung oder wissenschaftliche Wahrheitsansprüche, die offenbar nicht ineinander aufgehen und *unterschiedliche* Systemgeschichten erzeugen, ohne in konkreten *Situationen* doch wirklich getrennt voneinander aufzutreten. Diese drei Logiken müssen als *Logiken der Praxis* aufgefasst werden, deren Unterscheidung *empirisch* dazu dient, die operative Erzeugung sozialer Ordnung beobachtbar zu machen.

Es sollte dabei auch deutlich geworden sein, dass der hier präsentierte empirische Blick auf Gegenwarten sich dem Problem der Mikro-/Makro-Unterscheidung und noch mehr der Frage der Erklärung von Makrophänomenen aus Mikroverhalten (vgl. etwa Coleman 1987) entzieht. Dieser *methodologische Individualismus* in der Soziologie (vgl. Boudon 1987; Esser 1996) kapriziert sich dann zwar auf Situationen, nimmt aber diese – wider alle Versicherung – weniger ernst als das beobachtbare Verhalten von Personen und bildet dann seinen Gesellschaftsbegriff letztlich auch in der Sozialdimension, denn es scheint dann immer nur darauf anzukommen, *wer* handelt. Wie sehr dieses Handeln von *Kommunikation* abhängig ist, also von der Einbettung der Einzelhandlung in Praxisformen, in operative, temporalisierte Kontexte, bleibt weitgehend ausgeklammert – und so muss das meiste, was die konkrete Situation zeitlich und räumlich transzendiert, als *unintended consequence of social action* (Boudon 1982) erscheinen. Die Normalform ist die interaktionsnahe Intention. Damit wird nichts weiter als ein *common sense* des Alltags abgebildet, aus dessen Perspektive tatsächlich das Anwesende als das Sichtbare erscheint und die eigene Handlung transparent, während die *Gesellschaft* weit weg ist (vgl. dazu auch Stichweh 1995, S. 403 f.).

Auch solche neo-utilitaristischen Positionen sind zutiefst verhaftet im ersten Diskursstrang des soziologischen Diskurses der Moderne, weil sie nur eine Gesellschaft der Intentionen und Präferenzen kennen und schon die Situation, geschweige denn die die Situationen transzendierende *Gesellschaft* nicht sehen können. Dafür bietet sich dann die soziologische Semantik einer *Makro*-Ebene an, die letztlich nur als Aggregat von Regelmäßigkeit beobachtet wird, nicht als eine Realität eigener Art. Eine operative Theorie der Gesellschaft hat keinen Platz für die Mikro-/Makro-Unterscheidung – und für sie ist die *Gesellschaft* eben nicht weit weg.

Gesellschaft als *operativen* Begriff zu bilden erfordert zunächst nur einen vergleichsweise voraussetzungslosen Anfang. In respektvoller Distanz zum historischen Begriff und zur historischen Erfahrung der *gesellschaftlichen Vernunft* muss der Gesellschaftsbegriff ähnlich dem Kommunikationsbegriff gebildet werden: Ein operativer Kommunikationsbegriff muss von psychischem Verstehen oder unterstelltem Einverständnis und damit von der Möglichkeit des Scheiterns absehen. Er muss Kommunikation für unvermeidlich erklären – es sei denn, es kommt nicht zu Kommunikation. Kommunikation ist schon gegeben, sobald es zu Anschlüssen kommt. Sie hat schon verstanden, sobald mit der Unbestimmtheit möglicher Anschlüsse umgegangen wurde. Insofern *kann* Kommunikation gar nicht scheitern – aber man bekommt einen Blick dafür, unter welchen Bedingungen Kommunikation als *gescheiterte* Kommunikation kommuniziert wird. Das gilt dann auch für Soziologen, die das Missverständnis oder den strategischen Sprachgebrauch als defizienten Modus der Kommunikation ansehen müssen und deshalb auch den Kommunikationsbegriff *nur* in der Sozialdimension bilden können. Damit ist nichts gegen eine soziologische Perspektive auf die Sozialdimension gesagt. Postuliert wird damit freilich, dass die Sozialdimension – also: die Zurechnung auf Verstehen, auf *richtiges* oder *falsches* Verstehen, auf Verständigung, auf integrierbaren Sinn etc. – tatsächlich als solche sichtbar gemacht und damit empirisch beobachtbar werden kann. Sie wird nicht einfach vorausgesetzt.

Ähnlich sparsam operiert ein operativer Gesellschaftsbegriff. Gesellschaft kann nicht verfehlt werden, weil jegliche Kommunikation in der Gesellschaft stattfindet. Man kann dieses Argument für logisch falsch, weil tautologisch halten. Aber es ist logisch *richtig*, gerade *weil* es tautologisch formiert ist. Und damit reflektiert es den

Grundgedanken des praxeologischen und operativen Denkens, das sich stets für Dynamiken interessiert, aus denen es kein Entkommen gibt, für Praxis in Echtzeit. Der Gesellschaftsbegriff ist in diesem Sinne ein technischer Begriff, aber er leitet einen soziologischen Blick an, der sich dafür interessiert, wie in konkreten Situationen mit diesem alternativlosen Gefangensein in einer Praxis umgegangen werden kann. Um nicht falsch verstanden zu werden: Das heißt nicht, dass Praxen durch Regeln oder Strukturen festgelegt wären, womit sich ja der Praxisbegriff und der Begriff des Operativen ad absurdum führen würden. Vielmehr geht es gerade darum, Praxis *in einer Gesellschaft* zu lokalisieren, die *sowohl* Bestimmtheiten *als auch* Unbestimmtheiten vorhält: Niemals fängt eine Praxis mit sich selbst an, sondern findet sich immer schon in Systemgeschichten vor, in dem vorliegenden Fall im Anschlusszusammenhang medizinischer Logiken, im Anschlusszusammenhang organisatorischer Entscheidungsprozesse und in den Zugzwängen der Interaktion unter Anwesenden. Damit sind bereits Unbestimmtheiten weggearbeitet oder: Kontingenz vernichtet (vgl. Nassehi/Saake 2002a). Aber gerade dies muss immer wieder in praktischer Bewährung hergestellt werden. Die medizinische Logik kann nicht abgerufen werden, sie muss erzeugt werden, und dafür erzeugt Kommunikation exakt die Personen, denen das »gelingt«. Die Praxissoziologie und die Ethnomethodologie sind so fasziniert vom »Können« der Akteure. Dies ist der systematische Ort, an dem das Können als Verweisungszusammenhang einer Gesellschaft sichtbar wird, deren Struktur exakt darin wahrnehmbar wird, was geschieht. Wie in einer höfischen Gesellschaft das »Können« darin besteht, mit Ironie und Anspielungen Macht und strukturelle Ungleichheit, die Oben/-unten-Codierung und ihre sachlichen Restriktionen zugleich zu unterlaufen und in Anspruch zu nehmen, lässt sich an dem Arzt zeigen, dass auch an ihm die praktische »Mühe« sichtbar wird, wie sich die medizinische Logik selbst reproduziert, aber auch an dem Patienten, der in der Interaktion stets den Widerstand brechen muss, dass Interaktion bei der ganzen Sache eigentlich stört.

Es ist schwierig, das sprachlich jenseits der Zurechnung an die beteiligten »Leute« zu formulieren. Worum es vielmehr geht, ist, den gesellschaftlichen Kontext des Möglichen abzustecken und zu sehen, wie soziale Systeme sich gerade durch ihre einschränkenden Bedingungen Variationsmöglichkeiten erzeugen. »Was hieraus resultiert, ist ein forschender Blick, der sich für die Beobachtung von Anschlussfähigkeit qua *Potentialität* interessiert, der also den Kontext sichtbar machen möchte, aus dem heraus der nächste Satz möglich wird.« (Saake 2004, S. 102) *Potentialität* meint nicht einfach ein Vermögen von Akteuren, sondern eine gesellschaftlich erzeugte Unbestimmtheit, die Praxis tatsächlich ernst meint. Ich habe im vierten Kapitel gezeigt, dass Systeme sich eben nicht kausal festlegen, sondern einen Rahmen des Unbestimmten erzeugen, in dem erst Selektionen möglich sind. So legt etwa der Rekurs auf medizinische Kommunikation oder auf Geldzahlungen oder die Anwendung politischer Macht im Sinne symbolisch generalisierter Kommunikationsmedien nichts fest – außer die Anwendung des Mediums und des Codes. Man kann in der Wirtschaft nichts anderes tun, als zu zahlen oder nicht zu zahlen. Und diese Abstraktion der Unbestimmtheit des Mediums ermöglicht erst die Mannigfaltigkeit von Formen. Zugleich sind Situationen immer schon zugleich eingeschränkt und offen – und im Rahmen dieser Potentialität, im Rahmen dieser festgelegten Nichtfestgelegtheit, im Rahmen dieser offenen Geschlossenheit eröffnen sich erst jene empirischen Perspektiven auf eine *Gesellschaft*, die zugleich weit weg und doch so nah ist und die eine operative Praxis erzwingt, weil es außerhalb dieser Praxis nichts anderes gibt. Zum wiederholten Male stößt meine Rekonstruktion also auf dieses Motiv einer Praxis, aus der es kein Entkommen gibt, weil sie nur *praktisch* transzendiert werden könnte. Und zum wiederholten Male erweisen sich damit Pierre Bourdieus und Niklas Luhmanns Soziologie als diejenigen Theorieformen, an denen sich dies am deutlichsten zeigen lässt: Wie es für Bourdieu kein Entkommen aus der Praxis gibt und wie für ihn die Potentialität der konkreten Praxis im Rahmen der jeweiligen Feldökonomie abgesteckt ist, spielt bei Luhmann die Einsicht die entscheidende Rolle, dass Kommunikation als Letztelement sozialer Systeme behandelt werden muss: Um gegen (eine bestimmte) Kommunikation vorzugehen, muss man kommunizieren. Das macht alle Lösungen zum Problem – weil die Lösung dann zum Problem gehört. Es macht aber auch jedes Problem zu einer Lösung, aber dazu komme ich später.

Um noch einmal auf mein empirisches Beispiel zu sprechen zu kommen: An der beschriebenen Praxis der Arzt-Patienten-Interaktion lässt sich deutlich ablesen, dass es kein Entkommen gibt.

Niemand, keiner der Beteiligten kann sich gewissermaßen *neben* die Situation stellen und Klartext reden oder die Zugzwänge aufheben, die die Perspektiven von Ärzten und Patienten, von Entscheidern und Betroffenen, von Mitgliedern und Publikum usw. aufheben. Und es gibt keine Instanz, die in der Lage wäre, zwischen der »gesellschaftlichen«, der »interaktionellen« und der »organisatorischen« Logik zu vermitteln, weil das ja wieder praktisch erfolgen müsste. Ein solcher Versuch würde unweigerlich in den Sog der unterschiedlichen Sinndimensionen und der unterschiedlichen Anschlusslogiken geraten. Bourdieu hat in seiner scharfen Kritik des scholastischen Intellektuellen exakt das zum Thema gemacht: Er wirft dem scholastischen Intellektuellen vor, für sich eine externe Beobachterposition zu reklamieren, weil er nicht in der Lage sei, seine theoretische Beobachterposition ebenfalls als eine *Praxis* zu beobachten (vgl. Bourdieu 2001a, S. 70).

Dies klingt vielleicht banal oder selbstverständlich. Aber es hat erhebliche Konsequenzen für den soziologischen Blick. Letztlich unterscheidet sich der zweite vom ersten Diskursstrang des soziologischen Diskurses der Moderne an dieser Frage: ernst zu nehmen, wie Praxen sich in einer Gegenwart bewähren müssen, die im Horizont einer Gesellschaft statthat, die selbst dadurch geprägt ist, selbstbezügliche, in Echtzeit operierende Anschlusszusammenhänge auszudifferenzieren.

Differenzierung (in) der Gesellschaft

Es geht hier primär nicht um eine erneute Problematisierung operativer Gegenwarten, sondern darum, die *Gesellschaft* solcher Gegenwarten soziologisch handhabbar zu machen, um darin die gesellschaftstheoretische Dimension des zweiten Diskursstrangs des soziologischen Diskurses der Moderne zu komplettieren. Ich greife dazu auf eine Diskussion der Differenzierungstheorie der Gesellschaft zurück, ohne diese nun komplett und in ihren Facetten darzustellen. Mir geht es vielmehr nur um zweierlei: *Erstens* möchte ich zeigen, wie die Rede von der *Gesellschaft* zum einen von jener historischen Arena-Erfahrung befreit werden kann, von der sowohl der *orthodox consensus* der Soziologie mit ihrem durch *Gemeinschaftsderivate* integrierten Gesellschaftsbegriff zehrt, als auch die konfliktsoziologische Kritik dieser Orthodoxie, die sie damit letztlich nur befeuert. Zur Einheitsvorstellung der bürgerlichen Gesellschaft und ihrer Mitte gehörte immer auch ihre Kritik, die sie ermöglichte. *Zweitens* wird es eine Weiterentwicklung des differenzierungstheoretischen Inventars ermöglichen, Gesellschaftstheorie und operative Theorieformen so miteinander zu verbinden, dass es nicht nur begrifflich passt, sondern auch Forschungsperspektiven eröffnet, die jegliche beobachtbare und empirisch zugängliche Praxis als *gesellschaftliche Praxis* zu sehen erlauben.

Auf Differenzierung kann man wiederum sowohl aus theoretischen wie aus empirischen Gründen stoßen. Aus theoretischen Gründen liegt es schon deshalb nahe, weil es im Textfundus der Soziologie zu den dienstältesten Konzepten gehört, und aus empirischen Gründen lässt sich schon an dem oben erwähnten Beispiel zeigen, dass sich hier *medizinische Kommunikation* letztlich nur im Horizont einer gesellschaftlichen Funktionslogik verstehen lässt, die sich als solche von anderen unterscheidet. Es dürfte empirisch evident sein, dass sich unterschiedliche Kommunikationsmedien relativ leicht sehen und unterscheiden lassen. Es macht einen Unterschied, ob ich jemanden aus rechtlichen Gründen zu einem bestimmten Handeln zwinge oder ihn mit Geldzahlungen motiviere. Es macht einen Unterschied, ob eine Diagnose ein wissenschaftliches Problem lösen soll oder im Horizont politischer Anschlussfähigkeit steht, oder ihre Plausibilitäten eher durch religiösen Glauben bestimmt werden. Und dass all das empirisch vermengt vorkommt, gleichzeitig, miteinander und gegeneinander, ist kein Hinweis auf Entdifferenzierung und auch kein Hinweis auf die Untauglichkeit des Differenzierungskonzepts, sondern im Gegenteil ein Hinweis darauf, dass gesellschaftliche Differenzierung nicht als Differenzierung von Institutionen und Organisationen begriffen werden darf, sondern als *operative* Differenzierung, die in je konkreten Gegenwarten auftritt (zum Folgenden vgl. auch Nassehi 2004c).

Das soziologische Differenzierungskonzept hat seinen Ausgangspunkt bereits in der ersten Soziologen-Generation genommen. Die Beschreibung gesellschaftlicher Modernisierung hatte das Differenzierungsmotiv stets an zentraler Stelle geführt, bei Hegel als Differenzierung von Staat, bürgerlicher Gesellschaft und Familie (vgl. Hegel 1970c, S. 292 ff.), bei Marx als Verselbständigung des Kapitals (vgl. 1962), bei Spencer (1882 ff.) und Durkheim (1988) in der oben beschriebenen Organismus-Metapher, bei Simmel (1992b) als Differenzierung und Kreuzung sozialer Kreise, bei Weber (1972) als Differenzierung von Wertsphären und schließlich bei Parsons (1972; 1977) als soziologische Verstandeskategorie und als Strukturmerkmal der modernen Gesellschaft. Es geht hier nicht darum, diese Theorieformen miteinander zu vergleichen. Als gemeinsames Bezugsproblem habe ich freilich im fünften Kapitel die Politisierbarkeit des Integrationsparadigmas als zentralem Bezugsproblem der differenzierungstheoretischen Tradition herausgearbeitet, deren konfliktsoziologische Kritik selbst noch der stabilen Unterscheidung von Differenzierung und Integration verhaftet blieb (vgl. Lockwood 1956; Mills 1959; Coser 1965; Gouldner 1970; Bendix 1956; Nisbet 1969; Rueschemeyer 1977; Dahrendorf 1959). Auch die so genannte neofunktionalistische Weiterentwicklung der Differenzierungstheorie hat letztlich wenig dazu beigetragen, die Differenzierungstheorie weiterzuentwickeln (Alexander 1990; 1993; Colomy 1990; Münch 1984; 1985; 1991). Allenfalls die Demarkationslinie zwischen Integrations- und Konflikttheorie wurde aufgeweicht.

Erst mit Luhmanns operativer Theorieanlage wurde die Differenzierungstheorie entscheidend weiterentwickelt, indem sein operatives Theoriedesign auf gesellschaftstheoretische Fragestellungen scharfgestellt wird. Insbesondere in der deutschsprachigen Soziologie hat Luhmanns Differenzierungstheorie eine lebhafte Diskussion erfahren. Hartmann Tyrell hat bereits vor nunmehr fast drei Jahrzehnten Luhmanns Differenzierungskonzept mit dem Vorwurf konfrontiert, letztlich eine *Organismusmetapher* in Anspruch zu nehmen, die damit die Gesamtgestalt einer differenzierten Einheit bereits voraussetzen muss, um Differenzierung denkbar zu machen. Dieses Problem rüttelt an den Grundfesten einer Theorie, mit der es möglich sein soll, auch den Gesellschaftsbegriff als *operativen Begriff* führen zu wollen. Tyrell schreibt, die Rede von der (funktionalen) Differenzierung eines Gesellschaftssystems impliziere, »daß differenziert und freigesetzt werden nur das kann, was in rudimentärer Wei-se auch immer in dem noch undifferenzierten, vorgängigen Strukturkontext schon vorhanden oder ›angelegt‹ ist« (Tyrell 1978, S. 178). Implizit macht diese Anfrage darauf aufmerksam, dass der Gesellschaftstheorie des differenzierungstheoretischen Typs »Gesellschaft« mit ihren Strukturkomponenten als Begriff und Entität bereits vorausgesetzt werden muss, was sowohl die evolutionstheoretischen Implikationen als auch die Frage der epochalen »Umstellung« der gesellschaftlichen Differenzierungsstruktur bedroht und überhaupt das operative Theoriedesign außer Kraft setzen würde.

In der Tat erinnert die biologische Metapher der *Differenzierung* zunächst an nichts anderes als an Zellteilung, d. h. an die Teilung einer Einheit in mehrere gleiche, ähnliche oder verschiedene Teile, deren organisches Zusammenwirken eine Komplexität höherer Ordnung hervorbringt, die aber auch nur innerhalb dieser organischen Einheit erfolgen kann. Die biologische Metapher der *Teilung* setzt tatsächlich eine zu teilende oder eine sich teilende Einheit voraus. Exakt mit dieser biologischen Metapher hat auch die organizistische soziologische Differenzierungstheorie mit Spencer (1882 ff.) und Durkheim (1988) ihren Anfang genommen. Differenzierung wurde als ein Vorgang aufgefasst, der eine bereits bestehende Entität sich dadurch differenzieren sieht, dass sie sich in *Teile* diversifiziert, deren Beziehung zueinander die Differenzierungsform ausmacht. Auf den ersten Blick ist die Metapher der *Teilung* in der Tat plausibel, setzt allerdings eines voraus: jene Entität, die der Teilung vorangeht und durch sie komplexere Strukturen erhält.

Wenn also von einer *Differenzierung der Gesellschaft* die Rede sein soll, muss Gesellschaft als Entität bereits vorausgesetzt werden können, deren interne Teilung zu *differenzierten* Verhältnissen führt. Das evolutions- und emergenztheoretische Design dieser Idee muss zwar keineswegs voraussetzen, dass die Funktionen des dann Differenzierten im Sinne eines Keimmodells bereits in diffuser Form vor dem Differenzierungsprozess vorliegen müssten (so aber Tyrell 1978, S. 178). Es impliziert aber doch, dass *sich* die Gesellschaft als Ganze differenziert und damit eine Struktur ausbildet.

Auch wenn es etwas esoterisch anmutet, scheint mir das Grundproblem der Differenzierungstheorie darin zu liegen, welchen Status das »*sich*« in dem obigen Satz hat. Was bedeutet es, dass *die* Gesellschaft *sich* differenziere? Vielleicht ist es nur eine sprachliche Notwendigkeit, Gesellschaft hier als Subjekt zu führen – wenigstens als grammatikalisches Subjekt eines sprachlichen Satzes. Aber es wird mit dieser Formulierung in der Tat vorausgesetzt, dass es sich bei der Gesellschaft tatsächlich um eine Entität handelt, deren Integrität es erlaubt, dass sie *sich* differenziert. Nun mag die Gesellschaft einem Beobachter tatsächlich so erscheinen – nur, was sieht der Beobachter hier? Einer Zelle oder einem lebendigen Organismus mag man dieses *sich* womöglich insofern zumuten, als deren ontologische Integrität zumindest schwerer in Zweifel zu ziehen ist – aber für das, was Gegenstand von *Gesellschaftstheorie* sein könnte, scheinen mir doch erhebliche Zweifel angebracht zu sein.

Luhmann hat zuletzt im Differenzierungskapitel seines gesellschaftstheoretischen *opus magnum* explizit die biologische Metapher der Teilung zurückgewiesen und darauf hingewiesen, dass gesellschaftliche Differenzierung im Kontext der Theorie sozialer Systeme nicht als Unterscheidung von Ganzem und Teil gebaut werden kann. »Es geht *nicht* um eine *Dekomposition* eines ›Ganzen‹ in ›Teile‹, und zwar weder im begrifflichen Sinne (divisio) noch im Sinne einer Realteilung (partitio)« (Luhmann 1997, S. 598). Als Konsequenz formuliert Luhmann, dass Systemdifferenzierung nicht bedeuten könne, das Ganze werde in Teile zerlegt, deren Beziehungen untereinander die Gesamtstruktur des Systems ausmachten. »Vielmehr rekonstruiert *jedes* Teilsystem das umfassende System, dem es angehört und das es mitvollzieht, durch eine *eigene* (teilsystemspezifische) *Differenz von System und Umwelt.*« (Ebd.) Es sind dies Standardformulierungen, wie man sie spätestens seit der 1984er-Wende zur Theorie autopoietischer Sozialsysteme immer wieder liest. Und in der Tat erlaubt gerade dieses Theoriedesign es, den Gedanken einer gesellschaftlichen *Entität* zu dekonstruieren, indem Differenzierung als ein Vorgang aufgefasst wird, der jene Entität nur noch als multiplen Horizont unterschiedlicher Perspektiven kann gelten lassen. Es gibt dann keine Perspektive des Gesamtsystems, die nicht eine *Perspektive* wäre – das scheint mir der bleibende Ertrag dieser Art Gesellschaftstheorie zu sein.

Doch leider scheint auch der Sprachgebrauch Luhmanns immer wieder hinter diesen Ertrag zurückzufallen, indem er den Horizont der *Gesamtgesellschaft* recht *horizontfrei* in Anschlag bringt. Folgende Formulierung etwa, einige Seiten weiter im Differenzierungskapitel, scheint den zuvor theoretisch gewonnenen Ertrag zu verspielen: »Die Beziehungen zwischen den Teilsystemen haben eine Form, wenn das Gesamtsystem festlegt, wie sie geordnet sind.« (Ebd., S. 610). Sehr wohl betont Luhmann, dass die Differenzierungsform einer Gesellschaft keineswegs so etwas wie eine Totalperspektive darstellt, aber bisweilen scheint es so, dass der Gesellschaftsbegriff nach wie vor als Totalbegriff erscheint und damit eine epistemologisch operativ radikalisierte Gesellschaftstheorie zumindest erschwert. Vielleicht stehen uns bislang keine anderen *theorieästhetischen* Mittel zur Verfügung, »Gesellschaft« anders auf den Begriff zu bringen, als Adorno es vor fast 40 Jahren formuliert hat: Gesellschaft sei der Soziologie das, was der Philosophie, der sie entsprungen sei, »ewige Wesenheit hieß oder Geist« (Adorno 1997a, S. 196), mithin in diesem hegelschen Sinne gedacht das Allgemeine schlechthin. Wohlgemerkt: Ich behaupte nicht, dass die luhmannsche Systemtheorie eine dieserart hegelsche Gesellschaftstheorie anbietet, wie sie dann für den ersten Diskursstrang des soziologischen Diskurses der Moderne zum Paradigma wurde. Wahrscheinlich ist die Systemtheorie am weitesten entfernt von jener Ebenen- und Vermittlungshierarchie, die den meisten soziologischen Gesellschaftskonzepten zumindest implizit eigen ist, zumal diese Hierarchie von Allgemeinheit und Besonderem oder Kollektivität und Individuum letztlich eng an der Sozialdimension gebaut ist.

Ich habe in meiner Rekonstruktion der *Kritik der gesellschaftlichen Vernunft* ausführlich und immer wieder darauf hingewiesen, dass sich der Gesellschaftsbegriff der Soziologie klassischerweise als Begriff in der Sozialdimension bewährt hat. Um diesen Begriff nun endlich systematischer einzuführen: Er bezieht sich auf jene *Sinndimensionen,* die die luhmannsche Systemtheorie als Selektionskriterien für weiteren Sinngebrauch konzipiert. So verweist die *Sachdimension* eher auf die Themen von Kommunikation, auf ihren Gegenstandsbereich und sachlichen Gehalt, während sich die *Sozialdimension* eher auf die Frage der Zurechnung auf Personen, der Anschlussfähigkeit im Hinblick auf Adressierung und den Einschluss oder Ausschluss bestimmter Personen oder Gruppen oder auf die Bildung angemessener Motive kapriziert (vgl. Luhmann 1984, S. 112 ff.). In diesem Sinne diagnostiziert die Theorie funktionaler Differenzierung die moderne Gesellschaft als ein System, dessen interne Differenzierung eine Differenzierung in der *Sachdimension* ist und sich also primär an den *sachlichen* Differenzen kommunikativer Funktionssysteme ausrichtet. Die klassische Sozialstrukturanalyse sowie die historische Erfahrung der »Gesellschaft« im Sinne des Arena-Modells mit seiner Politisierung des Problems gesellschaftlicher Ordnung dagegen stellt ihren Blick an der *Sozialdimension* scharf, indem sie Gesellschaft(en) als Kollektive konzipiert, die die Gesellschaft gewissermaßen ansprechbar macht und ihr damit wenigstens eine rudimentäre Form einer Allgemeinheit zuspricht, die sie keineswegs zum Subjekt macht, ihr aber Lernprozesse ebenso zutraut wie kollektives Handeln. All das schließt eine Differenzierung in der Sachdimension letztlich aus – aber auch hier scheint der Begriff der Gesellschaft immer wieder von einem *grammatikalischen* Subjekt wissenschaftlicher Sprache zu einem *gegenständlichen* Subjekt mit Eigenschaften zu werden, das eine Form festlegt. Zumindest kann man daraus lernen, dass die Subjekt-Prädikat-Objekt-Logik unserer Sprache den Beobachter unsichtbar macht.

Theoretisch geht es also um die Vermittlung eines operativen Verständnisses des Sozialen (vgl. Luhmann 1997, S. 73) mit dem Aggregatbegriff »Gesellschaft«, den Luhmann selbst in die aristotelische Tradition der *koinonía politiké* stellt. Von dieser Tradition übernimmt Luhmann freilich nur den Aggregatbegriff und explizit nicht den bereits in der aristotelischen Politik vorbereiteten Allgemeinheitscharakter der Gesellschaft, deren eingeschlossene Teile nur als Ausdruck jener Allgemeinheit gefasst werden (vgl. ebd., S. 78 f.). *Funktionale Differenzierung* wird in diesem Verständnis nicht nur nicht von der Einheit her gedacht. Vielmehr wird die Einheit der Gesellschaft nicht als etwas konzipiert, das als Allgemeinheit das Gegenüber des Besonderen wäre. Die Einheit der Gesellschaft ist in diesem Sprachgebrauch ausschließlich die Einheit ihrer Operationsweise: *Kommunikation* nämlich. Der alte Strukturfunktionalismus dagegen hatte gesellschaftliche Einheit stets als Aggregatbegriff benutzt, von dem her sich gesellschaftliche Differenziertheit ableiten ließ. Dass dabei jene fast schon sprichwörtliche Reifikation einer stabilen, auf homöostatischen Bestand getrimmten Ordnung auf den Begriff gebracht wurde, hat dann mehr mit der theorieästhetischen Betonung von Integration als Möglichkeitsbedingung zu tun als mit der empirischen Beobachtung integrierter Sozialordnungen (vgl. dazu Alexander 1988, S. 49 ff.; 1990). Die luhmannsche Weiterentwicklung der Differenzierungstheorie bricht schon früh mit diesem Modell. Dabei verfolgt sie nicht – wie in der seinerzeit gängigen Parsons-Kritik (vgl. Dahrendorf 1959) – einfach eine Umkehrung der Begrifflichkeiten, also etwa »*Integration* durch *Konflikt*« oder »*Ordnung* durch *Wandel* zu ersetzen« (Luhmann 1970, S. 114). Luhmann kehrt vielmehr den Vorrang der Struktur zugunsten des Vorrangs der Funktion um – und bereitet so schon 30 Jahre vor der *Gesellschaft der Gesellschaft* jene operative Theoriebauweise vor, die mit der Theorie autopoietischer, selbstreferentieller Systeme dann erst ihren semantischen Ausdruck gefunden hat.

Exakt deshalb gibt Luhmann dem Theorem der *symbolisch generalisierten Kommunikationsmedien* eine neue Wendung. Indem Luhmann die Funktion solcher Medien darin sieht, die Annahme- und Ablehnungswahrscheinlichkeit bestimmter Formen von Kommunikation zu strukturieren und so Systembildung in Gang zu setzen (vgl. Luhmann 1997, S. 316 ff. und 743 ff.), betont er bereits den operativen, empirischen, ereignishaften Charakter einer Gesellschaft, die sich sowohl ereignishaft als auch in unvermittelten, parallelen Ereignissträngen reproduziert. Schon das macht es letztlich völlig unmöglich, die Gesellschaft (und damit auch ihre Differenzierung) von der *Einheit* her zu denken. Denn Gesellschaft bezeichnet eben kein Subjekt, keine operierende Einheit, keine zu Intentionen, Zwecken oder Zielen strebende Entität, auch nicht einen Raum, in dem sich entweder Vertragspartner oder Bewohner einer gemeinsamen *Lebenswelt* begeg-nen, sondern völlig unpathetisch nichts anderes als die zunächst ungeordnete, chaotische, sich selbst alles andere als »bewusste«, ungeplante und in Echtzeit operierende Einheit aller möglichen sozialen Handlungen, Kommunikationen, Prozesse, wie immer man die soziale Letzteinheit theoretisch bezeichnen will.

Welche Konsequenzen aber hat dies für den Begriff der Gesellschaft? Schon aus konstitutionslogischen Gründen müsste sich die Soziologie dann von einem allzu hochschwelligen Begriff der Gesellschaft verabschieden. Man muss dabei nicht so weit gehen wie Thomas Schwinn (2001), der, wie Max Weber, auf den Gesellschaftsbegriff völlig verzichtet, um der Gefahr zu entgehen, eine Einheit bereits reifizierend vorauszusetzen. Das Motiv von Schwinn ähnelt damit den hier angestellten Überlegungen: nicht von der Einheit her zu beginnen, sondern gesellschaftliche Ordnung als ein emergentes Geschehen anzusehen, das sich den grundlegenden *Operationen* je eigensinniger Anschlusszusammenhänge verdankt und damit eine *differenzierte* Ordnung in Gang setzt. Wo Schwinn in der Tradition von Max Webers Theorie der Wertsphären eine *kultursoziologische* Lösung wählt, setzt hier die Theoriestelle der *symbolisch generalisierten Kommunikationsmedien* ein. Diese Medien sind in der Lage, Kommunikationen mit entsprechender medialer Form an sich zu ziehen und in den Systemzusammenhang der jeweiligen Funktionssysteme zu integrieren. So kumulieren einzelne Zahlungen zu Zahlungsketten und damit zu einem wirtschaftlichen Systemzusammenhang; es kumulieren Behauptungen wissenschaftlicher Wahrheit zu einer Verkettung von Kommunikationen, die das Wissenschaftssystem bilden; so wird jegliche Kommunikation, die das Medium des Glaubens in Anspruch nimmt, sich im System der Religion vorfinden; und Kunst kann nur dadurch Kunst sein, dass sie an Ereignisse solcher Kommunikationen anschließt, die das Medium künstlerischer Formen in Anspruch nehmen usw. Die Gestalt der funktional differenzierten Gesellschaft ist also nicht einfach durch die feststehende, stabile Existenz von Funktionssystemen gegeben, sondern durch die *operative* Anschlussroutine von Kommunikationen, die unterschiedliche Systemzusammenhänge emergieren lassen und sich dadurch füreinander indifferent halten können. Der *operative* Aspekt der Theorie funktionaler Differenzierung lässt sich daran verdeutlichen, dass Funktionssysteme als Kommunikationszusammenhänge konzipiert werden, deren Struktur sich nicht einer vorgängigen Zugehörigkeit von Ereignissen zu bestimmten Funktionssystemen verdankt. Es sind schlicht die Anschlusszusammenhänge selbst, an denen sich die Stabilität dieser Differenzierungsform bewährt – oder an denen sich womöglich neue Formen sich ausdifferenzierender Anschlusszusammenhänge ablesen lassen.

Diese Überlegungen bestätigen, was ich zuvor angedeutet habe: Die einzige Stabilitätsbedingung von Funktionssystemen ist tatsächlich der Unterscheidungsraum für Anschlüsse, die *Potentialität*, die sich ergibt, wenn durch etablierte Unterscheidungen Anschlüsse wahrscheinlicher und erwartbarer werden als andere. Funktionssysteme spannen einen Raum auf – sie haben aber keinen Ort in dem Sinne, dass Stellen angegeben werden können, an denen sie lokalisierbar sind. Selbstverständlich assoziiert man mit dem Wirtschaftssystem Betriebe, Börsen und Banken. Doch damit geht man nur der Funktion von Organisationen auf den Leim, die unter anderem den Effekt haben, die Beobachtung des geradezu frei flottierenden Geldverkehrs zu vereinfachen (vgl. Nassehi 2002d). Ähnliches gilt für die Organisationen des Staates, die mit dem politischen System zu verwechseln allzu kurzschlüssig ist – gerade weil die Zurechnung auf Staaten unter anderem die Funktion hat, politische Kommunikation zu bündeln und beobachtbar zu machen. Religiöses allein mit Kirchen zu assoziieren oder das Rechtssystem als Summe aller Gerichte, Staatsanwaltschaften und Anwaltskanzleien aufzufassen unterschätzt die Potenz des Religiösen ebenso wie die des Rechts. Eine operative Theorie der Gesellschaft muss (Funktions-)Systeme aus der starren Vorstellung eines Setzkastens oder einer organisierten Arbeitsteilung entlassen und stößt dann auf eine Gesellschaft, deren Ordnung weniger geordnet daherkommt und in konkreten Gegenwarten je neu erzeugt werden muss.

Aus diesen sehr einfachen Überlegungen ergeben sich erhebliche Konsequenzen für den Begriff der Gesellschaft. Indem eine *operative*, also auf *echtzeitliche Ereignisse* aufgebaute Sozialtheorie vorausgesetzt wird, deren einzige Stabilität in der ereignishaften Ermöglichung von Redundanzen und Wiederholungen, von Erwartungs- und Routinebildung liegt, verschwindet gerade jenes Verständnis einer Gesellschaft als eines Positionen zentral zuweisenden Systems. Die Stabilität der Differenzierungsform ist damit nicht die Voraussetzung für kommunikative Operationen, sondern sie hat sich je neu *in praxi* zu bewähren. Es ist vielleicht diese Ironie, die das Besondere der luhmannschen Gesellschaftstheorie ausmacht. Das soziologische Publikum ist daran gewöhnt, in seiner Lieblingsunterscheidung eine *system-* von einer *akteurs-* oder *handlungstheoretischen* Soziologie zu unterscheiden, das Systemhafte als das Stabilisierende zu betonen, das Handlungen und Handelnde einschränkt und den Akteur oder die Handlung als jenes dynamisierende Element, das Systeme zum Wandel zwingt oder das sich kreativ den Stabilitätszumutungen entzieht. Man kann dann entweder den individuellen Akteur als Modell für die Dynamisierung von einschränkenden Situationen stilisieren (vgl. etwa Esser 1996; 2003) bzw. das Individuum als Träger des Sozialen führen und es zugleich als Protestant gegen den Katholizismus der Strukturen promovieren (vgl. etwa Joas 1992). Oder aber man versöhnt die Struktur mit dem Akteur und fügt einer reduzierten Menge System einen angemessenen Anteil Akteur hinzu: *dosis sola facit venenum*. So verfährt etwa Uwe Schimank (1996, 2000), der fürs *System* und für den *Akteur* zwar nicht unterschiedliche Seinsregionen reserviert, in ihnen aber gewissermaßen widerstrebende Beharrungskräfte sieht, die einerseits dem *common sense* soziologischer Normalbegriffe entsprechen, andererseits aber gerade das interessanteste Bezugsproblem einer Theorie sozialer Systeme theoretisch wegversöhnen, die Frage des

Aufbaus von Ordnung nämlich. Das theoretische Problem einer Theorie operativer, temporalisierter sozialer Systeme besteht darin, ihren Aggregatcharakter selbst zu temporalisieren, ohne ihn aufzugeben. Gesellschaft ist dann keine Entität, keine Allgemeinheit, als deren vermittelte Entäußerung das Besondere geschieht, sondern nur noch ein *Horizont aller möglichen Kommunikationen*, deren unwahrscheinliche Struktur sich durch die Erhöhung ihrer Annahme- und Ablehnungswahrscheinlichkeit ergibt. So kann sich eben keine Geldzahlung der Logik des Ökonomischen entziehen, wie sich Glauben immer »religiös« vorfindet oder wie sich noch die ästhetische Dementierung der Kunst an der Kunst zu bewähren hat. Aber erreicht werden kann die *Struktur* dessen, was als Ökonomie, Religion oder Kunst einen kommunikativen Sog erzeugt, nicht. Man muss sich (die funktional differenzierte) Gesellschaft also als einen unerreichbaren Horizont von Kommunikationen vorstellen – wäre er erreichbar, er wäre kein Horizont –, *in dem* mit Hilfe symbolisch generalisierter Kommunikationsmedien Anschlusszusammenhänge höherer Wahrscheinlichkeit entstehen, die sich als Funktionssysteme dann schließen, wenn sie im Hinblick auf ihre Funktion nicht-substituierbar geworden sind.

Aus der Perspektive des einzelnen kommunikativen Ereignisses erscheint der Horizont der Gesellschaft also als ein Nebeneinander unwahrscheinlicher Anschlussroutinen, deren Wahrscheinlichkeit aber dadurch erhöht wird, dass an codierte Routinen angeschlossen werden kann. Aus der (virtuellen) Perspektive der Gesamtgesellschaft erscheint die Gesellschaft dann als eine differenzierte Einheit, deren primäre Struktur sich der Ausdifferenzierung unterschiedlich codierter Systemlogiken verdankt. Dass dies in der Tat eine *virtuelle* Perspektive ist, hängt mit der Differenzierungsform selbst zusammen, denn die hier behauptete *gesamtgesellschaftliche Perspektive* lässt sich nicht wirklich einnehmen, sondern nur je perspektivisch simulieren – etwa als wissenschaftliche Perspektive, die im hier vorliegenden soziologischen Fall nicht den Fehler begehen darf, ihre *Perspektive* auf die Gesamtgesellschaft mit der Gesamtgesellschaft als einer agierenden oder adressierbaren Entität oder einer Bühne zu verwechseln, die für Regieanweisungen sensibel wäre. Insofern entstehen selbst in einem operativ gebauten Theoriedesign wie dem von Luhmann Sätze wie diejenigen, nach denen »das Gesamtsystem« festlegen kann, wie Funktionssysteme »geordnet« sind. Das

Gesamtsystem ist nichts anderes als jener theoretische Horizont, der auf die Horizonthaftigkeit der Gesellschaft rekurriert – ähnlich jenem Horizont der Welt, mit dem die Phänomenologie die Welt als Adresse dekonstruiert hatte (vgl. Nassehi 2003a, S. 188 f.).

Gesellschaft als Horizont

Bewegen sich die vorstehenden Überlegungen noch im Kontext dessen, was als *Systemtheorie* firmiert? Luhmann betont ausdrücklich, dass er *Gesellschaft* eindeutig als *Aggregatbegriff* behandelt wissen will, nicht als *Horizontbegriff*, dem als Korrelat die *Welt* erscheint (vgl. Luhmann 1997, S. 153 f.). Gesellschaft, so Luhmann, habe eindeutige Grenzen, operative Grenzen nämlich, außerhalb deren eben keine Kommunikation mehr vorkommt, während der Weltbegriff die Einheit aller System/Umwelt-Relationen bezeichne – und gerade deshalb als grenzenloser Horizont erscheint. Luhmann lässt freilich keinen Zweifel daran, Gesellschaft als *soziales System* zu konzipieren und nicht einfach als »Korrelat der in ihr stattfindenden Operationen« (ebd.). Nun ist es auch mir nicht darum zu tun, den Gesellschaftsbegriff aufzulösen in einen letztlich unbenennbaren und damit auch grenzenlosen Welthorizont. Ich habe im vierten Kapitel ausführlich darauf hingewiesen, dass jegliche Beobachtung auf die *Differenz von Differenz und Identität* stößt. Das gilt auch für eine gesellschaftstheoretische Beobachtung der Gesellschaft, die als theoretische Beobachtung die *Differenz von Differenz und Identität* empirisch demonstriert. Sie bietet eine Identitäten, Aggregate erzeugende Selbstbeschreibung des Gesellschaftssystems an, das permanent Differenzen erzeugt, Uneindeutigkeit und Unschärfen. Das ist, wie oben gezeigt, das Grundproblem aller soziologisch handhabbaren Daten: *dass sie in der Unterscheidung von Identität und Differenz stets auf der Seite der Identität zu Buche schlagen*. Sie erzeugen selbst nur Beschreibungen, die in Systemen vorkommen, aber eben nicht die Systeme *sind*. Eine Gesellschaftstheorie, die Mittel hat, das wissen zu können, kann dann *zugleich* die Aggregathaftigkeit und die Horizonthaftigkeit der Gesellschaft betonen: jegliche Identität, jegliche Horizonte transzendierende Beschreibung ist nur ein Horizont.

Mit der Horizonthaftigkeit der Gesellschaft mache ich darauf aufmerksam, dass der Aggregatzustand der Gesellschaft gerade darin besteht, Gesellschaft eben nicht als gewissermaßen subjekthaft operationsfähige, sondern ausschließlich als operative Einheit beschreiben zu können. Wenn Luhmann selbst ausdrücklich den operativen Charakter der Gesellschaft betont (Luhmann 1997, S. 70), ergibt sich schon daraus der nicht-teleologische, der echtzeitliche Charakter einer *Gesellschaft der Gegenwarten*. Gemeint ist damit die Beobachtung, dass in der modernen, funktional differenzierten Gesellschaft unterschiedliche funktionale Kontexte *gleichzeitig* ablaufen (vgl. Nassehi 1993a, S. 323 ff.) und sich damit sowohl der gegenseitigen Steuerbarkeit als auch der Koordination von gemeinsamen Zukünften entziehen. Das soziologische wie das »gesellschaftliche« Konzept *Gesellschaft* scheint ja gerade dafür entwickelt worden zu sein, das Bezugsproblem einer *Gleichzeitigkeit von Unterschiedlichem* zu bearbeiten. Als *Gesellschaft* erscheint die Welt dann, wenn sich die Koordination von Handlungen nicht mehr nur der Unmittelbarkeit des Unmittelbaren, etwa interaktionsnaher Kommunikation in einfachen Gesellschaften oder der einförmigen Indizierung aller Kommunikation durch Schichtindizes und räumliche Verdichtung in Hochkulturen verdankt. Auch hier gibt es stets unterschiedliche Kontexte – aber nicht Kontexte mit denen gleichzeitig zu rechnen ist. Erst mit dem Übergang zur funktional differenzierten Gesellschaft differenzieren sich *Gleichzeitigkeiten voneinander weg*, die je mit sich rechnen müssen. Die Semantik der *Gesellschaft*, wie wir sie etwa als die *bürgerliche Gesellschaft* bei Hegel kennen, reagiert letztlich auf Unterschiedliches, das aufeinander bezogen ist, dessen Interdependenzen aber nicht eineindeutig geregelt sind. Insofern ist es kein Zufall, dass Hegel den Begriff der *bürgerlichen Gesellschaft* wirtschaftsnah gebaut hat – bezogen auf *unterschiedliche* Interessen an dem *gleichen* Gut und bezogen auf *Arbeit*, die auf unterschiedliche Tätigkeiten verweist. Waren die alte *koinonía politiké* ebenso wie die *societas civilis* noch schlicht Gemeinschaftsbegriffe, deren Bezugsproblem eher die Chiffrierung des Gemeinsamen, des Einheitlichen war, ist das Bezugsproblem der *bürgerlichen Gesellschaft* gerade das Gegenteil: die Gleichzeitigkeit von Unterschiedlichem. Das Gesellschaftliche verdankt sich hier nicht gemeinsamen, sondern gerade widerstreitenden Interessen, die nach einer ökonomischen oder sittlichen Domestizierung der privaten und politischen Aspirationen ebenso verlangen wie nach der Koordination von Disparatem und Widersprüchlichem. Gerade diese Divergenz der Perspektiven machte die Semantik des Gesellschaftlichen *gesellschaftlich* plausibel – erst hier macht es Sinn, die ökonomische Logik im *System der Bedürfnisse* gegen die gemeinschaftliche, geradezu naturhafte Logik der *Familie* und gegen die koordinierende und kollektivierende Logik des *Staates* zu setzen. Dass Hegel das noch im Sinne einer Legeshierarchie ordnet, hat exakt mit der Frage zu tun, wie sich die Mannigfaltigkeit des Unterschiedlichen in Einheitsbegriffen beschreiben lässt. Für die frühe Soziologie schließlich war es gerade diese Erfahrung der Auflösung früherer Gemeinschaft stiftender Kategorien – in erster Linie Religion –, die das Problem der Koordination von Unterschiedlichem hervorbrachte. Denkt man nur an Durkheims Problematisierung der Arbeitsteilung als Problem einer Koordination von Unterschiedlichem, das mit seiner Unterschiedlichkeit rechnet (vgl. Durkheim 1988), denkt man an Max Webers Stilisierung der Pluralität der Moderne als einen »Kampf der Götter« (vgl. Weber 1994) oder an Simmels Vorstellung einer Entkoppelung und Kreuzung »sozialer Kreise« (vgl. Simmel 1992a, S. 456 ff.), wird deutlich, dass das Bezugsproblem des Gesellschaftsbegriffs offensichtlich darin besteht, die Ungeordnetheit des Unterschiedlichen mit der Ordnung ihrer Beziehung zusammenzubringen. Ein elaborierter soziologischer Gesellschaftsbegriff hat also exakt dieses (Bezugs-)Problem zu lösen: wie die Entkoppelung von sozialen Prozessen und Bezugsproblemen zu einer Form gerinnt, als die die Gleichzeitigkeit von Unterschiedlichem als eine Einheit erscheint. Insofern ist der Begriff der Gesellschaft bereits per se – hält er nicht als Metapher an der Idee der Gemeinschaft aller Handelnden fest – ein Differenzierungsbegriff, denn das Problem der *Gesellschaft* entsteht nur dort, wo sich die *Koordination des Unterschiedlichen* nicht von selbst ergibt.

Meine Rekonstruktion freilich setzt bereits ein operatives Gesellschaftsverständnis voraus. Denn sowohl Hegels Theorie der bürgerlichen Gesellschaft als auch die nachfolgende Soziologie hat all den Entkoppelungen, Entzweiungen, Differenzierungen, Arbeitsteilungen usw. letztlich den Stachel dadurch gezogen, dass die *sachliche* Differenzierung von Unterschiedlichem und der *Individualisierung* des utilitaristischen, Interessen verfolgenden Entscheiders durch eine Problemstufe höherer Allgemeinheit *aufgehoben* wurde. Dass Hegel diese Stufe höherer Allgemeinheit im Staat fand, ist noch ein Hinweis darauf, die empirische Erfahrung mit dem Utilitarismus des Wirtschaftsbürgers mit der Gemeinwohlorientierung des Citoyen zu versöhnen und damit auch den Wirtschaftsbürger eben zum *Bürger* zu machen. Der soziologische Begriff der Gesellschaft hat dann auf eine scholastische, geschichtsphilosophische Begründung des Allgemeinen verzichtet und stieß auf Arbeitsteilung und Differenzierung, auf Entkoppelung und Konflikt – und damit auf Integrationsbedarf, der begrifflich mit derselben Logik gestillt wurde, die auch die empirische Integrationslogik bestimmte: mit einem Arena-Begriff der Gesellschaft, der sich, wie ich gezeigt habe, an den logischen Kategorien seiner Politisierbarkeit selbst plausibilisieren konnte. Damit wurde der Gesellschaftsbegriff von selbst ein Reflexionsbegriff für die *Nation*, zumindest für den funktionalen Bedarf, Unterschiedliches zu integrieren. Und wo ein solcher Begriff fehlt, wird konsequenterweise die Integration woanders gesucht. Integrativer Faktor wird dann das Individuum, bei Weber die Persönlichkeit (vgl. Saake/Nassehi 2004b) und bei Simmel das Ich (Nassehi 1993b), die funktional das Geschäft erledigen, das üblicherweise die »Gesellschaft« erledigt – so dass für diesen Begriff dann kein systematischer Platz sein kann.

Mein Argument funktioniert folgendermaßen: Der Begriff der Gesellschaft ist ein Problembegriff – und zugleich präsentiert er eine Lösung. Der Begriff tritt historisch dort auf, wo die Gleichzeitigkeit von Unterschiedlichem sichtbar wird, und er löst dieses Problem dadurch, dass er sich der politisierbaren Logik der integrierbaren Kollektivität subordiniert. Er bleibt eben ein Begriff in der Sozialdimension – er hebt sich in Moral (Durkheim), Gemeinschaft (Parsons) und sogar Geist (Adorno) auf und verdoppelt als Reflexionstheorie damit die empirische Lösung, wie wir sie mit dem klassischen europäischen Nationalstaatsmodell seit 1815 kennen und wie sie bis in die institutionellen Verästelungen zum weltweiten Vorbild geworden ist (vgl. Boli/Thomas 1997; Meyer et al. 1997). Wie die Erfahrung des Partikularismus für die westliche Moderne – nach innen und nach außen – der Hauptanlass fürs universalistische Denken war, wie erst der Wahnsinn nach Foucault einen Bedarf für die Vernunft erzeugt hat, so produziert auch erst die *Erfahrung der Mannigfaltigkeit*, die *Erfahrung der Gleichzeitigkeit von Unterschiedlichem* die Idee der Gesellschaft.

Vielleicht wird vor diesem Hintergrund deutlicher, warum ich den systemtheoretischen Gesellschaftsbegriff an den Horizontbegriff binde. Die Idee der Gesellschaft als der Gleichzeitigkeit von Unterschiedlichem hat zur Konsequenz, dass Gesellschaft gerade im systemtheoretischen Kontext nicht als »Subjekt-Aktant« erscheint, wie etwa Peter von Zima (2000, S. 333 f.) an die Adresse Luhmanns formuliert. Vielmehr gehört es offensichtlich zum Aufbau von sozialen Systemen des Typs Gesellschaft, sich für sich selbst stets nur in *Horizonten* aufs Ganze gegeben zu sein. Die Einheit der Gesellschaft ist dann nur jene *subjektlose* Einheit, die sich aus den empirischen Anschlussfähigkeiten kontextualisierter Kommunikationen ergibt, deren Gesamtform sich als solche nur einem Beobachter zeigt, der sich wie die systemtheoretische Soziologie für die Form der Differenzierung interessiert oder der sich in der Form eines ökonomischen, politischen oder religiösen Beobachters auf ganz andere Formen kapriziert. Die Rede vom Gesellschafts*system* dispensiert also nicht davon, Gesellschaft gerade nicht als operierende Einheit zu beschreiben, sondern als unerreichbaren Zusammenhang von Kommunikationen, dessen System/Umwelt-Differenz ausschließlich durch seine kommunikative Geschlossenheit gestiftet wird. Die Form ihrer Einheit erscheint einem Beobachter dann als eine Form, die die Einheit der unterschiedlichen Horizonte in den Blick nimmt und in ihr jene Struktur entdeckt, die die Unterschiedlichkeit des Differenten hervorbringt. Vielleicht liegt darin auch eine Erklärung dafür, dass Luhmanns Theorie der Gesellschaft vor allem aus einer historischen Perspektive argumentiert, von der her sich die Einheit der Operationen einer Gesellschaft, namentlich der Übergang von einer stratifizierten zu einer funktional differenzierten Struktur, beobachtend erfassen lässt, während eine tiefenscharfe Beobachtung der gesellschaftlichen Gegenwart womöglich viel zu wenig Distanz aufbauen kann, um die Gleichzeitigkeit des Unterschiedlichen erfassen zu können. Insofern legt es gerade eine systemtheoretische Gesellschaftstheorie nahe, den Gesellschaftsbegriff an den Horizontbegriff zu binden – ohne damit aber Gesellschaft im schlichten Welthorizont aufgehen zu lassen. Nimmt man nämlich den operativen Charakter der Systemtheorie wirklich ernst, ist der Aggregatzustand der modernen, funktional differenzierten Gesellschaft exakt dadurch charakterisiert, dass sich Ereignisse je in einer Gegenwart zu bewähren haben.

In einem doppelten Sinne ist Gesellschaft also als *Weltgesellschaft* zu konzipieren. *Zum einen* ist damit die Tatsache gemeint, dass sich auf der Erde tatsächlich nur ein Gesellschaftssystem identifizieren lässt, dessen limitierende Bedingung nicht durch ähnliche Lebensverhältnisse, geteilte Normen oder integrierende Konflikte gestiftet wird, sondern schlicht durch ihre operative Geschlossenheit (vgl. dazu Luhmann 1997, S. 145 ff., Stichweh 2000, S. 7 ff., Nassehi 2003a, S. 188 ff.). *Zum anderen* ist Gesellschaft Weltgesellschaft, weil sie intern die Einheit aller System/Umwelt-Differenzen bezeichnet – eine Einheit freilich, die nur einem Beobachter erscheint, der sich auf diese Horizonthaftigkeit kapriziert und dann zu Gesicht bekommt, dass die Gesellschaft aus je unterschiedlichen Perspektiven je unterschiedlich erscheint. Exakt das macht den besonderen Charak-ter einer funktional differenzierten Gesellschaft aus, die darauf verzichten muss, die unterschiedlichen Perspektiven unter einer *gesellschaftlichen* Strukturperspektive zu bündeln. Vielmehr macht die kommunikative Unerreichbarkeit der Gesellschaft ihre Struktur aus – so dass sie jeweils nur aus der Perspektive von bestimmten Interaktions-, Organisations- oder gesellschaftlichen Funktionssystemen thematisiert werden kann.

Dafür, Gesellschaft als *Horizont* darzustellen, spricht im Übrigen die Tatsache, dass Gesellschaftssysteme sich in diesem Sinne nicht prinzipiell von Interaktionen, Organisationen und Funktionssystemen unterscheiden, deren Aggregathaftigkeit womöglich leichter einsehbar ist. Luhmann betont selbst immer wieder den nicht-teleologischen Charakter von Funktionssystemen (vgl. etwa Luhmann 1997, S. 749), was ja nichts anderes meint als die ereignishafte, echtzeitliche Form sozialer Systeme, die sich je gegenwärtig, eben ereignishaft reproduzieren müssen und somit die Funktion der Struktur vorordnen, um die Formulierung aus den 70er Jahren erneut aufzunehmen. Das lässt sich schon daran beobachten, dass *jede* Thematisierung der Gesellschaft *in der* Gesellschaft stattfindet, also empirisch darauf hinweist, dass die Gesellschaft immer als unerreichbarer Horizont erscheint – das gilt auch für die gesellschaftstheoretische Thematisierung der Gesellschaft. Allein in dieser Perspektivität ist Gesellschaft als *Aggregat* zu beschreiben.

Schon vor der so genannten autopoietischen Wende hat Luhmann auf die Potentialität möglicher Verknüpfungen und damit auf die Unerreichbarkeit der Gesellschaft hingewiesen. Der Begriff der Gesellschaft müsse »in der Lage sein, auch die möglichen Kommunikationen unter jeweils Anwesenden oder mit jeweils Abwesenden mitzusystematisieren« (Luhmann 1975, S. 11), Gesellschaft sei »das umfassende Sozialsystem aller kommunikativ füreinander erreichbaren Handlungen«. Entscheidend an diesen Formulierungen ist der Hinweis auf *mögliche* Kommunikationen und auf die Potentialität ihrer wechselseitigen *Erreichbarkeit*. Es geht gerade nicht darum, dass sie *faktisch geschehen*, auch nicht darum, dass sie sich *tatsächlich erreichen*. Das Problem der Gesellschaft wird präzisiert als die Frage, wie sich – in dieser Werkphase noch – Handlungen in den Kontext möglicher anderer Handlungen stellen, die aus der Perspektive ihrer selbst nicht zugänglich sind, aber prinzipiell als *erreichbar* gelten. Das Besondere des Gesellschaftssystems – im Vergleich zu Interaktionen und Organisationen – besteht darin, dass Handlungen weder über Anwesenheit kontrolliert werden noch durch Mitgliedschaftsregeln und entsprechende Einschränkungen als vorstrukturiert gelten. Das Sozialsystem Gesellschaft ist als umfassendstes Sozialsystem zugleich dasjenige, das intern auf Perspektiven, i. e. auf *unterschiedliche* Perspektiven abstellt. Schon hier sehe ich einen deutlichen Hinweis darauf, den Gesellschaftsbegriff an den Horizontbegriff zu binden, weil die Multiplikation unterschiedlicher Horizonte gerade die Einheit der Gesellschaft und ihrer Form ausmacht.

Exkurs: Die Horizonte der *multiple modernities*

Wenn man den Begriff der Gesellschaft an den Horizontbegriff bindet, müsste die Frage der Globalisierung und der Entgrenzung nationaler Gesellschaftsbegriffe als Lackmus-Text dafür dienen können, wie ernst eine an Praxisgegenwarten ansetzende Theorie der Gesellschaft ihr operatives Design tatsächlich nimmt. Dass man den Gesellschaftsbegriff seiner nationalstaatlichen Begrenztheit entkleiden muss, versteht sich von selbst. Aber selbst wo man soziologisch nicht mehr dem aus der Idee der bürgerlichen Gesellschaft und den öffentlich wirksamen Grenzregimes stammenden Verständnis von national eingehegten *Gesellschaften* erliegt, scheint sich der klassische Begriff des Gesellschaftlichen wenigstens noch als Phantomschmerz bemerkbar zu machen. In einer sehr schönen Formulierung wird dies in Elmar Altvaters und Birgit Mahnkopfs Sentenz von der globalisierten Welt als eines Zustands »ohne Gesellschaftlichkeit« (Altvater/Mahnkopf 1997, S. 45 ff.) ausgedrückt – gemeint ist damit ein weltgesellschaftlicher Zustand, in dem man nicht mehr daran vorbeisehen kann, dass die unterschiedlichen Teile einer Welt auf gleicher Augenhöhe aufeinander bezogen werden, dass sich aber die widerstreitenden Kräfte des Gesellschaftlichen nicht mehr in der Sozialdimension bündeln lassen. Denn dies war ja der entscheidende Fixpunkt des klassischen soziologischen wie des »gesellschaftlichen« Begriffs der Gesellschaft: dass sich die sachlich, also durch funktionale Differenzierung auseinander strebenden Momente der Moderne in der Sozialdimension bündeln, aufeinander beziehen und womöglich integrieren lassen. Die gesamte klassische Nomenklatur des soziologischen Gesellschaftsbegriffs ist darauf aufgebaut – paradigmatisch in Parsons' Idee der *gesellschaftlichen Gemeinschaft*, die auch von ihrer Dementierung, nämlich von konfliktsoziologischen Ansätzen in Anspruch genommen wird, wie ich im fünften Kapitel gezeigt habe. Und auch soziologische Beobachter, die in Rechnung stellen, dass der klassische Begriff der Gesellschaft mit seiner an den Erfordernissen des europäischen Nationalstaatsmodells nach dem Wiener Kongress orientierten Gestalt empirisch nicht mehr taugt, können sich so etwas wie eine welt*gesellschaftliche* Perspektive nur in der Anerkennungsdimension der Sozialdimension vorstellen. Soziologisch bleibt dann nichts anderes übrig, als die Diagnose in die erfahrbare Form der Anerkennungsnormativität zu bringen, indem die Soziologie selbst *kosmopolitisch* wird: »Kosmopolitismus meint: die Anderen als verschieden und gleich zu bejahen.« (Beck 2004, S. 92) Im Hinblick auf die Frage, welche Art *Gesellschaftlichkeit* sich dann kosmopolitisch einstellt, bleibt alles beim Alten.

Wenn man allerdings im Sinne meines *zweiten Diskursstrangs* in Rechnung stellt, dass gesellschaftliche Modernität vor allem darin besteht, dass man mit abwesenden Kontexten rechnen muss, dass sich die Gesellschaft in perspektivischen Horizonten zeigt, dass sich gesellschaftliche Praxis als Gleichzeitigkeit von sachlich Unterschiedlichem ereignet und dass Gesellschaft nur als operativer Begriff zu haben ist, dann folgt daraus dies: Die Horizonthaftigkeit der Gesellschaft findet nicht nur in der Sachdimension als funktionale Differenzierung von *Unterschiedlichem* statt, nicht nur in der Sozialdimension als Wechselseitigkeit *unterschiedlicher* Akteure mit zurechenbaren Interessen und Zugehörigkeiten, nicht nur in der Zeitdimension als Unüberwindbarkeit von konkreten *Gegenwarten*, sondern auch in der Sinndimension des *Räumlichen* als Anwesenheit/Abwesenheit anderer Orte. Die Erfahrung der Globalisierung hat nicht nur mit der *realen* Intensivierung ökonomischer, politischer und kultureller Verflechtungen zu tun, sondern mit einer ganz neuen *Sichtbarkeit anderer Räume*. Die lange Diskussion darüber, ob Modernität tatsächlich ein *europäisches* oder *westliches* Produkt sei (vgl. nur Randeria 2004; Randeria/Fuchs/Linkenbach 2004; Bhaba 1990; Gilroy 1993; Archer 1990; Eisenstadt 2000a; 2000b), ist die Folge neuer Kommunikationsverhältnisse: Es ist offensichtlich inzwischen selbstverständlich, dass andere, »nicht-westliche« Sprecher auf gleicher Augenhöhe bzw. mit dem Anspruch auf gleiche Augenhöhe sichtbar werden. An dieser Form des Anspruchs lässt sich deutlich erkennen, dass Gesellschaft sich in der Gegenwart nicht nur als *Gesellschaft der Gegenwarten* entpuppt, sondern auch als *Gegenwart einer Gesellschaft* (vgl. dazu Nassehi 2003a, S. 188 ff.). Es ist dabei eine Sache, theorietechnisch darauf hinzuweisen, dass die symbolisch generalisierten Kommunikationsmedien der funktional differenzierten Gesellschaft tatsächlich auch räumliche Grenzen überwinden und dass sich sowohl ökonomische als auch politische, religiöse wie rechtliche und mediale Operationen Wege »suchen«, die sich nicht mehr den nationalstaatlichen Selbstlimitationen fügen – und man wird dann darauf stoßen, dass wir es dabei mit einem Prozess zu tun haben, der einige Jahrhunderte andauert. Eine andere Sache ist es, empirisch wahrzunehmen, wie sich unsere Wahrnehmungsverhältnisse geändert haben.

Ich habe im fünften Kapitel ausführlich auf Shmuel N. Eisenstadts Konzept der *multiple modernities* Bezug genommen. Eisenstadt hat gezeigt, dass Modernität keineswegs als kulturelles westliches Konzept verstanden werden darf: »modernity and Westernization are not identical« (Eisenstadt 2000b, S. 2 f.), wiewohl sich institutionelle Formen moderner Organisationsarrangements durchaus vom Westen her ausgebreitet haben. Dieses Argument ähnelt auf den ersten Blick dem neo-institutionalistischen *world polity*-Ansatz (vgl. Meyer et al. 1997), geht allerdings weit darüber hinaus. Eisenstadt entwickelt ein durchaus an konkreter Praxis orientiertes Verständnis von Modernität. »Central to the modern idea was the breakdown of all traditional legitimations of the political order, and with it the opening of different possibilities in the construction of a new order.« (Eisenstadt 2000b, S. 5) Das entscheidende Medium dieser Praxis war und ist stets die Konstruktion kollektivitätsfähiger Visionen und Ideologien mit Ansprüchen an eine praktisch herzustellende *zukünftige* Ordnung. Selbst »traditionalistische« Bewegungen, die semantisch an geradezu vormoderne Muster anschließen, erzeugen damit moderne Kollektivitäten – das gilt also auch für religiöse, politische und ethnische Fundamentalismen. Auch solche Bewegungen transformieren »Gesellschaften« zu adressierbaren Kollektivitäten und leiten eine Praxis an, die Bewegungen *sichtbar* macht. Insofern sind *andere* Modernisierungen eben nicht nur als jeweils kulturspezifische *Coping-Strategien* traditionaler Kulturen gegenüber modernen Sozialformen zu verstehen, denn was man vorschnell für *traditionelle* Formen halten mag, ist selbst zumeist das Ergebnis von Modernisierungsprozessen.

Eisenstadt geht selbst von einer funktionalen Differenzierung der Weltgesellschaft aus. Er spricht von »structural differentiation of various institutional arenas – economic, the political, that of family, to urbanization, extension of education and modern means of communication, and tendencies to individualistic orientations« (Eisenstadt 2001, S. 329). Eisenstadt spricht von *Arenen*, also einerseits von unterschiedlichen funktionalen Logiken, andererseits von kommunikativen Räumen, in denen Konflikte, Kritik und soziale Bewegungen möglich sind. Eisenstadt findet in diesen Räumen *sowohl* die klassischen westlichen, »modernen« Bewegungen vor, die die Entwicklungsfähigkeit von Funktionssystemen voraussetzen und darin kollektivitätsfähige *Sichtbarkeiten* des Gesellschaftlichen erzeugen, *als auch* nicht-westliche, angeblich »traditionalistische«, Formen, die freilich strukturell dieselben praktischen Formen verwenden – Medien, politische Ansprechbarkeit, die *Theodizee der Zukunft* und nicht zuletzt die Versöhnung von individuellen Lebensentwürfen und kollektivitätsfähigen Lösungen. Vor diesem Hintergrund lässt sich erst *soziologisch* verstehen, warum es *soziologisch* so plausibel erscheint, die Globalisierung der Weltgesellschaft als ein *kosmopolitisches* Phänomen interpretieren zu wollen. Sozialwissenschaftliche Beschreibungen solcher *multipler Modernen* geraten dann bisweilen fast von selbst zu Reflexionstheorien von politisierbaren Bewegungen. An der Politisierbarkeit wird dann nachgewiesen, dass es sich um *Modernität* handelt – selbst wenn es Modernitäten sind, die den Alltagserwartungen westlicher Großstädter erheblich widersprechen. Shalini Randeria (2004) etwa beschreibt, wie indisches Kastenrecht dadurch zivilgesellschaftliche Qualität bekommt, dass es kollektivitätsfähige Elemente entwickelt, die damit politisierbar werden. Oder Veena Das (2004) führt den Nachweis, dass so genannte traditionelle kulturelle Formen dann modern werden, wenn sie in der Lage sind, ihre Kollektivitätsorientierung zu reflektieren. Edward Said (1997, S. 86) weist auf die Politisierbarkeit der *Negritude* hin, die das Merkmal der vorherigen Unterdrückung in ein positives Identitätsmerkmal verwandelt. Ähnliche Beispiele ließen sich viele finden. Bemerkenswert an ihnen ist, dass sie hin- und hergerissen sind einerseits zwischen der selbstbewussten Beschreibung solcher Bewegungen und ihrer zivilgesellschaftlichen Qualitäten und andererseits der Einsicht, dass es sich doch um Partikularismen handelt. In solchen Reflexionstheorien lassen sich *praktische* Modernisierungserfahrungen ablesen – die dem »Westen« ja nicht fremd sind. Die Normalisierungsstrategien der Idee des »vernünftigen« Subjekts und institutionalisierter Praktiken der normativen Einsicht in die kollektive Notwendigkeit haben ganz ähnlich funktioniert: sie haben auf *empirische Partikularismen* reagiert, auf die Unvernunft und den Wahnsinn und auf das abweichende Verhalten – Ersteres geheilt durch Erziehung, Disziplinierung und Psychologisierung, Letzteres durch *Polizey*.

Ich breche diesen Exkurs hier mit folgendem Hinweis ab: Die globalisierte Weltgesellschaft ist letztlich der Testfall für ein Gesellschaftskonzept, das sich tatsächlich auf die praktische Herstellung und Operativität von *Horizonten* einlässt. Die Weltgesellschaft ist erst recht eine *Gesellschaft der Gegenwarten*, in der wir uns daran gewöhnt haben, wechselseitig beobachtbar zu sein, und zwar in Echtzeit. Und das hat immer zwei Seiten: Es gilt sowohl für die permanente Skandalisierungsfähigkeit von Menschenrechtsverletzungen und Gewalt, von Ungerechtigkeit, Mord und Totschlag. Es gilt aber auch für die Ressource Sichtbarkeit als kriegerische und gewaltsame Strategie. Diese beiden Formen der Sichtbarkeit produzieren fast zwangsläufig einen kosmo*politischen* Blick, einen Blick auf Kollektivitäten, auf den *Anderen*, den man anerkennen muss, auf Unterschiedlichkeit und Differenz. Die globale Gesellschaft in der Sozialdimension ist eine Parabel auf die Differenzierung der Gesellschaft in der Sachdimension: Es ist gerade die Unterschiedlichkeit, die Differenziertheit, die Inkompatibilität, die Gleichzeitigkeit und praktische Gegenwartsorientierung, die die Struktur der *Gesellschaft* ausmacht. Gesellschaft ist nur in Form von Horizonten zu haben – in der Sachdimension in Horizonten sachlicher Logiken, die sich nur punktuell koordinieren; und in der Sozialdimension in Horizonten unterschiedlicher *Kulturen*. Das Neue daran ist, dass diese Horizonte fast so etwas wie *globale Interaktion* betreiben: Sie nehmen wahr, dass sie vom anderen wahrgenommen wurden. Das erzeugt Horizonte, die eben nur praktisch aufgelöst werden können – was wiederum Horizonte erzeugt.

Eine postsoziale Gesellschaft?

Meine Diskussion der Differenzierungstheorie begann mit der Formulierung Luhmanns, das Gesamtsystem lege die Form der gesellschaftlichen Differenzierung fest. In dieser Formulierung lässt sich letztlich die Paradoxie der Rede über die Einheit der Gesellschaft ablesen, denn dass der Blick aufs Ganze je nur als Gesamt*perspektive* möglich ist, impliziert schon begrifflich, dass es offensichtlich mehrere Perspektiven aufs Ganze geben muss. Die zunächst sehr abstrakte Zumutung der Differenzierungstheorie, die Gesellschaft erscheine unter Bedingungen funktionaler Differenzierung je aus den Perspektiven der Funktionssysteme radikal unterschiedlich und nicht füreinander substituierbar, bekommt hier ihre *empirische* Fundierung.

Damit führt die Theorie funktionaler Differenzierung an sich selbst durch, was sie für ihren Gegenstand behauptet: Sie kann *Gesellschaft* nur als Gegenstand eines wissenschaftlichen (soziologischen) Blicks erreichen, nicht als eine Faktizität. Sie findet sich also selbst als eine *wissenschaftliche* Perspektive vor, die das Gesellschaftssystem unter bestimmten Anschlussbedingungen wissenschaftlicher Codierung und Programmierung in den Blick nehmen kann – und kann an sich selbst sehen lernen, dass diese Form der Perspektive aufs Ganze strukturell allen Funktionssystemen gemein ist. Wie also der Soziologie die Gesellschaft als etwas erscheint, das unter Zumutung von Wahrheitsansprüchen *der Fall ist*, erscheint Gesellschaft aus politischer Perspektive als Entscheidungsraum für kollektiv bindende Entscheidungen, aus ökonomischer Perspektive als in geldförmige Werte übersetzbare Entität, aus der Perspektive der Religion als göttliche Schöpfung, deren transzendente Möglichkeitsbedingung immanent domestiziert werden muss, aus der Perspektive des Erziehungssystems als Gesamtheit all dessen, was gelernt und gelehrt werden kann, aus der Perspektive der Kunst als Form, die mit anderen Formen konfrontiert werden kann. Es ist dies letztlich ein *phänomenologischer* Gesellschaftsbegriff, der seinen Gegenstand als immer schon in einer operativen Praxis situiert, außerhalb deren er nicht zu beobachten ist, und der den Begriff des Horizont als *unerreichbares Perspektivenkorrelat* wie als *aggregiertes Aktkorrelat* wirklich ernst nimmt. Er ist damit auch ein *systemtheoretischer* Gesellschaftsbegriff, der die operative Schließung der Gesellschaft mit ihrer operativen Unerreichbarkeit für sich selbst verbindet.

Dies vorausgesetzt, erscheint Differenzierung tatsächlich nicht als Differenzierung *der* Gesellschaft in dem Sinne, dass sich eine bereits existierende Einheit, diese ihre Einheit vorausgesetzt, in Teile differenziert, deren sozialer Sinn über den Bezug zum Ganzen zu bestimmen ist. Auszugehen ist vielmehr von Differenzierung *in der* Gesellschaft, nämlich innerhalb eines Horizonts, innerhalb dessen es offensichtlich empirisch gelingt, Anschlussroutinen gesellschaftlicher Kommunikationen so einzuschränken, dass es über den Mechanismus der symbolischen Generalisierung von Kommunikationsmedien zur Differenzierung von Funktionssystemen *innerhalb* der Gesellschaft kommt.

Diese Überlegungen sind in vielleicht noch strengerem Sinne *systemtheoretisch*, als sie auf den ersten Blick erscheinen. Gesellschaft als *Aggregat* zu führen, ist im systemtheoretischen Sinn ja nur so zu verstehen, dass alle Aggregate operativ aufgelöst, radikal temporalisiert werden. Das bedeutet, dass Gesellschaft auch empirisch als ein Horizont erscheint, der mit anderen Horizonten rechnet – und das nicht nur abstrakt im Sinne anderer Funktionssysteme, sondern ganz konkret als die Perspektive anderer und des anderen, die sich immer weniger zugunsten eines Ganzen wegrechnen lassen. Es dürfte insofern noch deutlicher werden, wie nahe es gelegen hat, dass der klassische Begriff der Gesellschaft ausschließlich in der Sozialdimension gebildet werden konnte. Denn die Gleichzeitigkeit von Anderem erschien vor allem als die Gleichzeitigkeit von *Anderen* – und zwar sowohl im Sinne der Erfahrung von Schichtung und Klassenbildung als auch im Sinne des »kulturell« Anderen in

Form von Angehörigen anderer Völker oder gar anderer Zivilisationen. Der Gesellschaftsbegriff hat von Beginn an das Problem der Gleichzeitigkeit von Unterschiedlichem im Blick gehabt, nur scheint seine *kollektivistische* Lösung in Form vorausgesetzter Gemeinschaftlichkeit bzw. Kollektive integrierender Konflikte zunehmend soziologisch unplausibel zu werden (vgl. auch Wagner 1995, S. 185 ff. und 253 ff.).

Deutlich beobachten lässt sich dies an einer der in meinen Augen interessantesten Auseinandersetzungen zwischen einem Gesellschaftsbegriff in der Tradition des ersten Diskursstrangs und einem radikal operativ gewendeten Gesellschaftsbegriff. Claus Offes nunmehr 20 Jahre alten Überlegungen zur *Utopie der Null-Option* nehmen die Spannung zwischen einer Effizienz und Optionen steigernden gesellschaftlichen Differenzierung einerseits und dem politischen Unbehagen über den Verlust von Steuerungskapazitäten andererseits auf. Seine Formel lautet: »Je mehr Optionen wir uns erschließen, desto weniger steht das institutionelle Gerüst, mit dessen Hilfe wir sie uns erschließen, selbst zur Option.« (Offe 1986, S. 104) Das scheint in der Tat eine der Grunderfahrungen einer Gesellschaft zu sein, die nur aus operativen Perspektiven zugänglich ist. Historisch hat es laut Offe zwei Bewegungen gegeben, auf diese Erfahrung zu reagieren: *einerseits* die Nationalisierung der Gesellschaftsbeobachtung, andererseits die *Heroisierung* und *Ethisierung* des Entscheiders, wie er im Anschluss an Max Weber formuliert (vgl. ebd., S. 106). Offe beschreibt damit ziemlich genau, wie die grundlegenden Probleme einer Mannigfaltigkeit von Unterschiedlichem *in der Sozialdimension* gelöst oder kompensiert wurden. Und ebenso genau zeigt er, dass beide Lösungen historisch an ihr Ende gekommen sind. Was Offe nun vorschwebt, ist nicht eine neue Form der *Kollektivierung* des Problems, der Herstellung neuer politischer Betroffenheitsräume. Offe argumentiert nicht wie Beck, der ebenfalls genau sieht, dass die Nationalisierung von Problemen nicht mehr greift, der aber nicht sehen kann, dass sich das nicht mehr einfach durch die Erweiterung von politischen Betroffenheitsräumen kompensieren lässt. Beck geht es viel weniger um die strukturellen *sachlichen* Probleme einer Weltrisikogesellschaft, sondern um die *soziale* Herstellung einer *Gegenmacht* gegen die transnationalen Verursacher dieses Syndroms. Beck träumt den alten Traum der Partizipation der Massen und der *besseren* Motive der Beherrschten. Ich übertreibe, aber Becks Lösung ist in diesem Sinne *old fashioned*, sie kennt nur die Sozialdimension. Offe dagegen verschiebt die Frage dorthin, wo das Problem erzeugt wird: in die *Sachdimension*. Er fragt nach den Bedingungen, wie die Folgekosten immer weiterer Optionssteigerungen durch Wahl der Option »Null-Option« (ebd., S. 113) gemindert werden können. Offe argumentiert so: »Natürlich sind Null-Optionen nur dort rational, wo ein Verzicht auf Optionen einen mindestens gleichgroßen Gewinn an globaler Kontrolle, jedenfalls an strukturellen Chancen für Verantwortbarkeit nach sich zieht. Um diesen Kontrollgewinn zu realisieren, müßten zwischen soziale Teilsysteme gleichsam Trennwände eingezogen werden, die einerseits relativ undurchlässig sind für negative externe Effekte, andererseits aber auch die Abhängigkeit dieser Teilsysteme von den Vorleistungen und Hilfestellungen anderer Handlungssysteme vermindern.« (Ebd., S. 114) Eine »vorsichtige Verkürzung der sachlichen, sozialen und zeitlichen Distanz zwischen Handlungen und Handlungsfolgen« schwebt Offe vor, um die »Qualität jenes Zusammenhanges kognitiv« und »politisch-moralisch« erfassen und beurteilen zu können. Offe unterschätzt offensichtlich, dass auch der *Verzicht* auf Optionen exakt jene Optionen in Anspruch nehmen muss, auf die verzichtet werden muss. Es muss operiert werden – und es wird nicht recht ernst genommen, dass man sich nicht aus dem Operieren ausklinken kann, dass auch das Unterlassen ein Handeln ist, wie man grundbegrifflich spätestens seit Max Weber weiß. Und dass Offe am Ende dann doch eine *politische* Lösung des Problems anvisiert, zeigt nur die Macht jener Denkungsart, die die Dynamik des Gesellschaftlichen stets der Logik des Politischen zu subordinieren trachtet. Er sieht freilich nicht, dass auch das Politische zu jener Ereignisdynamik gehört, die Optionssteigerungen in Anspruch nimmt, wie man dem im Hinblick auf Optionssteigerungen des Politischen sehr schwarzen 20. Jahrhundert leicht entnehmen kann. Politik ist nur einer der Optionsräume – und gerade im Politischen dürfte am deutlichsten werden, warum auch die *Null-Option* Optionen erfordert und dass sie sich *politisch* bewähren muss. Das ist die Crux allen politischen Handelns: Man kann sich nicht dem politischen Prozess entziehen und angemessenere Lösungen suchen, ohne den politischen Prozess damit »mitzunehmen«, ohne politisch beobachtet zu werden.

Was man an Offes Ansatz freilich schätzen sollte, ist die Scharfsicht, mit der er dennoch darauf aufmerksam macht, dass sich die Dynamik des Gesellschaftlichen von der Konzentration auf die Sozialdimension in die Sachdimension verschiebt. Das Problem gesellschaftlicher Dynamiken lässt sich so also nicht mehr durch *richtige Motive* lösen oder durch die Partizipation derer, denen man *richtigere* Motive unterstellt. Das Problem der angemessenen Motive – ob nun an der nationalen Kandare hängend oder dem herrisch-heroischen Dezisionisten zuzurechnen, oder aber in der »kritischen« Variante einer Beteiligung der zuvor Unbeteiligten – wird der Differenzierung der modernen Gesellschaft in der *Sachdimension* nachgeordnet. Damit erscheint eine Gesellschaft, die sich auf ihre Gegenwarten zurückgeworfen sieht und sich letztlich in Horizonte auflöst. Nicht von, aber *an* Offe lässt sich lernen, dass man nicht politisch aus der Politik ausbrechen kann. Der besondere Charakter der modernen Gesellschaft scheint tatsächlich darin zu bestehen, das es kein Entkommen aus dem Spiel gibt, keine Möglichkeit der politischen Strategie *jenseits der Optionsmöglichkeiten des Politischen*, keine Möglichkeit ökonomischer Strategien *jenseits ökonomischer Optionen* usw.

Offes Diagnose ist eine pessimistische, eine desillusionierende Diagnose. Sie ist fasziniert davon, dass hier mit der Illusion politischer Beobachter und politischer Eliten aufgeräumt wird, Gesellschaften wirklich steuern zu können. Aber sie sucht zugleich nach konkreten praktischen Bedingungen, unter denen so etwas wie die Einlösung eines politischen *credo, quia absurdum* sich einstellt. An Offes Ansatz lässt sich letztlich die Strategie ablesen, die für eine *Gesellschaft der Gegenwarten* charakteristisch ist: dass sich so etwas wie das zuvor unterstellte, kollektiv verbürgte Ganze einer Gesellschaft in Praxishorizonte verflüchtigt, in denen mit *Optionen* und mit *Restriktionen* umgegangen werden muss.

Eine so beschriebene Gesellschaft nenne ich – in durchaus anderer Bedeutung als bei Knorr-Cetina (Knorr-Cetina 1998, 2001) und Latour (Latour 2001) – eine *postsoziale Gesellschaft*, nicht weil in ihr Sozialität verschwindet, sondern weil ihre Grundstruktur sich eben nicht allein der Sozialdimension fügt, sondern von gleichzeitig Unterschiedlichem in der Sachdimension geprägt ist. Das Konzept einer *postsozialen Gesellschaft* ermöglicht es, genauer zu sehen, an welcher Stelle sachliche, an welcher soziale und an welcher zeitliche Gesichtspunkte die entscheidende Rolle spielen. Versuchsweise könnte man formulieren, dass die *Differenz von Identität und Differenz* im modernen Sozialsystem Gesellschaft sich als die Differenz von *sachlich* erzeugter Differenz im Sinne echtzeitlicher Operationen, denen man nicht entkommt, und *sozial* erzeugter Identität einer das Politische geradezu magnetisch anziehenden Selbstbeschreibung der Moderne ist.

Offes Überlegungen bewegen sich exakt in dieser Spannung, in dieser Differenz von Identität und Differenz – und sie wenden sie letztlich nicht gesellschaftstheoretisch, sondern bleiben hin- und hergerissen zwischen subtiler Diagnose und dem Gefühl traurigen Verlusts der früheren, sozial zurechenbaren Eindeutigkeiten. Im Sinne dessen, was ich als den zweiten Diskursstrang des soziologischen Diskurses der Moderne rekonstruiert habe, käme es darauf an, beide Seiten soziologisch zugänglich zu machen. Den Zugang bietet die *operative*, die *praxistheoretische* Wendung einer Theorie der Gesellschaft, die sich für die Unausweichlichkeit der Praxis interessiert. Die Grunderfahrung der gesellschaftlichen Moderne ist es wohl, dass man nicht aus dieser Praxis heraustreten kann – und das bildet eine operative, in diesem Sinne *postsoziale* Theorie der Gesellschaft in dem Sinne ab, dass sie auf die Restriktionen und die praktische Unvermeidlichkeit der Praxis aufmerksam macht. Sie teilt prinzipiell die Diagnose von Offe, und sie beschreibt zugleich noch die Unmöglichkeit bzw. die Paradoxie einer *Null-Option*, die schon syntaktisch eine Option ist.

Warum erscheint die Diagnose der strukturellen Nicht-Steuerbarkeit der Gesellschaft eigentlich als eine *Krisendiagnose*? Diese Diagnose scheint von der Illusion zu leben, die dem klassischen Begriff der Gesellschaft inhärent ist. Dieser suggeriert aufgrund seiner fast vollständigen Konzentration auf die Sozialdimension zurechnungsfähige Handlungsoptionen, mit denen sich Motive eines Publikums binden und zukunftsfähig machen lassen. Die historische Leistung dieses theoretischen wie praktischen Konzepts der *Gesellschaft* im Kontext der europäisch-nordamerikanischen Moderne besteht sicher in der Bindung solcher Motive, aber auch darin, die Eigendynamik der Funktionssysteme tatsächlich über die *Sozialdimension* zu binden – zunächst durch Nationalstaatsregime und interne Verteilungskonflikte, dann durch Wohlfahrtsregime. Hier kam jene *Theodizee durch Zukunft* zur Anwendung, die der politisierten, an Kollektivitäten orientier-ten Vorstellung einer ansprechbaren Gesellschaft entgegenkam und tatsächlich jenes Organisationsarrangement stabilisieren konnte, das als National- und Wohlfahrtsstaat zum grundbegrifflichen Normalbild der soziologischen wie der politischen Selbstbeschreibung der Gesellschaft geworden ist. Diese Kompensationserfahrung scheint nicht mehr gedeckt zu sein – und deshalb erscheinen Komplexitätserfahrungen als Steuerungsprobleme.

Damit leugne ich nicht Steuerungsprobleme – sondern lediglich die Perpetuierung jener historischen Idee, Steuerungsprobleme durch die Kollektivierung ihrer Zurechnung zu lösen. Weder riskante Entscheidungslagen noch das Grundproblem der Gleichzeitigkeit von Unterschiedlichem lässt sich auf der operativen Ebene durch kollektive Zurechnung oder kollektive Willensbildung lösen. Das spricht nicht gegen kollektive Willensbildung – im Gegenteil. Aber es spricht dafür, diese in ihren *operativen Grenzen* angemessen zu beobachten. In einem Zeitungsinterview (*taz* v. 13. September 2005) meinte Offe jüngst, wäre Politik tatsächlich so, wie sie aus einer operativ gebauten Differenzierungstheorie erscheint, sei sie »unmöglich«. Vielleicht scheiden sich in diesem Satz ästhetisch der erste und der zweite Diskursstrang des soziologischen Diskurses der Moderne. »Unmöglich« ist das Politische dort, wo man ihm kontrafaktisch das zutraut, was es sich selbst zumutet – möglich ist sie, wenn man einen empirischen Blick darauf riskiert, dass ja keineswegs irgendwelche Systeme »walten«, sondern dass *in Systemen* operiert, kommuniziert, gehandelt wird. Es gibt Handlungsoptionen, daran kann man empirisch nicht vorbeisehen. Vielleicht bearbeitet Offe so etwas wie einen Phantomschmerz, der sich mit dem Verlust der klassischen, adressierbaren, politisierbaren Begrifflichkeit der *Gesellschaft* einstellt – wohlgemerkt: als theoretische Figur, nicht im Sinne all der *illusiones*, ohne die es weder das Politische noch das Ökonomische, weder das Künstlerische noch das Pädagogische gäbe, und die sozialwissenschaftliche Beobachtung der Gesellschaft schon gar nicht.

Bourdieu hat das Konzept der *illusio* nicht entwickelt, um zu behaupten, dass alles nur ein großes illusionäres Spiel wäre. Ihm war es darum zu tun, die Potenz des Illusionären herauszuarbeiten, zu zeigen, dass es *trotzdem* um etwas geht und dass *trotzdem* etwas geht. Das *Trotzdem* bezieht sich, wie im fünften Kapitel ausführlich beschrieben, bei Bourdieu auf den ökonomischen Kampf in allen nicht-ökonomischen Feldern. Es geht dem Wissenschaftler oder Künstler darum, seine Position zu verbessern – aber es geht auch um wissenschaftliche und künstlerische Dinge. Es geht politischem Handeln selbstverständlich darum, machtvollere Positionen zu erhalten – aber es geht auch um Politik. Umgesprochen in eine differenzierungstheoretische Begrifflichkeit: Die Funktionssysteme walten keineswegs blind und anonym. Sie walten gar nicht. *Systeme* sind Funktionssysteme nur deshalb, weil sie den Möglichkeitsraum für Anschlüsse einschränken und damit Anschlussfähigkeit ermöglichen. Nicht sie operieren, sondern *in ihnen* wird operiert. Die *Differenzierung der modernen Gesellschaft entlang der Sachdimension* bedeutet, dass konkrete, gegenwärtige Operationen in den Bestimmungsbereich wahrscheinlicher Anschlusszusammenhänge geraten und sich dort bewähren müssen. Und genau das ermöglicht Optionen – und die praxistheoretische Wendung der Systemtheorie interessiert sich dafür, wie sich Potentialitäten eröffnen, wie Anschlüsse hergestellt werden, wie die grenzenlose Kontingenz von Situationen praktisch eingeschränkt wird, wie zwischen Zufall und Notwendigkeit Strukturen entstehen, verändert oder bestätigt werden. Es bedarf einer Dekonstruktion des »Systems«, um sehen zu können, dass es in Systemen nur um operative Gegenwarten geht, in denen Anschlussfähigkeiten je praktisch hergestellt werden müssen. Die Idee des »Systems« als Aggregat wird zusammengedacht mit der Idee der Praxis, die immer nur Praxis *in einem System* sein kann. Und das bedeutet, die Frage nach den Potentialitäten und den Anschlussfähigkeiten von konkreten Praxen in den Blick zu nehmen. Situationen *sind* bereits eingelassen in Systemgeschichten – und das verbindet empirisch die Möglichkeit von Forschung und Gesellschaftstheorie.

Was eine solche systemtheoretische Perspektive von anderen Praxistheorien unterscheidet, ist die Möglichkeit, Operativität und Anwesenheit oder Sichtbarkeit auseinander ziehen zu können. Die Praxis, die dann sichtbar wird, ist eine Praxis, deren Ereignisse Ereignisse von Interaktionssystemen sind, aber auch Ereignisse in Organisationen, die nur im Horizont von Entscheidungen und Mitgliedschaften verstehbar werden können, und schließlich Ereignisse in Funktionssystemen, die weit über die konkrete Operation hinausweisen, aber eben dort operationalisiert werden müssen. All das kann man unsichtbar machen oder entdramatisieren, indem man es für Handlungen von Leuten hält – was sie ja ohne Zweifel auch sind. Einer soziologischen Beobachtung stehen freilich weitere Möglichkeiten zur Verfügung.

Wer die Gesellschaft beobachtet, sieht Handlungen, also kompakte Zurechnungspunkte und Ereignischiffren, die meistens auf Motive zurückgeführt werden. Wer die Gesellschaft *forschend* beobachtet, sieht auch Handlungen und Motive. Dann stellt sich aber die Frage, was man mit solchen Handlungen und Motiven anfängt. Eine übliche Gegenreaktion gegen eine differenzierungstheoretische Perspektive besteht darin, dass sich in »Handlungen« tatsächlich keine keimfreie, saubere Scheidung von Funktionslogiken beobachten lässt. In der Tat ist das, was in einem wissenschaftlichen Labor passiert, keineswegs nur an einer wissenschaftlichen Wahrheitscodierung orientiert; in politischen Organisationen wird weit mehr getrieben, als politische Macht zu perpetuieren; in Betrieben kommen Handlungen vor, die mit der Konditionierung von Zahlungen nicht das Geringste zu tun haben usw. An solchen Beispielen lässt sich schön sehen, dass empirische Situationen tatsächlich pralle Formen sind, in denen zum Teil die Codierungen der Funktionssysteme aufeinander treffen oder in denen organisatorische und interaktionshafte Anschlussformen ganz andere Anschlüsse verlangen als die aseptische Vorstellung einer wissenschaftlichen oder politischen Autopoiesis. In Laboren und Forschungsinstituten – um dieses Beispiel zu nennen, an dem Knorr Cetina (1992) ihre Kritik scharf stellt – trifft man in der Tat auf eine pralle Praxis: Konkurrenz und rechtliche Regulierung, Eitelkeiten und Unschärfen, Karriereerwägungen und politische Interessen usw. Aber: Nicht die Routinen der Forschung und ihre pralle Praxis machen den Anschlusszusammenhang des Wissenschaftssystems aus, sondern eine bestimmte Form der Präsentation von Forschung in Publikationen, auf die allein sich weitere Forschung bezieht (vgl. etwa Stichweh 1987). Es ist erst das symbolisch generalisierte Kommunikationsmedium wissenschaftlicher Wahrheit und die Codierung des Wissenschaftssystems, die es erlauben, dass sich die prallen Formen des Laborlebens in Form wissenschaftlich anschlussfähiger Dokumente, Texte, Ergebnisse, Tabellen, Vorträge, Bücher etc. niederschlagen. Die Wahrheitscodierung des Wissenschaftssystem macht also letztlich den wissenschaftlichen Forschungsprozess selbst *unsichtbar* – und vielleicht ist exakt das die Funktion der Codierung und der symbolischen Generalisierung von Kommunikationsmedien, die es erst erlauben, von der Vorgeschichte dessen, was zu einem wahrheitsfähigen Ergebnis geführt hat, abzusehen.

Nur um idiosynkratischen Lesarten vorzubeugen: Die Einheit der Codierung ist nicht mit einer irgendwie vorstellbaren »Einheit der Wissenschaft« etwa des »Wiener-Kreis«-Typs zu verwechseln. Solche reflexionstheoretischen Vereinigungsversuche haben ja nur den Funktionssinn, auf die empirische Nicht-Einheitlichkeit wissenschaftlicher Praxis zu reagieren. All das, was Knorr Cetina (2000) oder auch Latour (1995) an Diversität beschreiben, ist nur möglich, weil die Codierung nur vorgibt, dass am Ende neues Wissen stehen muss, dessen Horizont altes Wissen ist, auf das experimentell, laborhaft oder theoretisch Bezug genommen werden kann. Man unterschätzt die strukturierende Funktion der Codierung, wenn man sie gewissermaßen für eine inhaltliche Qualifizierung hält. Der Code legt nichts fest, außer dass innerhalb wissenschaftlicher Praxis Festlegungen erfolgen müssen, die dann wissenschafliches Wissen von Nicht-Wissen scheiden. Alles andere entscheidet sich in diversen Praxen und Kontexten, in »Laboren«, in der Ausdifferenzierung von *epistemic cultures*, sogar unter unterschiedlichsten »Interessen«.

Dasselbe gilt auch für andere Funktionssysteme. Dass die Autopoiesis des politischen Systems im Nacheinander kollektiv bindender Entscheidungen liegt, heißt nicht, dass jene Praxis, die zu den Entscheidungen führt, aseptisch »politisch« ist. Auch im politischen System herrschen *Laborsituationen* vor, in denen *pralles Leben* herrscht, das freilich nicht trotz, sondern gerade wegen der Codierung des Politischen möglich ist. Politische Entscheidungen werden dann von ihrer Genese ebenso unabhängig, wie man sich die »laborhafte« Situation des Politischen nur deshalb leisten kann, weil politische Entscheidungen *selbst* zu einem Funktionssystem kumulieren. Analoges lässt sich im ökonomischen System beobachten: Letztlich sind es ausschließlich Zahlungen und Nicht-Zahlungen, die die Autopoiesis des Systems ausmachen, aber gerade das macht im Vorfeld von Zahlungen und Nicht-Zahlungen vielfältige Formen »wirtschaftlichen Handelns« möglich. Dazu gehört dann ebenso die Beobachtung von Märkten wie die Entwicklung von Produkten, das Lesen von Bilanzen wie die Intuition über den Börsenverlauf, die Entlassung von Mitarbeitern wie die illusionäre

Fixierung auf den Manager als Held. Man stößt also auf Formen »politischen«, »ökonomischen«, »pädagogischen«, »medizinischen« und »künstlerischen« *Handelns* – und wird feststellen müssen, dass diese »Handlungs«potentiale letztlich nur gesellschaftstheoretisch erklärt werden können. Die *kommunikationstheoretische* Form der Systemtheorie erlaubt es, funktionale Differenzierung als eine spezifische *Bedingung* von Handlungs*formen* anzusetzen, also als Bedingung spezifischer Zurechnungsroutinen. Denn nur weil die Kumulation politischen Entscheidens ein politisches System konstituiert (und dieses politisches Entscheiden) und nur weil die Kumulation von Zahlungen ein Wirtschaftssystem konstituiert (und dieses Zahlungen), und ebenfalls nur weil die Kumulation wissenschaftlicher Publikationen ein Wissenschaftssystem konstituiert (und dieses Publikationen), ist überhaupt ein Verhalten denkbar, das als *Handeln* im sinnhaften Horizont des Politischen, des Ökonomischen und des Wissenschaftlichen als politisches, als ökonomisches und als wissenschaftliches *Handeln* sichtbar wird.

Der Reimport des Handlungsbegriffs kann dazu dienen, die *systemtheoretische* Beobachtung sozialer Systeme in Relation zu setzen zu ihrer *je eigenen* Form der Selbstbeschreibung. Die Konzentration der meisten Soziologien auf die *Handlung* lässt sich dann als eine Form beschreiben, die es erlaubt, komplexe soziale Antezendenzbedingungen von Ereignisgegenwarten in kompakten Formen *beobachtbar* zu machen. Mit anderen Worten: Der *gesellschaftliche Ort* von Handlungen wird erst einer Beobachtung transparent, die jene *empirischen Kompaktformen* in ein Verhältnis zur kommunikativen Ausdifferenzierung von Funktionssystemen setzt. In *Handlungen* und in Organisationen, wo solche Kompaktformen auftreten, verschmelzen also die Funktionssysteme nicht – im Gegenteil: die Kompaktheit der Handlung als *pralle Form* ermöglicht es den Funktionssystemen erst, *operativ* getrennt zu bleiben.

Anders als Luhmann, der Konzessionen an eine Entdifferenzierungsdiagnose macht – im Übrigen verkleidet in einer theorietechnischen, nicht einer empirischen Formulierung (vgl. Luhmann 1997, S. 607) –,wäre herauszuarbeiten, wie sich jene kompakten Handlungsformen nur dadurch ermöglichen, dass sie im Horizont von Funktionssystemen geschehen und geradezu unweigerlich in den Sog ihrer Anschlussfähigkeit geraten. Es ist gerade die *kommunikative Codierung* dessen, was nur *als Handlung* beobachtbar wird, die jene komplexen Formen der Generierung positiver oder negativer Codewerte (Zahlungen, Publikationen, politische Entscheidungen etc.) hervorbringen und gesellschaftliche Ordnungsbildung davon entlasten, die Genese jener Formen mitführen zu müssen. Sehr einfach formuliert: Man kann aus noch so guten oder schlechten Gründen zahlen, in der Autopoiesis des Wirtschaftssystems kommt es nur als Zahlung an; man kann noch so akribisch forschen, im Wissenschaftssystem kommt das Ergebnis nur als Publikation (oder Derivat) an und ordnet sich dann nach Anschlussfähigkeit und Reputationsgesichtspunkten; und im politischen System kann man noch so viele Instanzen gehört haben, die Entscheidung muss sich in ihren Konsequenzen vor dem politischen Publikum bewähren.

Ein *empirischer* Blick auf die funktional differenzierte Gesellschaft zeigt also zweierlei: *Zum einen* erzeugt die Codierung der Funktionssysteme, differenziert in der Sachdimension, Potentialitätsräume, in denen Zahlungen Zahlungen nach sich ziehen, politische Entscheidungen politische Entscheidungen provozieren, wissenschaftliche Ergebnisse wissenschaftlich widerlegt werden, rechtliche Regulierungen nach rechtlichen Korrekturen verlangen und erzieherische Absicht auf erzieherische Möglichkeiten aufbauen. Diese »Autopoiesis« der Funktionssysteme verbindet unterschiedliche Praxen einer Gesellschaft und ist darin *operativ* autonom, kann aber nicht operieren. Weder das Wirtschaftssystem noch das politische System operiert, aber es wird *in ihnen* operiert, und die kumulierenden Ereignisse geben diesen Systemen dann eine Struktur, auf die ihre Prozesse aufbauen. *Zum anderen* wird deutlich, dass all dies in *Gegenwarten* geschieht, in denen keineswegs eine Struktur abgearbeitet wird, sondern in denen es tatsächlich *um etwas* geht. Es geht gewissermaßen darum, über Gegenwarten hinwegzukommen, Situationen zu gestalten, Sagbares zu sagen, zu tun, was möglich ist, sich anschlussfähig zu halten, Potentialitäten auszunutzen oder von ihnen angezogen zu werden. Wer sich für empirisches »Handeln« interessiert, wird feststellen müssen, dass die Kompaktform »Handeln« immer schon auf (anderen) Sinn verweist. Handeln ist eingelassen in Kommunikationssysteme – und dieses Eingelassensein erzeugt eine gesellschaftliche Welt, in der es tatsächlich um etwas geht: um Gegenwarten nämlich, in denen sich das zu bewähren hat, was geschieht. Die Bewährungsbedingungen sind nicht nur Interaktionen, sondern auch Organisationen und vor allem die Verweisungsformen der Gesellschaft. Ich verweise noch einmal auf das oben mit Irmhild Saake angeführte Beispiel der Arzt-Patienten-Interaktion, die eben nicht allein als Interaktion beschrieben werden kann. Es geht um Gegenwarten – und um die *Gesellschaft* dieser Gegenwarten und damit um eine *postsoziale* Gesellschaft, die eben nicht nur in der Sozialdimension, sondern auch in der Sach- und der Zeitdimension beschrieben werden muss.

Die Funktion der Gegenwart und die Gegenwart der Funktion

Die moderne Gesellschaft als *Gesellschaft der Gegenwarten* zu konzipieren verlangt nach einer theoretischen Konzeption, die die empirische Beobachtung von Gegenwarten im Hinblick auf Unsichtbares anleitet. Von *Unsichtbarem* spreche ich insofern, als sich dieses Konzept, anders als es etwa im ethnomethodologischen oder praxistheoretischen Sinne angezeigt ist, nicht einredet, man könne ausschließlich aufgrund des Sichtbaren und Evidenten sehen, was empirisch zu sehen ist. Der Rekurs auf die *Gesellschaft* der Gegenwarten etwa sieht nicht nur einen Arzt, der ärztlich handelt, oder einen Wissenschaftler, der im Labor Mustermäuse züchtet, oder einen Börsianer, dessen Bezugsrealität allein in der Veränderung von Zahlenwerten auf einem Bildschirm liegt. Der Rekurs auf die *Gesellschaft* dieser Gegenwarten sieht noch mit, dass die ärztliche, die wissenschaftliche oder die ökonomische Praxis nur funktioniert, weil sie an Potentiale anschließt, die man freilich wiederum nur an deren Aktualisierung beobachten kann. Unsichtbar ist nicht die Praxis selbst – gerade deshalb nennen wir das, was wir sehen, meistens *Handeln*, weil die Beobachtung von Kommunikation als Handlung uns mit Sichtbarem ausstattet. Unsichtbar ist die Potentialität, die Kontingenz, die Selektivität allen Geschehens. Es könnte immer auch etwas anderes geschehen – andernfalls wäre es völlig sinnlos, von Handlungen oder von Kommunikationen zu sprechen. Kommunikation ist Selektivität, ist Umgang mit Unbestimmtheit – und jegliche Bestimmung ist nur möglich im Horizont von Unbestimmtheit.

Auch die subjekt- oder akteurtheoretisch gebaute Theorie des Handelns arbeitet im Übrigen mit Unsichtbarem und Unbestimmtem. Handeln auf einen Akteur zuzurechnen ist nur sinnvoll, wenn man den Akteur mit genügend Unbestimmtheit ausstattet. Würde man mit vollständiger Bestimmtheit und Determination rechnen, wäre das Subjekt ein Objekt – und so bekommen Motive bisweilen den Charakter, dass sie das Subjekt zum Objekt seiner selbst machen. Der Ursprung der Motive freilich bleibt im Dunkeln – in der inneren Unendlichkeit, die Unbestimmtheit symbolisiert und so jedem Handeln, auch dem regelmäßigen, einen Informationswert entnehmen kann. Wer sich also nicht auf Kausalitäten kapriziert, stößt auf Unbestimmtheit, und wer auf Unbestimmtheit trifft, kann dies nur in Form von Selektivitäten beobachten, die keine wären, resultierten sie nicht aus Unbestimmtheit. Diese Kreisbewegung führt in Paradoxien – zumindest dann, wenn man Substanzen beobachten will, wenn es um ontologische Sicherheiten geht, die das *Etwas,* von dem die Rede ist, von der Rede zu trennen trachten. Die Einsicht in diese Kreisbewegung ist die Geburtsstunde dessen, was man *Funktionalismus* nennt.

Ernst Cassirer (2000) hat in seinem frühen Buch *Substanzbegriff und Funktionsbegriff* einen Übergang von Substanz- zu Relationsbegriffen postuliert und damit nicht nur eine Kritik der ontologischen Weltauffassung vorgelegt, sondern auch eine Kritik der nachträglichen Ontologisierung des Erkenntnisprozesses. Für Cassirer konstituieren sich Erkenntnisobjekte im und durch den Erkenntnisprozess selbst – und damit wird auch der Erkenntnisprozess selbst zu einer unbestimmten (bzw.: zu bestimmenden) Stelle im Netz der Relationen. »Wir erkennen somit nicht ›die Gegenstände‹ – als wären sie schon zuvor und unabhängig *als Gegenstände bestimmt* und gegeben –, sondern wir erkennen *gegenständlich*, indem wir innerhalb des gleichförmigen Ablaufs der Erfahrungsinhalte bestimmte Abgrenzungen schaffen und bestimmte dauernde Elemente und Verknüpfungszusammenhänge fixieren.« (Cassirer 2000, S. 328) Dass dem Erkennen »Dinge« erscheinen, nennt Cassirer eine »Bestätigungsformel« – und die erkannten Gegenstände sind somit nicht »›Zeichen von etwas Objektivem‹, sondern vielmehr objektive Zeichen« (ebd., S. 329), deren Objektivität allein darin liegt, dass sie sich empirisch bewähren (vgl. ebd., S. 345). Die Beobachtung von etwas ist dann, mathematisch gesprochen, stets eine Funktion dieser Beobachtung – und diese Idee des Funktionalismus bricht mit der Vorstellung, dass die Unbestimmtheit der

Welt durch eindeutige Bestimmtheit sich aufbrechen oder auflösen ließe. Diese Relationierung ist nicht nur ein Charakteristikum der wissenschaftlichen Erkenntnis, sondern von Praxis überhaupt. Es wird dann sichtbar, wie sich konkrete Erscheinungen zu etwas verhalten und wie etwas aufgrund der jeweiligen Praxis so erscheint. Der *Funktionalismus* hat es also stets mit Unbestimmtheit zu tun, oder besser: mit der praktischen Herstellung von Bestimmtheit.

Dies hier ausführlich weiter zu diskutieren würde zu weit führen. Ersehen lässt sich aus dem Gesagten freilich schon, dass Relationierungen stets Unterscheidungen erzeugen, in denen beide Seiten zur Debatte stehen. Anders als Substantiierungen zwingen Relationierungen dazu, die Einheit der Unterscheidung im Unterscheidungs*gebrauch* zu finden – mithin also: praktisch. Der zweite Diskursstrang des soziologischen Diskurses der Moderne, wie ich ihn hier rekonstruiert habe, stößt auf die Relationierung aller Bedeutung im Kontext seiner Kontexte, oder anders gesprochen: auf die Relationierung von Problemen und Lösungen bzw. Lösungen und Problemen. Die *Gesellschaft* beobachteter Gegenwarten ist dann also nicht die Bedeutung gebende Instanz für konkrete Handlungen, nicht ein Allgemeines, das in konkreten Gegenwarten seine Konkretion erfährt, kein subjektiver Geist, der vom objektiven zehrt, kein oberstes, unwandelbares Bezugsproblem, sondern ein Kontext, der Optionen, Potentialitäten, bestimmte Formen von Unbestimmtheit anbietet – etwa in Form von Anschlussmöglichkeiten in Funktionssystemen oder durch Organisationskontexte oder die Gegenwart von Interaktion. Die *Gesellschaft der Gegenwarten* ist also eine Gesellschaft, in der sich an Gegenwarten beobachten lässt, dass alles auch ganz anders sein könnte, selbst wenn das den »Beteiligten« nicht so erscheint. Aus soziologischer Perspektive ist lediglich interessant, *wie* Kontingenz eingeschränkt wird. Das *Wie* lässt sich beobachten: als Anschluss des nächsten Ereignisses, des nächsten Satzes, der nächsten »Handlung«, als was dies auch immer erscheint. Die nichtbeliebige Einschränkung von Kontingenz ergibt sich im operativen Vollzug der Kommunikation und verdeutlicht, dass jegliche Kommunikation eine Welt jenseits ihrer selbst kennt: Kontexte nämlich, in denen eine Welt aufscheint, die von der Kommunikation selbst erzeugt wird. Aus dieser Paradoxie gibt es kein Entrinnen.

Die Visibilisierung von Kontingenz ist ein *funktionales* Verfahren, das auf strikte Kausalannahmen ebenso verzichtet wie auf die innere Unendlichkeit subjektiven Sinn generierender Handelnder (vgl. dazu Nassehi/Saake 2002a, S. 83). Die funktionale Analyse einer *Gesellschaft der Gegenwarten* dient vielmehr dazu, Problem- und Problemlösungskontexte beschreibbar zu machen, die von diesen Gegenwarten *selbst* entfaltet werden – *selbst* in dem Sinne, dass dies durch Praxis geschehen muss, *selbst* auch im Hinblick darauf, dass es sich um *Kontexte* handelt, als die die Gesellschaft in diesen Gegenwarten wirkt. Insofern zeichnet eine in dieser Weise *funktionale* Methode nicht einfach eine Praxis nach, wie sie dem empirischen Blick zugänglich wird. Sie »dupliziert nicht einfach die vorgefundene Selbstsicht. Vielmehr wird das beobachtete System mit einem für es selbst nicht möglichen Verfahren der Reproduktion und Steigerung von Komplexität überzogen« (Luhmann 1984, S. 88), was den Blick auf den jeweiligen Umgang mit Kontingenz freilegt. Es geht also um die Relationierung von Lösungen und Problemen, ohne dass Ersteres oder Zweites vorausgesetzt werden könnte. *An dieser Stelle erfolgt theoretisch die Integration von Gesellschaftstheorie und empirischer Analyse.*

Der Funktionalismus hat in der Soziologie keine gute Presse – und das auch aus gutem Grund. Funktionalismus steht für stabile Strukturen, für holistische Perspektiven, für Top-down-Logiken. Der Funktionalismus – in der Tradition Radcliffe-Browns und Malinowskis stehend – stattete sich mit einem zentralen oder obersten Bezugsproblem aus – im Falle Radcliffe-Browns die normative Erhaltung der sozialen Ordnung, bei Malinowski die Kategorie der Bedürfnisbefriedigung. Parsons für die anglophone und Lévi-Strauss für die frankophone Welt bildeten dabei diejenigen Figuren, an denen sich die Kritik des Funktionalismus entzündete. Es war insbesondere die Vorstellung einer Ganzheit, die man voraussetzen musste, um einen Bezug zu funktionalen Notwendigkeiten formulieren zu können – ob man diese Ganzheit nun eher anthropologisch oder eher soziologisch bestimmt. Für letztere hat sich eingebürgert, den Funktionalismus an den letzten Ganzheitsbegriff zu binden, den die Soziologie zu bieten hat: »Es gibt kein überzeugendes funktionalistisches Erklärungsprogramm ohne einen analytisch konsistenten Begriff der Gesellschaft«, schreibt Thomas Schwinn (2003, S. 84), freilich nicht, um daraus einen entsprechend konsistenten Gesellschaftsbegriff zu gewinnen, sondern um den Gesellschaftsbegriff zugleich mit dem des Funktionalismus loszuwerden. Ein analytisch konsistenter Gesellschaftsbegriff wäre in diesem Sinne einer, der bereits als etwas vorausgesetzt werden müsse, das mehr sei als die Summe seiner Teile (vgl. Nagel 1965). Und in der Tat lässt sich exakt dies in der Tradition des sozialwissenschaftlichen Funktionalismus beobachten. Malinowski und Lévi-Strauss mit ihren konstanten Bezugsproblemen normativer Integration oder anthropologischer Bedürfnisbefriedigung wie die klassischen Gesellschaftskonzeptionen von Spencer über Durkheim bis Parsons sind je so gebaut, dass sie eine Seite der Gleichung konstant setzen und damit so etwas wie kollektive Zwecke ansetzen müssen. Funktionale Lösungen sind dann Lösungen, die einem Telos dienen, und sie sind dysfunktional, wenn sie der inhärenten Teleologie widersprechen. Ganz ähnlich wie eine auf Motiven aufbauende Handlungstheorie dann Schwierigkeiten mit »falschen« Motiven bekommt, bekommt ein solcher Funktionalismus Schwierigkeiten mit Dysfunktionen und muss sie wegerklären: zumeist mit Hilfe der *Theodizee durch Zukunft*.

Ein solcher Gesellschaftsbegriff freilich widerspricht jenem relationalen Verständnis der Funktion, das Kontingenz auf beiden Seiten der Unterscheidung ansetzt: Wenn *y* eine Funktion von *x* ist (y = f(x)), dann ist sowohl *y* als auch *x* kontingent gesetzt – und das verbietet es, eine der beiden Seiten absolut zu setzen. Exakt dieses Problem wird in der Funktionalismus-Kritik bearbeitet. Weniger formal gesprochen, geht es um die Kritik an der Präsupposition einer Ganzheit oder eines unwandelbaren Funktionensets. Giddens formuliert: »Der Terminus ›Funktion‹ impliziert eine Art teleologischer Qualität, die sozialen Systemen zugeschrieben wird: man hält soziale Gegenstände bzw. Aktivitäten für existent, weil sie funktionalen Erfordernissen entsprechen.« (Giddens 1988, S. 350) Nicht erklärt habe man damit aber, warum es zu solchen funktionalen Erfordernissen kommt, denn das könne allein eine »Interpretation intentionalen Handelns und der unbeabsichtigten Folgen« (ebd.) leisten. Damit, so Giddens, sei eine funktionale Erklärung allein eine Beschreibung von Zusammenhängen und Beziehungen, die, »anstatt eine Erklärung zu sein, nach einer Erklärung verlangt« (ebd., S. 351). Giddens weist zu Recht auf so etwas wie konkrete soziale *Praxis* hin, durch die Probleme gelöst werden, die in der Praxis erst eine Relevanz erhalten. Damit gelingt es ihm in der Tat, den Schwachpunkt der funktionalen Methode zu identifizieren. Allerdings stellt er inkonsequenterweise nicht die Genese jener Intentionen in Frage, die dann in einer in Giddens' Sinne nicht-funktionalistischen Alternative als *explanans* herhalten müssen.

Was man Giddens' Funktionalismus-Kritik zugestehen sollte, ist sein Hinweis darauf, dass sich Funktionen *praktisch*, d. h. je in einer Gegenwart erfüllen müssen und damit eine Kausalität von oberstem Bezugsproblem und Handlung ausgeschlossen werden muss. Allerdings bleibt Giddens' Kritik in allzu konventionellen Bahnen. Man kann an ihn jene Technik studieren, mit der sich auch Alltagssituationen mit sagbaren Sätzen ausstatten. Diese Technik ist die Technik der Zurechnung auf subjektiv gemeinten Sinn und die dann womöglich unbeabsichtigten, aber immerhin vom Handelnden erzeugten Handlungsfolgen. Diese Kritik des Funktionalismus tut so, als ob der Wille, die Intention, der subjektiv gemeinte Sinn des Akteurs außerhalb der funktionalen Beziehung zwischen Problem und Lösung situiert wäre. *Eine solche Funktionalismuskritik ignoriert alles, was man in der Nachfolge des Pragmatismus im Sinne des zweiten Diskursstrangs des soziologischen Diskurses der Moderne hätte lernen können: Nicht nur kann das Bewusstsein nicht jenseits der Praxis verstanden werden, in der es vorkommt. Auch die Zurechnungen auf Bewusstsein sind Resultate einer Praxis, einer Zurechnungspraxis nämlich.* Stellt man diese seit Dewey und Mead mögliche Einsicht in Rechnung, lässt sich der Funktionalismus nicht mehr in der Weise kritisieren, wie Giddens dies tut.

Positiv übernehme ich von Giddens nur den Hinweis darauf, dass vom Rekurs auf ein stabiles Bezugsproblem auf Praxis umzustellen ist. Der klassische Funktionalismus bediente sich einer Technik, die die Kontingenz der Gegenwart ausgeschaltet hatte. Er hat Kausalbeziehungen zwischen funktionalen Erfordernissen und funktionalen Lösungen postuliert und damit den Überraschungswert der Praxis unterschätzt. Giddens' Kritik freilich bewegt sich auf den ausgetretenen Pfaden einer interpretativen Soziologie, die das Problem der *requisite variety* in die Innenwelt des intentional Handelnden verlegt und darin letztlich selbst einen Bezugshorizont postuliert, der der soziologischen Analyse weitgehend entzogen wird. Nimmt man die *Praxisgegenwart* soziologisch ernst, muss man auf Theorieformen umstellen, die die *requisite variety* in den Anschlusszusammenhang kommunikativer Prozesse verlagern. Erst der *Anschluss*, in der luhmannschen Diktion die Verstehenskomponente der Kommunikation (nicht: der beteiligten Bewusstseine), macht den sozialen Sinn einer Kommunikation aus – und da nur das beobachtbar ist, kommt der Frage des soziologischen Beobachters eine besondere Bedeutung zu, und zwar als *soziologischem* Beobachter, nicht als einem durch praktische Teilnahme ethnisierten Teil der beobachteten Praxis.

Schon die klassische Idee des Funktionalismus war letztlich der Versuch der Kontrolle der Beobachtungsform. *Die eigentliche Theorieleistung des Funktionalismus liegt in der Problemkonstruktion*, heißt es bei Luhmann (1984, S. 86). Freilich war diese Problemkonstruktion das eigentlich Problematische am Funktionalismus – und dies ist auch die Wurzel der Standardkritik am Funktionalismus, die zum kollektiven Gedächtnis der Soziologie gehört: Man habe ein Bezugsproblem als holistisch hypostasiert und versperre sich damit einen Blick auf die konkret beobachtbare Praxis. Diese Kritik ist berechtigt – spricht aber weniger gegen den Funktionalismus als gegen diese Art der Problemkonstruktion – *und gegen die mangelnde Phantasie einer Soziologie, deren größte Praxisrelevanz sie offensichtlich darin sah, die bloße Technik der Zurechnung auf den Willen und die Motive von Handelnden mit differenzierteren Sätzen zu wiederholen*. Funktionalistische Theorien lebten stets in einer stabilen Welt, die letztlich an der Frage der Ordnung interessiert war – das Grundproblem war stets das Problem des Bestandes, die Erfüllung der Struktur, die Stabilisierung trotz ereignishafter Auflösungs- und Rekombinationsfähigkeit – nicht der Theorie, sondern der empirischen Wirklichkeit. Mit der Umstellung des systemtheoretischen Denkens auf Operationen, die sich über ihre Anschlüsse bewähren müssen, die echtzeitlich gegenwärtige Probleme lösen, die radikal praxeologisch nichts anderes kennen als die prozessuale Herstellung einer Ordnung durch und trotz Dauerzerfall von Ereignissen, stellt sich auch die Idee der Funktion neu. Ein kausalistisches Modell müsste entweder auf die *requisite variety* authentischer Sprecher als Schöpfer sozialer Ereignisse vertrauen oder auf einen funktionalen Gesamtalgorithmus, der den epistemologisch möglichen Unterschied von Kausalität und Funktion einebnet – wieder eine Karikatur des Parsons-Kosmos. *Eine radikal auf Ereignisgegenwarten setzende Systemtheorie dreht das Primat des Problems vor der Lösung um.* Nach wie vor sind Problem-Lösungs-Konstellationen zu beobachten, nur darf das Problem nicht vor-empirisch, d.h. quasi-transzendental als Bedingung der Möglichkeit von Ordnung vorausgesetzt werden, sondern muss dem empirischen Kontext selbst entnommen werden.

Der Funktionalismus im Rahmen des *ersten Diskursstrangs* des soziologischen Diskurses der Moderne muss eine Ganzheit postulieren und diese substantiieren, reifizieren; oder sie verlegt die Genese der Funktion in die Motive von Handelnden. Im Rahmen des *zweiten Diskursstrangs* wird der Funktionalismus streng auf eine operative Theorieanlage umgestellt, die keine Ganzheiten mehr kennt, sondern nur noch Praxen, Operationen, Gegenwarten. War der klassische Funktionalismus ein Algorithmus zur Entdramatisierung der je gegenwärtigen Praxis, interessiert sich ein *operativer Funktionalismus* nicht mehr für Bestandsprobleme oder Funktionensets, sondern dafür, wie in Gegenwarten weiter operiert werden kann. *Es geht darum, die Gegenwartsbasiertheit der Praxis tatsächlich ernst zu nehmen; zu sehen, dass es in Praxen um etwas geht; zu sehen, dass dieses Etwas in Kontexten erzeugt wird, die in dieser Gegenwart zur Verfügung stehen, aber letztlich nicht verfügbar sind; empirisch zu rekonstruieren, wie Handelnde durch die jeweilige Gegenwart selbst ermöglicht/ermächtigt werden; soziologisch zu verstehen, wie sich darin »Gesellschaft« ereignet, ohne darin nur eine dialektische Vermittlungsfigur von Allgemeinem und Besonderem oder eine durch Werte und Normen gesteuerte Vermittlungshierarchie zu sehen.*

Mit viel Wohlwollen lässt sich sagen, dass dies auch die Intuition ausdrücke, die schon Giddens geleitet hatte. Aber vor der wirklich spannenden Weiterentwicklung eines *kontingenztheoretischen* Funktionalismus (vgl. Reckwitz 2003b) schreckt Giddens – stellvertretend für den üblichen Affekt gegen die funktionalistische »Gefahr« einer kontraintuitiven Freilegung von Bezugsproblemen – zurück. Es geht nämlich – wiederholt! – darum, die *requisite variety* der Praxis in den Anschlusszusammenhang der Kommunikation selbst einzubauen und so den Potentialen des *zweiten Diskursstrangs des soziologischen Diskurses der Moderne* gerecht zu werden. Um noch ein letztes Mal das nun schon mehrfach angeführte empirische Beispiel der Arzt-Patienten-Interaktion in Anspruch zu nehmen: Eine funktionale Analyse dieser Interaktion stellt die beobachtbare Praxis in den Kontext einer Gesellschaft, in der sich der Anschlusszusammenhang der beschriebenen Kommunikation gerade nicht aus den Motiven ergibt, die ein Soziologie hier unterstellen könnte. Vielmehr geht es um die Frage, welche Art Praxis hier möglich ist, um sowohl medizinische als auch Organisations- und Interaktionskontexte zu bedienen, was die Beteiligten hier tatsächlich praktisch ausrichten können und welche dazu passenden Motive dabei wechselseitig unterstellbar sind und gerade dadurch erzeugt werden. Der Zusammenhang von Problem und Lösung ist der durch die Praxis selbst erzeugte, in einem größeren Kontext stehende Raum eingeschränkter und potentieller Möglichkeiten und nicht zuletzt die Zeit, die durch den Dauerzerfall von Ereignissen automatisch entsteht. Man muss weitermachen – und da es daraus kein Entrinnen gibt, ist Praxis, ist Operation in der Tat *unaufhörlich*. Das funktionale Verfahren besteht dann darin, jenen Raum von Unbestimmtheit *soziologisch* zu erzeugen, in dem sich die Relation von Problem und Lösung ereignet. Das ist es, was einer operativen Soziologie allein empirisch zugänglich ist: *nach den Bedingungen zu fragen, unter denen Kommunikation versteht.*

Ein solches Verfahren ist im geradezu klassischen Sinne ein *interpretatives* Verfahren, aber es *dementiert* zugleich die Grundidee aller hermeneutischen/interpretativen Verfahren. Es weigert sich, die Rationalität des Verstehbaren in den Motiven und in der Motorik von Akteuren zu situieren; und es weigert sich, Gesamtrationalitäten von Situationen zu behaupten, um dann das geradezu reflexionsfreie »Können« der Akteure zu feiern. Es setzt dort, wo die verstehende Soziologie das Subjekt vermutet und wo die Ethnomethodologie sich von Ordnung fasziniert sieht, das Problem der *Verweisung* bzw. des *Sinns* ein. Es kapriziert sich darauf, welche Verweisungen in Anspruch genommen werden und von welchen Verweisungen Akteure in Anspruch genommen werden. Es etabliert eine *Beobachterperspektive*, die keineswegs die Dementierung einer *Teilnehmerperspektive* impliziert, sondern im Gegenteil: *Es ist* empirisch *anzuerkennen, um was es in konkreten* settings *geht und gehen kann, wie sich Probleme und Lösungen* in actu *relationieren und wie Gegenwarten in Vergangenheiten transformiert werden.* Darin ist das Konzept der *Gesellschaft der Gegenwarten* womöglich »näher dran« an den »Akteuren« als eine *akteur-/individuums-/subjektorientierte Soziologie*, die die Pathosformel der handelnden Vernunft zwar semantisch dekonstruiert, empirisch-soziologisch aber perpetuiert.

Ein *interpretatives* Verfahren ist es also nur insofern, als man mit dem Interpretativen die nicht-kausale Form der Zurechnung bezeichnen will. Diese Art Funktionalismus sieht sich Lösungen an, d.h. Anschlüsse, Praxen, Unterscheidungen, übrigens keineswegs nur sprachliche Praxen, wie Luhmanns Texte vorgeben, sondern auch körperliche, vielleicht sogar artefaktische. Entscheidend ist nur, dass sie einen Unterschied machen. Die Grundfrage ist dann, für welches Problem diese Praxis eine Lösung sein kann. Das theoretische oder theorietechnische Bezugsproblem ist dabei möglichst allgemein zu halten: die Bewältigung von Kontingenz (vgl. noch einmal Nassehi/Saake 2002a). Das jeweilige empirische Bezugsproblem zu bestimmen ist dagegen die eigentliche wissenschaftliche Forschungsleistung. Sie ist nicht der Anschauung selbst zu entnehmen, sondern entstammt einer wissenschaftlichen/soziologischen Beobachtung, die im Hinblick auf praktische Lösungen äquivalente, auch anders mögliche Problemkonstellationen sucht. Darin wäre eine systemtheoretische Forschungsperspektive insofern eine *interpretativ-hermeneutische* Perspektive, als sie ähnlich dem hermeneutischen Zirkel eine Art *funktionalistischen Zirkel* sich auflädt und in der Bearbeitung dieses Zirkels an sich lernen kann, was sich soziologisch über den Gegenstand der Forschung sagen lässt. Und sie ist andererseits eine *ethnomethodologische* Perspektive, als sie sich dafür interessiert, wie sich Praxen selbst hervorbringen. Sie unterscheidet sich freilich etwa von einer hermeneutischen Wissenssoziologie, als sie die für Interpretationen nötige *requisite variety* nicht in wissende Akteure oder Wissensstrukturen hineinbeobachtet, sondern in Prozesse kommunikativer Anschlussfähigkeit, deren Kontingenz ja gerade in der Varietät ihrer Möglichkeiten liegt – ähnlich der funktionalistischen Beobachtung selbst. Und sie unterscheidet sich von einer ethnomethodologischen, praxistheoretischen Selbstbeschränkung auf den engen Kontext des Beobachtbaren dadurch, dass sie mit einer *Gesellschaft* rechnet, in der diese Kontexte vorkommen, und dass ihr das unbändige Vertrauen in die Selbstgenügsamkeit solcher Situationen fehlt.

Der zweite Diskursstrang des soziologischen Diskurses führt fast automatisch in eine funktionalistische Perspektive. Die Funktion der Gegenwart in der *Gesellschaft der Gegenwarten* erzeugt einen Problemzusammenhang von gegenwärtiger Herstellung von Anschlussfähigkeit und den Kontexten, in denen das geschieht. Hier wird das, was in der Chicago-School bereits als *Situation* entdeckt wurde, selbst noch einmal operativ gewendet, so dass die theorie- und forschungstechnische Funktion der Gegenwart als Fokus der Aufmerksamkeit darin liegt, die *praktische* Herstellung von Problem-/Lösung-Konstellationen aufzuspüren. Der Begriff der Gesellschaft wird damit erneut in seiner Funktion verändert: von einem Kontinuität und ontologische Strukturhaftigkeit spendenden Fokus zu einem *Horizontbegriff.* Empirisch erscheint die moderne Gesellschaft dann in Form von Horizonten, die nur die Probleme haben, die sie sich selbst zugestehen. Das gilt auf der Ebene der Gesellschaft im Sinne der Beschränkung ökonomischer, politischer oder wissenschaftlicher Lösungen auf solche Probleme; das gilt auf der Ebene von Organisationen, deren Entscheidungen Lösungen für Probleme sind, die es je nur in ihrer Perspektive gibt; und das gilt für Interaktionen, in denen konkrete Gegenwarten unter Anwesenden als Lösung des Problems angesehen werden müssen, wie Personen aufeinander treffen und füreinander ansprechbar werden. Empirisch gesprochen, gilt das für die soziologische Perspektive selbst, die das Sichtbare im Hinblick darauf betrachtet, inwiefern konkrete Praxen Lösungen für Probleme sind, die soziologisch nur der Soziologie zugänglich sind. Ein solcher Funktionalismus unterscheidet sich vom traditionellen Funktionalismus dadurch, dass er die Paradoxie der Selbsterzeugung von Praxis und der Selbststabilisierung von Ordnung nicht mit einer der konkreten Praxis transzendenten Teleologie wegrechnet, sondern die Bearbeitung der Paradoxie der Selbstanwendung in die Praxen selbst hineinverlagert. Etwas anderes wäre einer *Gesellschaft der Gegenwarten* und ihrer *Horizonte* methodologisch unangemessen.

Epilog: Das Ende der »soziologischen« Vernunft?

Meine Rekonstruktion des soziologischen Diskurses der Moderne hat zwei Diskursstränge herausgearbeitet, die parallel zueinander verlaufen, die aber in meiner Darstellung eine gewisse Chronologie suggerieren. Wie ich bereits in der Einleitung betont habe, ist die Textgattung der erzählten Geschichte eine recht perfide Gattung: Geschichten gehen immer auf – nicht weil sie *stimmen*, sondern weil sie *erzählt* werden müssen. Der Effekt ist dann erstaunlicherweise, dass sie *stimmen*. Jedenfalls stilisiert sich meine Erzählung so, dass am Ende tatsächlich das erscheint, was der Erzähler schon wusste, bevor er erzählte (auch wenn ein Buch am Ende dann doch ganz anders wird, als man es zuvor dachte). Die zwei Diskursstränge, die sich in meiner Rekonstruktion ergeben haben, sind selbst das Ergebnis einer Praxis, deren Wahrheit sich weniger aus einer »festen Realität jenseits alles Denkens« ergibt, sondern vielmehr »sich im Prozess des Denkens selbst bewährt«, um noch einmal die Formulierung von Ernst Cassirer (2000, S. 345) aufzunehmen. Was ich im Sinne von *Operativität* und *Praxis* soziologisch als Absetzbewegung von einem dadurch als *erstem* Diskursstrang des soziologischen Diskurses der Moderne sichtbar werdenden soziologischen Blick herausgearbeitet habe, gilt auch für die Praxis dieser Rekonstruktion selbst. Sie verfängt sich in Problemen der Selbstanwendung, der paradoxen Einsicht, dass sich die Erzählung letztlich nur an sich selbst aufrichten kann, Halt nur im Nacheinander ihrer Sätze findet – und sozial wirksam nur dadurch werden kann, dass daran angeschlossen wird. Es geht mir nicht darum, den Schreibprozess selbst narzisstisch zu reflektieren, sondern zu betonen, dass das, was ich im Sinne des zweiten Diskursstrangs des soziologischen Diskurses der Moderne im Sinne einer operativen Lesart der funktionalistischen Methode herausgearbeitet habe, auch für die Darstellung dessen selbst gilt.

Meine Erzählung endete mit der Bemerkung, dass sich der zweite Diskursstrang letztlich dafür interessiert, die *Bearbeitung der Paradoxie der Selbstanwendung in die Praxen selbst hineinzuverlagern*. Meine fünfschrittige *Kritik der soziologischen Vernunft* hat versucht, diese Frage der Selbstanwendung auf die Soziologie selbst zu beziehen und jene funktionalistische Methode, mit der die Gesamterzählung endete, auf ihren Gegenstand anzuwenden. Es sollte deutlich geworden sein, welche Bezugsprobleme für die Praxis der soziologischen Formenbildung jeweils galten und wie sich soziologische Argumentationsformen jeweils selbst hervorgebracht haben. Meine Rekonstruktion, wie selektiv und von der Erzählung zugeschnitten sie auch immer daherkommt, sollte deutlich gemacht haben, dass soziologische Formen jeweils nur die Probleme lösen, die sie sich stellen und die in ihrem jeweiligen Kontext entsprechend anschlussfähig sind. Das hat mit der grundsätzlichen Frage soziologischer Sprecherpositionen begonnen und verfolgte von der Kritik der *handelnden* über die *authentische* bis zur *operativen* und *gesellschaftlichen* Vernunft die Frage, an welchen Problemen sich soziologische Formen abarbeiten. Als *basso continuo* meiner Darstellung ist mitgelaufen, dass sich ein zweiter Diskursstrang stets an jenen soziologischen Blick angeheftet hat, der im Sinne einer aktiven Teilnehmerperspektive die beiden Grundchiffren des »gesellschaftlichen« Arena-Modells reflexionstheoretisch dargestellt hat. Dem *ersten Diskursstrang* entstammt die *motivorientierte* Erklärung alles sozialen Geschehens und die Vorstellung der *Gesellschaft* als eines Raums, in dem sich Sprecher begegnen – je nach Gusto im Sinne einer durch Werte und Normen harmonisierten, durch Konflikte integrierten oder durch deliberative kollektive Willensbildung geprägten Variante. Beides, Handlungsmotive und gesellschaftliche Integrität, wird dann letztlich zu einem steigerbaren Sachverhalt, den man sogar verfehlen kann.

Begleitet wird die *handelnde Vernunft* durch die pragmatistische Kritik des Vorrangs des Motivs vor der Handlung; die *authentische Vernunft* sieht sich der ethnomethodologischen und praxistheoretischen Betonung von Praxen gegenüber, die die authentische Rede an die Praxis selbst binden und ihr nicht vorordnen; daraus resultiert eine *operative Vernunft*, die die Substantialität von Motiven und gesellschaftlichen Kontinuitäten in Frage stellt, aber zunächst noch keinen Sensus für die *Gesellschaft* von Praxisgegenwarten hat; die *gesellschaftliche Vernunft* schließlich wird begleitet von der Kritik an der Normativität ihres Gegenstandes. Gebündelt habe ich meine Rekonstruktion im Konzept einer *Gesellschaft der Gegenwarten*, die die subkutanen Kritiken der klassischen soziologischen Vernunft bündelt und zu einer entschieden *postsozialen* Theorieform führt, die allein kommunikative Praxis und die Anschlussfähigkeit von konkreten Gegenwarten für den Gegenstand der Soziologie hält. Als grundlegendes Bezugsproblem dieser soziologischen Form soll alleine die *Praxisgegenwart* gelten, ohne damit aber den Restriktionen etwa ethnomethodologischer/ethnographischer Ansätze zu erliegen und in einer geradezu naturalistischen Ontologie nur dem unmittelbar Sichtbaren zu trauen. Das Grundproblem der *Gesellschaft* ist nämlich *Unsichtbarkeit, Nicht-Anwesenheit, Kontextualität.*

Genau besehen, dekonstruiert der *zweite Diskursstrang* die Bedingungen, die den Erfolg des ersten Diskursstrangs möglich gemacht haben. Sowohl die Freilegung von Handlungsmotiven und die Anerkennung von authentischen Äußerungen im sozialen Raum als auch die Erfindung und Perpetuierung der Idee der *Gesellschaft* haben jenes Milieu auf den Begriff gebracht, in dem sich die Gesellschaft *als Gesellschaft* sowohl affirmativ als auch kritisch beschreiben ließ. Der Erfolg der Soziologie bestand darin, ein Publikum (zu dem sie auch selbst gehörte) mit Chiffren darüber zu versorgen, die je eigene Position verstehbar, sagbar, repräsentierbar zu machen – von der Aufdeckung von Klassenzugehörigkeiten über deren Nivellierung bis zu den normativistischen Selbstbegründungen als Bedingungen des Sozialen und den Diagnosen von Risiko-, Wissens- oder individualisierten Gesellschaften. Der erste Diskursstrang war insofern tatsächlich im engeren Sinne *Teilnehmer* – und so gelang es ihm, die *gesellschaftliche* letztlich mit der *»soziologischen«* Vernunft in Deckung zu bringen.

Was ich als *zweiten Diskursstrang* rekonstruiert habe, schließt eine solche Deckung geradezu programmatisch aus. Wird damit das *Ende der »soziologischen« Vernunft* postuliert? Nein! Aber die Bedingungen für die soziologische Selbstthematisierung der modernen Gesellschaft scheinen sich erheblich geändert zu haben. Innerhalb der Soziologie scheint man dies weitgehend als ein *Performanz-Problem* anzusehen. So kapriziert sich die viel beachtete *Presidential Address* an die ASA von Michael Buroway von 2004 letztlich darauf, die Soziologie möge zu jenem Verständnis der *Gesellschaft* zurückfinden, das im 19. Jahrhundert begann. Buroway schreibt: »If the standpoint of economics is the market and its expansion, and the standpoint of political science is the state and the guarantee of political stability, then the standpoint of sociology is civil society and the defense of the social.« (Buroway 2005, S. 24) Explizit bindet Buroway *the social* an die *interests of humanity* und spannt damit klassischerweise den Bogen jenes *ersten Diskursstrangs* auf, der in der Tat die Entdeckung der Gesellschaft mit der *Arena* ihrer Selbstthematisierung im Hinblick auf die politisierte Form der Gesellschaft und der angemessenen Motivlage ihrer Mitglieder verbindet. Buroway ruft selbst explizit die Erfahrung des »späten 19. Jahrhunderts« auf, in dem in Reaktion auf und mit dem »westlichen Kapitalismus« die Idee der *civil society* entstand (vgl. ebd.). Buroways Perspektive reflektiert einen Phantomschmerz, der sich freilich nur einstellen kann, wenn man zweierlei nicht in Rechnung stellt: *erstens* dass die *civil society* und all die abgeleiteten Begriffe, die daran hängen, nicht nur Voraussetzung, sondern auch und gerade *Gegenstand* des soziologischen Raisonnements sein können – und es damit keineswegs ausgemacht ist, die bürgerliche Gesellschaft oder *civil society* sei der *standpoint*, von dem her die Soziologie operiere; *zweitens* dass die schwieriger gewordene Anschlussfähigkeit der Soziologie womöglich einen im Gegenstand selbst liegenden Grund haben könnte, nämlich den, dass die »Gesellschaft« selbst nicht mehr den Konstruktionen jener soziologischen Vernunft glaubt, welche das Bild der (bürgerlichen) Gesellschaft und ihrer soziologischen Weiterentwicklung gezeichnet hatte. Buroway spielt denn auch eine öffentlich wirksame Soziologie gegen die professionalisierte akademische Soziologie aus, deren Theorien und Methoden allein wissenschaftliche Adressaten kennen (vgl. ebd., S. 12 f.). Abgesehen davon, dass der Wissenstransfer vom wissenschaftlich anschlussfähigen Wissen zu öffentlich oder in anderen professionellen Zusammenhängen wirksamem Wissen nicht als *Transfer* oder *Übertragung* funktioniert (vgl. dazu Nassehi 2003a, S. 310 ff.), sollte nicht verkannt werden, dass alle öffentlich wirksame Soziologie sehr wohl aufs engste mit dem professionellen Kern der soziologischen Theorie- und Methodenbildung verknüpft war. Um nur den deutschen Fall zu nehmen: Schelskys öffentlichkeitswirksame Diagnosen wären ohne die Arbeit der Dortmunder Sozialforschungsstelle nicht denkbar gewesen; Adornos öffentliche Wirksamkeit hielt sich sogar performativ an die Form ihrer Produktionsästhetik; Habermas' öffentliche Rede zehrte stets von der Theoriebildung (und diese von jener); und auch Becks öffentliche Sichtbarkeit ist ohne den Hintergrund des

Forschungsprogramms einer subjektorientierten Soziologie, die aus der Industriesoziologie und der Ungleichheitsforschung stammt, gar nicht denkbar.

Vielleicht weist das, was ich den *zweiten Diskursstrang des soziologischen Diskurses der Moderne* genannt habe, zugleich auf eine Veränderung öffentlicher Debatten und der Selbstwahrnehmung moderner Gesellschaftlichkeit hin. Heinz Bude hat in einem kritischen Kommentar zu Buroway jüngst ebenfalls darauf hingewiesen, dass die defensive Position der Soziologie womöglich in ihrem Gegenstand begründet liege. Bude schreibt, »dass die Soziologie sich kein Wissen über die ungelösten Probleme oder die Notwendigkeit ihrer Lösung in einer modernen Gesellschaft anmaßen kann. Die ›transzendentale Obdachlosigkeit‹ eint Soziologie und Gesellschaft« (Bude 2005, S. 8). Ob es eines transzendentalen Obdachs bedarf, um Probleme zu lösen, sei dahingestellt, aber womöglich oszilliert die Soziologie tatsächlich zwischen asymmetrischen Gegenwarten und solidarischen Zukünften (vgl. Saake 2005b). Erstere erzeugen einen praktischen Selektionsdruck, indem dies und nicht jenes geschieht und indem sich alles *praktisch-gegenwärtig* zu bewähren hat, auch die soziologische Arbeit des Begriffs. Das Zweite nimmt die *Theodizee der Zukunft* ganz nach dem klassischen Modell der *Arena* in Anspruch. Jedenfalls wohnen beide Seelen in der Brust der Soziologie – *sowohl* die des ersten Diskursstrangs, der sich für eine Teilnehmerperspektive hält und an eine Arena sich richtet, die sich längst in Gegenwarten aufgelöst hat, in Gegenwarten globaler Gleichzeitigkeit wie in Gegenwarten konkreter Handlungssettings, *als auch* die des zweiten Diskursstrangs, der sich in Form schräger Beobachtungen für die Eigenlogik von Praxen interessiert und dem damit die Geschmeidigkeit der öffentlichen Anschlussfähigkeit fehlt.

Ich sehe hier freilich eher ein darstellungsästhetisches Problem als ein prinzipielles. Auch an der Praxis dieses Buches lässt sich ablesen, dass die Darstellung und die Inanspruchnahme der Intuitionen des *zweiten Diskursstrangs* Textsorten erzeugt, die auf den ersten Blick der Rede in der Arena sich entziehen. Wie ich aus eigener Erfahrung weiß, funktioniert diese Denkungsart in Form von Beratung und in Vortragsform außerhalb der akademischen Soziologie – aber sie bedient eben nicht die appellative Funktion dessen, was sich Buroway als *public sociology* vorstellt. Die Herausforderung für das Fach scheint mir derzeit ebenso darin zu liegen, sich über die Bedingungen seiner eigenen Möglichkeit in einer Umwelt aufzuklären, die nicht mehr mit der Simulation der parsonsschen Idee der *self-sufficient societies* mit ihrer politisierbaren Ästhetik von Kollektiv- und Konfliktbegriffen erreichbar ist. Aus dem stabilen Behälter – der übrigens auch ein Behälter bleibt, wenn man ihn global vergrößert und nun für instabil erklärt – ist inzwischen tatsächlich eine *Gesellschaft der Gegenwarten* geworden. Worauf es ankommt, ist, dass es der Soziologie gelingen möge, diese Gesellschaft darüber aufzuklären, wie sie sich selbst in unausweichlichen Gegenwarten vorfindet, aus denen man nicht ausbrechen kann. Man gerät dann freilich in die Paradoxie, dass auch diese Form der Aufklärung sich in Praxen vorfindet, in Gegenwarten, die *funktionieren* müssen, ästhetisch, praktisch, aktuell. Die Dekonstruktion der Arena findet keine mehr vor, bewegt sich aber dennoch in Arenen, in unausweichlichen Arenen operativer Praxis.

Von einem *Ende der »soziologischen« Vernunft* kann also überhaupt keine Rede sein – vom Ende der klassischen, der bürgerlichen gesellschaftlichen Vernunft freilich mit ihren Kontinuitätsunterstellungen in sozialer, sachlicher, räumlicher und zeitlicher Hinsicht sehr wohl.

- In *sozialer* Hinsicht sind Kollektivitäten in ihrer vormals unproblematischen Ansprechbarkeit sowohl größer als auch kleiner geworden – größer im Sinne globaler Zurechnungsmöglichkeiten, kleiner im Sinne einer nicht mehr unterstellbaren (national)-staatlichen Form kollektiver Willensbildung.
- In *sachlicher* Hinsicht scheint funktionale Differenzierung mit ihren optionssteigernden Auswirkungen tatsächlich jene einheitliche Adresse für eindeutige Problemdefinitionen unmöglich zu machen. Zugleich wird damit das Problem sozialer Ungleichheit, dem sich die Einheitsperspektive des Gesellschaftlichen seit dem 19. Jahrhundert historisch verdankt, dramatisiert. Die sachliche Diskontinuität funktionaler Differenzierung lässt sich nicht mehr in Container »einhegen«, in denen man (dann *staatlich* genannte) Inklusionsarrangements als das eigentliche Strukturmerkmal der Gesellschaft simulieren konnte. Ist das Individuum im 19. Jahrhundert aus traditionellen Bezügen freigesetzt worden, wie es viel zitiert bei Marx heißt, scheint im 21. Jahrhundert die gesellschaftliche Dynamik der Optionssteigerungen der Funktionssysteme aus internen Inklusionsansprüchen und -routinen

freigesetzt zu werden – mit dramatischen Konsequenten in vielen Weltteilen, in denen vieles wie *Exklusion* aussieht, was neue, prekäre Formen der Inklusion sind.

- In *räumlicher* Hinsicht stellen sich gesellschaftliche Horizonte als Perspektiven dar, deren Grenzen mehr und mehr operative Grenzen der empirischen Erreichbarkeit werden.
- Und in *zeitlicher* Hinsicht schrumpft jene Allgemeinheitsperspektive des Gesellschaftlichen zu *Gegenwarten* zusammen, in denen sich bewährt, was sich bewährt und in denen praktisch entschieden wird, was an Formen, an Lösungen und an Problemen möglich ist.

All dies erfordert neue Beschreibungsformen und Analysekategorien, die der Soziologie gewissermaßen subkutan und parallel stets zur Verfügung standen und die ich als *zweiten Diskursstrang* zu identifizieren mich bemüht habe. Es kommt darauf an, einen empirischen Blick dafür zu entwickeln, wie sich Lösungen in Relation zu selbst erzeugten Problemen praktisch entfalten – und wenn es gelingt, dafür eine angemessene soziologische Darstellungsform zu finden, dann wird sich womöglich auch das Kommunikationsproblem lösen lassen, das die Soziologie derzeit hat. Den Teufel freilich wie Buroway mit Beelzebub auszutreiben wird nicht funktionieren – oder besser: Es funktioniert dort, wo es funktioniert, unter Soziologen nämlich, deren *Standpunkt* die *Verteidigung des Sozialen* sei. Diese Pathosformel freilich verhindert die Frage nach dem *Sozialen* und setzt allzu konventionelle Antworten schlicht voraus.

Vielleicht – und damit sei der *soziologische Diskurs der Moderne* zunächst zu einem Ende gebracht – lässt sich von der Rekonstruktion dieses Diskurses eine der grundlegenden Modernitätserfahrungen schlechthin lernen: Das *Moderne* scheint das *Paradoxale* zu sein. Schon der für den klassischen soziologischen Diskurs der Moderne paradigmatische Jürgen Habermas hat die Erfahrung von Modernität an eine paradoxe Figur gebunden. Diese Paradoxie liegt nun gerade darin, dass die Moderne ihre »Normativität aus sich selber schöpfen« (Habermas 1985a, S. 16) und ihre normativen Maßstäbe aus sich selbst heraus entwickeln müsse, obwohl ein Maßstab sich gerade dadurch auszeichnet, unabhängig vom zu Messenden zu sein. Habermas hat das Problem bekanntlich in einer quasi-transzendentalen Denkfigur aufgelöst, indem er die Geltungsansprüche von Sprechakten an die Faktizität ihrer verständigungsorientierten Struktur gebunden hat. Diese Figur ist insofern paradox, als sie Halt alleine in der Selbstanwendung finden – doch sie ist der Moderne schon lange bestens vertraut. Man denke nur stellvertretend an die berühmte *Querelle des Anciens et des Modernes* im Frankreich des 17. Jahrhunderts über die Frage, ob zeitgenössische Dichtung das perfektive Vorbild der griechischen Antike übertreffen könne (vgl. Gumbrecht 1978, S. 99 ff.). Man machte die Erfahrung, dass Formen besser wurden als die besten – und musste dann gewissermaßen vom Problem der Sachdimension auf die Zeitdimension umschalten. Was man sachlich kaum begründen konnte – dass man ohne Vorbild und ohne Maß von außen neue Maßstäbe setzen kann –, wurde nun in die historische Zeit verlagert, so dass man von der Sache selbst absehen konnte und in der Zeit selbst den *Sinn* entdeckte. Sowohl die habermassche Frage der selbst geschaffenen Normativität als auch die der *Querelle*, wie das Neue in die Welt kommt, löst das Problem der Paradoxie der Selbstanwendung durch *Zeit* – in der klassischen Moderne durch die *Theodizee der Zukunft*, die die Erfüllung in angemessenen Motiven und Gemeinschaften nahen sieht, bei Habermas in der Gegenwart argumentierender Praxis, und im *zweiten Diskursstrang des soziologischen Diskurses der Moderne* in der Soziologisierung noch der Bedingungen dieser Gegenwarten. Vielleicht ist das Signum der Moderne tatsächlich ihr Umgang mit Paradoxien, die immer weniger ein für alle Mal, sondern praktisch und je gegenwärtig entfaltet werden können. Den Schlüssel für alles enthält die *Zeit*, die Praxis der *zeitweisen Entparadoxierung* schlicht dadurch, dass gelingt, was geschieht. Vielleicht hat sich soziologische Aufklärung darauf zu kaprizieren: auf die Bedingungen von Praxis hinzuweisen – auch auf die eigene. Insofern könnte die Soziologie gerade im Sinne einer *Kritik der soziologischen Vernunft* dazu beitragen, Handlungsspielräume jenseits des Phantasmas der klassischen gesellschaftlichen Arena-Vernunft, aber weit diesseits der phantasielosen neoliberalen Weiterentwicklung jener kulturellen Individualisierung sagbar zu machen, die schon zufrieden ist, wenn der Sprecher authentisch spricht.

Literaturverzeichnis

Adorno, Theodor W. 1997a: Soziologische Schriften I, in: Gesammelte Schriften, Band 8, Frankfurt/M.: Suhrkamp.

Adorno, Theodor W. 1997b: Negative Dialektik, in: Gesammelte Schriften, Band 6, Frankfurt/M.: Suhrkamp.

Adorno, Theodor W. 1999: Aufarbeitung der Vergangenheit. Reden und Vorträge im Hessischen Rundfunk 1955-1969, 5 Audio CDs, München: Der HörVerlag.

Alexander, Jeffrey C. 1983: Theoretical Logic in Sociology. Vol.-4: The Modern Reconstruction of Classical Thought: Talcott Parsons, Berkeley/Los Angeles: University of California Press.

Alexander, Jeffrey C. 1985: Introduction, in: ders. (Hg.): Neofunctionalism, Beverly Hills/London/New Delhi: Sage.

Alexander, Jeffrey C. 1987: Twenty Lectures. Sociological Theory since World War II, London: Hutchinson.

Alexander, Jeffrey C. 1988: Action and its Environments, New York: Columbia University Press.

Alexander, Jeffrey C. 1990: Differentiation Theory: Problems and Prospects, in: ders., Paul Colomy (Hg.): Differentiation Theory and Social Change. Comparative and Historical Perspectives, New York: Columbia University Press, S. 1-15.

Alexander, Jeffrey C. 1993: Soziale Differenzierung und kultureller Wandel. Essays zur neofunktionalistischen Gesellschaftstheorie, Frankfurt/M./New York: Campus.

Alexander, Jeffrey C./Philip Smith 1996: Social Science and Salvation: Risk Society as Mythological Discourse, in: Zeitschrift für Soziologie 25, S. 251-262.

Altvater, Elmar/Birgit Mahnkopf 1997: Grenzen der Globalisierung. Ökonomie, Ökologie und Politik in der Weltgesellschaft, 2. Aufl., Münster: Westfälisches Dampfboot.

Amann, Klaus 1994: Menschen, Mäuse und Fliegen. Eine wissenssoziologische Analyse der Transformation von Organismen in epistemische Objekte, in: Zeitschrift für Soziologie 23, S. 22-40.

Archer, Margaret 1990: Sociology for One World: Unity and Diversity, Presidential Adress, in: International Sociology 6, S. 131-147.

Aristoteles: Physikvorlesung, übers. von Hans Wagner, Berlin (DDR): Akademie Verlag, 1967 (zit. als Phys.)

Ashby, W. Ross 1956: Introduction to Cybernetics, London: Chapman & Hall.

Atkinson, Dick 1972: Orthodox Consensus and Radical Alternative. A Study in Sociological Theory, London: Heinemann.

Bateson, Gregory 1990: Ökologie des Geistes. Anthropologische, psychologische, biologische und epistemologische Perspektiven, 3. Aufl., Frankfurt/M.: Suhrkamp.

Baudrillard, Jean 1982: Der symbolische Tausch und der Tod, München: Matthes & Seitz.

Bauman, Zygmunt 1995: Moderne und Ambivalenz. Das Ende der Eindeutigkeit, Hamburg: HIS.

Beck, Ulrich 1983: Jenseits von Stand und Klasse? Soziale Ungleichheiten, gesellschaftliche Individualisierungsprozesse und die Entstehung neuer sozialer Formationen und Identitäten, in: Reinhard Kreckel (Hg.): Soziale Ungleichheiten, Göttingen: Schwartz, S. 35-74.

Beck, Ulrich 1986: Risikogesellschaft. Auf dem Weg in eine andere Moderne, Frankfurt/M.: Suhrkamp.

Beck, Ulrich 1993: Die Erfindung des Politischen. Zu einer Theorie reflexiver Modernisierung, Frankfurt/M.: Suhrkamp.

Beck, Ulrich 1996: Wie aus Nachbarn Juden werden. Zur politischen Konstruktion des Fremden in der reflexiven Moderne, in: Max Miller, Hans-Georg Soeffner (Hg.): Modernität und Barbarei. Soziologische Zeitdiagnose am Ende des 20. Jahrhunderts, Frankfurt/M.: Suhrkamp, S. 318-343.

Beck, Ulrich 1997a: Väter der Freiheit, in: ders. (Hg.): Kinder der Freiheit, Frankfurt/M.: Suhrkamp, S. 333-381.

Beck, Ulrich 1997b: Kinder der Freiheit: Wider das Lamento über den Werteverfall, in: ders. (Hg.): Kinder der Freiheit, Frankfurt/M.: Suhrkamp, S. 9-33.

Beck, Ulrich 2000: The Cosmopolitan Perspective: Sociology of the Second Age of Modernity, in: British Journal of Sociology 51, S. 79-105.

Beck, Ulrich 2002: Macht und Gegenmacht im globalen Zeitalter. Neue weltpolitische Ökonomie, Frankfurt/M.: Suhrkamp.

Beck, Ulrich 2004: Der kosmopolitische Blick oder: Krieg ist Frieden, Frankfurt/M.: Suhrkamp.

Beck, Ulrich/Elisabeth Beck-Gernsheim 1994: Individualisierung in modernen Gesellschaften – Perspektiven und Kontroversen einer subjektorientierten Soziologie, in: dies. (Hg.): Riskante Freiheiten. Individualisierung in modernen Gesellschaften, Frankfurt/M.: Suhrkamp, S. 10-41.

Beck, Ulrich/Wolfgang Bonß/Christoph Lau 2001: Theorie reflexiver Modernisierung – Fragestellungen, Hypothesen, Forschungsprogramme, in: Ulrich Beck, Wolfgang Bonß (Hg.): Die Modernisierung der Moderne, Frankfurt/M.: Suhrkamp, S. 11-59.

Beck, Ulrich/Christoph Lau 2005: Theorie und Empirie reflexiver Modernisierung. Von der Notwendigkeit und den Schwierigkeiten, einen historischen Gesellschaftswandel innerhalb der Moderne zu beobachten und zu begreifen, in: Soziale Welt 56, S. 107-135.

Beck-Gernsheim, Elisabeth 2003: Namenspolitik. Zwischen Assimilation und Antisemitismus. Zur Geschichte jüdischer Namen im 19. und 20. Jahrhundert, in: Armin Nassehi, Markus Schroer (Hg.): Der Begriff des Politischen, Soziale Welt – Sonderband 14, Baden-Baden: Nomos, S. 571-585.

Bellah, Robert N. 1985: Tokugawa Religion. The Cultural Roots of Modern Japan, New York: Anchor Books.

Bellah, Robert N./Richard Madsen/William M. Sullivan/Ann Swidler/Steven M. Tipton 1996: Habits of the Heart. Individualism and Commitment in American Life, updated Ed., Berkeley/Los Angeles/London: University of California Press.

Bendix, Reinhard 1956: Work and Authority in Industry. Ideologies of Management in the Course of Industrialization, New York: Wiley.

Berger, Peter A. 1996: Individualisierung. Statusunsicherheit und Erfahrungsvielfalt, Opladen: Westdeutscher Verlag.

Berger, Peter/Thomas Luckmann 1969: Die gesellschaftliche Konstruktion der Wirklichkeit. Eine Theorie der Wissenssoziologie, Frankfurt/M.: Fischer.

Bertalanffy, Ludwig v. 1956: General System Theory, in: General Systems. Yearbook of the Society for the Advancement of General Systems Theory 1, S. 1-10.

Beyme, Klaus v. 1991: Theorie der Politik im 20. Jahrhundert, Frankfurt/M.: Suhrkamp.

Bhaba, Homi K. 1990: The Location of Culture, London/New York: Routledge.

Bittlingmeyer, Uwe/Rolf Eickelpasch 2002: Pierre Bourdieu. Das Politische seiner Soziologie, in: Uwe Bittlingmeyer, Rolf Eickelpasch, Jens Kastner, Claudia Rademacher (Hg.): Theorie als Kampf? Zur politischen Soziologie Pierre Bourdieus, Opladen: Leske & Budrich, S. 13-28.

Bodin, Jean 1981: Sechs Bücher über den Staat, München: C. H. Beck.

Böckenförde, Ernst-Wolfgang 1967: Die Entstehung des Staates als Vorgang zur Säkularisation, in: Säkularisation und Utopie. Erbacher Studien. Ernst Forsthoff zum 65. Geburtstag, Stuttgart/Berlin/Köln/Mainz: Kohlhammer, S. 75-94.

Böhle, Fritz/Annegret Bolte/Ingrid Drexel/Sabine Weishaupt 2001: Grenzen wissenschaftlich-technischer Rationalität und ›anderes Wissen‹, in: Ulrich Beck, Wolfgang Bonß (Hg.): Die Modernisierung der Moderne, Frankfurt/M.: Suhrkamp, S. 96-105.

Boehm, Rudolf 1965: Das Grundlegende und das Wesentliche, Den Haag: Nijhoff.

Bohrer, Karl Heinz 1989: Der romantische Brief. Die Entstehung ästhetischer Subjektivität, Frankfurt/M.: Suhrkamp.
Boli, John/George M. Thomas 1997: World Culture in the World Polity, in: American Sociological Review 62, S. 171-190.
Bolte, Karl Martin 1983: Subjektorientierte Soziologie – Plädoyer für eine Forschungsperspektive, in: ders., E. Teuner (Hg.): Subjektorientierte Arbeits- und Berufssoziologie, Frankfurt/M./New York: Campus, S. 12-36.
Bonß, Wolfgang/Sven Kesselring 2001: Mobilität am Übergang von der ersten zur zweiten Moderne, in: Ulrich Beck, Wolfgang Bonß (Hg.): Die Modernisierung der Moderne, Frankfurt/M.: Suhrkamp, S. 177-190.
Boudon, Raymond 1982: The Unintended Consequences of Social Action, New York: St. Martin's Press.
Boudon, Raymond 1987: The Individualistic Tradition in Sociology, in: Jeffrey Alexander, Bernhard Giesen, Richard Münch, Neil J. Semlser (Hg.): The Micro-Macro-Link, Berkeley/Los Angeles/London: University of California Press, S. 45-70.
Bourdieu, Pierre 1985: Sozialer Raum und ›Klassen‹. Leçon sur la Leçon, Frankfurt/M.: Suhrkamp.
Bourdieu, Pierre 1987: Sozialer Sinn. Kritik der theoretischen Vernunft, Frankfurt/M.: Suhrkamp.
Bourdieu, Pierre 1993: Soziologische Fragen, Frankfurt/M.: Suhrkamp.
Bourdieu, Pierre 1998: Vom Gebrauch der Wissenschaft. Für eine klinische Soziologie des wissenschaftlichen Feldes, Konstanz: UVK.
Bourdieu, Pierre 2000: Das religiöse Feld. Texte zur Ökonomie des Heilsgeschehens, Konstanz: UVK.
Bourdieu, Pierre 2001a: Meditationen. Zur Kritik der scholastischen Vernunft, Frankfurt/M.: Suhrkamp.
Bourdieu, Pierre 2001b: Das politische Feld. Zur Kritik der politischen Vernunft, Konstanz: UVK.
Bourdieu, Pierre 2001c: Die Regeln der Kunst. Genese und Struktur des literarischen Feldes, Frankfurt/M.: Suhrkamp.
Bourdieu, P. 2002: Ein soziologischer Selbstversuch, Frankfurt/M.: Suhrkamp.
Bourdieu, Pierre/Loïc J. D. Wacquant 1996: Reflexive Anthropologie, Frankfurt/M.: Suhrkamp.
Brunkhorst, Hauke 2000: Einführung in die Geschichte politischer Ideen, München: Fink.
Brunkhorst, Hauke 2002: Solidarität. Von der Bürgerfreundschaft zur globalen Rechtsgenossenschaft, Frankfurt/M.: Suhrkamp.
Brunkhorst, Hauke 2005: Contemporary German Social Theory, in: Ge-

rard Delanty (Hg.): Handbook of Contemporary European Social Theory, London: Routledge (im Druck).
Bude, Heinz 2005: Auf der Suche nach einer öffentlichen Soziologie, erscheint in: Soziale Welt 56 (zit. n. MS).
Burkart, Günter 1993: Individualisierung und Elternschaft. Eine empirische Überprüfung der Individualisierungsthese am Beispiel USA, in: Zeitschrift für Soziologie 22, S. 159-177.
Burke, Kenneth 1961: The Rhetoric of Religion. Studies in Logology, Boston: Beacon Press.
Buroway, Michael 2005: For Public Sociology, in: American Sociological Review 70, S. 4-28; wieder abgedruckt in: Soziale Welt 56 (2005).
Butler, Judith 1991: Das Unbehagen der Geschlechter, Frankfurt/M.: Suhrkamp.

Cassirer, Ernst 2000: Substanzbegriff und Funktionsbegriff. Untersuchungen über die Grundfragen der Erkenntniskritik, Ges. Werke, Band 6, Hamburg: Meiner.
Coleman, James S. 1986: Die asymmetrische Gesellschaft. Vom Aufwachsen mit unpersönlichen Systemen, Weinheim/Basel: Juventa.
Coleman, James S. 1987: Microfoundations and Macrosocial Behavior, in: Jeffrey Alexander, Bernhard Giesen, Richard Münch, Neil J. Smelser (Hg.): The Micro-Macro-Link, Berkeley/Los Angeles/London: University of California Press, S. 153-176.
Coleman, James S. 1991: Grundlagen der Sozialtheorie. Band 1: Handlungen und Handlungssysteme, München: Oldenbourg.
Collins, H. M. 2001: Tacit Knowledge, in: Theodore R. Schatzki, Karin Knorr-Cetina, Eike von Savigny (Hg.): The Practice Turn in Contemporary Theory, London/New York, S. 106-119.
Colomy, Paul 1990: Revision and Progress in Differentiation Theory, in: Jeffrey C. Alexander, Paul Colomy (Hg.): Differentiation Theory and Social Change. Comparative and Historical Perspectives, New York: Columbia University Press, S. 465-495.
Comte, Auguste 1933: Die Soziologie. Die Positive Philosophie im Auszug, Leipzig: Kröner.
Conrad, Christoph 1996: Wohlfahrtsstaaten im Vergleich: Historische und sozialwissenschaftliche Ansätze, in: Heinz-Gerhard Haupt, Jürgen Kocka (Hg.): Geschichte und Vergleich. Ansätze und Ergebnisse international vergleichender Geschichtsschreibung, Frankfurt/M./ New York: Campus, S. 155-180.
Coser, Lewis A. 1965: Theorie sozialer Konflikte, Neuwied: Luchterhand.
Coulter, Jeff 2001: Human Practices and the Observability of the ›Macro-Social‹, in: Theodore R. Schatzki, Karin Knorr Cetina, Eike von Savigny

(Hg.): The Practice Turn in Contemporary Theory, London/New York, S. 29-41.

Dahrendorf, Ralf 1959: Class and Class Conflict in Industrial Society, Stanford: Stanford University Press.

Dahrendorf, Ralf 1974: Homo Sociologicus. Ein Versuch zur Geschichte, Bedeutung und Kritik der sozialen Rolle, Köln/Opladen: Westdeutscher Verlag.

Dahrendorf, Ralf 1986: Pfade aus Utopia. Zur Theorie und Methode der Soziologie, München: Piper.

Das, Veena 2004: Gemeinschaften als politische Akteure. Die Frage der kulturellen Rechte, in: Shalini Randeria, Martin Fuchs, Antje Linkenbach (Hg.): Konfigurationen der Moderne. Diskurse zu Indien, Soziale Welt – Sonderband 15, Baden-Baden: Nomos, S. 137-154.

Derrida, Jacques 1979: Die Stimme und das Phänomen. Ein Essay über das Problem des Zeichens in der Philosophie Husserls, Frankfurt/M.: Suhrkamp.

Derrida, Jacques 1988: Die différance, in: ders.: Randgänge der Philosophie, Graz/Wien: Edition Passagen, S. 29-52.

Derrida, Jacques 1989: Die Schrift und die Differenz, 4. Aufl., Frankfurt/M.: Suhrkamp.

Derrida, Jacques 1991: ›Eating Well‹, or the Calculation of the Subject. An Interview with Jacques Derrida, in: Eduardo Cadava, Peter Connor, Jean-Luc Nancy (Hg.): Who Comes After the Subject?, New York/London: Routledge.

Deutsch, Karl W. 1966: Nationalism and Social Communication, Cambridge: Cambridge University Press.

Dewey, John 2003: Die Elementareinheit des Verhaltens, in: ders.: Philosophie und Zivilisation, übers. v. Martin Suhr, Frankfurt/M.: Suhrkamp, S. 230-244.

Dewey, John 2004: Erfahrung, Erkenntnis und Wert, hg. u. übers. v. Martin Suhr, Frankfurt/M.: Suhrkamp.

Dilthey, Wilhelm 1959: Gesammelte Schriften, Bd.-1, 4. Aufl., Stuttgart/Göttingen: Teubner.

Döcker, Ulrike 1994: Die Ordnung der bürgerlichen Welt. Verhaltensideale und soziale Praktiken im 19. Jahrhundert, Frankfurt/M./New York: Campus.

Durkheim, Emile 1961: Regeln der soziologischen Methode, Neuwied: Luchterhand.

Durkheim, Emile 1988: Über soziale Arbeitsteilung. Studie über die Organisation höherer Gesellschaften, Frankfurt/M.: Suhrkamp.

Durkheim, Emile 1991: Physik der Sitten und des Rechts. Vorlesungen zur Soziologie der Moral, Frankfurt/M.: Suhrkamp.
Dülmen, Richard van 1997: Die Entdeckung des Individuums 1500-1800, Frankfurt/M.

Ebeling, Hans 1979: Selbsterhaltung und Selbstbewußtsein. Zur Analytik von Freiheit und Tod, Freiburg/München.
Eibl, Karl 1999: Grund zum Leben – Grund zum Sterben. Beobachtungen am Drama des 18. Jahrhunderts und Heinrich von Kleists, in: Herbert Willems, Alois Hahn (Hg.): Identität und Moderne, Frankfurt/M.: Suhrkamp, S. 138-163.
Eickelpasch, Rolf 1994: Handlungssinn und Fremdverstehen. Grundkonzepte einer interpretativen Soziologie, in: Georg Kneer, Klaus Kraemer, Armin Nassehi (Hg.): Soziologie. Zugänge zur Gesellschaft, Band 1: Geschichte, Theorien, Methoden, Münster/Hamburg: Lit-Verlag, S. 119-144.
Eickelpasch Rolf 2002: Parteiliche Unparteilichkeit. Paradoxien in der Begründung einer kritischen Soziologie bei Pierre Bourdieu, in: Uwe Bittlingmeyer, Rolf Eickelpasch, Jens Kastner, Claudia Rademacher (Hg.): Theorie als Kampf? Zur politischen Soziologie Pierre Bourdieus, Opladen: Leske & Budrich, S. 49-60.
Eisenstadt, Shmuel N. 2000a: Die Vielfalt der Moderne, Weilerswist: Velbrück.
Eisenstadt, Shmuel N. 2000b: Multiple Modernities, in: Daedalus 129, S. 1-29.
Eisenstadt, Shmuel N. 2001: The Civilizational Dimension of Modernity. Modernity as a Distinct Civilization, in: International Sociology 16, S. 320-340.
Elias, Norbert 1976: Über den Prozess der Zivilisation, 2 Bände, Frankfurt/M.: Suhrkamp.
Elias, Norbert 2003: Die höfische Gesellschaft, Frankfurt/M.: Suhrkamp.
Engler, Steffani 2000: Zum Selbstverständnis von Professoren und der ›illusio‹ des wissenschaftlichen Feldes, in: Beate Krais (Hg.): Wissenschaftsstruktur und Geschlechterordnung. Über die verborgenen Mechanismen männlicher Dominanz in der akademischen Welt, Frankfurt/M./New York: Campus, S. 121-151.
Engler, Steffani 2001: ›In Einsamkeit und Freiheit‹? Zur Konstruktion der wissenschaftlichen Persönlichkeit auf dem Weg zur Professur, Konstanz: UVK.
Erikson, Erik H. 1966: Identität und Lebenszyklus. Drei Aufsätze, Frankfurt/M.: Suhrkamp.
Erikson, Erik H. 1975: Dimensionen einer neuen Identität, Frankfurt/M.: Suhrkamp.

Esping-Andersen, Gøsta 1990: The Three Worlds of Welfare Capitalism, Cambridge: Polity Press.

Esser, Hartmut 1991: Alltagshandeln und Verstehen. Zum Verhältnis von erklärender und verstehender Soziologie am Beispiel von Alfred Schütz und ›rational choice‹, Tübingen: Mohr.

Esser, Hartmut 1996: Soziologie, Frankfurt/M./New York: Campus.

Esser, Hartmut 1999a: Soziologie. Spezielle Grundlagen, Band 1: Situationslogik und Handeln, Frankfurt/M./New York: Campus.

Esser, Hartmut 1999b: Die Situationslogik ethnischer Konflikte. Auch eine Anmerkung zum Beitrag »Ethnische Mobilisierung und die Logik von Identitätskämpfen« von Klaus Eder und Oliver Schmidtke, in: Zeitschrift für Soziologie 28, S. 245-262.

Esser, Hartmut 2000: Gesellschaftliche Individualisierung und methodologischer Individualismus, in: Thomas Kron (Hg.): Individualisierung und soziologische Theorie, Opladen: Leske & Budrich, S. 129-152.

Esser, Hartmut 2003: Wohin, zum Teufel, mit der Soziologie?, in: Soziologie 32/2, S. 72-82.

Esser, Hartmut/Niklas Luhmann 1996: Individualismus und Systemdenken in der Soziologie, in: Soziale Systeme 2, S. 131-135.

Etzioni, Amitai 2001: The Monochrome Society, Princeton: Princeton University Press.

Etzioni, Amitai 2003: What is Political?, in: Armin Nassehi, Markus Schroer (Hg.): Der Begriff des Politischen, Soziale Welt – Sonderband 14, Baden-Baden: Nomos, S. 89-99

Fichte, Johann Gottlieb 1962: Grundlage des Naturrechts. Das System der Sittenlehre (1798), Ausgewählte Werke in sechs Bänden, hg. v. Fritz Medicus, Band 2, Darmstadt: Wissenschaftliche Buchgesellschaft.

Fischer-Rosenthal, Wolfram/Gabriele Rosenthal 1997: Narrationsanalyse biographischer Selbstrepräsentation, in: Ronald Hitzler, Anne Honer (Hg.): Sozialwissenschaftliche Hermeneutik, Opladen: Leske & Budrich, S. 133-164.

Fleck, Ludwik 1935: Entstehung und Entwicklung einer wissenschaftlichen Tatsache, Basel: Schwabe Verlag.

Foerster, Heinz v. 1987: Erkenntnistheorien und Selbstorganisation, in: Siegfried J. Schmidt (Hg.): Der Diskurs des Radikalen Konstruktivismus, Frankfurt/M.: Suhrkamp, S. 133-158.

Forst, Rainer 1996: Kontexte der Gerechtigkeit. Politische Philosophie jenseits von Liberalismus und Kommunitarismus, Frankfurt/M.: Suhrkamp.

Foucault, Michel 1973: Wahnsinn und Gesellschaft. Eine Geschichte des Wahns im Zeitalter der Vernunft, Frankfurt/M.: Suhrkamp.

Foucault, Michel 1978a: Von der Subversion des Wissens, Frankfurt/M./ Berlin/Wien: Ullstein.
Foucault, Michel 1978b: Dispositive der Macht. Über Sexualität, Wissen und Wahrheit, Berlin: Merve.
Foucault, Michel 1980: Die Ordnung der Dinge. Eine Archäologie der Humanwissenschaften, 3. Aufl., Frankfurt/M.: Suhrkamp.
Foucault, Michel 1989a: Überwachen und Strafen. Die Geburt des Gefängnisses, 8. Aufl., Frankfurt/M.: Suhrkamp.
Foucault, Michel 1989b: Der Wille zum Wissen. Sexualität und Wahrheit 1, 3. Aufl., Frankfurt/M.: Suhrkamp.
Foucault, Michel 2000: Die Gouvernementalität, in: Ulrich Bröckling, Susanne Krasmann, Thomas Lemke (Hg.): Gouvernementalität der Gegenwart, Frankfurt/M.: Suhrkamp, S. 41-67.
Frank, Manfred 1985: Das individuelle Allgemeine. Textstrukturierung und Textinterpretation nach Schleiermacher, Frankfurt/M.: Suhrkamp.
Frank, Manfred 1986: Die Unhintergehbarkeit von Individualität. Reflexionen über Subjekt, Person und Individuum aus Anlaß ihrer »postmodernen« Toterklärung, Frankfurt/M.: Suhrkamp.
Frank, Manfred 1987: Subjekt, Person, Individuum, in: Herta Nagl-Docekal, Helmuth Vetter (Hg.): Tod des Subjekts, Wien/München: Oldenbourg, S. 54-77.
Frank, Manfred 1990: Zeitbewußtsein, Pfullingen: Günther Neske.
Friedrichs, Jürgen 1998: Einleitung. Im Treibsand der Individualisierung?, in: ders. (Hg.): Die Individualisierungsthese, Opladen: Westdeutscher Verlag, S. 7-11.
Fuchs, Peter 1992: Die Erreichbarkeit der Gesellschaft, Frankfurt/M.: Suhrkamp.
Fuchs, Peter 2001: Die Metapher des Systems. Studien zu der allgemein leitenden Frage, wie sich der Tänzer vom Tanz unterscheiden lasse, Weilerswist: Velbrück.

Gadamer, Hans-Georg 1960: Wahrheit und Methode. Grundzüge einer philosophischen Hermeneutik, Tübingen: Mohr.
Garfinkel, Harold 1967: Studies in Ethnomethodology, Englewood Cliffs: Prentice-Hall.
Garfinkel, Harold 1973: Das Alltagswissen über soziale und innerhalb sozialer Strukturen, in: Arbeitsgruppe Bielefelder Soziologen (Hg.): Alltagswissen, Interaktion und gesellschaftliche Wirklichkeit. Band 1: Symbolischer Interaktionismus und Ethnomethodologie, Reinbek bei Hamburg: Rowohlt, S. 189-262.
Gehlen, Arnold 1957: Die Seele im technischen Zeitalter. Sozialpsychologische Probleme in der industriellen Gesellschaft, Reinbek bei Hamburg: Rowohlt.

Gehlen, Arnold 1961: Anthropologische Forschung. Zur Selbstbegegnung und Selbstentdeckung des Menschen, Reinbek bei Hamburg: Rowohlt.

Gehring, Petra 2004: Es blinkt, es denkt. Die bildgebenden und weltbildgebenden Verfahren der Neurowissenschaft, in: Philosophische Rundschau 51, S. 273-293.

Giddens, Anthony 1976: Classical Social Theory and the Origins of Modern Sociology, in: American Journal of Sociology 81, S. 703-729.

Giddens, Anthony 1985: The Nation-State and Violence, Cambridge: Polity Press.

Giddens, Anthony 1988: Die Konstitution der Gesellschaft. Grundzüge einer Theorie der Strukturierung, Frankfurt/M./New York: Campus.

Giddens, Anthony 1991: Modernity and Self-Identity. Self and Society in the Late Modern Age, Cambridge: Polity Press.

Giddens, Anthony 1993: Wandel der Intimität. Sexualität, Liebe und Erotik in modernen Gesellschaften, Frankfurt/M.: Fischer.

Giesecke, Michael 1986: Der Buchdruck in der frühen Neuzeit, Frankfurt/M.: Suhrkamp.

Gilroy, Paul 1993: Black Atlantic, London: Verso.

Glanville, Ranulph 1988: Objekte, Berlin: Merve.

Gouldner, Alvin 1970: The Coming Crisis of Western Sociology, New York/London: Basic Books.

Gukenbiehl, Hermann L. 2003: Art. Handeln, soziales, in: Bernhard Schäfers (Hg.): Grundbegriffe der Soziologie, 8. Aufl., Opladen: Leske & Budrich, S. 123-127.

Gumbrecht, Hans Ulrich 1978: Modern. Modernität, Moderne, in: Geschichtliche Grundbegriffe. Historisches Lexikon zur politisch-sozialen Sprache in Deutschland, hg. v. Otto Brunner, Werner Conze, Reinhart Koselleck, Band 4, Stuttgart: Klett-Cotta, S. 93-131.

Günther, Gotthard 1979: Life as Poly-Contexturality, in: ders.: Beiträge zur Grundlegung einer operationsfähigen Dialektik. Band 2, Hamburg: Meiner, S. 182-306.

Habermas, Jürgen 1968: Technik und Wissenschaft als ›Ideologie‹, Frankfurt/M.: Suhrkamp.

Habermas, Jürgen 1976: Zur Rekonstruktion des Historischen Materialismus, Frankfurt/M.: Suhrkamp.

Habermas, Jürgen 1981a: Theorie des kommunikativen Handelns. Band 1: Handlungsrationalität und gesellschaftliche Rationalisierung, Frankfurt/M.: Suhrkamp.

Habermas, Jürgen 1981b: Theorie des kommunikativen Handelns. Band 2: Zur Kritik der funktionalistischen Vernunft, Frankfurt/M.: Suhrkamp.

Habermas, Jürgen 1981c: Kleine Politische Schriften I-IV, Frankfurt/M.: Suhrkamp.
Habermas, Jürgen 1985a: Der philosophische Diskurs der Moderne. Zwölf Vorlesungen, Frankfurt/M.: Suhrkamp.
Habermas, Jürgen 1985b: Die Neue Unübersichtlichkeit. Kleine Politische Schriften V, Frankfurt/M.: Suhrkamp.
Habermas, Jürgen 1988: Nachmetaphysisches Denken. Philosophische Aufsätze, Frankfurt/M.: Suhrkamp.
Habermas, Jürgen 1992: Faktizität und Geltung. Beiträge zur Diskurstheorie des Rechts und des demokratischen Rechtsstaats, Frankfurt/M.: Suhrkamp.
Habermas, Jürgen 1998: Die postnationale Konstellation, Frankfurt/M.: Suhrkamp.
Habermas, Jürgen 2004: Die Stimme Europas in der Vielstimmigkeit seiner Nationen, in: ders.: Der gespaltene Westen, Frankfurt/M.: Suhrkamp, S. 43-84.
Habermas, Rebekka 2000: Frauen und Männer des Bürgertums. Eine Familiengeschichte (1750-1850), Göttingen: Vandenhoeck & Ruprecht.
Hagen, Roar 2000: Rational Solidarity and Functional Differentiation, in: Acta Sociologica 43, S. 28-42.
Hausen, Karin 1976: Die Polarisierung der ›Geschlechtscharaktere‹ – Eine Spiegelung der Dissoziation von Erwerbs- und Familienleben, in: Werner Conze (Hg.): Sozialgeschichte der Familie in der Neuzeit Europas, Stuttgart: Klett-Cotta, S. 363-393.
Hegel, Georg Wilhelm Friedrich 1970a: Phänomenologie des Geistes, Band 3 der Werke in 20 Bänden, Frankfurt/M.: Suhrkamp.
Hegel, Georg Wilhelm Friedrich 1970b: Enzyklopädie der philosophischen Wissenschaften. Dritter Teil, Band 10 der Werke in 20 Bänden, Frankfurt/M.: Suhrkamp.
Hegel, Georg Wilhelm Friedrich 1970c: Grundlinien der Philosophie des Rechts oder Naturrecht und Staatswissenschaft im Grundrisse, Band 7 der Werke in 20 Bänden, Frankfurt/M.: Suhrkamp.
Heidegger, Martin 1975: Über den »Humanismus«. Brief an Jean Beaufret, Paris, in: ders.: Platons Lehre von der Wahrheit, 3. Aufl., Bern/München: Francke, S. 53-119.
Heidegger, Martin 1979: Sein und Zeit, 15. Aufl., Tübingen: Niemeyer.
Henrich, Dieter 1952: Die Einheit der Wissenschaftslehre Max Webers, Tübingen: Mohr.
Hess, Henner/Sebastian Scheerer 1997: Was ist Kriminalität? Skizze einer konstruktivistischen Kriminalitätstheorie, in: Kriminologisches Journal 29, S. 83-155.
Hirschauer, Stefan 1991: The Manufacture of Bodies in Surgery, in: Social Studies of Science 21, S. 279-320.

Hirschauer, Stefan 1994: Die soziale Fortpflanzung der Zweigeschlechtlichkeit, in: Kölner Zeitschrift für Soziologie und Sozialpsychologie 46, S. 668-692.
Hirschauer, Stefan 1996: Die Fabrikation des Körpers in der Chirurgie, in: Cornelius Borck (Hg.): Anatomien medizinischen Wissens, Frankfurt/M.: Fischer, S. 86-124.
Hirschauer, Stefan 1999: Die Praxis der Fremdheit und die Minimierung von Anwesenheit. Eine Fahrstuhlfahrt, in: Soziale Welt 50, S. 221-246.
Hirschauer, Stefan 2004: Social Studies of Sexual Difference. Geschlechtsdifferenzierung in wissenschaftlichem Wissen, in: Caroline Rosenthal, Therese Frey Steffen, Anke Vaeth (Hg.): Gender Studies: Standorte – Zukunftsräume, Würzburg: Königshausen & Neumann 2004.
Hitzler, Ronald 2005: Ulrich Beck, in: Dirk Kaesler (Hg.): Aktuelle Theorien der Soziologie. Von Shmuel N. Eisenstadt bis zur Postmoderne, München: C. H. Beck, S. 267-285.
Hobbes, Thomas 1984: Leviathan oder Stoff, Form und Gewalt eines kirchlichen und bürgerlichen Staates, hg. v. Iring Fetscher, Frankfurt/M.: Suhrkamp.
Hobbes, Thomas 1994: Vom Menschen. Vom Bürger, hg. von Günter Gawlick, Hamburg: Meiner.
Hobsbawm, Eric J. 1995: Das Zeitalter der Extreme. Weltgeschichte des 20. Jahrhunderts, München: dtv.
Hoffmeister, Gerhart 1990: Deutsche und europäische Romantik, Stuttgart.
Hofstadter, Douglas R. 1985: Gödel, Escher, Bach. Ein Endloses Geflochtenes Band, Stuttgart: Klett-Cotta.
Homans, George C. 1964: Bringing Men back in, in: American Sociological Review 29, S. 809-818.
Honneth, Axel 1984: Die zerrissene Welt der symbolischen Formen. Zum kultursoziologischen Werk Pierre Bourdieus, in: Kölner Zeitschrift für Soziologie und Sozialpsychologie 36, S. 147-164.
Honneth, Axel 1992: Kampf um Anerkennung. Zur moralischen Grammatik sozialer Konflikte, Frankfurt/M.: Suhrkamp.
Honneth, Axel 1994: Desintegration. Bruchstücke einer soziologischen Zeitdiagnose, Frankfurt/M.: Suhrkamp.
Honneth, Axel (Hg.) 1995: Kommunitarismus. Eine Debatte über die moralischen Grundlagen moderner Gesellschaften, Frankfurt/M./New York: Campus.
Horkheimer, Max 1973: Traditionelle und Kritische Theorie, Frankfurt/M.: Fischer.
Horkheimer, Max/Theodor W. Adorno 1971: Dialektik der Aufklärung. Philosophische Fragmente, Frankfurt/M.: Fischer.

Husserl, Edmund 1950: Ideen zu einer reinen Phänomenologie und phänomenologischen Philosophie. Erstes Buch: Allgemeine Einführung in die reine Phänomenologie, Husserliana III, hg. von Walter Biemel, Den Haag: Nijhoff.
Husserl, Edmund 1966: Zur Phänomenologie des inneren Zeitbewußtseins (1893-1917), Husserliana X, hg. v. Rudolf Boehm, Den Haag: Nijhoff.
Husserl, Edmund 1977: Cartesianische Meditationen. Eine Einleitung in die Phänomenologie, hg. v. Elisabeth Ströker, Hamburg: Meiner.
Husserl, Edmund 1980: Vorlesungen zur Phänomenologie des inneren Zeitbewußtseins, hg. v. Martin Heidegger, 2. Aufl., Tübingen: Niemeyer.

Illouz, Eva 2003: Der Konsum der Romantik. Liebe und die kulturellen Widersprüche des Kapitalismus, Frankfurt/M./New York: Campus.

Joas, Hans 1980: Einleitung, in: George Herbert Mead: Gesammelte Aufsätze, Band 1, hg. von Hans Joas, Frankfurt/M.: Suhrkamp, S. 7-18.
Joas, Hans 1989: Praktische Intersubjektivität. Die Entwicklung des Werkes von George Herbert Mead, Frankfurt/M.: Suhrkamp.
Joas, Hans 1992: Die Kreativität des Handelns, Frankfurt/M.: Suhrkamp.
Joas, Hans 2004: Braucht der Mensch Religion? Über Erfahrung der Selbsttranszendenz, Freiburg: Herder.
Joas, Hans/Wolfgang Knöbl 2004: Sozialtheorie. Zwanzig einführende Vorlesungen, Frankfurt/M.: Suhrkamp.

Kant, Immanuel 1983a: Kritik der reinen Vernunft. Erster Teil, Band 3 der Werke in zehn Bänden, Darmstadt: Wissenschaftliche Buchgesellschaft.
Kant, Immanuel 1983b: Kritik der praktischen Vernunft. Grundlegung zur Metaphysik der Sitten, Band 7 der Werke in 10 Bänden, Darmstadt: Wissenschaftliche Buchgesellschaft.
Kettner, Matthias 1996: Gute Gründe. Thesen zur diskursiven Vernunft, in: Karl-Otto Apel, Matthias Kettner (Hg.): Die eine Vernunft und die vielen Rationalitäten, Frankfurt/M.: Suhrkamp, S. 424-464.
Kettner, Matthias 1999: Neue Perspektiven der Diskursethik, in: Armin Grunwald, Stephan Saupe (Hg.): Ethik in der Technikgestaltung. Praktische Relevanz und Legitimation, Berlin: Springer, S. 153-196.
Kettner, Matthias 2003: Kritische Theorie und die Modernisierung des moralischen Engagements, in: Alex Demirovic (Hg.): Modelle kritischer Gesellschaftstheorie: Traditionen und Perspektiven der Kritischen Theorie, Stuttgart: Metzler, S. 77-100.
Kettner, Matthias 2005: Ethik-Komitees. Ihre Organisationsform und ihr moralischer Anspruch, in: EWE 16, S. 81-94.

Kieserling, André 2000: Zwischen Wirtschaft und Kultur. Zum siebzigsten Geburtstag von Pierre Bourdieu, in: Soziale Systeme 6, S. 369-387.

Kneer, Georg 1996: Rationalisierung, Disziplinierung und Differenzierung. Zum Zusammenhang von Sozialtheorie und Zeitdiagnose bei Jürgen Habermas, Michel Foucault und Niklas Luhmann, Opladen: Westdeutscher Verlag.

Kneer, Georg 1998: Von Kommandohügeln zu Maulwurfshügeln. Ein Beitrag zur Diskussion politischer Steuerung aus systemtheoretischer Sicht, in: Sociologia Internationalis 36, S. 61-86.

Kneer, Georg/Armin Nassehi/Markus Schroer (Hg.) 1997: Gesellschaftsbegriffe der Soziologie, München: Fink.

Kneer, Georg/Armin Nassehi/Markus Schroer (Hg.) 2001: Klassische Gesellschaftsbegriffe der Soziologie, München: Fink.

Knorr Cetina, Karin 1988: Das naturwissenschaftliche Labor als Ort der ›Verdichtung‹ von Gesellschaft, in: Zeitschrift für Soziologie 17, S. 85-101.

Knorr Cetina, Karin 1992: Zur Unterkomplexität der Differenzierungstheorie. Empirische Anfragen an die Systemtheorie, Zeitschrift für Soziologie 21, S. 406-419.

Knorr Cetina, Karin 1998: Sozialität mit Objekten. Soziale Beziehungen in post-traditionalen Gesellschaften, in: Werner Rammert (Hg.): Technik und Sozialtheorie, Frankfurt/M./New York: Campus, S. 83-120.

Knorr Cetina, Karin 2000: Wissenskulturen. Ein Vergleich naturwissenschaftlicher Wissensformen, Frankfurt: Suhrkamp.

Knorr Cetina, Karin 2001: Objectual Practice, in: Theodore R. Schatzki, Karin Knorr Cetina, Eike von Savigny (Hg.): The Practice Turn in Contemporary Theory, London/New York, S. 175-188.

Kristeva, Julia 1990: Fremde sind wir uns selbst, Frankfurt/M.: Suhrkamp.

Laclau, Ernesto 1983: Transformations of Advanced Industrial Societies and the Theory of the Subject, in: Sakari Hänninen, Leena Paldán (Hg.): Rethinking Ideology: A Marxist Debate. International Socialism-Discussion 3, Berlin: Argument-Verlag, S. 39-44.

Laclau, Ernesto/Chantal Mouffe 1991: Hegemonie und radikale Demokratie. Zur Dekonstruktion des Marxismus, Wien: Passagen.

Landshut, Siegfried 1969: Kritik der Soziologie und andere Schriften zur Soziologie, Neuwied/Berlin: Luchterhand.

Latour, Bruno 1995: Wir sind nie modern gewesen. Versuch einer symmetrischen Anthropologie, Berlin: Akademie Verlag.

Latour, Bruno 1996: Der Berliner Schlüssel. Erkundungen eines Liebhabers der Wissenschaften, Berlin: Akademie Verlag.

Latour, Bruno 2001: Das Parlament der Dinge. Für eine politische Ökologie, Frankfurt/M.: Suhrkamp.

Lange, Stefan 2002: Die politische Utopie der Gesellschaftssteuerung, in: Kai-Uwe Hellmann, Rainer Schmalz-Bruns (Hg.): Theorie der Politik. Niklas Luhmanns politische Soziologie, Frankfurt/M.: Suhrkamp, S. 171-195.

Lee, Harold N. 1963: Mead's Doctrine of the Past, in: Tulane Studies in Philosophy 12, S. 52-75.

Lepsius, M. Rainer 1987: Zur Soziologie des Bürgertums und der Bürgerlichkeit, in: Jürgen Kocka (Hg.): Bürger und Bürgerlichkeit im 19. Jahrhundert, Göttingen: Vandenhoeck & Ruprecht, S. 79-100.

Lepsius, M. Rainer 1993: Demokratie in Deutschland, Göttingen: Vandenhoeck & Ruprecht.

Lerner, David 1965: The Passing of Traditional Society. Modernizing the Middle East, New York: The Free Press.

Lévi-Strauss, Claude 1967: Strukturale Anthropologie, Frankfurt/M.: Suhrkamp.

Libet, Benjamin 2005: Mind Time. Wie das Gehirn Bewusstsein produziert, Frankfurt/M.: Suhrkamp.

Lindenberg, Siegwart 1985: An Assessment of the New Political Economy. Its Potential for the Social Sciences and for Sociology in Particular, in: Sociological Theory 3, S. 99-114.

Lockwood, David 1956: Some Remarks on ›The Social System‹, in: British Journal of Sociology 7, S. 134-146.

Lockwood, David 1970: Soziale Integration und Systemintegration, in: Wolfgang Zapf (Hg.): Theorien des sozialen Wandels, Köln/Berlin: Kiepenheuer & Witsch.

Lüdemann, Susanne 2004: Metaphern der Gesellschaft. Studien zum soziologischen und politischen Imaginären, München: Fink.

Lüders, Christian/Michael Meuser 1997: Deutungsmusteranalyse, in: Ronald Hitzler, Anne Honer (Hg.): Sozialwissenschaftliche Hermeneutik, Opladen: Leske & Budrich, S. 57-79.

Luhmann, Niklas 1970: Soziologische Aufklärung. Aufsätze zur Theorie sozialer Systeme, Opladen: Westdeutscher Verlag.

Luhmann, Niklas 1971: Sinn als Grundbegriff der Soziologie, in: Jürgen Habermas/Niklas Luhmann: Theorie der Gesellschaft oder Sozialtechnologie – Was leistet die Systemforschung?, Frankfurt/M.: Suhrkamp, S. 25-100.

Luhmann, Niklas 1975: Soziologische Aufklärung. Band 2: Aufsätze zur Theorie der Gesellschaft, Opladen: Westdeutscher Verlag.

Luhmann, Niklas 1980: Gesellschaftliche Struktur und semantische Tradition, in: ders.: Gesellschaftsstruktur und Semantik. Studien zur Wissenssoziologie der modernen Gesellschaft, Band 1, Frankfurt/M.: Suhrkamp, S. 9-71.

Luhmann, Niklas 1984: Soziale Systeme. Grundriß einer allgemeinen Theorie, Frankfurt/M.: Suhrkamp.

Luhmann, Niklas 1988a: Die Wirtschaft der Gesellschaft, Frankfurt/M.: Suhrkamp.

Luhmann, Niklas 1988b: Wie ist Bewußtsein an Kommunikation beteiligt?, in: Hans Ulrich Gumbrecht, K. Ludwig Pfeiffer (Hg.): Materialität der Kommunikation, Frankfurt/M.: Suhrkamp, S. 884-905.

Luhmann, Niklas 1989a: Individuum, Individualität, Individualismus, in: ders.: Gesellschaftsstruktur und Semantik. Studien zur Wissenssoziologie der modernen Gesellschaft, Band 3, Frankfurt/M.: Suhrkamp, S. 149-258.

Luhmann, Niklas 1989b: Politische Steuerung. Ein Diskussionsbeitrag, in: Politische Vierteljahresschrift 30, S. 4-9.

Luhmann, Niklas 1990a: Sthenographie, in: ders. et al., Beobachter. Konvergenz der Erkenntnistheorien?, München: Fink, S. 119-138.

Luhmann, Niklas 1990b: Die Wissenschaft der Gesellschaft, Frankfurt/M.: Suhrkamp.

Luhmann, Niklas 1990c: Die Zukunft kann nicht beginnen: Temporalstrukturen der modernen Gesellschaft, in: Peter Sloterdijk (Hg.): Vor der Jahrtausendwende. Berichte zur Lage der Zukunft, Bd.-1, Frankfurt/M.: Suhrkamp, S. 119-150.

Luhmann, Niklas 1991: Die Form »Person«, in: Soziale Welt 42, S. 166-175.

Luhmann, Niklas 1992: Kontingenz als Eigenwert der modernen Gesellschaft, in: ders.: Beobachtungen der Moderne, Opladen: Westdeutscher Verlag, S. 93-128.

Luhmann, Niklas 1993: Die Paradoxie der Form, in: Dirk Baecker (Hg.): Kalkül der Form, Frankfurt/M.: Suhrkamp, S. 197-212.

Luhmann, Niklas 1995: Die Tücke des Subjekts und die Frage nach dem Menschen, in: ders.: Soziologische Aufklärung. Band 6: Die Soziologie und der Mensch, Opladen: Westdeutscher Verlag, S. 155-168.

Luhmann, Niklas 1997: Die Gesellschaft der Gesellschaft, Frankfurt/M.: Suhrkamp.

Luhmann, Niklas 2000: Die Politik der Gesellschaft, Frankfurt/M.: Suhrkamp.

Lynch, Michael 2001: Ethnomethodology and the Logic of Practice, in: Theodore R. Schatzki, Karin Knorr-Cetina, Eike von Savigny (Hg.): The Practice Turn in Contemporary Theory, London/New York, S. 131-148.

Maar, Christa/Hubert Burda (Hg.) 2004: Iconic Turn. Die neue Macht der Bilder, Köln: DuMont.

Machiavelli, Niccolò 1978: Der Fürst, übers. und hg. v. Rudolf Zorn, 6. Aufl., Stuttgart: Kröner.

Macpherson, Crawford Brough 1967: Die politische Theorie des Besitzindividualismus, Frankfurt/M.: Suhrkamp.

Marshall, Thomas H. 1992: Staatsbürgerrechte und soziale Klassen (1949), in: ders.: Bürgerrechte und soziale Klassen. Zur Soziologie des Wohlfahrtsstaates, Frankfurt/M./New York: Campus, S. 33-94.

Marx, Karl 1962: Das Kapital. Erster Band, MEW 23, Berlin (DDR): Dietz.

Marx, Karl 1969: Zur Kritik der Hegelschen Rechtsphilosophie. Einleitung, in: MEW 1, Berlin (DDR): Dietz, S. 378-391.

Marx, Karl/Friedrich Engels 1969: Die deutsche Ideologie, in: MEW 3, Berlin (DDR): Dietz, S. 17-77.

Maurer, Michael 1996: Die Biographie des Bürgers. Lebensformen und Denkweisen in der formativen Phase des deutschen Bürgertums (1680-1815), Göttingen: Vandenhoeck & Ruprecht.

Mayntz, Renate 1995: Politische Steuerung. Aufstieg, Niedergang und Transformation einer Theorie, in: Klaus v. Beyme, Claus Offe (Hg.): Politische Theorien in der Ära der Transformation, Sonderheft 26 der Politischen Vierteljahresschrift, Opladen: Westdeutscher Verlag, S. 148-168.

Mayntz, Renate/Fritz W. Scharpf 1995: Steuerung und Selbstorganisation in staatsnahen Sektoren, in: dies. (Hg.): Gesellschaftliche Selbstregulierung und politische Steuerung, Frankfurt/M./New York: Campus, S. 9-38.

Mead, George Herbert 1900: Review of Philosophie des Geldes by Georg Simmel, in: Journal of Political Economy 9, S. 616-619.

Mead, George Herbert 1969: Philosophie der Sozialität, Frankfurt/M.: Suhrkamp.

Mead, George Herbert 1980: Gesammelte Aufsätze, Band 1, hg. von Hans Joas, Frankfurt/M.: Suhrkamp.

Mead, George Herbert 1983: Gesammelte Aufsätze, Band 2, hg. von Hans Joas, Frankfurt/M.: Suhrkamp.

Mead, George Herbert 1988: Geist, Identität und Gesellschaft. Aus der Sicht des Sozialbehaviorismus, hg. von Charles W. Morris, 7. Aufl., Frankfurt/M.: Suhrkamp.

Mellmann, Katja 2005: Das Buch als Freund – der Freund als Zeugnis. Zur Entstehung eines neuen Paradigmas für Literaturrezeption und persönliche Beziehungen im 18. Jahrhundert, mit einer Hypothese zur Erstrezeption von Goethes Werther, in: Hans-Edwin Friedrich, Fotis Jannidis, Marianne Willems (Hg.): Bürgerlichkeit im 18. Jahrhundert, Tübingen: Niemeyer (im Druck).

Merleau-Ponty, Maurice 1966: Phänomenologie der Wahrnehmung, Berlin: de Gruyter.

Merton, Robert K. 1957: Social Theory and Social Structure, Glencoe/New York: The Free Press.
Meyer, John W. 1980: The World Polity and the Authority of the Nation-State, in: Albert Bergesen (Hg.): Studies of the Modern World-System, New York: Academic Press, S. 109-137.
Meyer, John W./John Boli/George M. Thomas/Francisco O. Ramirez 1997: World Society and the Nation-State, in: American Journal of Sociology 103, S. 144-181.
Meyer, John W./Brian Rowan 1977: Institutionalized Organizations. Formal Structure as Myth and Ceremony, in: American Journal of Sociology 83, S. 340-363.
Meyer-Drawe, Käte 2000: Illusionen von Autonomie. Diesseits von Ohnmacht und Allmacht des Ich, München: Peter Kirchheim.
Meyer-Drawe, Käte 2001: Leiblichkeit und Sozialität. Phänomenologische Beiträge zu einer pädagogischen Theorie der Inter-Subjektivität, 3. Aufl., München: Fink.
Mills, C. Wright 1940: Situated Actions and Vocabularies of Motive, in: American Sociological Review 5, S. 904-913.
Mills, C. Wright 1959: The Sociological Imagination, New York: Oxford University Press.
Mol, Annemarie 2002: The Body Multiple. Ontology in Medical Practice, Durham: Duke.
Moore, Wilbert E. 1967: Order and Change, New York: Wiley.
Müller, Hans-Peter 1986: Kultur, Geschmack und Distinktion. Grundzüge der Kultursoziologie Pierre Bourdieus, in: Friedhelm Neidhard et al. (Hg.): Kultur und Gesellschaft. Sonderheft der Kölner Zeitschrift für Soziologie und Sozialpsychologie, Opladen: Westdeutscher Verlag, S. 162-190.
Müller, Hans-Peter 1992: Sozialstruktur und Lebensstile. Der neuere theoretische Diskurs über soziale Ungleichheit, Frankfurt/M.: Suhrkamp.
Münch, Richard 1984: Die Struktur der Moderne, Frankfurt/M.: Suhrkamp.
Münch, Richard 1985: Commentary: Differentiation, Consensus, and Conflict: Some Comments on Smelser, Colomy, Lechner, and Barber, in: Jeffrey C. Alexander (Hg.): Neofunctionalism, Beverly Hills/London/New Delhi: Sage, S. 225-237.
Münch, Richard 1991: Dialektik der Kommunikationsgesellschaft, Frankfurt/M.: Suhrkamp.
Münch, Richard 2004: Soziologische Theorie, 3 Bände, Frankfurt/M./New York: Campus.
Münkler, Herfried 2001: Krieg und Politik am Beginn des 21. Jahrhunderts, in: Konrad Paul Liessmann (Hg.): Der Vater aller Dinge. Nachdenken über den Krieg, Wien: Zsolnay, S. 16-43.

Münkler, Herfried 2002: Über den Krieg. Stationen der Kriegsgeschichte im Spiegel ihrer theoretischen Reflexion, Weilerswist: Velbrück.
Münkler, Herfried 2003: Politik und Krieg. Die neuen Herausforderungen durch Staatszerfall, Terror und Bürgerkriegsökonomien, in: Armin Nassehi, Markus Schroer (Hg.): Der Begriff des Politischen, Soziale Welt – Sonderband 14, Baden-Baden: Nomos, S. 471-490.
Münkler, Herfried 2005: Imperien. Die Logik der Weltherrschaft – vom Alten Rom bis zu den Vereinigten Staaten, Berlin: Rowohlt.

Nagel, Ernest 1965: Über die Aussage: Das Ganze ist mehr als die Summe seiner Teile, in: Ernst Topitsch (Hg.): Logik der Sozialwissenschaften, Köln/Berlin: Kiepenheuer & Witsch.
Nassehi, Armin 1992: Wie wirklich sind Systeme? Zum ontologischen und epistemologischen Status von Luhmanns Theorie selbstrefentieller Systeme, in: Werner Krawietz, Michael Welker (Hg.): Kritik der Theorie sozialer Systeme, Frankfurt/M.: Suhrkamp, S. 43-70.
Nassehi, Armin 1993a: Die Zeit der Gesellschaft. Auf dem Weg zu einer soziologischen Theorie der Zeit, Opladen: Westdeutscher Verlag.
Nassehi, Armin 1993b: Gesellschaftstheorie, Kulturphilosophie und Thanatologie. Eine gesellschaftstheoretische Rekonstruktion von Georg Simmels Theorie der Individualität, in: Sociologia Internationalis 31, S. 1-22.
Nassehi, Armin 1994: Die Form der Biographie. Theoretische Überlegungen zur Biographieforschung in methodologischer Absicht, in: Bios 7, S. 46-63.
Nassehi, Armin 1995: Différend, Différance und Distinction. Zur Differenz der Differenzen bei Lyotard, Derrida und in der Formenlogik, in: Henk de Berg, Matthias Prangel (Hg.): Differenzen. Systemtheorie zwischen Dekonstruktion und Konstruktivismus, Tübingen/Basel: Francke, S. 37-60.
Nassehi, Armin 1996: Keine Zeit für Utopien. Über das Verschwinden utopischer Gehalte aus modernen Zeitsemantiken, in: Rolf Eickelpasch, Armin Nassehi (Hg.): Utopie und Moderne, Frankfurt/M.: Suhrkamp, S. 242-286.
Nassehi, Armin 1997a: Das stahlharte Gehäuse der Zugehörigkeit. Unschärfen im Diskurs um die ›multikulturelle Gesellschaft‹, in: ders. (Hg.): Nation, Ethnie, Minderheit. Beiträge zur Aktualität ethnischer Konflikte. Georg Weber zum 65. Geburtstag, Köln/Weimar/Wien: Böhlau, S. 177-208.
Nassehi, Armin 1997b: Kommunikation verstehen. Einige Überlegungen zur empirischen Anwendbarkeit einer systemtheoretisch

informierten Hermeneutik, in: Tilmann Sutter (Hg.): Beobachtung verstehen, Verstehen beobachten. Perspektiven einer Konstruktivistischen Hermeneutik, Opladen: Westdeutscher Verlag, S. 134-163.

Nassehi, Armin 1998: Gesellschaftstheorie und empirische Forschung, in: Soziale Systeme 4, S. 199-206.

Nassehi, Armin 1999: Differenzierungsfolgen. Beiträge zur Soziologie der Moderne, Opladen: Westdeutscher Verlag.

Nassehi, Armin 2000: Tempus fugit? ›Zeit‹ als differenzloser Begriff in Luhmanns Theorie sozialer Systeme, in: Helga Gripp-Hagelstange (Hg.): Niklas Luhmanns Denken. Interdisziplinäre Einflüsse und Wirkungen, Konstanz: UVK, S. 23-52.

Nassehi, Armin 2002a: Dichte Räume. Städte als Synchronisations- und Inklusionsmaschinen, in: Martina Löw (Hg.): Städtische Differenzierungen, Opladen: Leske & Budrich, S. 211-232.

Nassehi, Armin 2002b: Exclusion Individuality or Individualization by Inclusion, in: Soziale Systeme 8, S. 124-135.

Nassehi, Armin 2002c: Politik des Staates oder Politik der Gesellschaft? Kollektivität als Problemformel des Politischen, in: Kai-Uwe Hellmann, Rainer Schmalz-Bruns (Hg.): Theorie der Politik. Niklas Luhmanns politische Soziologie, Frankfurt/M.: Suhrkamp, S. 38-59.

Nassehi, Armin, 2002d: Die Organisationen der Gesellschaft. Skizze einer Organisationssoziologie in gesellschaftstheoretischer Absicht, in: Jutta Allmendinger, Thomas Hinz (Hg.): Organisationssoziologie, Sonderheft 42 der Kölner Zeitschrift für Soziologie und Sozialpsychologie. Opladen: Westdeutscher Verlag, S. 443-478.

Nassehi, Armin 2003a: Geschlossenheit und Offenheit. Studien zur Theorie der modernen Gesellschaft, Frankfurt/M.: Suhrkamp.

Nassehi, Armin 2003b: Inklusion. Von der Ansprechbarkeit zur Anspruchsberechtigung, in: Stephan Lessenich (Hg.): Semantiken des Wohlfahrtsstaates, Frankfurt/M./New York: Campus, S. 331-352.

Nassehi, Armin 2003c: Geschlecht im System. Die Ontologisierung des Körpers und die Asymmetrie der Geschlechter, in: Ursula Pasero, Christine Weinbach (Hg.): Frauen, Männer, Gender Trouble, Frankfurt/M.: Suhrkamp: S. 80-104.

Nassehi, Armin 2003d: Die Differenz der Kommunikation und die Kommunikation der Differenz. Über die kommunikationstheoretischen Grundlagen von Luhmanns Gesellschaftstheorie, in: Hans-Joachim Giegel, Uwe Schimank (Hg.): Beobachter der Moderne. Beiträge zu Niklas Luhmanns »Die Gesellschaft der Gesellschaft«, Frankfurt/M.: Suhrkamp, S. 21-41.

Nassehi, Armin 2003e: Der Begriff des Politischen und die doppelte Normativität der »soziologischen« Moderne, in: Armin Nassehi, Markus

Schroer (Hg.): Der Begriff des Politischen, Soziale Welt – Sonderband 14, Baden-Baden: Nomos, S. 133-169.
Nassehi, Armin 2004a: Die Ästhetik der Erreichbarkeit und Benennbarkeit. Eine unsachliche Kritik, in: Angelika Poferl, Nathan Sznaider (Hg.): Ulrich Becks kosmopolitisches Projekt. Auf dem Weg in eine andere Soziologie, Baden-Baden: Nomos, S. 242-254.
Nassehi, Armin 2004b: Sozialer Sinn, in: Armin Nassehi, Gerd Nollmann (Hg.): Bourdieu und Luhmann. Ein Theorienvergleich, Frankfurt/M.: Suhrkamp, S. 155-188.
Nassehi, Armin 2004c: Die Theorie funktionaler Differenzierung im Horizont ihrer Kritik, in: Zeitschrift für Soziologie 33, S. 98-118.
Nassehi, Armin 2005a: Geld oder Leben! In: Soziologische Revue 28, S. 99-107.
Nassehi, Armin 2005b: Identität als europäisches Konzept, unveröff. MS, München.
Nassehi, Armin 2005c: Organizations as Decision Machines. Niklas Luhmann's Theory of Organized Social Systems, in: Campbell Jones, Rolland Munro (Hg.): Contemporary Organization Theory, Oxford: Blackwell, S. 178-191.
Nassehi, Armin/Irmhild Saake 2002a: Kontingenz: Methodisch verhindert oder beobachtet? Ein Beitrag zur Methodologie der qualitativen Sozialforschung, in: Zeitschrift für Soziologie 31, S. 66-86.
Nassehi, Armin/Irmhild Saake 2002b: Begriffsumstellungen und ihre Folgen – Antwort auf die Replik von Hirschauer/Bergmann, in: Zeitschrift für Soziologie 31, S. 337-343.
Nassehi, Armin/Georg Weber 1989: Tod, Modernität und Gesellschaft, Opladen: Westdeutscher Verlag.
Neckel, Sighard 2001: »Leistung« und »Erfolg«. Die symbolische Ordnung der Marktgesellschaft, in: Eva Barlösius et al. (Hg.): Gesellschaftsbilder im Umbruch. Soziologische Perspektiven in Deutschland, Opladen: Leske & Budrich, S. 245-265.
Neiman, Susan 2004: Das Böse denken. Eine andere Geschichte der Philosophie, Frankfurt/M.: Suhrkamp.
Nietzsche, Friedrich 1980: Zur Genealogie der Moral, Kritische Studienausgabe, Band 5, München/Berlin/New York: dtv.
Nipperdey, Thomas 1998: Deutsche Geschichte 1800-1918, 3 Bände, München: Beck.
Nisbet, Robert A. 1969: Social Change and History, London: Oxford University Press.
Nolte, Paul 2000: Die Ordnung der deutschen Gesellschaft. Selbstentwurf und Selbstbeschreibung im 20. Jahrhundert, München: C. H. Beck.

Offe, Claus 1986: Die Utopie der Null-Option. Modernität und Modernisierung als politische Gütekriterien, in: Johannes Berger (Hg.): Die Moderne – Kontinuitäten und Zäsuren, Soziale Welt – Sonderband 4, Göttingen: Otto Schwartz, S. 97-118.

Papcke, Sven 2000: Krise der Kritik – Siegfried Landshut zu Herkunft und Aufgabe der Soziologie, in: Rainer Nicolaysen (Hg.): Polis und Moderne. Siegfried Landshut in heutiger Sicht, Berlin: Reimer, S. 125-136

Pareto, Vilfredo 1955: Allgemeine Soziologie, Stuttgart: Mohr.

Parsons, Talcott 1949: The Structure of Social Action. A Study in Social Theory with special Reference to a Group of Recent European Writers, Glencoe, Ill.: The Free Press.

Parsons, Talcott 1951: The Social System, Glencoe, Ill.: The Free Press.

Parsons, Talcott 1966a: Societies. Evolutionary and Comparative Perspectives, Englewood Cliffs: Prentice-Hall.

Parsons, Talcott 1966b: Full Citizenship for the Negro American?, in: ders., Kanneth Clark (Hg.): The Negro American, Boston: Houghton Mifflin.

Parsons, Talcott 1970: Some Problems of General Theory in Sociology, in: John C. McKinney, Edward Tyriakian (Hg.): Theoretical Sociology, New York: Appleton Century Crofts, S. 27-68.

Parsons, Talcott 1972: Das System moderner Gesellschaften, München: Juventa.

Parsons, Talcott 1973: Beiträge zur soziologischen Theorie, hg. und eingel. von Dietrich Rueschemeyer, 3. Aufl., Darmstadt/Neuwied: Luchterhand.

Parsons, Talcott 1976: Zur Theorie sozialer Systeme, hg. und eingel. von Stefan Jensen, Opladen: Westdeutscher Verlag.

Parsons, Talcott 1977: The Evolution of Societies, Englewood Cliffs: Prentice-Hall.

Parsons, Talcott/Neil J. Smelser 1956: Economy and Society, London: Routledge.

Parsons, Talcott/Robert F. Bales/Edward A. Shils 1953: Working Papers in the Theory of Action, New York/London: The Free Press.

Peters, Bernhard 1993: Die Integration moderner Gesellschaften, Frankfurt/M.: Suhrkamp.

Pierce, Charles S. 1991: Schriften zum Pragmatismus und Pragmatizismus, Frankfurt/M.: Suhrkamp.

Plessner, Helmut 1982: Mit anderen Augen. Aspekte einer philosophischen Anthropologie, Stuttgart: Reclam.

Poferl, Angelika 2004: Die Kosmopolitik des Alltags. Zur ökologischen Frage als Handlungsproblem, Berlin: Edition Sigma.

Pollner, Melvin 1991: Left of Ethnomethodology: The Rise and Decline of Radical Reflexivity, in: American Sociological Review 56, S. 370-380.

Popper, Karl 1982: Die Logik der Sozialwissenschaften, in: Theodor W. Adorno et al.: Der Positivismusstreit in der deutschen Soziologie, 10. Aufl., Darmstadt/Neuwied: Luchterhand, S. 103-123.

Psathas, George 1979: Die Analyse von Alltagsstrukturen und das ethnomethodologische Paradigma, in: Walter M. Sprondel, Richard Grathoff (Hg.): A. Schütz und die Idee des Alltags in den Sozialwissenschaften, Stuttgart: Enke.

Randeria, Shalini 2004: Verwobene Moderne: Zivilgesellschaft, Kastenbindungen und nicht-staatliches Familienrecht im (post)kolonialen Indien, in: Shalini Randeria, Martin Fuchs, Antje Linkenbach (Hg.): Konfigurationen der Moderne. Diskurse zu Indien, Soziale Welt – Sonderband 15, Baden-Baden: Nomos, S. 155-178.

Randeria, Shalini/Martin Fuchs/Antje Linkenbach 2004: Konfigurationen der Moderne: Zur Einleitung, in: dies. (Hg.): Konfigurationen der Moderne. Diskurse zu Indien, Soziale Welt – Sonderband 15, Baden-Baden: Nomos, S. 9-35.

Rawls, John 1979: Eine Theorie der Gerechtigkeit, Frankfurt/M.: Suhrkamp.

Reckwitz, Andreas 2003a: Grundelemente einer Theorie sozialer Praktiken. Eine sozialtheoretische Perspektive, in: Zeitschrift für Soziologie 32, S. 282-301.

Reckwitz, Andreas 2003b: Der verschobene Problemzusammenhang des Funktionalismus: Von der Ontologie der sozialen Zweckhaftigkeit zu den Raum-Zeit-Distanzierungen, in: Jans Jetzkowitz, Carsten Stark (Hg.): Soziologischer Funktionalismus. Zur Methodologie einer Theorietradition, Opladen: Leske & Budrich, S. 57-82.

Reichertz, Jo 1997: Objektive Hermeneutik, in: Ronald Hitzler, Anne Honer (Hg.): Sozialwissenschaftliche Hermeneutik, Opladen: Leske & Budrich, S. 31-56.

Reinecke, Jost 1991: Interviewer- und Befragtenverhalten. Theoretische Ansätze und methodische Konzepte, Opladen: Westdeutscher Verlag.

Riehl, Wilhelm Heinrich 1885: Die bürgerliche Gesellschaft, Stuttgart: Cotta.

Rorty, Richard 1981: Der Spiegel der Natur. Eine Kritik der Philosophie, Frankfurt/M.: Suhrkamp.

Rose, Nikolas 1990: Governing the Soul. The Shaping of the Private Self, London/New York: Routledge.

Rostow, Walt W. 1971: The Stages of Economic Growth. A Non-Communist Manifesto, Cambridge: Cambridge University Press.

Rousseau, Jean-Jacques 1977: Vom Gesellschaftsvertrag oder Grundsätze des Staatsrechts, Stuttgart: Reclam.
Rousseau, Jean-Jacques 1984: Diskurs über die Ungleichheit. Kritische Ausgabe des integralen Textes von Heinrich Meier, Paderborn: Schöningh.
Rueschemeyer, Dietrich 1977: Structural Differentiation, Efficiency and Power, in: American Journal of Sociology 83, S. 1-25.
Rustemeyer, Dirk 2001: Sinnformen. Konstellationen von Sinn, Subjekt, Zeit und Moral, Hamburg: Meiner.

Saake, Irmhild 1998: Theorien über das Alter. Konstruktivistische Perspektiven, Opladen: Westdeutscher Verlag.
Saake, Irmhild, 2003: Die Performanz des Medizinischen, in: Soziale Welt 54, S. 429-459.
Saake, Irmhild 2004: Theorien der Empirie. Zur Spiegelbildlichkeit der Bourdieuschen Theorie der Praxis und der Luhmannschen Systemtheorie, in: Armin Nassehi, Gerd Nollmann (Hg.): Bourdieu und Luhmann. Ein Theorienvergleich, Frankfurt/M.: Suhrkamp, S. 85-117.
Saake, Irmhild 2005a: Die Authentizität der Autobiographie. Eine inklusionstheoretische Untersuchung zu Selbstidentifikationen, unveröff. MS, München.
Saake, Irmhild 2005b: Asymmetrische Gegenwarten – solidarische Zukünfte. Kommentar zum 32. Kongress der Deutschen Gesellschaft für Soziologie in München, in: Berliner Journal für Soziologie 15, S. 138-142.
Saake, Irmhild 2006: Selbstbeschreibungen als Weltbeschreibungen. Die Homologie-Annahme revisited, unveröff. MS, München.
Saake, Irmhild/Armin Nassehi 2004a: Die Kulturalisierung der Ethik. Eine zeitdiagnostische Anwendung des Luhmannschen Kulturbegriffs, in: Günter Burkart, Gunter Runkel (Hg.): Luhmann und die Kulturtheorie, Frankfurt/M.: Suhrkamp, S. 102-135.
Saake, Irmhild/Armin Nassehi 2004b: Das Gesellschaftliche Gehäuse der Persönlichkeit. Über Max Weber und die (soziologische) Produktion von Motiven, in: Berliner Journal für Soziologie 14, S. 503-525.
Said, Edward 1997: Die Politik der Erkenntnis, in: Elisabeth Bronfen, Benja-min Marius, Therese Steffen (Hg.): Hybride Kulturen. Beiträge zur anglo-amerikanischen Multikulturalismusdebatte, Tübingen: Stauffenburg, S. 81-96.
Sandel, Michael J. 1982: Liberalism and the Limits of Justice, Cambridge: Cambridge University Press.
Saussure, Ferdinand de 1931: Grundfragen der allgemeinen Sprachwissenschaft, Berlin/Leipzig: Walter de Gruyter.
Schatzki, Theodore R. 2002: The Site of the Social. A Philosophical Ac-

count of the Constitution of Social Life and Change, University Park: The Pennsylvania State University Press.
Scheler, Max 1976: Späte Schriften, Bern: Francke.
Schelsky, Helmut 1959: Ortsbestimmung der deutschen Soziologie, Düsseldorf/Köln: Eugen Diederich.
Schimank, Uwe 1996: Theorien gesellschaftlicher Differenzierung, Opladen: Leske & Budrich.
Schimank, Uwe 2000: Handeln und Strukturen, München: Juventa.
Schluchter, Wolfgang 1980: Rationalismus der Weltbeherrschung. Studien zu Max Weber, Frankfurt/M.: Suhrkamp.
Schmid, Wilhelm 1991: Auf der Suche nach einer neuen Lebenskunst. Die Frage nach dem Grund und die Neubegründung der Ethik bei Foucault, Frankfurt/M.: Suhrkamp.
Schmitt, Carl 1963: Der Begriff des Politischen. Text von 1932 mit einem Vorwort und drei Corollarien, Berlin: Duncker und Humblot.
Schmitt, Carl 1979: Politische Theologie. Vier Kapitel zur Lehre von der Souveränität, 3. Aufl., Berlin: Duncker & Humblot.
Schneider, Wolfgang L. 2002-2005: Grundlagen der soziologischen Theorie, 3 Bände, Opladen: VS-Verlag.
Schroer, Markus 2001: Das Individuum der Gesellschaft. Synchrone und diachrone Perspektiven, Frankfurt/M.: Suhrkamp.
Schütz, Alfred 1971: Das Problem der transzendentalen Intersubjektivität bei Husserl, in: ders.: Gesammelte Aufsätze, Band 3, Den Haag: Nijhoff, S. 86-118.
Schütz, Alfred 1981: Der sinnhafte Aufbau der sozialen Welt. Eine Einleitung in die verstehende Soziologie, 2. Aufl., Frankfurt/M.: Suhrkamp.
Schütz, Alfred/Talcott Parsons 1977: Zur Theorie sozialen Handelns. Ein Briefwechsel, Frankfurt/M.: Suhrkamp.
Schütz, Alfred/Thomas Luckmann 1979: Strukturen der Lebenswelt, Band 1, Frankfurt/M.: Suhrkamp.
Schwinn, Thomas 2001: Differenzierung ohne Gesellschaft. Umstellung eines soziologischen Konzepts, Weilerswist: Velbrück.
Schwinn, Thomas 2003: Makrosoziologie jenseits von Gesellschaftstheorie. Funktionalismuskritik nach Max Weber, in: Jans Jetzkowitz, Carsten Stark (Hg.): Soziologischer Funktionalismus. Zur Methodologie einer Theorietradition, Opladen: Leske & Budrich, S. 83-110.
Sennett, Richard 1998: Der flexible Mensch. Die Kultur des neuen Kapitalismus, Darmstadt: Wissenschaftliche Buchgesellschaft.
Sennett, Richard 2004: Respekt im Zeitalter der Ungleichheit, Berlin: Berlin Taschenbuch-Verlag.
Simmel, Georg 1984a: Zur Metaphysik des Todes, in: ders.: Das Individuum und die Freiheit, Berlin: Klaus Wagenbach, S. 29-35.

Simmel, Georg 1984b: Die Großstädte und das Geistesleben, in: ders.: Das Individuum und die Freiheit, Berlin: Klaus Wagenbach, S. 192-204.

Simmel, Georg 1987: Schriften zur Soziologie, Frankfurt/M.: Suhrkamp.

Simmel, Georg 1989: Philosophie des Geldes, Gesamtausgabe Band 6, Frankfurt/M.: Suhrkamp.

Simmel, Georg 1992a: Soziologie. Untersuchungen über die Formen der Vergesellschaftung, Gesamtausgabe Band 11, Frankfurt/M.: Suhrkamp.

Simmel, Georg 1992b: Über soziale Differenzierung, Gesamtausgabe Band 2, Frankfurt/M.: Suhrkamp.

Simon, Herbert A. 1997: Administrative Behavior. A Study of Decision-Making Processes in Administrative Organization, 4. Aufl., New York: Macmillan.

Simsa, Ruth 2002: Strukturelle Kopplung. Die Antwort der Theorie auf die Geschlossenheit sozialer Systeme und ihre Bedeutung für die Politik, in: Kai-Uwe Hellmann, Rainer Schmalz-Bruns (Hg.): Theorie der Politik. Niklas Luhmanns politische Soziologie, Frankfurt/M.: Suhrkamp, S. 149-170.

Singer, Wolf 2002: Der Beobachter im Gehirn. Essays zur Hirnforschung, Frankfurt/M.: Suhrkamp.

Singer, Wolf 2003: Ein neues Menschenbild? Gespräche über Hirnforschung, Frankfurt/M.: Suhrkamp.

Smith, Anthony D. 1991: National Identity, Harmondsworth: Penguin.

Spencer, Herbert 1857: Progress. Law and Cause, in: J.-D.-Y. Peel (Hg.): Herbert Spencer and Social Evolution, Chicago: University of Chicago Press.

Spencer, Herbert 1882-1898: The Principles of Sociology, 3 Bände, London: Williams and Norgate.

Stäheli, Urs 2000: Poststrukturalistische Soziologien, Bielefeld: transcript.

Stark, Carsten/Christian Lahusen 2002: Theorien der Gesellschaft, München: Oldenbourg.

Stein, Lorenz von 1888: Handbuch der Verwaltungslehre. Band 3: Die Verwaltung und das gesellschaftliche Leben, 3. Aufl., Stuttgart: Cotta.

Stichweh, Rudolf 1987: Die Autopoiesis der Wissenschaft, in: Dirk Baecker et al. (Hg.): Theorie als Passion, Frankfurt: Suhrkamp, S. 447-481.

Stichweh, Rudolf 1995: Systemtheorie und Rational Choice Theorie, in: Zeitschrift für Soziologie 24, S. 395-406.

Stichweh, Rudolf 2000: Die Weltgesellschaft. Soziologische Analysen, Frankfurt/M.: Suhrkamp.

Strawson, Peter 1959: Individuals. An Essay in Descriptive Metaphysics, London: Methuen.

Tarde, Gabriel de 2003: Die Gesetze der Nachahmung, Frankfurt/M.: Suhrkamp.

Taylor, Charles 1995: Das Unbehagen an der Moderne, Frankfurt/M.: Suhrkamp.

Therborn, Göran 2000: Die Gesellschaften Europas 1945-2000. Ein soziologischer Vergleich, Frankfurt/M./New York: Campus.

Theunissen, Michael 1982: Selbstverwirklichung und Allgemeinheit. Zur Kritik des gegenwärtigen Bewußtseins, Berlin/New York: de Gruyter.

Tocqueville, Alexis de 1985: Über die Demokratie in Amerika, ausgew. u. hg. v. J.-P. Meyer, Stuttgart: Reclam.

Tönnies, Ferdinand 1979: Gemeinschaft und Gesellschaft. Grundbegriffe der reinen Soziologie, Neudruck der 8. Aufl. von 1935, Darmstadt: Wissenschaftliche Buchgesellschaft.

Touraine, Alain 1997: Pourrons-nous vivre ensemble? Égaux et différents, Paris: Fayard.

Touraine, Alain 1998: Sociology without Society, in: Current Sociology 46, S. 119-143.

Treibel, Annette 1996: Norbert Elias und Ulrich Beck. Individualisierungsschübe im theoretischen Vergleich, in: Karl-Siegbert Rehberg (Hg.): Norbert Elias und die Menschenwissenschaften. Studien zur Entstehung und Wirkungsgeschichte seines Werkes, Frankfurt/M.: Suhrkamp, S. 424-433.

Trotha, Trutz von 1982: Zur Entstehung von Jugend, in: Kölner Zeitschrift für Soziologie und Sozialpsychologie 34, S. 254-277.

Tugendhat, Ernst 1979: Selbstbewußtsein und Selbstbestimmung, Frankfurt/M.: Suhrkamp.

Turner, Stephen P. 2004: The Maturity of Social Theory, in: Charles Camic, Hans Joas (Hg.): The Dialogical Turn. New Roles für Sociology in the Postdisciplinary Age, Lanham et al.: Rowman & Littlefield, S. 141-170.

Tyrell, Hartmann 1978: Anfragen an die Theorie der gesellschaftlichen Differenzierung, in: Zeitschrift für Soziologie 7, S. 175-193.

Tyrell, Hartmann 1998: Zur Diversität der Differenzierungstheorie. Soziologiehistorische Anmerkungen, in: Soziale Systeme 4, S. 119-149.

Wagner, Gerhard 1993: Gesellschaftstheorie als politische Theologie. Zur Kritik und Überwindung der Theorien normativer Integration, Berlin: Duncker und Humblot.

Wagner, Peter 1995: Soziologie der Moderne, Frankfurt/M./New York: Campus.

Weber, Max 1972: Wirtschaft und Gesellschaft, 5. Aufl., Tübingen: Mohr.

Weber, Max 1986: Gesammelte Aufsätze zur Religionssoziologie, 8. Aufl., Tübingen: Mohr.

Weber, Max 1988: Gesammelte Aufsätze zur Wissenschaftslehre, Tübingen: Mohr.

Weber, Max 1994: Wissenschaft als Beruf (1917/19), Politik als Beruf (1919), in: ders.: Studienausgabe der Max-Weber-Gesamtausgabe, Band I/17, Tübingen: Mohr.
Weissmahr, Béla 1985: Ontologie, Stuttgart: Kohlhammer.
Weiß, Johannes 1993: Vernunft und Vernichtung. Zur Philosophie und Soziologie der Moderne, Opladen.
Wenzel, Harald 1985: Mead und Parsons. Die emergente Ordnung des sozialen Handelns, in: Hans Joas (Hg.): Das Problem der Intersubjektivität. Neuere Beiträge zum Werk George Herbert Meads, Frankfurt/M.: Suhrkamp, S. 26-59.
White, Harrison C. 1992: Identity and Control: A Structural Theory of Social Action, Princeton: Princeton University Press.
Whitehead, Alfred North 1984: Wissenschaft und moderne Welt, Frankfurt/M.: Suhrkamp.
Whitehead, Alfred North 1987: Prozeß und Realität. Entwurf einer Kosmologie, Frankfurt/M.: Suhrkamp.
Willems, Marianne 1999: Vom ›bloßen Menschen‹ zum ›einzigartigen Menschen‹. Zur Entwicklung der Individualitätssemantik in Rationalismus, Empfindsamkeit und Sturm und Drang, in: Herbert Willems, Alois Hahn (Hg.): Identität und Moderne, Frankfurt/M.: Suhrkamp, S. 102-137.
Willke, Helmut 1995a: Theoretische Verhüllungen der Politik – der Beitrag der Systemtheorie, in: Klaus v. Beyme und Claus Offe (Hg.): Politische Theorien in der Ära der Transformation, Sonderheft 26 der Politischen Vierteljahresschrift, Opladen: Westdeutscher Verlag, S. 131-147.
Willke, Helmut 1995b: Systemtheorie III: Steuerungstheorie, Stuttgart/Jena: UTB.
Wimbauer, Christine 2003: Geld und Liebe. Zur symbolischen Bedeutung von Geld in Paarbeziehungen, Frankfurt/M.: Campus Verlag.
Wohlrab-Sahr, Monika 1999: Biographieforschung jenseits des Konstruktivismus, in: Soziale Welt 50, S. 483-494.

Zima, Peter von 2000: Theorie des Subjekts. Subjektivität und Identität zwischen Moderne und Postmoderne, Tübingen/Basel: A. Francke.

Namenregister

Suhrkamp Verlag GmbH
Torstraße 44, 10119 Berlin
info@suhrkamp.de
www.suhrkamp.de